한말 외국인 기록 04

조선견문기 / 전환기의 조선 / 한국 독립운동의 진상

개정판
한말 외국인 기록 04
조선견문기 / 전환기의 조선 / 한국 독립운동의 진상
1999년 10월 20일 초판 1판 1쇄
2019년 11월 1일 개정판 1판 1쇄
2024년 12월 30일 개정판 1판 2쇄

저자 | H. N. 알렌 / J. S. 게일 / C. W 켄달
역주자 | 신복룡 / 신복룡 / 신복룡
발행인 | 임동규
발행처 | **(주)집문당**
등록 | 1971. 3. 23. 제2012-000069호
주소 | 03134 서울시 종로구 돈화문로 82, 5층
전화 | +82-1811-7567
이메일 | sale@jipmoon.com
홈페이지 | www.jipmoon.com

편 집 | 장이지
디자인 | 임용우

ISBN 978-89-303-1835-8 04900
978-89-303-1831-0(세트)

가격 28,000원

(주)집문당 이순신돋움체B (저작권자 아산시, 무료글꼴)

조선견문기

Things Korean

A Collection of Sketches and Anecdotes, Missionary and Diplomatic

H. N. 알렌 지음/신복룡 역주

집문당

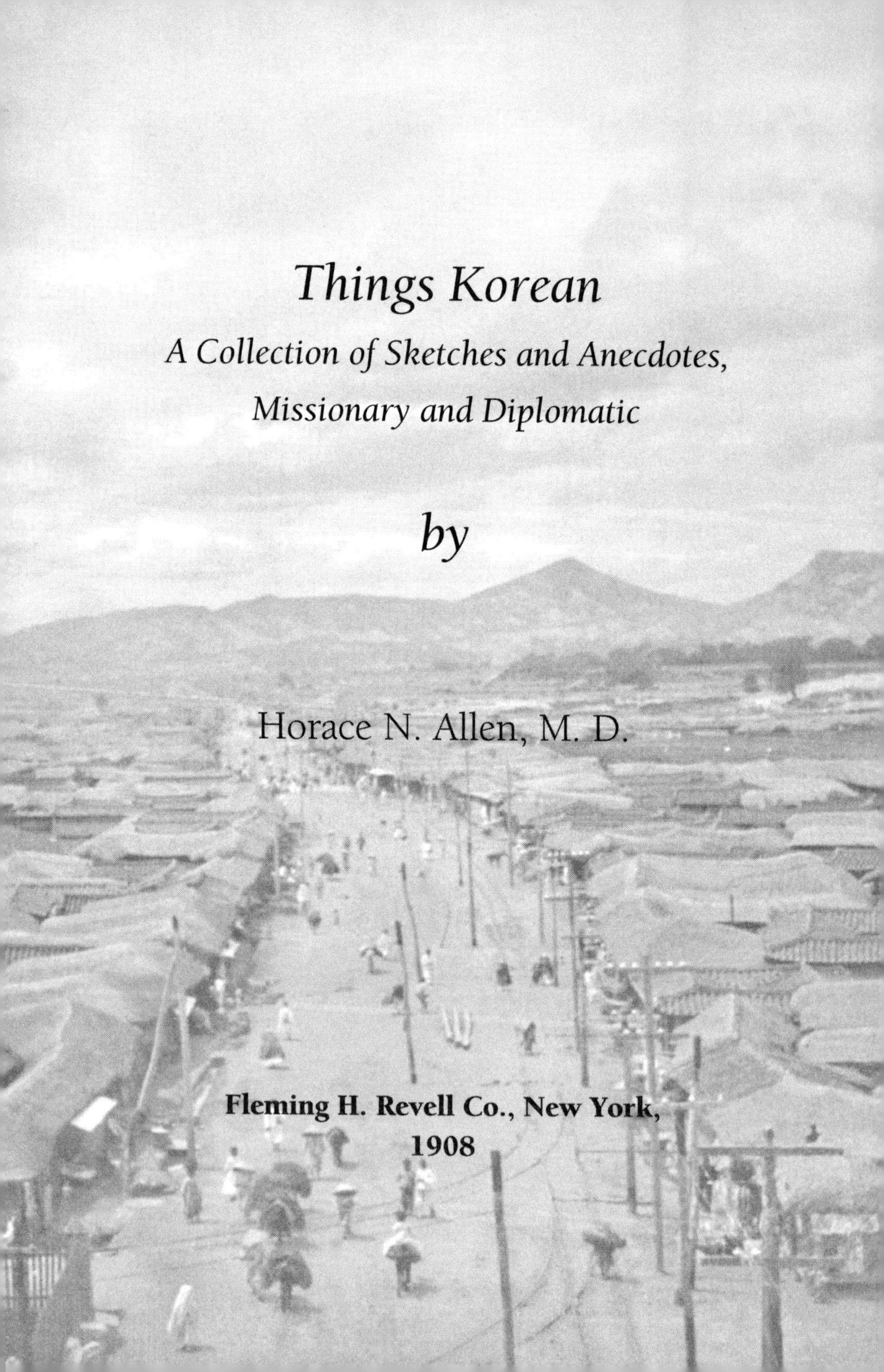

Things Korean

A Collection of Sketches and Anecdotes, Missionary and Diplomatic

by

Horace N. Allen, M. D.

Fleming H. Revell Co., New York,
1908

H. N. 알렌

나의 아내에게

H. N. A.

구한국군의 장교

조선 주차 외교 사절단 (오른쪽부터 4번째가 필자)

역주자 3판 서문

번역판을 내면서 세 번째의 서문을 쓴다는 것이 자랑인지 흉인지는 모르겠으나, 이 책의 출판에 우여곡절이 많았음을 의미하는 것임에는 틀림없다. 젊었을 적, 내 손으로 한말 선교사의 한국 관계 자료들을 주석하겠다고 다짐한 지 벌써 30년의 세월이 흘렀으니 세월의 무상함과 더불어 만감이 교차한다. 그 동안 활판에서 컴퓨터로 바뀌는 인쇄 혁명과 출판계의 불황 등으로 중도에서 포기했다가 이제 집문당 임경환(林京煥) 사장님의 호의로 번역과 주석 작업을 재개하게 된 것이 한없이 기쁘고 감사하다.

전집 19권을 출판하겠다는 임경환 사장님의 제의를 들었을 때 기쁘기도 했지만 너무도 엄청난 일이라 엄두를 낼 수가 없었다. 그러던 차에 이러한 고충을 들은 1998학년도 건국대학교 정치외교학 과목의 나의 수강생들 300명이 한 장씩 컴퓨터에 입력해 주겠다고 나섰을 때 나는 한없이 고마왔고 크게 용기를 얻었다. 나는 그 300명의 이름을 여기에 일일이 적을 수 없는 것이 미안하고 유감스럽다. 모두가 고생했고 고맙지만, 특히 이형구(李衡求) 군과 김(金)한길 군이 많은 몫을 타이핑했으며, 변영욱(邊泳旭) 군은 교정 작업을 하느라고 많은 고생을 했다. 사내답지 않게 수줍음이 많은 조교 박성진(朴城進) 군은 마음이 넉넉치 못한 나의 방에서 마음 고생이 많았으리라고 생각되며, 주석을 찾기 위해 각국의 대사관과 문화원을 찾아다니면서 싫은 내색 한 번 하지 않았다. 건국대학교 대학원 박사 과정의 고경민(高敬旼) 군과 석사 과정의 형은숙(邢恩淑) 양은 컴퓨터 작업을 하느라고 많은 고생을 했다. 그들의 고생이 단순한 고생으로 그치지 않고 앞날의 그들의 학문 생활에 좋은 경험이 될 수 있다면 나로서는 미안함을 덜 수 있을 것이다. 사진 촬영을 해준 건국대학교 홍보실의 이명호(李明浩) 선생에게 많은 빚을 졌으며, 편집 교정과 출판 과정에서 고생하신 집문당의 우진주 상무님과 편집부 직원 여러분, 그리고 신세진 모든 분들에게 깊이 감사한다.

1998년 9월 10일

역주자 신복룡 씀

역주자 재판 서문

이 번역본은 본시 박영문고로 1979년에 초판된 바 있었으나 이번 평민사에서 구한말 외국인 기록을 전집으로 출판하게 되자 이에 포함시키게 되었다. 자신의 타격을 감수하면서도 이 번역본이 평민사에서 출판되도록 양해해 준 박영사의 호의에 대해 마음 깊이 고맙게 생각하며 미안함을 금할 길이 없다.

끝으로 질식할 것만 같은 출판계의 불황에도 불구하고 이 나라의 문화 창달을 위해 『구한말 외국인 기록』을 전집물로 기획 · 출판하고 있는 평민사의 이갑섭(李甲燮) 사장과 편집부 여러분께 깊은 감사를 드린다.

1985년 12월 20일
워싱턴에서 역주자 씀

역주자 초판 서문

구한말에 한국을 방문하였거나 또는 한국에서 공사간(公私間)에 머물렀던 외국인들의 기록을 번역하려고 마음먹은 지 어언 15년이 되었다. 이 책은 역자의 그와 같은 의도가 낳은 다섯 번째의 것이 되며 이 전집 순서로서는 네 번째의 번역물이 되는 셈이다. 외국인이 썼다고 해서 모두 옳은 것은 것일 수 없고, 또 고루한 유생(儒生)들의 말처럼 터무니없는 것은 아니지만, 적어도 지난 15년 동안에 출판된 5종의 책이 우리의 역사 중에 미화·과찬되었거나 아니면 비하·왜곡된 자신의 모습을 바로 볼 수 있도록 하는 데에 다소나마 도움이 되었으면 더 바랄 것이 없겠다.

이 책의 필자인 알렌(Horace Newton Allen)은 미국 오하이오주 델러웨어에서 1858년 4월 23일에 태어났다. 청년 시절에 고향의 웨슬리언대학(1881)과 마이애미 의과대학(1883)을 졸업한 알렌은 본시 중국에서 의료와 선교 활동을 할 요량으로 1883년에 중국에 입국했으나 아내의 출산과 선교의 어려움 때문에 중국에서의 활동을 포기하고 1884년 7월 20일에 조선에 입국하였다. 알렌이 한국에 도착한 지 몇 달이 안되어 갑신정변이 일어났고 이때 민영익(閔泳翊)을 치료한 것이 계기가 되어 그는 의술에서 한말의 중요한 외교관으로 변신하게 된다.

알렌의 외교 활동은 1887년에 주미 전권 공사 박정양(朴定陽)의 고문이 된 것(1887)을 시발점으로 하여 1894년부터는 인술(仁術)과 선교(宣教)를 공식적으로는 포기하고 주한 미국 공사관의 서기관이 됨으로써 본격화되었다. 그 후 알렌은 공사(1897), 총영사(1898), 전권 공사(1901)를 역임했고, 문화적으로는 1892년에 『코리언 리포지터리』(*Korean Repository*)를 발간했으며 1900년에는 영국 왕립아시아학회의 한국 지부를 결성하기도 했다.

알렌은 정치적·문화적·종교적·상업적인 면은 물론 의학적인 측면에 있어서도 22년 동안 많은 활약을 했으나 1904년의 을사조약이 체결됨과 더불어 조선의 외교권이 박탈되자 1905년에 귀국하여 고향에서 조선 관계의 저술과 인술로 여생을 보내다가 1932년 12월 11일에 타계했다.

이 책은 구한말 외국인의 기록 중에서 가장 난해한 책이다. 이 책이 가지는 문헌적 가치가 높은 것임에도 불구하고 이제까지 그 역본(譯本)이 나오지 않은 것은 아마도 그런 탓이 아니었던가 생각된다. 그런 점에서 이 역본을 출간하는 보람을 느끼기에 충분한 것이지만 오역(誤譯)이 있을 것만 같아 불안하기 짝이 없다.

책을 낼 때마다 번번이 느끼는 일이지만 이 책을 번역함에 있어서도 많은 사람에게 폐를 끼쳤다. 특히 중국문화대학 대학원에서 정치학을 전공하는 한인희(韓仁熙) 학제(學弟)는 참으로 많은 수고를 했다. 처음에는 그를 잘 훈련시키면 쓸 만한 청년이 되리라고 생각해서 일을 시키던 것이 이제는 오히려 이쪽에서 그에게 폐가 되었으니 더욱 미안하다. 아무쪼록 한인희 군도 자신의 글을 쓸 수 있는 날이 하루빨리 오기를 바란다.

끝으로 이 부족한 번역서를 마다 않고 출판해 준 박영사 여러분께 깊이 감사한다.

1979년 4월 10일

신복룡 씀

원저자 서문

우리 각자의 인생 행로에는 다른 사람들에게 다소는 흥미로운 사건들이 있다. 이러한 사건들 중의 몇 가지는 일반 대중의 관심사가 되는 경우도 흔히 있다. 나는 22년 동안을 중국과 조선에서 살았다. 조선에서 산 기간의 대부분은 사실상의 외교 관계를 맡았던 시기이다. 이 기간 동안에 있었던 일들은 일반 대중의 관심사로 가득 찬 체험을 제시하고 있는 것으로 보일 수도 있다. 이미 숱하게 많이 발간된 책들을 읽기에도 벅찬 일반 대중들에게 내가 이제 새삼스레 또 다른 한 권의 책을 드리는 이유는 바로 거기에 있는 것이다. 내가 극동에서 보낸 기간을 나누어서 살펴보면 중국에서 의료 사업을 하느라고 1년을 보냈고, 조선에서는 의료 사업으로 3년, 관직에서 3년, 그리고 조선 주차 미국 공사관의 서기관으로 시작하여 전권공사로 마칠 때까지 미국 정부의 외교관의 자격으로 15년을 보냈다.

이 책을 쓰면서 나는 가급적이면 사사로운 이야기들은 포함시키지 않으려고 의도하였으며, 내가 차라리 흥미롭기만 했던 그 기간 동안에 겪은 나의 경험 중에서 가장 흥미 있고 가장 예증적인 단편들을 모아서 기록하여 보고자 한다.

오늘날 가엾은 조선 사람들은 절망에 빠져 있다. 이 책은 자신이 생각하는 방향으로 대중적인 감정을 불러일으키려는 그들의 노력에 내포된 오류를 지적하려고 애썼다는 인상을 받아 왔다. 손에 쥐고 있는 물자가 아무리 풍부하다고 할지라도 오늘과 같은 절박한 상황 속에서는 그와 같은 추이가 바람직한 것으로 보이지는 않는다. 현재로는 그들의 입장에 반대하는 것은 자멸적인 것은 아닐지라도 무익한 것이다. 그들은 다만 지금과 같은 절박한 상황에서 최선의 길을 찾을 수밖에 없다. 우리는 그들이 우리의 도움을 필요로 하는 시기에 그들을 버렸고 수세기에 걸쳐 배타적인 불간섭의 입장을 벗어나서 찬란한 체약 관계를 맺는다는 조건으로 우리가 제시했던 성스러운 조약의 의무를 무시하였다는 점에서 조선의 슬픈 모습을 보게 된다. 1882년 5월 22일에 체결된 한미수호통상조약 제1조에 다음과 같은 약속이 기록되어 있다.

> "미합중국 대통령과 조선 국왕 및 각 그 정부의 공민과 신민 간에 영구한 평화와 우호가 있을 것을 기약하고 만일 제3국이 체약국 중의 어느 한 정부에 대하여 부당하게 또는 억압적으로 행동할 때에는 체약국 중의 타방 정부는 그 사건의 통지를 받는 대로 원만한 타결을 가져오도록 주선을 다함으로써 그 우의를 표시하여야 한다."

포츠머스 강화 회의(Portsmouth Convention)[1]와 같은 급박한 시기에도 이와 같은 성스러운 맹서에 아무런 주의를 기울이지 않은 우리로서는 성스러운 조약의 의무를 파기한 데에 따르는 비난을 받아 마땅하다. 조선의 현재의 입장과 미국이 저지른 과오에 관해서는 본서의 결론에 해당하는 제 14, 15, 16장에서 충분히 언급되어 있다.

이 책에서 나는 조선 사람들에 대해 진정한 동정심을 충분히 피력하기는 했지만, 이 자그마한 책이 아무런 논쟁을 불러일으키지도 않는 그저 재미있고 교훈적인 것이 되는 동시에 대중적인 관심의 면에서는 단 한 페이지라도 지루하고 싫증나는 부분이 없기를 바랄 따름이다. 중국은 물론 조선에서의 오늘날의 실제 상황에 관해서는 최근에 출간된 서적들에 소상히 소개되어 있는데, 특히 그중에서도 영국의 신문기자이며 저술가인 맥켄지 씨(F. A.

1) 포츠머스 강화 회의 : 1905년에 미국의 루즈벨트(T. Roosevelt) 대통령에 의해 주선된 러일전쟁의 강화 회의로서 이 조약에는 일본은 한국에서의 정치 · 경제 · 군사상의 우월권을 획득했다.

McKenzie)[2]와 미국의 저명한 여행가이며 저술가인 밀라드 씨(Thomas F. Millard)[3]의 글이 괄목할 만하다.

오하이오주 톨레도에서

호레이스 N. 알렌

2) 맥켄지(F. A. McKenzie : 1869~1931) : 영국의 『데일리 메일』(*Daily Mail*)의 극동특파원으로서 본래는 러일전쟁을 취재하러 방한했다가 한국에 머물면서 한국의 독립 운동을 세계에 소개하였다. 여기에서 말하는 그의 저술이라 함은 『대한제국의 비극』(*The Tragedy of Korea*, E. P. Dutton & Co., New York, 1908)과 『한국의 독립 운동』(*Korea's Fight for Freedom*, Fleming H. Revell Co., New York, 1920)을 의미함.

3) 밀라드(Thomas F. Millard : 1868~1942) : 미국의 언론인. 일찍이 중국에 건너가 상해에서 『대륙일보』를 창간하여 주필로 활약했으며, 『밀라드평론』(1911)을 발행했음. 중국의 민국 정부가 수립된 후에는 북양(北洋) 정부 대외 선전 고문을 지냈으며, 『신원동』(新遠東), 『민주 정치와 원동』 등의 저술을 남김.

차 례

제 1 장 어느 개척자의 이야기

새로이 열린 땅에서 행운이나 홍분을 맛보고자 하는 모험가들 가운데에는 용맹한 기질을 가진 사람들이 있게 마련인데, 그들의 적극적인 인생 행로는 그들에게 짜릿함을 느끼게 하는 숱한 모험에 가담토록 계기를 마련해 준다. 그들의 모험 가운데 어느 것은 매우 익살스러운 것도 있다.

조선에서 있었던 그와 같은 홍미 있는 개척자 가운데 하나는 블랭크 선장(Capt. Blank)이다. 그의 이야기는 그의 실제 이름인 블랭크(blank : 공허함)만큼이나 허황하게 들릴 것이다. 그를 가끔 선장이라는 칭호를 붙여 부르는 것은 그가 한때 포경선인 뉴 베드포드에서 일한 적이 있기 때문인데 이러한 사실은 그의 양키적인 출생과 성장을 더욱 실감케 해 준다.

어떻게 된 셈인지 그는 블라디보스토크에서 자기의 배와 헤어졌는데 그는 그 무렵 대략 20세의 나이였다. 이 양키 청년의 모험심과 독창력에 무한한 기회를 주는 그 시베리아의 도시는 모든 것이 새롭고 생소하기만 했다. 머지않아 대규모의 무역상이 된 그는 일반 생활필수품과 교환하여 온갖 모피를 사들였나. 그는 중국 여인과 결혼하여 혼혈 가족의 한 가장이 되었으며, 그의 아들들은 그의 사업의 유능한 협력자가 되었다.

학 살

일본에 물건을 구입하러 갔다 돌아온 블랭크는, 중국의 도적 떼들이 습격하여 자기의 처자식들을 살해하고 상점을 송두리째 털어 갔음을 알았다. 상심한 그 늙은이는 블라디보스토크에 있는 러시아 시장을 찾아 갔다. 시장은 충심으로 그를 위로하고 이러한 잘못을 바로잡기 위해 정부의 모든 권한을 동원하겠노라고 언약했다.

시장은 일단의 군대를 그에게 제공했지만 그는 이를 거절하고, 그 대신 3~4명의 지원자를 이끌고 활동할 수 있도록 허락해 달라고 부탁했다. 그는 곧 이들에게 장비를 제공했다. 그는 어떤 사람들을 선발할 것인가를 누구보다도 잘 알고 있음이 분명했다. 그는 자기와 마음이 통하는 사람들을 알아볼 줄 아는 사람이었다.

이 작은 무리는 훌륭하게 무장을 갖추고 충분한 화약을 보급 받은 뒤 광야로 사라졌다. 그들은 얼마 동안 전혀 그 모습을 보이지 않았다. 그러던 가운데 몇 달이 지나 페테르부르크에서 블라디보스토크로 한 전문이 왔는데 그 내용을 보면 아무르 지방에서 정체 모를 몇몇 사람들이 몇 백 명의 중국인을 살해하고 있다고 북경 정부가 불평하고 있다는 것이었다.

이를 조사해 보았더니 블라디보스토크의 눈 위에는 온통 죽은 중국인들의 핏방울이 점점이 찍혀 있음을 알게 되었다. 블랭크 선장과 그의 지원자들이 피어린 복수극을 전개하려고 광야로 들어갔던 것이다. 그들은 자기들이 찾을 수 있는 한 모든 중국인들을 찾아서 모조리 살해했다.

블라디보스토크의 시장은 블랭크를 소환했다. 시장은 블랭크의 일신상의 불행에 대하여는 가슴 아프게 생각하지만 그를 체포하지 않을 수 없는 실정을 말하면서, 다음날 정오까지는 체포령을 내리고 싶지는 않다고 덧붙여 말했다. 그날 저녁 기선 한 척이 일본을 향해 출발하기로 되어 있었다. 그 늙은이가 그 기회에 그 배를 타고 떠났음은 더 말할 나위도 없다.

이 무렵에 조선이 개국되자 모험심이 많은 그 개척자가 이 신천지에서 새로운 행운을 잡으려 했다는 것은 너무도 당연한 일이었다. 이렇게 하여 우리는 온화하고 정직하고 그저 한 상점 주인에 지나지 않는 그를 알게 되었다. 그의 흥미 있는 기벽과 온갖 재주와 아무 곳에나 필요한 효용도로 말미암아 그는 높이 평가받고 있었다.

마치 찬란한 후광처럼 그의 준수한 얼굴을 둘러싸고 있는 검붉은 수염은 조선 사람들이 보기에 우리 외국인 가운데에서도 가장 흥미 있는 인물이 되었다. 외국과의 접촉이 없던 초창기인 당시로서 적어도 그들의 눈에는 불합리하게 보이는 생활 양식이라든가 옷의 색깔 그리고 의상으로 말미암아 모든 서구인들은 흥밋거리가 되고 있었다.

오래 전부터 서울에는 미국의 공사가 부임하여 살고 있었다. 깐깐한 러시아인들 사이에서 오래 사는 동안 공적인 문제에도 적지 않은 경험을 쌓았을 뿐만 아니라 예의범절에도 예민한 감각을 가지고 있던 블랭크 선장은 새로운 공사관을 공식 방문하여 마땅한 일을 하려고서 준비했다.

의치(義齒)가 화근

그리하여 7월의 어느 더운 날, 블랭크는 깃이 선 와이셔츠에 흰 넥타이와 야회복에 실크 해트로 정장을 하고 공사관을 찾아가려고 조랑말을 타고 25마일에 이르는 시골길과 모래 벌판을 거쳐 서울로 떠났다. 도중의 중간쯤 되는 거리에 위치한 한 작은 주막에 머물러 그는 점심을 먹었다. 그는 이제까지 굶은 조랑말을 모는 마부의 땀 찬 등을 채찍으로 때리면서 갈 길을 재촉했었다.

주막의 방은 뜰의 주위에 자리 잡고 있었으며, 후원 건너편에는 커다란 대청마루가 있는 기와집이 당당하게 서 있었다. 대청의 맞은편에는 작은 침실이 자리 잡고 있었다. 뜰 양편에는 부엌과 하인들의 숙소가 붙어 있었고,

정면 맞은편에는 마구간 등이 있는 길고 낮은 건물이 있었으며, 중앙에는 높다란 솟을대문이 서 있었다.

블랭크는 대청마루에 앉아서 조용히 점심을 먹고 있었으며, 그러는 동안 그의 조랑말은 그 앞의 마구간에서 여물을 먹고 있었다. 한 이방인이 이상하게 생긴 음식을 먹는 것을 보려고 주민들이 이러저러한 구실을 대면서 하나둘씩 모여들었다. 끝내는 더 이상 구실을 댈 것도 없이 지나가던 나그네와 그 하인들을 포함하여 온 동리 사람들이 진풍경을 보려고 뜰 안에 몰려들었다.

드디어 뜰 안에는 땀을 뻘뻘 흘리며 조용히 관상하는 관객들로 가득 찼다. 식사를 마친 붉은 수염의 이방인은 손을 들어 의치를 빼내어 닦았다. 이에 관객들은 기겁을 했다. 인간이 자기 몸의 일부분을 이와 같이 조립할 수 있다는 것은 이제까지 전혀 들어보지도 못했고, 또 상상할 수도 없는 일이었다. 겁에 질린 비명과 "아이구머니" 소리를 지르며 관객들은 그 이방인이 자기에게 그 끔찍스러운 운명과 저주를 내리지 못하도록 하나밖에 없는 대문을 빠져나가려고 기를 쓰면서, 그토록 자기 몸의 일부를 아무렇게나 떼어낼 수 있는 이방인 곁을 떠나갔다.

곧 대문에는 온갖 비명을 지르며 꿈틀거리는 인간 무더기들이 높이 싸였으며, 그 늙은이는 자기의 우연한 행동으로 말미암아 벌어진 예기치 않은 광경을 즐기고 있음이 분명했다. 그때부터 죽을 때까지 블랭크 선장은 과거 어느 때보다도 더 많이 조선 사람들의 관심을 끌었다. 그리고 그는 자기 주변에 몰려들기 시작한 경쟁자들보다 더 많은 관심을 노동자나 마부들로부터 끌 수 있었던 것으로 보인다.

제 2 장 하인과 아줌마

아줌마라고 하는 존재는 아시아에 있는 외국인 사회에서 가장 유용한 것이다. 아줌마는 귀부인의 시녀 노릇을 하는 것이 상례이지만 일차적으로는 아이를 돌본다. 그가 하는 일이란 대체로 하인이 하는 업무에 지나지 않는데 하인이 없을 때에는 몸종의 노릇도 한다.

하 인

하인이라 함은 성년의 남자로서 가사에 유용한 또 다른 존재이다. 일반적으로 고용인이나 몸종이나 웨이터, 또는 하녀와 같은 일을 하는 이외에도 아줌마가 없을 때 아내의 뒷단추를 채우거나 구두를 신고 벗을 때에 그 대신 일을 한다. 그는 상전의 머리를 감겨 주거나 머리칼을 부드럽게 빗어 준다. 만약 하인이 몰락한 양반 출신이라면 그는 곧 그 가정의 친근한 한 구성원이 되는데, 이러한 가족 사이의 이해는 그가 진정으로 바라는 바인 것으로 보인디.

사교적인 모임에 널리 알려진 어느 귀부인은 목욕탕에 그 하인이 들어오는 어처구니없는 사고로 기겁을 했다. 그 하인은 마님의 목욕을 위해 온갖 준비를 마치고서 그가 아직 물을 다 닦지 않은 것을 모르고 따뜻한 새 수건을 가지고 들어왔던 것이다. 마님의 비명 소리에 반사적으로 뛰어나간 하인은 그 여인을 안심시키는 온화한 목소리로 이렇게 말했다.

"마님, 걱정 마세요. 우리는 모두가 한 식구인걸요."

아줌마

아줌마라고 하는 유용한 존재를 처음 겪어 본 우리는 그것이 있을 법한 존재라고 재미있게 생각했었다. 태평양을 횡단하는 25일 동안의 험난한 항해를 마치고 요코하마에 도착한 우리는 매사가 뒤죽박죽인 것을 알았다. 1883년 우리가 일본에 도착했을 때 사공은 허리에 커다란 천을 하나 두른 이외에는 아무것도 입고 있지 않았다.

해안에 오르니 그는 짐 실은 마차를 끄는 말의 역할을 했으며 다른 사람들은 커다란 유모차처럼 생긴 작은 인력거에 우리를 태우고 끌었다. 인력거 안에는 또 다른 사람들이 앉아 아직도 천정에 붙은 통나무에서 널빤지를 톱으로 잘라 내고 있음을 볼 수 있었다. 그들은 톱질을 할 때 우리와는 달리 톱을 앞쪽으로 당기고 있었다.

숙소에 도착하니 책임자는 몸이 아픈 나의 아내를 위해 아줌마가 필요치 않은가를 물었다. 나는 그때 아줌마라는 단어를 처음 들었다. 그러나 그 사람도 그것이 무슨 의미인지를 말해 주지 않았고, 또 마치 그 발음이 라마[1] 라고 말하는 것처럼 들려 나는 그가 나에게 라마가 필요치 않느냐고 묻는 것으로 생각했다.

그리하여 이 이상한 나라에서는 사람이 말 노릇을 하고 소 대신에 라마를 사용하고 있다고 믿게 되었으며, 그들은 우유를 먹고 있는 것이 분명했기에

---

1) 라마(llama) : 남아메리카산 낙타를 의미함.

나는 잠자코 그들의 뜻에 따르면서 라마를 둘 곳이 있느냐고 물었다. 숙소에는 라마를 기를 수 있는 정상적인 부대시설이 있다고 생각한 나는 우유 짜는 일을 할 사람이 있느냐고 물었다.

서로 간에 여러 차례의 설명을 거친 뒤에 아줌마가 정식으로 고용되었다. 라마도 아니고 더구나 소도 아닌 그 아줌마는 우리 숙소의 담당이 되었다. 그는 즉각적으로 우리에게 우유를 대접했다. 그러나 그 우유는 소에서 직접 짜 온 것이 아니라 깡통에서 나온 것이었다.

25년 동안이나 깡통에 든 우유를 사용해 온 우리로서는 지금까지도 갓나온 우유를 먹어 배탈이라도 나는 위험을 겪기보다는 차라리 깡통에 든 무가당 분유를 먹고 있다. 그렇게 함으로써 우리는 그 요란스럽고도 왕왕 뒤늦은 배달꾼으로부터 겪는 고충을 덜고 있다. 구약 성경에 나오듯이 꿀이 흐르지는 않지만[2] 우유가 흐르고 있는 이 나라에서 우리는 그와 같은 고충을 자주 겪었다.

2) 『구약성서 창세기』 12 : 5 이하에 나오는 지명인 가나안을 의미함. 오늘날의 팔레스타인으로 요르단강 서안인데 여호와께서 유대인에게 약속한 "젖과 꿀이 흐르는 땅"임.

제 3 장 어느 망년회의 이야기

최근에 유행하고 있는 노래의 후렴 한 구절에는 다음과 같은 것이 있다.

"네가 하루 종일 일하면

네게 설탕이 생길 게다."

설탕을 차에 타 먹는 사람들에게 설탕이란 하나의 생활 필수품으로 여겨지고 있기 때문에 미국에서 차를 즐겨 마시는 사람으로서는 설탕을 얻으려고 애쓴다고 이를 사치라고 생각할 사람은 거의 없다. 그러나 설탕을 힘든 노동과 찌들인 절약의 댓가로 생각하려는 사람들도 있다.

바람이 몹시 불고 추운 어느 희끄무레한 새해 아침에 나는 조선의 어느 항구에 정박 중인 배 위에서 불편스럽게 머물고 있었다. 나는 그 자리에서 어느 한 아낙네가 이국에서 삶을 누리느라고 애쓰고 있다는 재미있는 이야기를 들은 적이 있다. 자기 자신과 자녀들의 생활을 위해 성공을 거두자 자기들은 매일 차를 마시고 또 때로는 설탕을 타서 먹을 수 있었다는 사실을 매우 뽐내고 있는 그 여자에게 설탕이란 얼마나 사치스러운가를 알고부터는 25년이 지난 오늘까지도 차 맛이 그 설탕으로 말미암아 더욱 달콤하게만 느껴진다.

그 여자는 알사스의 여자로서 예술가인 남편과 함께 일본을 다녀온 적이 있었다. 그 남편은 아내와 두 아이를 남겨 둔 채 장질부사로 죽었다. 그때

마침 그 여인은 월급 15달러(20엔)의 일자리를 구했다. 그 당시로서는 그만한 돈이라면 일본인들이 살기에는 넉넉한 액수였지만 외국에 나와 있는 서양 사람들로서는 생활하기가 벅찬 박봉이었다. 그들은 방을 빌려 한 침대 위에서 세 식구가 함께 잤다. 시장을 보아 오는 물건은 양이 적었으며, 그나마도 꼭 필요한 것들뿐이었다. 그 여자는 이렇게 말했다.

"지난날 우리는 쌀과 고기가 있었고 샐러드와 빵을 먹었어요. 그리고 때로는 빵에 버터도 발라서 먹었지요. 우리는 매일 차를 마셨으며 때로는 거기에 설탕을 타서 먹었습니다."

그러나 화로에서 끓고 있는 차 주전자에서 퍼지는 차 향기로 거의 도취되다시피 한 차의 나라의 한 도시에서 그는 그렇게 생활하고 있는 것이다.

"매주 일요일이면 우리는 호텔에 가곤 했었지. 그럴 때면 나의 고향 사람인 호텔 주인은 싼값에 붉은 포도주를 곁들인 정찬을 대접했지."

요즈음처럼 일주일씩이나 굶주리고 있는 그들에게 그 당시 일요일의 정찬이 얼마나 감미롭게 느껴지고 있을까! 엷게 깔린 눈 밑으로 황량하게 드러난 조선의 산언덕 위로 떠오르는 희끄무레한 아침 햇살을 바라보면서 우리는 그날 아침에 이 흥미 있고도 서글픈 이야기를 들었다.

우연한 만남

우리는 서로 지난 이야기를 나누려고 일부러 일어나 앉은 것은 아니었다. 우리는 고베를 출발하여 몇 몇 항구를 거쳐 제물포에 이르기까지의 6일 동안 매우 작은 한 일본 기선 안에서 참으로 우연히 만난 사람들이었다. 그 배 안에는 우리 외에 백인이라고는 스코틀랜드인 선장밖에 없었다. 그의 숙소는 갑판 위의 전면에 있었다.

우리는 섣달 그믐날 밤바람이 황량하게 부는 간 부산 앞 바다에 무사히 닻을 내렸다. 선실은 그 배의 고물 쪽 갑판 아래 위치하고 있었으며, 작은 담화실을 향해 문이 있었다. 이 담화실은 하갑판의 중앙으로 통하는 통로에 지나지 않는 곳으로서 반대편에 선실 문이 나 있었다. 좁은 식탁이 바닥 중앙에 비좁게 자리 잡고 있었다.

섣달 그믐날의 놀이

우리는 대한 해협의 바닷바람으로 배가 점잖게 흔들거리는 것을 즐기며 일찌거니 선실로 돌아왔다. 우리는 수부들의 방에서 이따금 노래가 들려오는 것을 들을 수 있었다. 그곳에서 일본인 수부들이 내일이면 다가올 새해를 위해 망년회를 시작하고 있었다. 그들은 이날을 위해 술도 넉넉하게 마련해 가지고 왔다.

그러나 자정이 가까워 흥이 점차 오르더니 이제 만취한 술꾼들이 얘기를 시작했다. 자정이 지나고 새해가 오자 수부들은 식당의 냄비와 국자를 들고 나와 활기차게 두들기며 요란스럽게 배 안을 돌아다녔다. 그들은 곧 유령처럼 소리치면서 마치 모든 정신 병원의 문이 열리기라도 한 듯이 냄비를 두들기며, 곧 그 작은 통로를 내려왔다.

그들은 나의 동행인 그 가엾은 여인이 머물고 있는 큰 선실로 들어갔다. 그 여인과 아이들의 비명은 배 안을 더욱 떠들썩하게 만들었다. 그 방에서 무슨 사고가 일어나고 있다고 생각한 나는 급히 그리로 갔다. 나는 수부들로부터 늦게 온 손님으로 열렬히 환영을 받았다. 이 골치 아픈 수부들은 우리의 주위를 빙빙 돌면서 마치 인디언들의 탈춤과 같은 춤을 추었다. 그러는 동안 그 가엾은 여인은 머리를 무릎에 박고 모든 성인 · 성녀들에게 자신의 가호를 빌고 있었다.

우리는 서로의 언어를 이해할 수는 없었지만 흥분된 이 주정뱅이들이 우리도 술을 마시고 주흥에 함께 놀아 주기를 바란다는 것을 알 수 있었다. 그들은 우리가 싫어하는 것도 아랑곳하지 않을 정도로 몹시 취해 있었다. 우리가 함께 놀기를 거절하자 그들은 싫어하는 빛을 보였다. 사태가 점점 더 심상치 않게 되자 드디어 다소 상식이 있어 보이는 한 일꾼과 사동이 끼어들더니 이러저러한 구실을 대면서 그들을 통로 밖으로 몰아내었다.

우리는 즉시 문을 막아 버렸다. 그러나 그 가엾은 알사스 여인과 자녀들의 눈물과 두려움에 그들은 가슴이 찔린 모양이었다. 그들은 다른 문으로 들어오려고 여러 차례 노력했다. 그리하여 우리는 옷을 모두 주워 입고 아이들을 안심시키고 밤새도록 그들을 따뜻하게 해주려고 노력하면서 그 밤을 앉아서 새웠다. 그 가엾은 여인이 절약심이 없이 사치를 부렸던 자신의 우스운 이야기를 나에게 털어놓은 것은 바로 그때였다.

날씨가 너무 고약스러워 우리는 어느 섬으로 배를 정박하였다. 부산을 떠난 그 다음날도 그렇게 지냈다. 흔들거리는 배 위에서 바라보니 그 섬의 맞은편 언덕 위에 있는 초가집은 지붕 위로 엷은 연기를 피우면서 우리를 부르는 듯이 보였다. 비록 그들은 나의 가엾은 동행인 그 여인의 이야기가 하나의 사치스러운 이야기로 비교될 만큼 꿋꿋이 절약하면서 살고 있다고는 하지만, 그들은 지금 배 멀미도 느끼지 않으면서 따사롭고 평화롭게만 느껴졌다.

왜냐하면 비바람에 망가진 저 초가 지붕 밑에 살고 있는 사람들은 "때때로는 설탕을 친" 향긋한 차야 마시지 못하겠지만 고기와 쌀과 소금을 가지고 있을 뿐만 아니라, 설탕과 같은 사치품이야 모르겠지만 그들 앞에는 차를 탄 따끈한 물이 있을 것이기 때문이다.

제 4 장 동양의 놀음

조조선 사람들은 남을 믿는 성품이 있다. 그들은 또한 지나치게 낙관적이며 다소 궤변적인 사람들에게 아무런 호소력도 갖지 못하는 것들을 털어놓기 좋아한다. 내가 일찍이 사귄 바 있는 한 조선 사람은 다음과 같은 일을 겪은 적이 있는데, 이는 나의 주장을 훌륭하게 예증해 주고 있다.

일찍이 나의 한 친구와 그의 몇 몇 동지들은 각 분야의 일자리들을 스스로 차지함으로써 벌이가 좋은 일자리가 외국인의 손으로 넘어가는 일이 없도록 하리라고 작정했다. 기선을 운행하는 것이 수지도 맞을 뿐만 아니라 운행 그 자체도 손쉬운 일이라고 여겨지자 그들은 한-일간의 항로를 개설하여 이 황금 노선이 외국인의 손으로 넘어가지 않도록 하리라고 결심했다.

그들은 물주를 모집하고 다량의 자본금도 모금했다. 그들의 눈에는 그것이 대단스럽게 보였으며 마치 쓸 만한 배도 구입할 수 있을 것만 같았다. 그들이 모금한 돈인 12만 냥은 일본 돈 1,200엔에 맞먹는 것이었다. 나의 친구는 일본을 다녀온 적이 있어 일본말도 알고 있었다. 그리하여 그는 그들의 첫 배를 구입하려고 일본의 어느 항구를 방문하는 임무를 맡았다.

나가사키에 도착한 그는 매우 예의바르고 친절한 한 일본인과 곧 친숙해졌다. 그 일본인은 그에게 도시를 구경시켜 주고 술과 음식도 대접했으며, 며칠 동안은 사업에 관한 깊은 이야기를 조심스럽게 회피했다. 며칠에 걸친 이와 같은 조심스러운 예비 공작을 마치자 동양에서도 그토록 유명한 그 일본인은, 외국인들이 조선을 약탈하거나 자원을 고갈시키지 못하도록 하려면 그와 같은 사업을 벌임에 조언이 필요하다는 사실을 극구 강조하기 시작했다.

그런 일본인의 충고는 매우 설득력이 있었다. 왜냐하면 그 충고는 그 조선 사람의 의견과 매우 일치했으며, 일본 사람의 의도가 어떤 저의에서 나온 것이 아님이 분명하고, 또 자기가 일본에 온 사업 목적과도 직접적으로 부합하기 때문이었다. 끈질기게 설득하기에 충분한 시간이 주어지자 그 새로운 동업자는 조선 사람이 애당초 생각한 이 사업을 하려면 기선을 운행하는 것이 가장 알맞다는 것을 암시해 주었다.

그 온후한 일본인 친구의 충고가 자신의 일본에 온 목적과 전적으로 부합하기 때문에 이 암시 또한 조선의 업자를 진심으로 공감시켰으며, 모든 것이 기이하리만큼 일치하는 것처럼 보였다. 매사에 마음이 맞는 그 일본인은 우연히 자기의 사촌을 만났는데, 그는 훌륭한 대형 기선을 가지고 있더라고 말함으로써 사업에 관한 더 이상의 논의는 끝났다.

그 사촌은 병든 아버지의 곁을 떠날 수 없으므로 배를 팔라고 말하면 쉽게 설득될 것 같다고 그는 말하고 이제 돈을 장만한 필요가 있다고 꾀었다. 사실을 알아본 결과 그 사촌은 배를 팔려 하고 있으며, 배 값은 그 조선 사람이 지불하고자 하는 1,200엔과 꼭 일치하고 있다는 데에까지 흥정이 진전되었다.

사기에 필요한 모든 예비 공작이 마무리되자 그는 원매자를 데리고 일본과 영국 사이를 왕래하는 반도동양기선운행상사의 대형 선박을 방문했다. 그는 원매자를 귀공자로 꾸며 외국 선박을 처음으로 구경하는 것처럼 선주에게 소개했다. 그들은 친절한 영접을 받았으며 배 위를 모두 구경했다. 그러는 동안 그 일본인은 통역이 되어 양측에게 자기가 원하는 엉뚱한 말을 건네주었다.

배를 돌아보고 매우 만족한 이 두 동업자는 해안으로 내려왔다. 그곳에서 그 명망 높은 사촌은 매도 증서를 작성하고 날인했다. 돈이 지불되자 그 일본인 사기꾼은 자기 고향으로 돌아갔다. 다음날 그 조선 사람은 배에 올라 제물포로 가라고 선장에게 명령했다. 이 귀찮은 조선 사람을 배에서 끌어내리는 데에는 경찰의 봉사가 필요했다. 그는 자기의 온후한 친구의 행방을 찾을 수가 없었다. 이리하여 그는 최초의 조선 선박 회사의 자본금을 날려 버리고 말았다.

제 5 장 극동의 기선 여행

산호의 섬들

나는 12회에 걸쳐 태평양 횡단의 항해를 했는데, 그 가운데 한 번은 미국 상원의원과 동행한 적이 있었다. 우리가 탄 배는 그의 호의로 매우 아름다운 환상산호열도를 스치면서 항해한 적이 있다. 이 열도는 하와이로부터 거의 1,800마일 지점에까지 뻗어 있다. 그 아름다움이란 영원히 잊을 수가 없다.

이 열도 가운데 어느 것은 바람 부는 쪽을 향해 높이 솟은 작은 돌기들로 이루어진 단순한 환상 열도이다. 이곳에는 날카롭고 삐죽하고 바위처럼 생긴 것들이 끊임없이 몰려오는 파도를 효과적으로 막아내고 있다. 그와는 달리 환초로 둘러싸인 해면의 물은 아름다운 연녹색의 수정처럼 평화롭게 햇볕을 쪼이고 있다.

그 밖의 모래톱들은 몇 몇 곳에서 동식물들을 충분히 서식시키고 있어 작은 산호의 성장을 훌륭하게 돕고 있다. 짙은 열대의 녹색을 갖춘 이 산호는 물의 엷은 반짝임과 대조를 이루면서 흰 파도와 산호모래를 배경으로 하여 많은 사람들이 흔히 보지 못한 장관을 이루고 있다.

거대한 대양의 부풀어 오른 앞가슴 위에 붙은 조용한 보석과 같은 초호는 배가 풍랑을 피하기 위한 피난처로 적격이 될 만큼 조용하고 평화롭게 보이며, 특히 각 초호에는 다소 편의로운 입구도 갖추어져 있다. 그러한 섬 가운데 하나가 오늘날 태평양 횡단 전선과 관련하여 이용되고 있지만 그 섬은 이용할 만한 조건이 갖추어진 여러 섬 가운데 하나에 불과할 따름이다.

초호의 조용한 물결은 배가 정박하기에는 너무 낮은 것이 보통이며 낮은 모래톱은 바람막이가 되어 배를 보호 할 수 없다. 초호의 밖에서 작업을 하는 것은 너무 위험하기 때문에 선박들은 더 넓은 정박소를 만드느라고 애쓰고 있다.

쥐의 섬

들리는 바에 따르면 이 섬들 가운데 어느 한 곳에는 쥐가 너무 번성하여 상륙이 위험하다고 한다. 이 쥐들은 어느 난파선으로부터 옮겨온 것이다. 산호모래 위로 올라왔다가 바다로 돌아가지 못한 물고기를 먹고사는 이들은 너무도 번식률이 빨라 다른 생물들은 그 가운데서 살 수가 없다. 바다에서 조난을 당해 이 비정의 땅에 상륙했던 난파 선원들은 이 쥐떼의 습격을 받아 잡아먹혔다는 얘기도 들린다. 그러나 이러한 이야기는 선장이 재미 삼아 꾸며낸 이야기에 지나지 않는 것으로 보인다.

여름의 바다

매일 즐기는 크리켓이나 굴렁쇠 던지는 놀음에 방해가 되지 않을 만큼 배를 조용하게 운행하는 동안 이 남쪽 지방의 여름 바다를 항해하면서, 바닷물이 끊임없이 한 길 깊이로 흘러 들어오고 있는 중갑판의 거대한 실험 수영장을 가까이 가서 보노라면 우리는 발보아[1]의 학술 용어에 전적으로 공

1) 발보아(Vasco de Balboa : 1475~1517) : 스페인의 탐험가. 1513년에 파나마지협을 횡

감하게 되며, 이 광막한 열대의 해면에 "태평양"이라는 칭호를 기꺼이 주게 된다.

대서양 지방의 여행자들은 아마 그 이름 때문인지 태평양에 관해 많은 것을 기대한다. 태평양을 여행하다 보면 그 나름대로 운치가 있기는 하지만 그 가운데 어느 것은 고약스럽고 심술궂기도 하다. 어느 스코틀랜드인 선장은 안개 낀 알류산열도를 지나는 북태평양 항로에 운명을 맡기기보다는 차라리 그보다 덜 저주스러운 적을 만나고 싶노라고 실토하는 것을 들은 적이 있다.

고약스러운 해안의 일기

태평양은 넓은 육지를 침식하면서 점차 넓어진 것으로 보인다. 미 대륙과 일본열도를 포함한 아시아 대륙에 접근해 보면, 태평양은 항상 못된 존재로 행동하는 것으로 보인다. 언제인가 일본취항선을 타고 샌프란시스코를 출발했을 때 해안에 다소의 피해를 입힐 정도의 강풍이 불어오고 있었다.

장차 무슨 일이 일어나리라는 것을 예상한 우리는 배의 갑판에 보이는 물건보다는 침대를 고정시키기 위해 더욱 신경을 쓰면서 목전에 다가오는 사태에 대비하여 우리의 소지품과 준비물들을 싸서 넣느라고 여념이 없었다. 곧 닥쳐오리라고 여겨지는 사태를 암시해 주자 어떤 관광객들은 무슨 일이 있어도 살아서 금문교나 한 번 더 보고 싶노라고 말했다.

그들은 결국 별 일 없이 금문교를 다시 볼 수 있었다. 그 배는 사주의 거대한 파도를 만나자 분명히 항진을 멈추었을 뿐만 아니라, 자연의 그와 같은 간섭에 화가 치밀어 오르기는 했지만, 이빨에 먹이를 물고 있는 말처럼

단하고 유럽인으로서 최초로 태평양의 발견자가 되었다. 그 뒤 파나마가 스페인영임을 선언했으나 반역자로 처형됨.

잠시 머리를 흔들더니 소용돌이치며 밀려오는 파도 속으로 미친 듯이 빨려 들어가는 것도 보았다. 이곳에서 그 배는 다시 항로를 잡기는 했지만 앞뒤로 심하게 요동쳤다.

그 착한 사람들이 금문교를 다시 보리라는 희망을 단념하고 눅눅해진 담요를 뒤집어쓰고 가방과 트렁크가 바닥에서 이리저리 구르며 좇아다니는 선실로 들어왔다는 이야기는 듣기에도 측은한 일이었다. 그들로서는 차라리 매사를 잊고 침대로 뛰어드는 것이 덜 위험했기 때문이었다. 우리 옆에 있던 한 늙은 부부는 배에 있는 동안 아예 선반 침대 위로 몸을 던졌다.

큰 소리로 울부짖는 그들의 슬픔을 위로하려고 조금 뒤 우리가 그들에게 여급을 불러왔으나 그 가엾은 노파는 너무도 슬퍼 모자도 거둘 수가 없었다. 그리하여 그는 마치 갑판 위에라도 나온 것처럼 옷을 입고 그 밤을 지냈다. 호놀룰루에 이르기까지 고약한 날씨는 계속되었다. 그곳을 지나자 일본 근해에 이르기까지 바다는 물방아 저수지처럼 잔잔했다.

최초의 여행

우리의 낡은 북경호를 타고 최초로 태평양을 여행했다. 그때의 여행은 나의 12회에 걸친 태평양 횡단 가운데 가장 고생스러운 것이었다. 마지막 여행이 가장 즐거웠다. 1883년에 이루어진 최초의 여행에서 우리는 육지를 떠난 뒤 25일 동안 바다에서 보냈다. 선객의 좌석 명단에 따라 우리는 그 배의 고물 오른쪽에 있는 선실에서 지내지 않을 수 없었다.

부두에 정박하고 있는 그 배는 대형 선박이었으며, 다른 어느 것보다도 우리를 반갑게 맞아 주는 것 같았다. 그 무렵의 여행이란 파도에 대해 속수무책인 조건 속에서 오직 평안함을 찾으려는 노력에 불과한 것이라는 점을 깨닫게 될 때까지만 해도 우리는 이번의 여행을 갖게 된 행운을 자축했다.

마치 화가 몹시 치밀어 날뛰는 거대한 물뱀의 꼬리 부분에 앉아 있는 것

같기는 했지만 우리는 배를 타고 있는 동안 몸이 아래위로 흔들리고 이리저리 나동그라졌다. 배가 파도 꼭대기에 올라앉아 평형을 이루거나 아니면 고물이 하늘로 향해 앞으로 꼬꾸라질 때면 우리의 선실 바로 밑에 붙은 스크루는 공중에서 미친 듯이 돌아가고 있었다.

그럴 때마다 우리는 기관의 모든 부분이 박살났으리라고 믿었다. 그러다가도 고물이 가라앉고 프로펠러는 다시 물을 휘젓기 시작했다. 선실에 고정되지 않은 물건들이 고물 쪽을 향해 휩쓸려 가는 동안 우리는 분명히 고물 밑바닥을 향해 맨 앞장에 서 있는 것처럼 보였다. 항해는 처음부터 끝까지 긴 악몽의 연속이었으며, 가끔씩 안도의 숨을 쉬었다.

그 뒤 계속된 세 번의 여행 때에는 낡은 오세아닉호를 탔는데 그 이유는 선실이 배의 중앙에 위치하고 있었기 때문이었다. 사실상 이 배는 지난날 대서양 노선을 항해하던 선박으로서 승객들이 활동하는 곳의 가장자리에 선실을 마련하지 않고 그와 같이 배의 중심부에 선실을 마련한 최초의 배였다. 북경호나 오세아닉호는 모두가 이제는 지난날의 것들이므로 여기에서 이러니 저러니 해도 무방할 것이다.

이상한 나라 일본

우리는 첫 번째 태평양 횡단 여행의 끝 무렵에 우연히 요코하마에 정박한 일이 있었다. 이때 우리는 신생 일본에 관해 많은 것을 알았다. 우리는 미국의 여러 대학에서 공부한 일본의 지식인들을 만났다. 우리는 여러 가지로 상상해 보았다. 옷이라고는 훈도시[2]만을 입은 사람들이 젓는 20척의 작은 거룻배[三板]이 우리의 배를 둘러싸는 것을 보고서야 무엇인가가 잘못되었

2) 훈도시(ふんどし, 褌) : 일본인들이 국부를 가리기 위해 입는 기저귀 모습의 하의.

음을 알았다. 그토록 폭풍이 몰아치는 바다에서 우리는 길을 잃고 남태평양의 어느 섬에 닻을 내린 적이 있지 않았던가?

우리가 생각하고 있는 환상의 나라 일본이 이럴 수 없는 것임이 분명했다. 그러나 지난 25년 동안 이 나라에는 커다란 변화가 일어났으며, 지금은 충분한 옷으로 몸을 가리도록 법으로 규정하고 있다. 이러한 법규는 도쿄에 주차하고 있는 외교관들의 어린 딸에게도 적용되는 등, 가끔 잘못 운영되는 경우가 있다. 그 아이는 여름 양말의 윗부분으로부터 무릎에 이르기까지 살이 드러난 것처럼 팔뚝을 드러내고 외출을 했다가 풍기 단속 법규를 어겼다고 하여 체포되었다.

우연한 여행

1889년에 우리는 캐나디안 퍼시픽 철도회사에 소속된 한 부정기 화물선인 포트 아우구스타호를 타고 운명적인 여행을 떠났다. 이 당시 화물선이 취항하고 있는 동안 훌륭한 선박들이 건조 중에 있었다. 그 배는 해적선처럼 보이는 길쭉한 선박으로서 우리가 승선하기에 앞서 단 두 번 태평양 항로를 취항했다. 그 배는 태평양 취항이 부적당하다고 생각했기 때문에 우리를 수송한 것이 마지막 항해가 되었다.

그 배에는 승객 전원의 숙박을 위해 후갑판 위에 작은 집이 하나 있었다. 이 집에는 한 줄로 늘어선 작은 객실 이외에 작은 식당이 있었다. 이 식당에서 우리는 편지를 쓰고 휴식도 취했다. 두 개의 식탁과 한 개의 식기 선반이 방안의 대부분을 차지하고 있었으며, 방 옆에는 긴 걸상이 놓여 있었다. 식사가 나오지 않는 동안이면 승객들은 이곳을 이용했다. 이 배는 호주와의 무역을 위해 건조된 것이다.

식당은 매끄럽게 단장되어 있어 바다를 항해하는 데에는 적합했던 것 같았다. 그러나 항상 안개가 끼어 차가운 벽과 반들거리는 천장에 물방울이지는 알류산열도 근해를 항해할 때면 곳곳에서 물방울이 끊임없이 떨어져 식당을 눅눅하고 끈적끈적하게 만들기 때문에 여행에는 전혀 적합하지 않았다.

무시무시한 광경

갑판 밑의 3등 선실에는 5백 명의 중국인이 있었는데 그들 가운데 대부분은 미국에 있는 동안 너무 혹사당한 데다가 영양실조마저 겹쳐 몸이 허약했으므로 그토록 그리던 고국에 돌아가는 중도에서 죽었다. 일반적으로 선박회사는 그들을 고국에 데려다 준다는 계약을 맺어야 하므로 선주의 책임 명세서에는 시체를 썩지 않도록 하는 문제와 성인들의 시체를 유골로 만드는 데에 관한 사항이 분명히 명시되어 있다.

샌프란시스코에서 출항하는 항로에서 항해 중에 죽은 중국인들의 시체가 비소 주사를 맞고 보관되어 있는 것을 나는 본 적이 있다. 그러나 이번에 내가 탄 부정기 화물선에는 비록 규정상으로는 항해를 하다가 죽은 중국의 3등 승객들을 본국까지 운구한다고 되어 있었지만, 위와 같은 조치가 취해진 것을 볼 수는 없었다.

감옥과 같이 밀폐된 선실의 공기가 너무 갑갑하고 배가 너무 흔들려 몇몇 노약자들은 견디지 못하고 죽어 갔다. 시체는 보트에 실려 선박 측면의 기둥에 매달려 있었는데 그들 가운데 하나는 우리가 묵고 있는 선실의 맞은편에 걸려 있어 배가 선회할 때면 선실 유리창 앞에 바로 걸려 있는 그 끔찍스러운 시체 보트를 볼 수가 있었다.

일기는 생각했던 대로 고약스러웠다. 강풍은 계속 몰아쳤으며 파도는 기절할 만큼 거세게 몰아쳤다. 날씨는 춥고 눅눅했으며 우리의 위치를 알아볼 수도 없을 만큼 먹구름이 끼었다. 모든 화물은 3등 선실의 중국인들을 편하게 해주려고 중창으로부터 다른 곳으로 옮겨졌다. 그렇게 되니 바닥에 화물이 없어 그 배는 선장의 말처럼 "물 위의 풍선같이" 가볍게 흔들렸다. 배가 앞뒤와 상하로 요동하고 스크루가 허공에서 돌아가니 몇 군데의 기관이 고장 나 우리는 알류산열도를 따라 3일 동안을 표류했다.

돛대 위의 전깃불

이와 같이 소동이 일어나고 있던 어느 날 밤 나는 졸고 있었다. 밤하늘은 맑았으며 파도는 높이 출렁거렸으나 비가 멈춘 뒤의 별들은 유난히 반짝이고 있었다. 조용하던 순간 아내가 서둘러 깨우는 바람에 일어난 나는 배의 전면에 한 항구가 나타났음을 보았으며, 사방에 불빛이 비치고 있음을 보고 놀랐다.

항구 어귀의 꼭대기에는 불빛이 보였고 배들의 돛대 위에도 반짝이고 있었다. 돛 줄의 끝에는 불빛이 매달려 있었고 사방으로 불빛이 달린 장식이 점처럼 늘어져 있었다. 자세히 보니 그것은 돛대 위에 달린 전깃불들의 멋진 모습이었다. 때때로 정전이 되기도 했다.

그토록 폭풍이 몰아치는 거친 바다 위에서 표류하는 항해 불능의 배를 타고 죽음처럼 적막한 밤중에 그러한 모습을 처음 보았을 때 무척 무서운 생각이 드는 것은 당연했다. 설상가상으로 1등 항해사는 다리가 부러지고 밤잠을 못 이룬 데에다가 일정에 맞추어 목적지에 도달하지 못해 초조해진 선장은 너무도 침울해져 혼자 선실에 틀어 박혀 있었다.

반란

주위가 이토록 음산해지고 더 많은 중국인들이 죽어 보트에 시체가 가득해지자, 새로이 발생된 시체를 바다 속으로 던지기로 했다. 이러한 조치는 생존해 있는 몇 백 명의 중국인들의 반란을 초래했다. 한 선원이 나를 밖으로 불러내더니 나에게 권총이 있는 것을 알고서 배 안에 사고 가 일어났음을 알려 주면서, 나의 가족들이 이 배에 타고 있으니 내가 모든 의무를 다할 것을 기대한다고 말했다.

그는 나를 승강구에 배치시켜 놓고 단 한 명의 중국인도 갑판에 나오지 못하도록 하라고 말했다. 그러나 만약 지배인이 제일 먼저 올라온다면 그것은 매사가 만족스럽게 해결되었음을 의미한다고 말했다. 나는 얼마 동안 조바심을 내며 감시하고 있었는데 반갑게도 지배인이 나타남으로써 감시를 그만두었다. 그는 중국인들의 반란에 굴복한 것이다. 그는 시체를 소금에 절여 보이지 않는 곳에 쌓아 두었다.

기관도 수선하고 선장의 기분도 회복되었으며, 바다도 잔잔해졌다. 탱크 속의 물은 녹이 일거나 커피 색깔이 날 만큼 휘저어져 있었으나 이제는 여과된 깨끗한 물을 공급받았다. 심각한 식량 부족의 현상만 없다면 선상 생활이 매우 훌륭하게 호전되리라고 생각되었다.

식량 부족

우리 배에는 14~16일의 항해에 필요한 준비물밖에는 없었다. 그러나 항해가 25일까지 계속되자 나머지 며칠 동안 우리는 주로 화물칸에서 꺼낸 적은 분량의 밀가루로 빵을 만들어 연명하고 있었다.

그러던 어느 날 아침 삭막한 선실에 앉아 왕성한 식욕을 달래고 있던 우리는 선반 위에 잘 익은 햄을 발견하고는 깜짝 놀랐다. 우리는 점심시간이 될 때까지 기다리지도 못했고 어느 누군가가 칼로 나누어줄 때까지 기다리지도 못했다. 몇 쪽의 빵을 가지고 있던 우리는 그것으로 샌드위치를 만들어 즉석에서 게걸스레 먹어 치웠다.

나의 한 아들은 너무도 허기져 샌드위치를 먹는데 마치 굶은 강아지처럼 으르렁거렸다. 그 모습이 하도 겹나 우리는 그에게서 샌드위치를 뺏기까지

했다. 우리가 격식을 차리지 않은 것이 얼마나 다행한 일이었는지 모른다. 그것은 선장의 개인 소유물이었다. 그는 이토록 음식 부족이 심각할 때까지 그것을 간직해 오다가 애당초 생각한 대로 선물로 그대로 두기보다는 먹어 치우는 것이 좋으리라고 생각한 듯했다.

우리는 그 뒤에도 시설이 좋은 배를 타고 두 번이나 그 항로를 따라 극동으로 항해했다. 그럴 때마다 알류산열도 항로에서 일어나는 짙은 안개만 없다면 모든 것이 즐겁기만 했다. 이 23일 동안의 여행을 마치고 어느 상쾌한 아침 거대한 후지산을 바라보던 일은 얼마나 즐거웠던지 모른다. 후지산은 정봉에 눈이 덮인 채 우리 앞에 우뚝 솟아 있었다. 날씨조차 어찌나 맑았던지 봉우리가 우리의 손에 잡힐 것만 같았다.

살아남은 중국인들은 무사히 항구에 도착한 데 대해 해신에게 얼마나 성대하게 제사를 드렸는지 모른다. 해구는 그들이 뱃전에 뿌린 지폐로 하얗고, 배 위에는 거창한 제사를 드리려고 중국인들이 해안으로부터 사들여 삶아 놓은 수많은 갈색 오리와 새끼 돼지들로 아름답게 갑판을 치장했다. 그들은 제물로 드렸던 삶은 고기를 먹고, 해신에게는 모조 지폐를 바침으로써 자신과 해신들을 함께 즐겁게 했다. 그들에게는 해신들보다도 더 고기가 필요했음은 더 말할 나위도 없다.

태평양 항해 가운데 잊을 수 없는 것은 대형 화물선 미네소타호를 탔던 일인데, 이 배에는 포츠머드로 가는 러일전쟁의 강화 사절단들이 타고 있었다. 그 배는 어찌나 컸던지 깊은 바다에서 느끼는 점잖은 동요 이외에는 파도를 느낄 수 없는 것 같았다.

승객들의 짐은 그 배의 약간 앞쪽에 있는 갑판 위의 높다란 칸에 보관되고 있었기 때문에 선실의 유리창이 현창을 대신하고 있었다. 미국에서 싣고 온 이 배의 선적량은 기관차 57대 분에 해당한다고 한다. 음식 부족 현상 같은 것은 일어나지 않았음이 당연하며, 창가의 유리병 속에 꽂혀 있는 꽃은 해변에서처럼 안전하게 서 있었다.

중국인 지배인

태평양 여행을 하노라면 선실에서 일하는 중국인 사동이 매우 편리하다. 그의 봉사에 익숙해진 사람들은 중국인 하인의 우수함을 알 수가 있다. 조용하고 주의력이 있고 또 항상 곁에 따라다니는 사동은 육지 생활과 마찬가지로 바다 여행에 있어 이상적인 존재이다.

행하

태평양을 여행하던 가운데 우리는 중국에서 온 한 선교사 및 그의 가족들과 동행한 적이 있었다. 그 선교사의 아내와 아이들은 몸이 아파 상당한 주의를 필요로 했는데 선실의 사동이 기꺼이 그들을 돌보아 주어 선실의 눈길을 끌었다. 목적지에 도착하자 그 선교사는 사동의 신실함에 대해 무엇인가 사례를 하고 싶노라고 그 하인에게 말했다.

그 사동은 기꺼이 받겠다고 시늉을 하더니 멈칫했다. 그제야 그 선교사는 그가 원하는 것은 다름이 아니라 한 상자의 빈 약병이라는 것을 알았다. 병이 매우 귀하고, 또 그 병이 하인들의 특별 상여금으로 가치가 있는 중국의 내지에서 그 선교사는 오랫동안 산 적이 있었다. 샌프란시스코에서는 그 시세가 썩 좋지는 못하다는 사실을 그는 잊고 있는 것처럼 보였다.

행하는 오늘날 대서양 항해의 경우와 대체로 같다. 선실과 식당의 사동 그리고 하나밖에 없는 여급의 경우 1인당 5원(2달러 50센트)을 주며, 목욕탕의 사환, 구두닦이 그리고 그 밖의 사동들에게는 그들의 봉사에 걸맞은 행하를 준다. 항해의 거리를 고려한다면 이는 대서양 항해에서 주는 것보다는 싸다.

무료 목욕

태평양을 횡단하여 일본으로 기선 여행을 하던 중 우리는 바다 여행을 처음 하는 한 젊은이와 동행한 적이 있었다. 그는 선교 사업을 위해 해외로 나가던 터이라 그의 복장은 대학에서 입던 정복 그대로였다. 열대에 가까워지자 그는 더욱 견딜 수 없게 되었다.

그리하여 마침내 우리는 아무리 낭비적이라고는 할지라도 그에게 목욕을 시켜야겠다고 결정했다. 그는 용기를 내 선장을 찾아가 차라리 난폭하다고 표현하는 것이 좋을 태도로 목욕비가 얼마인가를 물어 보았다. 목욕은 무료이니 해도 좋다는 것을 안 그는 출발 당시에 하지 못했던 목욕을 하느라고 항해의 나머지 시간을 대부분 보내는 것 같았다.

태풍

때에 따라서 태평양은 일기가 불순하기는 하지만 태풍이 불어오는 계절의 일본이나 중국의 낮은 연안 해역보다 훨씬 더 좋다. 태풍이라 함은 비바람이 소용돌이치는 큰 회오리바람과 같은 것이다. 만약 배가 이러한 폭풍의 중심 부분에 빠졌다가는 아마 자취도 없이 사라질 것이다. 그러나 이 무렵 그 태풍 지역의 근해에 항해하는 선박들에게 주의보가 내리면 선박들은 극도로 위험한 항로를 벗어남으로써 안전을 도모한다.

1884년에 나는 상해로부터 제물포로 가는 남경호를 타고 나가사키의 길고 좁은 항구에 머물러 있었다. 태풍이 해안으로 다가오고 있다는 보도가 있자 스코틀랜드 출신의 선장은 태풍에 잡히지 않으려는 속셈으로 그의 말처럼 "쥐구멍의 생쥐처럼" 대양으로 항진했다. 우리는 좁은 대한해협에서 폭풍을 만났으며 배도 상당한 피해를 입었다. 그리하여 부산까지 13시간 걸리던 항해를 36시간 만에 도착했다.

선장은 선교까지 날아가 쑤셔 박혔으며, 우리의 선실은 바닷물로 씻기기는 했지만 2명의 승객과 나는 선반에 들러붙어 있었다. 나의 가구는 뱃전에 있었는데 그 밖의 화물들은 거의 없어졌다고 했다. 스크루가 해수 위로 치솟아 헛바퀴를 돌만큼 파도가 높아 정신마저 오락가락할 무렵 나는 상해에서 산 침대가 머리에 떠올랐다.

그 침대는 구리와 쇠로 된 신제품이었는데 꽤 좋은 것이었다. 그 동안 어찌해서 그 침대가 바퀴 위에 제대로 붙어 있었는지 신기하기만 했다. 그러나 스크루가 무서운 소리를 내면서 곤두박질을 칠 때 그 빈 선실 위로 날아다닌 것이 바로 그 아름다운 놋쇠 침대였음을 알 수 있었다.

그 뒤 한 달이 지나 가족을 만나러 돌아오는 길에 나가사키를 지나면서 나는 그 길고도 좁은 항구를 휩쓴 태풍이 남기고 간 무서운 파흔을 볼 수가 있었다. 지난번 보았을 때는 육중하니 닻이 걸려 있던 그 큰 배들이 아무 쓸모없을 만큼 파손되어 해변 위에 엎혀 있었다. 내가 기억하고 있는 것 가운데 하나는 호화 여객선인 웨스턴 벨레호였다.

나가사키를 떠날 때 그 배는 재목을 모두 내리고 다른 짐을 실은 다음 귀국 여행을 위해 말끔히 단장한 채 깃발을 펄럭이고 있었다. 머리도 빗지 않은 채 해변에 누워 있는 미인과 같은 이 배의 귀국 길을 바라보노라니 그것은 거룻배 이외에는 쓸모가 없음을 분명히 알 수가 있었다.

들리는 바에 따르면 그때의 태풍으로 일본인 몇 천 명이 죽었다고 한다. 자칫했으면 우리도 겪었을는지도 모르는 그 태풍을 비껴가면서 지혜와 용기를 보여준 그 용맹한 선장에게 우리는 감사의 뜻을 표시했다.

군함 여행

우리는 군사적인 목적으로 일본으로부터 조선으로 출항하는 군함을 타고 여행한 적이 몇 번인가 있었다. 언제 배를 출항할 것이며, 시간에 맞추어 목적지에 도착하려고 항속을 어떻게 늦추고 서두를 것인가를 물어 올 때는 기분이 묘해졌다. 우리가 나타나면 장교들로 하여금 법석을 피우고 불편케 해 주었을 뿐만 아니라 선장은 우리를 위해 그의 편안한 선실을 비워 주지 않을 수 없었다는 사실을 제외한다면 군함 여행은 완벽한 것이었다.

중국 해안의 여행

초창기에 영국의 연안 함선이나 내항선을 타고 여행한다는 것은 매우 즐거운 일이었다. 이때 모든 사람들은 비서를 대동하도록 되어 있었으며, 배에서 제공하는 사치품에다가 그 배에 타고 있는 돈 많고도 친절한 해외 거주자들이 가지고 온 신선한 과일과 진미들도 있었다.

1883년에 양자강을 여행할 때의 일이었다. 우리가 들어 있던 침실에는 2인용 침대 네 개와 모기장이 있었다. 그 방은 마치 제독의 방과 같았다. 몇 사람 되지 않는 외국 여행자들은 중국인들이 빽빽이 들어앉아 냄새가 풍기는 선미의 3등 선실과는 멀찌가니 떨어져 있는 선수 쪽에 자리를 잡았다.

중국인들은 선반 위에 포개어 밀항을 하고 있었다. 그들은 자기와 같은 사람들끼리 동행할 수 있는 것이 몹시도 즐거웠던지 행복하게만 보였다. 그들은 여행하는 동안에 많은 신세를 지고 있었기 때문에 선주의 이익을 위해 열심히 봉사하는 것은 당연한 일이었다.

해적

평화롭게 여행하는 동안 우리의 마음을 일깨워 주는 자그마한 존재가 있었다. 그것은 다름이 아니라 마스트 주변의 선반에 세워져 있는 구식 대포들의 으르렁거리는 소리였다. 이러한 현상은 우리의 호화로운 방으로 말미암은 평화로운 모습의 또 다른 이면이라고 할 수가 있는 것이다. 으르렁거리는 소리는 주선실을 울리며 지나갔다.

해적들이 이 연안을 운행하는 배들을 공격하는 일이란 흔히 있는 일이며, 남해안 일대에서는 더욱 그러했다. 해적 무리들은 아무런 의심도 품고 있지 않는 3등 선실의 중국인들 사이에 섞여 여행을 하다가 적당한 때를 틈타 봉기하여 선원들을 죽이고 배를 해변에 대고 약탈한 다음 도망치는 경우도 있다.

사이공

우리는 바람 부는 강을 거슬러 배를 타고 사이공을 가본 적이 있다. 이 도시는 프랑스 조계에 있는 고색창연한 도시로서 안남 땅에 있는 파리의 축도라고 할 수 있다. 프랑스 여객선의 고물이 나뭇가지들을 스칠 때면 배의 돛대는 급선회를 하면서 반대편 강둑에까지 뻗쳐 나가는 경우도 있었다.

우리는 사이공에 살고 있는 어느 부유한 사람으로부터 환대를 받은 적이 있었는데 정찬에 초대받은 자리에 안남의 고양이가 뛰어올라 깜짝 놀란 적이 있었다. 고양이에게 그런 재주가 있다는 것을 모르는 바는 아니었지만 매우 놀라운 일이었다. 고양이는 음식의 냄새를 맡으면서 우아하게 걷고 있었지만 아무것도 훼방하지는 않았다.

그 고양이는 아주 잘 사육되어 있었기 때문에 자기 접시 이외의 것은 먹지 않았으며, 닭고기와 쌀밥만을 항상 받았다. 조선 사람들이 그것을 보았더라면 질겁했을 것이다. 왜냐하면 다른 곳에서 설명하고 있는 바와 같이 조선 사람들은 고양이가 밥상에 오르는 것은 질색하기 때문이다.

사이공의 식당이나 호텔은 보도 위의 천막 아래나 집 앞의 노대 위에 식탁을 차려 놓고 있어 아침저녁으로 시원한 공기를 마실 수도 있고 옷을 잘 입은 행인들을 바라보는 즐거움을 맛볼 수도 있다. 뜨거운 정오가 되면 그들은 낮잠을 잔다. 그런 줄도 모르고 우리는 그 시간에 나섰다가 역마차를 잡지 못해 배를 놓칠 뻔했다. 우리는 무척 애를 쓰고서야 겨우 안남인들이 끄는 인력거를 타고 배에 닿을 수가 있었다.

상해와 홍콩

상해는 교역량도 많고 즐비한 건물을 따라 길도 널찍이 뚫려 있어서 길이 훤하고 나지막한 인상을 받는 반면에 홍콩은 언덕 위에 위치하고 있어서 강안을 따라 띠처럼 널려 있다. 따라서 홍콩의 주택은 호화로운 정원에 서 있는 듯이 돋보이기 때문에 장엄하다.

홍콩은 무슨 봉, 무슨 봉 하는 언덕과 산으로 병풍처럼 둘러싸여 있어 오늘날도 기차는 톱니바퀴처럼 꼬불거리며 주택지에 이른다. 정상에 올라가면 즐거움을 맛볼 수 있는데 육지에 둘러싸인 물과 언덕의 경치가 볼 만하다. 홍콩이나 상해, 사이공이나 싱가포르의 공원은 참으로 볼 만하다.

러시아 선박

오늘날 지나해나 동해를 지나는 여행에는 주로 일본 선박을 이용하고 있지만, 최근에 있었던 러일전쟁 이전에는 러시아 선박을 타고 황해를 건너는 일이 종종 있었다. 러시아 선박 중의 어느 것들은 큼직하고 편안하다고는 하지만 옛날의 영국 선박만도 못하다.

러시아 선박을 탔을 때 우리는 다소 생소한 풍습을 보았는데 그것은 성의 구분에 관한 것이었다. 객실은 남녀가 구분되어 있어서 우리 부부는 서로 반대편 객실에 떨어져서 지냈다. 우리는 짐을 각기 나누어 꾸리지 않았기 때문에 이런 풍속은 불편한 것이었다. 우리는 차라리 객실을 공동으로 쓰기를 원했다. 선장에게 온갖 설득을 하고 사례를 들려준 후에야 겨우 만족할 만한 해결을 볼 수가 있었다. 사실상 우리는 그 문제를 해결하려고서 여자 손님 모두에게 각각 동의를 얻지 않을 수가 없었다.

화주

러시아의 어떤 선박에서 우리는 러시아인들에게 명성을 안겨 준 정찬을 대접받은 적이 있었다. 우리 앞에는 접시가 무더기로 쌓였다. 한 코스가 끝나 접시가 깨끗하게 되자 다음 코스를 위해 윗 접시가 치워지는 것 같았다. 음료수를 마시고 싶었던 나의 아내는 접시 더미 앞에 있는 물병을 집어 들고 물을 따랐다. 그는 그 안에 먹을 물이 있으려니 생각했다.

그런데 선장이 몹시 놀라는 표정을 짓는 것을 나는 보았다. 그는 그 물에 정화약을 섞지도 않고 마시려는 것에 놀라고 있음을 알 수 있었다. 그러나 아내가 막 그 물을 마시려 하자 선장은 큰 소리로 종업원을 불렀다. 그는 영어로 말할 줄 알았다. 그 종업원은 즉시 큰일이 난다는 시늉을 하면서 그 물을 마시지 못하도록 했다. 그제야 우리는 나의 아내가 집어 든 그것이 러시아 술 가운데에서도 제일 독하다는 보드카임을 알았다.

러시아의 식탁에 있는 접시 더미를 보자 나는 옛날 영국의 연안 여객선이 생각났다. 그 배에서는 이중으로 된 접시로 음식을 대접했었다. 이 이중 접시는 위아래가 코르크로 접합되어 있고 그 중간에 끓는 물을 넣어 부엌이나 서비스 테이블로부터 음식을 나르는 동안 그것들이 식지 않도록 해 주었다.

항로

예전 같으면 요코하마나 고베로부터 제물포를 가려면 4~6일이 걸렸는데 오늘날에는 많이 바뀌었다. 미국으로부터 조선을 가는 동안 겪어야 하는 고충 가운데 제일 견디기 어려운 것은 그 케케묵은 일본의 소형 연안 선박을 타는 일이었는데 요즈음에는 그렇지 않다. 왜냐하면 도쿄나 요코하마에서 기차를 타고 시모노세키에 도착하여 엄청나게 크고 편안한 기선으로 하룻밤 사이에 부산에 도착하면 다시 기차를 타고 서울이나 제물포에 도달할 수 있기 때문이다.

부산에서는 미국인들이 미국의 기차를 본 따서 표준 규격으로 부설한 철도를 타고 하루면 서울에 닿을 수가 있다. 식당으로 가면 믿고 먹을 만한 식사가 나오고 쾌적하게 달리는 기차 밖을 내다보면 먼 산허리에 자리 잡고 있는 고색창연한 사원이며, 멀찌가니 보이는 그림 같은 마을 풍경이며, 여기저기 언덕 위에 흰옷을 입고 앉아 있는 주민들의 모습, 그리고 기다란 담뱃대 위로 속절없이 피어오르는 담배 연기가 보인다.

그들의 표정을 보니 자기들의 땅으로부터 그 조용하던 은둔을 빼앗아 갔고 오랫동안 가꾸지 않아 잡초만 무성하던 도로가 북돋아지도록 한 외국인들의 괄목할 만한 개혁에 대하여는 아무런 흥미도 보이지 않았다.

제물포에서 배를 타고 황해를 건너 24시간을 가면 지부나 여순 또는 대련에 도착할 수 있으며, 대련에서 러시아인들이 부설한 기차를 타면 유럽에까지 갈 수가 있다. 기차 편으로 북경까지 갈 수도 있으며 거기에서 다시 중국인들이 부설한 기차를 타고 남쪽으로 가면 한구에 이르게 되는데, 여기서부터는 양자강을 따라 상해까지 내려가면 그 경치가 참으로 아름답다.

좋은 계절을 만나 미국에서 출발하여 일본으로 가 다시 조선으로 갔다가 대련으로 건너가 북경과 상해를 지나 한구를 지나 양자강을 따라 홍콩·싱가포르·콜롬보를 거쳐 수에즈 운하로 간다면 매우 즐거운 여행이 될 것이다. 그러나 우리가 즐긴 가장 즐거웠던 여행은 러시아 기차를 타고 대련으로부터 만주와 시베리아를 거쳐 센트 페테르부르크와 저 너머까지 갔던 때였다.

요즈음에는 서울에서 일본인이 부설한 기차를 타고 조선의 북부 지방에 이르러 러시아인들이 부설한 만주철도를 타면 여행하기 좋은 곳에 곧 이를 수 있다. 따라서 시모노세키에서 부산에 이르기까지 대한해협을 지나는 잠시 동안의 뱃길을 제외한다면 요코하마나 도쿄로부터 배를 타지 않고서도 유럽의 어느 곳에라도 갈 수가 있다.

제 6 장 시골과 도시의 풍물

배의 갑판에서 바라보면 조선의 해안은 너무도 황량하여 도무지 올라가 보고 싶은 마음이 들지 않는다. 이러한 현상은 조선 사람들이 자기네의 국토가 그렇게 보이도록 만들어 놓은 탓이다. 실제로는 물론이고 명목상으로도 "은자의 나라"[1]라고 할 수 있는 이 나라에서는 부산과 인천 두 곳을 제외하고서는 외국과 통교하는 것을 허락지 않으며, 그 두 곳에서의 통교마저도 엄격한 제약을 받는다.

외국인들이 그들의 국토에 상륙하여 입국하고 싶은 충동을 느끼지 못하도록 하려고 농부들은 연안의 언덕에 있는 나무와 숲을 모두 베어 버렸는데, 이렇게 함으로써 해안을 쓸쓸하고 매력 없는 모습으로 만들어 그곳을 지나가는 항해사들로 하여금 이 금단의 나라에 관심을 갖지 못하도록 만들어 놓았다.

그러나 진구렁의 황폐한 연안 저편의 가파른 산등성이를 꾹 참고 넘어가 보면 전혀 다른 인상을 받을 수 있는 기회가 기다리고 있다. 그 산등성이는

---

1) "은자(隱者)의 나라"(Hermit Nation) : 이러한 명칭은 애당초 그리피스(W. E. Griffis)의 노작인 『은자의 나라 한국』(*Corea : The Hermit Nation*, Charles Scribner's Sons, New York, 1907)에서 유래된 것이다. 이 책은 본 한말외국인기록 제3권으로 번역 · 출판되었다.

바다로부터 불어오는 차가운 바람으로부터 숲이 무성한 언덕과 평화로운 마을을 보호해 주고 있는 동시에, 기름진 논은 관개에 알맞은 높이의 언덕과 같은 작은 풀숲의 둑으로 둘러싸인 채 질펀히 펼쳐 있다. 계곡에서 흔히 볼 수 있는 개울물은 관개를 위해 더 높은 곳으로 끌어올려 그곳으로부터 낮은 곳으로 흘려보냄으로써 논으로 공급된다. 이런 일을 위해서는 상당히 긴 관개로의 건설이 필요한데 그런 것들은 서울 주위에서 볼 수가 있다. 조선 사람들이 쌀을 성공적으로 경작하고 있다는 사실은 그들이 농사에 적지 않은 기술과 근면함을 가지고 있음을 보여주는 것이다.

조선 사람들은 부지런한 중국인들만큼 성공적이지는 못한다고 할지라도 본질적으로 농업인이며, 또 능력 있는 농부들이다. 이곳에 살고 있는 중국인들은 조선 사람으로부터 땅을 빌어 경작하여 그 농산물을 조선 사람에게 되팔음으로써 유족한 생활을 하고 있다. 도로는 겨우 말이나 다닐 수 있고 바퀴 달린 마차는 다닐 수가 없어서 내륙 운송은 주로 소나 노새나 사람들이 줄을 이어 나르기 때문에 배를 제외하고서는 멀리까지 나를 수가 없다. 물론 믿고 다닐 만한 도로가 되도록 약간의 주의를 기울인 대로가 있다고는 하지만 이런 도로는 극히 드물고 또 너무 멀리 떨어져 있다.

다리와 홍수

조선에서는 홍수에 떠내려가지 않도록 하려고 가장 필요할 때에 다리를 걷어치우기 때문에 여행자들은 어이없이 웃을 때가 많다. 이 나라에서 다리가 놓여 있다는 것은 일기가 좋다는 것을 의미하는데 1년 가운데 이런 날은 거의 10개월쯤 된다. 이 다리는 놓았다 떼었다 할 수 있기 때문에 장마철이 되면 걷어치운다. 그렇지 않으면 홍수에 떠내려간다. 장마철이 되면 누구나 그만한 불편쯤은 각오해야 한다. 그리고 농사를 위해 비가 많이 내려야 할 계절이 되면 다소 불편하리만큼 옷이 젖는 정도에 대하여는 불평을 하지 않는 것 같다.

비가 쏟아지는 날이면 다리가 놓여 있던 자리에 삯배가 있음을 볼 수 있다. 물이 빠져 배도 띄울 수 없고 그렇다고 다리도 부설되어 있지 않을 경우에는 대체로 징검다리로 건넌다. 나루터 가까이에 있는 사람들은 강 건널 사람이 있으면 하던 일을 멈추고 약간의 보수를 받으며 여행자를 건네준다. 이것도 저것도 없을 때에는 발을 걷어붙이고 건너갈 수밖에 없다.

토호

이와 같이 꼬불꼬불한 오솔길을 따라 여행하다 보면 토호들이 살고 있는 다소 오만한 마을을 지나게 된다. 이 마을에는 가까운 곳에 종친들의 선산을 보호해 주는 나무숲이 있어 언덕이나 산모롱이를 아름답게 해준다. 이 토호의 하인들이 살고 있는 마을은 풍요와 만족함이 배어들어 있는 것처럼 보인다. 토호는 그 하인들과 서울에서 내려온 욕심 많은 관리들 틈에 끼어 있다.

그러한 장면은 일종의 봉건 제도에서나 볼 수 있는 한 폭의 훌륭한 그림이다. 토호의 자제들은 품위 있는 태도로써 자기들의 혈통을 뽐낸다. 이들의 자존심은 그들이 이 나라에서는 비교적 소수인 특권 가문이라는 사실과 관련이 있다. 이들의 대부분은 서로 아는 사이이거나 아니면 인척 관계인 것으로 보인다.

조선은 국토가 좁고 보잘것없는 나라이지만 유구한 문화를 가지고 있다. 이런 점에서 조선은 일본의 스승이다. 그들의 혈통과 가계에 대한 긍지는 이 고지식한 민족의 현저한 민족성의 하나가 되어 몇 세기 동안 그들의 은둔된 영도 내에 갇혀 있게 되었을 뿐만 아니라 자기들이 그 터전 안에서 태어날 수 있었던 것을 지극히 만족하게 생각하게 되었다.

그들이 바깥세상과 인연을 끊은 생활 속에 홀로 있고 싶다고 요구하게 되었다는 사실은 조금도 놀라울 것이 없다. 이와 같은 환경은 그들의 국토와 국토에 관련된 모든 것들의 중요성에 대해 과장된 생각을 갖도록 고무해 준 것밖에는 없으며 특히 지배 계급의 속성에 대한 집착이라는 면에서는 더욱 그러하다.

지평선

다시 국토의 문제를 살펴보자. 제물포에 정박 중인 배의 갑판에서 동쪽을 바라보면 서울 쪽에는 박공과 탑 모양으로 된 집들의 능선처럼 삐죽삐죽한 지평선을 볼 수가 있다. 망원경으로 바라보면 가장 높은 두 봉우리 사이의 움푹 들어간 곳에서 작은 흰 점을 볼 수가 있다. 이 점은 북한산성[2]의 성문이 열려 있는 모습이다.

1637년, 만주족들은 이 피난처를 점령하고서야 조선의 궁녀를 차지할 수 있었고, 왕으로부터 항복을 받을 수가 있었다. 왕은 그때까지도 다른 요새에서 안전하게 있었다. 이 산성에서의 저항은 너무도 대담했기 때문에 중국을 정복한 뒤 아직까지도 중국을 지배하고 있는 만주족들은 조선의 남녀에게 변발과 전족을 강요하지 못하고 국왕이 단순히 형식적으로 봉신(封臣)이 될 것을 요구하는 것으로 만족할 수밖에 없었다. 이와 같은 만주족의 요구는 청일전쟁의 결과로 일본이 이를 파기하는 날까지 계속되었다.

남한산성

서울에서 하루면 이 역사적인 피난처를 왕복할 수가 있다. 흥미 있는 장소가 많이 있겠지만 이 산성과 그리로 가는 도로에 관해 잠시 언급하는 것은 서울 근교에 관한 설명이 될 만하다. 깎아지른 듯한 절벽의 계곡을 따라

2) 이 점에 대해서는 필자가 오해하고 있다. 이하의 기록으로 볼 때 그 성은 남한산성이다.

가면 누구에게도 물어보지 않아도 곧장 성문에 도달하게 된다. 그런데 이 길은 돌아올 때는 좋지만 성으로 들어갈 때는 산을 돌면서 밋밋한 구릉을 따라 좀 더 먼 코스로 가는 것이 좋다.

서대문을 지나면 훌륭한 마찻길이 있다. 이 길을 따라가면 서울의 배후라고 할 수 있는 산줄기의 궁벽한 돌출부에 설치된 2개의 관문을 지나게 된다. 이 길을 따라 첫 관문을 지나면 나무가 울창한 산으로 둘러싸인 물 좋은 한 계곡이 나타나는데, 이곳을 나릿골이라고 한다. 물론 이곳은 묘지이다. 계곡과 눈에 보이는 토지는 온통 왕실의 저승으로 확보되어 있다.

개나리

옛날 이 지방의 터는 문자 그대로 계곡이 온통 개나리로 뒤덮여 있었기 때문에 서양 사람들이 들어오면서 "나릿골"이라는 이름을 얻게 된 곳이다. 그 꽃들은 너무도 화사하기 때문에 꺾을 수조차 없다. 그러나 우리가 그 꽃을 사고자 한다는 것을 안 이곳의 소년들이 마구잡이로 그 꽃들을 꺾었기 때문에 개나리는 이제 사실상 전멸되다시피 되었다.

이 미묘하게 생긴 개나리의 검은 점박이는 조선에서 흔히 볼 수 있다. 나는 언덕 위의 몇 에이커나 되는 개나리 밭에 앉아 점심을 먹은 적이 있다. 사실상 그곳은 꽃밭이었다. 그 가운데 어느 것은 매우 향기롭다. 그리고 어떤 것은 일 년 내내 꽃봉오리가 그대로 남아 있는 것처럼 보였다.

장마철이 되어 언덕을 훑어 내리는 급류는 엄청난 사태를 일으키고 화강암을 깨뜨려 평야를 온통 덮어 버리는 경우가 많다. 이럴 때면 수목이 온통 상하고 마치 삭은 사막과 같은 현상이 일어나는데, 이런 점에서 볼 때 산림에 관한 법규를 만드는 것이 시급하다.

모래 벌판을 지나 북한산으로 가는 길로 접어들면 매우 시원하게 우리를 맞아 주는 늙은 소나무 숲이 마치 아치처럼 길 위를 덮은 곳을 지나게 된다.

잘 다듬어진 무덤으로 뻗은 풀숲의 둔덕은 앉아서 쉬기에 매우 편안하며, 늙은 나무들이 그렇게 잘 가꾸어진 이유를 알 수가 있다. 어떤 조상들은 자기들의 장례에 쓰려고 이 아름다운 개나리를 마련해 두었으며 그의 자손들은 이를 잘 가꾸고 있다.

그림 같은 풍경들

서쪽으로 향하면 높은 능선을 옆으로 낀 소나무와 참나무의 숲이 훤히 펼쳐지는데 저녁이 되어 서산에 떨어지는 해가 비추는 그 아름다운 모습은 어느 곳을 가 보아도 그리 흔치 않다. 조선에서도 가장 비천한 나무장수 소년들이 두세 마리의 나귀를 끌고 서울에서 땔감을 판 다음 돌아오는 길이면 그것이 얼마나 아름다운 경치인 줄을 모른다고 할지라도 자기도 모르는 사이에 흥얼거리게 될 것이다. 그의 노래는 이렇게 시작한다.

그리고 이 노래는 눈에 보이지는 않지만 나무 사이로 들려오는 그 소리는 매우 음악적이다.

초여름이 되면 여기저기의 산골짜기에서 뻐꾸기의 노래 소리가 울려온다. 그리고 종달새가 하늘 높이 치솟아 날개를 치면서 아름다운 노래를 토해 낼 때면 그들의 가슴도 주위의 아름다움에 터질 것만 같은 모양이다. 나중에는 가마꾼조차도 말을 멈추고 그들의 노래를 듣는다.

큼직한 왜가리가 논에서 천천히 날아오른다. 흰 황새도 날개를 펄럭거리며 우아하게 비상하는데 언덕 위에 내릴 때에는 마치 미끄러지는 듯하다. 까치도 많다. 그들은 사람들을 따르며 다정하게 우지진다.

이제 길은 다시 꾸불꾸불한 산길로 향하게 되는데 부글거리며 끓어오르는 산골 물을 따라 점점 더 오르게 된다. 돌산을 개간한 뙈기밭에서 목화나 콩 또는 고추를 재배하여 겨우 살아가는 농부들은 이런 기회가 있는 것을 즐겁게 생각하면서, 잠시 일을 멈추고 지나가는 우리를 바라본다.

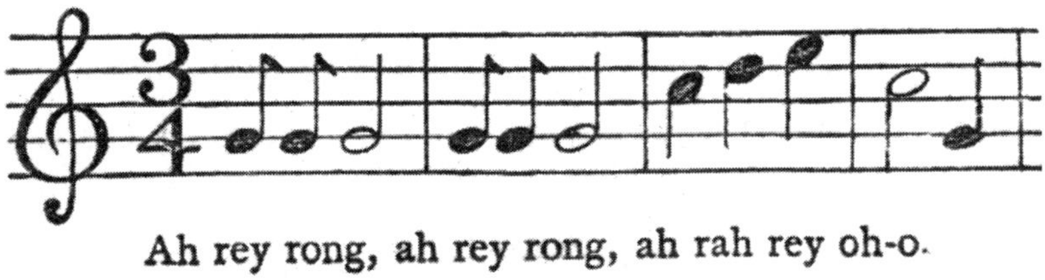

아리랑 악보

무릎이나 그 위까지 진흙 속에 담그고 모내기하는 사람들도 있다. 이럴 경우 그들의 앞장을 서서 흥을 돋우느라고 노래를 선창하는 사람의 농담을 제외한다면 아무도 우리에게 관심을 쏟지 않는다. 왜냐하면 모내기는 너무도 신경 써야 하는 작업이어서 한눈 팔 겨를이 없기 때문이다.

가을이 되면 농부들이 햇볕에 말리기 위해 초가지붕 위에 올려놓은 빨간 고추에서 찬란한 가을 정취를 느낄 수 있다. 쌀밥에는 많은 양념 반찬이 필요한데 이는 팽배한 위가 소화를 시키려면 자극이 필요하기 때문이다. 그러므로 조선의 음식에는 고추가 많이 들어간다.

어떤 양반 이야기

우리는 다시 길을 떠나 가난하지만 아늑해 보이는 어느 초가 마을을 지나게 되었다. 집집마다 여자를 감추려고 토담이나 울타리로 둘러싸여 있었다. 초가지붕이 있는 곳에서 조금 더 높은 곳에 으리으리한 기와집 한 채가 오만하게 서 있었다. 이 특수한 고을을 다스리는 하급 관리가 복잡한 대문을 지나 나다닌다.

크고, 둥글고, 다소 희뿌연 그의 안경은 학덕이 어떠한가를 보여준다. 그의 갓끈에 달린 보석 장식은 그의 직급을 말해 준다. 그 이웃에 살고 있는 농부들의 웃옷은 이음이 없는 반면에 그의 도포는 허리띠 높이까지 앞이 벌어져 산들바람에 뒤쪽으로 나부낀다. 다리를 꼬고 앉아 의젓하게 책을 읽는데 능숙한 것과 마찬가지로 좌우를 흔들며 걷는 발걸음은 그의 품위를 나타내는 중요한 인자가 된다.

이 작은 성주는 우아한 도포를 입고, 팔이 짧기 때문에 자신이 불을 붙이지 못해 다른 사람이 불을 켜야 할 만큼 긴 담뱃대를 휴대하고 자기의 작은 영역에서 당당하게 행세한다. 그는 법의 권위를 대표하고 스스로 구현하며, 동리 사람들은 문제의 해명과 판단을 이 원님에게 의뢰한다.

원님이 자신을 매우 자랑스럽게 생각하고 자기의 권력과 위엄을 분명히 의식하면서 많은 언덕과 산에 둘러싸인 그 마을을 흡족하게 생각하는 것과 마찬가지로, 그를 따르는 커다란 개는 잠시도 쉬지 않고 등 위로 꼬리를 흔들고 다니며 혹시 부하 노릇을 하는 이웃의 똥개 무리들이 이 행차 속에 뛰어들지 않을까 경계하는 눈초리로 그의 옆에 따라다닌다.

부락 사람들이 경의를 표시하고 이런 경의에 대해 낮은 말씨로 대꾸해 주는 것에 부락민들은 감사해 하는 듯이 자기 주인 옆을 따라 지나가는 동안 길가 집 대문의 뚫린 개구멍을 통해 눈여겨보고 있던 다른 집의 큰 개들은 개구멍을 빠져나와 원님의 큰 개를 향해 돌진해 나가곤 한다.

이 순박한 사람들은 언덕 저 멀리 육지가 있고, 동쪽 바다 건너 먼 곳에도 또한 다른 외국이 있다는 것을 알고 있다. 이곳 사람들은 수도 서울에 다녀온 적이 있을지 모르며 조선이 훌륭한 나라라는 말을 듣고 이 나라에서 삶의 기쁨을 나누려고 조선보다 삶의 혜택을 못 받는 나라들로부터 여러 날을 여행하면서 바다를 건너 살러 온 외국인들의 모습을 보았을는지도 모른다.

이 순박한 사람들은 그 나름으로 말다툼도 하고 슬픔도 느끼면서 소박한 기쁨을 가지고 있다. 마을 사람들은 따뜻한 잠자리를 가지고 있으며 배고픔도 모르고 늘 담배나 피우면서 종종 몇 잔의 술을 마시기도 한다. 그들은 그렇게 태평세월을 보내고 있다. 그러니 소위 서양의 문명이라는 것이 들어와 이들의 꿈을 깨뜨리는 것이 얼마나 가엾은 일인가?

예전에는 야망 찬 젊은이가 고전을 공부하여 그에 대한 지식을 얻을 수 있었고, 지식을 습득한 뒤에는 과거를 볼 수 있었으며, 과거에 급제하면 지극히 소망하던 벼슬에 오를 수 있었다. 심지어는 영의정의 자리에도 오를 수 있었으니, 더 바랄 것이 무엇이겠는가?

이제 조선 사람들은 그들이 오랫동안 경멸해 오던 일본 민족에게 멸망당했다는 것을 분개하고 있다는 사실은 놀라운 일이 아니다. 일본과 조선이 교류한 역사는 피로 물들어 있으며 일본의 신민들은 조선의 양속을 짓밟고 권리도 무시하고 연장자와 관리에 대해 존경도 전혀 나타내지 않으니 그럴 수밖에 없을 것이다.

불쌍한 조선 사람들이여! 그대들은 너무도 오랫동안 무사 안일의 세월을 보내 왔다. 아마도 조선의 땅이 남의 나라에 의해 망한 것이 아니라 지진과 화산에 의해 폐허가 되었더라면 조선은 벌써 곤한 잠 속에서 깨어났을지도 모른다.

그러나 조선 백성들이 잠자고 꿈꾸며 세상사에 개의치 않는 동안에 조선의 오랜 적인 일본인은 지금 당신들이 보고 있는 낯선 서양 사람들의 기술을 배우기에 분주했으며, 당신들의 선왕이 쌓은 저 요새로 뚫린 옛길을 기어오르고 있다. 기술을 배운 뒤에 일본인들은 지난날 자기들에게 문명을 전해 준 스승의 나라를 정복했으며, 원기왕성해진 지난날의 제자가 당신의 국토를 넘보는 이제, 한때는 저들의 선생이었으나 지금은 늙어빠진 퇴역이 된 현 왕조에게 여러분들은 무엇을 더 이상 기대할 수 있겠는가?

이제 조선의 백성들은 잠을 자고 있을 때가 아니다. 꿈의 시대가 지나갔고 이제는 날카로운 생존 경쟁 속에서 생존을 위한 투쟁이 닥쳐오고 있다. 길이라고는 오막살이집과 숲, 곡식, 밭들 사이로 꾸불꾸불 돌아서 바위투성이의 거친 능선을 지나 도시의 성벽과 아름다운 요새를 따라 가지런히 달리고 있다. 이 성벽은 옛날에 중국에서 뻗친 통로를 따라서 외적이 침입해 들어오는 것에 대비하여 구축한 것이며, 이 도로의 일부는 서울과 중국의 수도 북경을 연락하는 공로를 가로지르고 있다. 이 성벽은 총포를 사용하기 앞선 시대에 보루의 구실을 했다.

역시 높은 돌 벽으로 방어되어 있는 요새 지역의 낮은 쪽에는 산의 본 성채와 통하는 대문이 있다. 이 문을 지나가는 동안 주위의 풍경은 변화가 없다. 산에서 굴러 떨어져 통행에 방해가 되지만 통로를 차단하지는 않는 큰 덩어리의 암석들 주위에 산골짜기에서 흘러내리는 사나운 물결과 물거품이 일고 있는 냇물을 따라 우리는 매우 높은 산꼭대기를 향해 위로 올라간다. 이 동안에 아름답고 맑은 물웅덩이가 형성되어진다. 이 웅덩이는 송어가 자랄 만한 곳으로서 무더운 날씨에는 텀벙 뛰어들고 싶은 충동을 느끼게 한다.

즐거운 정자들

기와지붕으로 장식된 정자들이 냇물 위에 불쑥 앞으로 나와 있다. 이 정자에는 문이 없고 훤히 트인 채 조각한 나무 난간으로 둘레를 보호하고 있으며 봄철에는 조밀하게 무성한 야생 진달래의 연분홍빛으로 뒤덮여 있어 산등성이의 풍경을 즐길 수 있는 장소를 제공한다.

이 정자를 만들어 놓은 것이 기억에서 사라지지 않도록 정자 부근의 거대한 석대에는 주위의 아름다움을 노래한 구절이나 방문객들의 이름을 새겨 놓기도 한다. 조선 사람들은 이렇게 하여 자연을 사랑하는 본능을 나타내는 것이다.

높이 솟아 있는 산봉우리에 둘러싸인 분지에는 외국인들이 이따금씩 여름 한때를 지내는 사찰들이 자리 잡고 있고, 더 높은 곳으로 올라가면 마치 산등성이에 매달려 있는 듯이 보이는 곳이 있는데, 이곳에는 왕족들이 피난처를 찾아 이곳까지 피신할 때 궁전으로 사용했던 웅장한 건물들이 모여 있다.

내가 처음 조선에 갔을 때에도 새로운 사고방식이 소개됨으로써 이 산채들은 계속 사용될 수가 있었으며, 사실상 이 피난처들 가운데 한 건물은

1884년에 육지를 여행하던 미국의 한 해군 장교의 피난처로 사용되었다. 포위를 당하는 경우와 같은 긴급 사태에 대처하려고 항상 용품들이 이곳에 저장되어 있으며 물의 급수 사정만 좋으면 몇 마리의 가축을 기를 수 있고 또한 상당한 양의 채소도 재배할 수 있다.

피난처

필요한 경우에는 난리를 겪은 왕족들이 도시의 외곽의 높고 가파른 화강암의 능선을 돌아 도시에서 떨어진 인도를 따라 피신했다. 왕족들이 피난처로 들어가면 곡괭이를 든 병사들이 곧 능선을 파괴하여 도로가 없었던 때처럼 만들어 놓음으로써 추적을 어렵게 했다. 성벽 위에 주둔하고 있는 사람들은 비교적 안전하게 피난처를 방어할 수 있었다.

청명한 날이면 4대문 가운데 어느 문에서 도로로 25마일 떨어져 있는 제물포가 망원경을 통해 보이며 제물포와 문 사이에 한강이 수평선과 맞닿은 황해로 망각의 여로를 마칠 때까지 고개와 산 사이로 40마일을 꾸불꾸불하게 흘러가고 있는데 그 모습은 마치 은으로 만든 리본과 같다.

제물포에서 볼 때 작은 점에 불과한 문을 나와 우측으로 돌아가면 긴 동굴 앞 절벽에 작은 사찰이 하나 매달리듯이 자리 잡고 있으며 그 안에는 훌륭한 샘이 있다. 이곳까지 올라온 뒤 가장 소중한 것은 이 샘물이다. 샘에서 퐁퐁 솟아오르는 차고 깨끗하며 맑은 물은 좀처럼 맛보기 힘든 것이다. 이 물은 약수인 듯하다.

이 약수는 사람들로 하여금 몇 백 개의 불상들이 선반에 잘 진열되어 있는 이 절에 올라와 걸음을 멈추도록 유혹한다. 무엇으로도 고치지 못한 병일지라도 이 약수터에 올라올 때까지의 운동과 물, 공기와 경치는 사람들의 병을 고쳐 주기에 충분하다.

마부들이 말고삐가 아니라 말꼬리를 붙들고 이 절에서 내려올 때 걸린 시간은 올라갈 때 걸린 시간의 1/3밖에 걸리지 않는다. 새만이 날아서 올라갈 수 있는 듯이 보이는 높은 바위들 사이로, 또는 높은 곳에서 성장하는 울창한 수목들 틈에서 땔나무를 모으는 조선 사람들을 볼 수 있다.

한가로움이 없는 생활

아시아에서는 사람들과 멀리 떨어져 한적한 곳에 있기는 힘든 것 같다. 천연 그대로의 자연 속에 들어가 산등성이를 타고 협곡을 올라가면 홀로 있는 한적함과 모자를 공중으로 던지고 혼자서 큰 소리로 만세를 부르고 싶은 충동을 느끼면서 위쪽을 바라보면 땔나무를 찾아 헤매고 있는 자신의 모습을 무감각하게 바라보고 있는 조선 사람들의 눈길과 마주치게 된다.

흔히 이러한 일들이 우리의 신경에 거슬리기 쉽다. 이것은 인구가 조밀한 중국에서 훨씬 더 심각한 문제여서 중국에서는 문밖에 나가 혼자 조용히 있을 수 있는 기회란 우연이 아니고는 거의 없다.

제지업

얼마 동안 내려가면 인가가 나타나기 시작한다. 처음 보이는 것이 종이 만드는 사람들이다. 그들은 중국과 일본에서 호평을 받고 있는 양피지 비슷한 공문서용 종이를 만들려고 밖에서 일을 한다. 그들은 주로 뽕나무 껍질을 사용한다. 그들은 뽕나무 껍질을 나무의 재와 함께 샘물에 담가 마침내 펄프의 회색 빛깔의 뭉치가 될 때까지 부드럽게 만들어 작은 대나무 자리 위에 겹쳐서 펴놓는다.

이렇게 하여 물기가 빠지면 하나씩 떼어 햇볕에 말린 뒤 다리미로 매끈하게 한다. 다른 수공업자들과 마찬가지로 제지는 대를 이어 생업에 종사하는 여러 사람들의 손으로 가내에서 유지되고 있다. 그들의 선조들은 몇 초 사이에 매우 빠른 동작으로 여러 일을 해치울 수 있을 정도로 자신의 일생을 그 일에 바친 사람들이다.

우리들이 산에서 내려오는 동안 또 하나의 퐁퐁거리는 냇물이 있고, 그 옆에는 경치 좋은 곳에 물웅덩이와 그림 같은 정자가 자리 잡고 있다. 산등성이에서 좀 떨어진 아래쪽에는 돌로 쌓은 축대가 있고 축대 끝에는 복숭아나무, 살구나무, 배나무가 서 있다. 이들 나무는 줄을 지어 자라나는 벚나무 숲에 둘러싸여 있다. 그리고 이곳저곳에서 윤기가 자르르 흐르는 감나무와 영국의 호두나무 비슷한 나무도 서 있다.

감

가을이면 서리가 내려 감나무 잎이 떨어지고 크고 붉은 감들이 주렁주렁 매달려 있을 때도 볼 만하지만 이들 과실나무가 우거진 과수원으로 나가서 꽃망울을 감상하는 것은 멋있는 일이다. 이 감은 한국과 일본에서 가지를 잘라다가 플로리다와 캘리포니아에서 지금 자라고 있는 것과 접목한 것이다.

감은 신선할 때 먹으면 맛있는 과실이다. 감은 무화과와 같은 방법으로 저장할 수 있으며 저장이 잘되면 무화과만큼이나 맛이 좋다. 무르익었을 때의 감의 겉모양은 크고 붉은 토마토와 비슷하다.

서울

산등성이 저지대의 약간 높은 곳에 솟아 있는 대문을 통해 서울로 들어오면 시내로 들어가는 굽고 흰 도로가 보인다. 많은 낙엽과 기와 그리고 매혹적인 초가집들이 보이기까지는 매우 먼 거리를 가야 한다. 나지막하고 어둠침침한 색깔의 옹기종기한 민가는 밝은 색깔로 채색된 높은 궁전 건물들과 대조를 이루어 돋보인다.

그와는 달리 외국 공사관 건물과 꼭대기가 뾰족한 프랑스 성당이 단조로움에서 벗어나게 한다. 거리에는 남녀 어린이들의 옷에서 나타나는 색깔의 만화경 같은 모습들을 거의 볼 수 없다. 상점들이라고는 주택이나 작업실 앞에 있는 노점에 지나지 않는다. 인도가 따로 없고 당나귀, 황소, 마차, 전차, 그리고 사람들이 모두 모래 먼지나 진흙 속에서 서로 뒤범벅이 되어 있다.

거리

조선 사람들에게는 거리란 한 곳에서 다른 곳으로 가는 길에 불과하다. 비가 오물을 씻어 버리기 때문에 청소에 대해서는 특별히 관심을 쏟을 필요가 없는 것 같다. 외출이 필요하여 나갈 경우에는 가마에 앉아 가거나 말안장에 타고 가게 마련이다. 그러나 이제 미국 사람들이 전차를 들여왔으므로 심지어는 막노동자도 전차를 탈 수 있다.

예로부터 내려오는 풍속에 따르면 건물 외부나 건물의 바깥쪽을 미화한다는 것은 어리석은 짓일 수도 있다. 왜냐하면 외부 장식을 하여 자신의 부유함을 공공연하게 나타내면 재산을 탐내는 도적들을 끌어들이는 결과를 초래하기 때문이다.

그래서 거리에 접한 집들 가운데 어떤 집은 무거운 기와지붕이 무너지지 않도록 하려고 침대를 받쳐 놓고 있지만 그 내부는 연꽃이 피는 연못과 큰 나무숲들과 풀이 무성한 잔디밭을 갖추고 있는 매우 멋진 집들을 여러 채 감싸고 있을지도 모른다.

예술적인 가옥 내부

이 글을 쓰는 동안에 생각난 것이지만 흔히 내가 조선 사람들의 집을 방문했을 때 아름답게 조각한 내부의 나무문과 외부에 조각해 놓은 돌들이 풍화 작용으로 낡아 있는 것을 본 적이 있다. 이러한 모든 내부 치장은 불결한 큰 거리와 더럽고 좁은 골목길로 이어지고 있다. 이런 부유층의 주택은 구경할 만하다.

문 옆에 문지기의 숙소가 달려 있는 높은 지붕 아래의 문을 지나면 마굿간으로 둘러싸인 정원이 나온다. 정원에는 하급자들의 가마가 놓여 있고, 타고 온 사람은 큰 대문에 달린 작은 사잇문을 거쳐 안으로 들어간다. 가마를 타고 온 사람이 중요한 관직에 있는 사람이면 큰 대문이 열린다. 만일 가마에 타고 온 손님이 매우 높은 사람이면 가마는 곧장 안으로 들어가면서 여러 가지 소리를 지르는 음성과 돌쩌귀의 요란한 소리와 함께 문이 열린다.

현직 고관대작의 친지들이 찾아오면 가마와 그 손님을 별채로 모시게 된다. 이때 거창한 거실로 향하는 주인 나리의 방이 보이며 그 맞은편에는 아름다운 화원이 딸린 여인의 내실이 있다. 이 정원에 사는 사람들의 유일한 운동은 산책이다. 왜냐하면 그들의 지위가 높아 문이 달린 가마에 타고 가는 이외에는 걸어 나갈 수 없고 더군다나 야간에는 거리에 나가지 못하기 때문이다.

상류 계급의 주택

집의 내부에는 8평방피트의 작은 방이 2~4개 있다. 문이 같은 모양인 경우에는 일상 문을 위로 들어 올리거나 한쪽으로 밀어서 방이 트이도록 되어 있다. 방바닥은 갈색 대리석처럼 보이는 호화로운 유지로 덮어 장판한다. 추운 날씨에 가마를 타고 와서 몸을 웅크리고 방에 들어오는 사람은 문간에서 하인이 신발을 벗긴다. 버선발로 들어오는 사람의 발이 따뜻해지도록 방바닥 밑 구들에서 온기가 올라오도록 만들어져 있다.

때때로 큰 거울이 방 한쪽 면을 전부 가릴 정도이다. 시계와 한두 개의 자개장과 수놓은 병풍들이 실내를 장식하고 있다. 따뜻한 온돌방 위에는 몇 개의 자리가 깔려 있고 그 위에 앉아 담배를 피우고 때가 되면 잠도 잔다. 이 방은 침실이며 모든 것이 거실로 알맞게 꾸며져 있다. 천장과 창문, 벽은 흰 종이로 도배되어 있다.

상류 계급의 집들은 모두 단층이며 대지가 넓다. 여러 해 동안 우리들의 평안한 가정이었던 미국 대사관의 주택 지역은 35에이커이며, 이 주택은 순전히 한식 가옥이다. 우리는 집안 장식을 서구풍으로 고치고 잔디를 심으려고 몇 채의 건물들을 옮겨 다른 가옥들과 합쳐야 했다. 조선의 재래식 건물은 가능한 한 예술에 취미가 있는 방문객들의 즐거움을 자아내려고 원형대로 보존되어 있다. 방문객들은 대들보와 서까래가 그대로 노출되어 있고 깨끗한 백지로 덮여 있는 천정의 아름다움을 좋아한다.

소작인이나 품팔이 노동자의 오막살이는 비록 누추하다 할지라도 단단하고 작은 침실을 가지고 있다. 짙은 갈색 유지로 덮인 구들과 시멘트 방바닥은 하루에 두 번 밥을 지으려고 때는 불만으로도 매우 따뜻하다. 조선 사람들은 이 점에서 이웃 나라 사람보다 더 훌륭하다. 왜냐하면 일본의 가옥은 해로울 정도로 춥고 화로가 손을 쬐는 유일한 재래식 난방 장치일 뿐이며, 중국인들은 겨울의 혹한에도 결코 따뜻함을 모르기 때문이다.

일본인과 중국인들은 북부 지방에서 하는 식의 불에 달군 돌 이외에는 집을 따뜻하게 하는 방법이 없다. 그러나 중부의 가옥들은 추울 때도 그나마 전혀 온방 되지 못해 몸을 따뜻하게 하려고 옷을 겹으로 입을 뿐이다. 영국 여행가인 노만[3]은 조선을 여행하는 동안 놀랍고 아름다운 이 나라를 매우 칭찬했다. 그는 북경을 방문한 뒤 수도 서울에 이르러 쓴 글에서, 북경과 비교할 때 서울은 천국이라고 했다.

---

3) 노만(Henry Norman, Sir : 1858~1939) : 영국의 언론인이며 여행가로서 라디오 제작 전문가였음. 『데일리 크로니클』의 편집차장과 국회의원(1900~1910)을 거쳐 우정차관이 되었으며 극동과 러시아의 각지를 여행했다.

제 7 장 갑신정변

새로이 창설된 조선의 우정국에서 배달된 우리들의 첫 우편물은 크리스마스 선물이었다. 최초의 우정국은 1884년 12월 4일의 유혈 폭동이 일어난 후 얼마 동안 서울을 공포로 몰아넣었던 폭도들에 의해 파괴되었다. 보수적인 조선 사람들은 외국인들에 의한 개혁을 좋게 생각하지 않았다. 이러한 개혁 중의 하나가 우정국의 설립이었다. 우리들은 보수주의자들이 반격했을 때 2~3개월 동안 조선에 머물고 있었다. 그날 저녁 나는 서울에 머무르고 있던 두 명의 미국 친구의 숙소에서 저녁 식사를 하고 있었다. 친구 중의 하나는 실업가로서 조선을 자기의 유리한 본거지로 삼고 있었고, 다른 친구는 특수 임무를 띠고 조선에 주둔한 해군 장교[1]였다.

---

1) 초대 조선 주차 미국 공사로 현역 해군 장교였던 후트(Lucius Foote : 1826~1913)를 의미함. 한국 이름은 복덕(福德)임. 뉴욕 출신으로 아버지는 목사였다. 캘리포니아주 지방 판사(1856~1860)로 봉직하다가 연방관세국장(1861~1865)과 칠레 총영사(1878~1881)를 거쳐 1882년 5월 한미수호통상조약이 체결된 뒤 1883년 2월에 특명전권공사로 임명되었고, 1883년 5월부터 1885년까지 서울에 주재했다. 조선 공사를 사임한 뒤에는 샌프란시스코에 거주했다. 그가 언제부터 해군으로 복무했는지는 알려지지 않고 있다.

평화스러운 풍경

그날 밤 눈 밟는 소리를 내면서, 상쾌하고 차가운 달빛 아래 조용한 거리를 거쳐 돌아오는데 주의의 풍경이 너무도 평화스럽고 안온하여 나는 아내와 함께 산책을 하기로 했다. 과거 중국에서 살 때에는 호기심이 강하고 예의를 모르는 아시아인들이 웅성거리는 거리를 뚫고 함께 걸어간다는 것은 조심스럽기 짝이 없는 일이었다.

그때만 해도 우리는 우리의 새 집에서 어떤 이질감을 느끼지 못했고, 그렇다고 해서 생쥐가 튀어나올 염려도 없이 외국인들이 자유로이 배회할 수 있을 정도 이상의 즐거움을 느끼는 것도 아니었다. 이 고요한 밤은 우리들이 정착하여 살러 온 도시의 광경을 감상하기에 알맞은 듯이 보였다. 그날 밤은 조용하여 휘파람 소리나 지나가는 차들의 소음도 들리지 않았다.

포장도 되지 않은 거리에는 대궐로 들어가거나 나오는 벼슬아치의 말발굽 소리도 들리지 않았으며 눈에 띠는 것이라고는 옆으로 흔들거리며 소리 없이 지나가는 어떤 관리의 가마가 있을 뿐이었다. 긴 시간 동안 어떤 여인이 여성의 자유를 만끽하면서 분주하게 두들기는 다듬이 소리만이 멀리서 들려오고 있었다.

집과 건물을 둘러싼 하얀 벽들이 줄지어 있는 적막한 길가에는 고정된 등화도 없었고, 또는 불이 켜진 창문도 없었다. 눈에 보이는 불이라고는 다만 몇 몇 통행인이 들고 있는 초롱불에서 새어나오는 것뿐이었다. 길에서 만나는 사람들의 대부분은 여인들이었다. 이 여인들은 흰옷을 입고 장옷을 깊이 쓰고 있었으며 작은 밀촉에서 희미한 불빛이 비치는 작은 종이 호롱을 가지고 있었다.

도성의 문들을 닫기 위한 통행 금지 종이 울린 때부터 동이 틀 무렵 문을 열 때까지 높은 지위에 있는 사람의 시중을 드는 종들을 제외하고는 보통 사람들은 거리를 통행할 수가 없었다. 통행 금지는 여인들에게 적용되지 않았다. 여인들은 이 도시의 자유를 마음껏 누리는 것 같았다. 그들은 이 시간에 사교적인 방문도 하고 필요한 옥외 운동을 했다. 먼 나라에서 온 쓸쓸한 여인이 가보지 못한 이 도시의 거리를 걸어서 통행하는 첫 행차로는 이 시간이 가장 좋은 기회였다.

암살

그러나 그날 밤은 조용하면서 험악한 폭풍이 일고 있는 바다 밑과 같지는 않았다. 내가 집에 도착한 지 얼마 되지 않아 우정국의 개국을 축하하기 위한 연회가 베풀어지고 있는 장소에서 살인 사건이 일어났으니 될 수 있는 대로 속히 오라는 미국 공사 후트(L. Foote)의 요청을 적은 급한 전갈이 우리에게 전달되었다. 조선 군대의 호위를 받으면서 가마를 타고 도시를 급히 가로질러 나는 피의 세례를 받고 매우 흥분해 있는 외국의 사절들과 조선의 고관들을 만났다.

한편 그날 저녁 연회 석상의 주인공인 민영익 공은 동맥이 끊기고 머리와 몸이 일곱 군데나 칼에 찔리어 죽음을 목전에 두고 쓰러져 있었다. 그들은 우리와 체결한 조약을 비준하려고 미국에 갔다가 돌아온 지 얼마 안 되는 사람으로서, 조선에서는 왕 다음으로 위대한 사람이었다. 많은 위기와 염려 속에서 이 귀족의 건강이 회복되는 데에는 3개월이 걸렸다. 그 동안 최선을 다해 건강을 회복시켰으나 보기 흉한 흉터가 생겼고 건강이 회복된 후 그 조선인은 공포에 질려서 중국으로 가서 영주했다.[2]

---

2) 민영익은 1905년의 러일전쟁 이후에 친일 정권이 수립되자 상해로 망명하여 그곳에서 죽었다.

일본과 중국의 충돌

이 폭동은 중국의 지원을 받은 보수당과 일본의 지원을 받은 진보주의자들 사이의 투쟁이었다. 며칠 동안 격전이 계속되고 밤에는 암살당한 고관들의 주택에 불이 나 그 불빛이 시내를 환히 비쳤다. 일본인들은 최선을 다해 잘 싸웠지만 몇 천 명의 중국군에 견주어 다만 140명의 병력밖에 되지 않았다.

일본군은 마침내 아름다운 새 공사관의 건물을 불 지르고 그들이 장악했던 궁전을 포기하지 않을 수 없었다. 그들은 싸우면서 시내에서 빠져나와 제물포까지 가면서 싸움을 계속했다. 거리에는 40명 이상의 시체가 방치되어 있어 개들이 몇 주일 동안 시체들을 파먹고 있었다.

나는 그 동안 호위를 받으며 직업상 사방에 흩어져 있는 부상당한 조선 사람들과 중국인들을 찾아 다녔다. 부상당한 일본인은 없었다. 왜냐하면 어떤 안전한 지역으로 피신하지 못한 일본인들은 모두 살해되어 개밥이 되었기 때문이었다. 12명의 서양인은 소수의 일본 피난민과 함께 미국 공사관에 집합했다.

미국 공사관에는 한 해군 장교의 지휘하에 정규 호위병이 정문의 경계 근무를 했다. 뒤에 그 해군 장교는 중국 군인의 호송을 받으며 제물포에 있는 선박까지 일본 피난민을 인솔했다. 그 뒤 그는 이 일로 말미암아 일본 정부에서 표창을 받았다.

민영익의 소생

민영익 공은 드디어 건강이 회복되었다. 민영익 공이 서양 의학과 외과의 기술 덕분에 회복되자, 서양 의학과 외과 의학의 치료 효과를 과신한 수천 명의 조선 사람들을 치료하려고 병원이 세워졌다. 후에 그들은 나에게 바늘이 멈추어 "죽은" 시계들을 가지고 와서 다시 갈 수 있게 해 달라고 했다.

소용없는 총

난리가 일어난 동안 재미있는 일이 하나 있었다. 나는 아내와 아기를 위해 필요한 경우에 쓸 수 있도록 단 하나밖에 없던 리볼버 권총을 나의 아내에게 맡겨 두고 짧고 무거운 카빈총을 하나 빌렸다. 매우 불편하기는 했지만 나는 그것을 항상 휴대하고 다녔으며 밤에는 침대 밑에 두고 잤다.

난리가 끝나고 평화가 왔을 때 어느 날 나는 나의 사격술을 시험해 보려고 밖으로 나갔다. 몰골 없는 총을 쏘았으나 탄환이 나가지 않았다. 탄창에는 탄환이 가득 차 있었으나 총탄이 총의 구경보다 너무 컸기 때문이었다. 그렇지만 그 총은 자신감을 안겨 주었고 만약 그것이 없었더라면 일어났을지도 모르는 공격을 물리치는 데 제 구실을 할 수가 있었다.

우정국은 내가 받은 우편물과 함께 파괴되었다. 그러나 조선 사람들은 체신 업무와 같은 세계적인 기구를 용이하게 방해 할 수는 없었다. 파괴된 우정국의 뒤를 이어 그보다 더 훌륭한 우체국의 건립을 위한 계획이 이루어짐으로써 우표 수집가들을 위해 몇 종의 우표가 발행되었고 근대화 과정에 역행하려는 것이 얼마나 어리석은 것인지를 깨닫게 해주었다.

제 8 장 조선과 조선 사람들

인종

어느 학자는 미국의 원주민들이 조선에서 왔다고 추측하고 있다. 스페인 사람들이 태평양 연안에 관해 기록을 보관하고 있던 비교적 짧은 기간에 100척 이상의 목선이 일본 해류를 타고 알류산열도와 알래스카 해안을 따라 태평양을 횡단하여 표류했다고 한다. 이러한 사실은 유럽인들이 출현하기 이전에 많은 사람들이 미주연안에 도착했을지도 모른다는 것을 의미한다.

1888년에 워싱턴 주재 조선 공사관의 모임에서 당시 니카라과 공사는 조선 사람들이 자기 나라의 교육받은 원주민과 매우 비슷한 데 놀랐다고 말했다. 우리의 토착인인 인디언 종족들과 조선인들과는 매우 유사한 것이 사실이다.

백의민족

조선은 자신을 백의민족이라고 부르는 경향이 있다. 조선은 황해와 동해 사이에 뻗어 있는 시베리아의 연장이기도 하지만, 기후는 우리의 북·중부 기후와 비슷하다. 특히 겨울 날씨와 여름 2개월 동안의 장마철은 똑같은 기후 조건이다. 겨울에는 맑은 날씨가 계속되지만 겨울철의 단조로움에서 벗어나게 해주는 회색 날씨도 있으며, 매일 느낄 수 없을 정도로 차츰차츰 날씨가 추워져 도시의 큰 강은 마침내 우마차의 도로가 얼음을 횡단하여 연장될 만큼 동결된다. 바다에서 불어오는 미풍이 정오가 되어서야 안개를 몰아낼 때까지 아침을 계속된다. 이것이 이 나라를 "조용한 아침의 나라"[1]라고 부르는 이유이다.

물산

조선에서 가장 중요한 생산품은 쌀로서, 주식이 되고 있다. 다음은 콩류인데 이는 주로 사람과 동물의 식량으로 사용되고 있다. 사람들이 콩을 먹을 때는 쌀과 섞어 먹든가 두부나 떡을 만들어 먹고 있다. 콩은 아시아에서 매우 높이 평가되는 간장의 원료로 사용된다.

간장은 다른 나라는 물론 영국의 유명한 소스를 만드는 데 사용하려고 해외로 대량 수출된다. 간장은 대부분 소스의 원료가 되기 때문이다. 누구든지 중국 식당에 종종 가는 사람이면 흔히 콩을 먹게 된다. 쌀과 콩류 다음으로는 기장, 호밀, 보리, 귀리, 밀 그리고 약간 생산되는 옥수수가 목화나 채소와 더불어 조선에서 재배되는 주요 농작물이다.

---

1) 조선을 "조용한 아침의 나라"(Land of Morning Calm)라고 표현한 것은 미국의 천문학자이며 여행자인 로웰(P. Lowell : 1855~1916)이 쓴 『조선전 : 조용한 아침의 나라』(*Chosen : The Land of The Morning Calm*, Tiknor & Co., Boston, 1888)와 새베지-랜도어(A. H. Savage-Landor)가 쓴 『조선전 : 조용한 아침의 나라』(*Corea or Cho-sen : The Land of The Morning Calm*, William Heinemann Co., London, 1895)에서 비롯되었다.

기원

조선 사람의 기원은 몽고족이다. 조선 사람은 일본인보다 중국인을 더 많이 닮았다. 그러나 세 나라 국적을 가진 사람들이 식별할 수 없는 외국 옷을 입고 있다면 이들을 구별한다는 것은 사실상 불가능하다.

언어

조선 사람들은 중국 일본 그리고 조선에서 쓰이고 있는 문자들을 알고 있다. 이러한 문자들은 자신의 발음에 따라 쓰이며, 이 발음은 이웃인 중국이나 일본의 발음과 유사성이 없다.

부두에서의 실수

외국인들이 조선의 언어를 사용 할 때 다소는 어이없는 실수를 저지를 때가 있다. 내가 조선에 갔을 때 조선말을 공부할 책이 없어 나는 중국에서 쓰던 책을 이용했다. 조선에 도착한 지 얼마 안 되어 나는 중국어 사전을 들고 강 부두에 나가 이를 사용하여 말해 보고자 했다.

짐꾼은 강 위의 부두를 따라가 내게 짐을 가져와야 했는데 나의 말을 들은 그는 잽싸게 말머리 쪽으로 가서 서 있었다. 소용도 없는 한자를 한번 써먹어 보려고 한참 애쓴 뒤에야 부두(埠頭)라는 중국 글자가 그들에게는 말머리라는 뜻으로 사용되고 있다는 것이 머리에 떠올랐다.

남에게 폐 끼치는 일

언제인가 나는 마음속으로 "당신은 남에게 폐가 되는 일을 하려고 합니다."라고 어떤 사람에게 말하려고 사전을 찾아보았다. 그는 1884년에 일본인이 쏜 총알이 눈에 맞은 적이 있었는데 나는 그의 눈알에 박힌 총탄을 빼주었다. 그는 그 은혜를 못 잊어 자기의 시간을 나의 사무실에서 보내겠다고 고집을 피워 나는 매우 불편했다.

오늘날 중국에서는 이를테면 누군가가 어떤 사람의 생명을 구해 주었다면 그는 마치 그 사람의 아버지인 양 그 사람에 대해 책임져야 한다. 그런 관습이 나의 새 집에도 젖어 들어 올 것 같다는 생각을 하니 나는 당장 그런 성격의 사람 때문에 불편한 생활을 하고 싶지 않았다. 그래서 나는 여러 가지 방법으로 그가 나의 사무실에 나오는 것을 바라지 않는다고 암시를 주려 했으나 허사였다.

나는 사전을 들고 남에게 폐가 된다는 말을 찾아내 그 말을 가리키며 바로 그가 남의 폐를 끼친다는 것을 강조했다. 이 불쌍한 친구는 놀라는 기색을 하며 주위의 냄새를 맡기 시작하면서 자기 신발 등을 살펴보는 것이다. 그때서야 비로소 나는 틀린 동의어를 사용했음을 깨달았다. 나는 그를 냄새나는 사람이라고 불렀던 것이다. 이런 일이 있은 뒤 나는 그가 우리 집에 머물러 있도록 허락했다.

Come on(계속하라)

"Come on"이라는 두 단어는 조선말의 "그만"이라는 단어와 발음이 똑같이 들린다. 이렇게 서로 상반되는 뜻을 내포하고 있는 말의 유사성 때문에 한 미국인의 생명을 희생시킬 뻔한 일이 있었다. 1886년 그 미국인은 발전소에 설치할 큰 보이러 밑에 들어살 일이 있었다.

그 보일러를 돌로 만든 받침대에 좀 더 높이 놓으려고 그 미국인은 Come on!이라고 소리를 질렀더니 모든 사람이 로프를 늦추었다. Come on!이라는 말이 "그만!"이라는 말의 뜻인 줄 알았기 때문이었다. 다행히 그 미국인은 빠져 나왔지만 매우 아슬아슬했었다.

땀을 흘리다.

최근 한 젊은 선교사가 남녀 혼합 예배에서 설교했다. 남자들은 교회의 한쪽에 앉아 있고, 커튼이 예배당 한가운데 가려져 여인들을 보지 못하도록 분리했다. 그 선교사는 조선 여자에게는 탐욕이 반드시 따라다니기 때문에 이 죄를 버리지 않는 한 조선 여자들은 천국에 들어가지 못한다고 설명하면서, 조선 여자들을 몹시 비난했다.

마침내 한 노인 여자가 견디다 못해 일어서더니 조선 여자들이 천국에 들어가는 것을 막아서는 안 된다고 말했다. 그러나 이 말에 대해서 그 선교사는 더욱 심하게 비난했다. 그 때 그 늙은 노파는 선교사의 설교를 가로막고 조선 여자의 탐욕이 그렇게 나쁘면 이 불행스러운 일에 대한 약을 달라고 요구했다.

왜냐하면 이런 것은 너무도 사악한 것이어서 믿음으로서는 고칠 수 없는 것을 누구나 다 알고 있었기 때문이었다. 이때 그 선교사의 선생이 일어나 그 젊은 선교사가 조선말의 "땀"이라는 말을 하려던 것이 "탐욕"이라는 말로 들렸다고 일깨워 주었다.

최초의 신자

만일 내가 조선어를 공부할 수 있는 시간이 있었다면 내가 부상자들에게 시간을 빼앗기고 있던 초기에 나의 사무실을 보살펴 주던 그 노인은 나의 스승이 되었을 것이다. 그 노인은 학자였고 한자로 된 성경을 읽을 수 있었다. 나는 서가에 중국어로 된 『신약성서』를 꽂아 두었는데 그 노인은 지루한 시간을 보내려고 그 무거운 『신약성서』를 손에 들고 읽기 시작했다.

그 노인은 『신약성서』에 얼마나 흥미를 느꼈던지 내가 임무를 마치고 떠날 때 그 책을 훔쳤다. 그것이 그가 기독교를 믿게 된 동기가 되었는데, 나는 장로교인이었고 그 『신약성서』는 장로교 출판사에서 출판한 것인데도 이 신약성서는 한 사람의 감리교인을 만들어 냈다고 하는 사실은 매우 재미있는 일이다. 이 감리교인은 조선에서 최초의 개신교 신자가 되었다.

이것은 영국 교회의 신자인 래브라도[2]의 그렌휄[3] 박사의 경우와 비슷하다. 그렌휄 박사는 연합교회에 봉직하는 목사의 호의로 과거 어느 감리교 목사가 착용하던 한 쌍의 의족을 선물로 받았다. 그렌휄 박사는 그 다리를 어느 천주교인 환자에게 달아 주었다. 그러나 이 경우는 나에게 있던 경우보다 더 당황할 만한 이유가 있었던 것으로 보인다.

1. 서울과 벼슬아치

서울

어느 산성 위에 올라가 바라보면 서울에는 낡은 집들이 한산하게 들어서 있고 그 사이로 몇 그루의 나무들이 홀로 또는 덤불 속에 산재해 있어 상류 계급의 주택이라는 것을 나타내고 있다. 거리와 골목은 회색 바탕에 드리운 흰 리본처럼 한계가 분명하다. 왜냐하면 흰색은 조선의 국색인 동시에 조선 인구의 상당수를 차지하고 있는 상주들이 입는 옷의 색깔이 흰색이기 때문에 이들 상주의 옷을 입은 사람들이 모여 있는 거리의 색깔은 온통 흰빛을

---

2) 래브라도(Labrador) : 북아메리카의 허드슨만과 대서양 사이에 있는 반도.
3) 그렌휄(George Grenfell : 1849~1906) : 영국의 침례교 목사이며 아프리카 개척자. 주로 콩고 일대를 탐사했으며, 벨기에 국왕의 요청을 받아 콩고와 앙골라의 국경을 조정했다.

띠고 있다.

백의민족

주위 환경은 깨끗하지 못하면서 모든 사람들이 흰옷을 입는다는 것은 좀 이상하게 보일 수도 있다. 그러나 그들이 다른 옷을 입을 때도 마찬가지이지만 흰옷을 입는 데에는 이유가 있다. 흰색은 상복의 색깔이며 상복을 입는 기간은 3년이기 때문에 인간의 보통 수명으로 어느 일정한 기간이 되면 많은 사람들이 상주가 된다는 것을 쉽게 알 수가 있다.

또한 왕실의 누가 사망하면 모든 백성이 3년 동안 상복을 입어야 한다. 그러므로 빈번히 닥쳐오는 이런 날에 대비하려고 불가피하게 아예 흰 상복을 입고 있어야 한다는 것은 당연한 일이다.

성벽

8~10피트 정도의 두께와 높이가 20피트나 되는 거대한 석벽이 도시를 빙 둘러싸서 산꼭대기까지 연결되어 모자를 씌운 듯이 솟아 있는데 그 길이는 10~20마일이 된다. 이 성벽의 낮은 곳에는 적당한 간격으로 대문들이 세워져 있다. 어떤 성문에는 누대가 있으며 탑처럼 높은 지붕이 그 누대를 덮고 있다. 이런 곳은 신선하고 안락한 장소로서 아래 길거리의 아름다운 풍경을 내려다볼 수 있다.

통금 시간

옛날에는 밤이면 성문을 닫는 것이 관습이었다. 가마나 나귀를 타고 제물포에서 오면서 몹시 걱정되는 것은 성문을 닫기 전에 서울에 도착하는 것이다. 만일 제 시간에 도착하지 못하면 하는 수 없이 로프를 걸고 법을 어기는 줄 알면서도 성을 넘어야 한다.

서울 한복판에 있는 종각의 큰 종이 울리면 문이 닫힌다. 종이 시간을 알릴 때면 관가에 있는 성문의 위쪽 문루에서 영국의 백파이프와 비슷한 신비로운 음악 소리가 들려온다. 문이 닫힌 뒤의 길거리에는 여자들만이 다닌다. 관리와 그 수행원들을 제외하고는 어떤 남자도 밤거리에 나올 수 없다. 그때가 되면 초롱을 든 여자들이 긴 행렬을 이룬다.

봉화

궁전을 마주보며 서울 남쪽에 자리 잡고 있는 울창하고 항상 푸른 산에서 봉화를 올린 뒤 폐문식을 갖는다. 봉화는 나라의 형편을 알아보고자 국경으로부터 서울에 이르기까지 있는 산봉우리의 편리한 곳에 배치되어 있다. 이들은 건너편 산에서 올리는 불길을 보고 봉화를 올린다. 서울의 남산에까지 배치된 봉화수들이 가까운 산에서 올라오는 봉화를 보면 서울과 궁전이 한눈에 보이는 작은 봉화대에서 필요한 숫자의 봉화를 올린다.

이에 따라 턱수염이 난 늙은 관리 4명이 궁전에 들어가 임금 앞에서 주위가 모두 평화스럽다든지 그렇지 않다든지 하는 내용의 전갈을 올린다. 보고를 마친 뒤에도 동이 틀 때까지 왕명을 신속히 전달할 수 있도록 밤새워 정사가 진행되며, 이렇게 하여 백성을 위한 정부의 일이 준비된다.

관리

야망을 가진 조선 사람들은 모두가 벼슬을 열망하고 있다. 조선 사람들에게 관직은 만족한 의식주 다음으로 갈망하는 대상이 되고 있다. 지난날에는 공개로 실시하는 경쟁 시험에 응시하여 합격함으로써 벼슬의 소망을 달성할 수가 있었다. 초창기의 과거 시험은 우리에게 큰 구경거리가 되었다.

시험 때가 되면 전국에서 모여든 몇 백 명의 응시자들이 궁전 뒤에 있는 한 구내의 땅바닥 위에 앉아 중국의 고전에서 뽑은 어떤 주제에 관한 수필을 열심히 쓴다. 중국에서와 마찬가지로 그들은 평민의 신분에서 입신양명하고자 몇 해를 두고 과거에 도전한다. 과거에 급제한 사람이 시골에서 벼슬하지 못하고 묻혀 사는 형제 앞에 나타나는 장면이 얼마나 가관이었겠는가!

조선의 외관은 이웃하고 있는 거대한 중원으로부터 간접적으로 입수된 것에 국한되어 있었다. 그들에게는 모방할 만한 가치가 있는 모든 것들이 구현되었다. 급제한 양반이 보잘 것 없는 관직에 임명을 받으면 여자와 어린이들 그리고 하인들이 굶주리고 있을지라도 그는 임지에 부임한다.

양반이 너무 가난하여 나귀를 탈 수 없으면 뽐내는 듯한 풍채로 먼지 속을 걸어가는 것을 영광으로 생각하고 있는 듯하다. 이때 나귀를 타고 지나가는 더 높은 계급을 가진 양반을 만나면 매우 아첨하는 태도로 모습이 변한다. 나귀는 매우 높은 지위에 있는 조선 사람이나 사육하고 탈 수 있는 귀여운 동물이다.

그러나 수많은 수행원을 거느리고 사인교를 타고 지나가는 어떤 고관의 수행원이 외치는 고함 소리가 들려오면 거만하게 나귀에 타고 있던 그 벼슬아치는 길을 비킨 채 나귀에서 내려 길옆에 서 있어야 한다. 최근까지도 이 수행원들은 긴 채찍을 가지고 고관을 보고서도 나귀에서 내리지 않거나 담뱃대를 치우지 않거나 또는 앉은 자리에서 일어나지 않는 상인의 무리를 세차게 후려갈겼다. 권력으로 무장되어 있는 유력한 상사의 확실한 보호 때문에 이 수행원들은 매우 거칠다.

내가 미국의 사절이 된 뒤에도 나의 가마꾼들은 오래된 습관으로 고관을 만날 때면 두려움을 버리지 못한 채 번번이 옆으로 비키고, 심지어는 고관의 행차가 지나갈 수 있도록 도랑에서 나의 가마를 메고 있는 상태이다.

그러다가 어느 날 내가 반대 방향으로 가기를 고집하여 가마가 충돌했다.

이 충돌로 외국인인 내가 매우 영광스럽게 돋보이게 되었다. 그 뒤로부터 나로서는 나의 거만한 가마꾼들이 극단적인 반대 행동을 하지 못하게 하기가 퍽 힘들었다. 짓눌렸던 종족이 압박에서 벗어나면 자기 자신을 뽐내려 하는 것이다.

안락한 가마를 타고 다니는 이 귀족의 행렬에는 수행원과 개인적인 경호원 외에 놋쇠로 튼튼히 만든 상자 속에 주인의 인장을 넣어 휴대·보관하는 사람이 따라 다닌다. 어떤 사람은 함 속에 넣어서 가죽 끈으로 묶어 등에 메고 다닌다.

조복은 왕을 알현하기에 앞서 궁중에서 입는다. 담뱃대를 휴대하고 수행하는 사람의 임무는 옷자락으로 담뱃대의 물 뿌리를 닦아 내고 주인의 담뱃대에 불을 붙여 주는 일을 한다. 그리고 변기를 휴대하는 책임을 맡은 사람이 있는데, 양반은 이 변기가 없이 외출할 수 없다.

만일 계급이 높은 관리가 말이나 나귀를 타고 외출하는 경우에는 웃음이 나올 정도로 높은 안장 위에 앉아 부액을 받으며 가는데, 말에 탄 사람이 목적지에 도착할 때까지 안장 위쪽으로 우뚝 솟아오른 쇠고리를 붙잡고 가는 동안 다른 한 사람은 나귀를 몬다.

하인들이 붙잡아 주고 옷깃을 다듬어 주는 동안 그 고관이 말에서 내리거나 가마에서 밖으로 나온 뒤에 건물의 계단을 올라갈 때는 몸을 치켜 올려서 마치 그가 정신 노동과 국사에 골몰하느라고 다리를 사용하지 않는 것처럼 2명의 하인이 주인의 몸을 부액한다.

모든 한국 사람들이 자기의 출생 성분 때문에 동경할 수조차도 없는 이 즐거운 상태에 대한 소망의 꿈을 갖는다거나, 재미있는 민속 이야기 속에 서구 사람들처럼 애정의 성공보다는 높은 벼슬을 얻는 것으로 클라이맥스를 장식한다는 것은 조금도 이상할 것이 없다.

벼슬에 오르면 그들은 그것으로 충분하지 더 이상 아무것도 바라지 않는다. 그들의 가치 기준으로 관직에 올라 거드름을 피우고 호령하는 것과 비교될 수 있는 것이라고는 아무것도 없다. 기회만 생기면 평민들은 엽관을 통해서만 평안을 얻을 수 있으며 그래서 그 자식들은 고위 관직을 열망케 된다.

근대 생활의 압력

이제 태평한 시대는 지나가고 결코 다시는 돌아오지 않는다. 이 나라에는 근대 생활의 영향을 받아 안락했던 은둔의 시대는 지나갔으며, 아무리 가난이 끈질긴 것이라고 할지라도 안락했던 양반 정치에로의 복귀라든가 지독한 가난은 이제 다시는 나타날 수가 없다.

전보는 봉화를 하나의 추억으로 격하시켰고 초롱불 대신에 전등이 사용되고 있다. 손수레는 야간에도 성문을 열고 누구에게나 거리를 개방하도록 강요했다. 시간마다 울려 퍼지던 큰 종은 자기의 오래된 임무를 포기하기를 싫어했지만, 이제는 정오와 한밤중에만 시간을 알려 준다.

궁전은 이제 일본 통감부의 부속 건물에 불과하며 오늘날 거만스럽기 짝이 없는 대한제국의 새로운 벌족들조차도 왕실에 대해 아무런 존경을 표하지 않는다. 지난 시대의 한 고관이 찾아오면 관청지기는 그들을 거리로 몰아내고자 간단한 작업을 할 수밖에 없다.

황금이나 풍부한 곡물이 거만한 외국인들을 유혹하지 않는 외딴 계곡 어느 시골 마을에는 아직도 오랜 가문과 귀족적인 기풍에 쌓인 몇 몇 의 양반들이 소나무가 우거진 산에 둘러싸인 채 선조들이 누리던 것처럼 깊은 은둔의 생활을 하고 있다. 순결하고 꾸밈새 없는 양순한 이웃 사람들은 양반의 지위와 학문 때문에 그들에게 경의를 표시한다.

그러나 한양에서는 과거에 관리를 지낸 사람들이 이제는 사라져 버린 영광에 대한 꿈을 안고 현실에 만족하고 살 수밖에 없다. 그런가 하면 지난날 그들의 부하였던 사람들의 자식들이 조용하고 평화스럽고 새로운 사회 현실에 잘 적응하여 옛날 양반 집의 귀공자들보다도 더 높은 직위를 얻으며 사는 것을 볼 수 있다.

2. 백 성

매우 오랫동안 예의가 강조되어 온 조선 사람들은 그러한 환경에서만 자라 왔기 때문에 위와 같은 특성을 뚜렷이 나타내는 것이 당연한 일이다. 그뿐 아니라 옛날의 조선은 예의 범절에 큰 비중을 두었다. 내가 처음으로 조선에 도착했을 때, 한 대신이 예의 범절에 관한 일람표를 펴 들고 설명했다.

자전거 타는 예

나는 사고로 자전거에 부딪쳐 길바닥에 쓰러진 사람이 땅바닥에서 일어나더니 흙 묻은 옷을 털기도 전에 길 복판에서 자전거 타는 데 불편을 드려서 미안하다고 사과하는 것을 본 적이 있다.

갱도의 무너짐

어느 외국인의 금광 갱도 입구에 공고문이 잘 보이게 붙어 있었다. 그 내용은 아무도 허가 없이는 광산에 들어가지 못한다는 것이었다. 그런데 이 공고문을 보고 무엇을 뜻하는 것인지 잘 알 수가 없었다. 확인해 보겠다는 호기심을 가진 한 조선 사람이 갱도 입구에 너무 가까이 접근했기 때문에 갱도가 무너졌다.

그를 본 외국인들은 그를 찾아 급히 뛰어가 보니 엉망진창이 된 소지품만이 널려 있었다. 나는 그 사람이 크게 다치지 않은 것을 알고 놀라서 접근하자 그는 부주의로 허가 없이 광산에 들어온 것을 수없이 사과하는 것이었다. 그는 비척거리면서 공고를 다시 보고는 그 뜻을 깨달은 듯했다.

호기심

오락이 매우 적고 자칫하면 게을러지기 쉬운 관계로 일을 적게 하여 한가하게 허송세월 속에서 살아온 나라의 사람들은 자연히 무언가 새롭고 재미나는 것을 보고 듣고 싶어 하는 욕심에 사로잡히게 된다. 그러므로 좀 이상한 것이면 호기심을 가진 사람들을 끌어들이게 마련이다.

주정계

종종 내가 길 옆에서 자전거 바퀴에 "바람을 넣을" 때나 수리할 때면 군중들이 주위에 몰려들었다. 그럴 때면 자진하여 한 사람이 나와서 다른 사람들에게 자전거에는 바람을 어떻게 넣고 어떻게 해서 새처럼 빠르게 갈 수 있는지를 설명한다. 그리고 주정계에 관한 설명을 해 달라는 요청에 그는 즉석에서 자전거를 탄 사람이 멈추지 않고서도 시간을 알 수 있도록 설계된 시계라고 말했다. 그들이 그것을 시계라고 생각지 않도록 하려고 나는 그들의 대화에 끼어들어 그 사람들에게 주정계의 작동에 관해 말해 주었다.

한 사람이 몇 마일을 달렸느냐고 묻는 말에 주정계가 미국 마일로는 2천 마일을 나타내고 한국 리수(里數)로는 6천 리를 나타낸다고 대답했다. 이 말을 듣고 그는 그 거리를 조반을 먹은 후에 달린 거리냐고 매우 진지하게 물었다. 그때는 아직 정오 전이었다. 조선 사람들은 외국인들이 그와 같은 불가능한 일을 한다고 보기 때문에 우리들은 달과 통신할 수 있다고 말했어도 크게 놀라지 않았을 것이다.

자전거와 철도

언젠가는 내가 냇물을 건너 돌계단 위로 나의 자전거를 끌고 가고 있을 때, 어느 존경할 만한 노인이 점잖고 친절한 몸가짐으로 나에게 접근해 오더니 자전거에 많은 호기심을 나타냈다. 나는 그 노인에게 나의 자전거를 살펴보도록 하고 종을 울리는 방법을 가르쳐 주었더니 그 노인은 매우 기뻐했다.

종 울리는 방법을 가르쳐 주면 조선 사람들은 늘 기뻐했다. 만족한 듯 그 노인은 한쪽으로 걸어와 자전거를 한참 동안 눈여겨보더니 이렇게 말했다.

"참말로 그렇구먼! 이것이 늘 듣던 철도라는 새 물건이군."

급속한 철도 건설

처음에는 외국인들이 하는 일에 약간 의심을 품었던 어느 노인은 마침내 애당초에는 기대할 수도 없었을 정도로, 그리고 몹시 재미있게 외국인의 능력을 완전히 확신하게 되었다. 그는 외국제의 화륜선을 타고 부산에서 서울까지 생전 처음으로 여행하려고 했다. 예전 같으면 그는 흔히 13~20일 걸려서 육로로 힘든 여행을 한 적이 있다. 그러나 이제는 2일간이면 여행을 할 수 있었고 이 여행을 위해 많은 돈을 저축했다.

그가 이 돈을 마련하려고 얼마나 많은 시간을 보냈을까 하는 점은 더 말할 나위도 없다. 부산에서 경부선 철도의 둑을 만들고 있는 것을 본 그 노인은 의식적으로 웃으면서 말했다.

"저 둑으로 서울에 도착하기 전에 저놈의 머리카락이 내 머리카락보다도 더 희게 될 것이요."

그 노인은 자기의 논두렁을 쌓는 데 온 생애가 걸린 것을 생각하고 철로 건설이 얼마나 큰 공사인지를 알 수 있다고 말했다. 해안을 따라서 편안한 여행을 할 수 있다는 것은 그 노인에게 뜻밖의 일이었다. 먹을 것도 많고, 볼 것도 많고, 또 점잔을 빼야 하는 그의 몸짓이 그를 피곤케 만들어 그는 끝내 잠에 골아 떨어졌다.

그는 제물포의 열차 속에서 뜰에 있는 사람들이 창밖으로 급히 지나가는 것을 보고 너무 놀라 담배를 피우지 못할 정도였다. 마침내 동승한 여행자의 격려로 원기를 되찾아 조용히 담배에 불을 켠 그 노인은 종점에 도착할 때까지 단 두 번 창밖으로 침을 뱉었다. 종점에서는 또 다른 일꾼들이 서울과 부산 간의 철도 종점을 건설하고 있었다.

그에 관해 설명을 들은 그 노인은 그들이 300마일 떨어져 있는 곳에서 일하고 있는 사람들과 같은 사람들이라 여기고 이제 공사를 끝낸 것으로 생각했다. 그 노인이 생각할 수 있는 것은 다만 작고하신 자기 모친의 영혼은 부르며 마치 그 모친이 살아 계실 때 이러한 둑을 쌓는 것을 들어본 적이 있느냐고 묻기라도 하듯이 허리를 약간 구부리고 "아이구" 하며 소리를 질렀다.

3. 운 송

조선 사람들의 운송 수단은 큰 우마차, 돛단배 또는 소, 나귀, 남자의 등, 여자의 머리로 나르는 것이다. 사람들은 발로 걷거나 나귀에 타거나 또는 가마를 타고 다닌다. 나는 안락한 가마에 실려 25마일을 왕복한 적이 있다. 이 거리를 가는 데 자그마치 5시간 걸렸으며 4명이 네 귀퉁이에 장대를 메고 가고 뒤에 다른 4명이 뒤따라오는데 이 사람들은 가마를 교체해 멜 사람들이었다.

이 가마꾼들 가운데에는 한 명쯤 이야기를 잘하는 사람이 끼어 있다. 가마를 메고 마치 개 걸음처럼 종종걸음으로 가고 있는 동안 계속해서 이야기할 수 있는 사람이 있다는 것은 아주 바람직한 일이다. 그들은 그 재미난 이야기를 하나라도 듣지 못할까 염려해서 열심히 들으면서 간다. 눈은 땅 아래를 내려다보고 터덕거리며 걸어가고 있는 동안 그 이야기꾼의 훌륭한 솜씨로 실 꾸러미에서 실이 풀려 나오듯이 이야기를 술술 풀어 나간다.

이렇게 함으로써 계속해 가든가 또는 산길을 올라갈 때의 오랜 지루함을 잊게 된다. 익살을 부려 가면서 말할 때는 이를 감상하는 사람의 폭소가 터져 나온다. 이렇게 하여 가마꾼들은 비교적 상쾌한 기분으로 목적지까지 지정한 시간에 도착한다. 지루함을 넘기는 이러한 수단이 없다면 주막집을 자주 찾게 되고 이와 같은 가마 여행이 끝날 때가 오면 가마꾼들은 무거워진 다리를 쉬려고 온갖 구실을 붙여서 자주 멈추게 된다.

심지어는 보행자들도 여행할 때면 돈이 많이 든다. 비록 짚신이기는 하지만 신발을 사야 하고 도중에 선금을 주고 음식을 사 먹어야 하기 때문이다. 이러한 모든 것 때문에 철도는 인기가 매우 좋다. 심부름꾼은 서울에서 제물포까지 25마일을 걸어갔다가 그 다음날 돌아온다고 하면 집을 떠나서 적어도 식사를 네 번 해야 하는데 이때 식사비로 40센트가 든다. 식비에 조금만 경비를 더 들이면 기차로 하루에 왕복할 수 있으며 상당한 짐을 가지고 갈 수 있어 3등 열차를 타는 것이 매우 합리적이다.

조랑말

조선의 말들은 작고 강인한 조랑말로서, 장구를 씌울 때는 주인과 싸움을 많이 한다. 길에서 흔히 볼 수 있는 것은 종마들이다. 황소와 암소가 어디에서나 흔히 이용되듯이 자주 이용되는 것은 암말이다. 그러나 무수한 짐짝을 등으로 실어 나르는 황소가 조랑말보나 온순하다.

나는 처음으로 조랑말을 탔던 경험을 지금도 잘 기억하고 있다. 1884년에 내가 제물포에 도착한 후의 어느 날 아침 중국인 선생과 같이 서울로 향해 출발할 때의 일이었다. 내가 말에 접근하자 말은 심술궂게 나에게 덤벼들었다. 처음에는 뒷발질을 하더니 다음은 앞발질로 나를 공격해 왔다. 마부들이 제지하려고 미친 듯이 나보고 비키라고 손짓을 했다. 그 다음 그들은 멍에로 말머리를 씌웠으며, 그 순간 나는 달려가 뛰어서 안장에 올라탔다.

나는 조선에 올 때 외국의 안장을 가져 왔는데 그것이 없었더라면 짐틀 위에 올라탈 수밖에 없었고 아마 말이 대들면 뛰어오르려고 하다가 떨어졌을지도 모른다. 그러나 다행히도 그 마부가 가르쳐 준 사태는 일어나지 않았다. 이 교육에서 가장 좋은 방법은 잠시 동안 뛰게 했다가 앞발을 곧추 세우고 갑자기 정지케 하는 것이었다.

언젠가 한번은 이 말이 다른 말 위로 뛰어 올라 그 말에 타고 있던 사람을 발로 찼다. 사과하려고 했으나, 나는 그 발작을 멈추게 할 수 없었다. 말을 계속해서 타고 가다가 말과 사람이 모두 배가 고파 말에서 내린 것 이외는 말에서 내린 적이 없었다.

심지어 나룻배를 타고 강을 건너갈 때에도 계속해 말에 타고 있었다. 내가 반신반의했던 대로 만일 말이 배를 뒤집어엎든지 말이 배 밖으로 뛰어 달아난다면 나는 그 말에 매달릴 수밖에 없었을 것이라고 생각했다. 왜냐하면 그 말의 등은 쉽게 버릴 수 없는 요지이기 때문이다.

어느 날 친구가 조랑말을 타고 시골에 갔는데 그곳에서 원님이 거만하게 말을 타고 새 부임지로 가는 화려한 행렬을 만났다. 사람들은 이 행렬을 보고 새로 부임하는 원님께 인사를 드리려고 여기저기 줄지어 서 있었다. 한편, 아전들도 새로운 원님에 대한 충성을 과시하고 길가에 백성들을 비키게 하면서 앞장서 걸어가고 있었다.

그 뒤에는 트롬본처럼 생긴 긴 악기를 가진 사람들이, 위대한 원님이 가까이 행차하고 있으니 길을 비키라고 경고하려고 악기를 힘차게 불고 있었다. 이런 계엄과 경고가 내린 상황에서 누군가가 말을 타고 온다는 것은 일찍이 들어본 일이 없는 광경이었다. 매우 화가 난 아전과 악사들은 마치 말과 그 말에 탄 사람을 죽이기라도 할 듯이 힘껏 달려들었다.

길마를 멘 조랑말

하급관리의 행차

나의 친구는 죽을 만한 짓을 했다고 다소 느꼈다. 그러나 그가 탄 말은 그렇게 느끼지 않고 근처의 논에서 일하고 있는 조랑말보다도 더 자유롭게 공기를 호흡하는 것처럼 보였다. 그가 타고 가던 말은 그 행렬의 물건들을 앞발로 휘젓고 물어뜯었다. 그 말은 먼저 악사에게 덤벼들어 입으로 악기를 빼앗은 뒤 악사를 논의 진흙탕 속에 넘어뜨렸다. 일이 이쯤 되자 심지어는 새로 부임하는 원님까지도 신속히 다른 곳으로 피했다.

한편 그 말은 나의 친구와 함께 그 길을 독차지하며 걸어갔다. 익살스럽기 짝이 없던 그 친구는 말을 타고 행렬 옆을 지나가면서 조선의 인사말인 "안녕"을 외쳤다. 들리는 바에 따르면 그 원님은 부임 초에 겪은 이 사건 때문에 몹시 체면을 손상하여 그곳에 더 이상 있을 수가 없어 이 사건에 대한 추문이 알려지지 않는 먼 지역으로 전임해 갔다고 한다.

당나귀

이전에는 어떤 일정한 지위를 얻으면 당나귀를 타고 다녔다. 이 점잖은 당나귀는 계급이 낮은 관리들에게는 하나의 자랑거리가 되었다. 그러므로 우렁차게 소리 지르고 울기를 잘하는 버릇이 있는 당나귀를 제일 좋은 동물로 간주했다. 가까이 있는 사람은 누구나 당나귀의 소리만 듣고도 즉시 그곳이 한 관리의 집이라는 것을 알아차릴 수 있다. 한편으로 이웃에 사는 서민들은 자기들의 집이 당나귀가 사는 이웃집이라는 사실 때문에 자랑스럽게 생각하고 있다.

삐걱거리는 문들

외국인에게는 괴로운 소리이지만 조선 사람들에게는 듣기 좋은 또 다른 소리는, 기름을 칠하지 않았기 때문에 돌쩌귀 위로 움직이는 대문의 삐걱거

절구질

가래질

리는 소리이다. 벽으로 둘러쌓은 집 내부로 통하는 이 대문의 크기는 가로가 8피트에 세로가 10피트로서, 쇠붙이로 튼튼하게 돌쩌귀를 만들어 못으로 장식한 무거운 널빤지의 거대한 공작품이다.

대문이 열리고 닫히는 소리가 어떤 것인지는 쉽게 상상할 수가 있다. 외국인에게는 신경을 자극하는 소리가 될지 모르지만, 조선 사람은 당나귀의 울음소리를 들으면서 매우 기뻐하는 것과 마찬가지로 대문 여닫는 소리를 좋아한다. 그 소리는 양반 댁의 주소를 알리는 소리이며 이웃에 사는 모든 사람들은 그 소리를 들으면 매우 기뻐한다.

대문 소리를 듣고 멀리 떨어져 사는 사람들은 밖으로 나가 출입하는 사람이 누구인지를 볼 수 없을 때에도 누구를 위해 대문이 열리고 있는지, 출입자의 신분에 관해 추측할 수 있다. 물론 지위가 낮은 가족들은 대문과 비슷하게 생긴 작은 사랑채의 옆문으로 출입할 수 있다.

중국의 일륜차

대문에서 삐걱거리는 소리보다 더 애절한 동양적인 소리는 가난한 중국인이 조선에서나 중국에서 큰 벽돌 짐이나 기타 여러 상품들을 기름도 치지 않은 일륜차에 싣고 밀고 나갈 때 들려오는 소리이다. 더구나 이 노동자들은 소리가 나지 않도록 하려고 기름을 준다 해도 그 기름을 사용하지 않을 것이다. 그들은 뜨겁게 달은 참나무의 이상한 비명을 즐기는 듯하다.

당나귀 사건

당나귀 이야기를 하다 보니 내가 남경에서 목격한 매우 재미있는 사건이 생각난다. 우리 이웃에는 약간 특이한 선교사 한 사람이 살고 있었다. 그는 큰 키에 호리호리한 몸집이었는데 매우 작은 당나귀 한 마리를 기르고 있었다. 당나귀에 타고 다리를 쭉 뻗으면 발이 땅에 닿을 정도인데도 그는 그 작은 당나귀를 타고 다니겠다고 고집을 부렸다.

하루는 그가 여러 가지 양철 기구를 한데 묶어 당나귀 목둘레에 늘어뜨려 싣고 시장에서 돌아오는 것을 길에서 만났다. 그는 매우 긴 외투를 입었는데 외투가 어찌나 긴지 당나귀의 뒷다리 부분을 덮을 정도였다. 뒤에서 보니 당나귀에 올라 탄 사람의 머리는 외투 꼭대기에서 뾰족이 밖으로 나와 당나귀의 발꿈치를 가진 사람처럼 보였다.

사람들은 이 이상한 몰골을 보고 웃음바다를 이루었다. 나도 그들과 같이 너무 우스워서 견디지 못할 지경이었다. 이 폭소는 나의 친지를 괴롭게 했으며 그의 동작이 양철 기구의 균형을 잃게 하였고, 양철의 덜거덕거리는 소리가 당나귀를 불쾌하게 함으로써 등에 탄 사람을 떨어뜨리고 당나귀 머리 위에 걸고 가던 덜거덕거리던 양철 짐이 진흙 웅덩이 속으로 떨어졌다.

불행하게도 미국인은 화가 나 입에 담지 못할 욕을 했다. 이와 같은 일은 중국 사람들의 유쾌한 웃음거리가 되었을 뿐이었다. 그들은 외국 도깨비가 쩔쩔매는 광경을 즐기고 있었다.

석유 깡통

이곳에서는 내버린 석유 깡통으로 많은 양철 기구를 만든다. 외국 여행자들은 미국에서 석유를 넣어 조선으로 보낸 5갤런들이 깡통을 아시아 사람들이 이용하는 것을 흥미롭게 보고 있다. 깨끗한 나무 양쪽 끝에 깡통 2개씩을 달아 만든 물통은 여러 가지로 사용되고 있다. 물지게꾼들은 등 지게에 멜빵을 메고 깡통을 매달아 사용한다.

뿐만 아니라 깡통을 납작하게 펴 지붕으로 사용하고 있다. 깡통 양끝을 떼어 내고 납땜으로 깡통과 깡통을 연결하면 굴뚝이 된다. 창의력이 있는 중국집 요리사라면 깡통 내부를 진흙으로 발라 아래쪽에 불 때는 구멍을 만들어 그 구멍과 연결시킨 공기구멍을 만들어 황량한 농촌에서 개량된 요리용 난로를 이용하여 만찬을 준비할 수도 있을 것이다. 램프, 촛대, 장난감, 장신구 등을 비롯한 모든 조리 기구와 가내 용품들을 깡통으로 만든다.

사실상 이와 같이 편리하게 이용되는 깡통이 없다면 조선 사람들에게는 심각한 문제가 일어날 수 있다. 그러므로 이 나라에서는 석유 깡통은 빈 병과 마찬가지로 일정한 가격으로 거래되고 있으며 외국인 주택에 고용되는 하인들은 미리 빈 깡통과 빈 병을 무료로 받을 것을 조건으로 고용된다.

4. 직 업

벼 재배

조선 사람들은 농경민족이고 농업이 주된 직업이어서 쌀이 주식을 이루고 있다. 극동의 구식 쌀 재배 방법에는 많은 노력이 따른다. 논을 만들려면 땅을 평평하게 고르고 논둑을 쌓아 계단을 만들며 다른 이웃 논과 구분하는 작은 논둑을 만들어 물을 가두어야 한다. 때로는 높은 곳의 물이 낮은 곳으로 흘러가게 하는 대신에 낮은 곳의 물을 높은 곳으로 끌어올려야 한다.

이러한 목적을 위해 어설프게 만든 수차를 논에 설치하여 흔히 동물의 힘으로 이를 가동시킨다. 그러나 보통 사용하는 방법으로는 삽 모양과 같은 일종의 주걱을 삼각가 위에 늘어뜨려서 사용한다. 농부는 이 주걱의 손잡이를 움직여 주걱을 앞으로 내밀 때마다 낮은 곳의 물을 길어 높은 논에 붓는다.

공들여 만든 작은 못자리에 볍씨를 먼저 뿌리고 모가 자라면 모판에서 뽑아 단으로 묶어서 논에 옮겨 심는다. 비료를 뿌리고 황소가 배를 물에 적시며 왔다 갔다 하면서 우둔한 써레로 땅을 고른 뒤에 못자리에서 뽑은 어린 모의 다발을 남녀가 한 줄로 서 논에 적당한 거리로 집어던진다. 모 심는 사람들은 볏짚으로 묶은 모를 부드러운 진흙 논바닥의 못줄에 맞추어 정연하게 심는다.

이렇게 심은 모는 얼마 안 되어 뿌리를 뻗고 자라난다. 모가 자라면 김을 매 줘야 하고 항상 적당한 양의 물을 논에 대야 한다. 곡식이 익으면 논에서 새를 쫓아야 한다. 논바닥이 적당히 건조하면 벼 베기를 한다. 벼를 벤 다음 볏 다발을 논둑이나 산언덕에서 햇볕에 말린 뒤에 미리 준비한 땅바닥에서 도리깨로 마당질을 한다. 그 뒤 방아질하기에 알맞도록 패인 나무 밑동의 홈을 이용하여 벼를 찧는다.

벼의 껍질을 벗기면 돌절구 속에 넣어 나무나 쇠로 만들어진 절구대로 절구질을 하여 쌀이 되게 한다. 이와 같이 정성들여 쌀을 정미하지만 결과적으로 도정 과정에서 떨어져 나간 작은 돌 부스러기가 새 백미에 혼합되어 있어 식사 때 씹히면 이를 다치는 일이 많다.

가래질

조선인은 삽을 이용하는 솜씨가 매우 훌륭하다. 물을 땅에서 퍼 올리는데 가래를 사용하는 것은 주목할 만한 일이다. 또 흙을 뒤집고 도랑을 파며 지면을 높이는 작업에 삽 양쪽에 긴 밧줄을 매어 손잡이가 긴 가래를 사용한다. 한 사람이 손잡이를 잡고 밧줄 하나에 한 사람 또는 두 사람이 양쪽에서 잡아당긴다. 가래 하나를 세 사람 또는 다섯 사람이 붙잡는데 자신들을 위해 일할 때에는 이 도구를 사용하여 매우 많은 일을 하지만 임금을 받고 일할 때는 어떻게든지 노력을 아끼려고 한다.

쟁기

예로부터 사용하던 쟁기는 매우 조잡하고 다루기에 무거우며 납작한 날이나 삽이 달려 있다. 이 날은 밭갈이하는 동물이 끌고 다니기에 힘들고 잔디나 딱딱한 토지에서는 능률이 오르지 않는다. 열심히 해 보아도 땅의 표면만 간질간질하게 할 뿐이다.

서양 선교사들에 의해 서양식 쟁기가 도입되었는데 조선 사람들은 이를 매우 감사히 여기고 있다. 그러나 외국의 새롭고 진기한 기계를 도입한다는 비난을 받느니보다는 차라리 선조들이 사용하던 것을 선택함으로써 오래된 풍습으로 되돌아간 것 같은 인상을 주고 있다.

힘 자랑

조선 사람들은 체격이 좋고 힘이 강하다. 제물포의 부두에서 1마일 떨어진 곳의 미국인의 상품 창고에서 짐을 운반하는 일에 종사하고 있는 어떤 노동자가 500파운드(226.5kg)의 무게의 짐짝을 나르겠다고 동료 일꾼들에게 내기를 걸었다. 그래서 다른 사람들이 합세하여 짐작을 그의 지게에 실어 주었다.

그 사람은 더 이상 남의 도움을 받지 않고 짐짝을 1마일 운반했다. 그랬더니 하물 노동자 조합이 그를 맹렬히 공격하고 몹시 구타했다. 그 이유는 혼자 힘자랑을 하여 노동 시장을 망쳐 버렸다는 것이다. 그 뒤로는 누구도 힘자랑을 하면 몹시 구타를 당할 것으로 알고 힘 자랑하는 사람이 없어졌다.

노무자들

조선인들은 철도와 기타 공사에서 훌륭하게 일을 해낸다. 그들은 이 공사에서 계약 방법을 채택했으며, 이 방법에 매력을 느끼고 있는 것 같았다. 그들은 미화로 1일 25센트를 받고 미국인 광산에서 훌륭하게 일하고 있다. 그들은 블라디보스토크에서 농업에 종사하면서 도시와 수비대에게 농산물을

빨래와 다듬이질

공급했으며 하와이에서도 조선 노무자들은 온순하고 근면하며 검소하기 때문에 좋은 평을 받았다.

빨래

조선의 여인들은 무릎까지 올라오는 진흙이나 논의 물속에서 일하기도 한다. 또 여자들은 짐을 나르고 길가에서 행상도 하는데 이런 사람들은 가난한 사람들로 이런 일을 하지 않으면 안 될 처지에 있다는 것은 더 말할 나위도 없다. 또 사랑하는 여동생들이 자기보다 잘 사니까 뒤지지 않으려고 이런 일을 하고 있다.

도시에서는 이와 같은 계층의 여자들의 주된 직업은 빨래이다. 시냇물이 있는 곳이면 어디서나 빨래를 하는데 때로는 그 물이 다시 우물로 흘러 들어가는 수가 있다. 도시의 주변에는 어디를 가나 조그마한 시내나 샘이 있는데 우물가에 있는 매끈한 돌 위에서 여인들이 짝을 지어 방망이로 빨래를 두드리는 것을 볼 수 있다. 겨울에는 얼음을 깨고 춥고 싫증나는 일을 해야 하지만 누구나 흰 옷을 입기 때문에 빨래는 매우 필요한 일이다.

다듬이질

옷을 다리미로 다리는 대신에 다듬이질을 하여 명주 빛깔을 낸다. 다듬이질하는 경우는 특히 베옷의 경우이다. 다듬이질할 옷을 큰 통나무에 감든가 옷을 포개어 돌 위에 놓고 다듬이질을 한다. 흔히 두 여인이 다듬잇돌을 가운데 놓고 마주 앉아 작은 야구 방망이처럼 보이는 방망이를 들고 다듬이질을 한다. 방망이를 네 번 때릴 때마다 음률 있는 소리를 내는데 이 소리는 특이해서 한 번 들으면 좀처럼 잊히지 않는다.

여인의 무기

다듬이질은 대개 밤에 하는 것 같으며 음악적으로 들리는 똑딱똑딱하는 소리는 조선 사람들의 이웃에 살 때 가장 흔히 들을 수 있는 밤의 소리 중의 하나이다. 때때로 다듬이 소리가 잠시 멈추곤 하는데 이것은 어떤 이웃 여자가 다듬이질을 끝내고 여인들에게 흔히 있는 남의 뒷공론을 하러 왔다는 것을 나타낸다. 조선의 여인들처럼 은둔한 생활을 하는 여인들에게 있어서 남의 흉을 보는 일이란 매우 중요한 일이다.

이 나라에서 좋지 못한 일들의 하나는 복수 결혼, 즉 쉬운 말로 첩을 둔다는 것이다. 다른 여자를 가족 속에 끌어들인다는 것은 설령 그와 별거한다 해도 심각한 질투와 증오를 일으킬 것은 뻔한 일이다. 어쩌다가 방문객이

오면 대접 상 다듬이질을 멈춘다. 이때 그는 김서방이 첩을 두고 있는 사실을 알려 준다.

그렇게 되면 김 서방 마누라는 이웃이 다 들리도록 큰 소리로 그를 꾸짖으며 너무 화가 나서 자기 머리카락을 한 줌이나 뽑는다. 김 서방은 자기의 축첩이 널리 알려진 것을 고민한 나머지 그 여자의 조상의 이름을 들먹거리며 욕을 하게 되고 마누라는 다듬이 방망이를 쥐어 잡고 죽도록 남편을 때려 준다. 여기에서 조선 사람들이 쓰는 "죽도록"이란 말은 "기절할 정도로"라는 뜻이다.

중국과 조선의 여자들은 천대 받고 있다. 참을성도 많다. 그러나 너무 지나치게 압박을 받다가 반항할 때 그들의 분노는 상상하기조차 무섭다. 그렇게 되면 다듬이 방망이가 무시할 수 없는 무기가 되고 남성도 그 방망이를

톱질

무서워한다.

싸움

두 남자가 싸움을 하려는 전제 조건으로는 싸움을 말려 주는 사람이 있어야 한다는 점이다. 그러나 부부 싸움에서 남편이 결정적으로 잘못했을 때는 아내가 아무리 떠들어도 꿀 먹은 벙어리처럼 침묵을 지키지만 때로는 태도가 달라져 극단적인 행동을 취하는 수도 있다. 처음에는 길을 사이에 두고 두 사람이 떨어져 말다툼을 시작하지만 상대방을 비난하려고 점차로 가까워진다.

그러나 이들은 예의가 바르며 발언권을 얻은 사람은 말다툼에 지든가 숨이 차 더 이상 말다툼을 할 수 없을 때까지 예의를 잃지 않는다. 그들은 훌륭하고 당당한 입씨름꾼들이며 말다툼은 모든 이웃 사람과 통행인들이 들을 수 있도록 큰소리로 한다. 조금 뒤에 흥미를 느낀 군중이 모여들어 자연히 싸우는 사람의 원기를 북돋우게 된다. 그들은 마침내 앞서 보다 두 배의 힘을 내어 대든다.

그는 지금 자기 상대자가 저지른 것과 같은 행위를 할 수 있는 사람의 선조들은 과연 어떤 사람일까에 관해 군중을 향해 심한 장광설을 늘어놓고 그 행동이 옳은지 옳지 못한지 묻는다. 이렇게 되면 상대방은 자기 선조를 헐뜯은 사람을 향해 길을 건너온다. 그러면 싸움을 말리는 사람이 군중 속에서 걸어 나와 그 사람이 난폭한 행동을 하지 못하도록 제지한다.

길을 건너 온 사람은 싸움을 말리는 사람의 양팔에 붙들려 있는 것을 발견하고 빠져나와 싸움 상대에게 가려고 몸부림친다. 상대방도 싸움을 말리는 다른 사람에게 붙들려 빠져나오려고 몸부림치고 있다. 그런데 진짜로 상대방이 싸우려면 자기의 허술한 옷을 벗어버리면 된다. 그러면 옷은 싸움 말리는 사람이 들고 있게 된다.

나무장수와 황소

이런 일은 종종 발생하며 예기치 않던 사람이 그 사람과 부딪쳐 쓰러지는 수도 있다. 싸움 말리는 사람의 품에서 빠져나와 상대방에게 달려들어 싸워도 상대방의 머리채를 당기든가 잘못하여 상대방의 코와 맞부딪쳐 코피를 흘리게 되는 것이 고작이다. 피를 보면 양쪽이 모두 흥분하여 군중에게 푸념한다. 이것은 아마 피가 옷에 묻어 옷이 못 쓰게 되므로 흥분하는 것 같다. 그러나 내가 조선에 도착하여 처음 목격한 것 바와 같이 진짜 싸움다운 싸움을 하는 것도 종종 볼 수 있다.

목숨을 건 대결

어느 날 하루는 말을 타고 길을 가는데 우뚝 솟은 어느 집 앞에서 두 사람

그네

이 말다툼을 하고 있었다. 그들이 공중으로 삿대질을 하면서 싸우는 손짓을 보고 이 어린애 같은 행동에 나도 모르게 혼자 웃으면서도 그들이 싸우려면 싸움다운 싸움을 하길 진심으로 바랐다. 그런데 의외로 나의 소망이 이루어졌다. 내가 그들이 싸우고 있는 맞은편에 도달했을 때, 그들은 홑적삼마저 벗어버리고 벌거숭이가 되어 서로 상대방을 향해 돌진했다.

그들 가운데 한 사람이 몸을 움츠리더니 상대방의 정강이를 잡는 순간 상대방을 자기 머리 위로 던져 버렸다. 참으로 깨끗한 솜씨였다. 그들이 서로 상대방을 향해 돌진할 때 한 여인이 집에서 뛰어나왔다. 그런데 조금 전의 말다툼 대신 그 여인의 비명 소리가 들렸다.

그 여인의 울부짖음과 더불어 싸울 때 내던져진 사람이 떨어진 자리에 누워 있는 것을 보고 무언가 심상치 않은 일이 생긴 것으로 생각되어 나는 뭔가 도와 줄 수 있지 않을까 하여 현장에 가 보니 그 사람은 벌써 목이 부러져 죽어 있었다. 그 뒤로 나는 말다툼하는 것 이외의 심한 싸움은 보지 않기로 했다.

5. 수공업

조선 사람들은 순전한 농경 민족이면서도 예로부터 그들이 사용하려고 필요한 공산품들을 생산해 왔다. 그들은 목화를 재배하여 포목으로 직조했다. 조선에는 양에게 치명적인 억샌 풀이 야생되어 양이 사육되지 않기 때문에 양모를 사용하지 않는다. 겨울에는 무명옷에 솜을 넣어 옷을 지어 입는다.

겨울에 살찌고 여름에는 여윈다.

내가 조선에 왔던 해 겨울에 이곳 친구를 사귀었는데 그는 몸집이 크고 뚱뚱했다. 그는 자기 관직에 충실하여 복중에는 만나지 못했다. 그런데 그가 왔을 때 매우 투명한 옷을 입었기 때문에 두루마기를 벗고 광선을 등지고 내 앞에 서 있을 때 그의 하반신 전체가 환히 들여다보였다. 이 뼈만 남은 사람이 겨울에 뚱뚱했던 나의 친구라고 믿어지지 않았다.

그런데 겨울에는 솜을 넣어 겹옷을 입었지만 여름은 더위 때문에 솜옷을 벗어버린 것이 생가났다. 여인들이 조그민 솜틀에서 짜내는 이곳의 포복은 세탁하기 쉬워 아직도 바지에 많이 사용된다. 그러나 겉옷을 만드는 데는 무명보다 수입해 온 부드러운 천을 사용하게 되었다.

놋제품

조선 사람들은 원하는 것에 가까운 모양의 틀을 만들어 주물을 부어 넣음으로써 매우 훌륭한 놋그릇을 만든다. 삶의 여유가 있는 사람들의 식사에 사용되는 식기는 모두가 훌륭하고 무거운 놋제품이다. 식사를 한 뒤 손가락을 씻는 그릇으로 사용하려고 외국인들은 식기를 몇 벌씩 본국으로 가져간다.

외국인들은 이 식기가 깨지지 않고 빛깔이 금빛과 비슷하여 이 식기를 사용하는 데 놀랄 만큼 익숙하다. 처녀들은 돈을 모아 혼숫감으로 놋그릇을 몇 벌씩 사 둔다. 우수한 도자기를 만드는 도공(陶工)들을 일본에서 데려갔기 때문에 가난한 사람들은 시골에서 만드는 무거운 옹기그릇을 사용한다.

자개 제품

나무에 진주로 깨끗하고 매력적인 모양의 상감을 하는 것 외에도 조선 사람들은 철판에 은으로 아주 멋있게 상감을 박는다. 먼저 철판으로 본을 뜬 다음 은을 박는데 그 모양이 매우 아름답다. 조선 사람들은 일본인처럼 능숙하지는 못하지만 목공, 가구, 조립품에 훌륭한 솜씨를 가졌다.

조선 사람의 장롱 가운데에는 외국인들이 격찬하는 예술품이 있다. 대나무를 엮어 햇빛을 가리는 발은 흔히 사용하는 물건이며 침구로도 쓸 만큼 길고 아주 정교한 돗자리도 만든다.

생산 의욕을 북돋우는 자극이 없다.

중국과 같이 세금의 징수를 청부 제도로 운용하고 모든 관직에 공정 가격이 매겨 있는 나라에서는 욕심쟁이 관리들이 저주의 대상이 될 뿐만 아니라, 당장 필요한 것 이상으로 생산하고 재배할 의욕을 주는 자극이 없다. 그러므로 눈에 보이는 재산의 축적은 좋지 못하다.

그것은 단지 고양이 눈을 하고 있는 아전들의 탐욕을 자극하는 구실을 할 뿐이기 때문이다. 아전들은 가난한 백성들을 원님 앞으로 끌고 갈 구실을 붙이는 데에만 도통하고 있기 때문에 이 불쌍한 희생자의 능력 한계를 심사하여 그들이 책정한 돈을 지불하지 않고서는 이 마수로부터 헤어날 도리가 없게 만든다.

수탈

나의 친구 가운데에는 매우 유능한 "착취꾼"이 있었는데 이번에는 그 사람이 최고 법정에 끌려가 자기보다 벼슬이 높은 관리에게 착취를 당했다. 이와 같은 일을 설명하면서 그는 나에게 말하기를, 조선 사람이 재산을 가지고 있다는 것은 마치 범인처럼 취급된다고 한다. 그는 확실히 이와 같은 문제에 관해 권위 있는 발언을 할 수 있는 지위에 있었다.

그러나 나는 그에게 착취당한 사람들이 그에 대해서 품고 있는 불평을 이해할 수가 있었다. 왜냐하면 그는 이 나라의 관습을 따르지 않을 수 없었고 관직을 얻으려고 치렀던 댓가에 덤을 더 붙여서 봉창해야 했기 때문이다. 그러므로 세력이 없는 소작인이나 노동자들이 눈에 보이는 재산을 축적하려고 하지 않는 데에는 그럴 만한 이유가 충분히 있다.

그들은 다만 자기들의 거처가 따뜻하기를 바랐으며 굶주림을 채우고 거의 쉬지 않고 태우는 엽초와 자기의 고달픈 처지를 잊게 하는 술이 가끔 필요했다. 이런 것들과 함께, 살아 있는 동안에는 자기를 우러러 받들고 세상을 떠난 뒤에 무덤 앞에서 제물을 바칠 아들이 소망의 전부였다.

이들이 자신을 위해서 틀림없이 축적한 단 하나의 것이 있다면 그것은 이미 먹어 없어진 음식뿐일 것이다. 그러므로 무엇이든지 쓰고 남은 것은 대체로 먹는 것으로 소모되었으며 완전히 먹어치운 것만큼이나 완전하게 숨

길 수 있는 것만을 여분으로 간직했다.

"집을 팔아먹는다."

자기 집을 처분해 버린 사람에 관한 이야기는 흔히 듣는 일이다. 이럴 경우 "집을 팔아먹어 버렸다."라는 말은 그 사람이 수입의 전부를 잔치로 탕진했거나 먹어 없앤 것과 같이 안전한 것으로 전환시켰다는 뜻이다. 풍요한 나라에서는 위에서 말한 바와 같은 필수품들을 얻으려고 피땀 흘려 노력할 필요가 없다.

그들에게는 산허리에 있는 나무 밑에 앉아 주위의 아름다운 계곡을 바라본다거나 또는 정원의 고약한 풀로 만든 담배를 피우며 아래쪽 멀리서 꾸불꾸불한 길을 따라 지나가는 나그네의 모습을 바라보고 있을 만큼 시간이 넉넉하다.

즐기는 태도

차창에서 바라보면 이 사람들은 처음 보는 사람에게도 약간 우스운 모양을 하고 있다. 테두리가 넓은 원통 모양의 길쭉한 갓이 미묘하고도 부자연스러운 모습으로 양반의 머리에서 조심스럽게 수평을 이루고 있다. 그러나 보통 사람은 갓을 쓰는 데 모든 장구를 다 착용하지 않을 수도 있어, 그들의 갓은 상투에 비스듬하게 걸쳐 있다.

갓끈은 밑으로 늘어뜨려 턱에 매여 있어 그 모습은 호기심에 차 있는 어린 아이 같아 마치 미국의 젊은이들이 모자를 뒷머리에 쓰고 입을 떡 벌린 채 신기한 것을 보고 있는 것과 같다. 그 사람은 흰옷을 허리춤까지 치켜 올리고 앉은 채 터무니없이 바쁘게 돌아가는 기관차에 필요한 사람이라기보다는 자기가 훨씬 더 지체 높은 사람이라도 되는 듯이 겸손한 태도로 열차를 아래위로 바라보고 있었다.

부리처럼 생긴 긴 담뱃대를 입 아래쪽으로 늘어뜨리고 있는 이 조용한 사람은 마치 하와이의 바위투성이 횃대 위에 앉아 있는 커다란 새와 같았다. 담뱃대를 입에서 떼고 그 검은 갓이 기관차의 찢어지는 듯한 기적 소리에 맞추어 서서히 회전하는 것처럼 보일 때면 사람들은 이 흰 사람이, 지나가는 뱃소리에 놀란 대양의 물새처럼, 날개를 펴고 당당하게 날아가는 것을 보고 싶어 할 것이다.

상인들

서울의 중심부에는 상인 조합이 있다. 이곳에서는 저마다의 전문 분야에 따라 전국의 거래를 통제할 뿐 아니라 일종의 은행 구실도 하고 있다. 앞으로의 돈 지불 또는 원거리 송금에 대한 지불서, 어음, 지불 명령서를 양피지와 같은 종이에 한 줄로 써 붉은 도장을 찍는데, 도장 찍힌 곳과 문자의 줄 중간을 세로로 절단하여, 이 두 종잇조각을 맞추면 하나의 문서가 되도록 해야 한다. 이렇게 하는 것은 위조를 못하도록 함에 있다.

이들 조합의 본부는 매우 넓으며 외국인들이 입국하기 이전부터 궁궐 밖에 있는 유일한 이층 건물을 사용하고 있었다. 이 건물 근처에는 늘 자선 시장이 열리는데 고객들이 현관에 찾아오면 안에 있는 상품을 꺼내어 그들에게 보이곤 했다. 그러나 사실상 전시장이 없고 값진 상품은 모두 내부에 보관하여 열쇠를 채워 두었기 때문에 흔히 구매자들은 상품을 집으로 가지고 가서 그것들을 자세히 살펴본다.

한편 상인들은 자기 매점 문간에 다리를 꼬고 앉아 있는데 그들은 자기 물건이 돋보이도록 하는 데 큰 관심이 없는 듯하다. 거리에는 인도를 따라 진열품들과 함께 금속, 도자기와 식료품을 판매하고 있는 작은 상점들이 있다. 물건을 사려면 많은 에누리를 붙여야 한다. 왜냐하면 상품에는 일정한 가격이 매겨져 있는 것이 아니고 상인들은 손님이 얼마나 낼 수 있는지를 계산하여 값을 부르기 때문이다.

하인들은 실제 거래에 아무런 관계가 없고 주인의 모든 구매에 대해 흔히 수수료를 받는다. 언제인가 나는 내 말을 한 상점 앞에 멈추고 조선 사람 하인에게 물건 값을 물어 보라고 했다. 상인은 나의 하인에게 50냥이라고 했는데 하인은 곧 돌아서서 나에게 150냥이라고 했다. 이것은 빨리 부자가 되겠다는 의도였지만 오히려 하인에게는 바람직하지 않은 결과가 되었다. 왜냐하면 처음 가격을 내가 들었기 때문이다.

도매와 소매

분명히 한국의 상인들은 우리 서양에서 거래하고 있는 도매와 소매의 거래가 뒤바뀐 것 같다. 한때 나의 실업가 친구가 조선의 상품을 미국으로 수출하고 싶다는 듯을 나에게 말했다. 자본 관계로 물량의 확보가 어렵다면 자기가 그들을 도와 줄 수도 있다는 것이었다. 그는 요즘 미국 상점에서 잘 팔리고 있는 돗자리 방석이 잘 수출될 것으로 믿고 조선의 한 부상을 찾아가 상담했다.

그 상인은 한 개에 25전이면 얼마든지 사오겠다고 했다. 그래서 나의 친구는 5,000개를 주문했다. 가난한 그 상인은 이 수량을 듣고 놀라 입을 떡 벌리고 낮은 목소리로 그 수량을 반복해서 말하는 것이었다. 정신을 차리고 난 뒤에 그렇게 많은 수량을 필요로 한다면 한 개에 50전은 주어야 할 것이라고 했다. 아마도 그는 그만한 수량을 한 번에 취급하게 되리라고는 미처 생각지 않았던 것 같다.

6. 가옥

한국의 가옥은 모두 단층이다. 좋은 집들은 오목한 경사를 이루고 있는 기와지붕이고 이 오목한 경사 때문에 삐죽 나온 네 쪽 끝이 매우 아름답게 위로 구부러져 올라가 마치 그림을 보는 것만 같다. 가옥을 건축할 때에는 우선 지붕을 먼저 올린다. 정지 작업을 한 대지 위에 주춧돌을 놓고 그 위에 큰 목재를 세운다. 무거운 대들보에 장부를 파고 기둥에 맞춘다.

흔히 깨끗이 다듬은 통나무를 가름보로 사용하며 그 위에 무겁고 둥근 서까래를 받치는 들보를 세워 놓는다. 서까래는 나무판자의 빽빽한 층으로 덮는다. 나무판자 위에 흙을 두껍게 바르고 이 흙 위에 기와를 올린다. 그 다음에 구들을 놓는다. 방을 따뜻하게 하려고 아궁이로부터 방바닥 아래를 통해 굴뚝에 이르는 고래[坑]를 만드는데, 집이 작을 경우에는 아궁이가 있는 곳에 주방이 있다.

굴뚝은 집에서 몇 피트 위로 솟아 있다. 이 고래 위에 납작한 석회석을 놓으며, 석회석들 사이를 깨끗하게 연결시킨 뒤, 마침내 구들장 위에 한국산의 두껍고 호화스러운 유지를 바른다. 이와 같이 하여 흰 종이로 바른 방안에 연기가 스며들지 못하도록 방바닥을 튼튼하게 만든다.

지붕과 방바닥이 다 준비된 뒤에 집에 벽을 바른다. 먼저 미국의 문지도리[棖]와 같은 가는 나무를 창문이나 문 주위와 기둥 사이에도 댄다. 벽을 만들면 그 위에 깨끗이 회칠하여 말린 다음, 내부 전체에 흰 종이를 바른다. 담 밖에서 보면 이 벽은 사람 키 정도의 높이까지 돌을 박아 보온한다.

돌을 박지 않을 경우에는 지붕 처마를 넓게 뽑아 벽을 보호한다. 조약돌 크기의 이 돌들은 가장 매끈한 쪽을 밖으로 하여 벽의 진흙에 박으며 새끼줄로 가옥의 뼈대와 연결한다. 각 돌 사이를 회로 깨끗하게 바르면 돌들이 질서정연하게 박혀 있어 외양이 보기에 좋다.

위생

조선에는 위생 시설이 없는 것이 큰 특징이다. 아일랜드 태생의 서울 주재 영국 공사 조단(N. J. Jordan)은 언제인가 나에게 조선의 가옥들은 아일랜드의 소작인 집보다 더 평안하고 깨끗하며 위생적인 것 같다고 말한 적이 있다. 조선의 가옥도 아일랜드의 가옥처럼 돼지와 닭을 집안에 들어오지 못하게 하지만 불행히도 대문이나 문의 주된 장식물로서는 다음해 밭과 논갈이할 때 대비하여 퇴비를 만들려고 오물과 쓰레기를 버리는 지저분한 시궁창 구멍이 있다.

냄새

농한기에는 논과 밭으로 보내는 퇴비의 큰 짐 뭉치를 등 양쪽에 싣고 가는 황소와 당나귀의 계속되는 행렬로 도로에는 악취가 풍긴다. 이러한 악취가 풍기는 대열과 마주치면 그 악취를 좀처럼 잊지 못하기 때문에 외국인 방문객에게 조선은 오물과 악취의 나라라는 씻을 수 없는 인상을 준다. 이 냄새는 확실히 이따금 약간 고약한 냄새를 풍긴다.

그러나 예인선의 썩은 오물에서 가스가 발산하여 다리 위의 통행자들을 질식시킨 바 있는 옛날 시카고강의 악취처럼 유독하지는 않다. 중국에서는 퇴비의 취급이 더욱 못마땅하다. 왜냐하면, 하필이면 대낮에 인파가 들끓는 거리에서 어깨를 가로지른 막대기 양끝에 매달린 바께쓰 속에 담긴 오물을 길바닥에 뚝뚝 떨어뜨리며 흔들흔들 지나가기 때문에 거리는 온통 악취로 가득하기 때문이다.

조선 사람들은 오랜 경험으로 이런 냄새에 익숙하다. 그러나 그들은 사방 8피트의 침실에서 이 해로운 공기를 어떻게 호흡하며 이 작은 방에 불을 때고 6~8명이 한방에서 잠을 자고 생명을 유지해 나갈 수 있는지 매우 놀라운 일이다. 이런 방에 들어가려고 문을 여는 순간 확 끼치는 냄새는 무엇이라고 표현할 수 없으며, 이럴 때면 백인들은 누구든지 바깥 일기가 아무리 나빠도 숨이 막혀 밖으로 뛰쳐나갈 것이다. 이런 분위기에 가장 적합한 사람만이 살아남을 것 같다.

나는 중국인과 조선 사람이 어느 무더운 오후에 태양 빛 아래에서 아무것도 가리지 않고 잠자는 것을 본 적이 있다. 파리가 그들의 몸 전체를 기어다니고 심지어 그들의 벌어진 입속으로 들어가 근처 웅덩이에서 묻혀 온 찐득찐득한 진흙 자국을 남겨 놓는 데도 그들은 오물 구덩이 가장자리에서 잠을 자고 있었다. 이런 생활에서도 그들은 무탈한 것처럼 보인다.

이홍장은 언제인가 상해에서 상수도 준공식에 참석한 적이 있었는데 그 물에는 오물이 섞여 있어서 외국인들에게는 치명적이라는 것이 증명되었음에도 그 상수도 물을 마시면서 이 물에는 이물질이 들어 있지 않다고 말했다는 것이다.

무서운 웅덩이

어느 날 매우 괴팍스러운 여자 선교사가 서울 근교에서 온순하고 늙은 말 등에 조선의 소녀 한 사람을 태우고 지나가고 있었다. 방금 위에서 말한 것과 같이 큰 웅덩이 근처에 있는 길에서 방향을 바꾸었더니 말이 미끄러져 뒤쪽이 서서히 웅덩이 속으로 들어갔다. 이 불쌍한 두 여인은 한 키가 넘는 무서운 진탕 구덩이를 헤치고 뒤쪽으로 빠져나오기는 했지만 집은 그곳으로부터 몇 마일이 떨어져 있었다.

업[구렁이]

가옥의 지붕 기와 바로 밑에 있는 두터운 흙의 층은 많은 참새가 둥지를 틀기에 매우 좋은 장소이다. 참새와 그 알은 쥐와 업구렁이의 입맛을 끌고 있다. 집 구렁이는 독이 없는 것으로 길이가 약 3피트이고 사람의 팔뚝만큼 굵다. 업구렁이는 쥐를 잡아 죽이고 참새를 진정하는 데 도움이 되므로, 뱀이 우연한 기회에 실수하여 방안에 떨어지지 않는 한 조선 사람들은 구렁이를 괴롭히지 않는다.

구렁이가 방안에 떨어진다는 것은 흉조이다. 대궐에서 이와 같은 일이 발생하면 그 집을 포기한다. 내가 알고 있는 한 영국인 여선교사는 시골 가옥의 온돌 위에 펴놓은 간이침대에 들어가 자려고 우연히 베개를 뒤집었더니 바로 베개 아래에 큰 집구렁이 한 마리가 안락하게 몸을 사리고 있었다. 또 어떤 부인은 어두운 광속에 있는 밀가루 통에 무엇인가 부드러운 것이 있어 자세히 보았더니 통 뚜껑 전체에 구렁이가 둥글게 몸을 사리고 있었다.

봄철의 맑고 따뜻한 날에는 이 구렁이들이 일광욕을 하려고 지붕 위에 올라가는 때가 있다. 그들에 대해 증오의 감정을 갖고 있는 참새들은 매우 흥분한 소리로 지저귀며 구렁이를 향해 또는 구렁이 주위로 돌진한다. 전령의 새가 날아가 싸움하기를 즐기는 용맹스러운 까치 떼를 몰고 와 그들로 하여금 그 지독한 부리로 쪼아대게 하여 구렁이를 몰아내 버린다.

까치

이 나라의 가옥에 참새와 까치가 없으면 무엇인가 빠진 것 같다. 이 나라에서는 사람이 있는 곳이면 어디든지 이 우호적인 새들이 따라다니게 마련이다. 한국 사람이 고양이를 싫어하듯이 새들도 고양이를 싫어하는 것 같다. 특히 까치는 고양이를 보기만 하면 공격한다. 어리고 모험을 즐기는 외국산 고양이가 몰래 까치에게 접근하려고 대드는 것을 보면 재미있다.

까치가 속으로 기뻐서 집에서 좀 떨어져 있는 곳으로 좋은 장소를 마련할 때까지 까치는 줄곧 고양이를 유인한다. 그러고 나서 까치는 뒤돌아서 고양이가 눈치를 채기 전에 이미 고양이의 털을 뽑아 버린다. 고양이는 몸을 피해 집 밑으로 돌진한다. 이와 같은 일은 고양이에게 조심하라는 경고를 주기에 충분하다.

이 뻔뻔스러운 새들은 호기심이 강하고 익살이 풍부한 듯이 보인다. 남경에서 겪은 일인데 이 새들은 인간이 만든 유리창에 부딪치면 어떻게 되는지를 이해하지 못하는 것 같았다. 유리에 부딪쳐도 이 새들은 단념치 않고 한 장소만을 통과하려고 애쓴다. 새들은 종종 창틀에 매달려 부리가 부러지거나 유리가 깨질 때까지 부리로 유리를 쪼아댄다.

새들은 서울의 우리 집 정원에 핀 아름다운 튤립에 기어올라 잎을 하나씩 뽑아 버림으로써 공사관의 잔디밭을 망쳐 놓곤 했다. 총으로 새들을 쏴 보아도 허사이다. 그래서 부리와 날개 끝이 땅바닥에 삐죽 나오도록 하여 죽은 새 몇 마리를 튤립의 화원에 파묻었다. 이렇게 했더니 새들은 몹시 지저귀며 부리로 목을 다듬으면서 신중하게 살펴보고 난 뒤 모두 날아가 버렸다. 그 뒤로는 당분간 정원에서 새의 자취를 찾아볼 수 없었다.

언제인가 우리들이 살고 있는 근처 빈집에 들어 있는 주인 없는 고양이를 죽이려고 독약을 놓은 적이 있었다. 그런데 몇 마리의 까치가 이 독약을 부리로 집어 주둥이에 물고서 그것을 먹으려 매듭이 많은 고목나무로 날아갔다. 얼마가 지난 뒤에 한 마리가 갑자기 땅바닥에 떨어져 한참 동안 날개를 푸드득거리고 있었다. 이것은 다른 새들의 간담을 서늘하도록 놀라게 했다. 그 가운데 몇 마리는 풀이 죽은 모양으로 비실비실 다녔다.

새들은 다른 까치들을 집합시키려고 지저귀는 듯한 소리를 지르면서 날아가 버렸다. 잠시 뒤에 우리 집 근처 공터와 그 고목 주위는 까치의 시체가 까맣게 널려 있었다. 분명히 늙어 보이는 까치 두 마리가 죽은 친구들에 관해 의논이라도 하고 있는 듯이 까치들의 시체를 슬픈 표정으로 내려다보고 있었다. 그 모습이 너무도 사람과 흡사해서 마치 나를 살생죄로 단정할 것만 같아 소름이 끼쳤다.

마침내 두 마리의 늙은 새는 엎어져 있는 한 마리의 두 쪽 날개를 주둥이로 물고 위로 날아가다가 떨어뜨리고 말았다. 그 불쌍한 새는 비명을 지르며 다시 땅바닥에 떨어지고 말았다. 이러는 동안에 또 한 마리의 까치가 땅에 떨어지고 세 번째 까치가 또 떨어졌다. 이곳에서 한 마리의 까치가 날아가니 그 새를 좇아서 모든 새들이 다 날아갔다. 그 뒤에는 이 나무에 까치가 내려앉지 않는 듯했다.

서낭당 나무

서낭당 나무는 조선의 풍물을 이해하는 데에 좋은 자료가 된다. 왜냐하면 조선 사람들은 최근에 사망한 식구를 애도하려고 밤에 고목나무 밑의 공터에 모이는 습관이 있기 때문이다. 이러한 서낭당 나무가 바로 우리 집 침실 맞은 쪽 담 너머에 있었다. 그 애통해 하는 소리는 우리들을 매우 언짢게 했지만, 그렇다고 그 애도하는 것을 참견할 수도 없었다.

그 고목은 어떤 매우 악의에 찬 마귀를 품고 있다 해서 새가 그 고목에 앉든가, 고양이가 나무에 오르면 흉조가 들었다는 이유로 그 가족은 애도의 장소를 다른 곳으로 옮겼다. 뿐만 아니라 어린이들이 그 나무 밑에 있는 공터에 갔다가 악령에게 잡혀 먹히지 않도록 공터에 울타리를 치기까지 한다. 그런 일이 있은 뒤 우리는 단번에 고양이, 곡소리, 그리고 까치의 등쌀에서 벗어날 수가 있었다.

쥐

이 나라에서는 쥐가 매우 귀찮은 존재이다. 유행병이 이 나라에 들어와 쥐에 퍼지면 상상할 수도 없을 정도로 참혹한 피해를 입는다. 쥐로 말미암은 재산 피해는 조선 사람들이 상상도 못할 정도이다. 그들은 이렇게 작은 동물이 먹어야 얼마나 먹겠는가고 생각하지만 실은 몇 백만 마리가 주는 피해를 모르고 있기 때문이다. 그들은 흑사병에 예방할 대책을 취하지 않는다.

쥐는 의치(義齒)를 좋아한다.

재빠르고 작은 도적 같은 쥐는 운반할 수 있는 것이면 무슨 물건이든지 훔쳐 가려고 한다. 언제인가 일본에 가서 편리한 의치를 맞추어 오던 선교사의 새 의치를 쥐가 훔쳐 갔다. 그는 조선 기선을 타고 일본에서 오던 가운데 그 의치를 잃어버렸는데 여기저기 애써 마침내 찾고 보니 자기 선실 벽에 뚫린 쥐구멍 속에 그것이 있었다.

천장의 쥐들

쥐들은 천장에 종이를 붙일 때 바른 풀을 먹으려고 천장 종이의 윗 표면을 잘 찢는다. 이 팽팽한 종이를 찢을 때의 일을 나는 지금도 잘 기억하고 있다. 나는 서울에 막 도착하던 날 밤에 나의 중국인 동행인과 함께 조선 사람 집에 머물렀다. 우리들은 침대가 없어 온돌 위에서 잠을 잤다. 나는 구두를 베개로 하고 잠을 잤기 때문에 깊이 잠들 수가 없었다.

더구나 우리들은 퍽 가까운 곳에서 들려오는 마치 북이 굴러가는 듯한 소리에 곧 잠이 달아났다. 우리들은 주인을 깨우고 나와 함께 있는 중국인이 한자로 우리들이 겪은 소란을 말했다. 그러자 조선 사람은 웃으면서 그것은 단지 쥐가 한 짓이니 쥐를 쫓으려면 손으로 천장을 두드리라고 말했다. 그 뒤 우리는 천장을 두드리느라고 정신이 없었다.

고양이

그 뒤 나는 미국 배에서 외국산 고양이 한 마리를 얻어 품종이 좋은 놈들을 번식시켰더니 우리 집과 친구들의 집에서 쥐가 사라졌다. 조선에서는 고양이가 그다지 흔하지 않으며 미국인들처럼 귀여워하지도 않는다. 몇 몇 조선 사람들은 우리가 뱀을 싫어하는 것만큼이나 고양이를 싫어했다.

나는 조선의 관리들이 외국 공사관에서 저녁 식사를 하다가 그 집의 고양이가 우연히 방안으로 들어온 것을 보자 기절초풍하는 것을 두 번이나 보았다. 그들 가운데 바로 내 옆에 앉아 있던 사람은 갑자기 기절했다. 그의 넓은 갓 테두리가 앞에 놓여 있던 유리컵을 쓰러뜨렸고 그의 얼굴은 접시 속에 푹 파묻혔다. 나는 그를 밖으로 데리고 나갔다. 바깥 공기를 쐬고 다시 정신을 차리더니 그는 자기네 말로 뭐라고 소리 질렀다.

언제인가는 고양이 새끼 한 마리가 사람의 눈에 띄지 않게 식당으로 잘못 들어왔다. 그런데 그 집주인이 잘못 알고서 그 고양이의 암놈이 항상 앉아 있던 자리에 앉았다. 새끼 고양이는 그 사람의 두루마기에 기어 올라와서 편히 앉아 있었다. 어느 낯선 장소에서 저녁을 먹고 있는데 옷자락에 뱀이 한 마리 도사리고 앉아 있는 것을 내려다보았을 때 당신 같으면 어떻게 느껴졌을는지 상상해 본다면 그때 그 조선 사람이 어떻게 느꼈는지 이해할 수 있을 것이다.

7. 인 정

조선 사람들은 매우 친절한 사람들이다. 이전에는 사실상 조선에 거지가 없었다. 그러나 얼마 동안 우리들은 해병 보초를 여러 건물에 배치했는데 그 너그러운 군인들과 선원들이 거리에 있는 개구쟁이들에게 동전을 던져

줌으로써 많은 거지 떼를 불러들이는 동기가 되었다.

보초들

조선 사람들에게는 미국의 보초들이 큰 관심거리였으며 그들의 식사 시간에는 더욱 그러했다. 그리고 항상 옆에는 배가 고픈 많은 소년들이 있었다. 이들은 먹다 남은 것을 얻어먹곤 했다. 미국인 보초들은 식사하는 종류가 다양하고 메뉴가 풍부하기 때문에 가장 인기가 좋았다.

러시아 사람들은 주로 풍부한 채소 수프와 검은 빵을 먹고 살았다. 프랑스 사람들도 수프를 많이 소비했다. 그런데 미국인들은 많은 고기와 푸딩과 그 밖의 설탕이 들어 있는 요리를 먹었다. 그래서 조선 사람들은 미국 보초는 양반처럼 살고 그 밖의 외국인들은 상놈처럼 산다고 했다.

중국의 거지 · 도적 조합

중국의 거지들은 누구나 할 것 없이 조합을 조직하고 있다. 구획이 잘된 이 구역 내에서는 그들의 활동이 보장된다. 주민들은 조합에 정기적으로 금품을 희사하여 거지들로부터 시달림을 모면한다. 이러한 것은 도둑들도 마찬가지다. 도둑들도 조합으로 조직되어 있어 누구나 정기적으로 이 조합에 금품을 희사하면 도둑의 재해를 받지 않게 된다.

만약에 이러한 사람이 도둑에게 재산을 잃어버려도 장물은 회수된다. 왜냐하면 이런 경우의 도둑질은 우연한 실수이기 때문이다. 조선에서는 이러한 조합이 없다. 도둑을 맞으면 그것은 한때의 불행으로 여긴다. 사실상 고대 중국은 여러 세기 동안의 경험을 통하여 많은 교훈을 얻었다. 인간은 취약점으로부터 자신을 보호하려고 대책을 강구하고 있는 것이다.

친절한 환영

우리는 조선에서 받은 환영에 매우 기뻤다. 우리가 중국에서 사는 동안 그들은 외국 사람들을 원치 않는다는 것을 알았다. 중국에서는 외국 사람들이 양이로 통했다. 우리들은 미국에서 중국인을 Chink(되놈)라고 부르며 천시했던 벌을 받은 셈이다.

그와는 달리 조선에서는 외국인들이 양반과 마찬가지로 존경을 받았다. 중국에서는 우리를 감시할 개를 배치하곤 했지만 조선에서는 개가 뛰어나와 우리에게 짖으면 반드시 개를 꾸짖고 짖지 못하게 했다. 그리고 어떤 때 혹시 군중 속에 휩쓸리게 되어도 떠민다든지 거칠게 대하지 않고 반드시 지나갈 통로로 비켜 주곤 한다.

투석

언젠가 나는 남경에서 늙었지만 착실한 선교사 한 사람과 함께 과거를 구경하러 갔다. 그곳에는 벼슬과 지위를 열망하는 몇 천 명의 응시자들이 큰 시험장 건물의 정원에 있는 작은 칸막이 속에 앉아 고전에 관한 수필을 쓰고 있었고, 몇 천 명의 구경꾼이 통로를 메우고 있었다. 그런데 작은 화로를 들고 있던 늙은 여자 거지가 난폭한 사람들에 밀려 내 몸에 부딪치는 바람에 화로가 복도에 떨어져 깨졌다.

화로는 몇 센트의 값어치에 불과했지만, 거지는 큰 소리로 변상해 달라고 요구했다. 우리들은 어떻게 해서든지 변상해 주려고 했지만 잔돈을 가진 것이 없었다. 나의 친구는 약속을 지킴으로써 그 여자를 만족시켜 주려고 했지만 허사였다. 군중들은 이 문제에 간섭하여 우리들을 거칠게 다루었다. 나의 친구는 비겁한 사람이 아니었다. 그는 남북전쟁 당시에 해군에서 용감하게 싸우다 다친 상처로 다리에 아직 총알이 박혀 있었지만 이제 더 이상 몸을 보호할 수 없어 도망가는 수밖에 없다고 했다.

그러나 그 친구는 오랫동안 박혀 있던 총알 때문에 빨리 뛸 수가 없었다. 곧 벽돌 하나가 날아와 내 옆구리에 맞았다. 나는 숨을 몰아쉬면서 도망치는 그 꼴이 말이 아니었다. 여러 곳을 가로질러 드디어 집에 도착한 뒤 우리는 더 이상 이 사건을 확대하지 말아 달라고 지방 장관에게 편지를 썼다.

대리 보상

그런 사건이 발생했을 때 책임 소재를 가려내는 데 중국인들은 매우 영리한 방법을 쓰고 있다. 언제인가 우리가 상해 본토민 거주지에서 좀 떨어져 살고 있을 때 우리들은 시의 성곽 밖에 있는 길을 따라 손수레를 타고 외국인이 모여 사는 곳으로 가고 있었다. 우리들은 바퀴가 하나 달린 승객용 손수레의 양쪽 가장자리에 앉아 있었다. 바퀴는 손수레 가운데로 우리들 사이에 삐죽 올라와 있어 팔걸이 노릇을 해주었다.

그때 성벽 위에서 사람들 몇 이 우리를 놀리기 시작했다. 그들은 우리를 양귀라고 부르더니 점점 신이 나 우리에게 돌을 던지기 시작했다. 아마 그들 가운데 한 사람이 미국에 갔다가 그와 같은 대우를 받고 보복하는 것이었는지도 모른다. 나의 얘기를 들은 친구는 그 구역의 관리를 찾아가 그를 윽박질렀다.

그 관리는 사건이 일어난 구장을 불러 체형을 가하더니 끝내는 돌을 던진 장본인에게까지 벌이 미쳤다. 그 뒤로 우리는 같은 장소에서 모욕을 당하지 않았다. 조선에서도 정도는 좀 약하지만 이와 비슷한 대리 보복이 일어난다. 그러나 중국에서처럼 항의가 잘 상달되는 것 같지 않으며 따라서 중국에서처럼 그렇게 효과적인 것도 아니다.

부담이 되는 손님 대접

조선 사람들은 비교적 낯선 사람도 잘 초대한다. 언젠가 나는 조선 사람 친구로부터 아침 식사를 대접받은 적이 있었는데 그때 많은 밥상을 손님 방으로 운반하는 것을 보고 단체 손님을 대접하는 것이냐고 물어 본 일이 있었다. 그랬더니 그 친구는 나에게 방을 보여주는데 방안에는 사람들이 가득 앉아 있었고, 그들 앞에는 각자가 밥상을 하나씩 놓고 있었다. 내 친구의 설명에 따르면 그들은 시골서 서울에 볼일이 있어 온 사람들로, 그 가운데에는 약간 안면이 있다는 구실로 친구를 찾아와 머물면서 식사를 한다고 한다.

이와 같은 현상은 조선의 부자들에게 부담이 된다. 그리고 누구나 번창하면 지난날 본 적도 없는 친척들이 함께 끼어 살러 오고 심지어는 친구들까지 데리고 온다. 그러나 이런 일에는 그만한 보상이 있다. 왜냐하면 많은 사람들이 그렇게 찾아오는 집은 번성하든가 또는 조정에 세력이 있다는 것을 뜻하고 있기 때문이다.

이 번창하는 집의 식객들은 그 집안의 운이 기울어진다는 소문이 퍼지면 곧 그 집을 떠난다. 왜냐하면 어떤 원수진 사람이 조정에서 한 때의 무리가 그 집을 감싸고 있다는 사실을 성공적으로 모략하게 되면 그 집주인의 체포령이 내리고 자칫하다가는 식객들도 주인과 교우 관계로 화를 겪게 되기 때문이다. 그러므로 사람의 무리가 그 집에 머물러 있는 한 운명의 여신이 그에게 미소를 던지고 있다는 좋은 표시가 된다.

8. 음 식

쌀

쌀은 조선의 주식으로서 소금이나 기타 양념이 필요 없이 아무것도 바르지 않은 채로 먹는다. 콩류와 밀가루로 만든 국수도 많이 먹는다. 식사는 방바닥에서 몇 인치의 높은 밥상 위에 올려놓고 먹는다. 식단에는 쌀, 콩 또는 국수 이외에도 국물, 생선, 고기 그리고 조미료가 있다. 그러나 채소 중에서 가장 중요한 것은 소금에 절인 배추와 둥근 무다. 이들 채소는 무미한 쌀밥에 필요한 염분을 공급한다.

김치

소금에 절인 채소를 김치라고 한다. 김치는 고춧가루, 굴, 기름 그리고 마늘로 무친 배추와 무를 기초 재료로 하여 만드는데 이 모든 것은 소금물에 담그고 약 2개월 동안 발효시킨다. 김치에 쓰는 양념은 140가지나 되며 이것들을 한 배럴 크기의 독인 "광" 속에 저장한다. 다 익은 김치는 아삭아삭하며, 마늘을 넣지 않고 만든 김치는 담백한 맛이 있다.

나는 이 김치를 즐겨 먹는 몇 사람 안 되는 외국인 가운데 한 사람으로 보인다. 나는 해마다 겨울철에 먹으려고 마늘을 빼고 김치를 담갔다. 그렇게 하면 역한 냄새가 없다. 김치 자체의 냄새는 강하고 독특하다. 그 맛에 대하여는 그것을 잠시 소개함으로써 가장 잘 설명할 수 있을 것이다.

조선에 온 지 얼마 안 되어 나는 병원을 관리하고 있었다. 그때 병원에는 허술한 일이 많았고 곳곳에서 악취가 풍겼다. 하루는 나의 집에 있는 사무실에 들어가자 지금까지 맡아보지 못한 냄새가 온몸에 배는 것만 같았다.

그래서 나는 종업원들을 불러, 병원으로 가도록 지시한 환자들을 사무실로 들여보냈다고 꾸짖었다. 그러나 그들은 병자가 들어온 적이 없다고 했다. 그래서 창문을 열어 놓고 방으로 들어와 살펴봤다. 그 냄새는 어떤 착한 환자가 놓고 간 작은 단지에서 나는 냄새였다.

그 단지 속에는 익을 대로 익은 고약한 냄새가 나는 김치가 들어 있었다. 그래서 그 단지를 당장에 내버리라고 명령했다. 그런 일이 있은 뒤에도 노동자들의 입에서도 김치 냄새가 났다. 그들은 그 냄새를 좋아했을지 모르지만 나는 도저히 견딜 수가 없었다. 이 일이 있은 뒤에 어떤 사람이 마늘을 빼고 만든 이 김치의 맛을 보라고 권유했다. 그런데 나는 첫입에 그 맛에 사로잡혔다. 아직도 종종 그때의 일을 회상하면 즐겁기만 하다.

냄새

결국 여러 가지 냄새의 작용은 대체로 교육의 문제이다. 조선 사람들은 증기 기관차에서 내뿜는 유황과 콜타르의 연한 석탄 연기의 숨 막히는 냄새를 매우 싫어한다. 그들은 이 냄새가 매우 유독한 것이라고 생각하는 듯이 보였다. 서양 사람들의 치즈도 또한 그들에게는 도저히 맡을 수 없는 냄새이다.

싱가포르에서 먹을 수 있는 맛있는 과실인 두리안은 냄새가 매우 고약해서 많은 외국인 여행자들이 그 풍부한 과육을 즐길 기회를 잃어버리는 것과는 달리 그곳 사람은 그 냄새를 아무렇지도 않게 생각한다. 조선 사람에게 김치 냄새는 매우 좋은 냄새이지만 림버거[4]의 냄새는 아주 질색이다.

---

4) 림버거(limburger) : 특유의 향기와 풍미를 가진 일종의 치즈.

우유와 설탕

치즈에 대한 말이 나왔으니 말인데, 조선에서는 매우 우수하고 큰 소를 볼 수 있지만 우유 제품이 소용이 없다는 것은 특이한 일이다. 적절한 영양가의 음식이 그토록 소망스러운 조선처럼 빈곤한 나라에서 우유를 먹지 않는다니 더욱 신기할 따름이다. 어린 아이, 환자, 병약자 그리고 노인들이 사람의 젖을 먹는 것을 볼 때, 조선 사람들이 우유의 용도를 알고 있는 것은 사실이다.

그러나 조선 사람은 우유 짜는 일을 하지 않는다. 최근에 외국인 의사들이 어린애들을 위해 처방하고 권고하여 그들도 이제는 미국제의 달콤한 연유를 사용하게 되었다. 지금은 분유의 무역이 매우 성행되고 있다. 꿀의 감미 이외에는 감미료가 없고 단것이라고는 단지 쌀과 이와 유사한 곡식에서 얻는 이 나라 사람들은 향기로운 감미 때문에 연유를 좋아한다.

금광에 살고 있던 어떤 미국인이 그곳에서 자라는 토종 단풍으로 매우 뛰어난 단풍 당밀을 만들었다. 이것은 가난한 조선 사람들이 감미료를 손쉽게 구할 수 있음에도 불구하고 그 좋은 기회를 소홀히 했음을 보여주는 것이다.

음식에 관한 격언

그다지 깨끗하지도 않은 손으로 젓가락질하기 쉽게 하려고 조선 사람들은 음식을 작은 도시락에 넣기도 하고 주먹밥을 만들기도 하는데 처음 조선 음식을 먹어 보는 외국인으로서는 쌀밥이나 김치처럼 한꺼번에 만드는 음식 이외에 가공한 식품에는 입맛을 잃세 된나.

이런 점에서 본다면 이곳 주민들은 영리하다. 그들은 "음식을 맛있게 먹으려면 부엌을 넘겨다보지 말라"는 격언을 인용한다. 이 격언은 어느 임금이 하신 말씀이다. 그 임금은 변장을 하고 궁궐 밖으로 나와 혼자서 백성들이 생활하는 모습을 보기 좋아했다.

어느 날 백성들의 일을 살펴보는 산책을 하고 돌아오던 길에 왕은 궁중의 주방을 둘러싼 벽으로 넘겨보았더니 저녁 수라의 준비가 거의 완료되고 있었다. 그곳에는 매우 불결한 궁녀가 작은 밥상 위에 달콤한 감을 피라미드처럼 쌓고 있는 중이었다. 과실은 무르익었고 물이 가득한 과일을 감싸고 있는 우아한 빛이 반짝이는 감 껍질을 터뜨릴 것만 같았다.

그 궁녀는 매우 만족한 표정으로 자기가 차려 놓은 것을 살펴보았다. 그리고 상을 들려고 허리를 앞으로 굽혔다. 그때 먼지의 회오리바람이 빙빙 돌면서 주방으로 날아 들어와 과일 위에 모래를 뿌려 놓음으로써 임금님 앞에 바칠 수 없게 되었다. 남은 감이 없기 때문에 이 불쌍한 계집애는 울고 있었다.

수라를 바칠 시간이 되었지만 껍질이 연한 감의 먼지를 닦아 내려니 터져 쓸모가 없을 것만 같았다. 궁녀는 서서 울고 있는 동안 갑자기 어떤 생각이 떠올랐다. 그는 빈상을 하나 꺼내더니 과실을 하나씩 조심스럽게 집어 혀로 핥은 뒤 새 상에 옮겨 놓고 궁녀들로 하여금 임금님께 바칠 준비를 했다. 그런 뒤로 그러한 격언이 생겨났다.

9. 오 락

음모

평민들에게는 여흥이 거의 없다. 전국을 여행해 보면 때때로 2~3명의 남자들이 마을에서 떨어진 어느 곳에 모여 무엇인가 쑥덕공론을 하고 있는 것을 보게 된다. 이들은 어떤 이익을 얻으려고 누구에게인가 음모를 꾸미고 있음이 분명하다. 심지어는 방에서 관리 한 사람만을 대접해도 그 관리는 당신에게 바싹 다가와 귓속말로 소곤거릴 것이다.

이러한 것이 당사자들에게는 불만스럽게 들리겠지만, 그들이 발설을 잘 하고 파괴적인 사람들이라는 점과 마찬가지로 음모에 대해서도 소질을 가지고 있음을 보여주는 것이다. 대개의 경우 이러한 음모는 그 자체에서 오는 흥분 때문에 꾸미는 것이지 순전한 악의에서 나오는 것은 아닌 것 같다.

마을 사람들은 그들의 수령에 대해 음모를 꾸미기도 하고 성공한 이웃에 대한 어떤 비난을 꾸미기도 한다. 조정의 관리는 조정에서 자신의 권력을 증대시키려고 외국인에게 청탁하는 수도 있다. 이 두 경우 그 유치함에서 볼 때 그것은 정치적인 노름이나 마찬가지이다.

이렇게 자연스럽게 음모를 꾸미는 습관은 자극적인 여흥이 거의 없는 데에서 오는 결과인 것 같다. 미국인들은 연극을 보러 가면 막이 내리기에 앞서 마음이 허전하게 될 것을 알면서도 악한의 흉악한 행동에 흥미를 갖게 된다. 그러나 조선 사람은 극장에 영화가 없어서 자신이 직접 연극을 하지 않으면 흥분하지 않으므로 자연히 자기에게 이로운 것이면 어떤 음모의 역할이라도 참여하려 한다.

순회 광대들

장님 가수와 줄 타는 사람은 어느 곳에서나 환영을 받는다. 모든 흥행 계획은 일정한 장소와 때가 없이, 마음 내키는 곳에서 수시로 벌이며 그러는 동안 구경꾼들은 흔하지 않은 연예에 눈과 귀의 요기를 하게 된다. 이러한 순회 흥행은 매우 인기가 높기 때문에 내가 워싱턴에서 조선 사람들과 서양의 화려한 서커스를 구경하러 갔을 때 그들은 조선에노 이와 같은 것이 있다고 침착하게 확언했다.

우리의 “지상 최대의 쇼”의 진가를 알아보지 못하는 데 대하여 내가 몹시 실망하는 표정을 지었더니 몇 년이 지나 그들 가운데 한 사람이 자기들의 쇼의 탁월성을 증명하려고 "조선의 쇼"에 나를 초대했다. 그것은 단지 공터에서 하는 줄타기 흥행에 불과했다. 두 사람이 긴 두루마기를 입고 실제로 훌륭하게 줄타기를 했으며 몇 천 명의 구경꾼들은 입을 딱 벌리고 눈을 크게 뜨고 이 구경에 정신을 잃은 채 그 재주를 보는 데 완전히 만족하고 있었다.

사실상 그것은 우리들의 흥행과 비슷했지만 분명히 조선 사람들은 우리 서커스보다는 자기네들의 놀이를 더욱 좋아했다. 가난한 성인들에게는 학교보다도 극장이 더욱 필요했다. 왜냐하면 극장은 그들에게 무엇인가 회상의 대상을 주고 여흥에 대한 갈망을 충족시켜 줌으로써 잔재주나 부리는 것을 막을 수도 있을지 모르기 때문이다.

극장

그러던 중에 반 외국식 극장이 문을 열었다. 그리고 이곳에서는 손재주나 줄타기가 무용과 무언극으로 바뀌었으며 자릿값만 가지고 있으면 지위 높은 사람과 낮은 사람이 함께 나란히 앉아 구경할 수 있었기 때문에 관중도 매우 흥미 있어 했다. 좌석은 전차의 의자처럼 횡으로 뻗혀 있었다.

심지어 여인들도 입장하여 그들만을 위해 따로 칸을 막은 곳에 앉아 있었다. 여인들은 몇 세기 동안 임금님을 즐겁게 해준 이 활동들을 아마 평생 처음 보았을 것이다. 왜냐하면, 광대들 중에 몇 사람은 궁궐에서 나온 광대로서 이들은 흔히 임금님 앞에서 하던 간단한 재주들을 대중들 앞에서 보여주었기 때문이다.

궁중의 운동

물론 지배 계급에는 서양의 운동에 해당하는 것이 있었다. 그러나 위에서 말한 바와 같은 놀이에 쓸 운동장이 없다. 가장 좋은 흥행은 왕족과 관리들이 모인 앞에서 이뤄진다. 이와 같은 흥행은 기생과 몇 사람의 남자가 함께 노래 부르면서 춤을 추는 것으로 되어 있다. 구경꾼들은 춤을 추지 않고 그들이 춤추는 동안 앉아서 구경만 한다. 기생들의 춤 가운데 검무라고 불리는 것이 있는데 동작이 매우 빠르다가 끝으로 갈수록 동작이 우아해진다. 외국인들도 이를 흔히 칭찬한다.

또 학춤이 있는데, 이 춤에서 큰 황새로 분장한 두 사람의 남자가 큰 연꽃 주의를 돌 때 춤을 추고 서로 점점 가까이 다가와서 꽃을 공격하는 흉내를 여러 번 낸 뒤에 마침내 연분홍 꽃잎들을 부리로 쪼아 밖으로 제쳐 놓으면 우아하고 작은 기생 한 사람이 걸어 나온다. 두 사람이 능숙하게 한 마리의 호랑이로 분장하고 기괴한 춤을 추어 어린이들을 기쁘게 해주는 춤도 있다. 또한 춤과 음악의 경연 대회도 있다.

이런 경연 대회는 장식 아치에 터 있는 공간을 통해 명주실로 만든 공을 던져 마무리하는 음률적인 몸짓으로 끝맺는 것으로 되어 있다. 무희들은 한 줄로 서서 경연하는데 매우 흥겹다. 이긴 사람들은 그들이 모두 착용하는 가발에 꽃을 받지만 진 사람은 얼굴에 검은 표적을 그린다. 이긴 표시로 꽃으로 장식한 무희들은 나중에 명주 한 필을 선물로 받게 된다.

대궐에서 친절하게도 외교관들을 위해 흔히 베푸는 잔치 다음에는 그런 유형의 오락이 뒤따라 나온다. 그러나 외국인들은 처음에는 항상 고맙게 생각했지만 자주 연회를 반복하니 싫증을 느끼게 되었다. 이 나라에서는 지난날 이러한 경연 대회가 매우 지위 높은 사람들이 가장 좋아하는 오락 행사였다고 생각하면 참으로 언짢기만 하다. 조선 사람들이 무료함을 잊으려고 음모를 일삼는 것은 이상한 일이 아니다.

기생

기생들은 평민 출신들이다. 딸을 많이 둔 가난한 사람은 딸 가운데 특별히 용모가 예쁜 딸 하나를 나라에 바치면 그 여자는 나라에서 음악과 무용 그리고 손님을 접대하는 교육을 받는다. 그는 좋은 집에서 화려한 옷을 입고 살 수도 있으며 자기를 좋아하는 사람 가운데 장차 훌륭하게 될 만한 사람을 차지하거나 벼슬아치나 부유한 사람의 첩이 되기를 기대할 수도 있다. 왜냐하면 남자와 자유로이 어울릴 수 있는 여인들에 대해 부유층이나 벼슬아치들은 굳이 도덕 관념을 갖지 않기 때문이다.

이렇게 합친 남녀 사이에 태어난 아들은 어머니의 혈통을 따지면 순수한 소작인의 자손이지만 때때로 그들의 아버지와 아버지의 정실 사이에서 태어난 아들보다 더 지체가 높아지는 수도 있다. 그러한 소생들이 정실의 아들에게만 가능한 모든 영광을 차지할 자격이 있는 것은 아니었지만 국사의 중요한 요직에 오를 수도 있다.

환관

딸들의 경우와 마찬가지로 가난한 집에서 아들을 많이 둔 사람은 그 가운데 한 아들을 정부로 보내어 환관으로 만들어 궁중에서 일하도록 할 수도 있다. 이런 소년들은 매우 훌륭한 교육을 받으며 임금님 가까이 있는 덕택으로 정사에 관여해 언제인가는 큰 영향력을 행사하기를 희망할 수도 있다. 나는 이 계급의 사람들 가운데 몇 사람과 친근하게 지냈다. 때때로 그들의 출신인 상민에게 매우 잔인하고 어려운 결과를 유발하는 자문을 했지만 그들은 항상 같은 출신에 대한 우정에 충실했다.

아이들, 특히 아들을 매우 값지게 생각하고 그렇게 귀여워하는 나라에서 부모들이 심지어 딸과 감히 헤어지며 딸들이 기생의 생활을 하도록 하고, 그보다 더 괴로워하면서 아들을 잃고 아들을 거세한다는 것은 이상한 일이다. 그러나 필요성은 철학의 도구가 되었고 그 아이가 세도와 권세를 얻었을 때 부들은 확실히 세상사에서 큰 덕을 보게 된다.

어린이들

조선의 어린이들은 외국의 어린이들과 비슷하지만 일반적으로 볼 때 몸가짐이 더욱 조신하다.

놀이

조선 사람들은 그들의 선대가 얼마나 뼛골 빠지게 일했느냐에 따라 놀이도 다르다. 소녀들은 바느질을 하고 집안을 지키며 귀찮은 빨래 놀이를 한다. 이러한 일들은 곧 그가 일생 동안 땀 흘려 일해야 하는 직업이 된다.

소년들은 아버지를 본받아 막대기 중간에 매달은 짐을 어깨에 메고 견뎌내는 놀이를 한다. 최근에는 어린 개구쟁이들이 외국식으로 훈련된 놀이를 하고, 심지어는 작은 장난감 나팔을 불면서 매우 믿음직스럽게 지휘도 한다.

소년들은 어른과 마찬가지로 그네뛰기를 좋아한다. 어른들은 큰 그네를 매우 익숙하게 뛴다. 때때로 그네 하나에 세 사람이 붙어서 같이 뛰는 때도 있다. 그리고 어린애들은 어른들이 하는 것처럼 동전 치기도 하며 심지어는 두 패로 나뉘어 조선에서만 볼 수 있는 석전도 한다.

석전

어른들끼리 하는 이 싸움은 매우 격렬한데, 이에 관하여는 간단히 설명할 만한 가치가 있다. 이른 봄이면 적수가 되는 두 마을 사람들이 아직도 얼어붙어 있는 들판에 모여서 힘을 겨루는데, 머리를 보호하려고 새끼로 헬멧을 만들어 쓰고 몽둥이로 무장한 선두가 서로 중립 선을 넘어서 상대방 쪽으로 돌진한다. 그러면 이 선두를 보호하는 후방 세력이 산등성이를 달려 내려오면서 상대방을 향해 돌을 던진다.

이 석전에서 가장 중요한 것은 돌을 던지는 것이다. 조선 사람들은 돌을 던지는 데 매우 익숙하다. 이때 어느 한쪽이 상대방보다 우세하여 상대방이 달아나게 되면 천지가 진동하는 소란한 싸움이 벌어지며 근처 산등성이에 있는 몇 천 명이 구경꾼들은 승리하여 밀고 들어오는 쪽에서 던지는 빗발 같은 돌멩이의 세례 속에서 도망가며 공포에 싸인다. 이런 성격의 석전다운 석전에서는 흔히 2~3명의 빈사자와 많은 중상자가 나게 마련이다.

내가 조선에 도착한 지 며칠 되지 않은 어느 날 이런 석전을 한 한 사람이 나의 병원에 찾아온 일이 있었는데 앞머리 양쪽 뼈 밑이 깨져 그 밑에 뇌가 들여다보였다. 석전을 하는 젊은이들이라고 해서 모두가 극단적인 방법을 취하는 것은 아니다. 이런 싸움을 목격한 군인들은 이런 운동에서 사력을 다하는 사람이야말로 훌륭한 군인이 될 자격이 있다고 생각하는 것 같았다.

연

아마 조선의 소년들이 가장 즐기는 놀이는 연날리기일 것이다. 연은 가벼운 대꼬챙이로 만든 틀 위에 4각형 종이를 펴서 풀로 바른 것이며, 종이 중앙에는 구멍을 낸다. 줄은 긴 손잡이가 달린 얼레에 감는다. 소년들은 매우 익숙한 솜씨로 얼레를 감았다 풀었다 하며, 바람이 약간만 불어도 연이 보이지 않을 만큼 멀리 띄운다.

이 놀이에서 매우 눈길을 끄는 것은 상대방 줄에 이쪽 줄을 감고 톱으로 나무를 베듯이 상대방의 연줄을 썰어서 두 동강을 내는 것이다. 연이 땅바닥에 떨어지면 그 연을 찾으려고 매우 법석을 떨며 연을 쫓아간다. 심지어 노인들도 덩달아 이 불행한 연을 찾으려고 더듬거리는데 결국 찾은 사람이 그 연을 차지한다. 어른들도 흔히 이 놀이에 몰두하며, 큰 연을 날릴 때는 튼튼한 줄을 쓰는데, 송진과 유리 가루 또는 가는 모래를 혼합하여 줄에 칠함으로써 상대방의 줄을 끊는 데 도움이 되게 한다.

자전거 타기

조선의 젊은이들은 진실하면서도 장난기가 있다. 서울 동쪽에는 폭이 좁고 긴 다리가 하나 있는데 이 다리에서 나는 자전거를 내려 바퀴에 딸딸이를 치며 지나가는 버릇이 있었다. 소년들에게 이 낯선 기계를 탈 수 있다는 것을 믿게 하려고 처음에는 달래는 수밖에 없었다. 그러나 일단 자전거를 타 본 뒤에는 종을 마구 울리며 기뻐서 먼지투성이의 얼굴에 활짝 미소를 띠우며 자랑스럽게 자전거를 달리는데, 조금도 두려운 기색이 없다.

내가 자전거를 타고 지나가려면 군중들이 항상 내가 멀리서 오는 것을 보고 기다리곤 했다. 나는 그들의 요청에 못 이겨 그 길을 여러 번 자전거로 오고 가며 떠들썩한 그들을 만족시켜야 했다. 이렇게 하여 나는 근처 사람들로부터 최고의 대우를 받았다. 사실 그곳에서 나는 그들이 나를 "나리"라고 부르며 인사하는 것을 흔히 볼 수 있었다. "나리"는 연장자나 관리에게 쓰는 말이다.

어느 소년의 장난

이곳 사람들이 나를 그렇게 알아주게 되자 나는 내가 왕래할 때마다 자전거에서 내리지 않을 수 없는 작고 지저분한 도랑 위에 작은 다리를 놓으려고 근처에 사는 한 소년의 도움을 받기로 했다. 나는 그에게 약간의 돈을 주어 공구를 가져오게 했다. 그 공구를 가지고 도랑 양쪽에 납작한 돌을 놓고 그 위에 돌을 얹어 흙으로 덮어 자전거 바퀴가 충분히 지나갈 수 있을 만한 통로를 만들었다.

그 뒤로부터 나는 귀로에 자전거를 타고 길을 달려 내려오면서도 이제는 자전거에서 내리지 않아도 되는 것이 기뻤다. 나는 도랑 위에 놓은 다리 위를 속력을 내어 달렸다. 그런데 잘 굴러가던 앞바퀴가 도중에서 멈추었다.

나를 도와준 작은 악당들이 그 다리의 윗돌을 빼내고 그 자리에 나무 꼬챙이들을 다리처럼 놓고서는 위에 흙을 말끔히 덮어두었던 것이었다. 주위에는 사람 모습을 볼 수 없었지만 그들은 어딘가 숨어서 내가 나의 파손된 자전거 바퀴를 끌고 절룩거리며 집으로 돌아가는 것을 보면서 즐거워했을 것이다.

죽은 사람 일으키기

생활의 어려움은 곧 어린 아이들에게도 일을 요구하게 된다. 시골 소년들은 매우 어릴 때부터 밖에 나가 땔나무를 채취해야 한다. 갈퀴로 풀과 솔잎을 조심스럽게 긁어모아 새끼로 묶어 다발로 만들어, 이를 화목으로 팔든지 또는 하루 두 번 밥을 하는 데 때기 위해 집으로 운반한다. 밥할 때의 불은 그들의 잠자리가 되는 온돌도 또한 따뜻하게 한다.

어느 봄날 나는 무덤 하나를 감싸고 있는 아름다운 숲속에서 쉬고 있었다. 바로 무덤 뒤에 앉아 있던 나는 몇 명의 소년들의 말소리를 듣고 고개를 돌려 그들을 쳐다보았다. 그들은 저쪽에서 갈퀴로 소나무 잎을 긁어모으고 있었다. 그때 나는 모자를 벗은 데다가 내 몸은 무덤에 가려 있었기 때문에 마치 해골처럼 무덤 위에 삐쭉 솟은 나의 대머리만이 그 소년들의 눈에 띄었다.

이 유령을 본 소년들은 갑자기 공포에 비명을 지르며 연장을 내버려 둔 채 도망갔다. 미처 도망가지 못한 어린애들은 무덤 속에서 일어난 유령에게 붙잡히지 않으려고 절망적으로 울부짖고 있었다.

10. 초기의 철도

어린애와 같은 사람들

사람은 모두가 어린애처럼 생각될 수 있다. 조선 사람들도 여러 면에서 어린애들과 같다. 오락도 거의 없고 최근까지 신문도 없었다. 그들에게는 한가한 시간이 많고 오늘 못하면 내일로 미루는 습관이 있다. 그러나 오늘은 한번 지나가면 결코 다시 오지 않는다. 오늘은 한 번 뿐이다. 수다스럽고 천성적으로 호기심이 강한 조선 사람들은 항상 무엇인가 새로운 것을 듣고 보고 싶어 한다.

1884년에 미군 장교 한 사람이 제물포에 정박하고 있는 자기 배에서 내려 서울로 올라왔는데, 그때 그 장교는 구식 바퀴가 달린 높은 자전거 하나를 가지고 왔다. 우리들이 혼잡한 큰 거리를 지나갈 때, 그는 자전거를 타고 나는 말을 타고 지나갔다. 이 구경거리가 눈에 띄자 군중들은 우리를 보려고 거리 한복판으로 모여들었다.

우리가 지나갈 수 있도록 비켜 준 좁은 통로를 미끄러지듯이 지나가자, 그때까지 그런 것들을 본 적이 없는 그들은 이 이상한 물건을 보고 너무 놀라 입을 벌리고 뒤로 넘어질 지경이었다. 큰 바퀴와 그 바퀴 위에 탄 채 아무런 해도 끼치지 않고 지나가는 사람이 방금 새로 도착한 외국 사람임을 안 그들은 처음에는 놀랐지만 나중에는 서로 부둥켜안고 웃음을 터트리고 있었다.

기차

기차는 큰 관심거리였기 때문에 열차가 오고 가는 것을 보려고 정거장에 항상 많은 인파가 몰려들었다. 물론 기관차가 주된 관심거리였으며, 흰옷을 입은 채 넋을 잃은 모습을 하고 있는 군중들은 기적 소리가 나고 수증기가 기관차 옆으로 빠질 때마다 뒤로 물러나곤 했었다. 승무원들은 3등 열차의 손님들이 들락거리지 못하게 하고 자리에 앉아 있도록 하는 데 진땀을 뺐다. 승객들에게는 플랫폼이 큰 구경거리를 제공하는 곳으로 여겨졌으며 새로운 손님으로 가득 찬 다음 열차를 쳐다보느라고 때때로 열차가 커브를 돌 때 사람이 떨어져도 누구 하나 쳐다보는 사람이 없는 것 같았다.

승객들은 기차가 그들의 목적지에 쉬지 않고 그냥 지나치는 것이 두려워 정류장에 도착하기도 전에 뛰어내리려고 종종 고집을 부렸다. 물론 그들은 곧장 앞으로 뛰어내렸지만 발이 땅에 닫는 순간 쓰러지고 만다. 그렇게 되면 그들은 어리둥절한 채 겸연쩍어 하면서 무엇이 또는 누가 그들을 떨어지게 했는가를 살펴보기라도 하려는 듯이 두루 살펴보면서 우스운 몰골을 보여주었다. 그리하여 철도는 위대한 교육자가 되었다.

열차는 귀족이라 할지라도 시간이 늦은 사람을 기다리지 않는다. 미리 아침 차를 타겠다고 전갈을 보냈어도 오후에 와서 보면 아침 차는 자기를 버려 둔 채 어김없이 떠났음을 알게 된다. 어떤 대감이 가마를 타고 정류장을 향해 달려오고 하인들은 가마보다 훨씬 앞에서 달려오며 "여보! 여보! 가만 있소." 하며 소리쳐도 기관차는 이에 아랑곳없이 출발 시간이 되면 떠나는 것이었다.

전차의 경우에도 마찬가지여서 양반의 하인이 요청을 해도 늑장을 부리지 않는다. 심지어 대감 자신이 한 발을 전차 승강구 계단 위에 올려놓고 자기 하인들에게 어떤 명령을 내리면서 전차를 떠나지 못하게 붙들려고 해도 양반을 몰라보는 이 무례한 전차는 아랑곳없이 떠나고 대감은 우두커니 길 위에 서 있을 수밖에 없었다.

전차 사고

이 최근의 수송 수단이 가르쳐 준 것은 시간을 엄수하는 것만이 아니었다. 승객들은 머지않아 제 자리에 가만히 있어야 한다는 것을 이해하기에 이르렀다. 어느 날 우리가 탄 전차가 시내에서 전속력으로 동대문 근처를 달리고 있을 때 같이 타고 있던 노동자의 두건이 머리에서 벗겨져 날아갔다. 그는 주저 없이 곧 밖을 향해 뛰어내렸다. 먼저 두 다리가 길바닥에 부딪히고 다음에는 머리를 부딪쳐 마치 어린아이의 팽이처럼 상투를 중심으로 하여 몸이 몇 바퀴 돈 뒤 목뼈가 부러져 쓰러졌다.

거리의 혼잡한 상태에 비해 전차 사고로 인한 부상자의 수는 적었다. 그러나 부상자가 생기면 지각없는 군중들은 난동과 소란을 피워 전차를 파괴하고 교통을 방해했다. 어느 이지적인 조선의 관리가 소란을 피우는 몇 사람들을 꾸짖으면서 전차는 궤도를 벗어날 수 없고 사람의 뒤를 쫓을 수도 없으며 사람이 전차에 충돌한다는 것은 규칙을 어기고 궤도 위에 서 있기 때문에 발생하는 것이므로 그 사람이 나쁘다고 설명했다.

베개로서의 궤도

전차 운전사들이 겪어야 하는 이상한 애로 가운데 하나는 가난한 조선 사람인들이 무더운 밤에 궤도에서 잠을 자고 있다는 점이다. 아시아인들은 우리 서양인들처럼 부드러운 베개를 사용하지 않는다. 왜냐하면 부드러운 베개를 사용하면 머리카락이 흐트러지기 때문이다. 조선, 중국 그리고 일본의 여자들은 머리 단장에 매우 성성을 들이고 심지어는 돈을 들이기 때문에 며칠 동안은 머리 모양이 흐트러지지 않기를 바란다. 그러므로 머리에 단단한 목침을 베고 자기도 한다. 가난한 사람에게는 도마가 베개의 좋은 대용품이 된다.

베개의 규격과 꼭 맞게 만들어진 시원한 철로는 베개로 사용하기에 알맞으며 무더운 밤에는 안성맞춤이기 때문에 사람들은 석탄재를 깔고 다진 평평한 철로 위에 돗자리를 깔고 완전한 참형의 자세로 철도를 베고 누우면 차가 감히 그 위를 지나가지 못한다. 조선에서는 어떤 차라도 길에서 잠자는 사람 앞에 정지하지 않는 것이 없다.

이런 경우에 차량이 비켜 가든지 잠자는 사람을 깨워야 한다는 사실을 전차 운전사는 일찍부터 들어 알고 있었다. 철로에서 잠자는 사람들이 그날 밤 마지막 전차가 지나간 것으로 생각하고 잠이라도 들면 전차가 어둠 속에서 커브를 돈 다음 이런 성격의 취침자 앞에서 급정거를 할 수 없어 몇 사람의 목 위를 지나간다. 이런 경우 피해를 입은 측이 비난을 받아야 하는 데도 시끄러운 일이 뒤따르게 된다.

큰 객차

조선에서 최초로 철도를 건설한 것은 미국 사람들이기 때문에 규격 철도를 사용하여 차량들이 미국의 것과 똑같이 크고 무겁다. 따라서 조선에 오는 일본 사람들은 이것을 타기 좋아한다. 일본에는 이렇게 큰 궤도가 없고 좁은 궤도를 사용하고 있어 일본 사람들은 매우 유감으로 생각하고 있었다. 심지어는 도쿄에서 고베까지의 긴 철로에도 미국의 구형 전차와 같은 것이 사용된다.

이런 구식 객차에는 양쪽에 긴 의자가 붙어 있고 키 큰 사람이 편안하게 서 있기에는 천장이 너무 낮다. 창문은 구식 전차의 창문과 같이 틈이 많으므로 항상 승객의 등 뒤로 외풍이 스며들고 객차 전체가 매우 덜커덕거리기 때문에 객차의 구조물이 제 수명보다 빨리 부서지지 않을까 승객들은 염려한다.

으스스한 일본의 야간 여행

철도 여행의 경험 가운데 그날 밤 도쿄와 고베 사이의 국철(國鐵)을 탔을 때의 경험이 가장 무시무시했다. 복도가 있는 객차의 작은 방을 얻으려고 우리는 운임과 침대차의 값을 포함한 1등 차표 4매를 사야만 했다. 침대는 작은 관 모양의 층계 식 침대로 매우 좁은 선반이나 다름이 없었고 그나마 맨 위 것은 들고날 수가 없었다. 창문은 작고 높아 환기에는 아무 소용이 없었다.

겨울철이면 승객들이 때로는 너무 더워서 구워질 듯하고 때로는 너무 추워 동태가 될 것만 같았으며, 여름철에는 캘커타의 어두운 감옥과 흡사했다. 전기 선풍기가 설치되어 있지만 그것을 켜놓으면 하루 밤 사이에 폐렴에 걸리기 안성맞춤이다. 왜냐하면 모든 침대의 천이 마치 자루처럼 누덕누덕 기워져 있어 광선이 들어오지 못하고 이불깃의 감은 너무 무거워 사용하기 힘들기 때문이다. 이것이 국철이다.

그런데 고베에서 시노모세키까지는 민간 철도가 있는데 이것은 정부 철도를 많이 개선한 것이라고 한다. 투자가 적고 가난한 사람이 많은 나라에서는 국철이 필요한 것 같지만 실제로 운영하는 데는 애로가 많았다.

11. 하 인

극동에서 살고 있는 서양 사람들의 생활에 보탬이 되는 것은 임금이 싼 하인들이 흔하다는 사실이다. 조선의 하인은 중국의 하인과는 다르다. 중국에서는 하인도 전문직이어서 정규적으로 이 일을 배우며 아들에게도 이 직업을 물려주는 사람도 많이 있고, 이 직업을 평생의 직업으로 알고 있어서 훌륭한 요리 기술과 주창(酒倉)의 기술을 습득한다. 우리가 여러 해 동안 고용했던 중국인 하인의 우두머리는 매우 좋은 캔디를 만들었기 때문에 미국에서 온 방문객들은 구태여 어떤 개인적인 통로를 통해 미국의 유명한 캔디 제조업자로부터 직접 과자를 수입할 필요가 없었다. 조선 사람들은 이와 같이 매일매일 똑같이 계속되는 일에 권태를 쉽게 느끼고 익숙해지면 직장을 떠난다. 그리고 작은 가게를 차려 놓고 장사를 시작하지만 그 [가게를 다 털어 먹은] 후에야 옛날 상전에게로 돌아와 처음부터 일을 다시 배운다.

기묘한 과오

우리의 생활 방식이 조선 사람의 생활과 너무 다르기 때문에 때때로 이곳의 하인들은 우리가 무엇을 원하는지를 이해하지 못할 때가 있다. 한 미국인 부인이 창문에 모기장을 치고 부엌에서 파리를 잡으려고 한 일이 있었다. 그 부인은 요리사에게 파리를 잡으라고 끈끈이를 주었다. 그런데 후에 부엌에 들어가 보니 요리사가 모기장 친 것을 떼고 더 많은 파리를 잡으려고 창문에 파란 종이를 늘어뜨린 것을 발견했다.

칵테일

미국 공사관에 있는 나의 선임자에게 두 손님이 사무실로 찾아 왔다. 그의 사무실은 숙소 앞마당 건너편에 있었다. 그는 칵테일로 손님들의 기분을 유쾌하게 해주려고 했다. 그는 사무실로 내려 와서 주문 받는 시간을 절약하려고 하인에게 간단히 "칵테일(cocktail) 셋을 가져 오라"고 쓴 쪽지를 주었다. 말로 할 때면 그 중국 하인은 이 술의 이름을 알고 있었고 칵테일을 섞을 수 있었다.

그러나 짧은 편지 쪽지에 띄엄띄엄 쓴 굵은 철자를 풀이하다가 마침내 사전을 찾아보았다. 이러는 동안 시간이 많이 흘렀다. 그 동안 하인은 모두 밖에 나가서 주위에 있는 닭을 좇아다니며 애써 화가 난 닭의 꼬리털(cocktail) 3개를 뽑아 왔다. 이 이야기는 다른 곳에서도 들은 바가 있다. 이와 같은 일이 여러 번 반복되지 않은 이유를 나는 모르겠다. 이 일을 내가 직접 보지는 못했지만 실제로 일어난 것만은 사실이다.

12. 혼인과 장례

사랑

결혼한 부부 또는 방금 결혼하려는 남녀가 서로 상대방을 향해 품는 감정 표현을 하면서 미국인들이 인정하고 이해하는 것과 같은 사랑의 감정을 정답게 표현하는 것을 아시아인들은 수치로 알지는 않지만, 상스럽게 여긴다. 우리가 이해하고 있는 것과 같은 사랑은 분명히 존재하지 않는 것이라고 그들은 생각하고 있으며 설령 그러한 사랑이 존재한다 할지라도 그것을 내색하지 않는 것으로 생각한다. 결혼식은 많지만 남자 측에서는 실제로 처녀의 신원을 모르며 여자들은 총각을 좀처럼 만날 수 없기 때문에 결혼은 집안 어른과 중매쟁이에 의해 주선된다.

성인식

소년은 누구나 조만 간에 결혼을 해야 하지만 소년이 약혼하게 되면 더 이상 처녀들처럼 머리를 등 뒤에 길게 늘어뜨릴 필요가 없다. 외국인으로서는 미혼 남녀들이 이렇게 머리를 길게 늘어뜨리면 남자인지 여자인지 구별하기 힘들다.

약혼하면 소년은 그들이 매우 자랑스럽게 여기는 상투를 튼다. 일본인들은 조선 사람들의 이 상투를 자르려고 했다가 1894년의 단발령 사건 대 어리석은 봉변만 당했다. 머리 위에 자랑스러운 상투를 곧바로 세우면 그때부터 이 젊은이는 어른 대접을 받게 되며, 어른다워질수록 존경심은 높아진다.

그러나 아무리 나이가 많아도 결혼해 본 일이 없는 사람은 남자라면 누구나 받는 관습적인 존경을 받지 못한다. 그런 사람은 어른이 아니라 소년에 불과하다. 나이가 들어 머리가 희어져도 머리를 등 뒤에 길게 늘어뜨리고 댕기를 땋아야 하며, 심지어는 아이들도 그런 사람에게는 반말을 한다.

나는 길가에서 종종 이런 가엾은 사람을 한두 번 만나곤 했다. 이들은 몹시 외롭고 사고무친한 듯했다. 아마 그들은 어릴 때 약혼을 했다가 상대방이 죽어서 파혼했거나, 심한 수난이 겹쳐 나이가 많아도 다시 약혼을 하지 못하고 불운이 계속되어 성인이 될 수가 없었을 것이며, 마침내는 그들의 무덤의 풀을 푸르게 가꿔줄 아들을 낳을 가망이 없다는 슬픔에 싸여 인생 행로에서 항상 소년을 면치 못하는 곤란한 처지에 놓인다.

구애

서양에서처럼 결혼의 즐거운 전주곡을 이루는 구애가 조선에는 없다. 모든 결혼의 주선은 집안 어른과 중매쟁이가 한다. 신부와 신랑은 모든 절차가 다 끝난 뒤에야 비로소 서로 보게 된다. 따라서 남자들은 자기를 위해 선택되었지만, 필요한 매력으로써 자기를 사로잡지 못하는 아내 대신에 총각 시절에 본 적이 있고 자기가 반했던, 일본의 게이샤에 해당하는 기생을 실제로 더 좋아하는 경우가 흔히 있다.

그러므로 첩이 남편의 참다운 사랑을 받게 되지만, 그러나 첩의 아들은 정실의 아들처럼 높은 벼슬에 오르지 못한다. 아들을 출산하는 것만이 여자의 가장 큰 자랑으로 여기는 이 나라에서 여자들은 이렇게 하여 보상을 받는다. 이제까지 외부에 이름조차 알려져 있지 않던 여자도 아들을 출산하면 그날부터 "아무개의 어머니"로 알려지게 된다.

정혼

정혼이 이루어지면 양가에서는 서로 여러 차례 방문한다. 그러나 이 방문은 어른들의 방문이지 젊은 사람들 사이의 방문은 아니다. 이 기간 중에 신부 집에서는 혼수를 신중히 준비한다. 이 비용은 부모의 능력과 결혼 계약의 조건에 좌우된다. 방문을 할 경우 신부는 표범의 가죽을 꼭대기에 씌운 잘 밀폐한 가마를 타고 가며, 신랑이 이런 심부름을 할 때는 화려하게 성장한 말을 타고 간다. 물론 신부나 신랑의 여행에는 각각 사회적 지위에 따라 상당수의 비복들이 수행한다.

결혼

최후의 날이 되어 놀란 젊은 여인은 자기가 미리 생각했던 시댁으로 가면 그는 그날부터 시어머니의 수하인이 된다. 그는 붉은 색으로 장식하고 표범 가죽을 씌운 가마를 탄다. 머리에는 아름다운 장식을 한 여인과 신부의 출가용 장신구와 붉은 옷 보따리를 맨머리에 인 여자들의 행렬이 참으로 볼만하다. 선물 가운데는 부부의 금실을 상징하는 거위가 있다. 거위[5]는 일생 동안 배필이 한 마리밖에 없는 것으로 유명하다.

결혼식에서는 절을 많이 하고 술잔을 서로 주고받으며 농담도 하고 신랑을 놀려 주기도 한다. 그런 뒤에 신방에 들어 마침내 신부의 옷을 벗긴다. 이때 신부는 젊은 남편이 다가오면 뒤로 물러앉는 척하고 수줍음을 나타내야 한다.

---

5) 기러기의 착오이며 실제로 기러기를 가져가는 것이 아니라 목안을 쓴다.

결혼식의 순서를 보면, 먼저 신랑은 결혼식이 거행될 자기 부모의 집으로 신부를 데려오고자 신부의 집으로 가야 한다. 이때 처녀는 얼굴에 분을 바르고 아무것도 보지 않는 척 눈을 아래로 깔고 있어야 한다. 처녀는 16세가 될 때까지 그리고 남자는 18세까지는 혼사를 생각할 수 없으며, 그때까지 그들은 아이 취급을 받는다.

조선의 나이는 방법에 따라 때로는 1살 또는 2살 적게 생각하는 수가 있다. 예를 들어 어느 해 12월 마지막 날에 탄생한 아이는 그 다음날에 2살이 된다. 미국의 젊은 여자 선교사가 해야 할 임무 가운데 하나는 그들의 학교에 다니는 처녀를 위해 적합한 남편감을 찾아 주고 이 부부의 부모 노릇을 해주는 일이다. 물론 이들의 결혼식은 미국인의 결혼식처럼 세련되고 엄숙하다. 이러한 결혼식을 치르다 보면 매우 재미나는 일들도 있다.

호화로운 행렬

비록 평민이라 할지라도 혼인 당사자가 신행 나들이를 하고 있을 때는 대감이 나타나도 말에서 내릴 필요가 없다. 양반이나 심지어는 왕족이 관계된 공적 행렬은 매우 다채롭다. 옛날 한국 사람들의 구경거리 중에서 가장 볼만한 것은 임금의 당당한 행렬로, 성문을 지나 선조들의 왕릉에 참배하러 가는 모습이었다. 또한, 무엇보다 더 큰 행렬은 죽은 왕족을 호화스러운 상여 위에 안치하여 수십 명이 어깨로 메고 수많은 사람이 수행하는 가운데 최후의 안식처로 가는 모습인데, 이에 대해서는 제9장에서 다시 기술하고자 한다.

장례식

일반적으로 장례식은 야간에 치르며, 서울의 양쪽에 있는 두 문의 어느 한쪽을 통해 도성 밖으로 나간다. 흔히 이런 경우에는 가정 형편 이상으로 돈을 쓰게 된다. 지위가 높고 돈이 많은 사람의 경우에는 매장의 길일을 택하느라고 장례식이 몇 달씩 늦어지는 경우가 있다. 가족 묘지가 정해지지 않은 경우에는 적당한 묘소를 선택하느라고 바쁘다.

장례 행렬은 상여와 흰 천으로 씌운 가마에 탄 백의의 유족들, 곡을 하려고 고용된 사람들, 말을 타든가 걸어가는 남녀들 그리고 붉은 초롱을 든 많은 사람들로 호화롭게 구성된다. 행렬이 서울의 문을 향해 행진해 가는 동안이나 성문을 빠져나간 뒤 조객들은 마지못해 소리 높여 호곡한다.

물론 가난한 사람들은 훨씬 간소하게 장례를 지내야 한다. 먼 성묘 길에 드는 비용을 절약하려면 될 수 있는 대로 서울에서 가까운 곳에 묘지를 써야 한다. 서울 주변에 있는 민둥산에는 가난한 사람들의 무덤이 많이 있어 마치 몹시 얽은 사람의 얼굴과 같다.

무덤과 건초 더미

우리들은 한때 서로 비슷한 산등성이들이 한 눈에 보이는 남경에서 산 적이 있었다. 모든 산등성이에는 많은 중국인들의 최후의 안식처라는 것을 나타내는 작고 풀이 무성한 무덤이 꽉 들어차 있었다. 어느 날 나의 아내는 우리들이 남경에 도착할 때부터 이제까지 무덤 위에 쌓여 있는 건초 더미를 보았다.

아내는 중국인들이 그 건초 더미를 왜 치우지 않는지 이해할 수 없다고 말했다. 그는 시골 태생이었기 때문에 그 건초가 그저 단순한 건초인 줄로만 알고 있었다. 그러나 나는 우리가 사실은 공동묘지에 살고 있고, 그 풀 더미는 그가 생각하고 있는 것처럼 단순한 건초 더미가 아니라 무덤이라는 사실과 그 풀을 치우는 일은 또 다른 사람의 일이라는 사실을 차마 말해 줄 수 없었다.

향수

아시아에 정착하려고 떠나는 미국인들은 일상 생활에 익숙했던 지난날의 광경을 그리워한다. 물론 아시아에서는 사람들이나 언어가 모두 생소하며 심지어는 동물까지도 특수하다. 일본의 고양이는 꼬리가 없고 중국의 소는 일종의 물소이다. 조선에는 바퀴 달린 차량이 없는 대신에 크고 우둔한 소달구지가 있다. 짐은 포장해서 꾸러미로 운반된다. 집은 벽돌담 속에 가려져 있고 집에 들어가 보면 미국인에게 낯익은 것은 아무것도 없다.

중국에서는 온도가 낮아지고 습기 찬 냉기가 몸에 스며들 때 수많은 남녀들이 추위에 떨면서도 찾아갈 따뜻한 곳이 없다는 생각을 하면 우울하다. 그러나 그들은 체온을 유지하려고 여러 개의 옷을 껴입고 쓸쓸한 자기 집에서 웅크리고 있는 것에 만족해야 한다. 그 밖에는 가진 것이란 아무것도 없기 때문이다.

남경에서 우리들은 나무숲을 통해 오하이오에서나 흔히 볼 수 있는 크고 붉은 창고 같은 것이 멀리 있는 것을 보았다. 이것이 모든 풍경 가운데 단 하나의 낯익은 풍경이었다. 우리는 낯익었던 인상이 없어질까 염려해서 너무 가까이 가지도 않고 이 어렴풋한 모습을 마음속에 소중히 간직하고 있었다. 그것은 단지 벽이 붉은 큰 절간이라는 것을 나는 알고 있었기 때문이다.

그러나 얼마 뒤에 모든 것이 낯익게 되자, 새로 미국에서 온 사람이 주위의 풍경에 대해서 주의를 환기시키지 않는 한 새로운 감정을 느끼는 경우란 거의 없었다. 25년 동안 이런 생활을 하고 나니 아시아의 환경에 매우 익숙해져 마치 고향에 있는 것처럼 느껴진다. 이런 느낌마저 없다면 많은 사람들이 해외 생활 초기에 향수병으로 쓰러지고 말았을 것이다.

13. 사 냥

서울의 시장에는 많은 엽조와 엽수가 있다. 꿩, 오리, 거위, 도요새, 산토끼, 사슴 그리고 풍부한 물고기류가 있으며, 때로는 산돼지와 칠면조 같은 것도 선을 보인다. 시장에서 팔리는 엽조와 엽수들 중에서 가장 흔한 것은 아름다운 몽고 꿩이다. 전에는 거위와 물오리가 너무 많아서 강이 거의 까맣게 덮여 있는 것을 본 적이 있다. 어느 미국인은 총알 한 방에 네 마리를 잡은 일이 있다.

거위의 이름들

나의 동료 한 사람은 공사관에 중국인 집사를 두고 있었는데 그는 사물에 대한 자기 나름대로의 원명을 갖고 있었다. 예를 들면 야생 거위는 나르는 거위라 하고 집거위를 앉은 거위로 이름을 붙여서 구별했다. 그의 전문 용어는 매우 설명적이고 별스럽기 때문에 그 명칭을 수정해 줄 수가 없었다.

호랑이

조선 사람들은 그럭저럭 많은 호랑이를 잡아 지난날에는 호피가 흔하고 또 값도 쌌다. 언제인가 나는 미화 10달러를 내고 그때까지 내가 본 가운데 가장 크고 훌륭한 호피를 산 적이 있다. 그러나 지금은 값이 올라 그 열 곱을 주고도 살 수가 없다. 조선의 호랑이는 시베리아 호랑이와 같은 종류로서 털이 길고 줄무늬가 매우 우아하다. 표범도 그 가죽 때문에 조선 사람들 사이에는 인기가 좋다. 그 가죽은 경제적 여유가 있는 모든 관리의 가구가 된다. 호랑이의 뼈는 사슴의 뼈와 뿔처럼 강장제로 사용된다.

호랑이 촬영

외국인 몇 사람이 호랑이를 잡으러 조선에 온 적이 있었는데 나는 이들 가운데 한 사람을 도와 준 일이 있다. 그는 그가 잡은 호랑이들의 가죽을 나에게 보이려고 가지고 왔다. 그는 호랑이를 매우 많이 잡았는데 그것은 그가 조선 사람의 의견을 받아들였고 그들의 습관을 따랐기 때문이라고 여겨진다. 그는 사냥꾼들에게 돈을 주어 미리 산신령에게 제물을 바치고 이 제사에 따른 향연을 베푼다. 왜냐하면 그렇게 해야만 일이 수월하기 때문이다.

이와 같이 해야 사람들의 사기를 돋우어 그들을 뛰어난 몰이꾼으로 이용할 수 있었다. 이 사람들의 도움을 받아 하루는 산꼭대기 근처에서 큰 암놈 호랑이 한 마리를 보았다. 눈이 녹은 장소에서 그 호랑이는 새끼와 놀고 있었다. 몰이꾼을 비키게 한 뒤 나의 친구는 혼자 두루 살펴보고 위에 있는 바위 위에까지 살살 걸어 올라가 보니 그 바위는 잠든 암놈의 호랑이로부터 불과 30피트 떨어져 있었다. 우선 그는 조심스럽게 호랑이의 사진을 찍고 그 다음에 쏘아 버렸다.

어느 나무꾼의 애로

자연을 사랑하는 어느 러시아인이 언제인가 호랑이 한 마리를 뒤쫓고 있었다. 그런데 어느 눈 내리는 아침 그는 아무것도 모르고 장작을 패고 있는 한 조선 사람에게 호랑이가 막 달려들려고 하는 것을 보았다. 그 러시아 사람은 산등성이의 눈을 헤치고 호랑이의 길을 따라 그 짐승의 뒤를 쫓아갔다. 비탈진 꼭대기에 와서 보니 호랑이는 그 나무꾼에게 달려들기 위해 최후의 준비를 하는 듯 꼬리를 흔들면서 멀리 협곡을 가로질러 가는 것을 보았다. 그가 총을 조준하여 쏘았더니 호랑이 목을 맞아 뼈가 부러졌다.

그는 공포에 질려 있는 나무꾼을 향해 굴러 내려갔다. 그 나무꾼은 달아

나면서 맞은편에 아직도 연기가 나는 총을 들고 서 있는 외국인을 처음 힐끗 보았다. 이 불쌍한 사람은 너무 기가 질려 눈 속에 푹 주저앉아 마치 자기가 죽을 운명에 처한 것처럼 자기 어머니의 영혼을 불렀다. 그도 그럴 것이 한쪽에서는 총을 들고 낯선 사람이 서 있으니 혼비백산할 수밖에 없었다.

위기일발

내가 조선에서 제일 처음 집도한 수술은 호랑이의 공격을 받은 어떤 조선 사람의 팔을 잘라 내는 꼭 필요한 절단 수술이었다. 팔꿈치 바로 위에 있는 뼈가 호랑이에게 물려 살이 썩고 있었다. 그러나 상처의 회복이 잘 되어 그의 친구들도 의아할 정도였다. 호랑이의 상처는 의사의 치료로 나을 수 있었지만 그는 팔 없는 병신이 되었다.

14. 명 절

설날

아시아의 큰 명절은 새해와 더불어 온다. 중국인이나 일본인들과 마찬가지로 조선 사람들도 새해가 시작되는 며칠 동안 계속 잔치를 즐긴다. 선물을 나누고 특히 어린아이들에게 선물을 준다. 서로 방문도 하고 많은 음식과 술을 대접한다. 경제적으로 여유가 있는 사람은 이 계절에 새 옷을 입으며 될 수 있는 한 일을 하지 않는다.

미국의 젊은이들이 성탄절을 생각하며 기대에 벅차 있는 것과 마찬가지로 조선의 어린이들도 설날을 기다린다. 그리고 그때가 되면 조용하던 거리는 어린이들의 밝은 색동옷으로 화려하게 꾸며진다. 세모가 되면 모든 빚을 갚아야 하므로 종종걸음을 친다. 그런데 중국인들은 사업상의 신용이 탁월하기 때문에 빚을 갚는 문제에는 조선 사람들보다도 더 정확하다.

머리카락과 손톱·발톱 태우기

연말에 꼭 해야 할 또 하나의 일은 머리빗을 때 떨어진 머리카락과 손톱·발톱을 태우는 일이다. 이것들은 지난 1년 동안 상투에서 빠진 머리칼과 함께 보관한 뒤 섣달 그믐날 해질녘에 이것들을 어떤 마음씨 나쁜 사람의 손에 떨어지지 않도록 주의하며 태운다.

그것은 그가 자기의 머리카락이나 손톱을 이용하여 이쪽을 향해 마력을 쓸지도 모르기 때문이다. 섣달 그믐날 해질녘의 조용한 거리를 따라 지나가노라면 작은 불길이 타오르는 것이 보이는데 그것은 냄새로도 잘 알 수 있지만 제각기 머리카락을 태우고 있는 것이다.

정월 대보름

음력 정월 대보름날에는 만월에 관한 큰 축제가 벌어진다. 만월이 서울을 둘러싼 산 위로 솟아오를 때 이를 경축하려고 산등성이 위에 수많은 불을 놓는다. 이 첫 만월을 보는 사람은 그 해에 액운을 면할 수 있다고 생각하고 있다. 어떤 때는 일수의 아귀를 맞추기 위해 여분으로 윤달을 가산해야 하는 해도 있었다.

윤달

윤달이 있는 해는 가끔 다소의 수난이 있다. 농부들은 음력에 따라 논밭을 갈고 씨를 뿌리며 벼를 베어 볏짚은 겨울철 땔감으로 사용하려고 쌓아 둔다. 그러나 윤달이 그 해 초에 있을 때는 곡식 심는 것을 약 30일 미룬다. 그러므로 수확할 때에는 종종 난처한 일이 생긴다.

다리 밟기

첫 만월이 떠오르는 정월 대보름날 밤에 사람들은 달빛 아래로 나와 그 해에 다리와 발에 병이 나는 것을 막기 위해 다리를 건너가는 놀이를 한다.

액운꾼 허수아비

이것은 대보름날 밤 다른 방식으로 액운을 쫓아내는 행사이다. 이것은 액운이 어떤 개인에게 내려오기 전에 공중에 떠도는 액운을 사람 모양으로 만든 작은 볏짚 허수아비에게 옮겨 주는 의식이다. 사람들은 인형의 눈이 있는 곳에 돈을 놓은 다음에 길섶에 갖다 놓는다. 그러면 어느 가난하고 버림받은 인간이 술을 마시기 위해서 돈이 담긴 그 인형을 줍는데 그렇게 되면 액운이 그 사람에게 옮겨간다.

연례 목욕

음력 3월 삼짇날이 되면 사려 깊은 사람들은 곧 닥쳐올 어떤 수난을 씻고 다시 재난이 닥쳐올 것을 막기 위해 모두가 목욕을 한다.

한식

3월 말이나 4월 초에 한식이 있다. 이 날은 불을 피우지 않고 모든 음식은 찬 것을 먹여야 한다. 그것은 옛날에 한 늙은 중국인이 이날 자기는 벼슬이 싫은데 나라에서 강제로 벼슬을 주려고 할 때 자기 몸에 불을 질러 자살했다는 고사를 믿기 때문이다.[6] 이렇게 벼슬을 거절할 만큼 사심이 없는 사람은 매우 훌륭한 극기의 행동을 했기 때문에 전설로 영원히 전하고 축제를 행할 가치가 있다고 생각되어 이 날을 정한 것이다.

부처님 오신 날

석가의 탄생은 4월 초파일에 경축하는데 채색한 초롱과 횃불의 큰 행렬을 이룬다. 그뿐만 아니라 첫돌이 지나지 않은 아들을 가진 집에서는 높은 막대기에 크게 종이로 만든 물고기를 매달아 띄워 놓는다. 이 물고기의 입 속에는 둥근 고리를 끼워 항상 입을 벌리고 있게 하고 공기가 그 입으로 자유로이 들어가 입안에서 순환한다. 이와 같이하여 크고 색깔이 다채로운 물고기는 우아하게 미풍 속에 떠 있는 동안 줄이 팽팽하게 휘날린다.

그네

5월 초 닷새는 그네 뛰는 날이다. 이때가 되면 적합한 나무에 튼튼한 그네를 맨다. 만일 근처에 적합한 나무가 없으면 큰 틀을 세우고 꼭대기에 큰 나무를 가로 댄다. 이런 그네를 몇 사람이 함께 뛰는 때도 있다. 이 풍속을 지키는 것은 그해 여름에 모기가 가져오는 전염병을 막기 위해서이다.

---

6) 중국의 춘추 전국 시절에 살던 개자추를 의미함. 그는 자신이 섬기던 진의 문공으로부터 배신당하고 현산으로 들어가 은자가 되었으나 그를 찾으려던 문공의 방화로 그 어머니와 함께 버드나무 밑에서 타죽었다.

칠월 칠석

다른 나라에서와 마찬가지로 정기적인 장마철이 제때에 찾아오면 수확에 매우 필요한 강우를 경축하는 날이 있다. 이 행사는 견우와 직녀를 위한 축제이다. 이들은 전설적인 사람들로서 "하늘의 왕"의 시종들이었다고 한다. 이들은 서로 애인으로 지내는 동안 자기들의 임무를 소홀히 했기 때문에 하늘에서 서로 반대쪽으로 쫓겨나 별이 되었다.

그들은 1년에 한 번 만나도록 허락되어 7월 초이레가 되면 은하수 양쪽에 각각 도착한다. 그때 친절한 까마귀들이 은하수 위에 다리를 놓아주어 이 애인들은 까마귀들의 머리를 밟고 이 다리를 건넌다. 이것은 까마귀들이 이때 털갈이를 하는 사실을 보면 알 수 있다.

이 두 연인들은 만나자마자 곧 헤어져야 하기 때문에 눈물을 흘리면서 비탄에 빠져 그 눈물이 비가 되어 지구에 떨어진다. 이런 해후가 실패하면 한발과 기근과 아사가 뒤따르게 된다.[7] 칠석날이면 처녀들로 하여금 부지런히 일하고 맡은 바 임무를 충실히 수행하고 하늘에 있는 태만한 처녀에게 닥쳐온 비운을 겪지 않도록 하라는 교훈으로 실을 꿴 바늘을 선물로 준다.

용

조선의 미신은 거의 모든 중요한 행동을 둘러싸고 있다. 모든 도시에는 용의 미신이 만연하고 있으며, 용으로부터 보호를 받게 된다. 이 용은 그 도시를 둘러싼 산과 산등성이에 그 윤곽이 나타나 있다. 중국에서 철도를 건

7) (원저자 주) 이 이야기와 더불어 다른 이야기들이 내가 쓴 『조선의 설화』(*Korean Tales*, New York : G. P. Putnam's Sons,1889)와 『조선 : 그 현실과 환상』(*Korea : Fact and Fancy*, Nashville : Methodist Publishing House, 1904)에 수록되어 있다.

설할 때에는 이 미신 때문에 큰 곤란을 겪었다. 그러나 조선에서는 외국 사람들이 집을 지을 때 이 잠자고 있는 용을 건드리지 않도록 하느라고 곤란을 겪었다.

제 9 장 국 상

조선의 왕녀인 민비(그는 훗날 황후의 칭호를 받았다)가 1895년 10월 8일에 일본인들과 조선 사람들의 손에 암살되었다. 이 죄상을 은폐하려고 일본인들은 그 시체를 매장하고 다만 작은 뼈 하나만을 회수하였다. 그러나 그의 많은 유물들은 국장으로 묻었다. 매장지로서 여러 곳이 선정되었고 그 가운데 하나는 어느 정도 준비 공사까지 했었지만 마침내 풍수의 입장에서 볼 때 길하지 못하다는 것을 알게 되었다.

1천 에이커가 넘는 왕릉이 정지되었는데, 서울 성벽 가까이에 있는 이곳은 산과 고개 그리고 평탄한 논과 마을이 있고 시냇물이 흐르고 있었다. 아름다운 유택(幽宅)을 마련하려고 모든 주택이 철거되고 몇 만 그루의 묘목을 심었으며 많은 돈을 소비했다. 마침내 장례가 끝났다. 이 무덤 그 자체가 약 40~50피트의 높이로서 천연의 산등성에 자리를 잡은 인공 언덕이었다. 봉분은 돌난간으로 둘러싸였고 여러 가지 석상들이 무덤 주위와 양옆에 서 있었다.

이들 석상 가운데에는 보호를 위한 호랑이의 상과 제물을 위한 양의 상이 있었고 횃불 모양의 망주석과 아늑하게 모이는 승려의 빨간 석상이 있었다. 무덤 앞에는 제물을 올려놓는 식탁의 구실을 하는 대리석의 멋있는 상석이 있고 그 앞에는 정교하게 조각된 석등이 있다. 이 석등은 일본의 석등과 비슷하다. 이 석등의 모조품들은 오늘날 종종 미국에 있는 훌륭한 정원에서 눈에 띈다. 무덤과 이 모든 석상이 있다고 해도 풀이 무성한 인공 언덕의 꼭대기는 혼잡하게 보이지 않는다.

묘지

공동묘지의 매장에 관해 말하는 계제에 조선의 도시를 둘러싸고 있는 시골과, 시골의 대부분은 이 매장지나 묘소 때문에 그림처럼 아름답게 미화되고 있다는 사실을 언급해 두지 않을 수 없다. 과히 큰 문벌이 아닐지라도 마을에서 가까운 구릉지에 가족 묘지를 떼어놓는다. 충실한 자손들은 이 묘지의 나무를 아름답게 보존하고 정연하게 벌초한다. 이들 자손들에게는 효도와 조상 숭배가 거의 종교로 승화되고 있다. 이런 것은 보통 마을 사람들의 경우이다.

그러나 양반 계급이 시체를 묻는 곳에는 공원이 얼마나 웅장한 것인지 상상해 봄직하다. 서울 주위의 근교는 매우 잘 미화되어 있다. 시내의 불결한 도로를 벗어나 조용하고 뚝 떨어져 있는 묘지를 둘러보면 언덕 바로 아래에는 제물을 바치기 위한 절간과 같은 예술적인 건물이 무덤 바로 앞에 서 있음을 보게 된다.

누구도 계곡 전체를 왕족의 능소로 선정하여 다른 무덤이나 또는 주택이 왕족의 능 위쪽에 자리 잡거나 그의 엄숙한 안식을 방해하지 못하게 한다. 이런 제한 구역마다 관목의 재배, 나무와 풀의 관리, 포도와 정원의 질서 유지를 맡아보는 능지기의 좋은 집이 있다.

그리고 좀 떨어진 계곡에는 졸졸 소리를 내며 흐르는 시냇물이 있고 돌로 조각해 꾸며 놓은 다리가 항상 걸려 있게 마련이다. 잘 관리된 길이 나무 아래로 여기저기 뻗쳐 있으며 높은 일주문을 통해 구내로 들어가게 되는 그 모습은 오늘날 일본을 여행하는 사람들이 자주 보게 되는 도리(とりい)와

비슷하다. 우리들은 이렇게 조용하고 아늑한 공원묘지에서 많은 휴식을 취한 바 있다.

이 고요함을 깨뜨리는 것은 시냇물에서 빨래하는 여자들인 것 같다. 이와 같은 묘원은 미국 공사관에서 걸어서 10분 정도 걸리는 곳에도 있었다. 나는 가족과 함께 거의 매일같이 그 곳을 찾아갔으며, 종종 서울 성안에서 몇 년 동안 살던 친구들을 데리고 갔었다. 그 때 그 친구들은 이처럼 가까운 곳에 이런 곳이 있었다는 것을 몰랐다고 말했다. 혼잡하고 불결한 시내 골목길만 지나다가 서울 교외에 이런 조용한 곳이 있다고는 꿈에도 몰랐을 것이다.

왕비의 장례식

왕비의 장례식에 대해 말을 계속하면 장례식은 1897년 11월 21일과 22일 이틀에 걸쳐 거행되었다. 만약 시체가 온전하게 보존되었더라면 살해되어 매장될 때까지 매우 긴 시간이 걸리며 그러는 사이에 잔해는 풍습에 따라 방부하여 얼음 속에 보존한다. 묘소를 준비하면서 궁궐의 풍수들은 매장을 위한 길일을 잡는다. 국상에는 외국 사절들이 초대되었으며 그들을 접대하려고 깨끗하고 아담한 집과 식당을 세웠다. 식당은 그 뒤 서울에 있는 프랑스 호텔의 관리인이 관리를 맡게 되었다.

장례 의식은 야간에 거행되었고, 우리는 그 동안 취침하기로 했다. 그날 날씨는 차가웠으나 각 접대소에는 난로가 있었고 우리들의 편리를 위해 침대, 모포, 의자, 탁자들이 제공되었다. 각 공사는 사전에 통보를 받은 공식 수행원들을 대동하였다. 제물포에 정박 중이던 미국 해군 함정 가운데 한 함정에 승선하고 있던 해군 장교 몇 명이 나를 공식 수행하였다.

우리는 사인교를 타고 장의 행렬을 따라갔다. 그 행렬은 무덤까지 이르는 5~6마일의 거리를 꽉 메우는 긴 행렬이었다. 그리고 이 행렬에 참가한 사람들은 최신 무기로 무장하였으며 다른 사람들은 옛날 쇠사슬로 엮은 갑옷을 입고 밝은 색깔의 깃이 달린 금속 투구를 쓰고 긴 창 또는 활과 화살을 멘 군인들이었다.

그리고 딱딱한 종이로 만든 큰 방상시[1)]가 있는데 이것들은 악령들을 달래고자 기괴한 물건들과 함께 무덤에서 태워 버리는 것들이다. 이 행렬에는 관이 2개 있었는데 이 관은 몇 천 명의 상여꾼이 어깨로 메며 큰 밧줄이 상여 앞에서 뒤까지 뻗쳐 있고 이 밧줄에는 몇 백 명의 사람이 붙어 있다. 이들은 상여꾼과 마찬가지로 베 두루마기를 입고 있었다.

관 2개를 사용하는 이유는 어떤 질이 나쁜 혼령이 어느 것에 관심을 쏟을까 혼동케 함으로써 재난을 피하려는 것이다. 악령이 있다고 실제로 믿고 이 믿음 때문에 괴로움을 당하고 있는 원시적인 사람들과 마찬가지로 한국 사람들은 강한 지성을 가지고 있으면서도 악령들에 대한 좋은 인상을 갖고 있지 않다. 이것은 그들이 악령들을 속이려는 간단한 수법을 보아 알 수 있다.

행렬이 출발하기까지의 준비와 매장지까지 느린 행진은 거의 하루 종일이 걸린다. 조객들은 장지에 도착해서 진수성찬을 대접받고 식사 뒤에는 임금님과 근신들이 함께 무료한 의식에 참석하여 가끔씩 눈을 붙이며 밤을 지새웠다. 다음날 점심을 먹을 때 독일이 중국의 교주를 점령했다는 뉴스를 들었다. 이 뉴스야말로 기이한 의식보다도 우리들의 잠을 깨게 했다. 우리는 그날 오후에 집으로 돌아왔다.

복상

예로부터 이 나라에서는 복상이 중요한 문제라고 말할 수 있다. 부모가 돌아가면 가족들은 3연 동안 상복을 입어야 하며 이 기간에 아들은 베 두루

---

1) 방상시(方相氏) : 본시는 역신을 쫓아내는 기능을 가진 기. 눈이 네 개 달린 이 황금 가면은 그 뒤 상여 앞에 서서 잡귀를 쫓는 역할을 한다.

마기를 입고 허리띠는 새끼로 하고 그들의 아늑한 집 가까이에 세운 초막에서 기거해야 하며 술과 노래와 사치를 금지하고 간소한 조식을 해야 하며 특히 악기를 수반하는 일을 금지하고 있다.

어느 정도 시간이 흐른 뒤 상주가 부득이 외출해야 할 때는 화사하지 않은 흰 옷을 입고 우산만큼 크고 치밀하게 짠 갓을 쓰고 나가야 하며, 자신의 얼굴을 지극히 숨기고자 삼베로 만든 포선[2])으로 얼굴을 가린다.

오랫동안 천주교 신부들이 이 나라에 들어와 있다는 이유로 박해를 받을 때 그들은 이러한 상복으로 변장했다. 그러나 개들이 그들의 변장을 알아봄으로써 몇 몇 신부들이 체포되어 불행한 결과를 가져 온 일이 있었다.

관리는 이 복상 때문에 집무를 소홀히 하게 되므로 어쩔 수 없이 휴직하게 되면 복상은 때때로 고통스러운 짐이 될 뿐만 아니라 부유하게 살아갈 수도 있는 가족의 재산을 모두 없애게 된다. 극빈자들도 애도의 상징에 지나지 않는 복상을 해야 하는데 더욱이 부모의 복상과 그에 따른 복상은 살아 있는 가족들이 깊게 생각해야 할 문제이다.

흰색 : 상(喪)의 색깔

왕족이 서거했을 경우에는 온 국민이 3년간 복상해야 하는데, 이 기간에는 애도의 뜻을 나타내는 흰옷만 입어야 한다. 또 그때에는 신발도 흰 것을 신어야 하며 심지어 담뱃대도 흰색으로 싸든가 흰색의 대꼬빠리를 끼워야 한다. 특히, 반짝이는 검은 갓 대신에 표백하지 않은 대나무로 만든 갓으로 바꾸어 써야 한다.

너무 가난해 새 갓을 살 수 없으면 검은 갓 위를 흰 종이로 발라야 한다.

---

2) 포선(布扇) : 상제가 외출할 때 얼굴을 가리고자 가지고 다니던 물건으로 장방형의 삼베에 두 자루의 대나무가 붙어 있음.

왕릉

문무상과 석등

서울의 비각

음악과 무용은 일절 금지하는 대신에 복상의 의식을 해야 하며, 엄격한 복상의 기간이 지날 때까지는 결혼을 연기해야 한다.

그들이 상중에 활동하는 제반 법도를 소홀히 하는 것은 견딜 수 없는 일이라도 되는 듯이 그들의 자손에게 자신을 추모하도록 강요하느라고 애쓰는 사람들에게 있어서는 인생 자체가 매우 중요한 것처럼 보인다. 그러나 효도의 의무감이 너무나 깊이 한국인들에게 배어 있기 때문에 무덤을 돌보고 일정한 기간을 복상하고 제물을 봉헌하는 일을 엄격하게 준수해야 한다.

조그만 일 때문에 말썽이 일어나는 경우도 있다. 이럴 경우 그가 조상의 묘를 돌보지 않았다든가 조상의 묘의 신성을 모독했다고 떠들면서 이웃이나 벼슬아치가 돈을 빼내기 위해 상주를 괴롭히는 수가 있다. 요컨대 조선에서는 살아 있는 사람보다 죽은 사람을 더 소중히 여기고 죽은 사람이 이

미국의 상관

나라에서 가장 좋은 장소와 환경을 차지한다.

제 10 장 견미 사절

아무리 옷을 잘 입어도 신사가 되지 못하는 것처럼 말만으로는 신사가 되지 못한다. 다시 말해서, 신사는 자기의 국적이나 복장 또는 모국어와 관계가 없는 것이다. 1888년에 나는 조선 공사[1]와 12명의 수행원을 수행하고 워싱턴으로 가서 그들을 그곳에 정착시킨 일이 있었는데 이것이 아세아권 밖에 설치된 최초의 조선 공사관이다.

이 독특한 사절단이 미국 수도에 도착하여 우아한 색깔의 명주옷을 입고 실내에서도 갓을 쓰고 있음으로써 워싱턴을 발칵 뒤집어 놓은 것은 1888년 1월이었다. 갓은 반짝이는 검은 말총과 명주와 대나무로 만든 것인데 꼭대기에는 펀펀하고 테두리에서 6인치나 위로 솟아 있다. 그들의 사회적 기능은 흥이 났으며 우리는 더욱 중요한 곳들을 찾아 다녔다.

사교계의 첫발

우리는 휘트니[2] 장관의 관저를 방문함으로써 사교계의 첫 발을 들여놓게

---

1) 이때 최초로 파견된 미국 주차 한국 공사는 박정양(1841~1904)이었다. 그는 1887년 11월 9일부터 1893년 3월 16일까지 미국에 재임했다.

되었다. 우리는 고생을 덜기 위해 일찍 찾아갔다. 쉐리단[3] 장군이 우리와 같이 들어가서 우리의 첫 활동을 도와주기로 동의했다. 우리가 도착했을 때 그는 가까운 곳에 있었다. 그는 우리를 여러 사람에게 소개하면서 안내했고 연회장까지 호위하며 인도해 주었다.

손님들이 곧 나타났고 특히 부인들이 재미있어 했기 때문에 그 후로는 일이 수월했다. 그들 중 몇 명은 자기의 신분을 밝히기 위해 무엇인가 말할 필요가 있다고 생각하는 것처럼 보였다. 몇몇 부인들은 자기들의 현재 또는 작고한 남편의 계급을 설명했다. 늙수그레한 한 부인은 자기의 크고 굵직한 진주 목걸이로 우리의 관심을 끌면서 공사에게 그 진주가 모두 진짜라고 설명해 달라고 부탁했다.

그러나 처음부터 그런 말을 한다는 것은 마치 우리 나라에는 가짜 진주가 많다는 것을 알려주는 것이므로 이 설명을 하기는 곤란했다. 무엇보다도 좋았던 것은 매력적인 남쪽의 악센트를 사용하는 부인이 나타나 자기가 사는 주에 정중히 초대하여 그들을 방문하도록 했을 때였다. 부인은 자기의 주위에 있는 사람들이 즐겨 자랑하는 관심거리를 이야기했으며, 또 자기 주위의 여자들은 우러러볼 만큼 특별히 훌륭하다는 점을 힘주어 말했다.

영리한 재담

부인의 말을 공사에게 설명했더니 그는 즉석에서 주저하지 않고 그 부인을 보고서는 그가 말한 것을 모두 믿을 수 있다고 대답했다. 동양에서 온 뒤 처음 부인을 만나는 사람으로서는 대중 앞에서 훌륭하게 대답한 것이었다.

---

2) 휘트니(W. C. Whitney : 1841~1904) : 미국의 재정가이며 정치가인 동시에 체육인으로 유명함. 견미 사절이 도착했을 무렵(1885~1889) 그는 해군장관으로 재직하고 있었다.
3) 쉐리단(P. H. Sheridan : 1831~1888) : 미국의 군인. 웨스트 포인트를 졸업하고, 남북전쟁에 참전했으며, 미국 육군참모총장(1884)을 지낸 바 있다.

우리가 처음으로 객실의 큰 홀로 들어가서 한곳에 모여 있는 몇 몇 부인들을 보았을 때 공사는 그 부인들이 기생이냐고 즉흥적으로 말했다. 내가 그 부인들은 미국에서 가장 저명한 시민들의 부인과 딸이라고 말했더니 그는 매우 놀랐다. 그는 그들을 바로 쳐다보아도 좋으냐고 물어 보았다.

존경을 받을 만한 여인들은 어두컴컴하고 조그만 자기 방에 갇혀 낯선 사람 앞에 나타나지 않는 기이한 조선과 낮처럼 밝은 실내에서 음악이 울려 퍼지고 남녀의 웃음소리가 자유롭게 어울리는 미국과는 큰 차이가 있다는 점을 생각할 때 도포를 입은 이 정중한 늙은이는 그토록 익숙하지 않은 환경에서도 위엄 있는 거동으로 자신이 신사임을 증명했다.

앞가슴이 패인 옷

미국 여자의 의상에 그들은 몹시 놀랐다. 앞가슴이 패인 옷은 더욱 놀라운 것이다. 그런 옷을 입은 부인이 추위에 떨고 있는 것을 본 한 젊은 사절단원은 부인이 왜 치마를 위로 추켜 입지 않느냐고 물었다. 허리띠가 느슨하게 축 늘어졌을 때 조선의 남녀가 옷자락을 추켜올리는 것을 본 사람이면 이 말이 얼마나 우스운지 알 수가 있을 것이다.

춤

그들이 서양 춤을 처음 본 것이 그때였는지 아니면 그 뒤였는지 생각나지 않는다. 이 사람들이 처음으로 우리의 훌륭한 공공시설을 보고서도 큰 감동을 나타내지 않은 것은 다소 실망되는 일이었다. 홍콩의 건물이 층층으로 들어서서 장관을 이루고 있는 것을 보았기 때문에 그들은 우리 도시를 보고도 놀라지 않았던 것이라고 생각된다. 조선 사람들은 미국의 대륙 횡단 열차를 보고 경탄했던 바와 같이 일본의 조그만 증기 열차를 보고서도 경탄했지만 이 이방인들이 처음으로 왈츠 무용을 보았을 때는 매우 놀라는 것 같았다.

몇 년 뒤에 조선 왕실이 독일인 음악 교사[4]의 지도를 받아 한 악대를 조직하여 서양 음악을 멋지게 연주했을 때 나는 외국 부인들을 보고 궁중에서는 조선 사람들이 어떻게 생각할지 모르니 춤을 추지 말라고 부탁한 적이 있었다. 이렇게 조선 사람들이 둔감하다든가 또는 심미안이 부족하다는 식의 얘기를 하다 보면 조선 사람들에게는 그런 감정이 결여되어 있는 것이 아니라는 하나의 사건이 머리에 떠오른다.

엘리베이터

배에서 내려 우리는 샌프란시스코에 있는 패리스호텔의 엘리베이터를 탔다. 우리가 들어간 방은 아주 조그만 것이었는데 양쪽으로 긴 의자가 있었다. 조선 사람 몇 몇은 안전하게 긴 의자에 앉아 있었고 다른 사람은 여기저기 있었는데 우리를 왜 이런 조그만 방에 몰아넣었을까 하고 의아해 하는 것처럼 보였다. 그러던 가운데 엘리베이터 조종수가 로프를 잡아당기자 우리는 공중으로 향해 올라가게 되었다. 그들은 모두 나를 붙들고 공포에 질려 지진이 일어났다고 크게 경고하며 외치는 것이었다.

그런 일이 있은 뒤 우리가 다른 호텔에 들었을 때 그들은 엘리베이터를 타지 않도록 낮은 층의 방을 쓰자고 주장했다. 그들이 조선의 나막신을 신고 달가닥거리며 계단을 걸어 올라가는 것을 보니 우스웠다. 나막신은 일종의 신발인데 계단을 오르는 데 신는 것이 아니고 시골에서 계단이 없는 단

4) 엑케르트(Franz von Eckert : 1852~1916)를 의미함. 엑케르트는 일본 해군성 군악대의 악장으로 있다가 고종의 초청을 받고 1900년에 입국하여 한국 최초의 양악대를 창설했으며, 서울에서 죽었다.

층집에서 사용하는 것이다. 집에 들어갈 때에는 문밖에 벗어 놓는다.

신임장 제정

사절단의 접견에 관해서는 우스운 일이 많이 있었는데 그중에도 클리브랜드[5] 대통령을 접견할 때 적지 않은 사건이 일어났다. 이 접견은 어느 인물의 기념비를 마주 보는 방에서 거행되었는데 국무성의 브라운(Sevelon Brown)도 같이 들어왔다. 잠시 후 대통령은 국무장관 베이아드[6]를 수행하고 들어왔다.

그들은 모두가 관복을 입지 않았기 때문에 한국인들은 누가 누구인지 알 수가 없었으며, 공사도 자기 앞에 있는 대통령을 알아보지 못하고 호화로운 복장을 한 사람이 나타나기만을 기다렸다. 공사가 자기의 실수를 깨달았을 때는 무릎을 꿇고 이마를 방바닥에 조아리며 충성의 표시로 세 번 배례하도록 허락되지 않아서 더욱 당황했다.

공사는 자기의 입장을 까맣게 잊고 있었으며, 신임장을 읽으려고 신임장을 꺼낼 때 짐의 열쇠를 찾지 못해 적합한 취임사를 하지 못했다. 나처럼 "공식적인 자리에서 웃고" 싶어 한다는 것은 괴로울 뿐이다. 그러나 대통령과 국무장관은 웃음을 참고 의젓이 처신함으로써 손님들이 무안하지 않게 해주었다.

사절단을 워싱턴에서 머물게 하는 것은 적은 문제가 아니었다. 그 무렵 중국은 조선의 종주국이라는 낡은 의식을 강요하여 사절단을 파견하는 것을 반대했는데, 이는 사절 파견의 목적이 이 나라의 독립을 주장하는 것이

---

5) 클리블랜드(S. G. Cleveland : 1837~1908) : 미국의 22대(1885~89, 1893~97) 대통령.
6) 베이아드(T. F. Bayard : 1828~1898) : 미국의 정치가. 상원 의원(1869~85), 국무장관(1885~89), 영국 대사(1893~1897)를 역임했다

기 때문이었다.

애로 사항

조선 주차 중국 공사는 원세개였다. 그는 거물 중국인이었다. 그는 사절단이 떠나는 것을 미리 막으려 했지만 사절단에 외국인이 관련되었다는 사실에 당황했다. 미국 정부는 해군 함정 오하마호를 파견하여 사절단을 일본의 나가사키까지 호송하도록 했는데 이런 사실은 중국과의 문제를 더욱 복잡하게 만들었다.

사절단이 배를 타고 항구를 빠져나갈 때 오하마호는 사절단의 항해를 차단하려고 파견된 중국 함대의 대열 사이를 통과했다. 이때 중국 함대가 예포를 쏘자, 그것은 포격을 당하는 것이 아니라 중국 함대가 사절단의 출국을 경축하는 축포라는 것을 확인하고서야 사절단은 겨우 놀라움을 감출 수가 있었다.

우리는 워싱턴에 도착하여 그곳에 주재하고 있는 중국의 영리한 공사가 우리를 속국의 사절로 소개할 것이라고 발표한 사실을 알게 되었다. 이러한 발표와 이 문제는 우리 자신이 해결해야 한다는 것을 듣고 보니 속국 사절의 자격으로 신임장을 제정하는 것이 아니라는 보장을 받는 동시에 중국 공사가 우리를 소개하는 것에 동의하라는 저들의 부당함을 설득하는 것과 함께 저들의 요구를 물리치는 것이 나의 임무가 되었다.

이 문제는 그럭저럭 해결되었지만 그 덕분에 나는 조선 주차 미국 공사로 내정되었고 그 뒤 그 자리를 불명예스럽고 쓸쓸하게 사퇴하지 않을 수 없었다. 뒷날 주미 공사가 조선에 돌아갔을 때 그를 수행한 절차에 대한 모든 책임을 내가 졌다는 서류를 가지고 있었다.

그러나 원세개가 사절단장 박정양의 처벌을 강력히 주장했기 때문에 그는 관직에서 쫓겨났다. 그는 도성을 나와 3일이 걸리는 시골로 내려갔다.[7]

이리하여 그 중국인은 체면이 섰고 조선 사람들은 가까스로 재외공사관의 설립을 보게 되었다.

수양아버지

그 뒤 여러 해 동안 나는 점잖은 박정양 공사를 임지로 찾아가 사귀게 되었다. 나는 그에 관해 많은 것을 알게 되었고, 그럴수록 그를 더욱 존경하게 되었으며 진실한 애정으로 환대하다보니 농담 삼아 그를 수양아버지로 부르게 되었다. 양자를 들인다는 것은 흔하고도 심각한 일이지만 수양아버지를 삼는다는 것은 자식을 낳는 것과 동등하게 취급받는 이 나라에서 우리의 우정에는 즐거운 일이 많았다.

어쨌거나 박정양은 나를 몹시 좋아했다. 양자를 둔다는 것은 괜히 평지풍파를 불러일으킨다는 것을 그도 잘 알고 있었지만, 그러나 미국에서는 매사가 거꾸로 되어 가기 때문에 양아들을 맞는 것은 별 문제가 없는 것으로 알고 나를 맞아들인 것이었다. 그들의 눈에 비친 서양의 생활 양식은 모두가 거꾸로 보이기 때문에 아시아 사람들은 사실상 미국에서는 나무가 거꾸로 서 있고 나뭇잎은 땅속에서 자라며, 뿌리는 미풍에 하늘거리고 있다고 믿는다는 얘기를 들은 적이 있다.

한 때 조선 정부가 심각한 위기에 있을 때 총리대신의 추천이 나에게 맡겨진 때가 있었다. 물론 나는 전 주미 공사 박정양을 총리로 천거했는데 그의 조용하고 확고하고 보수적인 방법이 위기에 대한 정부를 안전하게 인도하는 구실을 했다.[8]

---

7) 이 부분은 사실과 다르다. 박정양은 귀국하여 홍문관 부제학이 되었으며, 지방으로 좌천되지 않았다.

8) 박정양이 그 뒤 총리대신으로 발탁된 것은 1895년이었다.

덧붙여 이야기하고 싶은 것은 1906년에 일본이 조선을 사실상 병탄한 뒤 지난날 미국에 사절단으로 파견되었던 사람 가운데 하나인 이완용이 일본인에 의해 총리대신에 발탁된 바 있었고, 또 다른 2명[9]은 조선 정부의 매우 높은 지위에 올랐다. 그 뒤 몇 연 동안 워싱턴 주차 조선 공사관은 서글프리만큼 푸대접을 받았다. 관심이 없는 사람[10]이 주미 공사로 임명되자 조선 공사관은 남의 주목을 끌지 못했다.

그러나 그 노인 총리대신 박정양은 뛰어난 사람이었으며, 최근 사망할 때까지 뛰어난 자질을 간직하고 있었다. 그 한 예로서 이중 결혼, 곧 첩을 둘 수 있는 나라에서 그는 부인이 하나밖에 없었다. 그는 술도 마시지 않았고 생기에 넘쳐 있었다. 그는 외국의 큰일과 문제에 관해서도 박식했다. 때때로 그를 방문하는 것이 나에게는 항상 즐거움이 되었다. 그럴 때면 우리는 온돌방에서 조그만 방석에 다리를 꼬고 앉아 담배를 곧잘 피웠다.

박정양은 늘 방 한가운데까지 뻗치는 긴 담뱃대를 사용하여 방 가운데에 반짝거리는 동제 재떨이 위에 그 끝을 걸쳐놓곤 했다. 그러나 그는 나를 위해 항상 잎담배를 마련해 두었다. 그것은 시중드는 사람이 불을 붙여 줘야 하는 담뱃대를 사용하는 것을 내가 싫어했기 때문이다. 조선 사람들 가운데 이 사람에 관해 말하는 것은 조선에도 점잖은 사람들이 있다는 것과 어떤 언어를 사용하든 또는 특히 모습이 기이한 도포를 입든 누구나 신사가 될 수 있다는 것을 나타내는 데 도움이 될 것이다.

---

9) 견미사절단의 서기관으로 수행했던 이상재와 이하영을 의미함.
10) 이승수를 의미함. 그는 1893년 12월 30일에 부임했다.

제 11 장 선교사로서의 의견

나는 장로교의 의료 선교사로서 남경과 상해에서 1년 동안 거주한 뒤에 새로이 문호가 개방된 조선에 가고 싶은 뜻을 품게 되었다. 그러던 가운데 상해에 있는 어떤 저명 인사로부터 편지를 받았는데, 그 사연인즉 그는 그 당시 조선에 몰려드는 외국인 중에 유리한 생업을 나에게 마련할 수 있을 것 같다는 것이었다. 사실 나의 동료 의사들도 내가 선교 사업을 포기하고 조선에 가서 입신양명하는 것이 좋겠다고 말했다.

나는 뉴욕에 있는 상부 기관에 이 문제를 상의했더니 전보로 답변이 오기를 그들을 위해 조선으로 가라는 것이었다. 그들은 전부터 얼마 동안 조선에 사람을 주재시키고 싶었지만 당시 조선에서는 선교사를 받아 주지 않던 터라 나의 제의는 시기적으로 매우 안성맞춤이었다. 나는 지체하지 않고 곧 조선에 입국하여, 미국 공사관의 보호 아래 조선의 외교 관계 일에 종사하려고 공사관의 호의와 승인을 얻어 사직할 때까지 3년 동안 그 곳에 머물렀다.

이 모험은 성공적이었다. 왜냐하면 누군가 미국 공사에게 내가 선교사냐고 물었을 때 그는 내가 미국 공사관에 배속된 의사라고 대답했기 때문이다. 약간 잘못된 대답이긴 했으나 이처럼 내가 선교사가 아닌 듯한 소개는 나의 모든 행로를 순조롭게 했다. 그러다가 마침내는 서양 의학이 "효과가 좋다."는 때가 왔으며 서양 의학의 자리를 굳힐 수가 있었다.

얼마 쯤 시간이 지나 나는 조선의 궁궐과 세관 그리고 내가 근무하기로 예정된 병원의 의사로 임명된 이외에도 미국이 아닌 다른 나라 공사관의 참모가 되었다. 이렇게 하여 나는 조선에 정착할 수 있었고 그 뒤에 온 선교사들을 받아들여 도와줄 수 있었다. 오늘날 선교 사업이 저토록 높이 평가되는 기적적인 성공을 거둔 것도 이 선교사들 때문이다.

선교의 기수

오늘날 조선은 선교 사업이 성공한 모든 나라 중에서도 으뜸이다. 한국인들은 사실상 자신의 종교를 가지고 있지 않다. 유교는 하나님이 없는 도덕의 제도에 지나지 않으며 불교는 명성이 떨어졌다. 동시에 조선 사람들은 기질적으로 종교에 심취하기 때문에 기독교가 자연히 조선 사람에게 호소력을 갖게 되었다. 그리고 조선에는 인도와 같이 종교적 진리의 전파와 종교 단체의 조직을 방해하는 계급 제도가 없는데, 이러한 모든 사실이 종교 사업을 위한 길을 널리 개방하는 경향을 보여주고 있다.

몇 가지 이유

조선에서는 기독교의 인기가 높은데 내가 생각하기로는 기독교가 관리와의 문제를 평등화할 수 있는 기회를 주기 때문이라 여겨진다. 일반적으로 아시아에서는 대중들이 예로부터 관리의 압박을 받아 왔다. 그런데 기독교는 모든 사람이 최후의 심판 앞에 동등하기 때문에 어느 때이고 인간은 인간의 주인 앞에서 평등하게 설 수 있다는 희망을 주었다. 이러한 가설은 터무니없는 생각에서 나온 것은 아니고 실제 경험에서 연역된 것으로 부분적이나마 그들에게 그럴듯한 해답을 준 것이다.

성경

성경은 동양의 책으로서 조선 사람들이 이해하기 쉬우며 가르치기에 힘들지 않았다. 도성을 벗어나 얘기를 나눈다는 것은 높은 성곽 안에 살고 있는 사람들에게는 의미 있는 일이었다. 성곽 사이에 세워진 큰 문에 공고문을 붙여 놓고 모든 통행인들이 읽고 생각하게 하는 이 나라에서는 성문에 앉아 사물을 판단한다는 것은 매우 자연스러운 일이다.

포도밭에 세운 시계탑을 바라보고 있는 미국의 어린이들은 돌과 쇠의 불가능한 구조를 생각하지만 조선의 어린이들은 네 기둥을 세우고 위를 풀로 덮어 농부들이 앉아 수박과 기타 과일을 당장 먹을 수 있고 훔쳐 갈 수 있는 농산물을 지키는 원두막을 즉시 연상한다.

미국의 주일 학교 학생들은 배라고 하면 곧 함대와 혼동하지만 조선 사람들은 강이나 바다에서 자주 볼 수 있는 것으로서 선실이 아예 없든가 있어도 작은 것밖에 없으며 전혀 못을 쓰지 않고 건조하는 목선을 생각한다. 폭풍우를 진정시키든 아니면 악마를 내던지든, 또는 장님의 시력을 되찾게 하든 기적은 자연의 섭리에 대한 확고한 신념을 가지고 자라 온 사람들이 늘 기대하는 것이다.

제5계명[1)]

종교에 관심을 가지고 있는 이상 소위 조상 숭배를 빼고는 우리의 것을 받아들이지 못할 것이 없다. 그러나 조상 숭배를 포기함으로써 더 나쁜 결과를 초래하지 않도록 주의해야 한다. 왜냐하면 조상 숭배라는 것은 못마땅

1) 기독교의 10계명 중 제5계명이라 함은 "네 부모를 공경하라. 그러면 너의 하나님께서 네게 주신 땅에서 네가 오래 살리라"이다.

한 점도 있지만 좋은 점도 있기 때문이다. 성서의 제5계명을 모르면서도 부모를 공경함으로써 제5계명을 아시아인들만큼 그토록 오랫동안 훌륭하게 잘 지킨 국민이 어디에 있을까? 특히 조선 사람들도 마찬가지지만 중국 사람에게는 효도란 소홀히 하면 안 되는 의무이며 연장자와 노인에 대한 존경은 당연한 것으로 여겨지고 있다.

러일전쟁

러일전쟁 전에는 조선의 선교 사업이 대단히 활발했다. 그러나 이 큰 전쟁이 한국에 가져온 심각한 결과는 선교의 세력을 크게 자극했고 그 댓가를 증대시켰다. 전쟁 이래로 조선 사람이 동정을 받을 수 있었던 사람은 선교사들뿐인 것 같았다. 그와 같은 곤란한 사태가 장차 발생하면 그들을 친절히 도와주겠다던 한미 수호 조약에서 약속한 호의를 보여 달라는 조선의 호소를 무시한 미국 정부의 처사에 대해 미국인들이 듣기 거북한 질문을 많이 했다고 말할 수가 있다.

조선 사람들은 미국이 그러한 약속을 지키리라고 생각했기 때문에 서양 사람에게 문호를 개방했다. 그러나 너무 많은 사람들이 선교사를 찾아왔기 때문에 때로는 세례를 받을 사람의 숫자와 입교하겠다는 사람의 수를 파악하기 힘들었다.

평양

조선에서 선교로 성공한 장소는 북쪽 도시인 평양과 그 주변이다. 한 번 집회하는 데 보통 2천 명 이상이 모였고 기도회에도 그랬다. 학교나 병원 그리고 그 밖의 선교 기구에도 사람들이 가득 모여들었다. 조선 사람 설교자와 조수들도 교육을 받아 선교 사업에 종사하게 했다. 그들 가운데 몇 명은 이 사업이 성공하는 데 크게 공헌했다.

부흥회

평양에서 조선 사람 장님이 "여러분의 죄를 하나하나 고백하시오"라는 제목으로 설교한 것이 계기가 되어 최근 조선 선교에 현저한 부흥이 일고 있었다. 이 부흥회 결과로 거의 잊히거나 자신만이 알고 있는 오래된 죄와 별로 오래되지 않은 죄를 모두 고백했다. 이 부흥회의 격변이 너무 널리 전파되었기 때문에 선교사 자신들이 자기들을 위해 규정했던 엄격한 이상에서 연유되는 사소한 실수를 시인하기 시작했다.

어떤 선교사는 실제로 자신의 성격적 결점을 자인하고 조선에서 선교 사업을 포기하고 떠나야만 했다. 이 부흥 운동은 악마를 몰아내고 병자를 기적적으로 고칠 목적으로 퍼져 나갔던 것으로 보인다. 한편 이 부흥 운동이 전파되어 불신자에게 영향을 미쳐 그들로 하여금 자기 죄를 뉘우치고 교회에 입교하도록 한 것 같다.

상류 계급의 선교사들

조선에 있는 선교 단체는 매우 우수한 남녀로 조직되어 있다. 이들은 모두 대학 졸업생이며 더구나 남자들은 신학교나 의과대학생들이다. 많은 사람들이 어학 연구와 통역, 번역 그리고 일반 문학에 특별한 학식을 가지고 있었다. 그리고 그들은 가치 있는 역사물과 수필을 출판했는데 그러한 작품 가운데 독자들이 많이 읽고 인기도 좋았던 소설이 빛을 보게 된 이유는 첫째, 작가가 시간이 많다는 것이요, 둘째는 그가 미국에서 가장 명성 높은 잡지사의 기고가였다는 것이다.

실제적인 조력

선교사들은 개량된 공구와 농기구를 도입함으로써 조선 사람의 생활이 향상되도록 도와주었으며, 또 공구와 농기구의 사용법을 조선 사람에게 가르쳐 주었으나 외국 사람들이 눈앞에서 사라지면 옛날의 습관으로 되돌아갔다. 시기심이 많은 조선 사람들은 외국의 방법을 모방하는 것과 조상의 좋은 관습을 포기하는 것을 불평했다. 또 선교사들은 조선 사람들에게 위생과 건강법과 적합한 육아법을 가르침으로써 많은 어린이의 생명을 구했다.

실제로 선교사들은 의료의 도움을 준 이외에도 조선 사람들에게 현재 시판하고 있는 키니네의 사용법과 간단한 가내 치료법을 전국적으로 가르쳤다. 간호사를 훈련하려고 간호학교를 개설했다. 이것은 환자들에게 큰 혜택이 되고 일반인들에게는 의료비를 절약하게 하고 풍수장이와 무당의 수입을 줄게 할 것이다. 수공예 훈련 학교와 인쇄기는 작업 주문이 쌓여 있다. 이 나라에 풍미하고 있는 새로운 생활 환경에서 초래된 쓰라린 생존 경쟁에 조선 사람들을 잘 적응할 수 있도록 선교사들은 그들을 가르치고 있다.

조선 사람들은 증오스러운 적수에게 나라를 빼앗긴 뒤 절망하고 있는 것 같다. 어떤 사람은 침입자에게 무기를 들고 대들지만 그것은 사실상 자살이나 다름이 없다. 다른 사람들은 무감각하게 앉아 옛날의 생활이 방종했음을 탄식한다. 그러나 이제 와서 지난날의 과오를 아무리 탄식해 보아도 그것은 자기들이 저지른 것이요, 따라서 관대하게만 생각한다. 어떤 사람들은 새로운 사람들과 더불어 자신의 이득을 취하는가 하면 많은 사람들은 그리스도 안에서 일하도록 부르는 것을 수락하는 사람들에게 희망을 줄 수 있는 유일한 거리요, 슬픔을 위로 해 주는 기독교에로 눈길을 돌리고 있다.

예외들

우리 선교사들은 대체로 상식과 우수한 정신적 자질을 융화시키고 있지만 많은 일을 하다 보면 그 가운데에는 약간의 예외가 생길 수밖에 없다는 것은 더 말할 나위도 없다. 불교 사찰에 손님으로 놀러 갔던 한 사람이 분별을 잃고 그의 지팡이로 작은 석재의 우상들을 부셔 버렸기 때문에 그의 동료들은 당분간 그 사찰에서 대접을 못 받았다.

영국 정부는 인도에서 본토인의 신앙에 결코 간섭하지 않을 것이며, 또 새로 문호를 개방한 이 나라에서 같은 입장을 취하는 것이 우리들의 책임이라는 이유로 영국의 공사는 그 불상을 파괴한 사람을 철저히 처벌할 수 있는 대책을 강구하라고 촉구했기 때문에 당시의 사건은 다소 주목할 만한 것이었다.

나는 그와 그의 동료들과 같이 이 사건에 관해 상담하는 것 밖에는 아무것도 할 수 없었다. 그들은 자신의 실수를 매우 유감스럽게 생각하고 있었으며 다시는 이러한 일을 저지르지 않겠다고 약속했다. 그러나 지금은 조선을 떠나고 없는 그 사람이 실수를 또 저지르고 말았다.

황제에게 편지를 보내어 황제의 죄를 뉘우치라고 요청했으며 참회에 관해서 황제에게 설교하도록 허락해 달라고 부탁했다. 무식한 한국 사람이 이 편지를 대서했기 때문에 고의는 아니지만 거기에는 모욕하는 말이 들어 있었다. 이 문제도 나에게 위임되었기 때문에 나는 할 수 없이 그런 일을 다시 않겠다는 공동 약속을 받았다.

선교사들 가운데 낯선 새 교파의 대표자 한 사람이 한국에 와 있었는데 그는 다른 교파의 사람들을 개종시키는 데 몰두한 것같이 보였다. 그는 주로 안식일을 지키는 일에서 다른 종파에 반대하는 것 같았는데 조선처럼 하루 벌어 하루를 먹는 나라에서는 하루를 쉰다는 것은 곧 하루를 굶는 것이기 때문에 안식일을 지킨다는 것이 매우 곤란했다. 그 사람은 영국의 훌륭한 대학을 졸업하고 교양이 높은 사람으로 그렇게 유별난 행동만 하지 않았다면 모든 점이 다 좋고 존경받을 만하다는 점이 일을 더욱 난처하게 만들었다.

교파들

이 나라에서는 프랑스 파리외방전교회가 가장 역사 깊고 교세도 가장 강하며, 개신교 선교 단체 가운데에서는 장로교가 가장 강하고 다음이 감리교이다. 감리교회를 대표하는 것은 영국 교회에서 온 한 명의 감독과 남녀 목사들이다. 그들도 병원과 학교를 경영하고 있으며 외국인들을 위해 정규적으로 일요 예배를 본다. 침례교도 조선에서 포교를 했지만, 조선 사람들은 목욕을 싫어하기 때문에 침례식에 참석하지 않았다. 침례교는 결국 조선을 떠나 목욕을 잘하는 일본으로 들어갔다.

돈 많은 선교사들

조선에 있는 미국의 몇 몇 선교사들은 고등 교육을 받았다는 것 이외에도 이사회의 생활 용품들을 넉넉히 갖추고 있기 때문에 그들은 다른 교파의 선교사들을 도와주고 있으며 그들의 생활 수준도 남을 도와주리만큼 넉넉하다. 따라서 그들이 조선에 있는 것은 지위를 얻으려는 것이 아니고 궁색한 생활에서 벗어나려는 것도 아니며 조선의 매력적인 환경 때문도 아니라고 말할 수 있다.

희생

우리는 선교사들이 그들의 신앙 생활을 영위하면서 그들이 감수하고 있는 희생을 너무 지나치게 강조하고 있는 것처럼 보인다. 가족과 친구와 헤어진다는 것은 분명히 희생이다. 그러나 본국에 남아 기회가 있을 때마다 이동한다 해도 가족과 친구와는 헤어져야 한다. 관리와 실업가들도 해외에 나갈 때는 가족과 헤어져야 하지만 그렇다고 해서 그것이 희생이라고 생각하고 할 일을 안 하지는 않는다.

안락한 환경

동양에서의 생활은 매우 보람이 있다. 가능하면 안락한 숙소가 마련되어 있고 의사가 늘 곁에 있다. 왜냐하면 의사는 선교사 사회에서 가장 유용한 구성원이기 때문이다. 미화로 1개월에 3달러면 하인을 고용할 수 있고 그들을 먹여 줄 수 있는 나라에서 적은 비용으로 하인을 시키면 더 잘할 수 있는 일을 하느라고 선교사나 부인이 아까운 시간을 소비한다는 것은 어리석은 일이다. 이런 일은 선교사의 생활을 더욱 쾌적하게 한다. 사실상 늘 가사로 바쁜 가정부들을 두고 집안에서 얘기를 나눈다는 것은 확실히 매력적인 일로 보인다.

동정의 결핍

언제인가 나이 지긋한 선교사 부인이 나에게 말하기를, 그가 싸워야 할 일은 동정의 결핍이라고 생각한다고 했다. 그는 고향에서 크고 교양 있는 단체에서 높이 존경받는 성원이었다. 고향에 있을 때 그는 부유한 사람들의 호화스러운 일상 생활에 둘러싸여 있었지만 극동에 와서 그는 자신이 천박한 계급에 속해 있다는 것을 발견했다고 말했다.

이 말은 자기의 처지를 과장해서 표현한 것이었다. 그러나 일반 외국인 사회는 일개 단체로서의 선교단에게 많은 동정을 하지 않는 것이 사실이다.

나는 두 곳에 모두 소속해 보았기 때문에 이 문제에 관해 생각해 보았는데 이런 현상에 대해서도 어느 한쪽만을 비난할 일이 아닌 것 같다.

외국인 거주자

극동의 어느 한 항구 도시의 외국인 사회는 미국의 도시와 같은 사람들로 구성되어 있다. 실업계에서 성공한 사람들은 본국에서 성공한 사람과 같은 계급이다. 만일 그들에게 가족이 있을 경우 그들은 흔히 어떤 종류의 교회와의 관련을 요구하며 가치 있는 목적이 제시될 때 그들은 확실히 가장 자비로운 성품을 보인다. 그러나 그들이 어리고 철들지 않은 나이에 이 사회에 들어오는 경우도 흔히 있다.

그럴 경우에는 대체로 모국의 관습이 사라지고 그 대신에 새로운 정착지의 도덕 관념이 그 자리를 메우는 것이 역력하게 나타나며 그들보다 연상의 동료를 본받고 계약 관습이나 대인 관계를 본받기가 매우 쉽다. 그리고 그들의 처신 방법을 습득할 시간적인 여유가 있고, 또 그러는 것이 옳다고 판단하게 되면 자신의 생활 방법을 교정하려고 남자답게 투쟁한다.

훌륭한 선교사들

신사다운 선교사가 이 사회에 들어온다고 하자. 그리고 귀중한 존재로 인정할 만한 재능을 가졌다고 하자. 그 재능은 노래를 부르기에 좋은 목소리나 악기를 잘 연주하든가 운동에서 원기 있게 경기를 하는 솜씨라든가 이야기를 익숙하게 잘하든가 훌륭한 감각과 좋은 성격으로 태어나서 좋은 학력을 가졌다면, 비록 그가 바라는 것처럼 그렇게 포괄적인 방법으로 주재국 사람들을 위한 사업이 번창하지는 않더라도, 그는 어디를 가든지 흔연한 대접을 받게 될 것이며 진정으로 인간적인 동정을 맛보게 될 것이다.

그뿐만 아니라 이런 사람은 자기 사업의 중요한 부분을 통해 새로운 사회에서 시련과 낙심으로 괴로워하는 자기의 동포들에게 동정을 베풀게 될 것이며 그렇게 하는 동안에 그는 자기의 머나먼 고향과 더불어 잊혀가는 이상으로 그들을 이끌어 갈 수 있을 것이다. 여기에서 말한 바와 같은 선교사와 내가 알고 있는 선교사 가운데 교회에 기여할 수 있는 힘을 가지고 있고 또 기꺼이 헌신하고자 하는 사람들이 있다.

그들이 이 사회에서 배척되거나 또는 동정이라든가 자기와 같은 부류의 친구들을 얻지 못하는 경우는 없을 것이다. 오히려 이런 사람은 어느 곳을 가나 환영을 받아 그 작은 사회의 한 부분을 이루고 자신이 받아들이고자 하거나 받아들일 수 있는 주위의 관심들이 얼마나 많이 자기에게 쏠리고 있는가를 알게 될 것이다.

이 나라에서는 훌륭한 선교사들이 있었으며 그 가운데 몇 사람은 오래 전에 사망했지만 그들이 속해 있던 사회에서 숭앙을 받았으며, 그 사회에서 물질과 지위에서 번영하고 성공적인 많은 실업가들이 개인적인 이득과 안락을 위해 고생할 때나 웃음을 잃고 살 때 참다운 도움을 준 사람으로 그를 깊이 존경하고 있다.

국제 결혼

선교사들은 대개 아내와 함께 올 때도 있고 고향의 애인이 뒤따라오는 수도 있지만 선교단이 젊은이들을 외국 땅으로 보내면 그도 수도사의 생활을 감수하려고 기꺼이 혼자 간다. 그런데 그들은 그의 클럽 이외는 한가한 시간을 보낼 장소도 없고 가까운 장래에 외국에 있는 아내를 부양할 수 있는 충분한 돈을 벌 기회도 없다. 이때 수줍어하고 매혹적인 정착지의 처녀가 외국인이 원하는 대로 단기간 또는 장기간 기꺼이 짝이 되어 준다. 그뿐만 아니라, 많은 친구들이 이런 식으로 가정을 꾸미는 것처럼 그도 이런 식의 가정을 꾸미기 쉽다.

엄격한 추방

만일에 누군가가 아무런 지식이나 공적이 없는 사람, 그 사회에 기쁨을 줄 것이라고는 아무것도 없는 사람 또는 그 사회의 부도덕한 회원과 접촉하지 않으려고 자기 주변에 치마를 걸어 놓는 것과 같은 그릇된 짓을 하지나 않나 해서 주의 깊게 살피려 하는 사람들이 선교사들의 자그마한 보금자리를 찾아오면 그들은 대체로 싫어하는 눈치를 보일 수도 있다.

또 이웃에 술고래의 교포가 살고 있어 아무런 업적도 남길 수 없다는 것을 설교하거나 또는 고향에 그런 편지를 쓰는 사람이 찾아오면 그 사람은 아예 피해 버리거나 웃음거리가 될 것이다. 만약 이러한 일들이 자꾸만 그러한 표본이 되었거나 아니면 그들이 이끌어 가고 있는 생명들을 위해 그런 비난받을 짓을 했기 때문이라고 생각함으로써 스스로를 위로하는 경우도 있고, 또 그러한 자기의 심정을 공공연하게 말하는 경우도 있다.

길을 잘못 든 불행한 사람에게 무엇보다도 필요한 것은 남을 깊이 이해하는 것이며, 인생을 폭넓게 바라보는 것이며, 자기 자신이 남들에게 환영받도록 하여 더 많은 사랑을 베풀어 자기가 필요로 하던 사랑을 형제에게 베풀고 단순한 동정뿐만이 아니라 일생의 과오를 고치려고 애쓰는 사람들을 훌륭하게 선도한다는 생각에서 스스로 자기의 것을 그들에게 나누어 준다.

그런 사람들이야 말로 오늘날 선교사들이 걸핏하면 불평하는 바로 그 장애물을 제거하게 된다. 물론 어느 사회에나 타락한 사람들은 있다. 인간의 성격상 자신을 공공연히 고집하는 사람을 제외하고는 이 탈선한 사람들을 예외 없이 다스려야 한다. 인간은 누구나가 인간 본연의 마음으로 다시 돌아가려는 경향이 강하다.

신출내기들

아세아의 항구에 사는 외국 거류민들은 때때로 선교사들에게 불평을 표시하고 있는 듯이 보이는데 대개 이런 불평은 새로 부임한 선교사의 현명치 못한 때문인 듯하다. 이 선교사들은 대부분 스스로 선택한 성직 생활 때문에 작은 공동체에서 남의 선망의 대상이 되었던 신출내기들이다. 이러한 사실로 말미암아 그들은 자신이 꽤나 대단한 인물인 듯이 오판했을지도 모른다. 그들은 자기와 뜻이 맞지 않는 사람들에게도 자비로운 감정을 느끼기에는 너무 젊고 경험이 부족했을는지도 모른다.

자비스러운 감정을 갖는다는 것은 자기에게 맡겨진 사명을 다하는 사람에게 매우 중요하다. 모든 것들이 자칫하면 그들을 고집쟁이나 광신자 또는 바보처럼 보이게 만들기 쉽다. 만일 이 젊은 선교사들이 자기 앞가림이나 하고 자신의 주관이 흔들리거나 흐리게 하지 않을 정도로 자신을 자제할 수만 있다면 그들은 사물에 대한 좀 더 좋은 견해를 얻을 수 있고, 그들 자신과 동료들에게 불쾌한 일이 없도록 할 수 있을 것이다.

다행히 시간이 좀 경과하여 생소한 생활에서 벗어나게 되면 눈에 띄도록 호전적이고 건방져 보이던 것도 없어지고 그 대신에 자비로운 마음과 형제애가 때때로 나타나게 된다. 또한 숭배할 만한 선교사들도 많다는 것은 새삼스럽게 말할 필요가 없으며 그 이름은 선교사의 사회에서 흔히 들을 수 있다. 당사자들이 생존해 있든 사망했든 확실히 존경과 애정의 후광을 장식할 정도로 훌륭한 공적을 쌓은 것으로 보일 만큼 선교사들은 호평을 받고 있다.

나는 때때로 그 신출내기가 평생 땀 흘려 일할 현장에 도착했을 때 그들이 경험 부족과 미숙한 생활로 내가 흔히 본 바와 같이 조선 사람의 감정을 상하게 하지나 않을까 걱정했다. 아마 그들은 그랬을는지도 모른다. 미숙한 사람들이 계속 도착함에 따라 선교사들의 집단과 서양 문명의 세속적인 대표자들 사이에 해묵은 적대적 태도가 계속될 수도 있다.

법률을 초월하여

선교사는 소위 이교도의 나라에서 독특한 지위를 차지하고 있다. 그는 자기가 가고 싶은 곳을 가고 때로는 시내에서 먼 곳에 집을 마련하여 가족과 함께 정착한다. 그러나 그의 실업가인 형제는 흔히 거주지를 개발지에 국한시키며 특별한 사업 규칙에 따라 시내에 들어간다. 선교사는 지위의 특수성 때문에 그 나라의 법률에 구애되지 않는다. 왜냐하면 조약이 그들에게 치외법권을 부여하기 때문이다.

치외법권이란 그가 주재하는 나라의 법률 관할을 받지 않고, 다만 자기 나라의 영사 법정에서만 재판을 받을 수 있다는 것을 의미한다. 이것은 선교사에게 큰 권력을 주는 것이며, 현명치 못하고 너무 동정심이 많은 선교사는 조선 사람들로 하여금 기독교와 관계를 맺어 이득을 보게 하고 외국의 보호를 얻도록 하는 크고 작은 사건에 끼어들 가능성이 있다. 이러한 보호는 같은 문제에 관계되면서도 보호를 받지 못하는 다른 주민에게 커다란 누를 끼치게 될지도 모른다. 비록 이런 일이 가치 있는 것이라 할지라도 기독교를 믿지 않는 조선 사람들의 좋지 못한 감정을 자극하기 쉽다.

더구나 민중들은 이런 종류의 도움을 원하다가 안 되면 항의하러 교회에 몰려드는 수도 있어 결과적으로 많이 악용하게 된다. 중국에서는 이러한 몇 가지의 사건에 대해 충분한 설명을 하지 못하여 재산을 파괴하는 일까지 있었는데 이는 선교사들에 대해 쌓여 있던 감정이 악의로 확대되었기 때문이라고 생각된다.

이런 사건에서 선교사들은 그의 이름과 영향력을 이용당했는데 선교사들은 내용을 자세히 알지도 못하고 음으로 양으로 본토 기독교인들의 이익을 증진시키려 했을는지 모른다. 조선에서도 그와 같이 극단적인 사건이 있었다. 그때 천주교와 신교 단체들은 서로 상대방을 헐뜯어서 마침내 프랑스공사관과 미국공사관이 각기 오랫동안 조사하고 정부에 조회했었다. 다행히 이 문제로 말미암아 우리 미국인을 비난하는 일은 없었다.

치외법권

모든 선교사에게 이런 권리를 부여하는 것은 현명하지 못한 듯하다. 신중하게 선택된 극소수의 사람만이 이를 남용하지 않고 모든 사람의 이익을 위해 사용한다. 그러나 이러한 치외법권을 모든 사람들에게 구별 없이 부여하고 지방 당국자로부터 아무런 제재도 받지 않고 내지를 여행하면서 법률에 구애받지 않는 것은 잘못된 것 같다. 왜냐하면 그들 가운데 어떤 사람은 성격, 판단력 또는 동정심에서 결함을 가지고 있다는 것이 확실히 증명되기 때문이다.

어떤 사건이 일어나면 결국에는 조선 사람이 피해를 보게 된다. 시내의 질투심 많은 관리가 미국인 주택을 침입하는 경우와 같이 조선 사람은 주택의 거주자나 소유자에게 새롭고 더 많은 자유를 줄 의무가 있기 때문에 "주거 침입"에 대한 보상을 해야 한다는 것이 외국인들의 견해이다. 왜냐하면 그것은 엄격한 조약 규정의 위반이다.

이런 사건이 법정에까지 비화된 적은 없지만 이런 일이 일어나면 외교관들은 자기 국민을 위해 최선의 해결책을 찾는 것이 그들의 의무였고 또 그렇게 하는 것이 조약상의 정의와 자유의 개념에 부합하는 것이었다. 조선 사람들은 처음에는 외국인의 거류를 고려하는 것으로부터 상당한 이익을 얻으려다가 흔히 큰 봉변을 당했다.

천주교회의 보호자들로서의 프랑스가 중국 정부에 강제로 요구한 결과 조약의 최혜국대우의 덕분에 중국에 온 선교사들은 거주와 재산 소유권에 관한 최대의 특권을 누리고 있다. 그런데 조선에서는 미국 사람들이 선수를 써서 조선에 갔을 때만 해도 변장을 하고 살고 있었고 자기들의 명의로 된 재산을 가지고 있지 않은 프랑스인들을 해방시켜 주었다. 지금 프랑스인들은 조선의 여러 곳에 재산을 가지고 있으며 서울의 전 시가지를 바라볼 수 있는 높은 곳에 성당을 가지고 있는 형편이다.

일본은 그들의 비위를 거스르게 하는 이 치외법권을 폐지하고 조선 내에서 벌어지고 있는 제반 사건을 철저히 감독하게 될 것이고 그렇게 되면 앞으로는 한미 수호 조약에 따라서 부여된 특권을 누릴 수 있는 기회가 거의 없게 될 것이다. 영국이 인도를 지배하고 있는 이상 그곳에서는 치외법권이 인정되겠지만 인도를 제외한다면 우리가 이제 치외법권을 향유할 수 있는 나라라고는 중국과 터키만이 남게 될 것이다.

가능한 새 계획들

나는 개인적으로 터키에 대해 아무것도 모르지만 중국의 경우에 관해서는 다소 알고 있는데 중국의 반이민 정책에 관한 미국민의 주장에 맞서 저들은 미국이 중국 내륙에 있는 미국인들을 소환하든지 그렇지 않으면 중국 관리들의 관할 아래 두라고 주장할 징조를 보이기 시작했다. 그런 때가 머지않아 오겠지만 그때가 되면 선교단 본부에서는 선교사의 거주지를 개항지로 한정하여 그 안에서 그들의 주택과 병원 그리고 학교를 설립하여 내륙의 중국인 사이에서 실제로 일할 수 있는 중국인 목사를 교육시킬 신학교 강의를 하는 것이 좋을 것이다.

그리고 이들을 감독할 순회 선교사를 두어야 하는데, 이들은 중국에 오랫동안 거주하여 중국어와 중국의 법률과 중국인의 풍속을 아는 사람이어야 한다. 더구나 이들 선교사는 지혜와 분별을 갖춘 사람이어야 하며 젊은 선교사들을 보낼 때에는 연장자를 같이 보내어 훈련을 하도록 해야 할 것이다.

그렇게 하면 소요가 일어났을 때라도 헌신적인 부인들과 구원의 손길이

미치지 않는 어린 아이들도 안전할 수 있으며 순회 선교사 자신도 직책에서 벗어나 재난을 피할 기회가 더 많아져 순교도 줄어들 것이다. 더구나 박해를 받는다고 해서 순교자가 교회의 씨를 뿌리게 되는 것 같지도 않다. 보고서에 따르면 그러한 불행한 사건이 일어났던 곳에서는 오히려 생명과 재산이 파괴되어 선교 사업에 후퇴를 가져온다고 한다.

소송

선교사들이 너무 자주 소송을 제기하는 것은 잘못인 것 같다. 그렇게 되면 선교사 자신과 그 밑에 있는 조선 사람 동료들의 불상사를 당장 미국 영사나 외국 대표자에게 알리게 된다. 중국에서는 이러한 경향이 의화단 사건으로 어느 정도 억제된 것처럼 보인다.

나는 최근 몇 년 동안 미국 선교사들이 조선 사람들의 정신 앙양에 더욱 전념하고 싶어 하는 뚜렷한 소망과 조선 사람 신자들과의 재산상의 문제를 미국 영사관에 제소하는 것을 억제하려는 경향을 보아 왔다. 이전에는 이런 일이 없었다. 어떤 선교사는 아주 조그만 일을 가지고 군함을 부르지 못하는 것을 알았을 때 분개하여 "우리 선교사들을 보호하지 않겠다면 우리 해군은 무엇 때문에 있는 것인가?" 라고 따지는 정도였다.

자조

자신의 불상사를 자신이 해결할 수 있는 선교사들도 항상 있었다. 이런 사건이 생각난다. 그것은 서울에 있는 매우 존경할 만한 부인 선교사와 관계된 사건이었다. 어느 날 그의 조선 사람 요리사가 토요일 밤에 어리석고도 날조된 죄로 체포되었다. 그의 여주인은 어떤 과오에 의한 정당한 처벌로부터 그를 옹호할 생각은 없었고 다만 많은 사람의 식사를 마련해야 했기 때문에 그가 빨리 조사받아 처벌을 받든, 석방되든, 보석금을 내고 풀려 나오든, 무죄 방면되든 빠른 결정이 내려지기를 바랐다. 그 여인은 나를 찾아오지 않고 일요일에 곧 바로 시장을 찾아갔다. 그러나 면회할 수 없다는 말을 들은 그는 베란다에 주저앉아 요리사를 만날 때까지 기다리겠다고 선언했다.

그런 일은 조선의 법률이나 습관에 전례가 없었다. 이런 일이 일어나자 관리는 서둘러 현관으로 나아갔다. 이 관리는 약간 영리하여 오늘은 일요일이니 강제로 일을 시키는 것은 옳지 못한 것이 아니냐고 말했다. 그러나 그 부인은 관리에게 일요일이니까 그 사람을 굶길 작정인가, 아니면 자신과 그 학교의 학생들을 강제로 굶기려고 하느냐고 물었다. 이 말은 법을 대표하는 사람에게는 지나친 말이었다. 결국 요리사는 곧 무조건 석방되어 여주인과 같이 돌아가도록 허가된 것이다.

어떤 선교사들 가운데에는 참으로 마음속으로부터 도와주고 싶은 사람도 있다. 그들은 필요한 증거로 잘 뒷받침된, 가치 있는 사건들이 있을 때만 도움을 받으러 오는 것이다. 그러나 어떤 선교사들은 사소한 구실만 있으면 공사관이나 영사관으로 찾아가는 경향이 있는데 그들의 주장은 너무도 터무니가 없어 공사관이나 영사관에서는 겁을 먹고 있었다. 왜냐하면 이들은 우리가 뭔가 동정해 주기 바랐고 무엇인가 신세를 지고자 하기 때문이다. 그러나 긴급하지만 사소한 선교사의 사건을 부득이 중요한 성격의 복잡한 교섭 속의 주제로 계속 밀어 넣는다는 것은 매우 곤란한 일이다. 왜냐하면 이렇게 되면 자연히 한국의 신자들은 모든 것을 작은 문제로 돌려 해결해 달라고 부탁하는 반면에 정작 영향을 미쳐야 할 문제들을 흩어 버리는 경향이 있기 때문인데 이러한 경우란 비일비재하다.

감사

나의 이웃 선교사들은 거의 모두가 내게 잘 호응해 주었고 더 감사하게 생각했다. 그리고 그들은 자진해서 부탁하지도 않고 기대하지도 않았던 추천서를 선교회 본부를 통해서 국무성에 상신하여 이곳 주재 외교관들을 적시에 도와 달라고 부탁했다. 이러한 추천서의 사본들은 머지않아 공적으로 나에게 전달되었다.

21년 동안 할 일이 많았던 조선을 떠나야 할 때가 왔을 때 이 좋은 사람들은 나를 붙들어 두려고 자진하여 온갖 노력을 하였다. 이것은 내가 떠나는 것을 오히려 유쾌하게 만들었다. 내가 처음 조선에서 3년 동안 그들과 함께 지내는 동안 나를 가장 잘 알아주는 사람들의 신임을 받는다는 것은 유쾌한 일이었다. 그 뒤 조선에서 투쟁하는 그들의 마음을 달래어 출국 허락을 얻어내기에 충분했다.

제 12 장 의학 노트

이미 설명했듯이 우리들은 서양 의료와 외과 수술을 시험하려고 피비린내 나는 폭동이 일어나기 2~3개월 앞서 서울에 도착했다. 이때 의료의 성공이 선교 사업을 시작할 수 있는 길을 터 주었으며 결과적으로 나로 하여금 전혀 기대하지 않았던 경험을 쌓을 수 있는 길을 열어 놓았다. 부상한 민영익이 회복된 것은 나에게 병원을 제공한 것 외에도 나를 어의로 임명되게 했다.

궁중에서는 의술 이외의 모든 문제에 대해서도 자연히 나에게 자문을 구하게 되었고, 이 모든 자문의 결과 2~3년 뒤에 나는 의술을 포기하고 조선의 외교 업무를 거쳐 미국의 영사 업무와 외교 업무를 맡게 되었다. 나는 한편으로는 대리 영사의 지위로부터 총영사의 직위까지를 두루 거쳤을 뿐만 아니라, 외교 업무에서는 공사관 서기관으로부터 공사의 직위까지 모두 맡았다.

병원

지체가 높은 조선의 귀족을 초기에 성공적으로 치료한 것이 계기가 되어 조선 사람들은 대개 모든 종류의 병을 치료해 달라고 나를 찾아 왔다. 이 병

가운데에는 정말 아픈 것도 있었지만 아플 것이라고 상상하는 것도 있었다. 그래서 나는 환자들을 만나보고 치료할 건물을 요청했으며 그 요청이 윤허되어 건물 한 채를 사용하게 되었다. 왕은 조선에서는 최초의 근대식 병원인 이 병원의 이름을 제중원[1]이라고 지었다.

그 건물은 갑신정변 때 암살된 관리 가운데 한 사람인 홍영식의 주택이었다. 우리가 그 집으로 입주했을 때는 방마다 핏자국이 있었다. 그 집을 잘 수리했더니 환자들이 몇 백 명씩 몰려왔고 최초의 한 해 동안에 1만 명 이상을 치료했다. 그러던 가운데 넓은 건물이 있는 더 좋은 장소를 하사 받았는데 내가 이 병원에서 오래 일을 본 뒤 마침내 그 병원은 정부와의 관련성이 없어지고 순전히 선교 사업의 하나가 되었다.

곧 그 진가가 나타난 일이지만 세브란스[2]라는 미국인 신사의 희사로 좋은 장소에 최신 시설을 갖춘 훌륭한 벽돌 건물이 마련되고 매우 유능한 의사가 배치되었다. 그리고 병원의 이름은 세브란스의 이름을 따서 "세브란스 병원"이라고 했다. 초창기의 의료 업무와 관련되어 발생한 사건들 가운데 몇 가지를 회고해 보면 때로는 심각한 일도 있었지만 참 재미있는 일도 많았다.

중국인의 검시

우리들이 조선에 오기에 앞서 1년 동안 남경과 상해에 살던 때의 일이다. 남경에서 살 던 때 먼 곳에 있는 성에서 온 군인 한 사람이 죽게 되어 우리

---

1) 제중원은 본시 광혜원이었으나 그 공로가 높아지자 1886년에 고종이 제중원이라 고치고 알렌에게 당상관 통정대부의 벼슬을 주었다.

2) 세브란스(L. H. Severance) : 미국 오하이오주 부호로서 뉴욕의 만국 선교사회에 참석했다가 에비슨의 제의에 따라 2차에 걸쳐 15,000불을 기증함으로써 제중원의 증축을 보았고 1904년 9월 3일에 지금의 남대문 건너편에 자리를 잡아 세브란스병원이라 했다.

문간에 버려져 있었는데 그것은 순전히 우리에게 장례비를 떠넘기기 위해서였다. 그 군인을 안으로 데리고 들어와 안락하게 해주었지만 그때는 벌써 폐렴이 위중해서 살리기에는 너무 늦었었다.

그리하여 군인이 죽자 법에 따라 치안 판사에게 그 당시의 형편에 관해 보고했더니 놀랍게도 치안 판사는 일종의 심문을 하기 위한 재판을 했다. 그는 우리 숙소에 청색 천의 포장을 치고 그 아래 관리가 당당하게 앉아 그의 서기들과 전문가들의 재판을 지휘했다. 전문가들이란 소위 일단의 의원들로 구성되어 있었다. 이들은 강제로 하얀 관을 시체의 목구멍에 넣고 위 속에 물을 부으려 했다. 물이 내려 갈 리가 없었다. 그랬더니 심문관은 찬물을 받아먹었기 때문에 그 군인이 살해된 것이라고 선언했다.

이것은 중국인들을 위해서 유리한 판결이었다. 왜냐하면 중국인들은 미국 사람이 이상하리만큼 아주 찬물을 좋아하는 것을 알고 있기 때문이다. 그들은 오랜 경험을 통하여 끓이지 않고 물을 마시는 것이 얼마나 위험한 것인가를 잘 알고 있다. 그래서 그들은 뜨거운 물을 마시는데 보통 때는 연하게 차를 끓여 마시며 그렇게 해서 상쾌함을 느낀다. 그러므로 그 군인에게 치명적인 찬물을 주었다고 나를 비난함으로써 나에게 죄를 덮어씌우려고 지혜를 짜낸 것은 당연한 일이었다.

몇 십만 명의 미신적인 조선 사람에 둘러싸여 외국인이라고는 세 가구밖에 없는 시내의 멀리 떨어진 곳에서 사태는 결정적으로 우리들에게 불리하게 되어 가는 것처럼 보였다. 그뿐 아니라 버림받은 사람들을 착한 마음으로 돌봐 준 보답이 기껏 이것이라는 점이 나를 괴롭히고 있었다.

그러나 나는 존경스러운 선교사 한 분의 도움으로 용감하게 판사석으로 걸어 올라갔다. 그리고 나의 직업적인 업무 수행에 대한 수가로 45달러를 지불하라고 요구했다. 치안 판사는 나의 요구를 듣고 평온을 잃었다. 그리하여 그가 소리쳤다.

"무어라고! 너는 사람을 죽이고는 그것에 대한 보수를 요구해!"

그는 내가 뱃심 좋게 나갔을 뿐만 아니라, 무엇인가 짜낼 수 있을 것으로 생각했었는데 오히려 자기에게 보수를 요구한 것에 몹시 당황하여 자질구레한 설비품들을 꾸려 가지고 떠나가 버렸다. 이렇게 하여 우리들은 가까스로 위기를 모면했다. 그 사건은 이로써 막을 내렸으며 다시는 그런 일이 없었다.

스트리키니네 중독

외국 약을 복용하는 데 관한 지시를 충실히 지키는 문제에서 동양인 환자에게 너무 많은 지성을 기대하지 않는 것이 좋다. 언젠가 어떤 환자에게 마전자[3]가 함유되어 있는 약을 한 병 주고 하루에 세 번 병의 눈금만큼 약을 먹으라고 지시한 적이 있었다. 병이 속히 낫고 싶은 마음에서 그는 하나를 먹어서 좋을 것 같으면 스무 번 먹으면 더 좋지 않겠느냐는 이유로 한 병을 단번에 마셨다. 그래서 그 사람은 스트리키니네 중독에 걸려 해독하는 데 힘이 들었다.

또 한 번은 스트리키니네의 중독이 아닌가 걱정스러운 사건이 발생한 적이 있었다. 나는 이 약으로 보기 흉한 똥개를 죽여 수위로 하여금 정원에 묻게 했다. 그랬더니 그 수위가 밤중에 개의 시체를 캐내다가 그의 가족과 함께 요리를 해 먹었다. 그들은 겨우 목숨을 건졌다.

---

3) 마전자(*nux vomica*) : 번목별의 종자로서 스트리키니네의 원료로서 중추신경계, 특히 척수에 작용하여 골격근의 긴장과 반사흥분성의 증가를 일으키며, 통상의 지각자극에 대해 과대한 비자발적 반응을 일으킨다.

아편 중독

1883년도에 남경에서는 아편 중독이 매우 흔했다. 아트로핀[4]의 피하 주사로 중독자 한 사람을 고쳐 주었더니 다른 중독자들이 이를 고쳐 달라고 계속 요청해 와서 나의 생활은 비참할 정도였다. 이런 사람들은 한결같이 밤중에 줄을 이어 찾아와 도무지 잠을 잘 수가 없었다. 그래서 나는 마침내 밤 10시부터 아침 6시까지는 어떤 일이 있어도 환자를 받지 않겠다는 엄격한 규율을 세웠다.

더구나 그들은 배은망덕했다. 서서히 자살하는 것이나 다름이 없는 이들은 보통 자기의 원수, 이를테면 자기 남편이나 부인에게 망령이 되어 돌아와 괴롭힘으로써 복수를 한다. 중독에서 회복된 환자는 비싼 아편을 많이 잃게 되었다고 의사를 몹시 비난하기 일쑤였다. 다른 환자들의 사례란 것도 보잘것없었다. 이들은 가장 불안한 환경 속에서 온 염려스러운 현상이었다. 우리는 아편의 화가 아직 퍼지지 않은 조선에 오게 된 것을 기뻐했다.

왕비의 치료

나는 어의의 자격으로서 개인적으로 왕족과 친밀하게 지낼 수 있었지만 그때에도 나는 왕비[명성황후]를 만나보지 못하다가 몇 년이 지나서야 그를 만나 뵙고 간격 없는 대화를 나누었다. 그 무렵 왕비가 병환을 앓고 있을 때 환관 한 사람이 칸막이를 통해 신중히 천으로 감싼 왕비의 팔을 내미는데 다만 팔 위의 맥박이 1인치 정도만 보일 뿐이었다. 그리고는 왕비의 혀를 칸막이에 뚫린 구멍으로 내밀어서 나의 검진을 받으려 했다. 그들은 중국에서

4) 아트로핀(atropine) : 유독성 알칼로이드로서, 경련 완화제로 씀.

와 마찬가지로 의사는 양쪽 팔목을 손가락으로 짚고 혀를 살펴보아 진찰을 하는 것으로 생각하고 있었기 때문이다.

하루는 고통스러운 불면증을 해소시키려고 왕비에게 아편제를 보내 드렸다. 다음 날 정오에 병원에서 수술을 하느라고 분주한 때에 밖에서 노도와 같이 매우 소란스러운 소리가 들렸다. 그리고 궁중 복장을 착용한 고위 관리가 진행 중인 작업을 정지시키면서 수술실로 점잖 빼며 들어오고 다른 평민들은 급히 없어졌다.

그는 곧 말하기를 왕비가 내가 드린 약을 복용하여 수면에 빠졌는데 아직도 잠에서 깨어나지 않았다는 것이다. 그는 무척이나 사나웠고 비타협적으로 보여 나는 무릎이 덜덜 떨렸다. 왕비처럼 신성한 몸에 금보다 질이 낮은 쇠붙이를 사용함으로써 육체를 더럽히는 일이 없도록 하려고 쇠붙이를 사용할 수 없기 때문에 피하 주사를 놓을 수도 없었고 더구나 용태를 직접 관찰할 수도 없는 왕비의 증상에 나는 속수무책이었으며 다만 그가 아편에 대한 이상 체질이 아닌가 생각했다.

왕비가 언제 약을 복용했는지를 물어 보았더니 5시에 복용했다고 대답했다. 이것은 가공할 일이었다. 그때는 다음날 정오였기 때문이다. 나는 내가 있는 곳에서 2마일 정도 떨어져 있는 이 큰 도시 가운데에서 남편과 아버지를 잃게 될 아내와 어린애를 생각했다. 그런데 나는 기절할 것 같이 어질어질한 것을 느끼면서 완전히 기절하기 전에 정신을 차리고 우연히 물었다.

"어제 저녁 5시입니까?"

그러자 그 관리가 대답했다.

"아니오. 오늘 아침 5시요."

"아이구 이제 살았구나!"

그 관리 때문에 놀란 것을 생각하니 화가 났다. 그래서 나는 매우 퉁명스런 어조로 그에게 가라고 했다. 그리고 내가 그에게 바라고 있던 대로 왕비를 그대로 잠자게 하라고 말했다. 나는 통역을 통해 무뚝뚝하게 빨리 없어지라고 말했다. 그런 일이 있은 뒤 왕비가 살해당하고 군중이 그의 시체를 거리로 끌고 다닐 때까지 그와 나는 친한 친구가 되었다.

궁중에서는 밤새도록 남아 정사를 보고 새벽이 되어서야 퇴근하는 것이 규칙이었다. 그러나 나는 그때 이 풍습의 정도를 알지 못하고 있었다. 뒤에 그 좋은 약을 궁중에서 늘 가지고 싶으니 보내 달라는 부탁을 받았다. 그러나 불행히도 지난번에 보내 준 것이 마지막 약이어서 그렇게 보고하고 말았다.

어의의 고충

이 무렵의 초창기 어의는 한가한 직업이 아니었다. 늘 어느 왕족에게 위급한 병이 생길 우려가 많았다. 그럴 경우 적당한 간호가 전혀 없고 한의사들의 시기가 심한데다가 외국인 의사는 명령할 수가 없어 그 환자는 치명적인 결과를 초래하게 된다. 그런 종말은 앞으로의 성공에 치명적인 타격을 준다.

그런가 하면, 외국 의사에게 자리를 빼앗긴 본토 의사의 악의에 찬 선동이 민중에 끼치는 영향은 상상할 수 없을 만큼 가증스러운 것이다. 그러나 이러한 가능성을 접어 두고라도 실질적인 시련들이 수없이 닥쳐온다. 어린애가 새로운 장난감에 호기심을 갖는 것처럼 궁궐에서는 외국인 의사를 신기하게 생각했다. 궁궐에 돌봐야 할 환자가 없을 때에는 그 신기한 어의를 불러내는 데 허약한 왕자가 좋은 구실이 된다는 것은 쉽게 상상할 수가 있다.

외국인 의사에 대한 크나큰 호기심으로 말미암아 우리가 겪는 어려움은 궁중에서 밤과 낮이 바뀐다는 것이다. 내가 병원에서 일할 때 궁중에서는 잠을 자고 있었다. 그래서 야간 근무 시간에 권태로우면 나를 부르려고 생각하곤 했다. 독재적인 임금의 대수롭지 않은 변덕이라도 임금의 시중드는 사람에 의해 밖으로 전달되는 것이다.

흔히 한밤이나 밤중이 지나 부름을 받게 된다. 호위병과 빈 가마 한 채가 전령을 따라오기 때문에 요란스런 행차 소리가 나의 집 식구들을 깨운다. 그 뿐 아니라 나는 저녁 복장으로 정장을 하지 않으면 안 되었다. 이곳 관리들은 관복을 입지 않고 임금 앞에 나가지 못하는데 나의 경우에는 그 관복 대신에 양복을 입도록 되어 있었기 때문이다.

밤 1시에 일어나 정해진 저녁 복장을 하고 영하의 일기에 몇 마일 씩 시내를 횡단해 가면 왕자는 이미 그 사이에 잠이 들었다. 누구도 그 잠을 방해해서는 안 되며 더구나 사실상 아프지도 않은데 아픈 것처럼 생각하다가 생긴 두통을 치료하러 가야 한다는 것을 생각해 보라. 그렇게 되면 다음에는 옆방에서 오랫동안 기다려야 한다. 아무리 거절해도 궁중의 시종들은 잎담배를 피워라, 샴페인을 들어라, 사탕과 과자를 먹으라고 하면서 융숭한 대접을 고집한다.

나는 나 자신이 이 피곤한 관리들에게 큰 혜택이 되는 사람이라는 것을 알게 되었다. 왜냐하면 그들은 내가 나타나는 것을 구실로 모든 문명의 부속물을 가져오고 소비할 수 있기 때문이다. 이런 물건들은 매우 높이 평가되는 것이기 때문에 그들은 나머지 잎담배나 사탕 과자를 큰 소맷자락에 넣어 가지고 집에 가서 먹는다. 그리하여 다음에 내가 방문하면 전혀 손대지 않은 물건을 요청하여 창고에 가득 쌓여 있는 재고품 가운데서 가져오게 한다. 나를 구실로 그들은 이런 요구를 하며 입맛을 돋울 만큼 내가 인기였다는 것이 틀림없었다. 뒤에 그들은 자기들의 체면을 유지하려고 홍차와 커피를 추가했다.

이 모든 것들이 나에게 극진히 베풀어졌다. 심지어는 사무실과 보수까지도 제공되었지만 이들을 받아들이는 데는 조선 복장을 입어야 하고 몇 가지 조선의 풍습을 따라야 한다는 문제가 포함되어 있었다. 훈상이 하사되고 끝내는 이 지구상에서 왕족에게만 내릴 수 있는 최고의 영광을 차지할 수 있었지만 작위는 수여되지 않았다. 이렇게 밤중에 부름을 받는 것, 궁중의 의관을 기다리는 어려움에 비추어 볼 때 궁중과 병원의 의료 사업을 버리고 워싱턴 주재 조선 공사관원을 따라 미국으로 돌아감으로써, 새로운 활동 무대를 갖는다는 것은 하나의 구원이었다.

이렇게까지 생각하는 것은 놀라운 일이 아니다. 워싱턴에서 임무를 마치고 돌아온 뒤 조선에서 지내는 동안 밤중에 조선 사람의 집 대문이 삐거덕거리는 소리만 들어도 잠이 깨어 마치 저녁 관복을 입고 출입하여 치료가 필요 없는 환자라든가 내가 봐도 소용이 없는 특별한 경우의 환자들에게 비위를 맞추어야 한다고 착각되어 기분이 좋지 않게 되곤 했다.

인삼

조선의 약전은 주로 인삼으로 알려진 식물의 뿌리에 의존한다. 인삼은 "발한"을 필요로 하는 조선 사람의 모든 병에 만병통치약이다. 조선은 뛰어난 인삼으로 유명하며 최근 일본이 조선을 점령하기 전까지만 해도 인삼은 왕실의 부수입의 하나였다. 왕실의 재정으로 들어가는 이 약초 판매 이익금은 대체로 1연 동안 미화로 50만 달러 이상이었다. 이 식물은 미국의 흰독말풀과 비슷하며 뿌리를 돗자리로 가려 재배하는데 성숙하기까지는 7년이 걸린다.

산삼은 재배 인삼보다 더 귀중하게 여긴다. 진짜 산삼은 같은 무게의 금을 받고 팔았다 한다. 미국산 인삼은 활성이 없는데 견주어 조선의 인삼은 탁월한 발한성 때문에 귀중하게 여긴다. 나는 인삼을 먹고 발진한 외국인과 조선 사람들을 본 적이 있다. 중국인들은 이 약초의 위대한 가치를 최음제로 이용하는 것 같다. 내가 민영익을 치료할 때 체온이 올라가자 부상한 부분이 붉게 타오르는 것같이 보였기 때문에 특히 유의해서 살펴보았지만 도무지 그 이유를 알 수 없었다.

많은 질문을 한 끝에 민영익의 가족이 빨리 낫게 하려고 가당치도 않은 인삼을 복용시켰다는 것을 알게 되었다. 이에 대해 나는 나의 말에 분명히 복종하지 않는 한 치료를 전부 포기하겠다고 선언했다. 나의 말이 너무도 강경했기 때문에 그 뒤부터는 내 마음대로 할 수 있었다. 나쁜 징후가 없어진 뒤 나는 전보다도 더 인삼에 대해 탄복하게 되었다.

이상한 통역

조선에는 통역이 아주 적었다. 나는 민영익을 치료할 때와 후에 병원을 개업했을 때 나를 돕기 위해 몇 명 안 되는 통역 중에서 한 사람을 고용했다. 그는 체온이 내려가는 것을 increasing to less(아래로 올라간다)라고 표현했다.

보신탕

민영익을 치료하면서 발견한 이상한 습관 가운데 하나는 그들이 약과 음식물의 강장제로 개머리를 끓인 국을 먹는다는 점이었다. 이 국은 해롭지 않았을는지도 모르지만 기분 나쁜 것이었기 때문에 그것을 먹지 못하게 하려고 여기저기 쫓아다니면서 말렸다.

어느 날 아침 나의 환자가 보신탕을 먹었기 때문에 그는 원수의 살을 먹고사는 유일한 방법을 알고 있다고 나는 선언했다. 왜 그런 것인지 설명해 달라기에 거리에서 일본인의 시체를 먹고 있는 개를 보았는데 그 환자가 그 개를 먹었으니 원수의 고기를 먹고사는 것이 아니냐고 말했다. 그런 일이 있은 뒤에는 소고기를 사용하여 국을 끓였다. 최근의 폭동(갑신정변)에서 살해된 일본인의 시체들이 거리에서 치워지고 매장되었기 때문에 우리는 커다란 위안을 받았다.

개가죽 찜질

중국의 병영에 수용된 부상자들 가운데 나는 사타구니에 관통상을 입은 대령을 한 사람 발견했다. 총알은 원래 골반에 뚫린 구멍을 통과하여 골반은 다치지 않았다. 내가 그 장교를 만났을 때 그는 방금 죽인 개가죽을 상처에 감고 찜질을 하고 있었다. 그 가죽이 아직도 신선하고 따뜻하여 찜질이 잘 되는 것 같았다. 중국 사람들이 외과 환자로서 뛰어나다는 예로서 그들은 부상을 당한 지 90일 이내에 말을 탈 수 있을 만큼 건강했다는 사실을 들 수도 있다.

흙

그 무렵 조선에서는 약품이 매우 귀하고 비쌌다. 키니네는 상해에서 1온스에 멕시코 달러로 7달러였고 아이오도폼도 너무 비싸서 나는 1온스밖에 가지고 있지 못했다. 모든 부상자와 환자를 위한 약품을 어떻게 구입할 수 있을까 생각한 끝에 1858년경 런던의 낡은 『란세트지』에서 나와 비슷한 처지에 있던 영국의 한 외과 의사가 아프리카에서 흙을 외과의 약으로 사용한 방법이 성공적이었다는 것을 읽은 생각이 났다. 그래서 나의 집안은 뜨거운 온돌에서 온통 흙을 굽는 일에 바빴고 이렇게 구운 흙을 요긴하게 사용했다.

그 흙은 고름을 흡수했고 새로 바를 때에도 묵은 흙이 잘 씻겨졌다. 더 나은 것을 구할 때까지는 이 흙을 병원에서 많이 사용했다. 그리고 이 흙에 테라 휘르마[5]라는 라벨을 붙였는데 이는 통역이 조선의 단순한 보통 먼지 흙

5) 테라 휘르마(*terra firma*) : 라틴어로 육지라는 뜻임.

이 아니라는 것을 알게 하려해서였다. 미국에서 널리 알려지고 사용된 소염제란 치료제는 단지 오래된 흙에 약간의 약품을 첨가한 것이라는 것을 나는 알고 있다.

중국 사람의 상처

그 무렵 몇 몇 중국 군인들은 일본군이 휴대했던 옛날의 톱니 달린 총검에 찔려 무서운 상처를 입었다. 그러나 그들은 훌륭한 환자들이어서 복부의 자상까지도 빨리 치유될 수 있었다. 어떤 사람은 목에 총검이 관통하여 쇄골만 벗어나 중요한 혈맥들이 드러났다. 그런데 총검을 뺄 때 목옆을 베고 말았다. 그러나 곧 회복했고 몇 년 뒤에는 서울 주재 중국 공사관의 수위로 근무했다. 뒷날 내가 그의 상관의 동료가 되어 수위실 앞을 지나갈 때마다 목은 비록 뻣뻣했지만 그는 반갑게 인사하는 것을 잊지 않았다.

어떤 사람은 파상풍으로 팔이 엉망이 되었는데도 그것을 절단하는 것을 허락지 않았기 때문에 죽었다. 그 중국인 장군은 외팔이 군인으로서는 아무 쓸모가 없었고 불구의 몸으로 고통을 받는 것보다 죽는 것이 낫다는 이유로 내가 권고하는 수술을 받지 않았다. 앞서 말한 대로 그는 파상풍에 걸려 자기 고집대로 죽고 말았다. 그러나 다른 사람들은 회복했다. 유명한 이발사이고 외과 의사였으며 근대 외과의 시조인 파라[6]는 그의 이상한 말투로 다음과 같이 말할 것이다.

"나는 환자들에게 약을 발라 주고 붕대를 감아 주었을 뿐 하나님이 고쳐 주셨다."

왜냐하면 환자들의 상처나 병을 완전히 살펴 알기 전까지만 해도 나는 약

6) 파라(Ambrose Paré : 1517?~1590) : 프랑스의 외과 의사이며 어의로서 "근대 외과 의학의 아버지"로 불리고 있음.

에 대해서는 아무것도 쓸 수 없었기 때문이다.

쌀밥 식사

내가 중국에서 성공한 것은 그 사람들이 대체로 좋은 외과 환자라는 사실 때문임에 틀림없다. 바꾸어 말해서 그것은 아마 자극성이 없는 쌀밥 식사를 했기 때문인 것 같다. 미국의 높은 의학계 권위자들이 최근 러일전쟁에서 부상한 군인들의 좋은 치료 효과를 보고 그러한 성공의 원인은 그들이 쌀밥으로 식사하기 때문이라고 했고 미국 군대에도 그런 급식을 고취한 적이 있다. 아마 그들은 쌀로 생명을 유지하려고 한 적은 없을 것이며 따라서 "쌀은 백인에게 적합하지 않다."는 경구의 옳음을 입증하지 못했을는지도 모른다.

어릴 때부터 쌀을 먹고 컸고 부모가 되어서도 같은 방법으로 영양을 섭취했기 때문에 이 사람들은 쌀을 먹고 번창해 가지만 우리는 생명을 유지하려고 쌀에 집착하여 동화될 수는 없다. 중국의 병영에서 부상당한 군인들을 돌보느라 밤을 새운 뒤 그렇게 바쁜 날이 계속되어 식사할 시간과 기회가 거의 없던 차에 원세개 장군이 아침 식사에 초대했다.

나는 너무 배가 고파 무엇이든지 먹을 수 있을 것 같았다. 식탁 위에 밥이 세 공기뿐인 것을 보고 나는 실망했다. 왜냐하면 나는 틀림없이 여섯 공기를 먹고도 만족할 것 같지 않았기 때문이었다. 그러나 식사를 시작하자 나는 마르고 맛이 없고 설탕이나 버터, 우유 또는 먹을 반찬이 없는 밥을 한 공기도 먹기 전에 목이 메어 더 이상 먹을 수 없을 것 같았다. 그러나 원세개는 자기 몫 세 공기를 먹은 뒤 내 몫인 남은 두 공기를 또 먹었다.

누구나 여름철에 아시아를 여행하다가 발가벗은 어린애의 무섭게 팽창된 배를 본 사람은 배고픔을 채우려고 많은 밥을 먹기 전에 신체 교육에 관해서 무엇인가 필요하다는 것을 이해할 수 있을 것이다. 영양 있는 음식에 익숙한 서양인의 작은 위는 양이 많은 물질을 간직할 수 없을 것이다. 나는 카레라이스를 좋아하지만 그날 아침은 배고픈 고통을 만족시킬 정도로 충분한 밥을 먹을 수 없었다. 만일 우리 군대에게 그토록 익숙하지 않고 불가능한 식사를 하라고 했다면 그들은 아마 무더기로 탈영했을 것이다.

이(齒)

쌀밥 식사는 이의 성장에 좋은 것 같다. 조선 사람은 거의 누구나 훌륭하고 진주와 같이 흰 이를 가지고 있다. 그들은 아침에 조심스럽게 이를 닦는데 청정제나 솔 대신 손가락 위에 소금을 놓고 이에 비벼 댄다. "창백하다"고 말할 만큼 초췌한 안색으로 불결하고 작은 침실에서 나와 아침에 소금으로 이를 닦는 것은 그들에게 가장 상쾌한 일이다. 그러나 약간 섭섭한 일이지만 조선 사람들에게 썩은 이가 있다는 것을 곧 알았다. 나는 의과 대학에 다닐 때 이 빼는 방법을 배우려고 했다. 그러나 내가 얻은 유일한 방법은 적합한 집게를 골라 이를 깊게 꽉 집어 비틀면서 "귀중한 생명을 위해 잡아 뽑는" 것이었다.

하루는 어떤 사람이 이가 몹시 아프다고 불평을 하면서 찾아왔다. 그 사람을 빨리 돌려보내려고 아픈 이를 뽑아 버리자고 권고했다. 그렇게 권고하면 환자들은 곧 가 버린다는 것을 잘 알고 있었기 때문이었다. 그러나 그 사람은 놀랍게도 당장에 동의하는 것이었다. 처방을 수행하려고 나는 능력을 다해 한 번에 이 두개를 뽑아 버렸다.

그날 늦게 내가 병원 문을 닫기 전에 그 사람이 온 것을 보고 나는 기가 꺾이고 말았다. 내가 아무렇지도 않은 이 하나를 썩은 이와 같이 뽑아 버려 호되게 욕을 먹을 것만 같았기 때문이었다. 그러나 그것이 아니었다. 그는 그의 처의 이 몇 개를 뽑아 달라고 데리고 온 것이었다. 그의 말에 따르면 그때까지 조선 사람으로 그렇게 아프지 않게 한꺼번에 이를 두 개씩이나 뽑는 사람을 보지 못했다는 것이다. 그 이후로 나는 많은 이를 뽑게 되어 오히려 이 뽑는 일을 점점 좋아하게 되었다.

뜸과 침

조선의 의학 체계는 주로 중국의 의학 체계이며 중국에서 들어온 것이다. 뜸을 자주 놓기 때문에 조선 사람을 벗겨 보면 어떠한 통증을 고치려고 뜨거운 뜸을 놓은 자리가 없는 사람을 본 적이 없다. 침도 뜸만큼 자주 놓는데 때로는 침이 더러워 원래의 병보다 더 심한 병을 일으킬 수가 있었다.

언제인가 나는 침을 사용하여 매우 슬픈 결과가 일어난 경우를 본 적이 있다. 그 일은 나와 아주 가까이 지낸 어느 늙은 관리의 가족에게 일어났던 일이다. 그의 외아들은 7대 독자였는데 미남자였고 건강했으며 나이는 약 21세였다. 하루는 뒷머리가 아프다고 했더니 그와 같이 있던 친구 한 사람이 침을 맞도록 권했다. 한의사를 높이 평가하지 않는 이 나라에서는 교육받은 사람이라면 누구나가 의료 행위를 할 수 있다고 생각하는 모양이었다.

그 청년의 어머니는 병풍 뒤에서 침을 맞고 아픈 것을 멈추게 하라고 재촉했다. 아들이 이에 동의하고 그의 친구가 대담하게 환자의 목 뒤에 침을 꽂았다. 그러나 잘못되어 침이 골수를 꿰뚫어 젊은이는 입에서 거품을 품으며 쓰러져 죽고 말았고, 몇 시간 내에 그의 어머니도 충격으로 죽고 말았다. 그리하여 나의 불쌍한 늙은 친구는 아들과 단 하나 밖에 없는 부인을 한꺼번에 잃고 말았다. 그는 나의 조선 사람 친지 가운데 한 명의 부인을 가진 몇 사람 가운데 한 사람이었기 때문이다.

무당

조선 사람들은 마마와 같은 몇 가지 병은 악령 때문에 생기는 것이고 이 악령들을 쫓아내는 것은 정상적인 일이라고 믿고 있다. 이러한 악령을 장님과 무당 같은 여자의 말에 따라 내쫓는다. 많은 음식과 돈을 바치고 악령을 내쫓기 위한 여러 사람이 징과 북 소리에 맞추어 불가사의한 춤을 추고 노래를 부르며 푸닥거리를 하는 것이다.

때때로 이 푸닥거리는 불쌍한 환자 옆에서 행해지며 어떤 때는 가까운 산언덕에 있는 무당의 조그마한 사당에서 행해지는데 이는 일종의 원격 치료이다. 나는 때때로 직무상으로 야간에 외출했는데 저쪽 멀리 떨어진 조용한 거리의 어떤 집에서 두드리는 북소리를 듣고 그 환자가 아직 약으로써 효험을 보지 못한 것을 알게 되었을 때, 조선 사람들이 도와 달라고 나를 찾아오는 것을 방해하는 저들의 정신적인 확신에 흥미를 느끼게 되었으며 나의 동료 의사들도 그들이 굿을 잘하기를 원했다.

마마(천연두)

우두를 정기적으로 시행하고 있는 나라에서는 접종이 급격히 보급되었다. 나는 우두 접종과 키니네의 도입이 잘 이루어지고 있는 것을 진심으로 축하하고 있다. 왜냐하면, 조선은 모기와 말라리아가 극심하게 번성하는 곳이기 때문이다. 마마의 바이러스를 접종하는 것은 어린이면 누구나가 조만간에 마마를 앓아야 하기 때문이다. 다 성장한 후에 마마에 걸려 시간적으로나 고통이라는 면에서 낭비하기 전에 일찌거니 앓아 두는 것이 훨씬 편한 일이다. 마마는 조선에서 흔히 앓는 병이기 때문에 완전히 곰보를 면한 사람은 극히 적은 것 같으며 많은 사람이 아주 흉하게 얼굴에 흉터가 생긴다.

어느 예술가의 죽음

1886년 이른 봄에 샌프란시스코에 거주하는 한 예술가가 직업적인 임무를 띠고 서울에 왔다. 나는 거기에 사는 2~3명의 외국인 가운데 접종해야 할 사람이 있어 그곳에 갔을 때 우연히 그를 만나게 되었다. 내가 접종하라고 권고하자 그는 거절하면서 이 야만적인 관습에 대해 그가 생각하고 있는 것을 꽤 길게 강의했다.

그는 조선 사람의 집에 거처를 정하고 있었는데 종이 미닫이 한 장을 사이에 두고 옆방에 마마를 앓고 있는 어린이가 누워 있다는 것을 모르고 있었다. 그가 나에게 강의한 뒤 2~3일이 지나 나를 불러 갔더니 그는 마마에 걸려 누워 있었다. 그의 마마는 최악의 것으로서 늙은 나이로 봐서 살아날 가망이 없었다. 그는 자기 이론에 대한 순교자가 되었다. 내가 이 이야기를 하는 것은, 샌프란시스코의 신문 최근호에 이 온후한 사람의 슬픈 종말에 대한 기사가 크게 보도되었기 때문이다.

의사와 치료비

조선 사람들은 병이 낫지 않으면 약값을 치르지 않는다는 원칙을 따르는 것 같았다. 더구나 돈으로 지불하는 경우는 드문 것 같다. 나는 고맙다는 환자들로부터 몇 백 개의 계란, 많은 고기, 돼지고기, 닭, 꿩 등 모든 음식물을 치료비로 받았다. 신기한 것을 찾기 좋아하는 사람들이 귀중한 시간을 병원에서 보내는 것을 방지하고 환자들에게 그들을 위해 하는 일에 감사의 뜻을 갖도록 할 필요가 있었다.

그래서 나는 환자들로부터 적은 액수의 돈을 강제로 징수하는 방법을 채택했다. 그러나 이러한 일은 현명한 방침 같지는 않았다. 왜냐하면 그들은 비록 적은 금액일지라도 치러야 할 치료비를 지불한 뒤에는 감사의 댓가로 지불한 것이 아니라 오히려 그들이 우리에게 혜택을 주었다고 생각했기 때문이다.

신념

내가 조선에서 서양 의술을 시술하기 전까지만 해도 치명적인 환자는 손을 쓸 수가 없어 죽는 일이 허다했다. 그러나 그 뒤 제때에 나를 찾아온 환자는 회복할 운명의 환자들이었던지 병을 고칠 수가 있었다. 이것은 민영익이 회복되었다는 사실에 고무된 단순한 사람들의 신뢰감 때문이었다는 것은 의심할 나위도 없었다. 몇 년 뒤 내가 워싱턴에 얼마간 다녀오자 나에 대한 그들의 매력은 깨어지고 위에 말한 만족스러웠던 치장들은 심하게 흐려져 있었다.

여성의 은둔

의사에 대한 신뢰감과 여자를 가두어 두는 엄격한 은둔에 관한 기막힌 일이 있었다. 나는 어떤 부인의 집을 왕진한 적이 있었는데 그는 나의 진찰을 받기만 해도 회복될 것으로 생각하고 있었음에도 불구하고 그녀는 얼굴도 모르는 남자에게 자기의 병을 고쳐 달라고 스스로 찾아 올 수가 없어 죽고 말았다. 그녀는 이 나라의 오랜 관습을 범하는 것보다는 차라리 죽음의 길을 택했던 것이다. 오랜 관습에 대한 그녀의 고집은 나로서는 차라리 다행한 일이었다. 왜냐하면, 그녀의 병은 이미 고칠 수 없을 정도로 악화되어 있었기 때문이다.

대리 치료

어떤 외국인이 자기의 조선인 하인을 시켜 나에게 쪽지를 보내 왔는데 거기에는 "쪽지 지참인에게 피마자 기름 좀 주십시오."라고 적혀 있었다. 나는 한 번 복용할 양을 짐작으로 따라서 하인이 약간 싫어하는 것을 가제로 입을 열게 하여 피마자 기름을 부어 넣었더니 그는 할 수 없이 삼켜 버렸다. 그가 주인에게 돌아왔을 때 주인은 약을 달라고 했지만 그 하인이 뱃속에 넣어 가져온 것을 알고 깜짝 놀랐다.

콜레라

조선에서는 콜레라, 장티푸스 그리고 발진티푸스와 같은 병이 풍토병이어서 이들이 유행할 때의 맹위는 매우 경계해야 한다. 몇몇 선교사들이 발진티푸스에 걸렸는데 모두가 위험한 상태였다. 1886년 여름에 콜레라가 아주 만연했는데 들것 하나에 시체 3구씩 실어 날랐고 심지어는 5구를 운반하여 얕은 구덩이에 묻어 버리는 모습을 흔히 볼 수가 있었다.

격식을 차려 장례를 치른다는 것은 생각할 수도 없었다. 어쩔 수 없이 급하게 매장했기 때문에 뒤에 곧 비가 와 흙이 씻기고 일부 썩은 시체가 드러난 모습은 소름끼치는 광경이었다. 프랑스 신부들이 그때 많은 양의 예방약을 가져다 신자들을 위해 나를 성공적으로 도와주었다. 여기서도 위급한 환자들은 내가 도착하기 전에 죽었고 치료를 받은 사람들은 회복되었다.

어떤 경우에는 병에 걸리자마자 곧 죽었기 때문에 내가 도착했을 때는 치료가 필요 없는 때도 있었다. 정부 관리들도 나를 도와주었다. 그들은 끓인 물을 사용하라고 백성들에게 지시했으며 석회를 무료로 배급하여 하수도 주위와 집 주위에도 뿌리게 했다.

역신을 몰아내는 방법

조선 사람들은 병이 악마 때문에 발생하는 것이라고 생각하기 때문에 악마가 볼 수 없는 곳에 귀중한 흰 약을 뿌리는 것을 거절하고 그 대신 악마가 볼 수 있는 집 앞 문과 벽에 칠하면 악마에게 경고하는 것이 되어 악마가 집에 들어오기를 두려워할 것이라고 주장했다. 콜레라가 발생하는 것은 사람이 잠들었을 때 쥐가 사람 품속으로 기어 들어와 물기 때문이라고 어떤 사람들은 믿고 있었다.

물이 잘 흐르는 언덕 위에 있는 마을이 콜레라에 전염되지 않은 사실로 말미암아 이러한 인식을 갖게 된 것 같다. 그 마을의 이름은 고양이와 같은 뜻의 글자로 기명되고 있었다. 쥐는 고양이를 두려워하고 따라서 이 고양이 마을은 실제로 이 병마를 모면했다는 점을 자랑스럽게 지적했다. 이제 서울은 훌륭한 상수도를 갖추게 된 데 대해 몇몇 기업가들에게 감사하고 있으며 콜레라의 공포도 많이 줄어들게 될 것이다.

제13장 초기의 한미 관계와 조선에 대한 일본의 채무

초기의 한미 관계는 모두가 자랑할 만한 것이 못 된다.

제너럴 셔먼호 사건

1866년에 미국의 범선인 서프라이즈호가 한국의 서북 해안에서 난파된 적이 있는데 이때 한국인들은 선원들을 친절하게 구조해 주었을 뿐만 아니라 중국에 가면 외국 배를 구할 수 있을 것이라고 하여 중국에 갈 수 있도록 도와주었다.

그 뒤 1개월이나 지나 미국 범선인 제너럴 셔먼호는 비밀에 싸인 임무를 띠고 천진으로부터 조선을 향해 항해했다. 그 배가 대동강을 거슬러 올라갔을 때 예년에 없는 심한 홍수가 일어나 배는 북쪽 도시 평양에 정박할 수 있었다. 보통 때에는 조그만 삼판만이 평양의 아래쪽에 있는 모래톱을 건널 수 있었는데 밀물이 나가고 물이 급속히 줄어들자, 배는 절망적으로 강바닥에 좌초하고 말았다.

대량 학살

그때 무슨 일이 발생했는지는 알려지지 않고 있지만 아마 백인들은 습관대로 유색 인종들을 멸시했으며 선원들은 자기의 배와 자신의 운명이 풍전등화와 같았다는 것을 전혀 깨닫지 못했음이 틀림없다. 하여간 어떤 분쟁이 벌어져 선원들은 살해되고 배가 파괴되는 결과가 일어났다. 그리하여 남은 것이라고는 아무것도 없고 다만 그 유명한 닻만이 남아 몇 년 뒤 외국인들이 이 나라에 정착했을 때에도 볼 수가 있었다.

오페르트 굴총 사건

다음 해인 1867년 독일계 미국인 오페르트[1)]가 2척의 무장 선을 거느리고 조선에 매장되어 있다고 소문난 보물을 찾으려고 상해로부터 항해해 왔다. 보물이 있다는 소문은 결국 무서운 도굴범들의 원정대를 끌어들였는데, 이들의 원정은 조선에서 시체와 값진 물건들을 함께 매장하는 습관이 있다는 사실에 그 근거가 있었다. 이 관습을 설명하는 데 참고가 되는 짧은 이야기를 하나 소개하지 않을 수가 없다.

사츠마 도자기의 기원

일본은 조선으로부터 훌륭한 도자기를 만드는 기술을 배워 갔으며, 비단 도자기뿐만 아니라 여러 분야에서 조선은 일본의 스승이었다. 1598년에 일

---

1) 오페르트(E. Oppert : 1832~?) : 유태계 출신의 독일 상인. 1866년 2월과 7월에 내한하여 통상을 요구했으나 거절당하자 1868년에 세 번째로 충남 덕산에 들어와 남연군의 묘를 도굴하다가 실패하고 돌아갔다. 저술로는 『금단의 나라 조선 기행』(*A Forbidden Land : Voyages to the Corea*, New York : G. P. Putnam's, 1880)이 있다.

본의 침략이 있고 난 뒤 나베시마 나오시게 장군은 초기 조선의 도자기의 모든 본보기와 모든 도자기 기술자와 그 가족을 잡아 일본으로 데리고 가 자기의 고향인 사츠마에 정착시켰다. 이곳에서 유배인들은 계속 도자기를 만들며 그 기술을 이웃 사람에게 가르쳐 주었다. 이 거류민의 자손들을 아직도 유배지에서 볼 수 있다. 이 조그만 시작으로 오늘날 탁월한 일본의 도자기가 생겨나게 되었다.

조선에서 만든 진짜 고대 도자기는 귀중품이 되어 유명한 다회에서 사용될 만큼 비싸게 거래되었으며 하나의 예술품으로 상찬을 받았다. 이 도자기는 아마 전설적이리만큼 값을 받았을 것이다. 그런 좋은 도자기가 더 이상 조선에서 만들 수 없다는 사실 때문에 심지어는 가보로 내려오던 것까지도 일본의 침략으로 없어졌다.

이리하여 모험심을 가진 사람들은 500년 이상을 통치한 조선왕조 이전에 매장된 왕릉을 도굴하고 싶은 충동을 느끼게 되었다. 이 왕릉에는 도자기의 가장 우수한 작품들이 풍부하게 매장되어 있었으며 도굴범들은 힘들인 만큼 큰 수확을 거둬들였다. 이렇게 하여 조선의 왕릉은 보화로 가득 차 있고 보물들 가운데에는 금관이 있다는 소문이 해외에 파다하게 퍼졌다. 그러나 사실상 일본인들의 눈에 비친 값진 부장품이라는 것은 단순히 도자기만을 의미하는 것이었다.

그러나 개항장의 그와 같은 소문은 원정대의 무서운 약탈의 원인이었다. 다행하게도 약탈 현장에 때마침 우연히 도착한 미국의 해군 제독에 의해 도굴은 면할 수 있었다. 그러나 무장한 외국 선박이 조상의 무덤을 더럽히려고 조선에 왔다는 사실은 조선 사람들에게 크게 경종을 울려 주었다.

조선의 도자기

앞서 말한 바와 같이 내가 민영익의 생명을 구했을 때 나는 그 수고의 댓가로 조그만 도자기 하나를 선물로 받았다. 몇 몇 궁중의 시종들은 그것을 정중하게 받들고 내게 가져 왔다. 명주 보자기에서 예쁘게 옻칠한 상자를 꺼내는데 거기에는 조심스럽게 솜에 싼 조그만 회색 대접이 들어 있는 것을 발견했을 때 나는 놀라움을 감출 수가 없었다.

왜냐하면 이것은 조선의 왕가가 나에게 선물할 수 있는 가장 높게 가상되는 물건이라는 것을 깨닫게 하려고 아주 힘든 설명을 들어야 했기 때문이다. 아마 그에 대한 나의 기대가 너무 컸던 것 같다. 그 당시 3개월간에 걸쳐 내가 성의를 다한 위험한 일의 댓가가 보통 도자기와 조금도 달라 보이지 않고 조그만 빈 대접에 지나지 않는다는 것이 불합리하게 여겨졌다.

그 뒤 조선의 전성기의 고대 제품에 익숙해짐에 따라 나는 혁명과 약탈이 있은 뒤의 무질서한 때를 이용하여 많은 도자기를 수집하게 되었다. 이 수집품들은 지금 돈이 많고 예술에 소양이 있는 어떤 미국인이 차지하고 있으며 언젠가는 그것을 워싱턴의 스미소니언연구소에 기증하려고 하고 있다. 앞서 말한 나에게 선사한 작은 회색 접시는 이 연구소의 박물관이 임시로 보관하고 있다.

미국의 원정

그 다음으로 미국이 조선을 강탈한 사건은 1871년에 북경 주재 미국 공사 로우[2]와 로저스[3] 제독이 알라스카호, 베니시아호, 콜로라도호, 모노카시호 그리고 팔로스 등 5척의 함정으로 된 함대를 왔을 때에 발생했다. 이 무서운

2) 로우(Frederick F. Low : 1828~1894) : 미국의 은행가이며 외교관. 파나마광산에서 거부가 되어 캘리포니아 주지사(1863~1867)를 역임한 뒤 북경 주차 미국 공사(1869~1874)를 지냈다. 외교사의 입장에서 볼 때 그는 "질이 좋지 않은"(low) 인물이었다.
3) 로저스(J. Rodgers : 1812~1882) : 미국의 해군 제독. 북태평양을 개척했으며 섬터요새를 함락시킨 영웅으로서 그 뒤 아시아 함대 사령관(1870~72)이 됨.

방문의 목적은 중국 정부가 미국을 대신하여 서울로 보낸 것으로 생각되는 국서에 대한 회답을 얻기 위한 것이었다. 서신의 내용은 제너럴셔먼호의 격침 문제를 다룬 것으로서 그 중대한 행위에 대해 그때까지도 미국은 보상이나 해명을 받지 못하고 있었다.

이 방문에 부수된 또 다른 목적은 3년 전에 페리 제독[4)]이 일본과 체결한 방식에 따라 조약 관계를 수립하기 위한 교섭의 어떤 근거를 마련하는 데 있었다. 조선은 문제의 서신을 받지 못했음이 분명하다. 왜냐하면 중국은 그 서신을 발송하는 것이 자신의 이익에 부합되지 않는다고 생각했기 때문이다. 어쨌든 미국 성조기를 단 함대가 최초로 방문한 때는 제너럴 셔먼호와 오페르트(E. Oppert)의 내침으로 조선 사람들에게는 매우 못마땅한 때였다.

더욱이 조선은 자신의 문호를 개방하기를 원치 않았다. 그들은 그저 혼자 있게 해 달라고 부탁했다. 그리하여 미국의 함정들이 바람과 물결을 거슬러 올라가 수도를 위협하는 것같이 보였을 때 한강 어구에 있는 강화도에 구축된 요새에서 침입자에 대한 포격이 시작되었다.

신미양요

수병들이 미국의 함대로부터 신속히 상륙했고 빈약하고 낡은 요새들은 함정으로부터 집중 포격을 받았다. 미국 측의 사상자는 아주 적었다. 맥키 중위(Liut. H. W. McKee)는 부하들보다 앞서서 흉벽을 측정하다가 전사했고 바로 뒤에는 지금도 현역인 슐리[5)] 제독이 따르고 있었다. 미국 측에서는

4) 페리(M. C. Perry : 1794~1858) : 미국의 해군 제독으로서 1854년에 일본에 도착하여 함포로써 이를 개항시키는 데에 성공했다.

5) 슐리(W. S. Schley : 1839~1911) : 미국의 해군 제독. 아나폴리스의 해군사관학교를 졸업하고(1860) 아시아 함대에 배속된 바가 있음. 당시의 계급은 소령이었으며, 그 뒤

2명이 전사했고 10명이 부상당한 데 견주어 조선 측은 전사가 240명이고 20명의 부상자는 포로가 되었다. 그리고 도주한 사람은 없는 것 같았다.

근대 무기 앞에 낡은 화총들은 아무런 쓸모가 없었다. 그리고 미국 군인들은 육중한 후장포가 요새에 있는 것을 보고 놀랐지만 그 위치가 너무 나빠 아무 소용이 없었다. 방어하는 군인들은 용맹스럽게 잘 싸웠고 자기 위치에서 이탈하지 않았다. 그러나 그것은 소용없는 살육만을 초래했을 뿐 아무런 좋은 결과도 따르지 않았다. 그로부터 우리는 이 전쟁에 대해 자랑해 본 일이 없다.

프랑스도 이보다 앞서 비슷한 시도를 해 보았으나 아무런 성과도 없었다. 그리고 프랑스군은 신미양요 때보다 적은 손해를 입고 퇴각했다.[병인양요] 이것은 조선 사람들에게 다소 충격을 줌으로써 그들로 하여금 어느 정도 미국의 공격에 대한 준비를 하게 했던 것이다.

소금의 강

프랑스 사람들은 한강을 셀(Salle)이라고 부르는데 미국 사람들은 이를 솔트(salt : 소금)라고 발음한다. 그래서 아무 효과가 없었던 이 공격과 소용없는 인명의 희생을 "소금의 강으로 간다."고 말하기가 일쑤였다.

한미수호통상조약

그러나 몇 년 동안의 노력 끝에 미국은 1882년에 조선과 최초의 조약을 체결하는 데 성공했다. 이렇게 하여 그렇게도 탐닉했던 은둔으로부터 벗어나는 것을 싫어하는 조선을 외교 관계의 각광을 받는 본무대로 끌어냈고

(1899) 제독이 됨.

오랫동안 자기 자신만의 일이라고 생각했던 조선의 이권 문제에 다른 서방 국가들도 간섭할 수 있는 권리를 주었다.

조선은 그 조약을 조문 그대로 받아들였지만 미국은 이 조약에서 만일 조선이 제3국에 의해 압박당할 때에는 원조하겠다고 자진해서 한 약속을 전적으로 무시해 버린 것 같다. 이리하여 미국은 자기를 전적으로 믿고 우호적인 협조에 대한 미국의 보장으로 말미암아 문호를 개방하기로 동의한 사람과의 신의를 저버리고 만 것이었다.

제 14 장 미국의 상업 활동

미국 실업가들은 조선에서 최고의 대우를 받았다. 최근 러일전쟁이 일어나기 전 미국 사람들은 조선에서 개발 사업과 거액의 금전 취급을 포함한 큰 기업에서 지도적 역할을 했다.

광산

아시아에서 가장 크고 성공적인 금광은 조선에서 미국인이 채굴권을 가지고 있는 것이다. 이 광산에서는 채광 · 쇄금 · 전기 시설 · 수송 그리고 큰 광산을 성공적으로 이끌고 나가는 데 필요한 많은 부대 시설을 운영하려고 50명 이상의 백인과 수천 명의 아시아인을 고용하고 있다.

철도

미국 사람들은 조선에서 최초로 증기기관차의 철도를 건설하여 일본에 팔았다. 이 철도는 오늘날 표준 규격의 철로와 전체 길이가 2,000피트나 되는 10개의 강철 가교 위에서 미국의 장비로 성공적으로 운영되고 있다. 이 철로는 수도와 제물포의 항구를 연결하는 25마일에 지나지 않지만 이것은 지금까지 건설된 광범위한 철도와 지금 일본인에 의해 건설 중에 있는 철도의 효시로서 현행 철로의 폭과 장비를 표준화했다.

일본의 철로는 영국의 것을 본 따 건설되었으며 영국의 도움으로 최초로 건설되었다. 결과적으로 일본의 철도는 좁고 가벼워 만족스럽지 못하다. 나는 일본의 어떤 저명 인사가 조선에서 매우 만족스럽게 운영되고 있는 것과 같은 철도를 자기들이 갖지 못한 사실을 개탄하는 것을 들은 적이 있지만 이제 일본의 철도를 갈아치운다는 것은 큰일일 것이다.

발전소가 건설되면서, 조선 최초의 전철이 미국인에 의해 건설되었다.[1] 이 시설은 단일 발전소로서는 아시아에서 가장 큰 것 가운데 하나이다. 이러한 전기 사업은 매우 성공적이어서 새로운 전력을 마련하기 위한 확장이 때때로 필요하며 조명용 전력과 동력용 전력의 수요가 흔히 공급을 능가하고 있다.

최초의 발전소

이 발전소는 조선에서 건설된 최초의 발전소가 아니었다. 왜냐하면 1855년에 이미 에디슨상사에서 파견된 사람들[2]에 의해 훌륭한 발전소 가운데 하나가 설치되었기 때문이다. 초창기에 훌륭한 발전소를 설치하면서 조선 사람들은 다른 국민의 경험을 통하여 이득을 보고자 했다. 그리고 이 전기 회사는 가장 좋은 최신의 조명 시설을 설치했기 때문에 조선 사람들은 가스등 시대를 거치지 않고 조명 시설의 최고의 이기를 확보할 수가 있었다.

---

1) 이 발전소는 1891~1894년 사이에 경복궁에 설립되었으며, 설비 책임자는 미국인 파워(Charles W. Power)였다. 『한국전력100년사』(上)(서울 : 한국전력주식회사, 1989), pp. 91~92.

2) 이때 실무책임자는 멕케이(William McKay : ?~1887)였다. 그는 한국에서 근무 가운데 조선 사람 부하 직원의 오발 총격으로 죽었다. 『한국전력100년사』(上), pp. 77~86.

수도 사업

서울에 있는 현 발전소를 건설하여 소유한 회사는 이러한 모든 공공사업의 문제를 일본인에게 넘겨 준 최초의 전쟁[청일전쟁]이 일어나기 훨씬 앞서 체결된 계약에 따라 서울에서 가장 필요한 상수도 시설 공사를 막 끝낼 단계에 있다. 이 수도 회사는 장차 예상되는 모든 수요를 충족시킬 수 있도록 마련된 큰 규모의 시설을 갖추고 있다. 과거에는 물의 공급이 썩 좋지는 못했으나 좀 더 안전하게 공급하려고 완전한 여과 장치를 설치하는 중에 있다.

이와 같이 해서 조명 문제에서 조선 사람들은 수지로 만든 초를 거쳐 전기에까지 이르게 되었으며 급수 문제에서 조선 사람들은 길 옆 우물물을 마시던 시대에서 조심스럽게 여과되어 가정으로 배달되는 산골 물의 시대로 비약하게 될 것이다. 이들 기업은 애당초 미국인들의 것이었지만 금광과 철도와 상수도 시설을 적절하게 개발하고 운영하려면 영국의 자금이 필요했다. 이리하여 우리와는 사촌이라고 할 수 있는 영국 사람들이 미국의 주도적인 활동의 덕택으로 이익을 얻었다.

일본인들이 면제품업에 성공한 것은 매우 당연한 결과이다. 일본인들은 조선에서 생산되는 목화를 그들 공장으로 잽싸게 가져가기 시작할 때까지만 해도 면제품 무역의 대부분이 영국과 함께 이루어졌다고는 하지만, 한때 미국 사람들도 면제품 장사로 크게 재미를 보았다.

등유

미국산 등유는 러시아산 등유 및 일본인 상인들이 미국제 중고 등유를 담던 함석 통과 케이스에 넣어 파는 랑캐트유와 치열한 경쟁을 치렀다. 일본 사람들은 품질이 열등한 기름을 넣은 그럴듯한 포장에 미국 포장에 쓰는 문자들을 모방했다. 지방 대리점을 교묘하게 운영하는 이 음흉한 장사는 정직하고 성공적인 장사 방법으로 크게 쇠퇴하게 되었다. 그리하여 조선 사람들이 사기 싫은 저질의 등유 판매가 실질적으로 억제되었고 미국 상품이 이 분야를 장악했다.

상표

상표 등록이라는 제도를 알지 못하고 속임수가 자행되는 나라에서는 가짜 상품의 판매가 매우 쉽다. 영국과 미국 연초 회사 제품의 판매를 보호하려고 나는 가짜 궐련과 엽연초를 미국 회사의 낡은 상자에 넣어 판매하는 사기 행위의 금지를 위한 어명을 얻어내었다. 그리고 어명이 발표되었을 때 이를 위반하면 사형에 처한다는 것을 알고 약간 놀랐다. 조선 사람들에 대한 이러한 조처는 상표 사용을 제한하는 것보다 더 효과적이었다. 그러나 주범인 일본 상인들은 좀처럼 이 명령을 지키지 않았다.

미국인들의 지도

옛날 같으면 미국인 방문객들은 자기들이 지도적인 입장에 놓여 있는 것처럼 보이는 조선의 독특한 상황에 흔히 깊은 인상을 받았다. 수에즈운하를 거쳐 영국의 통치를 받는 여러 상업 식민지를 두루 방문하는 사람들은 미국인의 혈관 속에 영국의 피가 흐른다는 생각으로 으쓱해지는데 조선에서 벌어지고 있는 이와 같은 현상은 특히 인상적이었다.

이집트로부터 인도양과 중국의 대양을 통해 뻔히 영국이 장악하고 있는 번잡한 상업 중심지에서 미국적인 요소라든가 미국의 이익은 양적으로 보잘 것이 없다. 그러나 조선에서는 모든 것이 미국적으로 보이며 극동의 다른 외국인 거류지에 견주어 볼 때 미국의 영향력은 대단한 것이다. 조선을 우연히 방문한 미국인들은 이런 기분 좋은 감정을 이제는 경험을 할 수 없을 것이다.

일본은 자신의 성장과 발전을 위해 조선을 필요로 하게 되자 전쟁 덕분에 이 반도의 조선 사람들을 마음대로 처리할 권리를 쟁취하고서는 마치 복수심에 불타는 사나이처럼 자기 마음대로 조선의 국정을 처리하고 있다. 미국인의 권리도 존경되어야 할 것이지만 이들은 시간이 흐를수록 일본인 속에 표류해 빨려 들어가고 말 것이며 마침내 조선은 일본을 추종하는 무리들의 뜻대로 될 것이다.

미국의 과오

조선에서의 우월한 지위를 포기하면서 미국이 아무런 댓가도 받지 않았다는 것은 이해할 수 없는 일이었다.[3] 1905년 11월에 일본 정부가 조선의 종주국이라는 합의를 조선 정부로부터 받았다는 발표[4]가 있은 지 단 며칠 만에 미국 공사관은 이 문제에 대해 조선 사람들이 아무런 설명을 할 틈도 없이 일본의 동맹국인 영국보다 먼저 조선에서 철수해 버렸다. 사실상 미국은 이 문제와 관련하여 영국이 일본과 공모하도록 강요한 것이다.

미국이 그와 같은 태도를 취했다는 사실은 일본의 입장에서 볼 때 조선을 병탄하는 데 매우 유리한 여건을 마련해 주었다. 왜냐하면 미국이 일본의 조선 병탄을 방조함으로써 다른 국가들도 미국과 비슷한 태도를 취했기 때문이었다. 미국이 그 당시에 취한 행동을 답습한다면 일본으로부터 합법적으로 어떠한 이권이라도 얻어 낼 수 있는 것처럼 보였을는지도 모른다.

물론 그때의 결과는 불가피한 것이었을지도 모르지만 적어도 미국은 조

3) 이점에 대해서 필자의 의도와 관계없이 사실이 잘못 기록되어 있다. 미국은 조선에서의 우월한 지위를 일본에게 포기하는 댓가로 필리핀에서의 우월한 지위를 확보하는 데 성공했으며 그러한 계획이 구체화된 것이 곧 태프트-가츠라조약(1905)이다.

4) 을사조약을 의미함.

선과의 신의를 유지하려는 강구할 수 있도록 미국의 철수를 조정할 수 있었다. 동시에 미국은 교역이라든가, 해군 또는 기타의 문제에 어떠한 이익을 확보할 수 있었을 것이며 그랬더라면 지금 미국의 전후 사태가 필요로 하는 어떤 외교 홍정에서 하나의 자산을 차지할 수도 있었을 것이다.

영국의 방법

때때로 미국 사람들을 상업 국민이라고 부르는 경우가 있기는 하지만 국제 계약을 체결해야 할 경우에 봉착하게 되면 홍정에 서투르다. 영국 사람은 어떠한 댓가를 고려하지 않고서는 결코 이익을 포기하지 않으며 거래할 거리를 만든 다음 작은 홍정에서 큰 득을 보려고 작은 특권이라도 최대한 이용하는 국민으로 알려져 있다.

예를 들면 1855년에 그들은 아무런 권리도 없이 도전도 받지 않고 단지 해군 기지로 가치 있는 장소로서 러시아 손에 넘어갈 가능성이 있다고 생각한 나머지 거문도를 점령한 바 있었다. 그러다가 이를 반환하라는 국제적 압력이 시끄러워지고 또 그 섬이 생각했던 것보다 바람직하지 못하다는 것을 우연히 알게 되자 영국은 이를 포기했다. 그러나 영국은 이 섬이 제3국의 손에 들어가는 것을 방지한다는 조건으로 재치 있게 그 항구를 포기했다.

일본은 아직도 아시아에서 중국의 떠들썩한 우위를 억제하지 못하고 있으며 그러한 합의에서도 두각을 나타내지 못했다. 그런 반면에 중국은 또다시 조선에 대한 일종의 종주권을 주장하고 있다. 일본은 1894년의 청일전쟁에 이김으로써 이러한 주장을 효과적으로 저지한 바 있었다.

그러나 1885년에 영국은 저 위대한 중국과 아주 가까운 우호 관계에 있었으면서도 아시아에서 자신의 상권과 그토록 밀접하게 관련되어 있는 무역을 거대한 중국으로부터 강탈해 갈 수밖에 없는 상업 경쟁국을 지원하는 최근의 낯선 방법을 아직 착수하지 않았다.

영국이 거문도를 중국에 양도하면서 그것이 당시 자신의 적수인 러시아의 통치에 들어가지 못하도록 하는 동시에 조선의 항의를 진정시키고 중국을 만족시켰다. 이러한 결과는 분쟁을 일으키기에 충분한 것이었다. 왜냐하면 이 섬은 애당초 이를 점령할 때의 의도와는 달리 기지로서는 실제로 쓸모가 없다는 것이 밝혀졌기 때문이었다.

이와는 반대로 미국은 조선을 일본에 넘겨주면서 미국 시민들이 미국의 상업적 이익을 위해 획득한 우월한 입장이 얼마나 값진 것이었나를 이해하지 못했기 때문에 신중하게 생각해 보지도 않고 이를 포기했던 것으로 보인다. 그러한 입장은 매우 힘들게 쟁취한 것이요, 또한 유리한 상업적 이권을 수반하는 것으로서 아마 영국이 그러한 입장이었다면 그들은 계속해서 그러한 입장을 견지하려고 격심한 투쟁을 불사했을 것이며 깊이 생각하지 않고서는 이를 포기하지 않았을 것이다.

그 당시 미국의 정책이 있었다면 그것은 일본 통치 아래에 있는 조선에 미국으로부터 들여오는 일반 수입품의 소비자가 늘어날 것이고 그 배급자로서의 미국은 일본과 더불어 무역량이 늘어날 것이라는 생각에서 미국과 일본의 전반적인 교역을 추구하는 것이었다.

그러나 일본인들은 상업적인 두뇌가 뛰어나고 생산적인 국민으로서 조선과 그 이웃 나라에서 필요로 하는 물건을 만들어내는 데 전력을 다할 것이다. 그 반면에 과거에도 그랬지만 각 기업은 순수하고 단순한 미국의 제품들을 소개하고자 전시장을 설치했는데, 해마다 품질이 향상됨에 따라 이 전시장은 800~1,000만 명의 인구를 가진 조선과의 무역을 크게 신장시킬 수도 있을 것이다.

제 15 장 영사와 공사 시절에 있었던 일

언제인가 우리들이 정기적인 경축 행사로 분주할 때 미국 공사관에 나의 손님 한 분이 찾아와 며칠 동안 묵은 적이 있었다. 그때 조선의 어느 관리들의 생명을 건지는 것이 바로 내가 하고 있는 일이었다. 그들은 정적들로부터 도전을 받고 있었다. 나의 친구는 조선을 떠난 뒤 나에게 보낸 편지에서, 그가 서울서 겪은 작은 경험으로 미루어 확신하건대 외교관 생활이라는 것은 보람 있는 일이요, 결코 헛된 짓은 아닌 것 같다고 말했다. 그와 같은 말은 이 작은 제국의 실태를 매우 적절하게 표현해 준 것이었다.

해병대 보초

다른 장에서 나는 이 나라에서 어떤 경우에는 혁명이라고 할 만큼 어마어마한 큰 내란도 있었다고 말한 바 있다. 1894년에는 청일전쟁이 일어나고 흥분과 무질서가 닥쳐와서 마침내 조선의 왕비가 암살당했고 임금은 공사관으로 피신하는 사태까지 빚어졌는데 이때에는 다른 나라 공사관들과 마찬가지로 미국 공사관에게도 제물포에 정박 중인 미국의 함대에서 파견된 해병대 보초들이 배치되었다. 러일전쟁 초기와 전쟁 중에도 마찬가지였다.

사실상 1903년 12월에 미국의 보초를 불러들이고 곧이어 다른 나라의 대사관에서도 같은 조치를 취했다는 사실은 세계에 경고한 최초의 실질적인 암시로 보고되었다. 소위 모기 군대들이라고 지칭되었던 이 군대의 요청은 항상 정확한 정보를 입수할 수 없었던 성 페테르부르크에 깊은 인상을 주었다는 것이 전문 보고에 나타나 있었다. 그와 같이 특수한 시기에 우리들의 보초들이 도착했다는 사실은 매우 충격적인 일이었다.

왜냐하면 그것은 단지 제물포에 선박 1척을 정박 시켜 놓고 필요할 때 소수의 보초를 상륙시킬 준비를 하라고 요청했던 것인데, 이 요청이 필리핀으로부터 수송선으로 100명의 해병대를 파견하는 것이 더 좋을 것이라고 오전되었기 때문이었다. 25명가량을 상륙 시켰더라면 아무 말썽이 없었을 터인데 갑자기 100명이 상륙하자 우리는 그들을 위한 숙소를 공사관 마당 밖에 준비해야만 했다. 왜냐하면 그들이 영하의 일기에 난방 장치가 없는 수송선에 머물러 있을 수는 없기 때문이었다.

그런데 갑자기 미군이 상륙하게 되니 말썽이 생기고 우리는 이에 대해 설명하지 않을 수 없게 되었다. 러시아는 앞장서서 이번 일에 대한 반대 운동을 전개하기 시작했다. 그들은 이 보초들이 시내로 행진해 들어가는 것을 방지하려고 시도했는데, 이 사건을 전후하여 조선 관리들이 평가하기를, 미국의 보초가 나타난 것은 매우 바람직한 일일 뿐만 아니라 그들이 우리의 행동을 평화와 안전을 위한 의무의 이행으로 보았다는 점을 생각할 때 이런 조치는 매우 비상한 일이었다. 이번 경우를 보면 반대 의견이 나타나지 않았고 또 회군을 명령할 겨를도 없이 수병들은 이미 시내를 향해 출발했었다. 그러므로 조선 사람의 참된 의견을 반영하지 않은 철군 요구는 무시할 수밖에 없었다.

그리하여 공사관의 서기관이 성 밖으로 나가 수병들과 만났다. 그는 판단력과 수완이 훌륭한 사람이었기 때문에 어떤 사태에서도 합당한 길을 선택하여 수병들을 들어오게 할 수 있다고 믿을 만한 인물이었다. 무장한 파수병이 초소에서 걸어 나와 구식 소총을 들이대고 미국 수병들의 통행을 막으려고 했을 때 그 서기관은 채찍으로 그 파수병을 마치 노동자를 다루듯 후려갈기고 옆으로 비키게 하여 미국 보초들을 통과시켰다.

그 뒤 며칠 안 되어 미국 공사관과 궁궐을 모두 태울 듯이 가까이 접근해 왔던 화재에서 이 수병들은 진화 작업에 큰 공을 세웠기 때문에 이 문제는 더 이상 확대되지 않았다. 궁전 건물들을 지켜 준 것에 대해 임금께서는 미국 수병들에게 많은 선물을 하사했기 때문이었다.

궁궐의 이웃에 사는 사람들

궁궐이 매우 가깝다는 사실은 공사관의 단조로움을 덜어주었다. 이전에는 지금의 궁궐[1]과는 반대편에 위치한 넓은 궁궐의 뜰과 건물들을 사용했지만 민비가 암살된 뒤 임금은 자신을 위해 미국공사관 근처에 새 궁전[2]을 건축했다. 그런데 미국 공사관이 새 궁전을 삼면에서 에워싸고 있었기 때문에 미국 공사관이 가장 가까운 이웃이 되었다. 내가 제물포에서 가까운 해변에 있는 하계 별장을 사서 내부 시설을 하고 있을 때 고종은 관리들을 그곳으로 보내어 나의 별장 근처에 하계 궁전을 지으려고 산등성이 하나를 전부 구입했으나 전쟁 때문에 공사를 하지 못했다.

피난처와 접대

그러나 비록 무질서를 초래할 만한 전쟁과 혁명은 없었지만 정당들 사이에 약간의 음모가 일어나 긴장을 초래할 것만 같았다. 조선 사람들은 음모의 명수이며 어머니의 젖꼭지를 물고 있을 때부터 음모를 꾸미기 좋아하는

1) 지금의 경복궁 건청궁을 의미함.
2) 경운궁(慶運宮) : 지금의 덕수궁을 의미함.

것 같았다. 이런 음모의 결과로서 진보적인 관리들이 종종 미국 공사관으로 피난하곤 했다.

상류 계급의 많은 관리들이 미국에 다녀왔고 미국에서 자유사상을 흡수하고 돌아와 그것을 조선에 이식하려고 했기 때문에 말썽이 나곤 했다. 그러나 차마 그들을 문밖에서 돌려 보낼 수는 없었다. 특히 우리들이 조용한 타협의 분위기를 조성하여 감정을 가라앉히는 데는 2~3일이 걸린다는 것을 알면서도 그렇게 함으로써 귀중한 생명을 구할 수가 없었다.

어느 날 밤, 이전에 매우 신임할 수 있는 조선 정부의 사절로서 미국에 다녀온 관리가 연필로 쓴 종이쪽지를 보내어 잠에서 깬 적이 있었다. 그는 생명이 위태로워 잠시 동안 우리 집에서 보호를 받도록 해달라고 간청하는 것이었다. 그의 이상한 쪽지에는 이렇게 씌어 있었다.

"친애하는 공사님, 본인은 세상이 매우 두렵습니다. 본인이 귀하를 2~3일 동안 방문하는 것을 허락해 주시겠습니까?"

철도가 부설되기에 앞서서는 서울에 적합한 호텔이 없었다. 손님들은 흔히 어떤 소개장을 갖고 와 자기 나라의 공사관에서 접대를 받곤 했다. 다른 서양 사람들보다 미국 사람들이 더 많이 조선을 찾아왔다. 그것은 여행자들의 접대에 알맞은 별관을 여러 해 동안 가지고 있었기 때문이었다. 유럽에서 출판된 안내서에는 서울에 있는 호텔들이란 제목 아래 여관이 된 미국 공사관이란 글이 실린 적이 있었다. 그리하여 미국 공사관의 손님 접대는 조선과 관련해서 국제적인 명물이 되고 말았다.

어린애 잡아먹기

이렇게 떠들썩한 초창기에 서울에 있는 악의에 찬 어떤 중국인이 소문을 퍼뜨리기를, 외국인들은 조선의 어린이를 잡아먹기 좋아하고 어린이들의 눈을 약 만드는 데 사용하는 습관이 있다고 했다. 1870년 초기에 천진에서 격렬한 폭동을 일으킨 것도 이것과 비슷한 소문 때문이었다. 나의 선임자였던 당시의 미국 공사 자신이 식탁에 어린애 구운 것을 올려놓는다고 중국인들은 믿고 있어 그는 할 수 없이 자신을 보호하려고 호위병을 본국에서 불러오지 않을 수 없었다.

미국인들은 대체로 조선 사람들에게 호감을 받고 있었기 때문에 신변의 안전에 관해서는 아무런 문제가 없었다. 그러나 조선 사람들이 뜬소문을 믿고 술렁거리자 외국인들은 자신의 신변을 돌아보지 않고 무심하게 지낼 수만을 없게 만들었다. 더구나 정치적인 이해 관계라든가 실권을 쥐고 있는 권력 중심부와 다소 밀접한 관련을 맺고 있는 공직자들의 생명은 비록 그 공직이 대단한 것은 아니라 하더라도 그 자체가 하나의 매력을 가지고 있었다.

여러 가지 직책들

여러 해 동안 서울에서 내가 맡은 직위는 공사와 총영사였다. 심지어 특명 전권 공사와 전권 공사로 승진했을 때에도 영사 직책과 외교 직책을 구별하기 어려웠다. 조약에 의해 미국 국적을 가진 사람들에게 주어진 치외법권의 혜택으로 미국의 사절에게 부여된 직무는 많았다.

결혼 신고, 사망 신고, 재산 이전, 증서의 집행, 모든 부동산의 이전 기록, 재산 처리, 계산서의 서명, 선박의 구매와 판매를 포함한 모든 형태의 선적 관계, 가능 · 불가능한 분쟁 해결 그리고 미국인의 권리와 특권에 대한 모든 문제에 대해 재판을 열고 판사의 역할을 하는 것 등이었다.

살인범 재판

한번은 미국 시민의 살인 혐의에 대한 재판으로 조선에서 최초로 미국인이 가졌던 공판을 여는 것이 불행히도 나의 직책이 되었던 때가 있었다. 더욱이 국무성은 지난날 나에게 범인의 체포나 유치장의 설치 등에 경비를 사용하지 말라고 했지만 나는 부득이 어떤 죄명의 혐의를 받고 있는 불행한 사람을 체포하여 유치장을 준비하고 간수를 고용했다.

그러나 일단 필요에 의해 이런 경비를 지출해야 할 경우 국무성은 곧 수표를 끊어 주었다는 것도 첨가해서 말해 둔다. 이 사건에서 나는 4명의 동료를 재판석에 앉도록 허락했지만 나 자신이 검사와 판사를 겸임해야 했다. 이들 4명의 동료 가운데 한 사람은 명성 있는 미국 변호사로서 미국 대사관에서 변론한 경력을 가진 사람이었다. 우리들은 재판이 적합하게 처리되고 오판이 없도록 보장했다.

그 범인은 유죄 판결을 받았다. 미국의 연방 법원에서 사형이 폐지되었기 때문에 그에게 종신형을 선고했다. 그 범인은 공사관 뜰에 있는 작은 건물 속에 3연 동안 징역을 살았다. 그 건물은 간수의 숙소와 유치장이 차지하고 있었다. 한번은 그 범인이 도주했지만 너무 춥고 배고파 기꺼이 체포되어 따뜻하고 간수들이 식사를 잘 시켜 주는 유치장으로 돌아왔다.

그러다가 국회에서 해외의 범인을 본국으로 송환하라는 법이 통과되어 범인은 캘리포니아주 샌 퀀틴으로 호송되었다. 이곳에서 그는 어느 기념일인 1906년 4월 18일에 사면되어 샌프란시스코에 나타나도 좋다는 허락을 받았는데 바로 그 순간에 그는 거기에 도착한 것이다. 그는 나에게 편지를 보내 말하기를, 이 세상의 종말을 보려는 순간 살아 있는 송장과 같은 상태에서 벗어났다고 했다.

이와 같은 재판을 준비하고 진행시키는 것은 매우 힘든 일이며 법정이라곤 가본 적도 없고 법률과 법적 절차에 관한 기술적인 지식을 갖지 못한 사람에게는 더욱 그러했다. 우리들은 법적 절차를 쉽게 하는 데 필요한 양식이나 용지가 전혀 없었기 때문에 그 사건의 세부 사항을 준비하는 데도 방대한 양의 작업이 필요했다. 그리고 펜대를 놀려 한 사람의 자유를 박탈해야만 한다는 것은 기분 좋은 일이 아니었으며, 특히 범인이 구치되어 있는 장소가 내가 거처하는 집의 뜰이므로 더욱 그러했다.

필요한 업무

이 사건은 우리들에게 정규적인 영사 업무를 보는 것이 필요하다는 사실과 치외법권을 누리고 있는 나라에서 일하기를 바라는 후보자들에게 어떤 법률과 어학을 필수 사항으로 강제할 필요가 있다는 사실을 알게 해 주었다. 미국의 법정을 설립함으로써 중국과 조선에서는 법적인 문제점들이 다소 해결되었지만 약간의 법률 지식이 이들 국가에 주재하는 영사들에게는 매우 필요한 것으로 보인다.

업무를 위한 계획

1888년에 워싱턴 주차 조선 공사관에서 근무할 때 우리 해군사관학교의 졸업반에는 해군을 배치할 수 있는 숫자보다 많은 후보생이 있었다. 그래서 이들 졸업생들의 대부분은 소집될 준비는 되어 있었으나 어쩔 수 없이 소집을 단념하고 민간인으로 돌아가야 했다. 이들 가운데 똑똑한 한 젊은이가 조선 정부에 취직할 수 있는지 알아보기 위해 나를 찾아왔다. 그들은 내가 개인적으로 참고할 수 있도록 그들의 조건을 제시했다.

나는 그들이 제시한 안을 그 뒤 몇 년 동안 관찰해 보았다. 그것이 이루어지지는 못했지만 내 마음 속에 강한 인상을 주었다. 글로써는 처음으로 그것을 좀 설명하려는데 본론에서 벗어나지 않을지 모르겠다. 그것은 아나폴리스[3]의 졸업생 가운데 일정한 숫자를 매년 선발하여 영사 업무를 보도록 하는 것이었다.

---

3) 아나폴리스(Annapolis) : 미국 메릴랜드주의 수도로서 해군사관학교가 이곳에 있음.

이렇게 하다 보면 젊은이들로 하여금 건강하고 습관이 좋으며 견문이 넓고 신사다운 몸가짐으로 처신할 수 있는 충분한 자격을 갖추게 할 수도 있었는지 모른다. 자신이나 친구들을 위해 이런 위치를 얻으려는 사람들은 이런 일들의 중요성에 대해 인식이 잘 되어 있지 않았다. 더욱이 그들이 이렇게 교육을 받아 두면 그것은 앞으로의 임무와 부합할는지도 모르는 일이었다.

그들은 항구에 주재하는 영사의 업무에 많은 시간을 차지하는 선적 문제에도 능숙해질 수 있고, 적어도 외국어 하나쯤은 알게 될 수 있고 위신 있고 분별 있는 신사다운 몸가짐으로 미국을 대표할 수 있었다. 왜냐하면 보통 해군 장교들보다 좀 나은 사람들을 어디서 찾아내기가 힘들었기 때문이었다. 물론 지금은 우리 해군을 위한 장교의 수요가 공급보다 크기 때문에 아마 이 계획을 이야기한다는 것은 좀 늦을지도 모른다.

그러나 지금도 해군사관학교의 능력을 증대시킨다는 것은 불가능하지 않으며 해군사관학교 졸업생들을 공직에 특채한다고 하는 사실은 우리 젊은이들에게 부여된 해군 교육을 더욱 매력 있는 것으로 만들는지 모른다. 이러한 계획은 확실히 현재 상태를 개선하면 했지 결코 불행한 결과를 가져오지 않을 것이다.

아나폴리스에 관해 말한 것 모두가 아마 육군사관학교에도 많이 적용될 줄로 안다. 그러나 나는 군대에 대해서는 개인적으로 아는 것이 거의 없다.

선교 사업의 어려움

150명의 남녀 선교사와 그들에게 딸려 있는 수많은 조선 사람들의 권속들은 공사관에 막대한 일거리를 가져왔다. 왜냐하면 단순하고 친절한 주민들은 기독교를 쉽게 받아들였지만, 그와는 달리 관리들은 개인적인 이득을 차지할 기회를 놓치려 하지 않았다. 왜냐하면 선교사들이 가르쳐 준 절약하는 습관은 흔히 이에 귀의하는 사람들에게 좀 더 나은 생활 조건을 주었고 결과적으로는 그들로 하여금 더욱더 행정 장관의 관심의 대상이 되도록 만들었기 때문이었다.

조선의 기독교인들을 간섭하면서 관리들은 때때로 그들의 권리를 침해했고, 그럴 때면 외국인 교사들은 자기의 조선 사람 제자들을 위해 일할 수 있는 계기가 생겨났다. 그뿐만 아니다. 더욱 분별없는 선교사들 가운데에서는 종종 이런 일들을 환영하는 자가 있는 것 같았다. 이런 선교사들은 공사관 직원들이 항상 자극적인 흥분을 필요로 하는 줄로 알고 있었기 때문이다. 어쨌거나 선교 사건은 거의 계속적으로 소송 목록에 올라 있었다.

상업의 진흥

미국 국민의 상업상의 이득을 증대시키는 일은 미국을 대표하는 사람들이 해야 할 분야인 듯했으며 적어도 내가 우연히 왕실에 대해 영향을 줄 수 있는 절대적인 위치를 차지하고 있는 조선에서는 더욱 그렇게 여겨졌다. 내가 단지 공사관의 일개 서기관에 불과했을 때 어느 날 밤, 나는 궁중에 있었다.

나는 지난날에도 궁중에서 의사와 고문으로 근무한 일이 있었기 때문에 그런 일에는 조금 낯이 익은 편이었다. 그 자리에서 조선에서의 미국의 이권을 증대시키는 문제가 화제에 올랐다. 나는 이권을 증대시키기에 가장 좋은 방법은 미국의 자본을 조선의 개발에 끌어들이는 것이라고 암시했다. 이에 대하여 꽤 오랫동안 토론을 거쳐 내가 금광 지구의 양도를 처리하도록 낙착되었다.

나는 금광의 소유를 특히 바라는 사람이나 금광을 취급할 줄 아는 사람을 알지 못했기 때문에 일본에 있는 미국인 실업가 가운데 조선에 관심을 가진 사람으로 내가 깊이 존경하는 사람의 명의로 양도 받았다. 그는 아침 우편물과 함께 그렇게 중요한 서류가 자기 책상 위에 놓여 있는 것을 보고 크게 놀랐다. 왜냐하면 그는 금광 사업에 왕과 함께 동업하게 되리라고는 전혀 예기치 못했기 때문이었다. 그는 곧 자기가 인수받은 것을 다른 미국인에게 처분했다. 이 양도를 인수한 미국인은 아시아에서 뛰어난 상업상의 성공을 이루었다.

광산들

이 채광권의 양도는 불쌍한 한국인들에게 골칫거리가 되었다. 왜냐하면, 이를 계기로 하여 다른 모든 외국 대표자들이 모두 조선 사람에게 광산을 요구했기 때문이었다. 얼마 동안의 시간이 지나자 각 외국 대표자는 광산을 하나씩 양도 받았지만 미국인만이 성공했다. 왜냐하면, 오랫동안 이곳에서 살아오는 동안 한국인들을 통해서 가장 매장량이 많은 광구가 어디인가를 정확하게 알게 되었고 내가 채광권을 얻은 그 광산은 25~30마일이나 되는 큰 광산이었기 때문이다.

철도 부설을 촉진한 암살

얼마 뒤에는 민비의 가공할 비운이 전화위복이 되어 실제로 철도 부설을 미국에 양도하는 결과가 되었는데 그 내막은 다음과 같다.

내가 대리 공사로 근무하고 있을 때인 1895년 10월 어느 날 새벽, 궁중에서 위급한 일이 발생하고 있으니 서둘러 입궐하라는 임금님의 하명을 받고 나는 병원에서 나와 궁중으로 갔다. 나는 도중에 러시아 공사를 방문하여 함께 궁중으로 갔다. 우리가 도착한 바로 그때 피 묻은 옷을 입은 악한들이 왕비를 살해한 뒤에 현장을 떠나는 것을 목격했다. 이 사건이 일어나자 일본 정부는 깊은 유감을 표시했고 사건 뒤에 곧 궁중과 그 안에 있는 사람들을 일본인들이 삼엄하게 호위했음에도 불구하고 왕과 왕세자는 변장하고

1896년 2월에 러시아 공사관으로 파천하여 1년 반 동안 그곳에 머물렀다.

내가 궁중으로 갔던 10월의 그 날 아침, 왕의 사랑을 받던 6명의 정부 고위 관리들이 나의 침실로 피신해 왔는데 나의 아내가 부상당한 그들의 상처를 치료해 주었다. 그리고 왕이 러시아 공사관으로 파천하자 이들은 나의 옛 친구이며 전 워싱턴 주재 공사였던 사람[4]이 나의 추천으로 총리대신이 되어 내각을 조직할 때까지 피난민으로서 미국 공사관에 머물러 있었다.

나는 그들에게 매우 많은 도움을 주었기 때문에 그들도 자연히 신세를 갚고 싶어 하여 내가 경인선의 철도 부설 공사를 부탁했을 때 그들은 이를 허락해 주었다. 광산의 양도를 예기치 못했던 바로 그 사람의 명의로 이 부설권을 신청했다. 그것은 그가 광산의 인수에는 관심이 없으나 철도 부설권에는 관심이 있었기 때문이다. 그는 2~3년 전에 철도 인수에 관한 교섭을 하려고 뉴욕으로부터 서울에 와 달라는 요청을 받은 일이 있었다.

그러므로 서울에 와서 몇 주일 동안 예비 교섭을 한 뒤에 막 교섭을 끝내려 할 때 중국 공사가 이 소식을 듣고 단호하게 모든 절차를 중지시켰다. 이것은 조선의 발전을 크게 후퇴시켰다. 이 사건은 그 미국인에게 막대한 시간과 경비의 손실을 주었고 이 손해는 보상할 길이 없는 듯했다. 그러므로 나의 입장에서 볼 때 자국인을 위해 만족을 충족시켜 준다는 것은 자존심에 대한 문제인 동시에 그 뒤에 증명된 바와 같이 철도 자체도 절대 필요한 것이었다.

발전소와 상수도

나의 행운으로 도움을 받은 미국 사람들의 여러 기업들 가운데에는 발전

4) 박정양을 의미함.

소와 전차 사업 그리고 상수도 사업이 있었다. 얼마 동안 말이 끄는 철도 부설을 고려하고 있었는데 워싱턴에서 근무하면서 미국에서 당시에 철도가 완공되어 최초로 성공적으로 운행되고 있는 것을 본 적이 있는 사람들은 전등을 가설할 당시의 경우와 마찬가지로 왕을 설득하기를, 조선 사람들은 미국인들의 경험을 빌려 이득을 취하려 하는데 그렇게 되면 중간 발전 단계를 건너뛰어 최고·최선의 발전을 이룩하게 된다고 말했다.

그리하여 전철 부설이 결정되었고 그때 조선에서 운영하던 미국 공사에서 전등용 발전 공사와 상수도 공사에 관한 합의와 함께 전차 부설이 계약되었다. 그 뒤에 이 철도 재산을 담보로 하는 것을 막는 일을 내가 맡았다. 그래서 결과적으로 전차 사업은 임금과 미국인의 공동 소유가 됨으로써 그 뒤에 매우 인기 있고 유리한 기업으로 발전했다.

상수도 사업의 독점권은 콜레라가 전염되었을 때 내가 의료에 종사하면서부터 특별한 관심을 가졌던 문제였다. 사람들이 길 옆 우물에서 먹을 물을 긷는 것을 자주 보았는데 우물의 벽이 바로 옆에 흐르는 하수도의 벽이기도 했다. 수도 사업은 다른 어느 것보다 더욱 필요하면서도 다른 철도나 전기 사업처럼 잘 될 것 같지 않았다. 몇 년 동안 이 사업을 하겠다고 동조해 온 사람에게 가능한 모든 특허권을 부여한 뒤에 마침내 사람들이 산의 물을 바로 그들의 문간까지 끌어올리는 데 성공했다는 것을 알고 매우 만족스럽게 생각했다.

상수도 공사는 거의 완공 단계에 이르고 있으며 급수는 풍부하여 가장 좋은 물이 될 것이다. 이 다양한 기업들은 모두가 광범위한 이권을 얻어 냈다. 이러한 사업들은 개인 사이의 경쟁과 여러 나라의 외교관들 사이에 경쟁이 되었지만 결국 미국인보다 더 유리한 조건이나 더 큰 권리를 얻은 나라는 없었으므로 외국인들은 계속해서 미국 사람들을 경계했다.

그 무렵 조차를 둘러싸고 단 한 번 말썽이 일어난 적이 있었다. 왜냐하면 새로 임명된 듯한 관리들이 여러 조건을 강요받은 일이 있었는데 이런 정도까지 외국인이 간섭하는 것은 용납될 수 없는 일이기 때문이었다. 전차 사업의 초창기에 있었던 바와 마찬가지로 종종 폭동이 일어나곤 했다.

이 폭동은 운수 조합의 악의를 자극하여 심한 가뭄이 일어나자 그들은 모든 사람들로 하여금 전선 때문에 가뭄이 왔다는 것을 믿게 하여 폭동이 일어나게 했다. 전차를 운영하기 시작한 초기에 혼잡한 거리를 달리다가 어린애 하나를 우연히 치어 죽게 했을 때도 폭동이 일어났다.

사업추진가

21년간 조선에 거주하다가 조선을 떠나자 곧 깨달았지만 내가 몸담고 있던 지위는 다소 별난 것이었다. 나를 믿은 조선 정부에서는 신교 선교단과 서양 의학, 거대한 규모의 최신식 광산업, 증기 기관, 철도, 전차, 상수도와 같은 새로운 기업체들을 도입했는데 이들은 모두 유용한 성격의 것들로서 성공적으로 추진 중에 있었다.

접대

우리들의 관리 생활 가운데 가장 즐거운 임무 가운데 하나는 고국의 방문객을 접대하는 것이었다. 서울은 관광 여행의 경로로는 너무 동떨어진 곳이어서 손님이 자주 찾아오지 않았다. 그러나 경제적 여유가 있든가 이렇게 먼 곳까지 온 용기 있는 사람들을 만나본다는 것은 늘 재미있는 일이었고 만나볼 가치가 있었다. 초창기의 호텔은 이름뿐이었고 안내서에 적혀 있는 바와 같이 중간 체류 장소로서의 여관(미국영사관)이 자연히 방문객들의 정류소 역할을 했다.

공사관 건물

다른 열강들은 각기 조선에서 자기들의 대표자를 수용하려고 미국의 공사관보다 좋은 건물을 가지고 있었다. 우리는 한때 조선 고관의 집이었던 이상한 모양의 아름다운 방갈로를 계속해서 사용하고 있었다. 이 건물은 대부분의 공사관들과 새 궁전이 위치하고 있는 지역에 자리 잡고 있었다. 건물은 넓은 부지와 나무가 우거진 정원이 있었다. 뜰에는 큰 잔디밭이 쭉 뻗어 있어 안락하고 예술적인 거주지를 이루고 있었다.

그러나 공사관 건물은 다른 나라가 세운 거대한 공사관 건물에 견주면 도저히 믿어지지 않을 만큼 초라한 것이었다. 이제 외교적 대표권의 행사가 끝나고 그 멋있던 공사관 건물들 가운데 하나가 [을사조약과 더불어] 공사의 철수와 동시에 팔리고 보니 새 건물을 짓지 않은 것이 잘한 것 같았다. 영국 건물들은 과거 공사에게 쓸 만했던 것처럼 지금도 총영사의 직원들을 위해 유용하게 사용되고 있다. 우리 미국 총영사는 그의 동료들과 함께 잘 거처해야 할 것이다.

손님

우리는 약간 별난 사람을 접대하라는 명령을 받을 때가 있는데 때때로는 다음과 같은 극단적인 경우가 있다. 어떤 손님이 1주일 동안 방문하는 기간에 우리들은 손님을 기쁘게 해주기 위해 전력을 다했으며 성공적이었다고 생각했고 그 손님도 신세진 것을 어떻게 해서든지 갚으려고 애쓰고 있었다. 손님이 고집하기에 마침내 우리들은 일본에 가면 작은 물건이니 시 부치라고 부탁을 하고 정확한 물건 값을 그에게 미리 주었다. 그 사람은 무엇인가 깊이 생각한 끝에 그 물건을 부치려면 우편료 2센트가 든다고 하기에 우리는 송료도 미리 지불했다.

묘한 인생길

나의 서울 생활은 의료 선교사로 시작하여 전권 공사로 끝난 약간 이상한 생애의 종말이었다. 그러나 그 변동은 매우 완만했기 때문에 거의 눈에 띄지 않았다. 워싱턴 주재 조선 공사관에서 예비 근무로 시작하여 다음은 미국 공사관의 최하의 지위에서 한걸음씩 승진하여 대사의 바로 아래 지위까지 거치지 않은 것이 없이 올라갔다.

그리고 이 근무가 모두 한 나라에서 계속되었고, 실제로 그 나라의 외교 관계의 모든 기간과 일치하기 때문에 나는 무의식중에 모든 상황에 유용하게 익숙해졌는데 그것은 짧은 기간의 근무로서는 이루기 힘든 일이었다. 이때의 경험이 내가 해리슨 대통령, 클리브랜드 대통령, 맥킨리 대통령, 루즈벨트 대통령 밑에서도 계속하여 임용할 수 있게 해주었다.

공사와 영사

미국에서는 관리에게 적용되는 minister라는 말에 종종 당황하는 사람들의 모습을 보면 우습다. 영사(consul)라면 곧 이해가 되지만 공사(minister)의 직명은 흔히 목사 등의 종교적인 의미로 받아들여지게 된다. 얼마 전에 나의 친구가 그의 친지에게 나를 전 조선 주차 미국 공사로 소개했는데 그 사람은 매우 우호적인 태도로 물었다.

"그렇습니까? 그러면 어느 교파입니까?"

그래서 나는 자세한 말을 하기 싫어,

"장로교입니다."

라고 대답했다. 그랬더니 그가 다시 물었다.

"조선에서 좋은 일을 했습니까?"

"내 임무를 다하려고 노력했습니다."

"그렇다면 이교도들인 그들 가운데 몇 사람을 개종시키는 데 성공했습니까?"

얘기가 여기까지 이르자 나의 친구가 말을 가로막고 대답했다.

"이 분은 우리 정부의 minister였습니다."

그러자 그 사람이 다시 물었다.

"정교분리의 원칙을 준수하는 우리 나라에서는 minister를 왜 정부가 보내는지 모르겠습니다."

이에 대해 내 친구가 다시 설명했다.

"minister라는 것은 영사와 비슷한 것인데 다만 영사보다 더 높습니다."

그 말을 들은 그 사람의 태도가 즉석에서 달라지는 것이 우스웠다. 기독교의 선교단이 이토록 높은 위치를 차지하는 나라에서는 국가의 대표자가 선교 사업과 관련되는 것이 좋을 것이다. 왜냐하면 선교단의 이익을 보호하는 데 공사는 많은 시간을 보내기 때문이다.

더욱 높은 법률

매우 먼 나라에 올 정도로 굳은 신념을 가진 사람들은 대개 절대적인 한 가지 사상에만 몰두하기 쉬우며 이런 집념은 때때로 그들의 행동을 약간 거북하게 만든다. 나의 동료들 가운데 한 사람이 데리고 있던 선교사가 한국 관리들과 싸운 일이 있었는데, 뒤에는 미국 공사와도 의견이 맞지 않았다.

공사관에서 그에게 어떤 조치를 시달했을 때 그 사람은 가장 높은 율법을 따르고 하늘의 심판을 받을 뿐이라는 이유로 지시를 수락하지 않았다. 그때 나의 친구는 대답하기를, 그 사람은 공사관 규율의 관할 밖에 있기 때문에 우리의 조처를 잘 따를 수 없으며 선교단이 공사관의 관할하에 있는 한 그 사람은 자기의 명령을 지키겠다고 주장할 것임에 틀림없다고 했다.

이상한 요청

우리 영사관원들과 공사관원들은 본국의 상인들로부터 미국 제품을 위한 시장을 개척해 달라는 요청을 끊임없이 받았다. 그리고 이들 요청 가운데 어떤 것은 때때로 부당한 것이어서 우스꽝스럽기도 하다. 그러한 예로 어떤 산업체가 풀맨차[5]의 내부 장식용 재료의 시장에 관한 자료를 보내 달라고 서신으로 요청해 왔다.

몇 년 뒤에야 우리는 쓸모 있는 인력거를 갖고 있었는데 인력거는 사람이 끄는(pullman) 것이기 때문에 때때로 극동의 풀맨 카라고 부르고 있다. 그러나 그 무렵 우리는 인력거가 없다는 답신을 보냈는데 아마 저쪽에서는 풀맨카가 없다는 뜻으로 해석했을는지도 모른다.

속임수 놀이

또 언제인가는 미국 내의 신문에 깜짝 놀랄 만한 기사가 발표되어 너무 많은 요청이 오기 때문에 나는 할 수 없이 그 일을 온통 부정하는 회람을 발행하지 않을 수 없었다. 그래도 신문들은 정정 기사를 내지 않고 외국어로 번역된 기사를 계속하여 게재했기 때문에 이와 같은 요청이 서울에 있는 다른 나라 공사관에서도 오게 되었다.

내가 지금 말하고 있는 것은 브라운(Emily Brown)이라고 하는 인물의 꾸며낸 얘기이다. 그 신문 기사에 따르면 그 여자는 미국 선교사의 딸로서 조선의 황제와 결혼했다고 되어 있었다. 그런 기사의 근거가 될 만한 것은 그림자도 없었지만 그 기사에는 실재의 장소와 나를 포함하여 생존자들이 그

---

5) 풀맨차(Pullman Car) : 미국의 발명가인 풀맨(G. M. Pullman : 1831~1897)이 발명한 것으로서 호화로운 침대를 갖추고 있는 것이 특징임.

결혼식에 참석한 것처럼 매우 교묘하게 쓰여 있다 때문에 웬만한 사람들은 그 기사를 사실로 믿었다.

신문사는 그 기사에 무척이나 구미가 당겨 그 기사를 억제하는 것이나 또는 엇갈리는 기사의 게재를 완강히 거절했다. 이렇게 거칠게 쓴 기사의 발표에 따른 결과의 하나로 미국 공사관에는 이 준 미국과 같은 조선의 궁궐에 취직하기를 원하는 신청서가 쇄도했다. 이 구직자들 가운데에는 유모, 보모, 의사와 전문의, 하녀, 여자 가정교사, 마부, 요리사 그리고 심지어는 치과의사 등이 궁궐의 일자리에 대한 구직 신청을 했다.

이 기사는 매우 구미가 당기는 것이었기 때문에 조선의 황제가 퇴위한 뒤에도 그 기사를 재생시켜 약간 살을 붙인 다음 최근에 다시 발표했다. 비참한 상태에 있는 에밀리는 베일도 쓰지 않은 채 작은 당나귀 위에 올라타고 있는 모습이 신문에 게재되었지만 그것은 신문이 그 여자에게 가상으로 지위를 준 것이었기 때문에 그들의 구직 신청은 전혀 불가능했다. 그러나 이것은 우리의 위대한 신문들이 가지고 있는 희극적인 경망함을 천하에 드러낸 꼴이 되고 말았다.

미국의 악극단

이 기사의 이야기를 하다 보니 언젠가 조선의 외교 사절단이 나의 안내를 받으며 희가극단에 갔던 일이 생각난다. 그것은 최초의 조선 외교단이 워싱턴으로 파견된 1888년에 있었던 일이다. 우리들은 샤이엔에서 저녁 식사를 하려고 약간 늦게 도착했다. 그 당시 그 지방의 식당차는 아주 신식이었다. 그때 희가극의 지배인은 우리와 같은 기차를 타고 있었는데 그는 나에게 다가와서 친절한 태도로 우리들의 다음 흥행지는 어디냐고 물었다.

나는 조심스럽게 우리 일행의 성격을 설명하고 우리는 악극단이 아니고 외교 사절단이며 워싱턴에 주재하고 워싱턴에서 대통령의 영접을 받게 된다는 것을 그 사람에게 이해시키느라고 조금 애를 먹었다. 우리들은 식사를 하려고 헤어졌다가 곧 뒤에 우리들이 탈 기차가 오는 길에서 그를 다시 만났다. 그때 새로 사귄 그 친구는 매우 호의적인 태도로 마음에 맞지 않은 것이 있으면 수정하기를 바라며 만일 우리가 일요일에 솔트 레이크 시(에 들려준다면 우리를 우대하겠다고 제의했다.

제 16 장 정치적 개혁과 그 가능성

21년 동안 조선에 사는 동안 우리들은 정치적 측면에서 큰 변동들을 보았다. 이 동안에 세 차례에 걸친 전변이 있었다. 1884년에 거만한 중국인들이 그 당시 약세에 있던 일본인들을 갑작스럽게 이 나라에서 몰아냄으로써 일본인들의 시체는 길바닥에 버려진 채로 개의 먹이가 되었다.

청일전쟁

갑신정변의 승리는 중국으로서는 매우 값진 것이었다. 왜냐하면 이 정변을 통하여 일본은 그들이 몇 세기를 두고 서로가 종주국이라고 주장해 오던 한반도에 관해 그들의 위대한 이웃 나라인 중국의 존재를 끝내 양해할 수밖에 없다는 사실을 확인했기 때문이었다.

일본은 그 뒤 10년 동안 중국과의 경쟁에서 승리를 확고하게 하려고 준비했다. 지도자들은 본국에서 적극적으로 준비에 종사하고 있는 동안 그들의 요원들은 중국 각지에 변장하고 흩어져서 중국과 그들의 자원에 관해 중국인 자신들도 수집하지 못한 정확한 정보를 수집하고 있었다.

일본의 군사 조직과 준비가 완전하여 세계를 놀라게 할 준비가 모두 끝났을 때 일본이 보호하고 있던 조선의 한 하수인인 김옥균이 상해에서 암살된 것은 전쟁을 일으키는 데 필요한 불씨가 된 것처럼 보였다. 그러나 불씨가 되었던 더욱 좋은 계기는 조선에서 발발한 비상하고도 격렬한 폭동(갑오농민혁명)이었다. 이 폭동의 발발은 단지 관청의 압박에 대한 철저하고도 격렬한 항의에 지나지 않았는데 이런 종류의 압박은 아시아 국가에서 흔히 있는 일이었다.

그러나 소란이 점차 커지고 도성이 위협을 겪는 것같이 보였을 때 자신의 안전을 염려한 관리의 커다란 잘못으로 중국 공사에게 병력의 도움을 요청했고, 그것이 수락되었다. 그것은 당시 신문에 보도된 바와 같이 주로 일본 공사관 서기관의 영리한 교사 때문에 이루어졌다. 그리하여 이 폭동을 진압하려고 중국에서 군대가 파견됨으로써 10년 전의 작은 혁명 뒤 일본과 체결한 합의를 위반했다.[1] 그 합의란 이후에도 양측의 어느 나라도 상대방에 통고하지 않고는 군대를 조선에 상륙시키지 못한다는 것이었다.

중국은 10년 동안 조용하게 최고의 영향력을 이 반도에서 누려 왔다. 그 동안 중국 공사 원세개는 다른 나라의 공사들과 마찬가지로 모든 면에서 일본의 공사를 제쳐놓고 조선에서 군림했으며 이러한 그 동안의 행실이 중국 공사로 하여금 이 합의를 잊어버리게 했다. 그 당시 중국의 본토에서는 10년 뒤 일본이 러시아와 감히 전쟁을 할 수 있으리라는 사실을 생각하지 못했다.

중국이 군대를 파견한다는 전보 통지를 받은 날 저녁에 나는 우연히 중국 공사관에서 저녁 식사를 하고 있었다. 아마도 일본인의 출현을 기쁘게 생각했다는 사실 자체가 위기의 심각성을 부채질하는 구실을 했을지도 모른다. 어쨌거나 중대한 위기가 닥쳐왔다는 것이 곧 분명해졌다. 그리고 그 만찬은

---

1) 갑신정변 이후 청국과 일본 사이에 체결된 천진조약(1885. 4. 18.)을 의미하는데, 그 제3조에는 다음과 같이 명시되어 있다. "장래 조선국에 만약 변란이나 중대 사건이 일어나 중·일 양국 혹은 일국이 파병을 요청할 때에는 응당 그에 앞서 쌍방이 문서로써 통지해야 한다. 그 사건이 진정된 뒤에는 즉시 그 병력을 전부 철수하며 다시 잔류시키지 못한다."

다소 침울한 가운데 깨지고 말았다.

중국 군대는 조선에 상륙하여 곧 아산에서 전투를 시작했다. 후속 부대는 영국 선박 고승호로 수송되었다. 이 배는 아산 가까이에 있는 정박항에 접근하다가 일본인에 의해 침몰되었고 승무원은 전사하든가 포로가 되었다.

일본의 준비

중국은 1894년 6월 8일에 최초로 상륙했다. 일본은 모든 준비를 다 마쳤으면서도 10일에 해병대를 상륙시켜 서울 주위의 지역을 강화하기 시작했으며 한편으로는 2~3일 뒤에 도착할 정규군을 기다리고 있었다. 이와 같이 일본군이 가장 중요한 위치들을 확보하고 있는 동안 청국군은 7월 28일에서 29일까지의 아산 전투가 벌어질 때까지 기다렸다.

그때 일본군은 준비가 다 되었고 밖으로 나가 중국을 찾을 만큼 충분히 강력했다. 일본군은 7월 25일에 고승호를 침몰시킴으로써 중국군의 증원군을 섬멸하고 교전장을 북쪽으로 옮겼다. 8월 1일까지도 그들은 선전 포고를 하지 않았다. 실제 전쟁은 얼마 뒤에 시작되었다.

이 무렵 일본군의 군기와 준비 상태는 오로지 기적적이었다. 왜냐하면 누구도 그런 것을 예상하지 전혀 기대하지 못했기 때문이었다. 세계는 이때 처음으로 일본의 군사 조직이 탁월함을 알게 되었다. 그러나 그때까지만 해도 중국을 잘 아는 우리들은 몇 백만 명의 중국군이 압록강에 밀어닥치기 시작하면 일본군을 틀림없이 바다로 몰아넣을 것이라고 믿고 있었다.

심지어는 중국의 거류민과 관리 그리고 상인들까지도 그들의 비조직적인 군대를 매우 두려워하는 것 같았다. 상인들은 상점의 문을 닫고 중국 공사가 허겁지겁 달아나는 뒤를 따라 달아나 버렸다. 그러나 새로운 질서가 강요되었지만 이에 대해 세계의 여론은 납득할 만한 준비가 되지 않았다.

왜냐하면 9월 15일부터 17일까지의 평양 전투와 9월 17일 압록강에서 해전을 치름으로써 전쟁은 실제로 끝났기 때문이었다. 일본은 여러 나라들 가운데 새로운 위치를 차지했고 중국의 약점이 드러난 것은 마치 불상사에 판도라[2]의 상자를 여는 것과 같았다. 이리하여 중국은 아시아에 대한 세력이 꺾이었다.

외교적 망신

일본이 무기 제조에 훌륭한 재주를 가진 것은 일본이 한국인들의 옷소매의 길이, 옷의 색깔, 상투 등 개인적 자유에 간섭하는 것에서 비롯된 정치 체제의 변혁을 시도하다가 망신만 당했다는 사실과 극히 대조적이다. 일본의 그와 같은 어리석은 정책은 1895년 10월, 여왕의 암살과 이로써 엄청난 영향력이 러시아로 돌아감으로써 끝났다.

러일전쟁의 발단

요동 반도에서 일본이 승리한 전과를 러시아가 빼앗고 이어서 요동반도를 점령함으로써 이루어진 조선에서의 러시아의 위치가 새로워지자 일본은 지난날 중국과 화해한 것처럼 자신으로 하여금 러시아와도 화해해야만 한다고 믿게 만든 것 같았다. 그리고 그 후 10년 동안 일본은 숙명적인 사태에 대비하여 매우 열심히 준비했다.

2) 판도라(Pandora) : 그리스 신화에 나오는 최초의 여자. 인간의 보호자인 프로메테우스가 불을 훔치자 주피터는 그를 징벌하려고 판도라를 지상에 보내었다. 판도라는 이때 상자 하나를 가져왔는데 프로메테우스의 동생이 그것을 열자 온갖 불행의 씨가 쏟아져 나왔다. 그는 당황하여 그것을 닫았으나 불행은 모두 나왔고 오직 "희망"만이 나오지 못했다.

러시아의 대표들

러시아 정부는 다연 동안 서울에 한 공사[3]를 파견하고 있었다. 그는 매우 교양이 높은 사람으로서 상냥한 부인과 더불어 점잖은 조선 사람들에게 완전히 심취해 있었고 실제로 조선 사람을 사랑하고 있었다. 만일 그 사람이 그 자리에 계속하여 있었더라면 그의 상냥하고 타협적인 태도로 말미암아 러시아가 활약하는 조선에서 일본이 전쟁의 구실을 찾기가 더욱 힘들었을 것이다. 왜냐하면 그는 러시아 정부에 충실한 동시에 자기의 권한 내의 모든 일자리를 양보하는 방법으로 반대파를 상대했기 때문이었다. 이렇게 생각하는 내가 잘못이 아니라는 것은 일본의 한 고관의 말로 증명된다.

그 일본 고관이 나에게 말하기를 그가 본국으로 소환된 것은 일본으로서는 다행한 일이었다고 한다. 왜냐하면 그 일본인은 그 당시에 웨베르 공사와 함께 러시아 공사관에 있으면서 그가 정확한 설명을 성 페테르부르크에 보내는 것을 보았는데 그쯤 되면 전쟁을 일으킨다는 것은 힘든 일이었다고 한다. 그러나 이 사람의 후임[4]으로 다른 공사들이 부임해 와서 점점 거만하게 되어 마침내 일본은 말할 것도 없고 다른 나라들의 마음에 거슬렸다.

러시아가 만주로부터 철수하겠다는 약속을 이행하지 않은 실수는 일본이 목적하는 바에 놀라울 정도로 도움이 되었다. 곧 그들이 약속을 이행하지 않음으로써 일본이 준비했던 분쟁을 야기할 만한 충분한 구실이 조선에 생기게 된 것이었다. 만일 그 구실이 없었다면 일본이 조선을 점유하고 중국

---

3) 웨베르(K. I. Waeber)를 의미함. 1884년에 처음으로 부임하여 러시아의 한반도 진출에 획기적인 역할을 했으며, 청일전쟁 때에는 3국 간섭의 주역이 되었고 아관파천을 꾸밈으로써 적의를 샀다. 1897년에 멕시코 공사로 전출할 때까지 주한 외교 사절단의 중추적 역할을 했다.

4) 스페이어(Alexi de Speyer)를 뜻함. 그는 일본 주차 러시아 공사관의 서기관으로 부임했다가 1885년 묄렌도르프의 요청으로 내한하여 1896년 이래 러시아 공사를 역임했다.

에서 엄청난 세력을 행사하는 문제는 장담할 수가 없었을 것이다.

10년 가운데 제3의 변동

이렇게 하여 우리는 또 하나의 소란을 목격해야만 했다. 1884년에 거만한 중국은 그 당시 보잘것없는 일본을 조선에서 몰아냈다. 그러나 10년 뒤에 무시할 수 없게 된 이웃 섬나라 사람들에 의해 중국인들은 수치스럽게 조선에서 쫓겨나야 했다. 그리고 다시 10년이 지난 지금 거만한 러시아가 아주 놀랍게도 나동그라졌으며 차르와 같은 위대한 제국과 싸울 준비를 어떻게 하겠느냐고 얕보았던 한 민족에게 실제로 전쟁에서 패배하고 말았던 것이다.

러시아의 무관심

러시아가 형세의 심각함을 올바르게 평가하지 못했다는 것은 매우 놀라운 일이다. 러시아의 대표는 다른 사람들에게 분명하게 보이는 것조차도 깨닫지 못했고 현재 상태가 변하지 않는 한 전쟁은 불가피한 것이라는 점을 모르고 있었다. 그리고 만약 어떤 문제를 러시아의 대표에게 강요하고 일본이 어떤 중대한 과오를 범하면 일본은 곧 전쟁의 참상을 맛볼 것이라고 러시아의 대표는 선언하곤 했다.

러시아인들은 제물포에 정박하고 있던 자신의 선박을 보호할 대책을 강구하지 않았다. 심지어 러시아 공사는 일본군이 상륙한 그날 밤 화류계에서 외식을 하고 있었으며 그 다음 날로 자기 공사관 안에서 포로가 되었고 제물포의 배들은 격침되었다. 며칠 뒤 먹구름이 도시 전체를 뒤덮고 눈이 차분히 내려 쌀쌀하고 흐린 어느 날 아침에 나는 다른 나라 공사들과 러시아 공사에게 작별 인사를 하려고 역으로 나갔다.

러시아 공사는 가족, 직원들 그리고 모든 러시아 거류민들과 같이 일본

군인의 호위 하에 제물포에서 프랑스 배를 타고 수용소를 떠나고 있었다. 그는 good-bye라고 하지 않고 au revoir(또 만납시다)라고 했다. 그는 전혀 풀이 죽지 않았다. 그는 용감하고 유능한 사람이었으나 그의 확신이 틀렸던 것이다.

조선의 실기

이 무렵 일본은 조선에서 기회를 갖지 못하고 있었다. 조선은 스스로 개척할 계제에 이르렀다. 조선 사람들은 다소 독립을 누렸던 과거 20년 동안에 자기들이 뿌렸던 것을 거둬들이고 있었다. 그들은 좋은 충고를 따르고 열강들이 조선 사람에게 이러한 일들을 할 수 있는 구실을 주지 않도록 그들의 전제적인 약점을 없애려 하지 않고 어리석은 놀음만 했다.

고종은 1897년에 자기의 칭호를 황제라 했으며 1902년에는 자신의 40년 집권을 경축하는 큰 기념식에 외국 대사들을 초대했다. 이것은 가엾은 일이었다. 그러나 친절한 성품인 왕은 인간으로서 약점을 가지고 있었고 아첨하는 신하의 설득에 곧잘 넘어가곤 했다. 그리하여 그의 정부는 점차 좋지 못한 상태로 악화되었고 마침내는 조선에 들어와 정의를 구현할 수 있을 만큼 강력한 국가의 제물이 되고 말았다. 그리하여 전쟁의 심판에 따라 일본에게 그러한 과업이 맡겨졌다.

우리 자신의 위치

오늘날 우리는 그 나라에서 잃어버린 위치 그리고 변동하는 상태 때문에 아시아에 있는 우리들의 많은 이익이 위협을 받고 있다는 것을 후회할지도 모른다. 그러나 이제 불평하기에 너무 늦었다. 아직도 우리는 조선과 조약 관계에 있는 것은 사실이지만 보도에 따르면, 일본은 이런 관계를 유지하지 않기를 원하고 있으며 적어도 일본과 미국 간의 관세 제휴를 허용할 만한 정도로 유지하기를 원하고 있다고 한다.

그렇게 되면 지금 우리가 지불하는 명목상의 관세를 일본 본토에 적용되는 보호 관세율로 대치할 수가 있다. 러일전쟁을 승리로 이끈 뒤 일본은 자기들이 합법적으로 향유할 수 있는 전쟁의 결과에 대해서는 "미리 협의된" 방법에 따라 미국으로부터 어떠한 형태로도 간섭을 받을 생각이 조금도 없다. 우리가 그러한 간섭을 할 시대는 지나가 버린 것 같다.

1903년 여름에 나는 운이 좋게 우연히 미국으로 가는 길에 만주와 시베리아 그리고 러시아를 여행할 수 있었으며 돌아올 때는 일본을 거쳐 조선에 돌아왔다. 나는 이미 내가 본 바에 따라 위험한 상태를 본국에 보고했고, 또 분쟁이 불가피한 것으로 보인다는 나의 입장도 설명했다. 나는 만주에서 미국 제품의 막대한 소비를 보았기 때문에 이 광활한 영토를 평화롭게 하려면 러시아 화폐 몇 억 루블이라도 지출함으로써 이익을 볼 수 있는 가능성이 많은 나라 가운데 하나가 바로 미국이라고 생각했다.

또한 러시아인들은 모든 국가 가운데에서도 미국인을 가장 두터운 우호의 눈으로 보고 있으며 우리가 누구보다도 그 광활하고도 미개발된 제국과 긴밀한 무역 관계를 증진하기 위한 가장 좋은 기회를 가지고 있는 것으로 생각했다. 시베리아와 만주 평야로 가는 도중 몇 천 명의 농민을 보았을 때 이들은 적어도 두 세대 동안에는 믿을 만한 기술자가 될 수 없다는 인상을 받았다. 설령 그렇게 된다고 할지라도 러시아의 정부에서는 큰 생산 업체의 설립이 사회 불안의 원인이 될 것이 뻔하기 때문에 이를 반대한다.

이것은 러시아의 경우이지만 일본은 상업과 생산 의식에서는 우리와 같은 사람들로 구성된 나라이다. 그들은 몇 세기 동안 종속적인 천성의 습관을 지녀 왔기 때문에 노동력이 값쌀 뿐만 아니라 중대한 노동 분쟁으로부터 면역되어 있다는 점에서 우리보다 더 유리하다. 우리가 일본을 격려하는 것은 일본으로 하여금 전쟁을 선동하는 것처럼 여겨졌다.

그런데 그 전쟁에서 만일 일본이 승리자가 되면 러시아에게보다도 우리에게 더 많은 피해를 가져올지도 모른다. 그 결과에 관해서 말하자면 일본은 바다에서 성공하여 여순을 정복할 것이라는 견해를 스스로 가지고 있다. 그러나 여순의 요새를 점령하는 것은 그 결과가 보여주듯이 그렇게 심각한 문제라고 나는 생각하지도 않았으며, 또 러시아가 쉽사리 항복하리라고 생각하지도 않았다.

그러나 그 기록을 남긴 4년 뒤에 이런 일들이 일어났음을 보고 있다. 1907년의 형편은 1903년과 달랐다. 그래서 이전에 나는 "자기의 영역에서 벗어나 보라"는 말을 들었고 지금 그때 많은 사람들이 같은 생각을 은밀히 가지고 있었던 것을 알 수 있었으며 지금은 그들도 공공연히 그런 의견을 표시하고 있다.

진정한 목표는 중국

그러나 오늘날 일본은 자신의 장래의 위대성이 중국을 지배하는 데 있다는 것을 깨닫고 있음이 분명하다. 일본이 러시아에게 승리한 뒤에 따르는 사건들을 미루어 볼 때 일본은 중국이 자신의 망각한 이웃인 러시아의 패망을 목격함으로써 기가 질려 비굴하지만 일본의 지도와 더 나아가서는 일본의 실질적인 지배를 받아들일 것이라는 것을 계산에 넣고 있음을 알 수가 있다. 다시 말하면 조선보다는 오히려 중국이야말로 그들의 수중에 떨어진 국력 증강책으로서의 목표물이 되고 있는 것이다.

중국은 잠시 동안 묵종하고 있는 것처럼 보이지만 이제 그들은 평정을 되찾고 예로부터 쓰던 전법인 지연과 은밀한 방해의 전략을 취하고 있는 것으로 보이며 동시에 자기 권리 가운데 일부를 누리겠다고 주장하고 있다. 일본은 중국과 러시아와 치른 두 번의 전쟁을 하던 당시 자신의 처신과 매우 유사한 방법으로 지금 행동하고 있다. 전쟁이란 추악한 말이며 극동의 현

상태와 관련해 볼 때 쓰기에 유쾌하지 않은 말이다.

그러나 현재 모종의 말썽이 부글거리고 있으며 영국은 일본과 너무도 긴밀한 관계에 있기 때문에 일본의 권리 주장을 지지하는 데 영국은 자국의 기득권에 반대되는 입장을 취할 수밖에 없게 되어 있다. 러시아는 당분간 지쳐 버린 상태이며 영일동맹은 제3국에 의한 방해로부터 일본을 보호할 것이다. 따라서 중국이 조금만 잘못해도 중원에 심각한 불상사를 일으킬 것이다.

결과적으로 그런 불상사가 일어나면 중국은 패권 국가의 출현을 막으려고 무모하게 행동한 댓가로 엄청난 배상금을 지불하게 될 것이 틀림없으며 이렇게 되면 일본의 국고가 고갈된 시기에 일본의 목표 달성에 놀라울 정도로 도움이 될 것이다. 이것은 죄악이기 때문에 허용해서는 안 된다. 불행히도 중국을 위해 발언할 수 있는 유일한 국가는 미국과 독일뿐이며 그러한 발언을 할 경우에는 강력한 함대의 배경이 있어야 한다.

영국의 입장

일본의 돌연한 부상에서 찾아볼 수 있는 가장 특이한 점은 영국이 자신을 발견해야 한다는 점이다. 1902년의 영일동맹은 러일전쟁을 가능하게 했다. 인도의 변경을 보호하고 포츠머스 회담에서 일본으로 하여금 러시아의 조건에 응하도록 하려고 영국은 1905년에 일본과 새롭고 이의 없는 협정을 체결했으며 이 협정에서 영국은 할 수 없이 어떤 제3국이 일본에 전쟁을 걸어오면 일본을 돕겠다고 합의했다.

영국은 아마도 미국이 일본과 그런 말썽에 휘말릴 가능성이 있으리라고는 생각해 본 일이 없는 것 같다. 왜냐하면 영국이 그러했듯이 미국도 그 전쟁과 관련하여 일본을 위해 할 수 있는 것을 다 해주었기 때문이다. 그러나 독일은 그렇게 근시안이 아니었고 프랑스나 러시아가 일본과 조약을 체결한 것처럼 일본과 조약을 체결하지 않음으로써 필요할 때에는 자유롭게 미국에 호의를 베풀었다.

그 뒤 영국은 러시아와의 관계가 복잡해지고 심지어는 인도의 변경에 필요한 보호를 제공하는 협정을 체결함으로써 1905년에 체결한 영일동맹을 불필요한 것으로 만들었을 뿐 아니라 자신을 취약하게 만드는 실제적인 근원이 되게 했다. 미국과 일본 양국 간의 역사적 관계를 보더라도 이 두 나라 간의 전쟁이란 가장 불가능한 것 가운데 하나였다.

이 문제에 관해서는 너무도 많이 언급했고, 또 많은 방지책이 보고되었기 때문에 무슨 불길한 조짐이 있어 그러는 것이 아닌가 상상하는 사람이 있을 수도 있다. 파리, 베를린, 런던에서 기금을 모금할 수 없다는 것이 이 불길한 예감을 없애는 데 가장 중요한 구실을 해 왔다고 한다. 그러나 영국으로 하여금 부득이 그들의 "가장 가까운 친족"인 미국과 싸움하는 모험을 하도록 하고 결과적으로 인접한 영토를 잃게 하는 어떠한 군사 정신을 주장하면서 영국이 어떤 역할을 했다고 의심할 수는 없다.

영국의 상업적 위기

그러나 그러한 전쟁의 갈등이 일어날 수 있는 가능성이나 확률을 덮어두더라도 영국은 동해 해상에서 그가 출현시킨 적수에 의해 동양 무역의 지배권을 박탈당하는 중대한 국면에 봉착하고 있다. 이 적수는 동맹을 맺으면서 영국보다 더욱 영리했으며, 상업적이나 재정적 사업에서도 무시당할 존재가 아니었다. 영국은 기본적으로 수공업 국가이기 때문에 아사와 폭동이 일어나면 공장 문을 닫을 수밖에 없도록 되어 있다.

중국과의 교역은 이 공장들에게 매우 중요한 것이고 특히 면제품 생산 업자에게는 매우 중요하기 때문에 무역이 없으면 조업을 계속할 수 없고 따라서 당국으로서는 내청무역을 잃는다는 것은 영국 도서에서의 결핍과 반란을 의미하는 것이다. 일본이 이러한 대청 무역을 지배하고자 하는 것은 명백하다. 그리고 아시아의 해역에서 일본이 영국으로부터 수송업을 빼앗는 데 성공한 것을 보더라도 일본이 기대 이상으로 성공하고 있다는 것은 틀림없었다.

최근에 이르러 반도·동양기선운행상사의 이사장은 런던에서 개최된 한 모임에서, 인도와 중국 그리고 일본의 항구들 사이에서 이루어지던 종전의 큰 사업을 일본기선주식회사가 모두 자기 회사로부터 빼앗아 갔기 때문에 금년에는 지난해의 배당금을 지불할 수 없다고 발표했다.

이 획기적인 기사가 미국 신문사에도 배포된 것 같지만 거의 언급되지도 않았으며 사설로 다루어지지도 않았다. 그러나 아시아에서 거대한 영국의 조직 가운데 하나를 이루고 있는 해양기선회사가 차지하고 있는 위치의 중요성을 아는 사람은 이 발표가 장차 있을 보다 큰 변동을 예언하는 뜻이 함축되어 있다는 것을 알 것이다.

미국의 상업적 손실

일본의 성공으로 우리는 어쩔 수 없이 막대한 손해를 보고 있다. 벌써 일본은 우리의 태평양 횡단 수송업에 깊숙이 파고들었고 일본의 발전이 이대로 지속된다면 결국 태평양 상업을 모두 지배하리라고 예상된다. 우리의 수출 무역은 모든 방면에서 고통을 받을 것이며 일본은 이 지구상의 무역에서 능히 미국을 대적할 수가 있다.

일본은 벌써 면제품을 우리에게 수출하고 있다. 1907년의 보고서에 따르면 미국은 단지 14,398달러어치의 면제품을 일본에 수출했지만 일본은 미국에 107,392달러어치를 수출한 것으로 나타나 있다. 일본은 주로 미국의 원면을 사들이지만 미국과 일본의 무역 수지는 일본 쪽으로 엄청나게 기울어져 있다. 그러나 우리는 영국이 당면한 것과 마찬가지로 자신의 손실을 느끼지 못한다.

휴전

러일전쟁 이전과 전쟁 중이나 전후의 러시아와 일본의 관계를 예리하게 관찰한 사람들 가운데 한 사람이 최근의 주목할 만한 저서의 제목을 『극동에서의 휴전과 그 여파』라고 붙였는데 이 제목은 적합하게 선택된 것 같다. "해가 솟아오르는 섬"[일본]은 자연의 무서운 이변 때문에 파괴되는 일이 빈번하다.

이 나라에서 나오는 충고들은 밤낮을 가리지 않고 온갖 전쟁 물자를 만드는 데 엄청난 힘을 경주하고 있다는 뜻을 나타내고 있다. 이것은 일본 사람들이 다소 몸에 익숙한 자연의 현상보다 더 크고 광범한 사건의 발발을 예고하는 것이 아닐까? 만일 그렇다면 휴전은 무의미한 것이 될는지도 모른다. 만약 재난이 어쩔 수 없이 다가올 것이라면 영일동맹은 그것이 지속될 수밖에 없었던 7년 동안에 그러한 재난을 불가피하게 유발했을 것으로 보인다.

그리고 이 영일동맹은 그러한 비극을 저지하면서 영국의 자기 존립이라는 이해 관계 속에서 영국에 의해 훌륭하게 이용될 수 있을는지도 모른다. 그러나 만일 일본이 보기에 호전적인 침략이라고 해석될지도 모르는 어떤 허세를 중국이 부린다면 결과적으로 영국이 그러한 충동에 말려드는 것을 피하기 힘들 것이며, 그 개입의 범위는 적어도 다른 국가들이 중국의 독자적인 이익을 위해 개입하지 못하도록 하는 정도가 될 것이다.

그러나 비록 중국이 개입을 피한다고 할지라도 이 작은 한반도가 또 다른 10년 주기의 전변을 경험하지 않고 다시 다른 지배자의 지도하에 들어가지 않으리라는 것을 누가 알겠는가? 1884년에는 중국이 일본을 조선에서 몰아냈으며, 1894년에는 일본이 중국을 반도에서 몰아냈다.

1904년에서 1905년 사이에는 일본이 러시아를 블라디보스토크 이외의 모든 조선의 인접 지역에서 러시아를 몰아냈다. 그리고 1915년까지 앞으로 10년의 공백도 메워지지 않으면 안 될 것인데 이제까지 있었던 10년 주기의 전변을 유발할는지도 모르는 어떤 사태에 미국이 군사적으로 개입하지 않았으면 좋으련만……

역주자 참고문헌

舊韓國外交文書(14 : 英案 2), 고려대학교 출판부, 서울, 1968.

舊韓末條約彙簒(中), 국회도서관, 서울, 1964.

기독교대백과사전, 기독교문사, 서울, 1983.

金斗鍾, 韓國醫學史, 探求堂, 서울, 1906.

金源模, 근대 한미관계사 : 한미전쟁론, 철학과 현실사, 서울, 1992.

김원모, "遣美 朝鮮報聘使 隨員 崔景錫 · 吳禮堂 · 로우엘 硏究", 東洋學(27), 단국대학교 동양연구소, 서울, 1997.

대한제국고등재판선고서(개국 504년 11月 13일자 朴銃 외 3인 건) : 국사편찬위원회 소장.

東國歲時記, 을유문화사, 서울, 1971.

文一平, 史外異聞秘史(호암전집 제3권, 조광사, 1964.)

朴大憲, 서양인이 본 조선, 壺山房, 서울, 1996.

朴相圭, "호레이스 N. 알렌 : 韓末 歷史劇의 프롬프터", 韓國의 人間像(6), 新丘文化社, 서울, 1962.

성경

세계인명대사전, 문공사, 서울, 1973.

유홍렬, 한국천주교회사, 가톨릭출판사. 서울, 1962.

이광린, 개화당연구, 일조각, 서울, 1973.

이광린, 한국 개화사 연구, 일조각, 서울, 1970.

李瑄根, 韓國史 : 最近世 · 現代篇, 을유문화사, 서울, 1961.

이중국, "Oppert 도굴 사건의 진입로 연구", 논문집(17), 건국대학교 대학원, 서울, 1983.

이홍직, 국사대사전, 지문각, 서울, 1965.
정기수(역), 조선교회사서론, 탐구당, 서울, 1966; (Charles Dallet, *Histoire de L'Eglise de Corée*, Victor Palme, Paris, 1874)
조선전, 탐구당, 서울, 1975.
한국가톨릭대사전, 한국교회사연구소, 서울, 1985.
한국 電氣 100년사, 한국전력주식회사, 서울, 1989.
한국인명대사전, 신구문화사, 서울, 1967.
韓國學大百科事典, 을유문화사, 서울, 1972.
한국학대백과사전, 을유문화사, 서울,1972.
황패강, "신라 불교 설화 연구", 동양학(3), 단국대학교, 서울, 1973.

大人名辭典, 平凡社, 東京, 1955.
世界大百科事典, 平凡社, 東京, 1957.
日本歷史學會(編), 明治功臣人名錄, 吉川弘文館, 東京, 1981.
日本外務省(編), 日本外交史辭典, 大藏省印刷局, 東京, 1979.

李盛平, 中國近現代人名辭典, 新華書店, 北京, 1989.
臧勵龢, 中國人名辭典, 商務印書局, 臺北, 1985.

Allen, H. N., "Chronological Index," in *Korea : Fact and Fancy,* 1904(金圭炳 譯, 韓國外交史年表, 國會圖書館, 서울, 1966).
Barhart, Clarence L.(ed), *The New Century Cyclopedia of Names,* Appleton-Century-Crofts, Inc, New York, 1954.
Critical Dictionary of English Literature and British and American Authers, Vol. 1, J. B. Lippincott Co., Philadelphia and London, 1897.
Encyclopedia Britannica, The University of Chicago, Chicago, 1963.
Great Soviet Encyclopedia(Russian Edition), Soviet Encyclopedia, Moscow, 1975.

Griffis, W. E., *Corea : The Hermit Nation*, Charles Scribner's Sons, New York, 1907(申福龍 譯註, 隱者의 나라 韓國, 집문당, 서울, 1998).

Hall, B., *Account of A Voyage of Discovery to the West of Corea and the Great Loo-Choo Island*, John Murray Co, London, 1818.

Hulbert, H. B., *The Passing of Korea*, William Heinemann Co, London, 1906(申福龍 譯註, 大韓帝國滅亡史, 집문당, 서울, 1998).

McCune, Geroge M. and Harrison, John A.(ed), *Korean-American Relations*. Vol. I, The University of California Press, Berkeley and Los Angeles, 1951.

McKenzie, F. A., *The Tragedy of Korea*, E. P. Dutton & Co., New York, 1908(申福龍 譯註, 大韓帝國의 悲劇, 집문당, 서울, 1998).

Merriam-Webster's Encyclopedia of Literature, Merriam-Webster, Inc., Pub., Springfield, 1995.

New Standard Dictionary of the English Language, Funk and Wagnalls Co, New York, 1914.

Palmer, Spencer J.(ed.), *Korean-American Relations*, Vol. 2, The University of California Press, Berkeley and Los Angeles, 1963.

The Encyclopedia of World Methodism, The United Methodist House Nashville, 1974.

Webster's Biographical Dictionary, G. & C. Merriam Co., Springfield 1959.

Who Was Who : 1929~1940, Adam and Charles Black, London,

Who was Who among English and European Authors(1931~1949), Vol. 1, Gale Research Co. Book Tower, Detroit, 1978.

찾아보기

전환기의 조선

Korea in Transition

J. S. 게일 지음/신복룡 역주

집문당

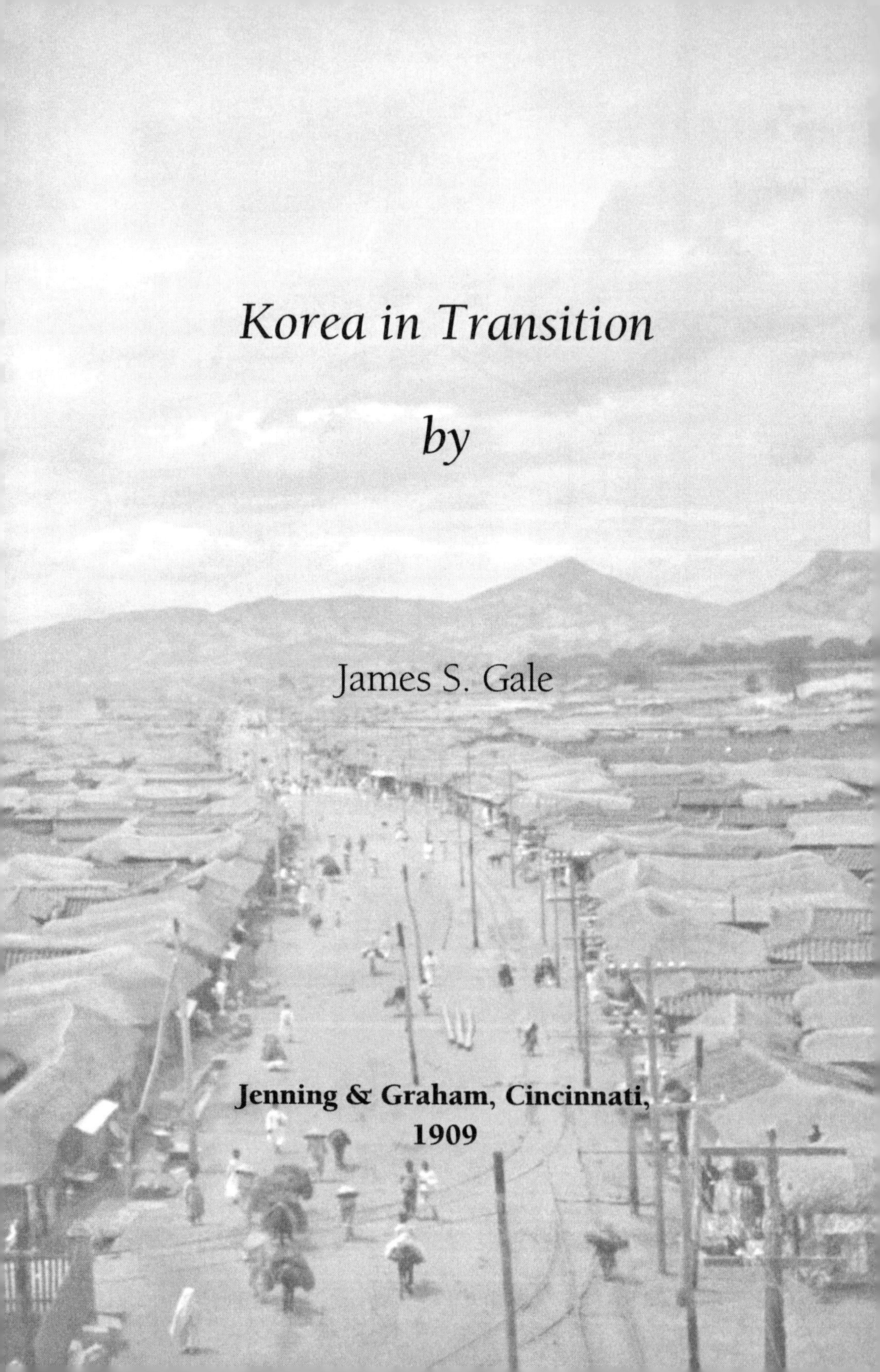

Korea in Transition

by

James S. Gale

Jenning & Graham, Cincinnati, 1909

저자 게일 목사(Rev. James S. Gale)

헌사

유서깊은 동방의 한 나라를 위해 노력하는
미국의 젊은이들에게 이 책을 드립니다.

역주자 재판 서문

젊었을 적, 내 손으로 한말 선교사의 한국 관계 자료들을 주석하겠다고 다짐한 지 벌써 30년의 세월이 흘렀으니 세월의 무상함과 더불어 만감이 교차한다. 그 동안 활판에서 컴퓨터로 바뀌는 인쇄 혁명과 출판계의 불황으로 중도에서 포기했던 『한말 외국인 기록』을 이제 집문당 임경환(林京煥) 사장님의 호의로 번역과 주석 작업을 재개하게 된 것이 한없이 기쁘고 감사하다.

게일(James S. Gale) 목사가 쓴 이 책의 번역은 애당초 나 혼자만의 노력으로 이루어졌어야만 했다. 그러나 한말 외국인 기록을 전집물로 출판한다는 작업이 원체 방대하여 나 하나만의 노력으로서는 감당할 길이 없었다. 그러던 차에 건국대학교 대학원 박사 학위 과정의 여러분들이 이에 협조 겸 참여할 뜻을 비치기에 학기말 리포트 삼아 장별(章別)로 분담하여 번역한 것을 내가 다시 교열(校閱)·윤문(潤文)하는 식을 택했다.

이때 초역에 참여한 분들은 이동현(李東炫) 박사(현 중앙일보 전문 기자 : 1장), 강석찬(姜錫燦) 박사(현 건국대학교 강사 : 2장), 박주중(朴柱仲) 선생(4장), 고성준(高性俊) 박사(현 제주대학교 교수 : 6장), 김원홍(金元洪) 박사(현 여성개발원 연구원 : 7장)이었고, 서문과 3·5·8장은 내가 번역했다. 그들의 이름을 공역자(共譯者)로 함께 표지에 적지 못한 것이 미안하며 양해를 구한다.

전집 19권을 출판하겠다는 임경환 사장님의 제의를 들었을 때 기쁘기도 했지만 너무도 엄청난 일이라 엄두를 낼 수 없었다. 그러던 차에 이러한 고충을 들은 1998학년도 건국대학교 정치외교학 과목의 나의 수강생들 300명이 한 장씩 컴퓨터에 입력해 주겠다고 나섰을 때 나는 한없이 고마왔고 크게 용기를 얻었다. 나는 그 300명의 이름을 여기에 일일이 적을 수 없는 것이 미안하고 유감스럽다.

모두가 고생했고 고맙지만, 특히 이형구(李衡求) 군과 김한길 군이 많은 몫을 타이핑했으며, 변영욱(邊泳旭) 군은 교정 작업을 하느라고 많은 고생을 했다. 사내답지 않게 수줍음이 많은 조교 박성진(朴城進) 군은 마음이 넉넉지 못한 나의 방에서 마음 고생이 많았으리라고 생각되며, 주석을 찾느라고 각국의 대사관과 문화원을 찾아다니면서 싫은 내색 한 번 하지 않았다.

건국대학교 대학원 박사 과정의 고경민(高敬旼) 군과 석사 과정의 형은숙(邢恩淑) 양은 컴퓨터 작업을 하느라고 많은 고생을 했다. 그들의 고생이 단순한 고생으로 그치지 않고 앞날의 그들의 학문 생활에 좋은 경험이 될 수 있다면 나로서는 미안함을 덜 수 있을 것이다. 사진 촬영을 해준 건국대학교 홍보실의 이명호(李明浩) 선생에게 많은 빚을 졌으며, 교정과 출판 과정에서 고생하신 집문당의 우진주(禹軫柱) 상무님과 편집부 직원 여러분, 그리고 신세진 모든 분들에게 깊이 감사한다.

1998년 9월 10일

역주자 신복룡 씀

역주자 초판 서문

인간에게 신앙이란 무슨 의미가 있는가? 고뇌하는 인간에 그리스도는 어떤 의미가 있는가? 오늘과 같이 물량화(物量化)되어 가는 기독교계에 비교해 볼 때 우리의 초대 교회는 어떠한 의미를 갖는가? 그리고 이러한 모든 질문을 하나로 묶을 때 기독교는 한국 민족의 운명에 어떠한 이바지를 하였는가? 아마 나뿐만이 아니라 우리 주변의 많은 사람이 위와 같은 질문을 해 본 적이 있을 것이다.

나는 가난과 신분적 수모를 견디지 못해 내 딴에는 입신양명해 보겠노라는 야심에서 적수공권으로 상경하여 소년 시절과 청년 시절을 보냈다. 내가 한참 공부를 하던 1967년, 나의 아버지는 소작농으로서 온갖 고통을 겪은 뒤 수(壽) 70세에 가톨릭에 입교하여 선종(善終)했다. 그때 당신은 아사(餓死)나 다름없이 타계했다고 들었다.

그 뒤 나는 나 자신의 영육(靈肉)을 아버지가 다니셨다는 가톨릭에 입교하여 기도 가운데 그의 명복 빌기를 3년 동안 했다. 그때로부터 오늘에 이르기까지 나는 입교, 개종, 냉담, 회오(悔悟), 기도 속에 고뇌의 나날을 보내며 도대체 나에게 그리스도는 무슨 의미가 있는가를 되묻기 시작했고, 한국 민족 운동을 해 왔지만 아직도 그 해답을 얻지 못하고 방황하고 있을 뿐이다.

구한말 외국인 기록을 전집으로 번역 출간을 위해 노력하는 동안 나는 그 작업의 일환으로서 게일(James S. Gale)의 이 책을 번역하게 되었다. 애당초에는 단순히 학술적 의도로 시작했지만 번역과 주석(註釋)을 마친 지금 진정한 믿음이란 과연 무엇인가를 어렴풋이나마 깨닫게 된 것을 망외(望外)의 다행으로 생각하다. 뿐만 아니라 소위 믿음을 가졌다는 사람이 늘 믿음의 대상에 누(累)만을 끼쳐 오다가 이제 이 책을 번역 출간함으로써 한국 기독교계에 자그마한 기여나마 하게 된 것을 기쁘고도 감사하게 생각한다.

이 책은 단적으로 말해서 한국의 근대화에서 기독교가 어떤 기여를 했는가를 보여주는 한 선교사의 체험 기록이다. 따라서 이 글의 독자는 어쩌면 한정적일 수밖에 없다. 그러나 그러한 한정성(限定性)에도 불구하고 이 책이 단 한 사람의 독자에게라도 감동을 주어 오늘날과 같이 믿음이 오히려 욕스러울 수도 있는 이 잘못된 현실을 바로잡는 데 조금이라도 보탬이 된다면 그 이상 바랄 것이 없다.

이 글의 필자인 게일(James Scarth Gale, 한국 명은 奇一)은 1863년 캐나다의 온타리오주에서 태어났다. 아버지는 스코틀랜드에서 건너온 이민자로서 농장을 경영하는 장로교회 장로였다. 게일은 토론토에서 중고등학교를 마치고 토론토대학에 진학하여 신학(神學)을 공부했는데, 이때 그는 당시 선풍적인 명성을 떨치던 부흥 전도사 무디(Dwight L. Moody)에게서 깊은 감명을 받고 선교 사업에 투신할 것을 결심했다.

게일은 토론토대학을 졸업한 1888년에 한국으로 출발하여 그 해 12월 15일에 부산에 상륙하였다. 그는 인천을 거쳐 서울에 들어와 언더우드(H. G. Underwood) 집에 잠시 머물다가 1889년부터 해주(海州) 일대에서 선교 활동을 했는데 그때 이창직(李昌稙)을 만나 한국의 언어와 문자 그리고 풍습을 배우고 서울로 돌아왔다. 1890년부터 그는 성서공회 전임 번역 위원이 되어 3년에 걸쳐 『사도행전』, 『갈라디아서』, 『에베소서』, 『고린도전·후서』, 『요한 1서』를 번역하는 동시에 대한기독교서회의 전신인 한국성교서회의 창립 위원이 되어 문서 종교의 기틀을 잡았다. 이때까지 그의 교적은 토론토대학 YWCA에 소속되어 있었으나 이 선교 단체가 해체되고 선교비가 끊어지자 헤론(J. W. Heron)과 모페트(S. A. Moffett)의 권유로 1892년 2월에 미국북장로교회로 교적을 옮겼다.

이때부터 그는 송도, 평양, 의주, 봉천(奉天, 지금의 瀋陽), 동만주 고려촌(高麗村), 함흥, 원산 등지에서 순회 설교를 했으며, 동료인 헤론이 죽자 1892년에 그의 미망인인 해리에트(Harriet)와 결혼하여 원산에 정착하셨다.

이 무렵 그는 성서뿐만 아니라 『천로역정』(*The Pilgrim's Progress*), 『사과지남』(辭課指南, *Korean Grammatical Forms*) 등을 번역 출판하는 한편 『한영대사전』(韓英大辭典, *A Korean English Dictionary*)을 편찬함으로써 우리 나라 어문학사에 깊은 발자취를 남기었다. 1897년에 안식년을 맞아 일시 귀국했던 그는 미국 알버니노회에서 정식으로 목사 안수를 받았다.

1898년에 한국에 다시 입국한 게일은 이듬해에 서울로 자리를 옮기고 1900년에는 연못골교회(蓮洞敎會)에서 목회하면서 1901년에 연동(蓮洞)여학교(지금의 貞信女中敎의 前身)와 예수교 중학교(지금의 儆新中高等學校의 前身)을 설립하였고, 1903년에는 황성기독청년회(YMCA)의 창립 위원이 되어 그 초대 회장에 선출되었다.

이와 같은 선교 활동의 공로로 그는 1904년에 워싱턴의 하워드대학교(Howard University)로부터 신학박사 학위를 받았다. 1908년에는 아내를 잃었으며 1910년에는 재일 미국인 루이스(Louis)와 재혼했다. 1928년에 은퇴할 때까지 그는 연못골교회, 평양신학교, 피어선성서학원에서 강의와 설교를 했으며, 왕립아시아학회 한국 지부(Royal Asiatic Society, Korea Branch)의 간사로 활약했고, 은퇴 뒤에는 아내를 따라 영국으로 건너가 퍼드(Perth)에서 노년을 보내다가 1937년 1월 31일에 74세를 일기로 타계하였다.

그의 저서로는 본서 이외에 『조선의 풍물』(*Korean Sketch*), 그와 함께 일했던 고찬익(高燦益)을 주인공으로 한 실명 소설 『선구자』(*The Vanguard*), 『한양지(誌)』, 『한국결혼고(考)』, 『금강산지(誌)』, 『한국풍속지』, 『파고다공원고(考)』, 『한국근대사』, 『중국 문화가 한국에 끼친 공적』, 『야소(耶蘇)의 인격』, 『연경좌담(演經座談)』, 『예수의 직림』, 『누터교긔략』, 『류항곽도기』, 『모즈성경문답』, 『성경요리문답』, 『와표전』 등이 있다.[1)] 그 밖에 몇 편의 논문을 집필했다.

이 번역은 애당초 나 혼자만의 노력에 의해서 이루어졌어야만 했다. 그러나 한말 외국인 기록을 전집물로 출판한다는 작업이 원체 방대하여 나 하나만의 노력으로서는 감당할 길이 없었다. 그러던 차에 건국대학교 대학원 박사 학위 과정의 여러분들이 이에 협조 겸 참여할 뜻을 비치기에 장별(章別)로 분담하여 번역하였다. 번역의 방법은 수강생 여섯 분이 각기 1장씩 번역을 한 것을 내가 다시 모두 교열(校閱)·윤문(潤文)하는 식을 택했다.

따라서 번역 진은 여러 분이지만 여기에 행여 오역(誤譯)이나 미흡한 점이 있다면 그것은 전적으로 나 혼자만의 책임이다. 번역진 여섯 분 가운데 강석찬(姜錫燦), 이동현(李東炫) 학제(學弟)는 원고 정리에 많은 고생을 했으며, 기독교의 신심이 두터운 이동현 학제는 특히 성서 관계 주석을 위해 남달리 고생했다. 바라건대 번역진 여러분들이 이를 경험 삼아 자기 나름의 좋은 글을 번역하고 쓰게 되는 날이 어서 오기를 바란다.

끝으로 출판계의 어려움에도 불구하고 본 전집물을 기획 출판해 준 평민사의 이갑변 사장과 유난히도 더웠던 1985년의 복중에 휴가도 없이 제작에 헌신해 준 안의옥 편집부장과 최해옥, 강금희 님께 깊은 감사를 드린다.

1985년 9월
역주자 신복룡 씀

---

1) 여기에 소개된 약전은 주로 『기독교대백과사전』(서울 : 기독교문사, 1981)의 "게일" 항을 참고함.

편집자의 말

청년 선교 운동의 지침에 따르면 편집위원회는 필요하다고 생각되면 출판을 위해 제출된 원고를 수정할 수 있는 권리를 가지고 있다. 그러한 수정을 하면서 편집위원회는 필자와 상의하는 것이 관례로 되어 있다. 그러나 이미 이 책의 필자인 게일 박사(Dr. Gale)가 조선에 없기 때문에 우리의 이 방에서 볼 때 바람직하다고 여겨지는 부분을 그의 손으로 첨가할 수 없게 되었다.

바로 제7장과 제8장이 그러한 부분인데, 출판사로서는 어쩔 수 없이 다른 선교사의 보고서를 주로 참고하여 이 부분의 원고를 작성하였고, 이 부분에 대해서는 주(註)를 달았다. 그리고 탈락된 부분과 원문 자료에 대해서도 약간의 조정이 있었다. 이러한 수정을 하면서 게일 박사로부터 전반적인 동의를 얻지 못한 데 대해 편집자는 유감스럽게 생각하는 바이다.

차 례

제 1 장 지리와 민족

조선에 처음 당도해 보면 이곳의 산이 훼손되고 황폐하다는 사실에 대해 중압감을 느끼며 특히 일본의 기름지고 울창한 언덕을 목격한 사람들에게는 더욱 그러하다. 독립을 유지하고자 하는 조선 사람들은 자신의 국토를 외국인들로부터 철저하게 은둔시키는 것이 최선이며, 자기 나라를 황량하고 매력 없는 곳으로 보이게 만들려는 의지에서 모든 해안을 황폐하게 만드는 것이 관례로 되어 있다.

이것이 사실이든 사실이 아니든 간에 모든 섬들의 해안선, 특히 남해안 쪽은 개발이 되어 있지 않고 지저분하며 황폐한 반면에, 북부 지방의 내륙은 훌륭하게 개간되어 있을 뿐만 아니라 삼림도 울창하고 기름지다는 점은 사실이다. 그런가 하면 모든 해안선은 너무도 파손되어 있고 벌거숭이 모습을 보다가 막상 내륙에 들어서면 기름진 언덕과 계곡에 오곡이 풍성하게 무르익고 잇는 모습에 대해 매혹된다. 그러나 경작할 수 있는 모든 땅이 개간되어 있는 것은 아니다. 양식은 몇 백만의 조선 사람들이 먹고 살기에 충분하여 오늘날 해마다 수출입의 균형을 이루고 있다.

— 언더우드[1)]

---

1) 언더우드(Horace H. Underwood : 1859~1916) : 미국인 북장로교회선교사. 뉴욕대학 신학과를 졸업하고, 한국에 입국(1885)하여 전도 활동을 시작했다. 새문안교회를 창립

조선의 천연 자원은 개발된 바 없기 때문에 고갈되지도 않았다. 성공적인 농업을 위한 능력은 거의 개발되지 않았다. 조선의 기후는 살기에 매우 좋으며 강우량은 풍족하고 토양도 기름지다. 언덕과 계곡에는 석탄 · 철 · 구리 · 납 · 금 등이 묻혀 있다. 1,740마일에 이르는 해안선의 어류는 훌륭한 자원이 되고 있다. 이곳에는 건장하고 자비로운 종족이 살고 있으며 거지가 없다.

—비숍[2]

간단히 말한다면 조선의 기후는 미국의 동부 지역인 메인주와 사우드 캐롤라이나주의 그것과 똑같다. 한 가지 다른 점이 있다면, 조선에서는 남동풍이 일본을 거쳐 따뜻한 대양의 기류를 타고 올라오면서 오랫동안 습기를 수반하고 있다는 사실이다. 이 기류는 조선의 전역을 감싸고 있다. 따라서 7~8월에는 "장마철"이라고 하는 특이한 계절이 있다. 이 장마철은 또한 조선의 역사를 결정하는 데 중요한 역할을 하고 있다.

—헐버트[3]

조선은 북위 35°에서 43°에 위치한 보스턴, 뉴욕, 필라델피아, 볼티모어

(1887), 한국어 문법책을 집필했으며, 성서번역위원장 · 대한기독교서회장을 역임하고, 연희전문학교를 창설(1915)했으며, 『한국의 부름』(1908)을 썼다.

2) 비숍(I. B. Bishop : 1831~1904) : 영국 요크샤의 켄터버리 대주교의 섬너의 가문에서 태어남. 청년 시절에는 미국과 캐나다를 여행하면서 노예 해방에 심취했으며, 오랫동안 우울증으로 고생함. 1878년에 일본을 여행했고, 1889년에 2차로 동방 여행, 1894년에 3차로 동방에 여행할 때 한국을 방문하여 이때의 견문을 『조선과 그 이웃 나라들』(*Korea and Her Neighbours*, Fleming H. Revell Co., New York, 1987)을 씀. 1901년 아프리카를 횡단한 후 여독으로 사망함.

3) 헐버트(H. B. Hulbert : 1863~1949) : 미국의 유니온 신학교를 졸업하고 1886년에 입국하여, 을사조약 당시 고종의 밀사로 도미, 헤이그 만국평화회의에 다시 밀사로 파견되었다가(1906) 추방. 1949년에 방한하여 서울에서 사망함. 헐버트의 활동과 생애에 관해서는 다음의 책을 참고할 것. 신복룡(역주), 『대한제국멸망사』(집문당, 서울, 1999) 중 "역자 서문"; H. B. Hulbert, *The Passing of Korea*, William Heninemann Co., London, 1906.

그리고 워싱턴과 같은 위도에 놓여 있다. 조선은 아시아의 동쪽 끝에 남쪽을 향해 위치하고 있다. 조선의 뒤에는 야만인의 땅인 만주가, 오른편에는 중국 제국이, 왼편에는 한때 야만족의 땅이었던 일본이 그리고 그 주위에는 바다가 있다. 또한 동쪽으로는 러시아의 함대가 아직도 잠행하는 일본 해협이 둘러싸 있고, 서쪽으로는 여순, 대련, 위해위, 제물포 그리고 청도 등의 항구가 접해 있는 황해가, 그리고 남쪽으로는 태풍과 해룡[4]이 있는 중국 해협이 있다.

조선으로부터 남쪽으로 똑바로 여행하면 당신은 필리핀의 동편을 지나 뉴기니아와 셀레베스 사이를 거쳐, 오스트레일리아의 중서부를 통과하게 될 것이다. 북쪽으로 여행하게 되면 당신은 레나강의 어구를 지나 시베리아를 거쳐 북극해에 다다를 것이다. 서쪽으로 가면 당신은 북경, 카불, 테헤란, 콘스탄티노플, 로마, 뉴욕 그리고 샌프란시스코를 볼 수 있을 것이다. 북반구를 통과하여 오른쪽으로 지축을 뚫고 나가면 뉴욕으로부터 한 시간 정도의 거리에 있는 대서양에 다다를 것이다.

국호

고려(高麗 : Korea)는 중국에서 몇 백 년 전에 알려진 외래어로서 1391년에 멸망한 왕조의 이름이다. 유성끼리 충돌해서 500년 전에 떨어져 나가 아직도 빛을 발하고 있는 별처럼, 우리는 아직도 그와 같은 의미로 Korea를 부른다. 그러나 일반 조선사람들은 이렇게 말한다.

“코리아라구요? 그것이 무슨 말이오? 당신은 누구에게 문의해 보았소?”

이 나라는 많은 이름을 가지고 있었다. 선교가 처음 시작될 때, 이곳은

---

4) (원저자 주) 아주 오래전부터 조선 사람들은 바다의 소용돌이가 해룡에 의해 일어난다고 믿고 있다.

"조선"이라 불렀다. 엄청난 변화를 겪은 지금에 와서 그것은 "한국"이나 "한", "한의 교회", "한인", "한의 땅에 황금 기회" 그리고 이와 유사한 표현들로 불렸다.

크기

개략적으로 조선은 북쪽에서 남쪽까지 600마일, 동쪽에서 서쪽까지 135마일 그리고 약 8만 평방 마일의 면적을 가진 나라이다. 그것은 일본의 약 절반만한 크기이고 온타오리오주의 1/3, 켄터키주의 2배, 그리고 캔사스주와 거의 같은 크기이다.

인구

한국은 13개의 도로 나뉘어 있다. 13은 불길한 숫자이다. 이러한 나뉨은 약 10년 전에 이루어졌는데 그 뒤 불행의 연속만 뒤따랐다. 아직도 13은 예수와 그의 제자들과 연관이 있다. 당분간 13이라는 수는 패배와 파멸을 부르는 것처럼 보일는지 모르지만, 마지막 위대한 시기에 13은 승리를 쟁취할 것이다. 우리가 믿기로 조선은 영원히 이 숫자와 관련이 있을 것이다.

작년에 탁지부는 정책 보고서와 감찰에 기초하여 인구, 주택 수 등의 조항들에 관한 통계를 발표했다. 이 통계표에 따르면 경기도에는 869,000명의 인구가 있는데 그 가운데 반은 서울과 그 주변에 살고 있다. 인구 밀도가 가장 높은 지역은 경상남도로 1,270,214명의 인구를 가지고 있으며 매릴랜드와 거의 비슷한 숫자이다. 그러나 이 통계표에 나타난 인구수를 모두 합쳐도 1천만 명이 못된다. 1907년의 『일본 연감』(1907)은 이 숫자가 너무 적다고 보고 거의 1,400만 명에 가까운 수를 제시하고 있다.

종교는 사람의 숫자를 기술하면서 정확성을 유지해야 한다. 그러나 동양의 모습을 다듬어내는 데에는 한 세대나 두 세대가 걸릴 것이다. 그래야만 숫자를 다루면서 정확도를 기대할 수 있을 것이다. "천만"이나 이것의 동의어는 일반적인 용어의 하나로서 "천의 만 배"를 의미한다. 800명이 모였을 때 흔히 몇 천 명이 모인 것으로 기술한다. 그리고 15명도 몇십 명을 의미한다. 나의 오랜 친구인 김 씨는 늘 이렇게 기도한다.

"하나님이여! 우리 2천만 동포를 축복해 주소서."

"그러나 김 씨, 우리는 2천만이라고 믿지 않습니다. 1천 5백만도 과장된 수치라고 생각됩니다. 인구 조사 통계도 실제로는 훨씬 더 적은 숫자일 것입니다."

그러면 김 씨는 이렇게 대답했다.

"인구 조사 통계라구요! 여보세요, 우리가 동포의 수가 얼마나 되는 지도 모르고 있는 줄 아세요! 우리 모두는 '2천만 동포'라고 부르지요."

산악

한국의 산맥은 모두 불규칙하게 지도에 뻗어 있다. 토문에서 블라디보스토크 너머까지 뻗어 있는 산맥은 남서쪽으로는 원산에, 여기에서 남동쪽으로는 경상도 경계에, 그리고 거기에서 남쪽을 따라서는 충청도와 전라도의 동쪽 경계에 미친다. 이와 같은 산맥은 눈으로 덮여 있거나 높지도 않으며 그들 가운데에 가장 높은 것이 해발 2,500피트이다.

산맥의 본류는 물론이거니와 도처에는 언덕이 있다. 조선 사람들의 표현을 그대로 빌면 "산 위에 산", 산부진이라고 한다. 이러한 언덕들은 스위스의 언덕처럼 많은 음악으로 대화하지도 않고 애국적인 반향을 불러일으키지도 않았지만 몇 백 년 동안 사람들과 이야기해 왔다. 그리고 그들은 매우 설득력 있는 목소리로 이야기했다.

때에 따라서 다윗[5]처럼 조선 사람도 역시 언덕이 뛰노는 것을 본다. 반대로 언덕은 굵은 베옷을 입고 유골을 든 사람들과 더불어 울기도 한다. 내가 특히 언급하는 조선의 산들에 관해서도 그러한 이야기를 많이 듣는다. 그들은 살아 있다. 옛날에 그들의 영혼은 이리저리 돌아다녔고 실체도 존재했었다. 그들은 산 사람의 수호자였고 죽은 사람의 감시자였다.

강

조선에는 강이 열 개가 있지만 두만강을 제외하고 동쪽 해안에는 하나도 없다. 동해안의 언덕은 해변에 대단히 가깝게 솟아 있기 때문에 오직 작은 시내만이 있다. 4개의 주요한 강으로서는 남쪽의 낙동강, 중부 지방의 한강, 평양을 가로지르는 대동강 그리고 북쪽에 압록강이 있다.

토양

한국의 흙은 단단한 찰흙으로부터 검은 토양에 이르기까지 다양하다. 그러나 특징적인 것으로서는 썩은 화강암 가루가 있는데 이는 희고 모래가 섞여 있고 구멍이 있으며 황폐하게 보이는 토양으로 거기에서는 아무 것도 자라지 않는 것처럼 보인다. 만약 당신이 그것을 파서 내쉰 숨을 다시 들이마신다면, 당신은 이가 덜덜 떨리고 침대가 흔들거리며 온몸이 진동할 정도로 오한이 들것이다.

만약 당신이 그 위를 걷는다면, 그것은 곧 구두의 바닥 밑에서 가루가 될 것이다. 여기저기에 널려 있는 화강암 모래로 된 길을 약 700마일 정도 걸으면 구두 두 켤레는 완전히 다 떨어질 것이다. 이 흙은 동양의 정신과 같다. 그것에서 씨가 뿌리를 내린다고 보장할 수는 없지만 일단 뿌리를 내리

---

5) 다윗(David) : 이스라엘의 2대 왕.

면 모든 것이 잘 자라 풍성한 결실을 맺게 한다.

곡물

서양의 어떤 곡물도 쌀처럼 끈질기게 끝까지 버티지 못한다. 밀과 옥수수는 거대한 독점과 관계가 있고 자금 조달의 왕이지만, 쌀은 곡물 세계의 제왕이다. 그것은 가장 아름답게 자라는 곡물이다. 많은 사람들이 쌀을 먹으며, 어느 다른 곡물보다 그것을 먹어야 튼튼해진다. 조선은 쌀의 나라이다. 콩, 편두, 보리, 수수, 참깨 그리고 그 밖의 여러 것들이 있지만 이들은 쌀의 영광에 가려 보이지도 않고 주목을 끌지도 못한다. 비가 적당히 내리고 세월이 흐르면 이삭이 출렁이는 논은 부산에서 압록강과 두만강에 이르는 모든 토지를 찬양한다.

과일

한국에는 결이 거친 배, 딱딱한 복숭아, 자연 그대로 자라는 사과 그리고 무미건조한 대추와 같은 과일들이 잘 자란다. 그러나 모든 과일의 흉작은 감이 풍성하게 열리는 가을에 보상된다. "한국의 감은 세계에서 가장 훌륭한 과일"이라는 것이 가장 폭넓은 경험과 가장 오랫동안 판단을 해 온 많은 사람들의 의견일 것이다.

담배

모든 남 와 여자 그리고 어린아이가 담배를 피우는 곳에서 우리는 담배에 관해서 말 못할 이유야 없지 않겠는가? 비록 담배가 첫 번째 청나라의 사신으로 간 장유세자[6] 세자에 의해 들어온 뒤 1645년에 이르러서야 비로소 알려졌다고 하더라도 그것 역시 강력한 왕이다. 동양에 관한 작품을 쓰는 에슨 3세(Esson, 3rd)의 말을 인용해 보면 다음과 같다.

"나는 전에 북경주재 미국공사인 록힐 경[7])이 조선 사람이야말로 세계에서 가장 담배를 많이 피운다고 말하는 것을 들은 적이 있다. 만약 파이프가 입에 물려 있는 시간에 따라 측정한다면 확실히 그렇다. 그러나 만약 그것이 담배를 소비하는 문제라면, 조선 사람은 서구인에 견주어 한참 뒤떨어진다.

조선 사람은 사색적이고 마음이 편안한 상태에서 무의식적으로 담배를 피운다. 그렇기 때문에 만약 당신이 그가 기다란 파이프를 즐기고 있는지 없는지에 대해 무관심하다면, 당신은 그가 담배를 갖고 있는지 아니면 담배가 그를 갖고 있는지 거의 알 수 없을 것이다. 걱정과 불안은 담배 연기를 내뿜음과 동시에 사라지고, 그의 영혼을 통한 담배 연기는 부드럽고도 온화하게 그리고 은은하게 올라간다.

이와 달리 서구인은 시거를 거칠게 집어 끝을 물고 연기를 빤다. 결과적으로 서구인은 조선 사람들이 하루에 소모하는 그 이상의 담배를 30분 만에 소모했다는 결론에 이른다. 매사에 조선 사람의 담배는 아침 첫새벽부터 "잠자리에 들라"는 인경이 울릴 때까지 남자들과 여자들과 어린아이들 사이의 유대를 맺어 주는 매개체이다. 담배를 피우지 않는 사람을 발견하는 것은 열 살이 되도록 결혼하지 않은 양반의 아들을 발견하는 것만큼이나 어려운 일이다."

---

6) 연대로 보나 사연으로 볼 때 뒷날 효종이 된 봉림대군을 뜻하는 것으로 보인다. 그러나 그의 이름을 장유로 표기한 것은 그의 자(字)가 정연이었던 것을 오독한 것으로 보임.

7) 록힐(William W. Rockhill : 1854~1914) : 미국의 외교관. 필라델피아 출신. 북경 주재 미국대사관(1884~86)과 서울 주재 변리 공사(1886~87)를 역임했고 스미소니언연구소의 후원으로 동방학을 연구함.

담배에 관해서 이처럼 많이 언급한다고 해서 담배가 국민의 생활과 습관에 차지하는 위치의 균형을 깨뜨리는 것은 결코 아니다. 나는 조선 교회의 지도자들과 교사들 사이에서 담뱃대와 그에 부속된 모든 것들을 단호히 내버리는 사람들이 있다는 사실을 보았다. 담뱃대는 영원히 가 버린, 그러나 지난날에는 충성을 명령할 권력을 가진 옛 왕들 가운데 하나이다.

광물

추측컨대 조선은 금, 은, 동, 철, 석탄 그리고 흑연과 같은 광물이 풍부한 나라이다. 그러나 언덕의 신성한 특성과 그 안에 내재해 있을 것이라는 영혼 때문에 매우 적은 광산만이 위험을 무릅쓰고 채굴되었다. 그러나 지금은 언덕의 신이나 악마를 무시하는 대담한 서구인이 여러 지역에서 바위를 폭파하고 땅 깊숙이 환기갱을 박아 암석 부스러기를 모아 가루로 만든 다음 이제까지 생각하지도 못한 요술 주문으로 금을 뽑아내곤 한다. 조선 사람들은 이와 같은 작업에 서구인과 손을 잡고 있다.

조선 사람들은 자신들의 비천한 방법으로 일을 보기도 하고 그 일을 직접 하기도 하여 캘리포니아, 오스트레일리아 그리고 여러 다른 지역에서 경험을 쌓은 경영자들로부터 세계에서 가장 훌륭한 광부라는 이름을 얻게 되었다. 조선의 미래에 개발될 커다란 자원 가운데 하나가 광업이라는 것은 의심할 나위도 없지만 광업이 미국인, 영국인 그리고 일본인에 의해 경영되고 소유되어 있다는 점을 볼 때 조선 사람은 보잘 것 없고 부차적인 이윤만 차지하게 될 것이다.

화폐

조선 사람들은 화폐를 "돈"이라고 부른다. 이를 한자로 표기할 때는 문제가 없지만, 한국에서는 "돈"이 늘 문제가 된다. 말이 두 마디만 이어져도 그것은 돈과 밥(쌀)이라는 미풍을 불러일으킨다. 이와 같은 단어는 모든 사람이 가슴으로 열망하고, 모든 에너지가 지향하는 궁극적인 목표이다.

20년 전만 해도 조선의 돈은 구멍이 뚫린 엽전이었다. 이러한 돈으로 1백 달러에 해당하는 양을 운반하는 데 6마리의 말이 필요했고, 호주머니로는 운반이 전연 불가능했다. 옛날 돈은 아직도 벽지에서 발견되지만, 그것은 이미 잊힌 과거로 완전히 사라져 버렸다. 그 대신에 백통전이 통용되었는데 위조된 것이 밀반입되어 불법적으로 사용되고 있다.

이제 백통전의 이름과 특성은 영원히 사라져 버렸다. 가운데에 구멍이 없는 돈을 조선 사람들은 맹전(눈먼 돈)이라 부른다. 그래서 그들은 자연히 "눈먼 돈을 사용하는 나라는 망하지 않겠는가?"라고 묻는다. 우리는 아직도 제한된 범위 내에서 백통전을 사용하지만, 일본에서 통용되는 돈과 새로운 주조 화폐는 금과 은과 종이를 일반적으로 사용하게 되었다.

운송

애당초 미국에서는 짐수레와 짐마차 그리고 나중에는 철도로 짐을 수송했지만, 조선에서는 달구지, 조랑말 그리고 품팔이꾼을 함께 사용하여 짐을 수송했고 아직도 그런 실정이다. 동물과 사람들이 무거운 짐을 나르는 데에 이용되고 있다. 짐을 끄는 모든 짐승은 자신의 등 중앙으로 힘을 쏟고자 브루클린교처럼 그때그때 조율된다.

또한, 품팔이꾼은 그의 팔이 바다사자의 손보다는 조금 더 낫지만 매우 빈약하다는 점에서 서구의 장사와는 다르다. 그러나 그의 팔이 그의 등 위 아래를 오르내리면서 근육이 생길 때, 그는 놀라운 힘을 내어 500파운드[227kg]를 들어 올릴 수 있다. 이와 같이 인내력 있는 육체 위에 쌀, 콩, 짐승의 날가죽, 목재, 물고기, 소금, 성경책, 찬송가, 복음서 그리고 다른 짐들이 실려 땅 위로 천천히 운반된다. 그러면 바위와 화강암 모래가 매우 깊숙이 패어 일련의 연속적인 발자국이 새겨진다.

기후

조선의 기후는 미국에서처럼 고르게 그리고 하나하나씩 나타나므로 대충 윤곽이 잡힌다. 햇볕이 쪼이면, 구름 없는 하늘이 며칠 동안 계속되고 한 달이고 두 달이고 석 달이고 간에 지평선에 작은 구름 조각 하나 없다. 이와 같이 계속되는 날씨가 막바지에 이르게 되면, 바로 땅은 물에 굶주린 영혼이 소리치는 것처럼 보이다. 그때서야 비가 온다.

처음에는 작은 장마라고 부르고 다음에는 "억수 같은 비"라고 부른다. 장마가 본격적으로 시작되면, 처음에는 두 개의 분수 구멍, 다음에는 깡통, 그 다음에는 물통으로 내리붓는 것처럼 비가 내린다. 로웰[8]을 이런 기록을 남겼다.

> 7월 한 달 동안 햇빛은 거의 비추지 않는다. 거의 계속해서 흐리고 거의 매일 비가 온다. 다시 비를 내리게 하는 힘을 비축해야 할 필요성이 있을 때에야 비로소 비가 멈춘다. 구름이 생기면 비가 다시 올 것이라는 사실을 암시한다.

또한 언더우드(H. G. Underwood) 박사의 말을 빌리면,

> 기록상 가장 많은 강우량은 24시간 동안에 5인치가 내린 것이다. 그리고

---

8) 로웰(Percival Lowell 1855~1910) : 미국의 천문학자. 동방 여행을 즐겼으며, 일본에 머무는 동안(1877~93)자료를 수집하여 『조용한 아침의 나라 조선』(1888)을 씀.

우기에는 21.86인치가 내린다. 연평균 강우량은 36인치이다.[9)]

인간이 직접적으로나 간접적으로 기후에 영향을 미친다는 것이 우리의 지배적인 생각이다. 서울에 전동식 전차가 처음으로 운행되었을 때, 국민의 생활 속에 이상한 결과가 나타났다. 우리는 1902년 2월 『전망』에 나타난 보고서를 인용해야겠다.

> 하늘은 점점 청명해지고 땅에는 먼지만 굴러다닌다. 날마다 비가 올 징후는 없고 딱딱해진 논은 노여움을 표시하듯 갈라져 있다. 무슨 이유일까? 흙으로 점치는 사람들과 땅의 예언자들에게 물어 보았더니 그들의 대답인즉 "천둥과 번개 마차를 탄 악마가 가뭄을 유발했다"는 것이다. 이제 더 이상 사람들은 전동차를 호기심 어린 눈으로 쳐다보지 않고 오히려 노려보게 되었다.
>
> 사람들은 작은 소리로 맹세했고 급기야는 인내가 극에 달해 흥분하여 전차가 소리를 내며 지나갈 때마다 "빌어먹을 놈 같으니라구!" 하며 저주했다. 한번은 전차가 충돌하여 폭발했다. 그래서 한 차는 전복되었고 다른 차는 불이 붙었다. 그러자 몇 천 명의 폭도가 거리로 뛰쳐나와 성난 짐승처럼 포효하고 전차를 짓밟았다.

이것은 미국의 전차가 조선의 강우량에 대해 악의에 찬 영향력을 가지고 있으리라는 추측 때문이었다!

---

9) (원저자 주) H. G. Underwood, *The Call of Korea*, Fleming H. Revell Co., New York, 1908, p. 26.

절구질

집짓는 모습(촬영 : 언더우드)

기온

대체로 날씨와 온도에 관해 서울은 표준치로 해서 말하자면 겨울은 춥고 여름은 덥다. 기온은 흔히 0℃나 심지어는 그 이하로 떨어진다. 반면에 여름에는 눅눅하고 무더워 86°~90°F까지 올라간다. 따라서 이때가 되면 서구인에게는 몹시 괴로운 일종의 터키식 목욕을 방불케 한다.

질병

선교 의사의 연례 보고서를 듣고, 1년 동안 조선의 불행한 백성을 괴롭혀 온 질병의 목록을 획선하여 분류해 보면 한 가지 사실을 추론할 수 있다. 그것은 다름 아니라 유일한 불평이었던 "무릎에 액체가 고여 생기는 염증"이 없어졌다고 하는 점이다. 왜냐하면 그 목록에는 문둥병으로부터 탄저열에 이르기까지 그 밖의 다른 모든 병명이 기재되어 있지만 이 병만은 명목적으로 사라졌기 때문이다. 사실상 그리고 실제로 우리는 활동 중인 몇 가지 질병만을 살펴보기로 하자.

맨 먼저 지적할 수 있는 것은 학질 곧 오한이다. 담배를 피우지 않거나 나무로 된 목침을 베고 뜨거운 마루 위에서 편안하게 잠잘 수 없는 사람이 드문 것처럼 실제로 이 나라에서는 주기적으로 한기를 느끼지 않는 사람이 드물다. 조선은 오한과 열병의 나라이다.

천연두도 또한 있지만, 제너의 위대한 예방법이 들어온 이래 곰보의 비율은 상당히 줄어들었다. 발진티푸스에 관한 이야기는 어느 계절이든 상관없이 사방에서 들려온다. 그리고 여름이 끝날 때쯤 되면 아시아의 콜레라가 나타난다. 결핵은 어느 나라에든 보편적이지만, 장티푸스나 맹장염과 같은 질병은 드문 것처럼 보인다. 옛날 유대에서처럼 산발적인 문둥병 증세도 발견할 수 있다. 그리고 절름발이와 불구자와 장님은 항상 있게 마련이다.

냄새

국민마다 독특한 옷 모양이 있는 것처럼 각국의 국민마다 종족의 냄새와는 별개의 국민적인 냄새를 풍긴다. 에슨 3세(Esson 3rd)는 다음과 같이 말한다.

> 조선의 양반은 이국인에게는 매우 주목할 만 한 두 종류의 냄새를 풍긴다. 나는 이전에 냄새에 대해서 상당히 식견 있는 한 서양인과 여행한 적이 있었다. 우리가 길을 가고 있을 때 그가 길거리에서 잠깐 멈춘 다음 팔로 나를 가볍게 두드리면서 오랫동안 킁킁거리며 냄새를 맡은 다음, 다음과 같이 말한 것을 나는 기억하고 있다.

"그 냄새가 다시 나는데."

"무슨 냄샌데."라고 내가 물었다.

"아주 독특한 냄새야."라고 그가 대답했다. 나도 오랫동안 열심히 냄새를 맡아보았지만 아무런 냄새도 나지 않았다. 그러나 신선한 아침 바람이 살랑거리며 불자 언덕과 들판에서 놀라운 냄새가 났다.

"나는 전에 그 냄새를 맡은 적이 있네. 다시 그 냄새를 맡게 되면 나중에 자네에게 얘기해 주겠네"라고 그가 말했다. 그는 이틀 동안 그 냄새를 추적했다. 그리고서야 비로소 우리는 그 냄새가 검은 옻을 칠한 모자에서 난다는 사실을 발견했다. 옻 냄새는 이 나라 사람들이 풍기는 냄새 가운데의 하나이다.

두 번째 냄새는 마늘 · 양파 · 양배추 · 소금 · 생선 그리고 다른 성분들의 혼합물에서 나는 냄새이다. 그 혼합물은 한국인이 쌀밥과 함께 대단히 즐기는 절인 김치이다. 이 냄새는 림버거 치즈[10] 냄새처럼 몸에 항상 배어 있어, 원주민이 교회나 그 밖의 생활의 어느 다른 분야를 가든 항상 그를 따라다닌다.

소음

형언할 수 없을 정도로 시끄러운 서구 세계와 비교해 볼 때 조선은 가장 조용한 침묵의 나라이다. 말들이 자기 몸에 달린 가죽 끈을 힘껏 잡아당기며 질주하는 거친 포장마차, 짐수레나 짐마차의 밀침 그리고 조용한 대화를 할 수 없도록 만드는 지긋지긋한 소음이 없고, 다만 본래부터 그리고 외적으로 평온한 적막만이 있다.

---

10) 림버거 치즈(Limburger Cheese) : 벨지움의 림부르크에서 생산되는 치즈로서 특유한 향기와 풍미 그리고 연질로 유명함.

톱질(촬영 : 언더우드)

쇠막대기의 덜거덕거리는 소리도 신경을 거스르기보다는 오히려 만물을 잠들게 하는 최면제의 역할을 한다. 이와는 달리 약간의 사람을 부르는 소리와 사람 목소리의 메아리만 들릴 뿐이다. 조선이 이처럼 놀랍도록 조용한 나라일 줄이야! 조선의 커다란 도시인 서울의 바로 한복판에서 당신은 대낮에 가장 최신의 안정 요법을 실험할 수 있고, 만물이 당신을 도와준다는 사실을 깨닫게 될 것이다.

쟁기질

도로

평온한 국가로서의 또 다른 특징으로서는 도로를 들 수 있다. 조선의 도로는 직각으로 측량할 수 없으며 가시철망으로 둘러쳐져 있다. 그러나 그것들은 자신들에게 어울리는 식으로 자신들을 좋아하고 돌보는 양 그들이 마음 내키는 곳으로 제멋대로 뻗어 있다. 그러므로 조선의 도로는 언덕을 넘는 가장 손쉬운 길임을 알게 될 것이다. 그것은 도중에 바위나 작은 언덕에 싸움을 걸 정도보다 몇 인치 더 좁아지다가 당신을 즐겁게 하려고 서양의 통행세를 받는 문처럼 넓어질 것이다. 조선의 도로를 따라가는 것은 마치 배리[11]의 소설 가운데에 한 편을 읽는 것과 같다. 길을 따라가다 보면 당신은 놀라움과 기쁨을 맛볼 것이다.

조선의 일반적인 모습은 나무가 거의 없고 산이 많은 나라여서 그런지 쓸

---

11) 배리(Sir James M. Barrie : 1860~1937) : 스코틀랜드의 소설가이며 극작가. 에딘버러 대학을 졸업(1882)한 뒤 문필 생활을 시작했고, 특히 『피터 팬』을 써서 아동문학가로서의 명성을 떨쳤다.

쓸하고 황량하지만, 이따금 언덕 너머로 아름다운 조망과 전망이 펼쳐진다. 조선 사람들은 철저하게 자연미를 즐기지만, 그것을 보존하려는 어떤 조치도 취하지 않는다. 나무와 풀과 덤불과 꽃이 피는 관목처럼 사실상 자라나는 모든 것은 나무꾼의 낫 아래 놓여 있어, 여승의 머리처럼 말끔히 베어진다. 특히 도성 주변의 언덕은 상당수가 발가벗겨 있기 때문에 비가 오면 흙의 상층부가 빗물에 씻겨 표면은 회색빛을 띠고 벌거벗은 상태가 되어 버린다. 조선에는 산림을 관리해야 할 영역이 매우 넓다.

가옥

숨겨지고 종종 그림 같은 아름다운 외딴 곳에 짚으로 이엉을 이어 만든 갈색의 오두막집들이 있다. 이와 같은 토담집 안팎으로 깨끗한 흰옷을 입은 사람들이 드나든다. 오두막집을 지으려면 처음에 주춧돌을 놓을 수 있도록 땅을 파야 하고 그 다음으로는 기둥과 대들보를 세워야 한다. 기둥 사이에 빗장과 대나무 욋[椳] 가지를 넣은 다음 진흙으로 안팎을 잔뜩 발라야 한다. 그것은 흔히 있는 그런 진흙이 아니라 금도 안 가고 바람도 막을 수 있도록 조심스럽게 준비된 진흙이다.

방바닥을 까는 데에는 평평한 돌이 사용되는데 이는 불길이 지나가는 난방 장치 위에 얹어놓는다. 구들이 놓이면 표면에 얇게 진흙을 발라 평평하게 한다. 그런 다음 내부의 벽에는 흰 종이로, 그리고 바닥에는 두꺼운 노란 기름종이로 온통 바른다. 창문도 역시 종이로 바른다. 부엌에서 불을 지피면 거기에서 생기는 뜨거운 열기는 거실 밑을 통과하게 된다. 돌로 된 바닥이 서서히 따뜻해지면 당신은 여기에서 발을 포갠 채로 거처하게 된다.

의상

나는 방금 전에 언급한 그 친구에게 그의 말총 모자를 벗어 그 무게를 달아 볼 수 있게 해 달라고 요청했다. 전체 모자 곧 모자의 꼭대기, 테, 가장자리, 끈 그리고 다른 부분들의 무게는 정확히 1.25온스[35.5g]였다. 조선 사람의 복장은 특히 여름에 얼마나 가벼운지 공기 같을 정도이다! 만약 우리가 김 씨의 모자 꼭대기에서부터 발가락 끝가지 그의 모습을 그려본다면, 그가 입은 의상은 다음과 같을 것이다.

처음에 1.25온스의 무게가 나가는 갓, 이 모자보다 훨씬 더 가벼운 것으로서 그 안에 쓰는 망건, 역시 가벼운 탕건, 안경, 길고 헐거운 겉옷, 안쪽에 입는 상의, 더운 날씨에 살갗에 닿도록 입은 등나무로 된 조끼, 바지, 각반, 짧은 버선 그리고 신발이다. 옷감은 폭이 넓고 느슨하며 널찍하게 만든 무명이다. 그와 같은 옷을 입으면 당신은 무릎을 부풀릴 염려 없이 하루 종일 다리를 포갠 채로 앉을 수 있을 것이다. 왜냐하면 무명은 매우 헐렁하고 입는 사람이 두세 번이나 그 이상 입을 수 있을 정도로 널찍하기 때문이다.

흰색이 일반적으로 통용되는 색깔이지만, 밝은 빛깔도 특히 젊은 층에 널리 퍼져 있다. 그래서 학교 운동장은 날개가 푸른 새와 꾀꼬리와 개똥지빠귀가 날개를 펄럭이며 모여 있는 것처럼 보일 정도로 생기발랄하다. 양복바지의 멜빵이 서구 남성용 허리띠와 주요 버팀 줄에 이바지하는 것처럼 동양의 남성들은 띠나 허리끈을 두른다. 여성의 복장은 남성의 복장과 다소 다르지만, 희고 느슨하며 헐렁하고 몹시 방해가 되어 적절치 않다는 점에서는 둘이 모두 똑같으며 이처럼 바쁘고 더러운 세상에는 부적합하다.

음식

조선 사람은 단것에 낯설다. 그래서 네모난 설탕이 이 나라의 어린이들을 유혹해 본 적은 결코 없었다. 벌꿀은 드물게 사용한다. 조선 사람은 초콜릿, 크림, 퍼지, 스트로를 통한 단 소다 그리고 아이스크림을 열반과 연결 지어 꿈꾸어 본 적은 결코 없었다. 이들 대신에 조선 사람이 즐기는 것은 소금과 후추 종류이다.

조선 사람은 고추의 일종인 칠레 소스와 칠레 간장, 절인 것에 혼합되어 있는 소금과 붉은 후추 그리고 채소 국을 즐긴다. 이 나라의 음식을 먹으려고 노력하는 일반 외국인은 짧은 시간 내에 음식을 먹은 다음 그의 입을 벌려 찬 공기를 들이마시고 난폭하게 부채질을 한다. 그의 눈에 고인 눈물과 일반적으로 괴로워하는 모습을 보면 그가 담백한 쌀밥과 배추김치와 국과 콩과 간장 대신에 타고 있는 숯불을 먹었나 하는 생각이 들 정도이다.

이것이 조선 사람이 매일, 그리고 1년 내내 먹는 일반적인 식사이다. 조선 사람은 육식가가 아니다. 그들은 고기와 감자와 빵 대신에 쌀밥과 콩과 배추를 즐겨 먹는다. 그것은 매우 단조로운 음식물이지만 그들은 그것을 먹고 힘을 얻어 말처럼 일하고 대단히 무거운 짐을 운반할 수 있다.

언어

정신적으로 조선 사람은 중국 사람의 후예이지만 언어상으로는 일본과 관계가 있다. 조선 사람은 영어의 l과 r을 구별하지 않고 발음하는 반면에, 일본인은 girl을 게이루(gay-roo)라고, 중국인은 American을 Amellican으로 발음한다. 조선 사람은 심리적으로나 지리적 위치에서만이 아니라 더 커다란 의미에서 중국과 일본 사이에 위치하고 있는데, 이 점은 앞으로 더 명백해질 것이다.

한국어는 우리의 언어처럼 고정화된 일련의 법칙과 인쇄 문헌에 따라 인위적으로 구성된 것이 아닌 단순한 언어이다. 한국어는 서구라파의 의 복음서 시대에 해당된다. 왜냐하면 한국어로 『로마서』와 『갈라디아서』를 표기하는 데에는 상당히 힘들지만, 인생을 매우 아름답게 묘사할 수 있기 때문이다. 한국어는 생활의 단순함을 가장 적절하게 표현할 수 있지만, 한국어의 경어와 중국어의 파생어를 배우기는 대단히 어렵다.

이상한 복장을 한 몇 백만의 사람들이 서로 우정을 나누고, 도시와 산 그리고 햇빛과 비의 축복을 받아 흔들거리는 논 사이를 돌아다니고, 슬퍼하고, 고통하고, 시대에 대해 전혀 알지 못하고, 내세에 대해 무지하고, 자자손손 죽어 가고, 자기 만족의 담뱃대를 각자가 물고서 부유하고 재산이 증식되는 것 이외에는 아무 것도 바라지 않으며, 평화롭지 못할 때에도 인사말 대신에 평화, 평화라고 말하는 이와 같은 조선을 소개하는 묘사를 독자들이 이해할 수 있을까?

이와 같은 행진이 20년이 넘도록 계속되었지만, 시대를 구획하는 시계의 종소리가 울리자, 은둔의 문은 개화의 바람에 접촉된 이후 상당히 혼합된 전진의 힘에 의해 넓게 열렸다. 모든 것이 너무 빨리 그리고 급진적으로 변하기 때문에 우리는 우리가 어디로 가고 있는 것인지조차 모를 때가 있다. 이처럼 조용하고 순박한 사람들에게 아직 요란스러울 정도의 놀라움과 정치적인 대변혁과 형언할 수 없는 절망과 막다른 자멸이 도래하지 않았다.

그러나 이와 같은 모든 이상의 파멸과 붕괴 중에도 전에는 꿈도 꿔보지 못한 방문객들이 오고 있다. 그 가운데 한 사람이 베드로이다. 그는 다음과 같이 말한다.

> 당신은 신분이 낮은 사람인가? 나 역시 그렇다. 당신은 틀림없이 우수한 사람인가? 나 역시 그렇다. 당신은 승리를 갈망하는가? 나 역시 그랬었다. 오직 한 사람만이 나의 모든 고통을 해결했다. 나는 당신에게 그분의 이름

을 들려주겠다. 그분의 이름은 바로 예수, 예수, 예수이다. 그러자 베드로의 입술로부터 이 땅의 가장 먼 지역에 이르기까지 그 분의 이름이 마치 무선 전신에 의한 것처럼 진동하면서 퍼지기 시작한다.

다음에 오는 다른 설교자는 이해하기가 어렵다. 바오로가 그의 이름이다. 그는 다음과 같이 질문한다.

당신은 귀족이며 학자인가? 하나님은 귀족을 싫어한다. 그는 감사할 줄 모르고 불경한 죄인을 바라신다. 당신은 어떤 계급에 속하는가? 나는 꽤 높은 지위에 있을 때 하나님께로부터 얻어맞아 굴욕 가운데 그를 처음 인정했다. 세상으로 향한 너의 눈을 감고, 이제는 곧은길로 가라. 그리고 기도에 힘쓰라.

다른 설교자는 예수의 어머니이다. 마리아는 다음과 같이 말한다.

그렇게 많은 사람들이 예수 주위에 둘러서 있지만, 나는 그에게 가까이 갈 수 없었다. 내가 원한 것은 단지 그의 얼굴을 보는 것뿐이었다. 그는 다음과 같이 말씀하셨다. "누가 나를 원하는가? 나의 어머니인가? 당신네 조선 사람들은 나의 어머니가 그랬던 것처럼 애타게 나를 보아야 할 이유가 있을까? 그 여인이 사랑을 가지고 나를 쳐다본 것처럼 그렇게 나를 바라보아라. 그러면 당신은 나의 어머니요, 자매요, 형제가 될 것이다."

조선의 심장은 중국과 함께 고동친다. 압록강을 가로지르며 울리는 현은 여기에서 응답을 발견한다. 자물쇠가 조선을 조일 수 있는 것보다 더 단단하게 조선은 일본의 속박 아래 놓여 있다. 신은 일본으로 하여금 조선을 지배하게 함으로써 극동을 위한 계획을 가지고 계신 것일까? 조선은 세계의 두 강력한 문제의 나라인 중국과 일본 사이에서 계속 존속할 것인가?

참고문헌

1) **자원에 관해서**

Hulbert, *The Passing of Korea*, Ch. 1, pp. 274~275.

Bishop, *Korea and Her Neighbors*, pp. 14~18, 391~392, 445.

Underwood, *The Call of Korea*, pp. 20~22.

Noble, *Ewa : A Tale of Korea*, pp. 11~13.

2) **운송 제도에 관해서**

Hulbert, *The Passing of Korea*, Ch. 18.

Bishop, *Korea and Her Neighbors*, p. 128.

3) **최근의 발전상에 관해서**

Hulbert, *The Passing of Korea*, Ch. 34.

Bishop, *Korea and Her Neighbors*, pp. 434~443.

제 2 장 조선의 현재 상황

최근의 연표

게일(Gale) 박사가 그랬던 것처럼, 어째서 조선이 일본이 병합되었는가 하는 원인에 대한 논쟁은 피하는 것이 좋을 것 같다. 이 주제에 대해서는 신랄한 비난과 반박이 오고갔으며, 어느 쪽이 완전한 진실을 밝힌다는 것은 쉽지 않다. 그러나 개항(1876) 이후의 중요한 정치적 사건들을 간략하게 엮어 보고자 한다.

1876 : 한일수호통상조약 체결.

1883 : 한미[1] · 한독 · 한영수호통상조약 체결. 초대 한국 주차 미국 공사 후트(L. Foote) 부임.

1885 : 청국과 일본 사이에 천진조약을 체결하여 상호 지조함이 없이는 조선에 파병하지 않을 것을 약정함. 이로써 청국이 조선에서의 우월한 지위를 확보함.

1894 : 갑오농민혁명을 진압하려고 청국이 군대를 파병함으로써 청일전

1) 이 점에 대해서는 편집자가 오해하고 있다. 한미수호조약은 1882년 5월에 체결되었다.

쟁이 발생했고 이를 통해 일본이 조선에서의 우월한 지위를 확보함.

1895 : 을미사변 발생.

1896 : 아관파천 발생. 이를 통해서 러시아가 조선에서 우월한 지위를 확보함.

1898 : 니시 · 로젠 의정서를 통해 일본과 러시아는 조선의 독립을 보장하고, 피차간에 이를 침해하지 않을 것을 협의함.

1904 : 러시아의 조약 파기로 러일전쟁이 발발함. 조선은 행정 문제에서 일본의 자문을 받으며 일본은 조선의 독립을 보장할 것에 동의함. 사실상의 일본의 보호 통치가 시작됨.

1905 : 일본이 조선의 외교권을 박탈함(을사조약). 이토 히로부미가 초대 통감으로 부임.

1907 : 고종이 양위하고 통감이 완전한 통치권을 장악함.

일반적으로 일본은 러시아의 음모 가능성을 배제하려고 조선 병탄을 상정하고 있었다고 말하지만 이에 대해서 조선의 정부는 항상 회의적이다. 이토가 주도한 통치는 그가 퇴위시킨 대한제국보다 훨씬 능률적이고 근대화된 것이었다는 점에 대해서는 의심할 나위도 없다. 그런가 하면 한국인들은 일본 군대와 일본 거류민의 난행으로 고통 받고 있다고 주장하는 사람도 있다.

—편집자

수남이 이야기

나의 집 저편 언덕 위에 기와지붕을 한 자그마한 집에는 신 씨라고 하는 과부가 살고 있었다. 그의 가족으로는 시어머니와 이제는 어엿한 성인이 된 17세 된 아들, 14세 된 딸 그리고 사무엘이라는 네 살배기 막내아들이 있었다. 이 가정은 주위로부터 많은 주목을 끌지는 못했지만, 그 집안은 거기에 사는 비천한 사람들에게 중요한 의미가 있었다. 큰 아들인 수남이는 근심스러운 시절이 다시 시작되었을 즈음에 새롭고 강인한 집안의 기둥이 되어 있었다. 수많은 고난과 슬픔에 찬 계절을 통해 이 가정은 하나님이 이를 이겨나가게 할 것이라고 생각하면서 하나님을 믿고 의지하게 되었다. 그들은 독실한 기독교인이었으며, 수남이는 그들의 희망이자 기쁨이었다.

어제(7월 17일) 수남이는 억수같은 비를 맞으며 평양을 찾아가는 길이었는데, 나에게 "수남 익사"라고 알리는 전보가 날아왔다. 이 짧은 두 단어는 그 가련한 가정에게는 참으로 날벼락과 같은 것이었으며, 칼로 영혼의 중심을 완전히 갈기갈기 찢어 놓는 것이 아니었던가! 이러한 소식을 받고 나는 언덕을 가로질러 신 씨 집으로 달려갔다. 그들은 마침 작은 툇마루에 있는 아주 조그만 탁자에 둘러 앉아 저녁 식사를 하고 있었다. 나는 그들의 친구로서 활기와 희망을 가져다주곤 했기 때문에 그들은 나를 웃으면서 반겨 주었다. 그런데 이 무슨 끔찍한 일이란 말인가! 나는 이 모든 웃음을 형언할 수 없는 비애의 고통으로 바꿔 놓았던 것이다. 내가 먼저 말했다.

"소식을 하나 가져왔는데, 그것은 여러분들을 상심케 할 것입니다. 하지만 하나님은 우리 모두를 도와주실 겁니다!"

모든 이들의 얼굴은 즉시 고통스럽고도 불안한 표정으로 굳어졌다. 나는 이어서 이렇게 말했다.

"하나님이 수남이를 불러가셨습니다. 그는 익사했습니다."

14세 된 딸이 마치 한 발의 총성처럼 영혼을 녹일 정도로 와락 울음을 터뜨렸으며, 어머니는 고개를 떨군 채 아무 말도 하지 않았다. 이 소년에게 희망을 걸고 있었던 할머니는 하늘을 향해 가슴을 치켜들고 기도했다.

"오 아버지, 당신께 감사드립니다. 당신은 수남이를 주셨고 또한 데려가셨습니다. 그에게 축복내리소서."

황폐함

이러한 가슴 찢어지는 장면을 1천5백만 가족들에게 확대시키고 그들의 자그만 탁자를 이 황폐한 반도라고 생각한다면, 여러분은 조선이 우울했던 지난 몇 년 동안 어떻게 지내 왔는가 하는 것을 알게 될 것이다. 비탄에 젖은 소리가 높아가고, 희망과 열망 그리고 오랫동안 품어 온 소망들이 묻혀버리는 데 대하여 가슴이 두근거림은 표현할 수 없을 정도이다.

조선은 처음부터 가부장적 정부 형태였다. 관리들은 종종 경험 없는 젊은이들이었지만, 관직으로 말미암아 그들은 권위의 위엄과 직권으로써 점잖은 나이로 과장되고 미화되었다. 일반적으로 백성들은 그들의 자식에 불과했으며, 그들에게 아버지 행세를 하고, 붙잡아다 때리고, 구석에 세워놓고, 수업이 끝난 뒤에도 잡아두거나 풀을 뽑게 하면서도 당연하다고 생각했다. 그런데 마치 어린이들이 갑자기 소리치는 것과 같이 입을 벌린 채 그나마도 50세나 60세 된 사람의 목소리를 제외하고는 아무런 응답도 없다.

실정

이러한 제도 밑에서는 백성들이란 개별적으로 보면 아무것도 아니었으며, 옛날의 관습이 계속된다면 그렇게 되는 것이 당연하다고 생각했다. 그들은 억압받고 짓밟혔지만, 그것은 관습에 따라 취해진 억압이었으며, 관습은 법보다 상위에 있는 것이었다. 이것이 그들의 나라였으며, 그들은 외국인의 관습을 받지 않으면서 서로서로 자유로이 사랑하거나 죽일 수 있었다. 그들에게 애국심이란 자신의 일을 열심히 하고, 관리가 오랫동안 휘둘러 온 수탈로부터 멀리하는 것이었으나, 문호가 개방되고 서구의 생활 방식이 유입되자 이 모든 것이 바뀌었다.

이제 조선은 새로운 시대를 깨닫고 거기에 스스로를 맞추어야 한다. 그렇지 않으면 이 시대는 조선을 영원히 내던지고 분쇄하고 말 것이다. 지난 20년 동안 조선은 이 새로운 세력들과 연계를 가질 기회가 있었으나, 그렇게 되지 못했다. 그것은 생사에 관한 문제였으나, 조선은 그럴 수가 없었다. 많은 사람들이 그러한 사실을 알고 있었고, 그것에 대해 얘기했다.

고종황제

조선에서의 위대한 아버지는 그의 백성들을 유례없는 비탄의 상태로 빠뜨리고자 하나님이 선택한 폐위된 황제였다. 그런 상태 아래에서는 우리가 어떤 식으로 생각한다 할지라도 조선이 꿈꿔왔던 것보다 더 많은 희망이 가려진 것이다. 비록 황제가 20세기의 사람이 아니라는 사실과 또한 다른 외부 세력들을 잊고 있었다고 할지라도 그는 "짐이 곧 국가이다."라고 말했던 루이 14세처럼 말할 수 있었다.

고종의 걸음은 퇴보했던 것이다. 근세에 이르기까지 동양의 군주들은 움직이면서 퇴보적인 행진에 호감을 가져 왔거나 그렇지 않으면 그들의 시선은 아무런 희망도 없이 머리 뒤에 고정되어 있었다. 그들은 요순시대(기원전 2300)에 시선이 고정되어 있었기 때문에 아주 늦게까지도 그들이 어디로 가고 있는지조차 알지 못했고, 단지 그들이 태어난 과거만을 꿈꾼 채 모든 종류의 혼란 속으로 빠져 들어갔다. 퇴위한 황제는 그 자신의 땅을 비천하게 만들고자 하나님에게 이용된 도구에 불과했다는 것은 의심할 나위도 없다.

고종을 어떤 새로운 시대와 접촉케 한다는 것은 불가능했다. 그는 친절하고 점잖으며 종종 동정심에 가득 찼으나, 개혁을 하려는 생각은 그의 마음에 마성을 불러일으킬 것이며, 어제의 친구를 고문할 것이고, 그를 끌어내다가 당장 사지를 찢어 죽일 것이다. 그는 자신의 삶을 시험해 왔던 지난 20년 동안 모든 점에서 실패했다. 이것이 오늘날 조선의 지위를 정치적으로 고려하면서 기억해야 할 첫 번째 사항이다. 조선은 퇴위한 황제에 의해서는 그가 살던 시대와 접촉을 할 수 없었던 것이다.

일본

우리가 고려해야 할 또 다른 요소는 곧 일본이다. 왜냐하면 퇴위한 황제와 그의 백성들은 모두 일본을 몹시도 싫어했기 때문이다. 아주 옛날로부터 그들은 일본을 왜노, 도(島), 왜놈이라는 모욕적인 용어로서 지칭했던 것과는 달리 일본은 조선 사람들을 한객이라고 불렀다. 아무도 그들을 융화시킬 수 없었다. 종교는 어떤가? 일본인들은 부처와 신도에 기도했던 반면에 조선 사람은 공자를 숭배했다. 일본은 무(武)를 숭상한 것과는 달리 조선은 문예를 숭상했기 때문에 일본을 경멸했다.

조선의 통치자들은 당시에 살던 시대와는 동떨어져 있었다. 마음과 감정 그리고 전통에서 조선 사람들은 일본인들과 거리가 있었으며, 더욱이 여기에는 동일한 시대에 점차로 동일한 방과 침대를 차지하려는 세 가지 요소, 곧 20세기라는 시대 상황, 대한제국의 황제, 그리고 일본의 정신이 있었다. 그들 가운데 하나가 절망적이고 무저항적인 침묵 상태로 될 때까지 조선 사람들은 물과 불처럼 혹은 나무와 번개처럼 서로 상충했으며, 발로 채이고 산산이 부서지고 저항하도록 운명이 정해져 있었다.

황제와 백성들은 일치되지 않았다. 에슨 3세(Esson, 3rd)는 몇 년 전에 다음과 같이 기술했다.

> 대한제국의 황제는 백성을 신뢰하지 않고, 백성은 일본인을 필요로 하지 않으며, 일본인은 황제를 믿지 않는다. 그 반대의 경우도 마찬가지이다. 황제는 일본인을 불신하고, 일본인은 그 백성을 불신하며, 백성들은 황제를 경멸한다.

기독교

개혁은 수포로 돌아갔다. 가장 훌륭하고 개화된 사람들은 투옥되었다. 개혁이란 외팔이의 구황제 측에 서서 그를 따르고 보조를 맞추며 끊임없이 "황제 폐하 만세"라고 외치는 일본인들과 더불어 그 자신의 백성과 흐르는 세월에 대한 싸움이었다. 사람들의 마음이 두려움에 떨고 기독교 신앙으로 돌아서기 시작한 것은 바로 그때였다. 보다 현명한 사람들은 이렇게 말했다.

"세상의 모든 세력이 우리에게 밀어닥치고 있다. 만약 하나님이 도우시지 않는다면 우리는 쇠퇴하고 말 것이다."

그것은 조국의 절망적인 상태에 처한 조선 사람의 영혼에서 우러나오는 각성의 시작이었다. 한 때 내가 민영환의 저택을 방문했을 때 그는 내게 이렇게 말했다. "대한 제국을 위해 기도해 주시오. 아무도 우리를 도울 수 없다 할지라도 하나님은 우리를 도와주실 수 있을 것이오."

지난날에는 결코 하늘을 향해 쳐다보지 않았던 그의 눈망울이 이제는 불확실함 때문인지 하늘을 향해 있었다.

황제는 시대에 뒤떨어진 문명으로 말미암아 기원전 2000년의 상황에 머물지나 않을까 염려하면서 예로부터의 비밀스러웠던 옛날 방법에 따라 러시아와 접촉했으나 모든 조치는 그에게 등을 돌렸으며 일은 순조롭지가 못했다.

1905년 11월 17일 한밤중에 서울 정동에 있는 경운궁에서는 모든 오욕된 시대의 서막이 되는 첫 번째 조치가 이루어졌다. 거기에서는 온갖 부당한 처사가 행해지고 뉘우칠 수 없는 거짓말이 난무했다. 그것은 조선의 외교 업무에 관한 통제권을 일본 정부에 이양한다는 내용의 그 날의 을사조약의 체결에 의해 이루어졌다.

이러한 소식에 접하자 민영환은 대한제국은 이제 멸망했으며, 자신은 자결하겠노라고 결심했다. 그는 자신의 모든 이웃들과 스스로 격리하여 자신의 뜻을 담은 몇 통의 유서를 남긴 뒤 무디고 짤막한 은장도로 스스로 목숨을 끊었다. 그의 이름 주위에 크게 쓰인 "자기의 조국을 위해 죽는다는 것이 얼마나 기쁘고 훌륭한 일인가."라는 문장을 조선은 되새겨야 할 것이다.

위기

1907년 7월에 또 다른 위기가 닥쳐왔다. 구멍 뚫린 배를 타고 아주 오랫동안 항해해왔고, 그 틈을 막으려고 노력해 온 사람을 계속 채찍질해 왔던 대한제국이 침몰하고 있었던 것이다. 바다는 깊었기 때문에 러시아와 헤이그 밀사 사건, 헐버트(H. B. Hulbert), "하와이 교민의 청원",[2] 베델(E. T. Bethell)과 『대한매일신보』, 그리고 총에 의한 호소 등으로써 지푸라기라도 잡으려 했으나 모든 일은 수포로 돌아갔다.

1907년 7월 24일 한일신협약(정미7조약)이 체결되었으며, 그 결과로 황제는 축출되었다. 고종은 황제, 왕과 전제군주로서의 모든 권한을 새로운 세대에게 물려줄 것을 강요받았다. 극도의 반대도 아무런 소용이 없었으며, 저항도 없었다. 그를 영원히 내몰려는 일본의 의도를 뿌리치기에는 충분한 힘이 없었기 때문에 고종은 하는 수 없이 그에 동의하고 말았다.

일반 백성들이 판단하기에 이제 조선의 마지막 숨결은 끊어지고 소멸되었다. 일종의 열광적인 애국심은 자결, 혈서 그리고 게릴라전과 재래식 무기에 의한 저항과 같은 형태로 나타났다. 이는 아직도 상당한 정도로 계속되고 있지만, 경쟁 세력들에 의해 사로잡힌 계곡의 불쌍한 백성들은 조선의 실패한 과거로 말미암은 댓가를 치르지 않으면 안 되었다.

---

2) 이 청원서의 원문은 다음의 책에 수록되어 있다. F. A. McKenzie, *The Tragedy of Korea* (New York : E. P. Dutton & Co.,1998), pp.269~7 : "Appendix" : 신복룡(역), 『대한제국의 비극』(서울: 집문당, 2019), 부록.

조선이 이러한 위기를 어떠한 다른 방법으로 헤쳐 나가야 하는지, 그것의 옳고 그름은 어떤지 그리고 무엇을 하고 무엇을 하지 말아야 한지에 관한 문제는 우리가 다룰 문제가 아니다. 이것이 오늘날의 조선이다. 분명히 이러한 하나님의 계획의 목적은 이른바 "모든 것이 잃고 나는 아무것도 이룬 것이 없다."는 상태에 대한제국을 이르게 하려는 것이었다. 신 씨와 그의 가족처럼 백성들에게는 그 모든 짐을 하나님께 의지하는 것 외에는 아무것도 남아 있지 않았다.

우선 그들은 나라를 상실했다. 시민권을 갖지 못하고, 국가나 영사권의 보호를 받지 못한 채 국기나 국적 없이 순례자적인 생활을 해 온 사람들이 있었으나, 대부분의 백성들은 그런 상황 아래에서 불행함을 느꼈을 것이다. 바오로조차도 자신이 로마 시민이라는 사실을 떳떳이 밝혔으며, 부르베크 박사[3]와 같이 훌륭한 사람도 자신과 자신의 가족은 나라도 없고 거처할 곳이 없다고 느꼈기 때문에 일본이 그를 받아 줄 것을 간청하면서 일본의 문호를 두드렸다.

아직도 그러한 감정을 극복하고 의기양양하게 지상을 걸어 다니는 사람들이 있다. 약 12년 전에 요코하마에 한 중국인이 살고 있었다. 그의 직업은 칠장이었는데, 그는 여기저기에 울긋불긋한 페인트가 묻은 아주 더러운 옷을 입고 다녔다. 그는 기독교인이었으며, 매주일 교회에 나갔다.

"기도할 사람은 하시오."

목사가 말하면 요한은 결코 빠지는 일이 없었다. 그는 자신이 광동계 일본인이라는 사실을 기뻐했으며, 그것의 완전한 의미는 그 자신과 하나님만이 아는 것이었다. "지나상"이 기도할 때 방에 있는 많은 사람들은 만면에 웃음을 지었으며, 때때로 사람들이 잘 듣도록 하려고 손으로 입을 막아야

3) 부르베크(Guido F. Verbeck : 1830~1898) : 네덜란드 출신의 선교사. 미국에서 신학을 공부한 후(1852~1859) 일본으로 건너가 기독교 포교로 일생을 마침.

했다. 요한은 자신의 기도를 비웃는 사람들에 대해 관심을 갖지도 않았고 개의치도 않았다.

그는 하나님이 자기를 용서해 주셨다는 사실이 기뻤으며, 그래서 그는 비록 중국인일지라도 속세와 인연을 끊고 자신의 변발을 잘라 버렸다. 어느 날 한 조선 사람 친구가 그를 만나 물어보았다.

"대국의 존경하는 선생, 선생의 변발은 어디에 있소?"

"변발이오? 변발은 좋은 것이 아니어서 잘라 버렸소."

"하지만 선생은 감히 고국에 돌아가지 못할 것이니 나라를 상실하고 만 것이군요."

"빌어먹을 나라 같으니, 내 나라는 천국에 있소, 천국!"

요한은 하늘을 가리키며 이렇게 말했다.

희망 없는 사람의 희망

만약에 우리가 하늘을 쳐다보며 체념 어린 행복에 젖어 있던 요한의 심정을 조선 사람의 마음과 가정에 알려줄 수만 있다면 우리는 그것을 준비하려고 흘린 모든 피땀 어린 고통에 상응하는 어떤 일을 할 수도 있었을 것이다. 조선 사람들은 이렇게 말한다.

"나는 나라도, 시민권도, 국기도, 내 자신의 땅도 없고, 단지 뼈다귀만 남아 있을 뿐이다. 그것들은 차라리 없느니만 못하므로 안 보이는 데에 묻어 버려야 한다."

그리고는 세상의 후원을 받지 못하는 속세의 절망감이 그에게 다가온다. 그는 나라를 상실할 때가지 자기 나라가 어떤 가치를 지니고 있나는 사실을 알지 못했다. 그는 여러 세대에 걸쳐 나라를 비난하고 불명예스럽게 해왔다. 아직도 나라는 그의 것이었기 때문이다. 그러나 이제 나라는 멸망하고 그것을 다시 소생시킬 사람은 아무도 없다.

예전에 나라가 붕괴될 우려가 있었을 때에는 이용할 만한 지지 세력들이 있었다. 때때로 러시아를 이용했고, 그 다음에는 프랑스 그리고 간혹 중국이나 영국을 이용했다. 내 친구 김 씨는 이렇게 말했다.

"우리가 확신하고 있는 한미조약 제1조에는 다음과 같이 명시되어 있다. '만약 다른 열강들이 어느 한쪽 정부를 부당하게 대하면 일방은 그러한 경우를 통보 받는 즉시 우호적인 타협을 알선함으로써 우호를 표시한다.' 영국은 일본을 편들고 있고, 심지어는 미국조차도 우리 나라를 등졌다. 부르베크는 두드릴 문을 발견했을는지 몰라도 멸망한 한국으로서는 그럴 문조차 없다." "나의 왕국은 이 세상에 속해 있지 않다." "저항하지 마라." "왜냐하면 우리의 시민권은 천국에 있기 때문이다." "우리는 또한 토대를 갖춘 도시를 가지고 있는데, 그 건축자 겸 제작자는 하나님이다."

동화 같은 나라

실제로 이러한 상황에 놓인 불쌍한 조선 사람이 천국 문을 두드리고 예수의 이름으로 시민권을 신청할 수 있다는 것이 용인되고 있을 뿐만 아니라 그의 이름은 하늘 나라에 기록되고 있으며, 그러한 증거로 주어지는 행복하고 평화로운 마음은 마치 도교의 옛날이야기와 같은 것이다. 그것은 마치 부활하신 예수가 베드로와 그의 동료들에게 행한 말씀과 같다. 이는 여성들이 꾸며냈음에 틀림없지만, 건전한 정신을 지닌 남성들을 받아들일 수 없었던 그 어떤 것과 같은 것이다. 내 친구 김 씨는 다음과 같이 말한다.

우리는 왕이 없다. 우리가 모시고 있던 분은 과연 불쌍하고 임시방편에 불과했다. 그러나 왕이 없다는 것보다 더 좋은 것은 없다. 그는 결코 심판받지 않을 것이다. 그가 통치했던 기간 동안 떨어져나간 주요 관리들의 머릿

수는 놀랄 만하다. 그는 자신의 뜻대로 한다거나 백성들을 복종시키는 데는 강력했다. 그는 "시끄럽게 굴지 마라. 정부에 대해서 얘기하지 마라. 서로 싸우지 말고, 왕궁에 탄원서를 보내지 마라. 너의 쌀만 먹고 일만 해라. 그리고 착하게 지내라."고 말하곤 했다.

백성들이 독립협회를 운영하려 시도했을 때 황제 폐하는 "거리에서 집회를 갖거나 어떠한 종류의 얘기도 하지 말라. 그대들 모두는 집에 머물러 자신의 일에만 전념할 것을 명하노라."는 공고문을 종각에 붙여 놓았다. 그는 우리들에게 수갑을 채우고, 약탈하고, 몽둥이질하고, 교수형에 처하고, 사지를 찢어 죽였으며, 자기 자신과 그리고 진부한 미신 행위를 위해 존재해 왔다.

그러니 왕이 없는 것이 차라리 더 좋았다. 조선 사람의 마음에 아로새겨진 가부장 사상이 아주 깊었기 때문에 조선은 마치 여왕벌이 없는 벌들이 잘 무리를 짓지 못하는 것처럼 통치자의 방식을 따르지 않고서는 머리조차 들 수 없었다.

새로운 황제

20여 년 이상이나 저주를 받아온 끝에 고종은 그의 왕권이 소멸됨으로써 갑자기 명예스러운 자리에서 물러나게 되었다. 일본은 현 내각을 통해 순종을 왕위에 올려놓았으나, 김 씨는 그 사실에 대해 아무것도 모르고 있었다. 그는 거듭 "아, 오늘날 왕은 존재하지 않는다."고 말한다. 이와 같이 왕이 없어 풀이 죽은 1,500만 조선 사람들에게는 오래 전에 다음과 같은 글이 새겨져 있었다.

"당신 왕의 이름은 훌륭한 고문이요, 강력한 하나님이며 영원한 아버지이자 평화의 왕자이니라."

자기 왕국의 특성을 선포하는 날은 얼마나 좋은 날인가! 예수도 또한 동양인이었다. 또한 그는 왕권이 몰락된 데 대해 부끄러움을 느끼고 있었다.

그는 죄인들을 위해 그들과 함께 죽었다.

"그는 유대뿐만 아니라 일본 등 세상의 모든 왕국들을 자기 손아귀에 넣고 산다. 그는 시달림을 당해 당신들을 여기에 데려 왔다. 그는 당신이 일본인에게 복종하는 것을 배우도록 하려고 일본인들을 보냈다."

치아가 빠지고 광대뼈가 튀어나온 한 노인이 이렇게 말했다.

"나는 내 자신 국가의 관리로 있곤 했으며, 나의 마음은 이 나라에서의 행동으로 몹시 굳어 있었다. 그러나 예수를 믿게 된 이래로 그는 나의 왕이다. 나는 심지어는 일본인조차도 사랑한다. 태양이 지고 있는 서산들은 모두 찬란하게 비춰지고 있다."

호학

기자에 의해서 중국의 경서들이 최초로 조선에 도입된 기원전 1122년 이래 이 나라는 학문을 숭배하는 나라가 되어 왔다. 마제은으로 만든 신발이 중국을 대표하고, 양수검이 일본을 대표했기 때문에 조선으로서는 대나무로 된 붓이 특산품이 되었을 것이다. 붓으로써 벗을 사귈 수 있음을 알고 있으며, 붓을 꼿꼿이 세워 잡고 종이를 가로질러 한 획을 그어 일정한 부분에까지 이르게 한 다음 아래쪽으로 내리그어 끝부분이 약해지지 않게 하고, 좌우로 교차시키고, 점을 찍고, 마지막 획을 돌릴 줄 아는 사람은 행복하다.

이 모든 것을 배우는 데는 몇 년의 세월이 걸린다. 서양인의 무딘 손으로는 결코 그것을 할 수 없었다. 조선 사람이 서예를 통해서 느끼는 기쁨은 하늘 높이 오르는 것과 같다. 더욱이 글자를 읽는다는 것은 마치 신으로부터 들려오는 말씀을 해독하는 것과 같다. 서예를 아주 잘할 줄 아는 사람은 왕과 일반 평민의 존경을 받았다.

이러한 빼어난 기예를 장려하려고 정기적으로 과거가 열렸는데, 거기에는 전국 방방곡곡으로부터 많은 응시자가 참여했다. 많은 사람들은 과거에서 우수한 성적을 거두겠다는 청운의 뜻을 품고 몇 천 리 길을 내내 도보로 걸어 왔다. 비록 과거에 낙방했을지라도 응시자였다는 사실만으로도 의심할 바 없는 탁월함을 인정받았다. 과거에 급제한다는 것은 가장 훌륭한 찬사를 받는 것이었다.

서당

전국 방방곡곡에는 서당이 있었는데, 거기에는 많은 아동들이 글을 배우고자 모여들어 그날 배운 것을 모두 함께 소리 높여 따라 했다. 수업 시간의 1/3은 읽기를, 1/3은 쓰기를, 그리고 나머지 1/3은 작문을 했다. 학문과 교육이 매우 존중되었으므로 "서방"이라는 일반적인 명칭은 실제 "서당"을 의미하거나, 더 좋게 말하자면 "글 배우는 사람"을 일컫는 것이었다.

따라서 우리는 도처에서 "서방"이라는 말을 듣게 된다. 박 씨는 논에서 농사만 짓고 일생에 단 하루라도 공부를 해본 적이 없지만, 그도 또한 박 서방이라는 소리를 들으며, 자기 친구인 일꾼 곽 씨를 그는 곽 서방이라고 부른다. 학문에 따르는 찬사의 아주 조그만 부분조차도 함께 나누려는 바람에 의해 전국의 모든 사람들이 "서방"의 칭호를 듣는다.

서기 410년의 고트족과 반달족의 침입과 그에 따른 로마의 약탈도 조선 사람에게는 최근에 조선의 문호를 밀치고 들어온 세력들보다 더 잔인하게 여겨지지는 않을 것이다. 서구 문명과 20세기 그리고 일본은 참으로 무섭고도 야만스러운 결합체와 같은 것이다. 서세동점에 앞서 이미 조선의 이러한 모든 종류의 우상이 사라졌는데 그들 가운데 중요한 것은 중국의 학문이었다.

이제는 그것마저도 영원한 어둠 속으로 사라져 버렸다. 더 이상의 정기적인 과거도 열리지 않았고, 높은 명예를 얻고자 하는 희망에 부풀어 고전들을 탐닉하여 끝마치는 일도, 『주역』을 묵상하는 일도 더 이상 없다. 붓을 잡는다는 것이 불명예스럽게 되었으며, 총성이 “하늘 천 따지”와 그밖에 다른 서당의 문구를 외어대는 아동들의 음성을 대신했다.

성경의 진리

조선 사람은 본시 군자로서 지혜를 숭상하고 무예를 숭상하지 않는다. 조선 사람은 그의 신성함이 몰락한 데 대해 눈물을 흘리면서 무력을 사용할까 생각하며 칼을 만지작거리지만, 칼이 베드로의 것이 아니었던 것처럼, 그들의 소유가 아니었다. 그가 잃어버린 모든 것을 대신하려고 과연 그가 무엇을 할 수 있단 말인가?

그가 눈물짓던 바로 그때 그에게는 왕과 왕자들뿐만 아니라 양치기들과 농부 등 36명 이상의 저자들에 의해 씌어졌으며 세상에서 가장 오래된 책인 66권의 성서가 나타났다. 성서의 범위는 약 1천5백여 년에 걸쳐 있으며, 그것은 산문과 운문으로 된 역사와 교리 그리고 예언 등을 담고 있다. 그것은 과거, 심지어는 요순시대의 이면까지를 가리키고, 현대에 대해서는 왕과 같은 권위를 가지고 말하며, 그 초점을 미래에 대한 전망으로 돌리기도 한다.

성서는 또한 하나님의 존재는 무엇이며, 무엇을 행하였는가를 말해 주고, 인간의 문제와 그의 방황하는 상태를 해결해 주며, 인간을 구원과 승리, 그리고 평화의 장소로 인도해 준다. 그러한 저술이 존재했던 적이 있었으며, 이와 같은 시간이 존재했던 적이 있었는가? 그대의 영혼이 이 신성한 왕의 진리를 깨닫도록 모든 몸과 마음을 하나로 일치시켜야 한다.

고대의 고전에 대해서 결코 학자가 아니었던 몇 몇 인물들은 강력한 영향력을 지닌 사람이 되었다. 왜냐하면 그들의 마음은 모세, 다니엘, 이사야, 베드로, 바오로 그리고 요한과 같은 현인들의 말씀으로 가득 채워졌기 때문이다.

내외의 풍습

오늘날 사멸되어 가고 있는 옛 관습들 가운데 "내외"도 마찬가지의 운명을 지니고 있다. 내외는 안남이나 인도의 신이 아니라, 오랫동안에 익숙해진 한국의 관습이다. 그것은 젖먹이를 등에 업고 생활의 단조로움에 묻혀 지내는 아내를 잊어버린 남성들의 입장에 볼 때, 영광을 드러내고자 깃털을 달고 온몸에 붉은 칠을 한 인디언과 같은 것이 되어 왔다. "내외"는 "안팎", "죄인과 자유인" 그리고 "여성과 남성"을 의미한다. "내외"라는 말로 말미암아 조선의 여성들은 점차로 인식의 세계로부터 노예와 억압의 세계로 사라져갔다.

여성의 자유

아득한 옛날부터 여성들은 감금되어 왔고, 매매되는 죄인 취급을 받아 왔음을 역사는 보여주고 있다. 때때로 사람들은 여성이 질곡 상태보다는 낫다는 사실을 상기시키고 그의 존재와 영향력을 느끼도록 해왔지만, 여성의 세계는 억압과 절망으로 가득 찬 검은 장막으로 드리워진 지역이 되었다. 예수는 세계 여성들을 해방시키려고 왔다.

예수는 여성들이 또다시 그러한 비참한 상태에 빠져들지 않도록 하려고 여성들을 질곡에서 해방시키는 방법을 알고 있는 유일한 사람인 것 같다. 조선의 여성들은 가장 밀폐된 갑판 밑에 감금되어 있었다. 그러나 20세기는 예수의 이름을 소리 높이 외치고, 모든 여성들은 해방되었노라고 선포하면서 다가왔다. 커다란 희망뿐만 아니라 그에 못지않은 위험이 뛰따르는 것과 같은 "내외"라는 중앙 벽을 허물어뜨리는 참으로 놀랄 만한 일이 일어났던 것이다.

새로운 시련

몇 년 전까지만 해도 햇빛이나 활짝 열린 창공을 결코 본 적이 없었던 조선의 상류 여성들은 갑작스레 무턱대고 공적인 기능을 수행하도록 떠밀려 들어갔으며, 술을 마시고 모든 종류의 신분을 지닌 남성들과 다정하게 지내도록 요구받았다. 전례도 없었고, 그에 수반되는 지식이나 미래에 대한 성숙한 통찰력을 지니고 있지 못했기 때문에 이들 여성들은 "내외"에 대한 모든 보호 수단이 사라짐과 더불어 오히려 불확실한 상태로 휘말려 들어갔다.

색깔

동양에는 색채가 다양하기 때문에 아주 눈에 띄게 극단적인 것도 눈에 알맞게 적응시키는 방식으로 조화시킬 수 있다. 그러나 그러한 세계에서 벗어나 서양의 색조를 살펴보면, 녹색은 자홍색과는 대조적이며, 진홍색과 적색은 상충된다. 따라서 옷에도 챙이 넓은 모자와 가슴이 움푹 팬 블라우스는 젖가슴을 꽉 조여 맨 검은 치마와는 어울리지 않는다. 한때 꿈에 잠겨 있던 동양의 여성 세계가 오늘날과 같은 따가운 햇살 아래 드러나게 되었다는 사실은 얼마나 서글픈 것인가!

희망의 예수

희망은 어디로부터 오는가? 심지어 예수를 믿지 않는 사람들조차도 그것이 예수 그리스도로부터 온다는 사실에 대해서 일치하고 있는 듯하다. 동양의 여성은 예수를 믿음으로써 관습이 허물어지는 것에 의연히 대처할 수 있을는지 모른다. 며칠 전에 기독교인인 한 관리가 찾아와, "우리 나라 여성들은 그들을 보다 질곡으로 빠뜨리기 위해 괴롭혀 온 노예 상태에서 해방되었

민영환(촬영 : 언더우드)

이토 히로부미(촬영 : 언더우드)

습니다. 하나님의 자비가 그들을 보호하고 지켜 주시기를 빕니다."라고 말했다.

도홍이

나는 글을 쓰고 있을 때 "도홍(桃紅)"이라고 불리는 사람의 얼굴을 보았다. 그 여인은 몸을 파는 하류 계층의 무녀였다. 복고라는 말은 그 여인에게 어울리지 않았다. 왜냐하면 그 여인은 결코 온당하게 살아오지 않았기 때문이다. 그 여인은 타락된 곳에서 태어나 이제까지 살아왔다. 그 여인을 둘러싸고 있던 세계의 벽 저편에서는 사실상 하나님 자제이시고, 하나님과 같이 순수하고 현명한 사람인 예수에 관한 이야기가 들려왔는데, 그는 버림받고 타락한 여성들을 사랑한다는 것이었다.

도홍은 지난날에 결코 그러한 분에 관한 얘기를 들어본 적이 없었다. 그 여인의 영혼은 병들어 있었고, 따라서 그 여인은 과연 자기가 "당신을 사랑한다."고 말하는 예수를 만날 수 있을는지, 그리고 그가 실제로 영혼의 상처를 치유해 줄 수 있을지 의아하게 생각했다. 그 여인이 언제, 어디서, 어떻게 예수를 만났는지 나는 알지 못한다. 그러나 나는 그 여인이 예수를 만났으리라고 확신한다. 7년이라는 세월이 흘러갔고, 내 생활에서 도홍이라는 이름도 스쳐 지나갔다. 그것은 내게 밀어닥쳤던 수많은 사람들의 이름 속에서 잊혀졌다.

어느 주일날 약 2천 명가량의 신도들이 모인 커다란 예배당에서 설교를 한 뒤 이 사람 저 사람이 다가와 "평화가 있으시길" 하고 인사를 나누고 있을 때 내 앞에는 알 듯 모를 듯한 미소 띤 얼굴이 나타났다.

"저를 기억하지 못하세요? 7년 전에 제게 세례를 주셨죠, 저의 옛 이름은 도홍이었어요."

한때 별로 가치를 지니고 있지 않았던 이 여인은 7년이라는 세월을 통해 빛과 자유와 성숙된 우아함을 지니게 되었다. 유럽 도처에 걸친 바오로의 전도와 같이 몇 백 마일에 걸친 산으로의 오랜 여행 끝에 도홍의 지칠 줄 모르는 발은 퉁퉁 부르터 버렸다. 7년 동안 그것은 승리의 순례였으며, 그 여인은 오늘 이 순간 주님께 넘쳐흐를 정도로 감사드리는 마음을 지니게 되었다.

그 여자의 옆자리에는 한때 "내외"라는 두려운 형태에 의해 감금되고, 막으로 둘러쳐지고, 격리되고, 가려졌으며, 또한 거만하기 이를 데 없어 도홍과 같은 비천한 사람은 거들떠보지도 않았던 조선의 저명인사의 부인인 이 씨가 앉아 있었다. 오늘날 그들은 함께 앉아 있으며, 이 씨 부인이 말했다.

"당신은 성서에 대해 참으로 많이 알고 있군요. 당신이 읽은 것을 내게 들려주세요. 당신은 진실로 소중한 분이에요."

예수는 이 씨 부인이 이 북적거리는 예배당에 올 수 있도록 "내외"라는 벽을 허물었던 것이다. 그는 이 두 여성들을 갈라놓은 틈을 메워 주었으며, 이 가련한 무녀를 이미 부서진 "내외"의 생활에서 그리고 그 여인이 놓였던 노예 상태에서 구출해 주었다. 확실히 이처럼 여성의 세계가 무너지고, 가로놓인 벽들이 무너져 내리는 어느 날에 우리는 새롭고 보다 좋은 길을 가리켜 주는 복음이 필요한 것이다.

얼굴을 의미하는 "모양"이라는 단어는 극동에서 광범하게 퍼져 있으며, 조선 사람의 마음에서 첫 번째로 차지하고 있는 요구 사항 가운데 하나이다. 옷이 아무리 멋지더라도 얼굴이 잘 생기지 못하면 남성은 불리한 입장에 서게 된다. 만약 얼굴에 주름살이 지고 머리칼이 빽빽하게 곤두선다면 그러한 모양을 지닌 사람은 칼라일(Thomas Carlyle)이 되어 『의상 철학』[4]를 썼을는지도 모르지만, 그렇다고 해서 그를 어떤 야만의 상태로부터 회복시킬 수는 없는 것이다.

아마도 원세개의 얼굴은 둥글고, 잘 생기고, 모든 위엄을 갖추고 있으며, 보기에 호감이 가고, 당당하고, 오묘한 조선 사람의 전형적인 모습에 거의 일치된다고 할 것이다. 이러한 주장은 외모를 나타내는 것이지만 인간에게 진실로 문제가 되는 것은 속마음이다. 이러한 사실은 부끄러운 일을 당하고 그것이 남에게 알려졌을 때 "면목이 없다."고 말할 경우 잘 나타나고 있다. 조선 사람은 "얼굴"에 대해 말을 하는 데는 겉으로 태연자약하면서도 이상할 정도로 얼굴에 마음을 쓰고 있다.

소음

에슨 3세는 다음과 같이 글을 쓰고 있다.

---

4) 『의상 철학』(*Sartor Resartus*) : 영국의 문필가인 칼라일(T. Carlyle : 1795~1881)의 자전적 소설.

길 건너편에 살고 있는 내 이웃은 자신의 옥수수대로 둘러쳐진 말뚝 주위에서 지난 이틀 동안 으르렁거리고 이빨을 드러내며 짖어 대는 약 17마리의 개를 기르고 있었다. 온갖 귀에 거슬리는 소리가 몇 차례나 반복되어 들려왔다. 나는 오늘 아침 그 이웃 남자와 그의 부인에게 그들이 그토록 소란스러웠던 이틀간을 견딜 수 있었던 그들의 집이 무엇으로 이루어졌는가, 나무냐, 진흙이냐 그렇지 않으면 메마른 뼈대이냐에 대해 물어 보았다. 그 조선 사람 친구들은 내가 의미하는 바를 이해할 수 없었다. 그들은 말은 이해했지만, 그 의도하는 바는 이해하지 못했던 것이다. 이들 개의 소음에 최 씨 부부가 견딜 수 있었던 것은 무엇 때문이었는가?

최 씨나 최 씨 부인은 평온한 상태에 있었고, 그들 모두 얼굴을 찡그리지 않았다. 그 여인은 자기 영혼에 동양을 뒤흔드는 온갖 소음으로 안절부절못하는 병에 걸린 듯한 동요는 느끼고 있지 않았다. 나는 최 씨 부인과 예컨대 칼라일 사이에는 차이가 있다는 인상을 받았다. 개들의 으르렁거리고 이빨을 드러내며 짖어 댄 이틀 뒤에도 그 여인은 아주 평온한 상태였으며, 그 여인의 영혼은 행복하게 휴식을 취하고 있었다. 칼라일은 길 건너편의 조그만 개를 수중에 넣기 위해 하룻밤을 보냈다. “아침 5시까지 훌륭한 돌담 옆에서 오른 손으로 그놈의 튼튼한 뒷다리를 잡기 위해 1기니의 금화를 썼을 것”이라고 칼라일은 말했다.

지난 이틀 동안 17마리의 개들에게 시달린 뒤에도 동요하지 않았던 최 씨 부인은 어떤 사람에게 젖어들 수 있는 악마와 같은 마음의 상태란 과연 어떤 것일까를 생각했다. 칼라일이 이 정도로 신경 거슬리는 상태에 처했더라면 그는 아마도 죽었을 것이다. 그러나 그 죽음은, 자신은 모르지만 다른 사람들은 잘못 되었다고 생각하는 어떤 이유 때문에 일어난 것이다. 인간의 마음속에 있는 전마와 그 갈기를 치켜세우는 방법으로는 나 자신이 “대부분이 바보”인 4천만의 다른 영국인들과는 다르다는 느낌을 갖는 것보다 더 좋은 방법은 없을 것이다. 그러나 조선은 그렇지 않다.

체면치레

최근의 정치적 실패 가운데 최악의 것은 조선이 "얼굴"의 상실과 더불어 파멸되어가고 있다는 사실이다. 이것이 바로 민영환이 자결한 이유이며, 현재라는 상황이 조선 사람들에게 치욕적인 죽음의 의미를 깨우쳐 준 이유이기도 하다. 조선 사람에게는 어떤 재산을 잃는다는 것도 체면과 같이 고유한 형태가 파멸되는 것만큼 죽음의 이유가 되지 못한다. 형언할 수 없는 굴욕감이 조선 사람의 영혼을 사로잡았다. 그들은 이렇게 말한다.

"나는 무슨 낯으로 전 세계를 바라볼 수 있으며, 무슨 낯으로 황천에 있는 내 조상들의 영령들을 대할 수 있단 말인가?"

지금의 입장이 아무리 부당하게 보이고, 설혹 현재가 절망적인 과거와 비교해 볼 때 더 나은 것이 없는 것처럼 보일지라도 조선 사람은 그렇게 생각하지 않는다. 내 친구 김 씨는 이렇게 말한다.

"체면을 잃었으므로 영원한 굴욕만이 나의 영원한 운명이다."

그가 미래의 입구에 "여기에 들어오는 자는 모두 희망을 버리시오"[5]라는 의미의 "절망문"이라고 크게 썼을 경우 오늘날과 같은 시기에 아주 궁핍한 사람들에게 부름 받은 선교사가 되어, "내가 당신에게 읽어 줄 동안 잘 들으시오. 나의 영혼이여, 왜 그대는 낙담하는가? 또한 그대는 왜 내 안에서 불안해하는가? 하나님께 희망을 가지시오. 왜냐하면 나는 나를 도와주시는 분이신 하나님을 찬미할 것이기 때문이오."라고 말할 수 있다는 것은 얼마나 기쁜 일인가?

"하나님이 진실로 '얼굴'의 상실을 치유해 주실 수 있는가?"

이 점이 늘 의문이었다. 하나님이 치유해 주실 수 있다고 생각하는 사람

---

5) "여기에 들어오는 자는…" : 단테(A. Dante)의 『신곡』 가운데 지옥편 제3곡 7에 나오는 문구로서, 지옥 문설주에 걸려 있다.

들은 그를 시험해 왔고, 그렇지 못하다고 생각하는 사람들은 그러질 않았다. 원더풀(T. J. Wonderful)이라는 이름의 한 젊은이가 지난 수요일 집회에서 연설을 했는데, 그는 스물두 살 먹은 학생이었다. 그는 이렇게 말했다.

> 내 영혼에 하나님의 메시지를 영접하기 이전까지만 해도 나는 나라의 대신을 감탄스럽게 바라보았고, 그를 모든 것의 극치라고 생각했다. 그러나 그런 시간이 지나자 모든 세상은 변했다. 감탄 대신에 단지 연민의 동정만이 남았을 뿐이며, 그도 또한 하나님을 믿었을는지도 모르는 기도자에 불과했다. 타락한 모습을 지닌 세상에서 하나님처럼 도움을 주시는 분은 없다.

조선은 다른 나라들과 마찬가지로 사람들의 삶과 운명 그리고 자유를 지배하는 힘을 좋아한다. 조선에서는 백만장자의 왕이 편안하게 보이지는 않지만 공식적인 왕들은 항상 존재해 왔다. 또한 학식을 갖춘 왕과 고대풍의 귀족 정치를 하는 왕들도 존재하고 있다. 권력이란 달콤하지만, 그것을 소유할 수 없을 경우에, 지속적일 수만 있다면, 그 차선책으로 권력을 소유하고 있는 사람을 존경하고 찬미하게 된다. 오늘날 권력은 조선의 수중에서 벗어나 찬미할 수 없는 사람의 수중으로 흘러들어갔다. 여기에서 절망감이 나타나게 된다. 명목상 권력은 아직도 왕의 것으로 남아 있지만, 그것은 단지 우리가 보는 환영이거나 아주 극소한 부분에 불과할 뿐이다.

관료

옛날에는 세금을 부과하고, 거두고, 지불하고, 전달하는 것이라든가 그 밖에 다른 행정의 세부 사항들은 "뇌물 징수"를 위한 무한한 구실을 마련해 주었으며, 이로부터 조선의 가장 커다란 국가적인 죄악 가운데 하나가 발생했다. 오늘날 세금은 일본인 관리의 허락을 받은 뒤에 지불하거나 받는 것을 제외하고는 조선 사람의 손을 통해 건네지지 않는다. 이것은 긴 항목에 걸친 국가적인 비행의 논리적 결과이지만, 그렇다고 할지라도 그것은 가혹한 것이다. 황금빛 쌀의 수확과 길게 뻗은 콩과 수수의 행렬은 시정을 상실했으며, 단조롭고 무색한 것이 되어버렸다.

지난날에는 관직을 추구하고 임명하는 분야가 있었다. 권력 싸움이 치열했으며, 거기에서 승리한 자는 전리품과 더불어 영예롭게 되었다. 모든 적대 세력들을 물리치고, 양손에 권력을 움켜 쥘 수 있었던 사람은 행복했다. 오늘날 이러한 모든 고도의 특권은 통감의 수중으로 들어갔다. 그런 것을 생각한다는 것은 마치 스스로를 흔들어 깨어나고자 하는 악몽과 같다. 그러나 그는 꿈이 현실이고, 바랐던 현실은 단지 꿈이라는 사실을 발견하게 된다.

교육

또한 모든 교육 문제도 한때 무식한 섬나라의 야만인들이라고 생각되었던 일본인들의 수중에 들어갔다. 그들은 학습 과정과 장학금, 학제, 교사, 그리고 학문 분야에 관계되는 모든 것에 대해 결정을 내린다.

채광권과 세관

4천 년 전, 하나님이 이 땅에 부여하신 야산에는 금과 은이 풍부했었는데, 광부들이 그것을 손으로 파헤치기 전까지는 그대로 방치되어 있었다. 조선 사람들은 그곳을 사람 대신 백색과 청색의 악마[6]들로 채워 놓고, 만약 누군가가 감히 그 등이나 꼬리[7]를 베어 버린다면 무시무시한 파멸을 가져오게

6) (원저자 주) 풍수지리설에서 말하는 "백호"와 "청룡"을 의미함.
7) (원저자 주) 아직도 서울 거리에는 돌로 감싼 용의 등이 보이고 있다.

될 것이라고 위협했다. 그 결과 하나님은 그 산들을 조선 사람으로부터 빼앗아 다른 사람들에게 건네주게 되었으며, 조선 사람은 광산을 소유하기는 커녕 이권을 양도할 능력도 갖지 못하게 되었다. 하트 경[8]에 의해 조직되고 브라운 경[9]에 의해 발전된 세관도 또한 외국인의 수중에 놓여 있으며, 모든 달러는 그곳으로부터 흘러나왔다.

군인

궁궐 문을 지키거나 활짝 트인 광장에서 훈련을 받던 군인도 자취를 감추었다. 군인은 사라져 버렸고, 그의 나팔 소리조차도 우리에게는 남아 있지 않다. 군인은 국가의 힘과 명예의 대표자로서 멋지게 받들어총을 하고 서 있거나 왕이 지나갈 때 경례를 붙이기도 했다. 그러나 이제 그들은 사라졌다. 아직도 매미가 울고, 청개구리가 울부짖으며, 농부가 밤에 종종 쉰 듯한 떨리는 목소리로 노래를 부르지만, 군인의 귀에는 더 이상 소등 나팔 소리가 들리지 않으며, 기상 신호는 잠잠하기만 하다. 엘리사[10]가 보았던 것과 같은 천국의 군대만이 먼 산을 가득 채우고 있을 뿐이다. 멀리서 들리는 속삭임처럼, "천국에서 내게 주어진 모든 권능은 땅에도 있다. 나의 생활을 받아들여라. 나와 동행하면 너의 모든 행동은 승리를 거두게 되리라"는 말

---

8) 하트경(Sir Robert Hart : 1835~1911) : 영국의 외교관. 중국 주재 영국 대사관에 근무하다가(1854~63) 그곳의 세관 총세무사(1863~1906)가 되어 관세 제도를 확립시켰다.

9) 브라운(John McLeavy Brown : 1842~1926) : 영국의 외교관이며, 법률학자, 법학박사. 중국에 진출하여 북경 주차 영국 공사관의 문부사(1864~72), 참찬관(1871~72), 해관(1872), 세무사(1877) 등을 지냄. 영국의 대한 진출의 일환으로 1893년 탁지부의 고문으로 부임했다가 러시아의 압력으로 1897년에 퇴진했다. 그 뒤 북경 주차 영국 공사관 참찬관(1906)으로 봉직함.

10) 엘리사(Elisha) : 『구약성서』 열왕기 上 19 : 16, 열왕기 下 2 : 13에 나오는 히브리의 예언자, 엘리야(Elijah)의 제자이자 후계자임.

혼례(대례청)

혼례(신랑이 들어오는 모습)

이 들려온다.

이토록 가혹한 시절이 이제까지 존재해 왔다. 증오와 의심, 투쟁 그리고 그에 따르는 살인과 방화, 가난, 눈물 그리고 자살 등은 백성들의 영혼을 갈기갈기 찢어 놓았다. 담뱃대와 펜과 같은 부드러운 방법에 익숙해져 있었던 사람들의 손은 소총과 총검 그리고 권총의 사용으로 말미암아 냉혹해졌다. 정부 문서는 매일 수많은 폭도들이 체포되고, 부상당하고, 사살되고 있다고 보고하고 있다. 어떻게 사람들은 증오하고, 거짓말하고, 도둑질하고, 죽일 수 있단 말인가? 그것은 동양에서만은 들어보지 못한 옛날이야기이다. 누가 거친 바다 위에 기름을 부을 수 있는가?

갈릴리를 가로질러 온 태풍이 격노하여 베드로와 요한 그리고 그들의 동료들을 으스러진 바위로 향해 몰아칠 때, 누가 갈릴리에다가 말을 할 수 있으며, 그러한 때에 누가 손을 치켜들고 "그만, 멈추라!"[11]고 말을 할 수 있단 말인가? 누가 실패한 사람, 이를테면 칼을 써보았으나 목적을 달성하지 못하고, 거짓말을 하며 맹세하고, 더욱이 자기 마음을 증오와 근심으로 가득 채우는 쓸모없고 이성을 잃은 헛된 방관할 수 있으며, 누가 그러한 사람을 눈빛으로 감동시켜 그가 무릎을 꿇고 참회의 눈물을 흘리게 할 수 있는가?

누가 감옥 문에다 대고 "원상으로 복귀하라"고 말할 수 있으며, 시저의 모든 호위병들에게 "내 길을 막지 말라!"[12]고 말할 수 있는가? 누가 말할 수 있으며, 오랫동안 마비된 귀로 들을 수 있는가? 누가 슬픔에 젖은 땅을 기쁨이 충만한 땅으로 바꿔 놓을 수 있는가? 누가 나의 잘못을 잊게 하고, 내가 미워했던 사람을 사랑하게 하며, 내가 나쁜 짓을 해왔던 사람으로 하여금

---

11) 예수께서 갈릴리 호수의 파도를 잠재운 기적을 비유한 것임. 『마태오복음』 8 : 26, 『마르코복음』 4 : 39, 『루카복음』 8 : 24 참조.

12) 시저(J. Caesar)가 마지막으로 원로원에 들어가던 날, 브루투스의 암살 계획을 알고 있던 호위병들이 그의 발길을 막았을 때, 시저는 그들에게 물러설 것을 명령하고 원로원으로 들어가 살해되었다.

나를 사랑하도록 할 수 있는가?

누가 영을 선택하여 모든 시대에 이르기까지 그것을 증가시킴으로써 무한대에 이르게 할 수 있는가? 누가 유목과 같이 떠도는 보잘 것 없는 갈릴리 지방에서 거의 성인과 같은 베드로라는 존재를 낳게 했는가? 누가 조선과 일본을 하나의 깨지지 않는 사랑의 결속으로 함께 묶어 그들의 상호 불만을 잊게 하며, 그들을 그 조상의 이름의 영광을 드러내기 위한 강력한 백성으로 만들 수 있단 말인가?

참고문헌

1) 최근세사에 관해

Hulbert, *The Passing of Korea*, Chs. 8~14.

Bishop, *Korea and Her Neighbors*, Chs. 21~23, 31, 36~37.

Gale, *Korean Sketches*. Ch. 11.

2) 조선의 실정에 관해

Hulbert, *The Passing of Korea*, Ch. 3.

Bishop, *Korea and Her Neighbors*, pp. 101~102, 329, 446~448.

Gifford, *Everyday Life in Korea*, p. 57.

3) 왕의 성품에 대해

Hulbert, *The Passing of Korea*, Ch. 27.

Bishop, *Korea and Her Neighbors*, pp. 257~258, 433.

제 3 장 한국인의 신앙

조선 사람의 생활에는 개인이나 집단적인 인간들이 가지고 있는 혼성된 종교적 신념에서 볼 수 있는 바와 같이, 고색창연한 문명이 뚜렷하게 발현되지 않는 곳이라고는 하나도 없다. 우리는 이러한 모든 문제들을 각기 나누어 취급하지 않을 수 없지만 모든 조선 사람들의 마음속에는 이러한 문제들이 뒤엉키어 있다는 점을 독자들은 잊어서는 안 된다. 바꾸어 말해서 논리적인 점에서 보면 조선 사람들이 신봉하는 여러 가지의 상이한 의식들은 서로가 상충되지만 그들의 내부적인 면에서는 아무런 적의를 느끼지 않고 오히려 몇 세기에 걸쳐 서로 익숙해지는 동안에 하나의 종교적인 혼성물을 이루었으며, 조선 사람들은 이러한 혼성물 가운데 자기가 좋아하는 요소를 취하면서도 그 나머지에 대해 아무런 멸시의 감정을 나타내지 않는다.

그러므로 조선 사람들은 이와 같은 혼합된 종교 가운데 어느 한 측면만을 배타적으로 준봉할 필요는 없다. 마음 한 구석으로는 불교적 요소에 의존하고 있으나 어떤 때에는 조상으로부터 전해 내려오는 물신교적 미신을 믿을 수도 있다. 일반적으로 말해서 조선 사람들은 사회적으로는 유교도이며, 철학적으로는 불교도이며, 고난을 당할 때에는 영혼숭배사이다. 따라서 어느 조선 사람의 종교가 무엇인가를 알려면 그가 고난에 빠졌을 때에 어느 쪽으로 기우는가를 살펴야 한다. 만약 그가 고난에 처해 어떤 신앙에 경배한다면 그때야말로 그의 진지한 신앙심이 나타날 것이다.

조선 사람의 밑바닥에 깔려 있는 신앙은 원시적인 영혼 숭배 사상이며 그 밖의 모든 문화는 그러한 신앙 위에 기초를 둔 상부 구조에 불과하다고 내가 결론을 내리는 것은 바로 그와 같은 이유 때문이다. 여기에서 원시적인 영혼 숭배라 함은 정령설, 샤머니즘, 물신교적 미신 및 자연 숭배 사상을 일반적으로 포함하는 것이다.

— 헐버트(H. B. Hulbert)

조선이란 나라에는 특별한 종교가 없는 것 같다. 도성에는 사람들이 거주하는 주택보다 더 높이 솟은 커다란 사찰도 없다. 눈에 띌 만한 성직자도, 대중이 기도 드리는 장소도, 종교를 믿는 신자도, 신앙심이 깊은 고행자도, 그리고 주위를 배회하는 신성한 동물들도 없다. 종이나 성경책이나 촛대를 파는 곳도 없고, 향기가 깃든 물건이 담긴 그림도 찾아볼 수 없다. 만일 종교가 인간의 영혼의 문제를 떠나 정신의 문제를 다루는 것으로 본다면 조선 사람은 역시 신앙심이 깊다. 그들은 신성한 성경책들을 소유하고 있는 무릎을 꿇고 기도를 하며 신과 영혼과 천국과 더불어 대화한다. 우리는 다음과 같은 말을 수없이 들었다.

신은 옳은 일을 행한 사람에게 축복을 내려 주고, 그릇된 일을 행한 사람에게 정신적인 고통을 가하느니라.

만일 우리가 신의 말씀을 따른다면 우리는 생존할 수 있으나, 신의 뜻을 거역한다면 우리는 이 세상에 존재할 수 없다.

신은 인간들 사이에서 나도는 밀담도 우뢰처럼 듣고, 어둡고 침침한 방에서 꾸미는 음모도 번쩍이는 번갯불처럼 알 수 있다.

이 몸이 죽고 죽어 일백 번 고쳐 죽어

백골이 진토 되어 넋이라도 있고 없고
임 향한 일편단심이야 가실 줄이 있으랴.

미신

조선에서의 조상 숭배는 불교, 도교, 영혼 숭배, 신성, 풍수지리설, 점성술, 물신 숭배 등이 복합된 이상한 종교이다. 용은 하나의 중요한 역할을 담당한다. 귀신은 곳곳에 충만해 있다. 도깨비가 많아, 온갖 곳에 나타나 장난을 친다. 죽은 혼들이 여기저기서 나타나며 유령이 주위를 맴돈다. 언덕, 나무, 강은 물론이고 질병이나 땅 속과 허공에 각기 의인화된 정령이 있다. 그 가운데 몇 가지는 인간의 욕구를 만족시키지만 대부분은 인간 자신의 불길한 비애를 담고 있다. 그리하여 쉽사리 의가 상하기 쉽고, 성질 면에서도 아주 변덕스럽고 남을 즐겁게 한다는 것은 어려운 일이다.

모든 인간에게 처분대로 내려지는 영적 세계는 저승[1]과 마찬가지이다. 그 심술쟁이들이 여호수아[2]의 시대에 나타나는 아모라이트족[3]의 왕처럼 싸운다는 것은 어려운 일이다. 튼튼하고 건실한 손으로 그 심술쟁이를 칠 수도 있지만, 머리도 없고 그렇다고 해서 눈에 보이는 신체 부위도 없는 터에 어느 누가 그 유령과 망령과, 가족의 죽음을 울음소리로 예고하는 요정을 이겨낼 수 있을 것인가?

---

1) 저승(Hades) : 희랍 신화에 나오는 황천(지옥)을 의미함.
2) 여호수아(Joshua) : 구약성서에 나오는 이스라엘의 선지자. 모세의 후계자로서 가나안 건설을 마무리지었다.
3) 아모라이트족(Amorites) : 모세가 도착하기 이전에 이미 가나안에서 살고 있던 종족으로서 유대인과는 적대 관계에 있었다.

조상 숭배

그러나 이 세상에 모든 백성의 마음을 하나로 어우를 수 있는 종교가 어디에 있으며, 비숍(I. B. Bishop)이나 로웰(P. Lowell)이 언급한 것처럼 그러한 종류의 믿음을 갖지 않은 사람들이 어디에 있겠는가? 내가 오랫동안 조선의 환경에 접하면 접할수록 나는 더욱더 그들이 종교를 가지고 있다고 말하고 싶어진다. 그들은 종교에 대한 많은 의식을 행하고 있으며 조상의 숭배를 다른 의식이나 관습보다 더 우위에 두고 있다. 번영과 성공이라는 행복한 세계로 이르는 수단이 바로 조상 숭배이다.

조상 숭배를 소홀히 한다는 것은 삶과 희망에 대한 전반적인 상도를 벗어난 것이다. 훌륭한 조상 숭배자들은 부처님에게 자문을 구할 수도 있고 옥황상제에게 물어 볼 수도 있다. 흔히 있는 산신령 앞에서 절을 올릴 수도 있고 오방신을 세워 놓고 행운을 빌 수도 있다. 그러나 조상을 잊어버리고, 오로지 이들에게 의지하는 것은 실체가 없는 유령에게 기도하는 것이 될 수도 있다. 조상 숭배는 완전히 조선 사람의 마음과 영혼을 지배한다.

우리의 추억이 될 만한 사찰도 없고, 성찬대도, 성소도, 성직자도, 연도의 화창도 없이 어떻게 조상 숭배 그 자체를 명확하게 행할 수 있을까? 그렇다면 조상 숭배의 형태는 과연 무엇인가? 그것은 상주의 상복, 신주, 사당 그리고 묘지라고 우리는 대답한다. 이와 같이 그러한 것들을 수반하는 생각들은 서방 세계에서 이제껏 행해져 내려오는 기독교 교리보다 조선 사람의 생활에 크나큰 자리를 차지했다. 나는 그들의 설명을 다소 조심스럽게 언급하려 한다.

묘지

여러분이 그를 뭐라고 부르든지 토양학 박사요 묏자리의 탐색자라고도

할 수 있는 지관이 한 가정의 어른으로부터 부름을 받아 그 가족들을 위한 묘지를 정해 달라는 부탁을 받는다. 그는 고해 성사를 받는 신부와 같다. 그러나 신부는 하늘을 가리키지만 지관은 땅을 가리킨다. 만일 그 가족이 묏자리를 아주 좋은 장소라 여긴다면, 그는 많은 돈을 요구하며 돈은 많으면 많을수록 더욱 좋다.

지관은 봉우리 쪽을 향하고 있는 조용한 언덕의 돌출부를 찾는다. 거기에는 흐르는 물도, 사람들이 떠드는 소리도, 바람이 이는 소리도 없고 오로지 산들산들 부는 미풍과 언덕의 고요함, 태양이 내리비추는 충만한 축복만이 있을 뿐이다. 그는 언덕 봉우리가 오른쪽 아니면 왼쪽 혹은 앞 어디에서 나타나는지 알아보고자 나침반을 사용하여 상이한 방향으로부터 목표한 지점에 이르게 된다. 나침반을 따라 어떤 장소가 자손들에게 행운이 깃든 곳이라고 생각되면 그 가문은 대대로 번창하게 될 것이다.

학자의 운이 있는 묏자리라면 그 가문은 학자들로서 명문을 이루게 될 것이다. 관운이 있는 묏자리라면 왕이 될 수도 있다. 재운이 있는 묏자리라면 부유하게 살 수도 있다. 이것은 나침반을 가진 직업인에 의해서 설정된 하늘나라라고 할 수 있다. 일단 명당을 발견하여 그 장소가 만족한 곳이라고 판단했을 때, 지관에게 돈을 지불하고 그 무덤을 파서 석회, 모래, 진흙 등으로 싸서 바르고 덮는다. 이로써 아버지나 어머님 혹은 양친 모두에게 이별을 아뢸 준비를 한다.

상주

부모가 죽으면 우아하고 부드러운 슬픔의 느낌이 아니라 입을 크게 벌려 엉엉 우는 비탄의 울음소리가 당분간 지속된다. 상을 당한 가족들은 나흘이 지나 삼베로 된 상복을 입고, 허리에는 띠를 두르며, 머리에는 두건을 쓴다. 즐거움, 유쾌함 그리고 기쁨의 상징을 나타내는 색들을 멀리한다. 집은 청소를 하지 않은 상태로 황량함이 퍼져 있고, 슬픔이 깔려 있다. 시신을 앞에 둔 이런 분위기에서는 즐거운 표정을 감추어야 한다.

당신은 지금 한 조선 사람의 죽음을 맞이하고 있는 것이며, 그에 따르는 금기들은 그렇게 따를 수밖에 없는 것들이다. 상주들은 편안하고 간편한 가죽 신발을 신지 않고 짚신만을 신는다. 고기류를 먹지 않고 벼슬도 내놓으며 자신의 죄지은 얼굴을 가리기 위해 우산만한 삿갓을 쓰고 다닌다. "나의 죄 때문에 나의 양친이 죽었다."고 그는 말한다. 그리하여 편지를 쓸 때는 경구인 "죄인 김(金)○○ 근서(謹書)"라고 밑에 쓴다.

시체는 아주 섬세한 비단으로 입히고 대마로 싼 다음 서너 번 묶고 시신 둘레를 꼭 동여맨다. 그 다음에 관에 넣어 덮는다. 고인이 얻은 특별한 장서와 도구들은 흔히 파묻는다. 경우에 따라서는 며칠 또는 몇 달이 지난 뒤 조등을 비추면서 "아이고 아이고" 소리를 내며 밤에 출발하게 된다. 이럴 경우 그리스도를 믿는 다른 세계의 사람들이라면 다음과 같이 말할 것이다.

"만약 우리가 예수의 죽음과 부활하심을 믿는다면, 그들도 예수 안에서 잠들 것이며 하나님이 그들과 함께 하시리라."

영혼

모든 인간은 두 개의 영혼으로 이루어진 것으로 여겨지고 있다. 하나는 남자의 영혼인 혼이며 다른 하나는 여자의 영혼인 백이다. 시신이 조상의 무덤에 잠들고 있는 동안 자연히 남자의 영혼은 천당으로 가고, 여자의 영혼은 지옥으로 간다. 거기에는 부활의 뜻이 없다. 왜냐하면 어떠한 유교의 경전에도 부활은 논외로 되어 있기 때문이다. 치르는 제례는 기독교적으로 볼 때 교회에 가서 기도하고 주일학교에 가서 성가를 부르는 것과 흡사하다. 한 가문의 가장이 된다는 것은 목사나 주일학교 교장이 되는 것보다 훌륭한 일이다.

제사

3년 동안에 걸쳐 초하루와 보름이 되면 가장은 밥, 떡, 고기, 만두, 대추, 밤, 호도, 감, 꿀 과자, 기름부침개와 같은 음식물을 빈소의 제대 앞에 바친다. 이때 남자의 영혼이 천국으로부터 내려와 그 향기로움을 마시고 난 뒤 다시 되돌아간다. 비천하고 보잘 것 없는 여자의 영혼은 거기에 참여하지 못한다. 3개월 동안 계속 비탄의 슬픔 소리가 난 뒤 침묵의 제의가 이어진다. 그러한 장면은 한밤중이나 새벽녘에 번번이 볼 수 있다. 3년 동안 그 제대에 상식을 올리고 나면, 위패를 사당으로 옮기면서 상례가 끝나게 된다. 한 사당에는 동시에 3대만을 모실 수 있기 때문에 새로운 제위가 나타나면 증조할아버지의 위패를 꺼내어 매장하게 된다.

한해에 너댓새 동안의 특별한 날에는 무덤을 찾아가 이른 아침 제사를 올리게 되는데, 그것은 살아 있는 사람들보다 훨씬 더 중요한 의미가 담겨져 있다. 이웃 사람은 생활 영역을 침해받게 되며 매우 소란한 내림굿을 겪는다. 고인의 영역을 침해하다가는 법적으로 된서리를 맞는다. 이를테면 기다란 곤장을 맞거나 칼을 씌우거나 죽을 고초를 겪으며, 문중 사이에 피나는 싸움이 일어나는 경우도 흔히 있다.

고인의 영면을 위해서 무덤을 잘 보살피는데, 잡초를 뽑고 손질하는 일이란 매우 중요한 일이다. 만일 그것을 잘못 처리한다면, 건강과 부와 행복이 뒤바뀌는 상황에 처하게 된다. 가엾게 여윈 폐병 환자가 자기 어머님의 무덤을 옮겨 달라고 나를 찾아왔었다. "어머니가 안치된 곳에는 물이 흐르고 있으며 그로 말미암아 폐결핵에 걸렸다. 만일 이장할 수만 있다면 나의 건강도 좋아질 것"이라고 그는 말했다. 가엾은 삶에 대한 그의 희망은 어머님의 시신의 상황에 집중되어 있었다.

도굴범

만약에 어느 도적을 시켜 어느 가정의 아이를 유괴한 다음 공포에 떨고 있는 그의 부모에게 다음과 같은 편지를 보냈다고 하자.

> "당신의 아들 길동이를 내가 보호하고 있소. 현금 5백 냥을 가지고 어느 날 새벽 1시에 종로로 오면 길동이를 넘겨주겠소."

그렇게 되면 동네에서 소문이 왁자지껄해질 것이다. 그러나 범법자인 박가가 만석꾼인 민 씨에게 다음과 같은 협박 편지를 보냈다고 하자.

> "나는 당신의 아버지를 시체를 파헤쳐 가지고 있소. 만약 이렛날 밤중에 대장간 옆으로 5천 냥을 가져오면 시체를 되돌려 주겠지만 돌아오는 보름까지 돈을 가지고 오지 않으면 시체의 뼈를 가루로 만들겠소."

이럴 경우에 그 절망은 극에 이르게 될 것이다. 만일 우리가 그러한 제도의 선·악을 한마디로 요약하자면 우리는 양친을 존경하도록 아이들에게 가르치는 점에서는 그것이 좋은 일이라고 말할 수가 있다. 조선의 어린 아이들은 아버지의 권위에 맞서는 반감을 가지고 있지 않다. 왜냐하면 그러한 것은 신에 대한 반란과 같은 것이기 때문이다. 신의 섭리가 없이도 부모를 신성한 존재로 여기는 데에는 숭고하고도 활기찬 어떤 의미가 존재하고 있다. 이 지구상에서 가장 고귀한 것은 부모에게서 나온다는 것은 틀림없는 사실이다. 부모는 일본인들이 믿는 신도의 영웅보다도 높고, 그 어느 계층의 존재보다도 더 높다.

그러나 조상 숭배의 파괴적인 영향은 그로 인한 이득보다 훨씬 부담이 크다. 그것은 하나의 무자비하고도 탐욕스러운 토지횡령자이다. 언덕에서 가장 높은 장소는 죽은 자를 위한 무덤이다. 살아 있는 사람은 여리고[4]로 갈 수도 있으며 말라리아에 함께 걸릴 수도 있다. 그러는 동안 조상의 혼은 언덕 위의 높은 장소에서 휴식을 취하고 있다. 나무와 파란 잔디로 에워싸여 있는 환경은 죽은 자를 위함이요, 살아 있는 사람은 시장통의 지저분한 열기와 냄새 속에 버려져 있다. 조상을 경애하는 마음은 산에서 금이나 은 아니면 다른 보물을 채굴하는 행위를 금지하고 있다. 지금 존재하는 것과 황금이라는 것이 우리 조상의 혼이 누리는 달콤한 영면과 비교할 때 무슨 의미가 있다는 말인가? 추악한 모든 실체는 멀리 떨쳐 버리고 언덕에는 평화만이 깃들이리라.

조혼

조상의 숭배는 급속히 뒤따라오는 자식 대에게 조혼을 강요하고 있다. 왜냐하면 바로 이들은 죽은 자에게 제사를 바치게 되기 때문이다. 아이들은 10세나 때로는 그보다 어린 나이에 결혼한다. 사랑하는 사람들 간의 결혼 같은 것은 생각조차 할 수 없다. 사랑이 결혼에 어떤 의미를 준다는 것이 얼마나 가당찮은 일인가? 거기에는 불행한 가정, 축첩, 무책임한 양친, 20명의 가족들이 두세 칸의 좁은 방에서 장애물 경주를 하듯, 말할 수 없을 만큼 비참하게 생활한다.

여행 금지

이러한 제도 아래에서는 오랫동안 출타할 수도 없다. 만일 당신이 선량한 사람이라면, 여러분은 제사를 지내기 위해서라도 어서 집으로 돌아가야만

4) 여리고(Jericho) : 신약성서에 나오는 팔레스티나의 지명인데, "궁벽한 곳"을 의미한다.

한다. 천지가 개벽을 해도 위패가 있는 방, 그 무덤 그리고 그 날을 방해할 수가 없으며, 당신을 꼼짝 못하는 죄수로 만든다. 어떤 효자들은 무덤 옆에 조그마한 여막을 짓고, 씻지도 않으며 머리를 빗지도 않은 채 그것에서 거처를 정하고 산다. 조상 숭배에 따르는 불결함, 목욕하지 않는 풍습, 오랫동안 시신을 집안에 보관하는 일—이 모든 것들은 오랜 옛날부터 조선을 파멸시킨 질병과 전염병을 만연시키는 원인이 되고 있다.

불임

여자가 자식을 낳지 못하는 것은 가장 치명적인 결과를 초래한다. 그는 제사를 받들 수 없고 가문을 이을 수 없기 때문이다. 만일에 여자가 아들을 많이 출산하지 못한다면, 그가 가는 곳마다 실망만이 따를 것이다. 그의 생활은 복종, 감금 그리고 견딜 수 없는 짐뿐이다. 그의 마지막 운명은 황천길이다.

모든 제사의 결과로 사람들의 손발은 묶이고, 벼슬을 할 수 없게 되고, 여행하는 데 제약을 받고, 신이 그들에게 주신 땅을 경작할 수 없고, 조혼으로 말미암아 곤궁해지고 불행하게 되며, 과거를 바라본 채 더욱더 절망적으로 헤어날 길 없는 혼란 속으로 빠져들고, 우리가 살고 있는 시대와는 늘 상충되었다. 20세기라는 시대 상황으로 말미암아 조상 숭배를 하지 않거나 선영을 돌보지 않게 되었고, 오히려 행운과 번영을 멀리한 채 선산 주위에는 기차가 가장 신성한 계곡 사이로 거친 기적 소리를 내고, 마치 난폭한 악마와 같이 우렁찬 바퀴 소리를 내며 지나가고 있다.

기독교 신앙이 아직 정착되지 않았다고 할지라도 조상 숭배는 지속되어야 한다. “청룡”과 “백호”[5]가 지키고 있는 산등성이에서는 모든 금속이 나온

---

5) (원저자 주) 언덕에 살고 있다고 여겨지는 귀신.

불교식 제례

상주의 복식

다. 이들을 빻고 부수고 가루로 만드는 쇄광기로 옮기는 긴 차량의 행렬이 나오고 있다. 앞으로 다가오는 시대는 냉혹하리만큼 지난날의 모든 미신 행위와 더불어 조상 숭배를 없애려 할 것이다.

아무런 영문도 모르는 젊은 선교사들은 조상 숭배라고 하는 엄청난 의문에 부딪히게 된다. 조상 숭배는 이미 땅 속에 묻힌 세대에게도 뿌리 깊이 박혀 있을 뿐만 아니라 살아 있는 모든 사람들과도 관련이 있으며, 동양에서 가장 지혜로웠던 선현들과도 연관되어 있고 동양의 대부인 공자와 그 밖의 성인들로부터 지지를 받고 있다.

이러한 문제에 직면해서 젊고 때로는 경험이 없는 선교사가 무엇을 할 수 있단 말인가? 그는 그 점에 대해 논할 수 있는가? 결코 할 수 없을 것이다. 그는 도대체 그것에 대해 효과적으로 말할 수 있는가? 그렇지도 못할 것이

이장의 풍습

다. 그렇다면 그가 할 수 있는 것은 무엇이란 말인가? 흑인이 문가를 지키고 있는 검은 개를 보고 그 놈의 주둥아리는 크고, 눈은 몹시 살기가 동등하다고 말했던 것처럼 하면 된다. 전에는 그들이 어떻게 했는가? 그는 개를 홀로 내버려두었다. 그것을 홀로 내버려둬라. 그것에 대해 모든 것을 알고 있되 손대지는 말아라. 손댈 필요는 없다. 조상 숭배는 마치 거지가 제국의 왕자가 되고 난 뒤에 자신의 옷을 훌훌 던져 버리듯이 종교적인 자각에 의해 사라져 버린다.

신

이미 앞에서도 말했듯이 조선 사람은 신에 대해서 얘기한다. 그 신이란 "하나님"으로서, 곧 유일하게 위대하신 분이다. 중국어와 한국어에서 그의 이름은 "하나"와 "위대한"이라는 의미를 지닌 용어로 이루어진다. 그래서 그는 하늘이나 땅 혹은 지하에 그 모습이나 화상이 존재하지 않는 최고의 통치자이다. 위대함은 그 자신이며, 사랑과 빛, 생명, 기쁨 등은 그와 관련되지 않는다. 내가 현관 계단을 쓸고 있는 (기독교 신자가 아닌) 노파에게 말했다.

"오늘 비가 내릴 겁니다."

그랬더니 그 노파는 말했다.

"비가 내린다고요? 그걸 누가 압니까?"

"조간 신문을 보니 날씨가 그렇게 궂을 거라고 하더군요."

그가 대꾸했다.

"내참! 조간 신문이라니? 하나님이 하실 일을 조간 신문이 어떻게 안단 말이지?"

"성서에 태초에 어떤 분이 하늘과 땅을 창조하셨다는 말이 있습니다."

"하나님이요?"

방상시

"누가 일상의 사악함에 화를 내는가?"

"하나님이요."

"하늘은 하나님의 영광을 속삭이고 창공은 그 훌륭한 솜씨를 일러줍니다."[6)]

그러나 이 보잘 것 없는 지상의 구유에 내려오시어 의지할 곳 없고 버림받은 사람들과 함께 살고, 고통 받다가 죽으신 하나님에 대해 말하는 것은 동양에서는 터무니없고 불가능한 이야기이며, 더 나아가 마음을 사로잡고 신앙과 수락을 강요하는 이야기인 것이다.

6) 시편 19장 1절.

불교

조선 사람들은 때때로 부처에게 자문을 얻고자 한다. 불교는 서기 372년 이래 이 땅에 전래되어 왔으며, 그 기나긴 역사의 과정은 다양한 정도의 타락과 비행으로 얼룩져 왔다. 절은 조용하고 그늘진 언덕이나 즐거움을 느낄 수 있는 탈속한 모퉁이에 위치하고 있다. 절들이 사악한 세상과 너무 동떨어져 있고 조용한 사색과 휴양을 하는 곳으로 폐쇄되어 있어 그곳을 성지로 생각할 수도 있다.

그러나 그렇지만도 않다는 것이 증명되었다. "나무아미타불"이라는 문구는 그들 교리의 주요한 조목이다. 독신 생활, 채식주의 그리고 물질에 이끌리지 않는 것이 그들의 주요한 관례로 여겨지고 있다. 불교도들은 머리를 삭발하고 말씨나 인사를 조심스럽게 한다는 점에서 소위 그들이 "속인"이라 부르는 보통 평범한 사람들과 다르다.

1391년에 고려왕조는 타락한 불교의 영향을 받아 멸망하도록 되어 있었다. 그런 일이 있은 뒤 조정에서는 불교를 버림받은 종교로 경시해 왔다. 500년 동안 도성에는 승려의 출입이 허락되지 않았다. 그리고 오늘날조차도 유생들은 어디서 만나든지 불제자들에게 가장 저속하고 경멸하는 말을 사용한다. 그러나 가문을 계승할 아들이 없거나 걱정이나 근심거리들이 대궐을 감도는 등 어려움이 생기면, 그들은 부처를 찾으며 스님들이 불공을 드려 주도록 간청한다. 종종 스님들이 밤에 염불의 시간을 가질 때면 나는 잠을 이룰 수가 없었다.

"오 차리 추리 천제 사바하 옴마니 반메훔 옴마니 반메훔"

스님들은 그가 외는 염불의 의미를 모른다. 그들은 그 염불이 자비로움과 행운을 그에게 전해 주는 소리라고 생각한다. 그러나 닫혔던 병마개가 터지

듯이 일단 염불이 시작되면 그것은 외관상 놀라울 만한 속도로 끝없이 계속된다. 한국 불교 가운데 우리가 칭찬할 만한 것은 무엇인가? 아마도 그것은 석가모니가 온유함과 자비로움을 교훈으로 가르쳤다는 점일 것이다.

옛날의 어떤 고승들은 사람을 온화하게 하고 사람의 영혼으로부터 쇠처럼 굳어 버린 것들을 끌어내도록 영감을 주는 꿈같은 신비함이 있었다. 그러나 죽음과 알아들을 수도 없는 염불과 부도덕한 승직을 기다리고 있는 열 개의 무시무시한 지옥문과 번쩍거리는 우상으로 이루어진 불교는 인간의 영혼을 위해서 하나의 초라한 문만을 만들어 주고 있을 뿐이다.

도교

조선에서는 도교의 흔적을 거의 찾아볼 수가 없다. 몇몇 추종자들만이 옛 성현들의 글을 읽고 있다.

> "길이길 수 있는 길은 영원한 길이 아니며, 이름 지을 수 있는 이름은 영원한 이름이 아니다."(道可道 非常道 名可名 非常名)

이런 종파의 정신 속에서 신을 발견하고 신과 계속 관계를 유지하려고 어떤 사람은 긴 밤을 지새우며 기도했다. 우리의 사랑하는 형제인 키일(S. T. Keel)도 한때 도교주의자였다. 이 종교의 현인들 가운데 하나인 장자는 이렇게 말하고 있다.

> "가장 으뜸이 되는 사람은 그의 육체를 인식하지 않는다. 영적인 사람은 장점에 대해 아는 바가 없다. 성인은 그의 이름을 대수롭지 않게 생각한다."

여기에서 그의 작품 가운데 한 서문을 소개하고자 한다. 이 글은 위만을 바라보고 살아가는 필부필부들의 평범함에 비교하여 위대한 사람들의 위대함을 표시하고 있다.

> "북해에 한 물고기가 있는데 이름을 곤(鯤)이라 하고 크기는 몇 천 리가 되는지 모른다. 새가 되면 이름은 붕(鵬)이라 한다. 붕의 등의 넓이도 몇 천 리나 되는지 모른다. 움직일 때면 그 날개는 구름같이 하늘을 가린다."(北冥有魚 其名爲鯤 鯤之大 不知其幾千里也 化而爲鳥 其名爲鵬 鵬之背 不知其幾千里也 怒而飛 其翼若垂天之雲)[7]

도교라는 것은 기묘하고 꿈같고, 요정 같은 립 반 윙클[8]의 교리와 같은 것이다. 중국의 몇 몇 학자들은 도교를 가르치는 데 『히브리서』와의 관계 그리고 삼위일체(성부 · 성자 · 성신)의 모방점을 발견했다. 그러나 조선 사람들에서는, 이러한 유사점들을 발견할 수 없었다. 도교는 한반도에서 없어진 종교이다.

무속

그러나 조상 숭배라는 것이 조선 사람의 정신적 영역을 온통 차지하고 있다고 상상할 필요는 없다. 그것은 민간 신앙으로 엄연히 남아 있다. 만약 사람이 신성한 사회에서 인정받으려면 정통적이고도 필수적인 믿음과 지키고 따라야 할 모든 필요한 예절이 있다. 당신은 조상 숭배자가 될 필요는 있지만 그렇다고 해서 영혼과 사람의 사이를 오고 가는 무당이나 산신 · 용 · 성

7) 『장자』 內篇 逍遙遊一.
8) 립 반 윙클(Rip van Winkle) : 어빙의 소설 『스케치북』에 나오는 인물로서 시대에 뒤떨어진 사람을 의미한다.

물 · 점성을 믿어야 할 필요까지는 없다.

그럼에도 불구하고 이집트가 그곳을 벌거숭이로 만들고 있는 메뚜기 떼에 뒤덮여 있는 것처럼 온 나라가 이러한 것들에 의해 덮여 있다. 비숍(I. Bishop)의 말을 빌리면 조선은 해마다 귀신을 숭배하는 데 125만 달러를 소비한다고 한다.[9] 존스[10] 박사는 그의 글에서 도식적이고도 정확한 조선의 유령의 습을 다음과 같이 나타내고 있다.

> "조선 사람들은 귀신이 하늘, 땅 그리고 바다에 살고 있다고 믿고 있다. 귀신은 매우 무성한 나무, 그늘진 계곡, 수정같이 맑은 샘 그리고 산꼭대기 등에서 자주 나타난다. 귀신은 인간의 운명을 희롱하는 악의에 찬 것들이 많다. 푸르고 경사진 언덕, 평화스럽게 농사짓는 계곡, 풀숲의 작은 계곡, 숲이 우거진 고지, 호숫가나 물가, 길이나 강변 등 동서남북에서 인간의 운명을 희롱하는 악의에 찬 유령들이 많다. 귀신은 지붕, 천장, 난로, 갱 그리고 대들보에도 있다. 귀신은 굴뚝, 헛간, 거실, 부엌에 많으며 모든 선반과 항아리에도 있다.
>
> 몇 천 년이나 되는 귀신들이 집을 떠난 나그네를 불러 세우고 그의 옆에 있다가 그의 뒤에 있기도 하며, 그의 앞에서 춤을 추고 그의 머리 위에서 날기도 하며 땅과 공중 그리고 물에서 그에게 울부짖는다. 귀신들은 몇 만 가지에 이른다고 한다. 이러한 사실은 무소부재하신 신성을 불경하고도 익살스럽게 표현하는 것이 가장 적절하다. 이러한 믿음은 조선 사람에게 영원히 신경질적인 불안 상태를 유지시켜 주었을 뿐만 아니라 무한한 공포에 사로잡히게 했다. 모든 가정은 사방에서 귀신에 시달림으로써 자신의 행복을 귀

---

9) I. B. Bishop, *Korea and Her Neighbors*, p. 403.

10) 존스(George H. Jones, 조원시 : 1867~1919) : 미국인 선교사. 아메리컨대학을 졸업(1887)함과 동시에 내한하여 주로 인천 지방에서 선교했으며 배재학당 실장(1892~1893)을 역임했다.

신에게 비위 맞추는 일에 의탁하게 된다. 귀신은 조선 사람을 출생에서 죽음에 이르기까지 속박의 멍에 아래 두면서 무자비한 가혹 행위로써 자신들에 대한 태만을 앙갚음한다.

귀신의 저주

몇 가지 사악한 잘못을 하고 죽어 흙으로 변한 시체의 망령들은 그들의 잘못이 천 배로 앙갚음 당할 때까지 죽어서도 고난을 치른다. 그 유령의 대다수는 짐승도 아니고 인간도 아닌 상태에서 안식처를 찾지 못하고 떼를 지어 있어, 이들을 만난다는 것은 미개 사회의 나체 인종을 만나는 것보다 훨씬 더 위험하다. 이런 원한을 품은 망령들은 말할 수 없는 공포를 수반하고 있으며 이리저리 떠돌아다니며 노여워한다. 유령은 병, 광기, 빈곤, 치욕, 죽음으로 특정 지을 수 있다.

각 부락에는 모든 불만스럽고 불쾌하며 미친 유령들이 늘 모이고 그들에게 제물을 바치는 여단[11]이라 불리는 장소가 있다. 그곳은 위험스러운 곳이다. 왜냐하면 의식에서 어떤 실수라도 있다면 그 의식의 감독자의 머리는 제대로 붙어 있을 수가 없기 때문이다. 다시 밤이면 유령이 외치는 소리가 들려온다. 때때로 그들은 육안으로 보이기도 한다. 그러나 보통 그들은 인간의 시야로부터 벗어나 있다. 어떤 것은 크고 어떤 것은 작다. 어떤 것은 온 마을을 지켜 주기 때문에 잘 달래야 한다. 그렇게 하지 않으면 그들은 발진티푸스나 그와 비슷한 어떤 재앙으로써 주인들을 괴롭힌다.

언덕을 소유하고 있는 사람들은 호랑이에게 제물을 바쳐 그를 억눌러 두어야 한다. 만약 어떤 귀신들에게 소홀하고 모욕을 가하면 그들은 장터에서

11) 여단(厲壇) : 원래는 여제단이라고 불렀던 것으로서 서당신과 주인 없는 신을 위해 서울과 각 고을에 두었다.

재앙을 겪는다. 어린이들이 뱀에게 물려 죽음을 당할 뿐만 아니라 다른 불행을 일으킨다고 들었다. 귀신과 연락을 취하고 주민들을 위해 많은 사람에게 이러한 행사를 환기시켜 주는 산제주나 동제주가 있다.

무당

눈이 먼 무당인 "판수"는 귀신을 몰아내는 데 열성적이다. 그들은 예를 들면 워싱턴(G. Washington)처럼 아주 위대한 이름을 가지고 있는데, 주문을 외고 반복함으로써 위험이 사라진다고 여긴다. 어떤 귀신이나 다른 신에게 경도되어 신비적인 일들을 들추어내는 말이나 예언적인 말을 하는 무리로서 "무당"이라 불리는 여자들이 있다.

도깨비

도깨비는 반은 귀신이고 반은 요정으로서 끊임없이 광태를 부린다. 도깨비는 조선 사람이 주의하지 않고 평화스럽게 가고 있을 때는 불시에 상투를 베어 버릴 것이다. 그는 자기의 상투가 없어진 것을 느낄 때까지도 무슨 일이 있었는지를 모르고 있다가 그제야 이렇게 말한다.

"아니, 이게 누구야, 이게 정말로 나인가 아니면 빡빡 중인가? 아! 도깨비가 다녀갔구나. 그래서 내 상투가 없어진 것이로구나."

도깨비들은 접시의 음식에 손을 내민다. 그들은 문풍지에 모래를 던진다. 밤이면 그들은 산 중턱에 나와서 불을 가지고 논다.

장승

조선에서는 여기저기 도처의 길가에서 이빨을 드러내고 무시무시한 얼굴에 사나운 눈과 귀가 거칠게 조각되어 있는 장승들을 볼 수 있다. 그것은 악귀가 지나가는 것을 막으려고 있는 것이다. 보통 그들은 ㅇㅇ대장군, △△대장군이라는 이름으로 불린다. 그들은 흔히 쌍을 지어 나란히 서 있거나 아니면 대장군과 그의 부인인 여장군이 서로 마주 보며 서 있다. 그의 전면 아래에는 "천하대장군"이라는 글씨가 쓰여 있는 반면에 그의 부인의 전면에는 "지하여장군"이라는 글이 쓰여 있다. 이들은 지나간 세대를 통해 보이지 않는 세상의 무수한 세력들에 대항해 온 조선의 불쌍한 사람의 강력한 방어였다.

용

용은 비늘로 기어 다니는 동물 가운데 왕이다. 그는 우리가 물기둥을 보았을 때처럼 하늘로 승천한다. 그는 깊이를 알 수 없는 물로 내려온다. 그는 신성한 괴물이다. 그는 언덕의 땅 밑에 살고 있기 때문에 그의 등은 언덕의 돌로써 보호를 받으며 길은 당장 터질 것만 같다. 성 조지[12]라면 영국에서 용을 처단했을는지 모르지만 동양에서는 아직 용이 건재하다. 일본의 동전에는 많은 소용돌이를 치며 비틀어지고 얽힌 용의 집게 발 모습이 새겨져 있다.

중국의 깃발에는 아직도 용이 바람을 헤쳐 나가는 모습이 보인다. 조선 사람에게 신성시되는 책들 가운데 대표적인 『주역』에서 나는 다음과 같은 문장을 읽었다.

"여섯 번째 줄은 용들이 심하게 싸우고 있는 것을 보여주고 있다. 그들의 피는 자색이며 노랗다."

---

12) 성(聖) 조지(St. George) : 영국의 수호 성인.

왕좌에 있는 왕부터 물방앗간 하녀까지 모든 이들이 용에 대해서 이야기하고 있다. 조선 사람이 살아왔고 지금도 살고 있는 무시무시한 세상에 관한 공상적인 이야기를 독자들은 충분히 들었을 것이다. 그들의 생애의 모든 순간들이 공포에 깔려 있다. 앞서 말한 것처럼 "지나간 것은 반드시 돌아온다."는 식의 숙명론자가 된 것은 당연한 일이다. 사주(출생 연도, 출생 달, 출생 일, 출생 시간)는 귀신들의 손에 달려 있다. 그리고 귀신은 호랑이가 방심하고 있는 불행한 동네 강아지를 다루듯이 인간의 화복을 주관하고 있다.

이제까지 독자들이 살펴본 바를 하나의 세계로 어울러 보면 조상 숭배로 요약될 수 있다. 그것이 천박한 것이거나 이성의 범위를 넘어설 만큼 변덕스러운 것이었거나 간에 그것은 하나의 인생을 겁에 질린 채로 살도록 만들기에 충분한 것이었다. 그러나 그들에게 악마, 도깨비, 작은 요정, 용, 언덕, 신 그리고 그 밖의 여러 가지를 덧붙여 보라. 그러면 당신은 옛날의 조선을 이해할 수 있을 것이다.

선교사들

선교사들은 악마에 관한 책과 이야기를 가지고 이 세계에 왔다. 한국인들은 그것을 읽고 즉시 매혹되었다. 신약성서에는 수많은 귀신들이 갈릴리의 비탈진 언덕 아래로 뛰어 돌아다니다가[13] 맹인을 눈뜨게 하고 영혼을 밝게 하는 그리스도를 만났다.[14] 그리스도는 미쳐 날뛰는 귀신들을 다스리셨다.[15] 귀신들은 많은 군중들로 하여금 입에 거품을 물고 경련을 일으키게

13) (원저자 주) 『마태복음』 8장 32절.
14) (원저자 주) 『마태복음』 12장 22절.
15) (원저자 주) 『마가복음』 5장 15절.

하였다.[16] 귀신들이 엉덩이와 넓적다리를 강타 당하는 것을 조선의 역사에서는 보지 못했다.

이 놀라운 이적을 행하는 사람은 전능한 사람이다. 왜냐하면, 그의 모든 것을 받아들이는 사람이나 범죄자들에게 집행 유예를 주고 그들을 지옥으로부터 구제하기 때문이다. 전국에 걸쳐서 선교사들은 귀신들린 사람들을 위해 달려간다. 그들에게 복음을 전하고, 그들의 아픔을 위해 기도하며, 병을 고쳐 주며, 가난한 이를 위해 기도한다. 그러면 하나님은 그들에게 고난을 이길 길을 일러주신다.

이보다 더 가난한 땅이 있는가? 그리고 가난한 사람의 소망에 기적적인 꿈을 이루어 줄 복음을 받을 곳이 이곳이 아니면 어느 곳인가? 우리 중 몇 명은 그리스도가 가장 희망이 없을 만큼 인간성을 상실한 사람들을 얼마만큼 구제할 수 있는가를 배우기 위해 동쪽으로 왔다. 우리는 이 세상에는 귀신들이 있으며 그리스도가 그들을 몰아낼 수 있다는 것을 확인했다. 우리는 성서가 진리임을 다시 한 번 배우게 되었고, 하나님이 성서 속에서 살아서 역사하심을 알았으며, 아시아를 구원하는 것이 그의 목표이며, 젊은 미국인, 캐나다인, 영국인 그리고 그 밖의 나라의 젊은이들을 통해 중요한 역사를 하심을 알았다. 그들은 그리스도 앞에 겸손히 엎드려 이렇게 말하고 있다.

"주여! 내가 여기에 있나이다. 나를 보내 주소서!"[17]

---

16) (원저자 주) 『누가복음』 9장 39절.
17) 이사야 6장 8절.

참고문헌

1) **조상 숭배에 관하여**

Gifford, *Everyday Life in Korea*, Ch. 6.

Gale, *Korean Sketches*, pp. 215~216.

Underwood, *The Call of Korea*, pp. 79~81.

Noble, *Ewa : A Tale of Korea*, pp. 57~60.

2) **영혼 숭배에 관하여**

Hulbert, *The Passing of Korea*, Ch. 3.

Bishop, *Korea and Her Neighbors*, pp. 290, 399~426, 443~444.

Gifford, *Everyday Life in Korea*, pp. 85~94.

Noble, *Ewa, A Tale of Korea*, pp. 49~53.

제 4 장 사회 생활과 풍습

여성의 권리란 거의 없으며 법보다는 관습에 따르고 있다. 오늘날 여성은 재가할 수도 있고 16세가 되도록 결혼하지 않을 수도 있고, 자기의 남편의 소실과 함께 한 집안에서 사는 것을 거절할 수 있는 권리도 가지고 있다. 여성은 남편과 이혼할 수 없으며 남편의 순결을 요구할 수도 없다. 기러기는 결혼식의 상징이다. 여성만이 부덕을 지켜야 한다. 남편은 아내의 일곱 가지 흠을 들어 쫓아낼 수 있는 데 이를 칠거지악이라 한다.

칠거지악이라 함은, 무자, 음행, 질병, 질투, 시부모 학대, 도둑질, 구설 등이다. 이 일곱 가지 가운데 하나만이라도 저촉되면 그는 친정으로 쫓겨 간다. … 여성에게 가정의 행복 같은 것은 찾아 볼 수도 없다. 조선 사람들에게는 집(house)은 있어도 가정(home)은 없다. 남편은 가정과는 동떨어진 나름대로의 삶이 있다. 남자에게 우정이라든가 바깥나들이 같은 것을 집안에 알릴 필요도 없다. 즐거움이라면 남자 친구들이나 기생들과 어울리는 것이며, 결혼 관계란 양반들의 다음과 같은 대화로써 간단히 요약될 수가 있다.

"장가야 마누라에게 갔지만 재미야 소실만한가!"

-비숍(I. B. Bishop)

내가 아는 한 한국 여성은 다음과 같이 말했다.

"내가 예수를 믿기 전까지만 해도 남편과 같은 방에서 밥을 먹는다는 것은 알지도 못했지요. 남편은 사랑채에서 식사를 했고 나는 부엌 바닥에서 먹었으니까요. 그는 하인들 사이에서나 오고가는 말투로 내게 말했으며 모욕적인 이름으로 부르는 일이 흔했습니다. 화가 나거나 술이 취하면 두들겨 패는 것이 일쑤여서 그리스도를 믿지 않는 여염집 아낙네와 마찬가지로 비참한 것이었습니다.

그러나 그리스도를 내 마음속에 받아들인 뒤 모든 것이 바뀌었습니다. 남편이 예수를 믿은 뒤에는 저를 때리는 일도 없어요. 우리는 사랑채에서 함께 식사하고 함께 기도하며, 내게 대하는 말씨도 친절해졌고, 서로 대등한 위치에서 대화를 나눕니다. 지난날은 참으로 악몽 같았어요. 오늘날에는 하늘 나라에서 사는 맛이에요. 그리스도가 우리 집에 와서 우리를 가르쳐 주기 이전까지만 해도 우리는 사랑이 무엇인지를 몰랐습니다.

-존스(G. H. Jones)

오륜

조선 사회는 오륜이라고 하는 다섯 개의 튼튼한 기둥에 의해 지탱되고 있다. 오륜은 유사 이전에 누군가의 손에 의해 고대의 대리석으로 조각되어, 동방 세계의 네 귀퉁이를 장악한 채 모든 시대를 통해 높게 서 있고, 나머지의 하나는 가운데의 대들보를 떠받치고 있다. 때로는 "다섯 개의 법"이라도 하는데, 공자의 세계도 그 위에 지탱되어 있다. 근래 기독교인이면서 조선의 저명한 학자 가운데 한 사람인 이원긍[1] 씨가 소녀들을 위한 독본을 저술

1) 이원긍(李源兢 : 1849) : 충북 괴산 출신. 국학자 이능화(李能和)의 부친. 25세에 진사시

했는데 그 첫 장이 다음과 같이 시작된다.

> 사람들의 도리는 다섯 개의 법에 입각해 있다. 부자간에는 친(親)이, 군신 간에는 의(義)가, 부부간에는 별(別)이, 연장자와 연하자 간에는 서(序)가, 친구 간에는 신(信)이 있어야 한다.

이러한 것들은 인의예지신이라고 하는 다섯 개의 덕과 같은 내용의 것이다. 이 가운데 위대한 가르침의 전부가 요약되어 있으며, 이에 대해 몇 만 권의 책이 저술되었다. 중국 문자를 쓰는 군인들이 징병될 때는 이제까지 말한 모든 것들을 반복해서 말하도록 되어 있다. "인의예지신"은 하나의 단어로 발음하며 누구나 그렇게 부르고 있다. 날품팔이거나 정치가나 뛰어난 문학가도 "인의예지신"이라고 한다. 이를 실현하고 있는 나라는 모두가 문화국이고, 이를 유지하지 못하는 나라는 야만적인 국가인 것이다.

오행

여기에 다섯 가지를 더 들어서 열다섯 개의 요소가 하나의 원으로 구성되는 체계가 형성된다. 이것은 금목수화토라고 하는 원소들로서, 이들 역시 광범위하게 사용되고 적용될 뿐만 아니라 자주 사용되므로 한 단어로 되어 있다. 이것들을 오행이라고 하는데 이것으로써 설명되지 않는 것은 없다. 오륜·오상·오행은 조선 사람의 정신 세계를 지배하고 있는데, 5원소는 땅이요, 오륜은 지주이며, 오상은 하늘을 일컫는 것이다.

에 합격한 뒤 음성 현감과 춘천 판관, 승지(1894)를 지냄. 독립협회 운동으로 피포되어 용천에 유배되었다가 기독교에 귀의했음. 1904년의 YMCA 창설에 가담하여 황성YMCA 교육부 위원이 되었고, 연못골교회에 출석하면서 게일 목사를 만남. 그 후 다시 관계에 진출하여 경상관찰사(1906)와 법부협판을 지냈고 1911년부터 친일 노선을 바꿈.

효자

이것들은 조선 사회의 정신을 나타내는 것이어서 오륜을 예시하는 수많은 이야기들이 전해 온다. 예컨대, 이러저러한 젊은이가 그의 가련한 모친에게 효성을 다한다거나, 부친의 무덤 앞에서 효성스런 예의를 치르는 것이 있다. 모든 악조건이 그를 따라 다니고, 가난의 재앙이 그에게 엄습하며, 혹한이 그를 괴롭히며, 병마와 불운이 그를 비참한 지경으로 몰아넣는다. 그러나 그는 그러한 모든 것을 참고 견디면서 가난한 사람에게 관심을 가지고, 눈을 헤치며 산비탈 언덕을 매일 왕래한다. 그러한 선행에 대한 보답으로 한 천사가 나타나 높은 관직을 주고, 영원한 부와 행복을 내려 준다. 그는 아름다운 공주와 결혼하고 헤아릴 수 없을 만큼 많은 재산과 자식을 갖게 되어 영원히 행복하게 살게 된다.

몇 백 년 전에 그러한 내용의 많은 이야기 가운데 다섯 가지를 일련의 줄거리로 해서 읽을거리로 준비되었다. 오륜의 신봉자들이 국가와 사회에 강력하고도 지속적인 영향력을 발휘해 왔으며, 그로써 신하는 충성스럽고, 아이들은 효성스러우며, 처는 충복하고, 노인은 공경을 받으며, 우정이 돈독했다는 것은 의심할 나위도 없다.

오상인 인의예지신에 관한 예로써 150년 전에 북방 지방의 어떤 통치자가 쓴 다음과 같은 이야기가 전해지고 있다.

> 늦은 가을에 한 농부가 날개가 짧게 잘린 기러기 두 마리를 잡아내게 가져왔다. 나는 그것을 관가에 두고 청지기로 하여금 돌보게 했다. 어느 날 청지기가 와서 하는 말이 기러기 고기는 메추리나 꿩고기보다 맛있으므로 안사람에게 잡아먹자고 했다는 것이었다. 그러기에 내가 이렇게 말했다.
>
> "잡아먹어? 이 사람아, 그런 소리 말게. 자네는 기러기가 어떻게 나는지 본 적도 없나? 기러기는 곧음이 있으니 바로 예(禮)인 것이요, 짝을 지을 때

> 불결함이나 부정함이 없으니 의(義)를 알고 있으며, 이동할 때는 햇빛을 따라 가니 지혜(智)가 있음이요, 그들이 오고 가는 것은 꼭 그때(時)가 되면 사람들이 그것을 헤아려 알 수 있는 것이며, 다른 날짐승들과 부리나 발톱을 세워 싸우는 적이 없으니 그것은 인(仁)일세. 참으로 존경할 만한 조류이니 행여 닭이나 메추리처럼 잡아먹지 않도록 하게.

"오행"에 관해서 본다면 이들은 모든 생활에 중요한 역할을 하고 있다. 오행은 모든 일의 근저에 깔려 있어 사실상 물질 세계의 근본이 될 뿐만 아니라, 사회 생활이나 정신 생활의 존재 그 자체의 근본이 되고 있다.

혼사에서도 오행은 반드시 거론된다. 목(木)에 해당되는 젊은이가 금(金)에 해당되는 여자와 결혼하면, 그는 나무가 도끼에 찍히게 되는 고통을 당하게 되고 톱이나 끌에게 당하는 일을 겪게 된다. 그가 화(火)에 해당하는 여자와 결혼하면 그에게는 철저한 파멸만이 있을 뿐이다. 토(土)와 수(水)만이 목(木)이 결혼할 수 있는 안존한 원소이다. 과거 모든 가내의 행복은 오행의 원리와 잘못된 결혼으로 설명되었다. 오행이 생활에 침투해 있다는 사실은 아무리 강조해도 지나치지 않은 것이었다.

근본적으로 이러한 법률의 체계로 세워지고 뒤덮여 있는 사회는 그 자체가 고정되고 움직이지 않는 상태에 놓여 있다. 법이 지배하는 영역은 거의 없고, 환경이 너무 잡다하게 관련되어 있기 때문에 다른 사람들에게 방해가 되지 않게 하면서 어느 사회의 한 구성원이 독자적인 활동을 할 수 없다. "예전에도 그랬고, 지금도 그렇고, 앞으로도 그럴 것이다."라는 말이 조선 사람의 모든 일에 대해서 쓰인다.

"오행"이나 "오륜" 또는 "오상"에 관한 것을 제외하고는 모든 두뇌 회전이 정지되어 있다. 독자적인 사고는 꿈도 꾸지 못한다. 천년 여에 걸쳐 조선은 발명도 없었고 발견도 없었고 그리고 진보도 없었다. 무의식중에 "예전에도 그랬고, 지금도 그렇고, 앞으로도 그럴 것이다."라고 되뇌면서 국가는 조금씩 퇴보하고 있다. 건축에서나 교육에서나 복장에서나, 또는 생활의 모든 것에서 풍습이 지배하고 있으며, 풍습이 모든 것을 설명해 준다.

"이게 얼마나 어리석은 짓이에요?"

" 아! 그게 습관이지요."

"그래요? 하지만 이걸 봐요. 왜 시체를 막대기로 묶어세우고 묻지 않지요?"

" 아! 그게 풍습이지요."

"당신도 언젠가 아홉 살도 채 안 된 아이를 결혼시킬 거요?"

"예! 그게 풍습이니까요."

혹 독자가 옛날의 조선을 알고 싶고, 동방의 생활을 알고 싶다면, 반드시 위와 같은 말을 이해해야 한다. 선조가 어리석은 사람이었을지라도, 또는 잠을 자다 몽유병처럼 걷는 일이 있더라도 그가 한 일은 반드시 대를 이어 현실화되며 그것은 신성하고 옳은 풍습으로 이어진다.

내가 한 때 주인에게 물은 적이 있다.

"당신도 가난한데 왜 문밖에서 구걸하는 게으른 비렁뱅이에게 먹을 것을 줍니까?"

"그게 풍습이요, 평생 그것을 물리칠 수 없소."

"무엇 때문에 이런 골짜기에다 신탁 같은 입석을 세웁니까? 그게 뭘 의미하는 것입니까?"

"중국의 침략군이 몇 천 년 전에 조선으로 뻗은 우환의 지맥을 끊기 위해 세운 것이오."

"그것들이 최근 몇 백 년 동안 국가의 생명을 뒤틀어 막고 있었다는 말이오?"

"그래요."

"그러면 왜 그것을 뽑아 없애 버림으로써 이제까지 속박된 활력을 되찾지 않습니까?"

"아! 이젠 소용없습니다. 전혀. 옛날에도 그랬고, 지금도 그렇고, 앞으로도 그럴 것입니다."

사회적 속박

조선에서 가장 고민스러운 것은 독자적인 사고가 억눌리고 있다는 점이다. 의식, 정중함, 존경, 친절, 즐거움과 유머의 감각 등이 있으나 그러한 것을 다른 사람과 비교하고, 거기에서 어떤 결론을 내린 다음 그 결론에 따라 행동할 여지가 없다. 누군가가 그들의 두뇌에 구멍을 뚫고 여기에 기름을 치거나 윤활유가 될 어떤 것을 쏟아 넣어 바퀴를 굴러가게 하고자 열망했다.

그래서 이제는 움직이고 있으며 일부는 훌륭한 자유를 누리고 있다. 3천 년 동안 그에게 진보라는 것은 관목 숲속에서 풍성한 감을 기르는 것만큼 불가능한 것이었으나. 이제 에디슨(T. Edison)과 같은 사람이 어둠 가운데서 조금씩 모습을 나타내고 있으며 새로 태어나고 있다.

가장의 권위

이제 가정 생활에 관해서 많은 사람들이 지금도 기억하고 있는 강력한 속박들을 살펴보자. 아버지는 높고 숭고한 지배자이다. 오륜에서는 그가 그의 자손들로부터 거의 신과도 같이 존경받아야 한다고 되어 있다. 그는 왕보다도 위대하다. 그가 말하는 것이 곧 법이요, 그가 행하는 것은 존경받아야 하며 누구나 그에 따라야 한다. 반면에 대부분의 한국의 아버지들은 자식들에게 자상한 반면에 풍습에 따르면 가정의 구성원에 대해서는 끓어오르는 용광로와 같은 고대 바빌론의 왕 느부갓네살[2)]처럼 분식되어 있을 뿐이다.

가장은 그의 주위에 있는 모든 사람들에게 명령조로 말한다. 마치 우리가 영어로 "이리와"(Come here), "저리가"(Go there), "앉아"(Sit down), "일어서"(Stand up), "담뱃대를 가져와"(Bring my pipe) 하는 식이다. 한국어는 위압적인 명령이나 그 억양이 풍부하며 아버지는 모든 문제에 대해서 지난날의 군주와 같다. 그의 옆에서 그가 하는 일상의 생활을 지켜보고, 음성의 악센트를 알게 되면, 그는 마치 보위에 앉은 프러시아의 황제(Sitting Bull)와 터키의 황제(Sultan), 터키의 수상(Grand Vizier), 제정 러시아의 황제(Czar) 등과 같은 표현으로써도 그 위엄을 충분히 나타낼 수 없을 것 같다.

그는 이렇게 말한다.

"이제 석 달된 아들 녀석이 있는데 잘 알아봐서 혼약을 해야겠다."

그는 중매쟁이를 불러서 여러 번 선을 보고, 오행을 충분히 따지고, 운세를 점친 다음 때로는 갓 난 여자 아이나 또는 이미 예닐곱 살이 된 여자 아이와 혼약하게 된다. 아이는 아무런 관심도 없다. 그는 이불 속에서 고이 자면서 자신의 운명을 기다리고 있다. 여자아이도 그런 식으로 결혼한다. 몇 년이 지나, 결혼 날이 되어도 아무도 그것을 항의하거나 그에 대해 왜 나와 상의하지 않았느냐고 말하지 않는다. 남자 아이가 자라서 그의 아버지의 위치가 되면 그는 갑판 위의 선장처럼 명령을 하고, 그의 어머니는 그 아이가 얼마나 성장한지를 알자도 못한 채 그 아이를 성례시킨다. 아이들을 키우는 것이 이런 식이다.

---

2) 느부갓네살(Nebuchadnezzar : 605~562 B. C.) : 바빌로니아의 2대왕. 처음에는 여호와의 은총을 받았으나 교만하여 자신의 우상을 세웠다가 여호와의 노여움을 받아 벌을 받고 회개함.

아내

아내의 경우를 살펴보자. 그가 나이 먹고 얼굴이 찌그러지면, 남편은 다른 여자를 첩으로 데려와 함께 가사를 돌보게 한다. 그래도 아내는 존경하는 마음으로 이에 복종하고 이러한 새로운 질서를 받아들여 고귀하고 경건한 말씨로 표현한다. 조선의 여인들이 스스로가 여성으로 태어난 것을 한스럽게 생각한다는 것은 이상할 것이 없다. 모든 사내아이들은 그에게 앞으로 다가올 순번을 크게 기대하며 살아간다.

딸의 운명

여성의 지위는 애당초 딸이라는 데서부터 멸시의 대상이 된다. 선교사의 여섯 살 난 여자 아이가 눈물을 흘리면서 아버지에게 와서 물었다.

"아버지, 여쭤 볼 게 있어요."
"그게 뭔데?"
"내가 아들이 아니라서 섭섭해요?"
"아니다, 난 그런 말하지 않았다. 아들 열과도 안 바꾼다. 그런데 왜 그걸 묻니?"
"조선 사람들이 방금 그러는데, 나를 가리키면서 남자가 아니라서 불쌍하다고 해요."

혼기

조선 여인은 마침내 결혼을 하게 되는데 그것은 편안하게 결혼식에 참석하는 것과 같은 즐거움에서가 아니다. 얼굴에 연지 곤지를 찍고, 눈은 차양으로 가리고, 마치 목각 인형처럼 이리 돌고 저리 돌고, 섰다 앉았다, 이리 갔다 저리 갔다, 밀렸다 끌렸다 하며 딱딱한 예식을 마치기까지 그렇게 한다. 그래서 마침내 그 여인은 며느리가 되고 그 위에는 남편과 시어머니와 시아버지라는 삼권[3]이 군림하게 된다. 젊은 아내들이 늘 불행한 것만은 아니지만 그렇다고 해서 그들이 불행하지 않은 것이 풍습이나 환경 덕분도 아니다.

어머니의 위치

어머니는 자식에 대한 관계라는 점에서만 가정의 중요한 존재가 된다. 만약 아들을 못 낳으면 그녀는 차라리 태어나지 않느니만 못하다. 남편으로부터의 비난과, 일족 전체뿐만 아니라 그녀 스스로의 비난으로 인해 그의 무너진 영혼은 어떠한 희망도 기대할 수 없다. 그러나 일단 득남의 기쁨이 찾아오게 되면 그는 라헬[4]이나 한나[5]나 엘리자벳[6]이 된다.

이런 점에서 볼 때 여자가 아들을 못 낳아 겪어야 하는 적대감은 서구 사회의 정신에서 연유된 것처럼 보인다. 대가족을 거느린 여자는 비록 멸시받을지라도 행복하다. 나폴레옹 시대에 자식이 없던 스텔 부인[7]에게 누군가 물었다.

"유럽에서 가장 유명한 여성은 누구인가요?" 그러자 그가 대답했다.

---

3) 필자는 이 점에서 삼종지의(부모, 남편, 아들)를 오해하고 있는 것 같다.
4) 라헬(Rachel) : 야곱의 아내로서 요셉을 낳고 사랑을 받았다.
5) 한나(Hannah) : 사무엘의 어머니로서 늦게야 아들을 낳았다.
6) 엘리자벳(Elizabeth) : 세례 요한의 어머니.
7) 스텔 부인(Md. de Stael : 1766~1817) : 프랑스의 작가. 넥케르의 딸. 프랑스 주차 스웨덴 대사인 스텔-올스텐과 결혼하였으나 혁명기에는 나폴레옹에게 추방되었다가 왕정복고 이후에 프랑스에 돌아와 일생을 마침. *Delphine*(1803), *Corinne ou l'Italie*(1807), *De l'Allemgne*(1810), *Dix Annees d'Exil*(1821) 등의 작품이 있음.

“대가족을 부양하는 여자지요.”

이 대답은 매우 예리한 관찰이며, 조선 사람들은 그 말을 듣고 “아멘!”이라고 응답한다.

여성의 역할

여성은 사회에서 유용한 구성원이라고 할 수 있는데, 그것은 물질적인 이해가 여성에게 달려 있기 때문이다. 한 번은 시가지의 돌담 옆을 걷다가 돌 위에 앉아서 울고 있는 사람을 보았다. 그는 마치 땅이 꺼져 버릴 듯이 처절하게 통곡하는 것이었다. 왜 그러느냐고 우리가 물었다.

“무슨 일이 있나요?”

그는 잠시 동안 우리들을 멍하니 쳐다보다가 자기가 거기에 남아 있게 된 이유를 대강 얘기했다. 우리는 그것이 그를 두고 떠나 버린 그의 아내 때문이라는 것을 알게 되었다.

“그렇게 슬피 우는 것을 보니 얼마나 아내를 사랑했을까!”

누군가 어떤 여자가 말하는 것을 그에게 통역해주자 그 남자가 이렇게 대답했다.

“그 여자를 사랑한다구요? 나는 결코 그 여인을 사랑하지 않아요. 그러나 그 여인이 내 옷을 짓고 내 음식을 만들었지요. 이제 나는 어떻게 살지…어이구! 어이구!”

그는 보다 처절하고 크게 울었다.

여성의 세계는 아직도 여전히 이런 식이었다. 그러나 커다란 변혁이 일어나고 있고 가정이라는 감옥의 구조 밑바닥에서 지진이 일고 있다. 여성은 자유로워야 하는데 그렇다면 그 자유란 무엇을 의미하는가? 공자는 사회에서의 여성의 지위를 생각조차 할 수 없었고, 때문에 러시아인이 대마도전투(러일전쟁)에서 저질렀던 만큼이나 광범위한 실수를 저질렀다. 예수는 그에게 반대했던 모든 사람의 면전에서 신이 원하는 자리에 여자를 앉히었다. 여성은 그리스도의 은총으로써 거기에 서 있는 것이다. 지난날 여자는 노예이며, 개이며, 장난감이며, 소지품이며, 남성의 편의물이었다. 이제 여성은 자유로워야 한다는 새로운 목소리가 들려오고 있다.

가족은 도란도란 얘기를 나눌 수 있는 집단이 아닌 것으로 존재한다. 그들이 식사하려고 둘러앉을 식탁도 없고, 책이나 음악, 그들을 한자리에 불러 모을 잔치도, "가정"도 그리고 일요일에 교회에서 함께 앉을 가족석이나 온 가족이 참석할 야유회 등 그 어느 것도 없다. 주인도 혼자서 식사하고, 아내도 혼자 식사하며, 자녀들도 각각 떨어져서 홀로 식사한다. 이로 말미암아 서구인들처럼 식탁에 둘러앉아 얘기를 나누고, 우주 만물 모든 것을 걱정하는 대화가 허용되며, 한편으로는 반의도적으로 "밥을 먹는다."는 중요한 행동 자체가 매우 불합리한 것처럼 보인다.

"먹을 때 먹고 얘기할 때 얘기할 것이지 왜 둘 다 한꺼번에 하려고 그래?"

어느 의미에서 보면 조선 사람의 집은 사회에 온통 개방되어 있다. 원하는 사람은 누구든지 그 문을 시험해 볼 수 있고, 그 문을 밀어서 열어 볼 수 있으며, 그 안으로 들어설 수 있다. 초면임을 가릴 필요도 없고 소개도 필요 없다. 일반적인 조선 사람의 응접실은 모든 사회에 자유롭게 개방되어 있다. 그러나 내부의 거처는 분리되어 있다. 그래서 내실에 위험을 무릅쓰고 들어가려는 남성 행인은 그 사회의 가장 신성한 규범을 파괴하는 것이다.

외부의 거실로는 한량들, 뜨내기, 점쟁이, 승려 등 사실상 모든 부류의 사람들이 모여든다. 여기에서 주인은 가장 상석에 자리 잡는다. 이 사랑방에서 생활해 보면 놀랄 만큼 개인의 사생활이 지켜지지 않는다는 것을 느낀다. 마치 대로상에 살림을 차린 것처럼 모든 사람들의 시선을 받는다. 만약 편지를 쓰면 누구에게 쓰느냐, 왜 이런 것을 쓰느냐, 무슨 말을 쓰느냐, 누구? 언제? 등의 질문을 받게 된다. 어깨 너머로 쳐다보는 사람들의 이런 질문들은 사물을 지배하는 영원한 규범의 마찰이나 정도의 파괴를 초래하지 않는다.

때때로 젊은 선교사가 얼마만큼 사람들의 의혹에 찬 눈빛을 견딜 수 있을 것인가 하는 점이 의심스럽기도 하고, 또 그가 그것을 이겨낼 수 있다면 어떠한 형태로 이겨낼 수 있을 것인지도 의문스럽다. 특별히 옛날에는 사방 틈새로부터 이러한 끊이지 않는 눈총들이 이어져 왔다. 이것이 동방 세계이다. 그들은 그렇게 태어나서 그렇게 자라고 또 그렇게 살아가기 때문에, 그로 말미암아 부담을 느끼지 않는다.

불합리성

인과론이라는 규범이 지구의 반대편인 이쪽에서는 분명치 않은 것 같다. 의학적인 치료도 불합리하다. 만약 당신이 아프면, 바느질하는 바늘로 고통을 없애려고 당신을 찌른다. 속병이 있으면 의사는 한두 마디 질문을 하고서는 불로 토기를 구워 나무로 자르면 그것은 마녀의 요술 단지에 걸맞은 혼합물이 되는데, 여기에 물을 담아 마시게 되어 있다. 우리에게는 그것이 매우 불합리하게 보인다. 아직 그들이 우리를 불합리하다고 느끼는 것처럼 그들이 사물에 대해 적합하다고 생각하는 방법들이 우리로서는 불합리한 것이다.

최근에 김 씨와 이 씨라는 두 조선 사람 사이에 다음과 같은 대화가 있었다.

> "김 씨, 우리 조선 사람이 일본인 같은 훌륭한 군인이 될 수 없는 이유를 말해 주겠소?"
>
> "그것은 한쪽 눈은 뜬 채 다른 한쪽 눈을 감는 데 익숙지 못한 때문이오. 아시다시피 겨냥을 하려면 한쪽 눈을 감아야만 하지요."
>
> 그러면서 이 씨는 한쪽 눈을 감으려고 비틀어진 실타래처럼 얼굴을 찡그

렸으나 그것은 허사였다.

김 씨가 말했다.

"별 것 아니오, 나는 내가 하고 싶은 대로 한 쪽 눈을 감고 다른 쪽 눈은 뜬 채로 둘 수 있소"

"그럼 당신이 하는 것을 봅시다."

이 씨가 말하면서 내내 한쪽 눈을 적당하게 감으려고 노력했다.

"문제없지요."

김 씨가 벼루에 먹을 갈아 그의 붓을 적시면서 한 쪽 눈을 감으며 말했다.

이를 본 이 씨가 말했다.

"내가 당신더러 해보라고 했으니, 어디 당신이 한쪽 눈은 감고 한쪽 눈은 뜨는 것을 봅시다."

"총이 있으면 할 수 있소."

하고 김 씨가 말했다.

"아! 그래요? 총이 있으면 할 수 있고, 없으면 할 수 없군요. 그런데 일본 사람들은 총이 있으나 없으나 할 수 있지요."

빚

조선 사회에서 저주스러운 것들 가운데 하나는 빚이다. 모든 사람들이 영원히 빚을 지고 살아가고 있다. 모든 사람들이 남에게 빚을 지고 있는 것 같다. 모든 빚을 다 갚고 하나도 빚진 것이 없다는 명쾌한 말은 결코 들어 볼 수 없었다. 많은 이자를 주면서 돈을 빌고 갚는 것이 풍습이 되어 왔다. 20년 전에 이자는 월 12%였는데, 그것이 조금씩 낮아져서 마침내 4%, 3%, 2%가 되었는데 이것이 기록상으로는 최저율이다.

1906년, 『서울 프레스』에는 다음과 같은 기사가 쓰여 있다.

조선 사람은 구두쇠가 아니다. 그들은 근검절약하고 있다. 돈은 그들에게서 빠져나와 지구상의 모든 길을 돌고 돈다. 모든 사람들은 여분의 현금을 벌어 동정심과 선의의 우정으로 친구에게 나누어줌으로써 그를 즐겁게 할 만큼 부자가 되고 싶어 한다. 그들이 가난한지 부자인지는 아무도 알 수 없다. 그들은 생활 필수품을 사는 데는 인색하면서도 사치품을 사는 데는 많은 돈을 쓴다. 조선 사람들이 보기에 미국인들은 입에 담기조차 부끄러워할 사소한 것들로 종종 다툰다.

조선의 길 건너 이웃인 중국인들은 비교적 혐오감을 느낄 만큼 구두쇠이다. 조선 사람은 항상 강한 기품을 지니고 있으며 양반으로서의 그의 보행은 결코 흐트러지는 일이 없다. 만약 내가 가난하고 재산이 없어 나의 음식과 의복과 위안을 위해 대중적 자비심에 여생을 맡겨야 한다면, 내가 뭔가 바란다는 것을 알려고 하지도 않고 관대하면서도 존경할 만하고, 나를 비렁뱅이라고 쫓아낼 만큼 치사하지도 않은 조선 사람에게 의지하고 싶다.

친절함

조선 사람은 참으로 친절한 국민이다. 거의 25년 동안 그들 사이를 왕래했던 우리들은 그것을 맹세할 수 있다. 그들보다 더 점잖고 친절한 민족은 없다. 그러나 조선의 역사 전반에는 무서우리만큼 잔혹한 사건들이 있었다. 이러한 흔적은 오늘날까지도 남아 있다. 만일 누군가가 국가에 대해 역모를 한다면 그 가정의 죄 없는 부인들과 자녀들까지도 형벌을 받는다.

속죄

1885년에 어떤 사건이 일어났을 무렵 한 보수주의적인 양반이 동대문 근처에 살고 있었다. 폭동 주모자들의 명단이 발표되었을 때, 그의 아들의 이름이 방(榜) 위에 쓰여 있다. 이것을 본 그는 집으로 들어가 그의 어린 손자를 불러서 말했다.

"너는 네 아버지 때문에, 그리고 나는 내 자식 때문에 우리는 살아서 죄인으로 낙인찍히게 되었다. 우리는 이제 함께 죽게 될 것이다."

그리고 그는 손자와 독약을 마심으로써 아들의 잘못을 속죄했다.

사회에는 개체라는 것이 없이 모두가 한 덩어리로 되어 있다. 만약 한 구성원이 죄를 지으면 모든 사람들이 그와 함께 고통을 겪는다. 곤장, 주리, 형틀, 칼, 족쇄, 정강이를 후려치는 막대 등 잔혹한 고문의 방법들이 아직도 어슴푸레한 기억 속에 남아 런던탑에서 볼 수 있었던 절단의 모습들이 생각나게 된다. 진실로 우리가 암흑시대로 되돌아가 본다면 참혹함에서는 동서양이 형제들이다. 그러나 자비로운 신은 동방을 창조할 때 우선 마음속으로부터 잔혹성의 독소를 제거하고 희생정신과 사랑스러움을 대신 남겨 둔 것 같다.

"국리민복을 위해서"라는 말은 아직까지도 이 사회에서는 어떤 특징을 나타내지 못한다. 공동 관심사라고 하는 것은 모두가 남들에 대한 것이다. 우리가 언급해 온 길이라는 것은 그들이 가고 싶은 곳이나 그들이 원하는 곳으로 나 있다. 쓰레기 운반차나 달구지, 쓰레기 더미 같은 것은 도시로부터 몇 마일 떨어져 있지 않다. 쓰레기 더미는 바로 대문 밖에 있으며, 솔개라든지 여름철의 비가 청소부 역할을 해준다. 거리는 쓰레기가 잔뜩 쌓인 뒷마당이 된다. 그래서 평양과 서울을 내왕하는 여행객들은 조선 사람들의 생활의 두려우리만큼 지저분한 광경을 목격하게 된다. 냄새가 진동하고 전염병이 만연되어 있으나, 이에 익숙해져 지나는 사람들도 둔감해지고, 후각 신경도 이러한 심한 자극에 거리끼지 않게 되었다.

이승수와 미라

이러한 일들은 뉴욕의 센트럴 파크 박물관을 따라 걷고 있던 총영사이며 공사였던 이 씨[8]를 생각게 한다. 우리가 미라 실에 이르자 이 씨는 그것을 쳐다보더니 코를 쥐어 막았다. 왜 코를 쥐어 막느냐고 했더니 그는 코를 쥔 채로 한 손으로 미라를 가리키는 것이었다.

"그러나 그 미라는 5,000년이나 된 송장이잖아요. 안 그래요?"

그는 코를 꼭 쥔 채로 말했다. 그는 지독할 정도로 더러운 길을 걸을 때는 악취를 느끼지 못하지만, 미라에서 예상되는 냄새는 참을 수 없었던 것이다.

복장

조선 사람은 깨끗한 의복을 입는다. 그래서 예컨대 중국의 지부와 비교한다면 조선은 낙원과 같다. 일본 사람들처럼 목욕을 자주 하지는 않지만 가난한 사람들조차도 지나칠 정도로 깨끗한 의복으로 자주 갈아입는다.

하나의 유기체로서의 사회는 눈멀고 귀가 막혀 있으며, 입도 봉해져 있다. 대중들이 모이는 일도 없고, 청취할 만한 여론도 없으며, 많은 것을 볼 안목도 없다. 기독교 정신은 온화하지만 집요하게 차츰차츰 모든 통로를 통해서 유입되고 있다. 그러한 표시 가운데 하나로 기독교는 그들로 하여금 독특한 음성으로 말할 수 있게 하며 사물을 보는 안목을 가지게 한다. 기쁜 소식을 통해서 사회는 보고 듣고 말할 수 있게 깨우쳐지고 있다.

가부장적 통치

사회는 독자적인 사고가 불가능할 뿐만 아니라, 애국심에 대한 여지도 없고, 진실성의 여지도 없고, 정확성에 대한 여지도 없이 가부장적인 제도로

---

8) 미국 주재 한국 공사였던 이승수를 의미하는 것으로 보임.

한데 결속되어 얽혀 있다. 가장은 누구보다도 가장 주요한 인물이다. 그 위에 국가의 가장인 왕이 있는데, 가장이 그 가정의 범위에서 절대적인 권력을 행사하듯 국사에서는 왕이 절대적이다. 사람의 생명과 명예가 그의 손에 달려 있다. 그가 누구에게 관직을 주라고 명령하면 관직이 제수되고 끌고 나가 처형하라고 하면 심판이나 변론도 없이 죽고 만다.

그 다음에 관찰사와 방백·수령이 있다. 그 역시 제한된 범위나마 절대적이며, 그가 원하는 대로 처벌할 수 있고 명령할 수 있고 심판할 수 있다. 그 다음으로 글 선생인 훈장이 있는데, 한때는 꽤 존경을 받았으나 이제는 옛 제도의 파흔이며 이상으로 지위가 전락되고 말았다. 그 외의 다른 대부들도 모두가 나름의 영역에서 지배권을 행사하고 있다.

세태가 이러하다면 독자적인 사고나 행동은 문제가 안 된다. 다른 모든 사람들이 했던 것처럼 오륜을 지키고, 오상을 고양하고, 오행을 지키면서 스스로의 처신을 단정히 해야 한다. 준비가 안 된 상태에서 새로운 일련의 상황이 발생하게 되면 조선 사람들은 어찌할 바를 모른다. 예를 들어 요즈음에는 스쿠프 모자나 폴스틱 스커트가 들어옴으로써 의복 문제에 직면해 있다. 이제까지의 행동에 어떠한 자유도 없었는데 아무런 준비도 없이 그러한 자유에 방면된 것이다. 어떠한 상황에서 지식은 경험의 산물이다. 따라서 고전 속의 성인이라 할지라도 빵을 굽거나 정원을 가꾸는 일에 관한 한 어린 아이일 수밖에 없다.

몇 세대에 걸쳐 조선 사람들은 본능에 따라 살아왔지, 이성에 따라 살아온 것은 아니다. 가능한 모든 상황이 가정되어 있으며 자기가 해야 할 일에 대해서는 단지 눈을 감고 자기 자신을 내맡길 뿐이다. 그러나 새로운 상황과 새로운 세계가 그의 옛 영역을 박차고 들어왔다. 그러면 그는 어디에 있는 것일까? 에슨 씨(Esson, 3rd)는 다음과 같이 말하고 있다.

얼마 전에 어느 세련되지 못한 조선 사람이 부산 행 열차를 타고 있었는데 그 급행열차는 시속 30마일로 달리고 있었다. 한 동안 페인트로 칠한 열차 간 이곳저곳을 둘러보는 것이 그로서는 무척 재미있었고, 그 아래로 풍경이 사방으로 질주하고 있는 것처럼 보였다. 그는 이러저러한 것을 세밀히 훑어보다가 결국에는 실내 구경에 싫증이 났다. 그래서 그는 바깥 경치가 어떤가를 보려고 차창 밖으로 머리를 내밀었다. 그때 일진광풍이 그의 모자와 모자 끈을 날려 버려서 그 모자는 골짜기 사이로 떨어지고 있었다. 그가 "내 모자!" 하고 외쳐 댔으나 열차는 아무런 반응도 없었다. 그러자 그는 즉시 문간에 서서 플랫폼으로 뛰어 나갔다. 생각할 겨를도 없이 그는 모자를 따라 둑 너머로 뒹굴었다. 더 이상 그의 모습을 볼 수 없었으나, 나는 그 골짜기에는 불쌍한 짐 꾸러미와 구겨진 옷, 검은 갓 그리고 우직한 갈색의 얼굴이 5센트짜리 모자를 좇아 뛰어내렸을 때 짓구겨져 있었으리라는 것을 상상할 수 있었다.

우리가 여기에서 알 수 있는 것은 새로운 상황이 전개되고 있지만 그는 구태의연한 방식으로 행동을 했다는 점이다. 그것은 이성이 아니라 본능에 의한 것이었다.

또 다른 한 조선 사람이 선로 작업 열차의 열려진 플랫 홈에 앉아 있었다. 날이 따뜻해서 그는 깊은 잠에 빠져 고개를 끄덕이며 졸고 있었다. 그는 산전수전 다 겪은 사람으로 열차를 어떻게 타는지 알고 있었다. 그가 고개를 몹시 끄덕이면서 편안한 잠을 자고 있는데, 갑자기 그 열차가 커브 길을 돌 때, 격렬하고도 재빨리 지나가는 바람에 이 사람은 가장자리로 굴러 떨어져서 푸른 언덕 아래로 뒹굴고, 결국 밑바닥에 내동댕이쳐졌다. 그는 즉시 눈을 부릅뜨고 눈을 부라리며 그 열차를 향해 말했다. "도대체 무슨 짓이야?" 이러한 상황 역시 새로운 것이며, 거기에서 일어난 사고는 당연한 일이라기보다는 오히려 하나의 충격이었다.

애국심

이러한 법들이 지배하고 관습들이 서로 얽혀 있으며, 무서운 조상들이 권총을 차고 지켜서 있는 상황에서는 애국심의 여지가 없다. "시저의 것은 시저에게 돌리라"[9]는 것이 고대 조선 생활을 지배하는 규칙이었다. 국가와 관련된 것이란, 긴 칼, 형틀, 곤장, 정강이를 치는 몽둥이 등 형벌에 관한 것이었다. 따라서 애국심이란 낯선 산물이며, 그 성격과 성장에서 아직은 어느 정도 비정상적인 면이 있다.

조선 사람들은 공포 분위기 속에 살아왔다. 당신이 체포되어 왕이나 사또의 뜻대로 곤장을 맞거나 또는 그러한 분위기가 되었을 때 감히 안도의 숨이나마 쉴 수 있겠는가? 앞서 인용된 필자는 다음과 같이 말하고 있다.

> 조선 사람은 다소 겁쟁이들이다. 그들은 남을 신뢰하지 못하고, 무지하고, 항상 몇 만 가지 사악한 영향에 위협을 받으며 사는데 왜 그렇지 않겠는가? 그것은 함께 모이거나 조직화하지 못하기 때문이다. 이제야 비로소 신비스러운 자유, 평등, 박애라는 말에 귀를 기울이기 시작하고 있는 것이다.

지난날 교육의 표준은 중국에서 유래되었으나 오늘날에는 수학을 가르치고 있다. 조선은 갑작스럽게 광맥을 찾게 되어 "49년의 사람들"[10]처럼 맥을 파내고 있다. 지금까지도 정확성의 결여라는 점은 조선 사람의 특징이 되고 있다. 『서울 프레스』[11]의 한 기자는 다음과 같이 말하고 있다.

---

9) 『마태복음』 22장 21절.

10) "49년의 사람들" : 1849년의 황금 질주 당시에 금광을 찾아 무분별하게 캘리포니아주로 떠난 사람들을 의미함.

11) 『서울 프레스』는 배설(E. T. Bethell의 *Korea Daily News*를 타도하려고 이토 히로부미가 설립한 어용 신문이었다.

시간은 아무런 의미가 없다. 모레는 그저께와 같은 날이고, 약속은 사람들이 신의가 없어서가 아니라 어떤 일에 정확하고자 하지 않기 때문에 지켜지지 않는다. 조선에서는 명확한 정의라는 것이 불가능하고 정확한 정보란 문제되지 않는다. 조리 있고 정확한 논리란 조선 사람의 상징적인 정신 세계의 테두리에 존재하지 않는다. 당신이 시간 관념을 얘기할지라도 당신이 무엇을 의미하는지 그들은 이해할 수 없다. 새로 부임한 선교사인 한 외과 의사는 통역자에게 이렇게 말했다.

"병을 흔들어서 식후 30분에 반 숟갈을 물에 섞어 마시라고 말해 주시오."

그랬더니 통역자는 이렇게 말했다.

“단지를 흔들어 몸이 나을 때까지 대여섯 번 이 약을 충분히 복용하시오.”

운명론

독자적인 행동이 결여되고, 사회라고 불리어지는 이 기계에 고착되어 있는 조선 사람은 철저한 운명론자이다. 그의 팔자가 그의 운명을 결정짓는다. 멀리 있으며 전지전능하고 범접할 수 없는 신이 그의 권능 안에 그들의 생명을 가지고 있다. 오행이 항상 그에게 붙어 다닌다. 일어날 일은 일어나는 것이고, 넘어지게 될 때 넘어지고, 가난해야 할 자는 가난해야 하며, 죽을 때가 되면 죽는다. 그를 구속하고 있는 굳은 굴레 안에서 그의 존재는 어찌할 수 없는 것이다.

이러한 무서운 운명의 법칙에 대한 믿음이 그를 구속하고 있다. 사업에 실패하는 것은 운수소관이다. 신세가 가련하고 비참한 것도 운수 때문이다. 나라가 망하는 것은 누구의 탓도 아니다. 어느 누구도 운명을 거절할 수 없기 때문이다. 최근의 공개 상연에서, 서양에서 공부한 조선 사람인 윤치호 공은 청중들에게 이렇게 말했다.

왕릉

장승

> 운수라는 말을 포기할 때까지 희망이란 있을 수 없습니다. 운수라는 것은 괜한 소리이며, 그런 것은 있지도 않습니다. 모든 사람들이 그 자신의 운명이며, 자신이 원하는 바는 이룰 수 있는 것입니다.

오륜, 오상, 그리고 오행이 깔려 있는 이러한 사회 구조의 밑바닥에 장착된 폭약이 폭발하고 있다. 문호 개방을 통해서 선교사의 유입과 일본의 침략을 맞이했다. 옛 조선의 이상과는 다른 이 나라의 이상들이 다가오고 있다. 또한 모든 사회 제도를 청산하려는 움직임이 일고 있다. 이러한 때에 여기에 복음이 어떤 도움을 주어야만 하는가? 과거의 가부장적 제도가 무너지고 가정 생활과 정부가 혼란 상태에 있을 때, 비교할 바 없는 소박한 음성으로 복음은 나타나서 이렇게 전해 준다.

> 하늘에 계신 우리 아버지가 그대의 나라에 오십니다. 하나님의 왕국에는 그분을 사랑하는 사람을 위해 많은 집이 마련되어 있습니다.

인의예지신은 어떠한가? 인(仁)이라고 하는 글자는 인(人)이라는 글자와 이(二)라는 글자로 이루어져 있는데 이는 사랑(仁)이 항상 다른 사람의 마음속에 있음을 보여주는 것이다. 그러나 모든 이타적인 가르침 가운데 가장 주된 것은 "하나님의 말씀"이다. 하나님의 말씀으로 "인"이라는 잃어버린 덕을 대신하게 되는 것이다.

의(義)는 속죄양으로 되어 있고 "의"는 인칭 대명사 "나"(I)가 되었다. 속죄양이라는 의미로서의 "나"는 정의를 나타내고 있다. 예수와 나와의 "하나 됨"은 그러한 인성을 대체시켜줄 뿐만 아니라 그러한 사상을 채워 주며 지나간 파거에 대한 연구는 위대한 신의 계시를 가리키는 예언의 음성을 들려준다.

과거의 속박으로부터의 자유, 현재의 굴레로부터의 자유, 자아로부터의

선교 여행

자유, 관습과 공포와 미신으로부터의 자유, 이러한 자유는 어디에서 찾을 것인가? 근래 백성들의 마음은 자유에 대한 동경으로 향하고 있다. “그대가 진리를 알게 되면, 진리가 그대를 자유롭게 하리라.”[12] 조선의 고대 문명은 현재의 복음을 받아들이기 위한 예정된 통로였던 것 같다. 그리고 독자들은 그러한 굴레를 통해서 현재의 희망에 대한 근거를 알 수 있으리라는 점은 의심할 나위도 없다.

12) 『요한복음』 8장 32절.

순회선교단

참고문헌

1) 한국인의 심성에 관하여

Gale, *Korean Sketches*, Chs. 2, 9, 10, p. 23, pp. 234~8.

Gifford, *Everyday Life in Korea*, pp. 59, 66~9.

Hulbert, *The Passing of Korea*, Ch. 2.

Bishop, *Korea and Her Neighbors*, pp. 235~6, 336~7.

Underwood, *The Call of Korea*, pp. 44~51.

Underwood, *Fifteen Years among the Top-knots*, pp. 273~6.

2) 여성의 지위에 관하여

Hulbert, *The Passing of Korea*, Ch. 18.

Bishop, *Korea and Her Neighbors*, pp. 114~20, 330~43, 355.

Gifford, *Everyday Life in Korea*, pp. 59~63.

Underwood, *The Call of Korea*, pp. 52~5, 61~3.

Nobel, *Ewa : A Tale of Korea*, Ch. 2.

제 5 장 특별한 은총

선교 사업을 성공시키는 데 기여한 두 번째 요인은 조선 사람들이 활약한 여건 속에서 찾을 수 있다. 실정과 압제는 백성들로 하여금 절망에 빠지게 만들었다. 조선 정부가 경제적 · 정치적 개선을 위해 취한 수단들은 실망스러운 실패로 끝나고 말았다. 백성들은 조악한 미신 행위에 지쳐 싫증낼 뿐만 아니라 심지어는 상심해 있다. 도덕적으로 그들은 노쇠해 죽어 가고 있다. 음울하고 썰렁한 그들의 도덕 생활 속에 훌륭한 것들을 위한 찬란한 약속을 수반하면서 그리스도의 복음이 들어왔으며 조선 사람들은 마치 해바라기가 해를 향하듯이 복음을 향해 머리를 돌리고 있다. 이곳에는 기독교에 견줄 만한 것이 없으며 이러한 사실은 기독교인들에게 독점적인 영역을 제공해 왔다.

백성들의 주의를 끌거나 또는 그들에게 도전하기 위한 거창한 교육 개발이나 상업적 팽창도 없으며 막강한 육 · 해군도 창설되지 않았다. 지식인들과 더불어 백성들의 지적 생활을 놓고 다투려는 종교적 소란을 담은 언론이나 문필도 아직 조선에서는 일어나고 있지 않고 있다. 단지 신문학과 지극히 예외적이기는 하지만 정기간행물이 기독교를 자료로 하여 발간되고 있다. 정치적 변화와 사회 질서의 동요는 조선 사람들을 교회로 쏠리게 하는데 가속적인 역할을 하고 있는 반면에, 민족적 이상이 없다고 하는 사실은 평민들이 신심을 쏟도록 함에 있어 힘과 박력이 부족하다는 결과를 초래하고 있다.

—존스(G. H. Jones)

미국에 오래 살고 있는 선교사들이 동료들과의 모임을 피하고 싶어 하는 일종의 은둔증을 느끼게 되는 것은 주목할 만하다. 어느 사랑스러운 부인은 외로운 망명 생활에서 2년이나 그 여인을 기쁘게 했고 사는 재미를 준 얼굴들, 목소리, 그리고 교우 관계를 잃어버린 것을 슬퍼했다. 그 두 해 동안 그는 새로운 환경에 부딪치면서 그의 정신이 새롭게 흔들리는 것을 깨달았다. 그 뒤로 줄곧 그는 그가 슬퍼했던 세계를 영원히 다시 만나지 않았다. 그들 목소리는 유쾌하지 않았고 그들의 얼굴은 낯설었다. 그래서 그는 백인 세계와 모든 백인 방식에서 평정과 안정을 찾을 수 있었다. 혼자 있고 싶어 하는 욕망이 강한 이 병은 기피증이라 부를 수 있을 것이다. 그것을 방어하지 않으면 말라리아처럼 선교사를 엄습할 것이다. 국가도 역시 똑같은 병에 희생될지 모른다. 희생자들은 외국인의 모든 초대를 피한다. 그들은 교제를 피하고 모두를 불신하며 혼자 있고 싶어 한다. 이것이 1880년대까지의 조선의 병이었다.

기독교청년회(YMCA)에서 현재 폭넓게 사랑 받고 존경받는 종교국장 이상재는 1876년에 처음으로 일본에 주차한 공사관의 서기관이었다. 조선은 은자의 나라였으므로 그들이 고베까지 진출한 것은 대단하고 전례 없는 모험이었다. 영국인이 명함을 가지고 영사를 찾아 가 말을 걸었다.

"우리 좀 만나서 서로 친구가 됩시다."

그러자 대사는 이렇게 대답했다.

"그들을 건드리지 말고 '우리는 외국인과 교제가 없다'고 말해서 돌려보내시오."

1880년 때까지도 길거리에는 이런 방문이 붙어 있었다.

"만약 외국인을 만나거든 그를 죽여라. 외국인과 긴밀한 교제를 하는 사람은 그의 조국에 대한 배신자이다."

겉으로 보기에 전 영토에는 조용한 순간도, 은밀한 장소도 없는 것 같았으나 아직까지도 조선의 광범한 정신적 기반은 "가만히 홀로 내버려 두라"는 식이다.

쇄국

3대 강국이 조선에 접근했으나 쇄국의 벽은 여전했고 1880년대까지도 외국의 국명은 하나도 알려져 있지 않았다. 1889년에 나는 황해도의 관리를 만났는데 대화를 통해 그가 미국 또는 영국이라는 이름을 알지 못한 채 단지 서방 세계는 양국이라는 한 나라로 알고 있다는 것을 알았다. 그는 중국을 큰 나라라는 "대국"으로, 일본을 경멸적인 난쟁이 섬[1]으로서 "왜국"으로 알고 있었다. 그는 지구를 여전히 평평한 것으로 생각하고, 가운데 있는 것은 모두 중국이고 동쪽 끝에 조선이 있는 것으로 생각하고 있었다. 만일 계속 나아가면 아무것도 없는 낭떠러지가 있다. 모든 이방 종족은 야만인이며 조선은 그 누구와도 교류를 원하지 않는다는 것이었다.

동양의 다른 국가들은 이런 저런 영향으로 다른 나라와 접촉하게 되었으나 조선은 마치 어떤 위대한 총독의 명령에 따른 것처럼 굳게 닫혀 접근이 금지되어 있었다. 중국의 사신이 황제의 친서를 가져올 때면 긴 행렬의 부하와 추종자들 그리고 말과 낙타가 함께 왔다. 그것은 마치 조선이 침략군에 의해 영원히 점령되는 것처럼 보인다. 그러나 사신이 돌아갈 때면 모두 그를 쫓아 나온다. 그리고 이렇게 인사했다.

---

1) 왜국(倭國)은 본디 그 의미가 난장이라는 듯의 왜국(矮國)과 같은 뜻이었다.

"평안히 가십시오. 그러나 어서 가십시오."

언덕에 있는 조그만 오두막에 사는 은퇴한 학자는 고기를 한 마리도 못 잡으면서 강가에서 낚싯대를 드리우고 앉아 3천 년 전의 끝도 없는 꿈을 꾸고 있는데 이러한 사람이 옛 조선의 이상적인 인간 곧 "은사"였다.

선교사의 입국

갑자기 어느 쪽에서 "대문을 활짝 열라"는 명령이 떨어지고 이내 선교사가 다가왔다. 문은 그의 접근이 준비될 때까지 닫힌 채로 있었으나 이제 시간이 되었다. 상인도 아니고 관리도 아닌 오직 목사가 서양인들의 대표가 되어 저 북쪽 끝에서 저 아래 남쪽까지 곳곳을 누비며 서울에서 부산 또는 의주까지 다니는 동안 그들은 수많은 호기심 어린 눈총을 받았다.

러일전쟁

조선이 러일전쟁으로 세계에 널리 알려지지 않았더라면 그들은 아직 은자로 남아 있었을지도 모른다. 현대의 위대한 군대들이 조선을 가로질러 행군했다. 무적함대를 능가하는 군함들이 해안을 항해했다. 역사상 일어났던 그 어느 것보다 큰 해전이 조선의 해안 가까이에서 있었다. 산은 이제 막 발견돼 은자의 나라가 세계의 주목을 끌 수 있도록 밀어냈다. 조선의 북쪽 국경인 압록강에서 구로키 다메모토[2)]와 러시아인 사이의 전투로 진짜 전쟁이 발발했으며 조선의 남쪽 항구인 마산포로부터의 함대가 전쟁을 마무리했다. 전쟁의 범위 안에는 조선의 국경뿐만 아니라 그의 운명과 장래까지도

2) 구로키 다메모토(黑木爲楨 : 1844~1923) : 일본의 육군 장성. 백작. 러일전쟁 당시 만주군 제1군 사령관으로서 압록강 전투에서 대승을 거두었다.

포함되어 있었다.

이제 조선은 신문 기자, 종군 기자, 정치 기고가에 의해 세계에 등장했을 뿐만 아니라 "보이지 않는 손"이 조선을 세계 최신의 거대한 고속도로에 연결시켰다. 조선은 이제 잊힌 구석의 존재가 아니라 지구를 둘러싸고 있는 강철 고리의 한 부분이 되었다. 한때는 찾아보지도 않던 도시인 서울로 전 세계의 방문객이 몰려오고 있다. 매 일요일마다 우리는 플랫 홈에 모인 손님들, 이를테면 일본 · 미국 · 중국 · 인도 · 유럽 · 호주에서 오는 방문객을 맞이한다.

조선은 일본처럼 현대적이지도 않으며 중국보다 역사가 오랜 것도 아니다. 그래서 아직도 이곳은 서양 사람들이 대수롭지 않게 생각하는 곳이다. 하나님은 전 극동을 위한 선교 지부로 조선을 이용하고 있다. 그리고 그 부름의 줄은 끊어지기는커녕 오히려 더 넓고 굵어지고 있다. 그들은 이렇게 묻는다.

"이 몇 백의 사람들이 믿음을 가지고 여기에 모여드는 것을 보세요! 얼마나 장관입니까!"

"그들은 뭐라고 이야기합니까?"

"그는 당신을 자신으로부터, 슬픔으로부터, 죄악으로부터 그리고 질병과 죽음으로부터 자유롭게 해주겠답니다."

그리고 그들 모두는 "할렐루야"하고 노래한다. 이것은 놀라운 것으로 극동에서의 각성을 이야기해 주는 것이라고 관광객들은 말한다. 조선은 확실히 전반구를 돌리기 위한 축으로 사용되고 있음이 분명하다.

조선은 선교 과정에서 특별한 부분을 담당하기에 적합하다. 왜냐하면 조선은 그들과 인접하고 있는 지역과 인구에 비교해서 작기 때문이다. 조선의 면적은 겨우 8만 평방 마일이다. 산동성만으로도 면적이 53,762평방 마일이고 인구는 36,247,000명으로서 면적은 조선의 반을 약간 넘는데 인구는 그의 3배나 된다.

오늘날 조선을 향해 쏠리는 관심은 특별한 의미를 갖는 것으로 여기 사람도 있다. 왜냐하면 인간 관계에서 볼 때 그 크기와 인구의 균형이 전혀 잡히지 않기 때문이다. 약간 나이 든 사람들은 그들이 수많은 중국인들과 먼지 쓴 코트를 입은 러시아인 떼거리 또는 그림같이 선전된 일본과 견줄 만하다는 것을 아는 듯이 보였다. 확실히 "나중 된 자가 먼저 되고 있다."[3]

자치

조선 사람들은 자치 정부나 자력 방위의 지식 같은 것을 알지 못한다. 그들은 지난 몇 세기 동안 전제군주의 통치를 받아 왔고 누구인지도 모르는 사람에 의해 보호받아 왔으며 마침내 그들은 왕도 없고 보호 받은 적도 없다는 것을 깨닫게 되었다. 이것은 예수께서 구원하시고자 하는 모든 것을 우리가 보기 전에 먼저 우리가 겪어야 하는 무서운 사실 가운데 하나가 아닐까? 우리는 놀라움과 지난 12년간의 변화를 겪은 뒤 그것은 인간의 손에 의한 역사가 아니었으며, 각료와 정부는 능력 밖에 있고 하나님은 이 보잘것 없고 오랫동안 잊힌 백성들을 마침내 그들이 "왕도 없고 국왕도 없다."고 말하는 곳으로 데려왔다고 결론을 내릴 수밖에 없다. 슬픔의 두꺼운 그름으로부터 들려오는 대답은 "내 아들아, 그는 너의 왕이며 너를 지켜 주시는 분이다.[4]라는 것이다.

기독교를 경험한 세계로서 문제가 있는 곳인 갈릴리 바다, 감옥, 순례 가운데 기독교인을 기다리고 있는 사자의 우리[籬]는 조선 사람에게 대단한 흥밋거리가 되었다. 조선 사람은 그들을 연구했다. 그는 철문에 갇혀 감시받는 베드로,[5] 차꼬에 발이 묶여 있는 바울과 실라,[6] 밧모섬에 유배된 요

3) 『마태복음』 20장 16절.
4) 『시편』 23편.

한[7]을 생각하면서 이들이야말로 로마의 죄수들이 아니라 세상의 지배자들이라는 엉뚱한 결론을 내린다. 그러고 나서 그는 이렇게 말했다.

"내가 여기 있는데 아무도 내가 알고 있는 것을 모른다. 조국은 파멸했다. 우리 모두는 감옥에 갇혀 있다."

정치적 혐의자였던 아들은 감옥에 있는 그이 아버지에게 편지를 썼다.

"저는 감옥에 갇혀 있습니다."

아버지가 답장했다.

"참아라. 내 아들아. 우리 모두가 감옥에 있는 것이다."

"호랑이굴"이라는 말은 작가나 정치 연설가에게는 훌륭한 주제가 된다. 그러나 멀리 수평선으로부터 밝아 오는 모습과 함께 노래한다.

"내 영혼아 잠깨어라 두려움을 떨쳐라."

고난이란 하나님이 주시는 소식과 관련이 있다. 조선 사람들이 듣는다면 이 얼마나 얼빠진 소리이겠는가? 우리가 선교를 통해 좋은 경험을 하던 때에는 더욱 그러하다. 이제 그리스도를 아는 사람과 그를 모르는 사람이 조선에서 만났다. 이 두 사람은 서로 손을 맞잡고 넉살좋게 어디든지 다니고 있다. 고궁으로, 물방앗간의 오두막집 뒤꼍으로, 교실로, 잃어버린 자의 삶 속으로 그리고 노예의 소굴로. …… 그리하여 이제까지 어려움이 되었던 것들은 자유와 환희의 지역을 향하는 아름다운 아치교가 되었다. 유대인의 최대의 적인 시저가 통치할 때 구세주가 그들을 찾아왔던 것처럼 오늘날에는 이방인의 회초리 아래 전 세계적인 복음의 초대장이 날아오고 있다.

---

5) 『사도행전』 12장 1~11절.
6) 『사도행전』 16장 16~34절.
7) 『요한계시록』 1장 9절.

열강

조선의 주위에는 3대 강국의 압박이 죄어들고 있다. 첫 번째의 강대국으로는 앞선 일본이 지휘권을 가지고 있다. 일본이 더 나아갈 곳이라고는 거의 없다. 모든 세금을 감당할 수 있고 모든 군대를 모집할 수 있으며 모든 해군의 비용을 부담할 수 있는 나라가 바로 일본이다. 가까운 장래에 어떤 현저한 변화를 기대하기는 불가능하다. 조선은 일본의 손아귀에서 완전히 무력하며, 만일 극동 문제에 관해 다른 고려가 없다면 일본의 위치는 영원히 고정된 세계가 될 것이다. 그러나 조선의 위치나 장래는 결코 해결되지 않는다.

북쪽과 서쪽에는 러시아나 중국과 같은 세계의 중대 문제가 남아 있다. 반쯤 개화한 러시아는 페르시아, 중국, 조선, 일본의 북쪽 국경을 따라 팔꿈치처럼 동쪽으로 구부러져 있다. 누구나 러시아를 의식하고 있다. 그리고 백계러시아 황제에 관한 보도가 끊임없이 발표된다. 조선 사람들은 Czar를 표기할 때 백(白) 자 밑에 왕(王) 자를 써넣어서 황(皇)이라고 하는데 이는 세상에서 "제일 높은 왕"이란 뜻을 나타낸다. 백계러시아 황제는 동부에 살고 있는 러시아인들에게 최고의 주권을 결정적으로 행사하고 있다.

중국

서쪽에는 아편을 맞고 깊이 코를 골고 있는 중국이 있다. 언제인가 중국이 잠에서 깨어 세계의 거인이 될 날이 올까? 우리는 중국을 사랑한다. 중국인들은 근면, 단순성, 능력, 남의 일에 무관심, 공평함, 온화, 미신, 위생 정신의 결핍, 신뢰성 같은 것을 나타낸다. 조선의 서쪽 국경선에는 헤아릴 수 없이 많은 몇 백만의 중국인이 있다. 테일러[8]가 조용한 목소리로 "중국인 몇 백만"이라고 말했을 때, 거기에는 약간의 과장된 인상이 있었다.

원자가 집단에 대해서 가지는 가능한 관계는 무엇인가? 그런데 신은 조선을 여기에다 두고 이 놀라운 가능성들로 그 주위를 둘러싸 놓았다. 신이 조선을 그 가운데에 위치시킨 것에는 위대한 계획이 있다는 데에는 의심할 나위도 없다. 선교를 위해 오려는 학생들에게 아시아 지도를 펴놓고 조선이 어디에, 또 어떻게 위치하고 있는가를 살펴보고 숙고하게 해보라.

언어

우리는 조선의 문언에서나 구어 속에 하나님의 섭리가 있는 것을 보았다고 생각한다. 조그만 나라이기 때문에 조선은 한 가지 언어만 가지고 있고 북쪽 사람들이 제주도 사람에게 "안녕"이라고 말하면 제주도 사람들은 이를 이해하고 "평안하시오"라고 대답한다. 비록 서로가 자기의 말이 "표준 영어"라고 주장하고 서로의 말을 완벽하게 이해하는 스코틀랜드인과 아일랜드인 사이의 사투리 차이가 있기는 하지만, 그들의 귀는 같은 음으로 조율되어 있다.

문자

문어에 관해 살펴보면 조선은 적어도 순한문, 순언문 그리고 혼용문의 세 종류가 있다. 언어에 관해서는 조선과 약간 비슷하게 위치한 일본도 완전히 자유롭지 못하다. 가엾은 중국은 문자로써 단순한 이들의 마음속에 사고를 전달해 줄 수 있는 어떤 수단이 없을까 하고 돌아다니지만 소용이 없다. 조선 사람들은 한문을 쓰고 또 그것을 배우려고 애쓰고 있다. 선생은 학생들

8) 테일러(Hudson Taylor, 대덕생(戴德生) : 1832~1905) : 영국의 선교사로서 1854년에 중국에 들어가 상해 · 강소 · 절강 · 광동 등지에서 포교했으며, 많은 박해를 받았다.

에게 표의문자를 이렇게 설명한다.

> 잘 들어 봐라. 심(心 : 忄)을 왼쪽에 쓰고 혈(血)을 오른쪽에 쓰면 이 글자는 "불쌍히 여긴다."(恤)는 뜻을 의미한다. 그러나 忄을 한쪽에 쓰고 그 옆에 星자를 쓰면 그것은 깨어난다(惺)는 뜻이 된다. 한편에 손(手, 扌)이 있고 또 한쪽에 발(足)이 있으면 잡는다(捉)는 것을 의미한다. 한편에 물(水, 氵)이 있고 다른 편에(立)자가 있으면 그것은 울다(泣)라는 뜻이 된다. 두 개의 言 사이에 羊이 서 있으면 그것은 착함(譱)[9]을 의미한다. 草(++)의 밑에 名이 있으면 그것은 茗(tea)를 의미한다."

머리가 빙빙 돌 때까지 계속하여 2천자 또는 그 이상의 글자를 배운다. 그러면 그들은 그것들이 연결된 데를 따라 일렬로 읽지 않을 수 없다. 한문에는 띄어쓰기가 없기 때문에 父所作的事子也照樣作父愛子將自己所作的一切事指給他看[10]이라고 쓴다. 이것은 글자를 통해서 중국과 조선과 일본이 사고의 전쟁을 하고 있음을 보여주고 있다. 얼마나 힘들고 막연한가? 그러나 한국어로 씌어졌을 때에는 얼마나 간단한가? "아버지가 하는 일은 아들도 역시 해야 한다. 아버지는 아들을 사랑하고 그가 하는 모든 것을 아들에게 보여준다."가 된다.

한글은 정말로 이 세계에서 제일 간단하다. 서기 1445년에 발명되어 조용히 먼지투성이의 시대로 자기의 세월이 오기를 기다리고 있으니 누가 그것을 알아주었겠는가? 그것이 너무 쉬웠기 때문에 결코 쓰이지도 않고 멸시만 당했다. 여자들조차도 한글을 한 달 또는 한 달 조금 넘는 기간에 배울 수 있었으니 그렇게 값싼 글자를 무엇에다 쓸 것인가? 하나님의 신비로운 섭리

---

9) 선(譱)은 선(善)의 고자(古字)임.
10) 「요한복음」 5장 19~22절.

에 의해 그것은 신약성서와 다른 기독교 서적을 위해 준비된 채 자기의 날이 오기를 기다리고 있었다. 오늘날까지 이들은 이 신비롭도록 단순한 언어를 거의 배타적으로 사용하지 않고 있다. 아마 이것은 모든 것 가운데 가장 놀라운 섭리일 것이다. 이 언어는 시간이 시계를 칠 때까지 기다렸다가 그리스도의 모든 놀라운 역사를 일으키고 말해 준다.

언문

조선 사람들은 이 글자를 "언문"이라고 부르는데 이는 "천한 글"이라는 뜻이다. 왜냐하면 그것은 자랑스러운 상형 문자인 한자와 비교해 볼 때 너무 간단하고 쉽기 때문이다. 신은 확실히 삶의 변변찮은 것들은 사랑하시고 세상사를 가리시어 무(無)는 무를 낳게 하고 유(有)는 유를 낳게 하신다. 조선에서는 흔히 신약성서가 여인의 허리끈에 매여 있다.

유쾌한 여행길에 있는 등산가의 짐 꾸러미 속에, 작은 마을에 있는 가정의 벽장에, 그리고 거실의 선반에 쌓여 있는 것은 예수를 말하고 구원해 줄 것을 이야기하고 있는 언문으로 쓰인 이 책들이다. 나는 나 자신이 그 번역에 참여했던 것을 가장 선택된 은총으로 생각한다. 나에게 할당된 것은 『요한복음』, 『사도행전』, 『로마서』, 『갈라티아서』, 『에페소서』 그리고 『요한계시록』 이다.

국한문 혼용

우리는 제3의 언어로 국한문 혼용체를 쓰고 있다. 그것은 부분적으로는 한자로, 또 부분적으로는 언문으로 되어 있어 한문의 독자들과 상당한 교육을 받은 사람들이 이 문체를 이용한다. 조선 사람들은 이 글의 3/4를 눈으로 읽고 1/4만을 귀로 듣는다고 말할 수 있다. 그들은 그 문장을 듣기만 해서는 결코 확실히 이해할 수 없다. 당신은 "내가 당신에게 그것을 읽어 줄 때까지 조용히 앉아 있어요. 내가 그것을 당신에게 써 보여주겠고"라고 말하는 것이 좋을는지도 모른다.

그는 당신을 따라 그것을 반복할 것이며 그것을 눈으로 보기 전까지는 결코 그 뜻을 이해하지 못한다. 그가 그것을 보았을 때 그는 "아 이제야 알겠다."라고 소리친다. 그가 한자를 큰 소리로 읽을 때 그는 듣는 사람을 위해서도 아니며, 그렇다고 그것을 들을 줄 모르는 자신의 귀를 위해 그러는 것도 아니다. 그는 그의 눈이 좀 더 분명히 볼 수 있을지도 모르기 때문에 소리를 반복하는 것이다. 듣는 것과 비교해 볼 때 눈의 위치와 사물의 상대적 중요성은 동양의 학자들에게 매우 흥미 있는 주제가 되고 있다.

결과적으로 우리는 세 개의 문어와 방대한 독자층을 가지고 있다. 중국이나 인도에서 아마 천 명 가운데 한 사람이 읽을 수 있는데 견준다면 조선에서의 읽기는 거의 보편적이다. 전혀 교육을 받지 못한 사람들도 한 달 남짓으로 언문을 "깨우쳐" 성경을 읽게 된다. 보수적인 관념과 뒤떨어진 방식으로 살고 있는 이 오래된 잊힌 땅에서 몇 백만 질의 신약성서와 전사본이 팔린 경이로운 이유가 바로 여기에 있는 것이 아닐는지?

또 다른 섭리는 그들이 지나날 숱한 변화를 겪으면서도 글을 좋아하는 국민으로 남아 있었다는 점이다. 그들은 상업에도 능하지 못하고 호전적이지도 않았으나 호학했다. 그들은 책 읽는 것을 칭송했고, 따라서 "책 가운데 책"이라고 할 수 있는 성서를 환영했다. 그들은 높은 가르침을 존경했고 복음은 정의와 평화의 기쁨을 주는 왕자로 대접받고 있다.

이와 같이 오랜 옛날부터 선교사를 위한 특별히 명예로운 자리가 준비되어 그들의 도착을 기다리고 있었다. 선교사는 책을 가진 사람일 뿐 토지와 가옥 또는 금전 거래를 하러 온 사람이 아니다. 그는 보통 사람을 위한 학문의 정신적 지주요 스승이며 안내자이자 모범이 되고 있다. 그를 위해 준비되어 있고 이 국민들에 의해 주어진 이 영광된 자리를 잡는 데 실패한 선교사들에 대해 우리는 그 유감스러움을 말로써 어찌 다 표현하겠는가?

교육열

교육이야말로 조선 사람이 가지고 있는 야심의 제일가는 목표이며 목적이라는 사실은 또 다른 특별한 섭리의 증거이다. 재산이나 벼슬보다 그들은 장학금을 열망했다. 유식하게 되어 한자의 점이나 획을 읽을 수 있는 것이 그가 존재하는 이유의 모든 것이었다. 학자는 왕이었고 그와 교제하는 것은 용이요 불사조이며 일각수이자 거북이다. 이 모든 것들은 매우 정신적인 의미를 가지고 있다.

이러한 자질을 얻는 것은 산림이 떨어져 나와 홀로 서 있는 것처럼 보통 사람들의 무리와 떨어져 홀로 서 있다. 그래서 그들은 사림, 산림, 유림 또는 은일이라고 불린다. 그들의 학문은 길고도 힘든 과정으로서, 만일 우리가 많은 시간을 소모하거나 매우 어려운 기호의 조작에 따라 그들의 학문적 성과를 재어 본다면 조선 학자들의 수준은 예일대학이나 옥스퍼드대학 또는 존스 홉킨스대학 출신보다 높은 것을 알게 된다.

교과목

선비는 『천자문』을 읽는 것으로 시작하여 오륜을 다룬 『동몽선습』을 읽는다. 그들은 그 다음 몇 권의 중국 역사를 읽으며 자신의 나라에 관한 것은 아무것도 배우지 못하고 오직 중국 것만 배우는데 『맹자』, 『논어』, 『중용』, 『시전』, 『주역』이 바로 그것이다. 그것은 매우 불합리한 논조로 되어 있다. 학생들은 자기 시간 가운데 1/3을 읽는 데 쓰며, 1/3을 작문하는데 쓰며, 1/3을 붓글씨 쓰는데 쓴다. 이와 같이 20년에 걸친 지루한 공부 끝에 독특하고도 아주 흥미 있는 졸업식이 다가온다.

오랫동안 전체적이고 독단적인 스승들과의 접촉을 통해서 그의 상급자에 대한 존경심이 완벽하게 형성된다. 그의 앉고 서는 법도가 모두 예법에 일치하기 때문에 러시아나 무갈 제국의 황제라도 기쁘게 해줄 것이다. 그의 집중력과 주의력은 뛰어나며 태도의 세련됨은 놀라우며, 표현의 형태나 품위는 왕자라도 가르칠 수 있을 정도이다. 어떤 제한된 범위에서 보면 그는 시인이며 산문가이며 몽상가이며 꿈 그 자체이다. 이렇게 오래되고 흥미 있는 세계를 깨뜨리는 것은 불경스럽게 보이겠지만, 데이지 꽃에 대한 번즈[11]의 태도처럼 어쩔 도리가 없다.

> 루인의 억센 보습이 땅을 파는데
> 만발한 꽃망울 우쭐대누나.
> 이랑의 밑바닥에 깔릴 날이 있으리니
> 그것이 그대의 운명일 줄이야.

날카롭고 긴 보습의 날을 품은 새로운 세기는 교육과 더불어 모든 동방의 이상을 뚫고 이제까지 항해했고 지금도 오고 있고 앞으로도 올 것이다. 한때 어린 소년들이 소리 높여 옛 문장을 읽고 『천자문』을 외던 방에는 걸상들이 줄지어 놓이고 이 새로운 세기의 새 세대들이 앉아 산수, 지리, 역사, 기타 현대 교육의 과목들을 배운다. 그 변화는 천년 동안에 있었던 것 가운데 가장 중대한 것이다.

곧 어제의 이상과 신들은 이제 불명예스러운 것으로 잊혀야 한다. 우리들 가운데 몇 몇은 우리 눈으로 그것을 보았으며 혁명 기간에 살았고 그 속에서 20세기를 보내면서 어제의 원시에서 오늘의 근대를 목격하고 있다. 이것

11) 번즈(Robert Burns : 1759~1796) : 스코틀랜드의 시인. 그의 시는 조국에 대한 사랑을 담고 있으며 "사람은 슬퍼하려고 태어났다." 등의 시가 있다.

이 꿈인가 사실인가? 이들이 20년 전의 사고와 욕망과 목적을 가진 그 사람들인가, 아니면 하룻밤 사이에 접목된 다른 종족인가, 내가 립 반 윙클처럼 자고서 방향을 잃은 것인가?

미션 스쿨

기독교 학교가 긴급하게 필요하다. 조선이 역사의 흐름의 꼭대기를 잡고, 그 흐름이 지나가는 이 순간을 잡는 것이 우리의 간절한 바람이다. 평양과 서울에는 이미 학교가 설립되었으며 학생들은 곱셈 구구가 오히려 느리다고 말하면서 분자를 쓰기 전에 분모를 먼저 쓰고 있긴 하지만 세계의 다른 곳에서처럼 훌륭하게 공부하고 있다.

조선 사람들은 굉장한 교육열을 가지고 있다. 모든 공공 모임에서는 교육이 언급되고 있으며 천 개의 전기 단추를 누르자 사람들은 일어나 크게 각성하여 힘차게 달린다. 교육에 관해 이야기할 때면 모든 사람의 눈이 빛난다. 학교가 곳곳에 세워지고 있다. 다른 사람들의 복지를 위해서는 한 푼도 써보지 않은 구두쇠들도 교육을 위한 기금에는 몇 천 냥을 선불한다. 오늘날에는 계명학교, 대성학교, 경신학교, 전문학교 그리고 그와 비슷한 명칭을 가진 많은 학교들이 널리 선전되고 있다.

교재

정부는 교육 문제를 다룰 어떤 방도를 찾고 그것이 나라의 운명과 더불어 사라지는 일이 없도록 하려고 노력하고 있다. 모든 잡동사니 같은 목적과 크고 작은 문제들로 말미암아 제기된 일련의 규칙과 규정이 대성학교나 전문학교 등 국내의 모든 학교에 알려지게 될 것이다. 지식에 대해 이토록 심하게 느끼는 갈증을 전에는 본 적도 없으며 오늘에 이르기까지 주목을 받지도 못했다. 이제 그것이 실현되어 목마른 자는 물을 마시게 될 것이다.

출판사에서는 책이 쏟아지고 있다. 아테네와 스파르타의 불후의 이야기를 담은 『영웅전』, 『롤랑부인전』, 『가필드전』, 『가리발디전』, 『존왕전』, 대수, 삼각법, 형이상학, 측량법과 기타 여러 주제에 관한 책들이 나오고 있다. 젊은이들이 무리지어 밝고 빨간 띠를 두른 막대기와 판을 가지고 모든 각도를 기록하고 언덕을 재러 다니는 것이 보인다. 10년 전에 만들어진 지도와 오늘날 이 젊은이들에 의해 만들어진 것과의 시간적 차이는 발람[12]의 예언과 에디슨의 예언 사이의 차이와 같다.

열렬한 기독교인이면서 또한 신사인 한 젊은이는 시내에서 가장 훌륭한 수학 선생이라는 칭호를 듣고 있다. 그는 수업 시간에 끊임없는 질문으로 지쳐 있다. 그는 여기에서 한 시간을 가르치고 황급히 다른 반에 들어가 한 시간을 가르친다. 밤이 되어 얼굴이 창백해지고 힘에 겨워 녹초가 될 때까지 그는 이 힘겨운 일을 계속한다.

몇 백 명의 젊은이들이 냄새를 쫓는 사냥개처럼 그를 쫓아다닌다. 지난날에는 무관심하게 담배나 피우며 요순을 생각하던 부모들과 기원전 2300년의 중국의 황제를 조금도 생각하지 않는 그들의 자식들을 비교해 본다면 그들은 단지 유령이요 그림자일 뿐이다. 그들은 왜 $(x-y)(x+y)=(x^2-y^2)$ 인지를 알고 싶어 할 뿐이다.

대 변혁

이곳에서 일어나고 있는 상황이 프랑스혁명과 같은 것도 아니고 “창(槍)의 축제”도 없으나 그것은 혁명이며 낡은 족쇄와 발의 쇠를 벗어 던지는

12) 발람(Ballam) : 구약성서의 등장 인물. 메소포타미아의 잡신의 예언자인 브올의 아들. 『민수기』 22~24장.

것이다. 동양에서 그와 같이 녹슨 굴레를 파괴하는 것을 지난날에 결코 보지 못했다. 이러한 움직임의 결말은 어떻게 될까? 이 오래된 그림 같은 세계의 구석은 평범한 서양의 모습이 될 것이며, 그 길을 이끌어 가는 사람들이 좋은 사람을 만나는가 또는 나쁜 사람을 만나는가에 따라 그가 좋은 사람이 될 수도 있고 나쁜 사람이 될 수도 있을 것이다.

이미 우리는 조선 사람이 운영하는 전차가 시내를 달리고 있는 모습도 보았다. 그들은 일급 운전사이다. 반도에 뻗어 있는 철로는 유럽과 서구 세계를 연상케 한다. 종로를 따라 설치되어 있는 급수전은 5마일밖에 있는 강으로부터 끌어올린 물로 거품이 일고 있다. 시민들이 지난날에 마시던 불결한 우물과 비교해 볼 때 그 물은 깨끗하고 안전하다. 오늘의 젊은이들은 위생학, 세균, 박테리아를 이야기한다. 이러한 세계를 믿지 않는 늙은 보수주의자들은 그의 세계가 발아래 떠내려가는 것을 본다.

가장 은혜롭고 놀라운 방법으로 조선은 일종의 성경 시대나 성경 지역의 모범으로 보존되어 있다. 초기 선교사들은 너무 많은 단체들이 길을 방해해서 마치 꿈속을 걷는 것만 같았다. 최근에는 그들에 대한 친밀감이 생겨 선교사에 대한 인식을 어느 정도 무디게 해서 아름답지 못했던 일들이 잊히고 무시되긴 했지만 20년이 지난 지금 그 모든 변화에도 불구하고 들리는 얘기나 보이는 장면들은 다윗과 다니엘, 베드로와 바오로의 시대를 연상케 한다.

한 사람이 신 앞에서 고개 숙여 절을 하거나 경배할 때면 그의 얼굴은 문자 그대로 땅에 묻히는 듯하고 그의 눈썹이 땅에 닿는다. 이와 같이 다윗이 사울 앞에 고개를 숙이고[13] 사울은 사무엘의 혼백 앞에 고개 숙인다.[14] 우리 모두는 옛 히브리 사람들이 Shalom하거나 모슬렘인들이 오늘날까지도 Salaam이라고 말하는 것처럼 이곳의 모든 사람들은 "평안", "평안", "평안히

13) (원저자 주) 「사무엘상」 24장 8절.
14) (원저자 주) 「사무엘상」 28장 14절.

가시오.", "평안히 주무십시오.", "편히 드십시오.", "평안히 쉬십시오."라고 말끝마다 "평안", "평안" 하고 인사한다. 그것은 『요한복음』 14장 27절[15]에 있는 구세주의 말을 생각나게 한다. 그것은 그때의 인사였다. 그것이 오늘날 한국에서의 인사이다. 조선 사람들이 성경을 읽을 때 성경은 그에게 평화를 들려주며 성경이 미국인이나 유럽 사람에게 들려주는 것보다 훨씬 명료하게 이야기한다.

"신랑 좀 봐! 앞으로 나가 좀 보자."

신랑이 흰말을 타고 좋은 옷을 입은 채 "길 비켜라 신랑 나간다."고 소리치는 많은 사람들을 데리고 온다. 그것이 얼마나 꿈 동산같이 보이는지 모른다. 다른 어떤 세계에 의해서도 훼손되지 않은 이들의 모습은 예수가 올 때까지 보존되어 있어 그의 말씀과 그의 시대가 그들에게 매우 친밀하게 들린다. 밤의 야경꾼과 새벽닭도 그러했다.

제물

지난날 서구인들에 의해 그렇게 흐릿하게 이해되던 위대한 희생의 법칙이 한국에서는 흔히 알려져 있다. 몇 천 년 동안 양과 황소가 인간의 죄 때문에 죽었다. 서구에서는 인간의 영혼으로부터 짐을 덜기 위해 새와 가축들이 소용없이 제공되었다. 나는 조선의 역사에서 우리의 구세주가 베들레헴에서 탄생하셨을 때 고구려의 왕이 신에게 제물을 제공하려고 광장으로 나갔다는 기록을 읽었다. 두 마리의 "돼지"를 제공할 예정이었으나 제물을 준비하는 동안 그들은 도망가 버렸다. 왕은 "탁니"와 "사피"라는 두 관리를 보내어 돼지를 추적했다. 그들은 욕심 많은 돼지들을 장백호까지 추적해서 잡

15) "평안을 너희에게 끼치노니 곧 나의 평안을 너희에게 주노라. 내가 너희에게 주는 것은 세상이 주는 것과 같지 아니 하노라. 너희로 마음에 근심하지 말며, 두려워하지 말라."

은 다음 절름발이로 만들어 다시는 도망갈 수 없게 하여 왕 앞에 대령했다. 왕이 물었다.

"너는 감히 어떻게 신에게 불구가 된 제물을 바치느냐?"

왕은 그들의 죄를 물어 두 관리를 산채로 묻었다. 그리고 그 자신도 곧 심한 병에 걸리고 말았다. 한 무녀가 그를 찾아와 그의 병은 "탁니"와 "사피"를 죽인 죄 때문이라고 그에게 말했다. 왕은 참회하고 기도함으로써 그의 병을 고쳤다.

우리 시대처럼 오래된 이 이야기 속에서 우리는 신에 대한 제물의 필요성, 완벽한 희생, 벌이 따르는 죄악, 고백에 따른 용서와 같은 것을 읽을 수 있다. 이와 같은 이야기 속에서 훈련된 종족이 예수가 겪은 대속의 고통을 발견하는 데에는 어려움이 없다. 그의 완벽한 헌금은 단순함 그 자체이다. 죄에 대한 그의 용서는 그의 심정이 태도로 나타난 논리적 결과였다. "그분은 발끝까지 내려오는 긴 옷을 입고 가슴에는 금띠를 띠고 계셨습니다."[16] 라는 표현의 의미가 고국의 젊은 성경 독자에게는 전혀 분명하지 않는 것이었다. 그리고 중국과 일본도 거기에 어떤 특별한 뜻을 발견하지 못했다.

의상

그러나 조선에서는 발목까지 오는 긴 흰옷이 있고 가슴에는 수놓은 띠가 있다. 그것은 선교사들이 도착할 때까지 그대로 남아 있었으나 1900년대로 바뀌는 동안에 그 띠는 없어졌다. 흰옷 역시 그에 해당하는 부분이 성경에 있다. "그 옷은 세상의 어떤 빨래꾼도 그보다 더 희게 할 수 없을 만큼 새하얗고 눈부시게 빛났다.[17]는 표현이 옛날에 가끔 생각났다.

---

16) (원저자 주) 『요한계시록』 1장 13절.
17) (원저자 주) 『마가복음』 9장 3절.

그때만 해도 조그맣고 더러운 오두막으로부터 두루마기를 입은 선비가 나올 때면 도포는 대리석처럼 빛났다. 그리고 또 신발이 있는데 중국이나 일본은 이 점에서 조선만큼 성경을 뚜렷이 표현하고 있지 않다. 여기에는 발등 위를 묶는 끈이 있어 비천한 하인들이 고개 숙여 그들을 풀도록 되어 있다. 유대에서처럼 그들은 실내에서는 결코 신을 신지 않고 문지방에서 벗는다.

나는 어렸을 적에 성경 가운데 "이제 사람의 아들이 땅에서 죄를 용서하는 권한이 있음을 보여주마." 하시고는 중풍 병자에게 "일어나 네 침상을 들고 집으로 가라."하고 명령하시자 그는 일어나서 집으로 돌아갔다.[18]는 대목을 읽으면서 참으로 희한하다는 생각을 가진 적이 있었다. 나는 그때 병에서 방금 회복된 어떤 가난한 사람이 침실에서 다리가 넷이나 달린 침대를 끌어내는 장면을 생각했었다.

그러나 나는 조선에 와서야 그것을 모두 이해할 수가 있었다. 침대는 단지 거실의 마루에 펼쳐 있는 조그만 담요였고 그것을 개고 치우는 것이 잠자리에서 깨었을 때 아침마다 행하는 공통된 행동이었다. 아침 햇살과 더불어 정신이 들면 그 가엾은 환자는 잠자리를 개고 낮 동안에 그것이 있을 곳에다 치운다. 조선에서 그렇게도 많이 벌어지고 있는 일상의 보통 행위에서 우리는 지상의 천주의 날을 만나고 있었다.

특히 조선 사람들은 관습에 관해서 캐묻기를 좋아하고 호기심이 많다. 만일 성경이 서양의 생활 방식으로 차 있었다면 이것은 뭐고 저것은 무엇을 의미한다는 것을 온종일 설명하며 몇 해를 다 보내야 했을 것이다. 그러나 처음부터 끝까지 조선 자신의 세계와 그들 국민에 관해 이야기하면 관습에 관해서는 아무런 말도, 질문도 없다.

18) 『마태복음』 9장 5~7절.

성경이 삼베옷과 유골 또는 이러한 것들로써 그들의 고독을 표시하고 있는 야곱[19]과 모르드개[20]와 이사야[21]에 관해 이야기할 때면 우리에게 성경이 얼마나 멀리 있어 보이는지 모르지만 조선에서 삼베옷이란 아직 구약에서의 의미를 그대로 간직하고 있고 머리를 풀고 사람들은 그 거친 자루 천의 몸을 감싼 채 욥[22]처럼 앉아서 "아이고 아이고"하며 운다. "그리고 조객들은 길거리로 나간다." 나의 집에서 도시의 중심가를 내다볼 수 있는데 해질녘이면 망자의 뒤를 따라 등을 들고 슬피 울면서 상복을 입고 길게 줄지어 가는 장례 행렬과 조객들을 흔히 본다. 이러한 일들과 성경에 있는 모든 상황이 같다는 것을 보여주는 섭리와 성령이 있지 않은가?

우상

당신이 조선의 큰길이나 샛길에서 마주치는 장승들의 드러난 이빨과 이글거리는 눈은 무의식중에 이스라엘인들이 숭배하는 다곤[23], 몰록[24], 그모스[25], 바알[26]과 같은 신이나 우상들을 생각나게 할 것이다. 미국인들은 우상에 관해 들었고 박물관이나 성경책을 통해 그런 것들을 보았다. 그러나 우상을 실제 자기 눈으로 볼 수 있으리라고는 거의 생각지 않았다.

---

19) (원저자 주) 「창세기」 37장 34절.
20) (원저자 주) 「에스더」 4장 7절.
21) (원저자 주) 「이사야서」 8장 5~7절.
22) 욥(Job) : 「구약성서 욥기」에 나오는 인물로 시련을 잘 견딘 성서의 대표적 인물.
23) 다곤(Dagon) : 블레셋 사람이 예배한 신의 이름. 고대 셈족의 농업 신으로서 기원전 25세기 이후 널리 예배된 신이다.
24) 몰록(Moloch) : 일찍이 암몬인의 신으로, 이스라엘인도 예배한 일이 있다. 「사도행전」 7장 43절에는 몰록으로, 구약에는 몰렉으로 나오고 있다.
25) 그모스(Chemos) : 고대 모아브족(Moabites)이 섬기던 신의 이름. 「민수기」 21장 29절, 「예레미야」 48장 46절.
26) 바알(Baal) : 서(西) 셈족의 최고신. 주인 또는 소유자라는 의미로 토지에 비옥을 가져다 주는 신임.

귀신

기독교 사상과 조선 사람들을 밀착시켜 주는 또 다른 사실로서는 귀신이 있다고 믿는 그들의 생각이다. 그들은 귀신을 그들 자신만큼이나 더 이상 의문을 가질 수 없는 어떤 존재로 받아들이고 있다. 귀신은 도처에 있으며 그들을 쫓아내는 것은 벌이가 좋은 직업이다. "주님의 이름으로 마귀를 쫓아내고"[27] "그는 한 마디의 말로 악마를 쫓아내고",[28] "마귀를 쫓아내는 권능을 주시고",[29] "막달라 마리아로부터 그가 일곱 마귀를 쫓아냈다."[30]

우리 서구인들은 이러한 말들이 다른 혹성에서나 일어나는 일처럼 읽는다. 우리는 귀신 붙는다는 이야기를 의심스러워한다. 그것은 의사에 의해 진단될 수 없을까? 정제나 환약으로부터 해결할 수 없을까? 개명되지 않은 시대의 오해가 아닐까?

이러한 모든 의문들이 우리를 그 이야기로부터 멀어지게 한다. 조선 사람들의 의혹은 다른 데에 있다. 예수가 진실로 마귀를 쫓아낼 수 있을까? 그것이 문제이다. 사악하고 큰 악마도 몰아낼 수 있을까? 이것이 모두 사실일까? 예수는 홀린 사람과 갇힌 사람을 돌보는가? "우리는 악마를 알고 귀신에 홀린 것을 확신한다. 그러나 누가 바로 예수인가?" 확실히 조선 사람의 예비자 교리 시간은 신약성서를 읽고 감상하기에 알맞다.

질병

조선 사람들은 병을 불길한 정신의 영향 탓으로 돌리는 경우가 너무도 많

---

27) (원저자 주) 『마태복음』 7장 22절.
28) (원저자 주) 『마태복음』 8장 16절.
29) (원저자 주) 『마태복음』 3장 15절.
30) (원저자 주) 『마가복음』 16장 9절.

여학교

서당

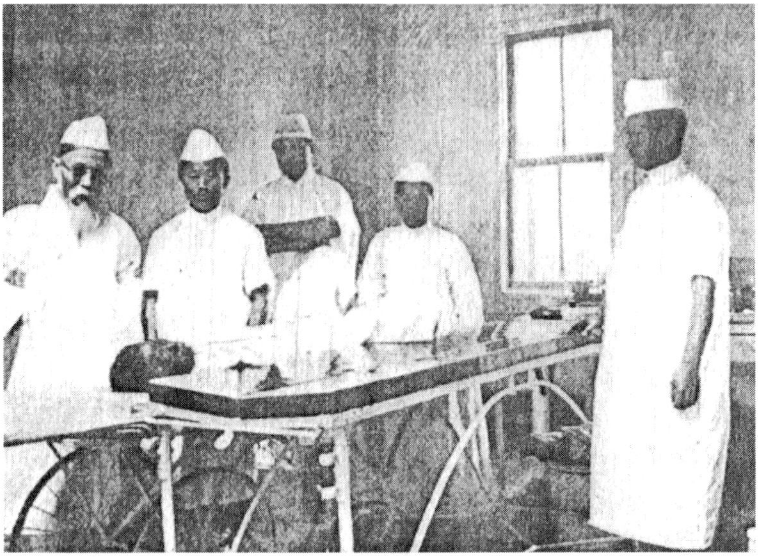

징킨기념병원 : 부산

아이비병원 : 송도

다. 동양에서의 "온갖 질병들"[31]이란 문구는 불결, 가난 그리고 우글거리는 무리들에게 딱 맞아떨어지는 표현이다. 뒤틀린 사지, 먼 눈, 병들고 상처 입은 육신― 이 모든 사람들이 예수께 초대되고 있으며 당신의 신앙에 따라 당신에게도 그러한 초대가 이루어질 것이다. 확실히 하나님은 인간들의 분노, 천박함, 상처, 불결함, 문둥병이 있는 곳에 임하시어 그들로 하여금 그의 명예와 영광을 섬기는 종이 되게 만드신다.

대표적인 조선 사람이라면 본능과 습관과 그리고 언행에서 니고데모[32]와 같은 사람이다. 그는 낮에 오다가는 "체면"을 잃을까봐 밤이 되어서야 예수를 보러 온다. 조선 사람답게 그는 "하나님으로부터 온 선생님"을 크게 경배하는 것으로 시작한다. 그 성스러운 이름으로써 그는 예수가 진리라는 것을 안다. 그는 예수를 따르기를 바라고 있으며 그의 마음은 뿌려진 씨앗을 가꿀 준비가 되어 있다.

마침내 그들은 결정적인 순간에 높은 존경의 봉사를 하려고 온다. 마지막에 니고데모가 그러했던 것처럼 이 복음 시대의 마지막에 조선이 특별한 헌신의 장소가 되가 바란다. 이들 국민의 친절함, 높은 도덕심 그리고 그들 자신의 역사에서 부족했던 것임에도 불구하고 정의의 원칙을 지키려는 노력은 복음의 부름을 위한 준비이다.

겉으로 보기에 그들은 관습과 의식의 형태로써 성경을 이해하도록 되어 있다. 그들이 숨 쉬고 있는 공기는 그리스도 시대의 향기가 주입되어 있는 것처럼 보인다. 그들 세계의 움직임은 고대 팔레스타인의 방식을 따른다. 그들의 내면적 사고는 성경에 적혀 있는 대로이다. 그들의 미신은 그들이 이스라엘의 멸망기에 가졌던 바로 그것과 같다. 정신적인 힘에 대한 그들의

---

31) (원저자 주) 『마태복음』 4장 24절; 『마르코복음』 1장 34절; 『루카복음』 4장 40절.

32) 니고데모(Nicodemus) : 바리새교파의 유대 지도자로서 동족의 눈이 두려워 밤에만 예수를 찾아왔다. 『요한복음』 3장 1~21절, 7장 50~52절, 19장 39절.

이해는 유대 주변의 국가가 그들을 이해했던 것과 꼭 같다. 삶에 대한 그들의 결론은 세속이 어떠해야 한다고 성경이 결론지은 것과 같다.

이들 조건을 충족시켜 주는 것은 바로 그 놀라운 언어인 언문이다. 목표물을 향해 쏜 탄환처럼 그것은 정면으로 오늘의 기회를 맞추고 있으며 신이 요구하는 땅을 준비한다. 국가적으로 볼 때 조선이 얼마나 신의 손길에 적합한지는 이 세상의 어느 곳과도 견줄 수 없다. 바로 지금 이 시간에도 역시 선교사의 뱃전은 깨어 있고 새로운 힘들이 밀고 들어온다. 지난날 조선은 그들의 군대 해산을 원통해 하며 주저앉아 울었다. 오늘의 조선은 공허하고 황량한 자리를 채우기 위해 들어오는 하나님의 군대를 반기고 있다. 이러한 일들을 통해서 다양한 섭리가 빛을 내며 더 앞으로 비치는 것처럼 보인다.

참고문헌

1) **교육 제도에 관하여**

Hulbert, *The Passing of Korea*, Ch. 26.

Gifford, *Every day Life in Korea*, Ch. 8(1896년까지).

Bishop, *Korea and Her Neighbors*, pp. 387~391.

Underwood, *Fifteen Years among the Top-knots*, pp. 303~304.

제 6 장 선교사들의 전교 방법

조선에서의 선교 단체는 매우 우수한 남녀로 구성되어 있다. 남녀 모두가 대학 출신이며 특히 남자들은 신학대학이나 의과대학 출신이다. 그들 중의 많은 사람들이 언어, 통역, 번역 그리고 일반 문학에 있어서 학구적인 모습을 보여주고 있다. 그들은 한국인들이 가지고 있는 가치관들을 역사적으로나 서술적으로 저술하는 작업을 하고 있으며, 적어도 광범위하게 읽히고 있는 한 작품은 한 남자 선교사가 여가를 이용하여 이룩해 놓은 것이다. 그들 중에는 서구 세계에서 가장 저명한 잡지에 기고한 사람도 있다.

—알렌(H. N. Allen)

1890년 봄에 중국의 지부로부터 네비우스 부부[1])가 서울을 방문했다. 그

---

1) 네비우스(John L. Nevius : 1829~1893) : 미국 장로교 선교사. 프린스턴대학 출신(1854). 1854년에 중국에 도착하여 영파, 항주, 상해에서 포교하다가 산동을 중심으로 포교했으며 지부에서 사망함. 『선교 사업의 방안』, 『선교 교회의 설립과 발전』 등의 저술을 남겼다. 그는 동방 사회의 선교 방법에 대한 전문가로서 1890년에 한국 교회의 초청을 받고 내한하여 소위 "네비어스 선교 정책"을 제시했는데, 그 내용을 보면, 첫째, 한 사람을 그리스도에게 인도하면 그를 떠나지 말고 끝까지 붙들어 그가 개인 전도하는 일꾼이 될 때까지 자기의 직업에 종사하면서 이웃에게 그리스도를 전할 수 있게 되기까지 인도한다. 둘째, 교회의 운영과 기구 조직은 그 교회 자체가 능히 감당할 수 있는 범위 안

는 서울에서 개최된 몇 번의 회합에서 오늘날 흔히 네비우스 방법이라고 알려진 선교 방법을 제시했다. 매우 주의 깊고 또 기도하는 가운데 생각한 결과 우리는 대체로 이 방법을 채택하는 방향으로 끌려갔다. 그것은 다음과 같은 선교 정책으로 요약될 수 있다.

(1) 각자는 "자기가 만난 곳의 부름에 따라 살아간다." 그는 그곳에서 모든 사람은 그리스도를 위한 개별적인 교역자임을 가르치며, 자신의 이웃 안에서 그리스도를 생활화하며, 자기의 생업을 가지고 스스로 생계를 해결한다.

(2) 토착인들이 교회를 돌볼 수 있고 운영할 수 있는 범위 내에서만 선교의 방법과 교회 기구를 계발한다.

(3) 교회 스스로가 신도와 목회 수단을 마련할 수 있는 범위 안에서 자질이 훌륭하다고 여겨지는 사람들을 뽑아 이웃 가운데서 박애적인 사업을 한다.

(4) 토착민들로 하여금 그들 자신의 교회당을 만들게 한다. 교회당은 토속적인 건축술과 건축 양식을 따라 지음으로써 지방 교회의 면모를 드러내야 한다.

—언더우드(H. G. Underwood)

1885년 4월 5일, 최초로 선교사인 언더우드 박사(H. G. Underwood)가 조선에 발을 디뎠다. 로마 가톨릭이 이 땅에 전래된 지 이미 48년이 지났으며 『신약성서』도 봉천의 로스[2)]에 의해 이미 출간되었으며 중국어 책도 들

에서 기획 실천하여 발전을 기하도록 해야 한다. 셋째, 교회에서 전노 사업을 감당할 만한 인물이 나오거나, 재정을 공급할 수 있는 유자격자가 생기면 그들을 선임하여 교회의 지도 일꾼으로 세워 육성한다. 넷째, 교회당 건축은 가급적 그 교인들 자신의 힘으로 하게 하되 건축의 구조나 모양은 한국 고유의 양식으로 혹은 지방의 교회답게 건축하도록 유의한다.

어와 있었다. 그리고 그리스도와 하나님에 대한 소문이 북쪽 북경 지방에 퍼져 있었다.

천주교 박해

로마 가톨릭 교회의 조선 사람과 중국인 및 외국인 성직자 가운데 많은 수가 고문당하고 죽음을 당했으며 외래 종교를 믿는다는 것에 대해 공포의 기운이 감돌고 있었다. 조선 사람들은 아직도 베르뉘 주교[3]와 여덟 명의 성직자가 참수형을 당한 한강변의 처형장을 기억하고 있다. 예수와 마리아는 죽음을 부르는 이름이었다. 이 공포의 시대를 살았고 그 모든 것을 목격했던 한 연로한 귀부인은 그 40년 뒤에 그 일을 필자에게 이야기하면서도 큰 소리를 내는 법이 없었다.

"마음이 편하십니까?"

내가 묻자 그 여인이 대답했다.

"쉿! 당신이 알고 있는 예수·마리아에 내 아들들이 관련되어 있다오. 예수·마리아!"

비록 이제까지 점차 나아지고 있다고 할지라도 애당초 예수교(프로테스탄트)와 천주교(가톨릭)사이의 차이는 알려지지 않았으며 공포는 두 종파 모두를 동일시하는 데서 나오는 것이었다.

서양인들 또한 그들의 교리에 불미스러운 점이 있었다. 1866년, 평양에서 미국 배가 나포되고 그 선원들이 학살된 적이 있었다.(제너럴 셔먼호 사건)

---

2) 로스(John Ross : 1842~1915) : 영국의 선교사. 글래스고우신학대학 출신. 중국(1872~79, 1881~88)에서 선교하는 동안 한글 성경을 번역했으며, 한때 한국을 방문한 적이 있다.

3) 베르뉘(Bishop Berneux : 1814~1866) : 파리 외방 전교회 소속 신부. 안남과 요동에서 포교하다 제4대 조선교구장이 되어 조선에 입국(1854)하여 포교하다가 순교함. 1984년에 성인위에 오름.

같은 해에 프랑스 함대가 강화도에서 침략해 들어왔다.(병인양요) 이어 1871년에는 미국 함대가 침략했고(신미양요), 1875년에는 일본인들이 침입하여 똑같이 노략질을 감행했다.(운양호 사건) 이 점에서 서구와 일본은 똑같은 침략자였다. 한강 하구에 위치한 섬인 강화도는 쿠빌라이칸(1225) 때로부터 로저스 제독[4]과 슈펠트 제독[5]에 의해(1867, 1871, 1883) 침략을 받을 때까지 오랜 세월 동안 모든 침략자들의 명백한 표적이 되어 왔다.

개척자들

다행히도 많은 어려움이 기다리는 조선에 선교사가 들어왔다. 만약 모든 것이 그에게 유리하게만 되었다면 그의 선교 사업은 쉽기는 했겠지만 졸렬하게 이루어졌을는지도 모른다. 그러나 그는 발걸음을 옮길 때마다 싸워야만 했다. 만약 당신이 미국에서 동양의 어느 모퉁이로 이주하도록 요청 받았다면, 처음에 무엇을 할 것인가를 생각해 보라, 어디서 출발하고, 처음에 무슨 배를 타고 언제 목적지에 도달하기를 기대해야 하는가? 완전히 낯선 인종과 낯선 사람에게 복음을 전한다는 것은 매우 어려운 문제이며 특히 우리들이 복음을 전도하거나 성경을 가르치게 될 때까지 그들에게 우리의 동기, 기대, 관습 그리고 우리의 마음을 조금씩 심는 것은 어려운 일이다.

자신의 일을 매우 성실하게 수행했던 개척 선교사들에게 감사드려야 한다. 그런데 내가 보기에 의사 선교사들로서 역사를 시작한 알렌 박사[6]는 선

---

4) 로저스(John Rodgers : 1812~1882) : 미국의 해군. 1870년 이래 아시아 함대 사령관으로서 신미양요를 지휘한 장본인임.

5) 슈펠드(Robert W. Schufeldt : 1822~1895) : 미국의 해군 제독. 1867년 아시아 함대 소속의 함장으로서 제너럴 셔먼호 사건을 알아보기 위해 방한한 것이 인연이 되어 한국 문호를 개방, 1882년에 한미수호통상조약을 체결했다. 그의 활약에 대해서는 이 전집물의 제4권인 『은자의 나라 한국』의 제48장 참조.

6) 알렌(H. N. Allen : 1858~1932) : 미국의 선교사 · 의사 · 외교관. 웨슬리언신학대학

교사의 명부에서 누락되어 있다. 그는 입국할 때부터 1905년 그의 탁월한 경력에 종지부를 찍을 때까지 외교관으로서 일했다. 조선에서 그의 명성은 매우 높았으며 외국인뿐만 아니라 조선 사람들에게도 사랑과 존경을 받았다. 왜냐하면 그는 오랫동안 미국인과 조선 사람을 위해 성실히 그리고 훌륭하게 봉사했기 때문이다.

진정한 선교사들로서는 언더우드와 아펜젤러[7] 목사를 들 수가 있고, 헤론[8]과 스크랜튼[9]은 의사였다. 선교사들은 용기와 미래를 보는 눈과 겸손한 태도 그리고 매력이 요구되며 또한 확고한 신념과 인내가 필요한데, 위의 네 사람은 이러한 자격을 갖추고 있었다. 내가 1888년에 조선을 재차 방문했을 때 나는 장로교회 선교사들과 서울에서 처음으로 오찬을 같이 했다. 열 사람이 식탁에 둘러앉았는데 그들 가운데에는 위의 네 사람 가운데 두 사람이 있었다. 그 20년 후인 지금에는 열 사람의 활동 무대에 나 혼자 남았다. 나는 과거의 젊은 마음을 바쳐 이룬 사귐, 희망, 지금은 텅 빈 자리 그리고 오랜 이별을 생각하면서 고개를 숙이고 나지막이 되뇐다.

> 그들은 위험과 고통과 수고를 무릅쓰고
> 하나님에게로 향하는 가파른 비탈길을 올랐습니다.

(1881), 마이아미의과대학(1883)을 졸업한 뒤 한국에 입국(1883)하여 을사조약이 체결될 때까지 의사 · 선교사 · 외교관으로 활약했다.

7) 아펜젤러(H. G. Appenzeller : 1858~1902) : 미국 장로교회 목사. 드류대학 신학부를 졸업하고 한국에 입국(1885), 배재학당을 세우고 성서 번역에 종사하다가 목포 앞 바다에서 익사함.

8) 헤론(John W. Heron : 1856~1890) : 영국 태생의 미국인 선교사. 의사. 테네시의과대학을 졸업하고(1884), 도일하여 한국어를 배운 다음 한국에 입국하여(1885) 광혜원에서 의료 봉사(1887~1890)하면서 성서를 번역했다. 선교사공의회 회장(1889), 대한성교서회(1890)에서 활약했고, 지방 선교 가운데 과로로 사망하여 양화진 외국인 묘지에 묻히었다.

9) 스크랜튼(W. B. Scranton : 1856~1922) : 미국의 선교사. 의사. 예일대학(1878)과 뉴욕의과대학(1882)을 졸업하고 한국에 입국(1885)하여, 어머니와 함께 상동교회를 세우고 선교 · 의료에 봉사함.

오, 하나님 그들의 뒤를 따라 갈 수 있도록
은총을 내리소서.

선교 사업을 방해해 온 것으로는 다음과 같은 점들을 고려해 볼 수 있다. 최초의 몇 해 동안 기독교인이 된다는 것은 위험한 일이었다. 가톨릭도 마찬가지였다. 그리고 몇 천 여명의 가톨릭 신자가 학살당했다. 나중에는 위험스럽지는 않았지만 신자가 된다는 것은 비천하고 통속적인 일이었다. 백정, 바구니 만드는 사람, 우물 파는 사람, 가게 주인, 품팔이꾼들은 모두 수용되었지만 확실히 양반들을 불러들이지는 못했다. 얼마의 세월이 지난 뒤 활발한 정치 시대가 오면서부터 기독교인이 된다는 것이 보편화되었다.

교회가 왕권에 관한 한 무관심하다는 것이 알려질 때까지는 냉대를 받았으며 누구든 기독교인이 되기 위해 흙으로 화장하거나 피를 흘리려 하지 않았다. 개종자들은 나라가 파멸하는 데 무심히 바라보고 있었으며, 시골의 개를 쳐다보는 듯했다. 이런 모습은 애국을 한다는 것과는 동떨어진 것이었다. 교회는 끝까지 일본이나 일본인을 적대시하지는 않았다. 그것은 옳은 일이 아니었다. 그들에 찬동하거나 반대하지도 않는 미온적인 태도는 한국의 살아 있는 영혼들로부터 경멸을 받았다.

선교의 장애

그러나 그러한 반대와 부적절한 시기였음에도 불구하고 교회는 점차 성장했다. 어떤 힘이 하나님에 대항하여 행렬을 지을 때면 그의 힘은 더욱 전진한다는 사실에 비추어 본다면 하나님은 최고의 저항 세력들을 사랑하는 것처럼 보인다. 현재 교회에서 모여 예배드리는 사람들 가운데에는 우물 파는 사람, 왕족, 대신, 외교관, 백정, 상인, 지식인, 가난한 사람, 부자, 교육가, 학생, 퇴직 관리 등의 여러 계층 사람들을 찾아볼 수 있다.

모든 사회 계층 사람들에게 복음이 전파되어 온갖 반대를 극복했고 교회의 힘이 안전하다는 것을 입증했다. 한국에서의 선교 사업은 의심할 여지없이 고통스러운 것이었으나 거기에는 또한 매우 큰 보람도 느끼고 있다. 필자는 모든 선교사들의 최초의 경험 가운데 일부를 소개함으로써 그들이 겪었던 고통을 기술하고자 한다. 곤란한 점은 어떠한 것이었나? 그 가운데 도다음 일곱 가지는 선교사들을 완전히 고통 속으로 몰아넣은 것이다.

선교의 어려움

첫째는 하루 종일 온돌방에 앉아 있어야 하는 것이다. 왜 의자를 사용하지 않느냐고 물을 수도 있다. 만약 한국인이 당신을 방문했을 때 의자에 앉는 대신에 방바닥에 앉아서 당신과 대화를 나눌 경우에 당신만 의자에 앉아 있다는 것이 얼마나 어색한 것인가를 생각해 보면 될 것이다. 계속해서 세 시간 동안 다리를 꼬고 앉아 있어 보라. 그러면 이 구절을 완전히 이해하게 될 것이다. 몇몇 사람들에게 그것은 고문이 될 것이고 무릎과 엉덩이뼈 그리고 발목뼈가 끊어지듯 아플 것이다. 그렇지 않으려면 의자에 앉거나 나와서 산책을 해야 한다. 그러나 앉아서 생활하는 것은 당신 직업의 일부분이며 초기의 얼마 동안에는 그것이 절대로 필요하다.

두 번째는 잠자는 것이다. 조선의 더운 방에서 몇 해 동안 잠자 본 우리들에게 그것은 빵을 굽는 것을 체험한 것이나 마찬가지였다. 매우 추운 밤의 방바닥은 처음에는 기분 좋은 것처럼 느껴진다. 그러나 시간이 갈수록 방은 오븐처럼 달구어지기 때문에 잠을 자는 사람은 빵처럼 구워질 수밖에 없다. 밤새 뜨거움과 악몽으로 뒤척이고 몸부림치고, 게다가 방은 환기가 안 되어 질식할 것 같고 모든 것이 귀찮아진다.

세 번째는 음식이다. 과일, 오트밀, 베이컨, 달걀, 한 잔의 커피 대신에 당신은 조반으로 쌀밥과 소금에 절인 배추와 무, 구운 생선 한 조각, 고추 수프와 그 밖의 것을 받을 것이며 그들의 냄새는 지독하다. 식도락가처럼 양고기 구이, 케이크, 비스킷, 아이스크림과 같은 맛있는 음식을 열망하겠지만 소용없는 일이다.

네 번째는 대중이다. 그들이 얼마나 당신을 괴롭힐 것인가! 『선구자』의 기록에 의하면 "밤이 되자 그의 방은 모든 계층 사람들의 회합 장소가 되었다. 몽고적인 사고 방식에 사로잡혀 있는 이 사람들은 다리를 모으고 앉아 역겨운 숨을 내쉬면서 쓸모없는 질문들을 해대고, 팔 힘을 견주어 볼 것을 제의한다든가, 모자를 써 보거나 신발을 신어 보도록 요청했다." 밤이 되면 이들 방문자들 가운데 서넛은 잠을 자기 위해 7×8×10피트짜리 넓이의 마루로 나가고, 빵을 굽는 오븐처럼 뜨거워진 빵은 외국인들에게 존경의 표시로 제공된다. 그리하여 호랑이를 막는다는 미명하에 모든 문과 통풍구가 닫힌다.

한국인들은 결코 불친절하거나 불손하지 않았지만 수많은 사람들의 무리가 정신을 어지럽게 했다. 당신은 결코 어떠한 진전도 이룩하지 못하는 것 같을 것이다. 새로운 방문자가 오면 이미 와 있던 방문자들처럼 처음부터 다시 인사와 설명을 되풀이 할 수밖에 없다. 여성들이 없는 세계, 여성의 목소리도 들을 수 없고 여성의 손길도 볼 수도 없고 사회에 활기를 불어넣어 줄 것이라고는 하나도, 없이 오직 천박하고 욕심 사납고 오만과 이기심에 가득 찬 세속적인 남자들의 세계만을 겪었다.

다섯째는 벌레이다. 불교가 융성한 곳에는 해충이 있고 그것이 주는 고통을 즐거이 참아낸다. 어떤 것은 볼 수 있을 만큼 충분히 크지만 어떤 것은 있는지 없는지 알 수 없을 만큼 미세하다. 콜레라균과 같은 것은 자(尺)로써는 측정할 수 없는 것으로 깃발과 야포를 가진 군대보다 더 무섭다. 아무리 설명하려고 해도 해충과의 싸움을 상세하게 표현할 수는 없을 것이다. 초창기의 여러 해 동안 수난의 험산들은 사람들을 절망의 구렁텅이에 빠뜨렸다 해도 과언이 아니다. 병균은 매우 미세한 것이어서 자연사 박물관의 판지

위에 핀으로 고정시켜 놓을 수도 없다.

여섯째는 질병과 죽음이다. 지긋지긋하고 무서운 질병은 미개한 우상 숭배의 나라에 선교사로 가보지 않고서는 결코 경험해 본적이 없는 것이었다. 조선에 오면 질병을 겪게 된다. 하나의 예를 들어보자. 내가 옆집에서 예배를 보기로 했는데 그는 길을 안내하려고 내게로 와야만 했다. 그런데 그 집 주인이 와서 말했다.

"우리 집에 지금 뾰루지 환자들이 있는데 예배를 드리면 모두 나아질 수 있을 것입니다."

나는 어떤 종류의 뾰루지 환자들인가 의심스러웠지만 그것이 어떤 것인지 짐작도 할 수가 없었다. 내가 그 집에 도착했을 때 안주인이 나와서 나를 반겼다. 모두가 목사가 예배를 집전하는 것을 기뻐했다. 뾰루지라니…… 나는 그것을 생각해 보지 않을 수 없었다. 문간에는 천연두의 발진으로 온몸이 부르튼 안주인의 동생이 앉아 있었다.

나의 첫 충동은 도망가고 싶다는 마음뿐이었지만 그것은 좋은 방법이 아니라고 생각했다. 하나님이 나를 이곳에서 보냈기에 나는 도망갈 수가 없었다. 우리는 예배를 드렸다. "물위로 걸으신 예수"[10)]가 주제였다. 병자들은 가끔 울음을 터뜨렸다. 그리고는 다시 고통을 참고 귀를 기울였다.

"자 건너편에 앉으시오. 내가 앉아 있는 곳에는 통풍구가 있습니다."

나는 거기에 통풍구가 있다는 사실이 무척 고마웠다.

이 세상에서 끊임없이 이어지고 있는 죽음은 그것이 예수의 이름으로 이루어질 때 그 참혹함이 다소 부드러워지지만 그렇지 않을 때에는 정말 끔찍하다. 나는 아직도 1889년 5월, 이웃집에서 있었던 장례식을 기억하고 있다. 나는 나를 부른 안 씨를 찾아 말했다.

---

10) 『마태복음』 14장 22절~36절.

“나는 초상이 난 것을 알지 못했습니다.”

“예, 집주인이 돌아가셨습니다. 저 사람들이 매장할 것입니다.”

“그렇다면 주인은 언제 죽었나요? 오늘 우리가 나간 후인가요?”

“아니요, 오늘이 아니고 그는 당신이 여기 오기 전에 죽었습니다.”

내가 거기에 가기 전이라면 벌써 두 달 전이 아닌가? 그들은 죽음의 표시로 관에다 거칠게 그려진 용의 머리를 장식하고 있었다. 그것은 사람의 머리와 뼈마디를 암시해 주는 것이다. 장례식은 두려울 만큼 요란스러웠다. 모든 사람들이 시끄럽게 떠들고 많은 사람들이 울기도 하고 술을 마시기도 했다.

이보다 더 끔찍스러운 것은 매장되지 않은 시체이다. 누구도 그 참혹함을 상상할 수 없을 것이다. 오늘날 그런 일이 벌어졌던 이 평화스러운 촌락은 어떻게 변했는가? 모든 사람들이 기독교인이 되었고 일요일은 안식일이 되었으며 모든 집은 복음 예배 장소로 제공되고 있다. 그들은 또한 구식 장례 절차를 버리고 조용한 절차를 밟고 있다.

일곱 번째는 언어이다. 이것은 독자가 상상할 수 있는 것보다 더 고통스러운 것이다. 어린 아이가 되어 단음절의 짧은 말로 수다를 떨어야 하고 바보스러운 일을 말해야 하고 그러면서도 실수를 저지르거나 친구들을 혼란에 빠지게 해서도 안 된다. 당신이 현명하고 깊이 생각한다 해도 실제로는 더욱 나쁜 결과를 가져올 수 있다. 이때에 겪은 수치는 1년이나 혹은 그 이상 계속될 수도 있다.

가끔 기도에서 “오순절 동안은 문맹인 베드로도 독수리처럼 세계의 하늘을 날 수 있게 하소서” 하고 빈다. 그러나 언어는 그런 방법으로 실현되지 않는다. 조금씩 그리고 겸손한 태도로 배우는 것이 최선책이다. 그러나 사실상 그렇게 하는 것은 무척 어려운 것임에 틀림없다.

선교사의 확신

선교 사업에 있어서 우선 갖추어야 할 것은 신념을 가지며 마음을 끌어야 하는 것이다. 선교사는 쉬지 않고 공부해야 하며 열심히 일하고 녹스[11]처럼 성실해야 하며 무디[12]처럼 끈기가 있어야 한다. 사람들의 사랑을 받을 수 없다면 선교 사업을 펼칠 수가 없다. 사람들의 사랑을 받지 못하는 몇몇 선교사들이 있다는 것은 슬픈 일이다. 사랑스럽지 않고 사랑 받지 못한다면 그가 하는 모든 것은 지푸라기처럼 보잘 것 없는 것이 될 것이다. 무선 교신 일망정 송신자와 수신자는 마음의 조화가 있어야 한다.

복음은 영혼을 통해 교신되어야 한다. 송신자인 선교사와 수신자인 동양인 사이에 뜻이 일치되어야 한다. 당신이 사람들의 마음을 끌 수 있다면 얼마나 좋을까! 대중들은 당신의 손안에 있으며 새벽부터 해질 때까지 당신은 희망에 가득 찰 수 있다. 하나님과 동양인들의 마음에 드는 선교사만이 하나님의 역사를 할 수가 있다. 마음을 열 수 있는 정의의 열쇠에 모든 주안점을 두어야 한다. 거기에 바로 비결이 있는 것이다.

매일 대중들이 찾아온다. 독자라면 이들 새로운 청중에게 우선적으로 무엇을 이야기하겠는가?

"예수라니요, 그가 누구죠?"

"어떻게 하나님의 아들을 가질 수 있었습니까?"

"성서란 무엇인가요? 누가 그것을 알고 있죠?"

---

11) 녹스(John Knox : 1505~1572) : 영국의 종교 개혁자. 글라스고우대학에서 수학한 후 개신교로 전향. 제네바에 망명(1554~58)하여 칼빈의 영향을 받음. 1559년에 귀국하여 목사가 됨. 『스코틀랜드 종교개혁사』(1584)를 저술함.

12) 무디(D. L. Moody : 1837~1899) : 미국의 기독교 부흥사. 보스턴의 구둣방에서 일하다가 시카고에서 전도를 시작하여(1855) 성경 학교를 세우고(1889) 교파보다 성경 연구를 강조했다.

"읽어봅시다."

그리고는 조금씩 제한된 작업을 진행하면서 신약성서를 읽도록 유도한다. 여기에 또 다른 성공의 비결이 있다. 논쟁은 쓸모가 없다. 조금씩 생각할 수 있도록 30분 정도로 간격을 두면서 전체적인 이야기를 해야 한다. 그들을 앉히려면 하나님의 빛을 위해 기도하고 성서를 읽게 해야 한다. 그것이 하나님의 나라에로 들어가는 것을 의미한다.

또 다른 비결로서는 당신이 이야기하도록 요청 받지 않은 일은 그대로 남겨 두라는 것이다. 읽고 기도하라. 상실된 영혼 속에 예수를 심어 주라. 그리하면 산 위로 태양이 떠올라 낙타의 산을 비추듯이 조상 숭배와 부엌의 귀신과 불결함과 무지를 씻어 버릴 수 있을 것이다. 이러한 일들은 조선의 거리에서 설교하는 것도 아니고 많은 대중 앞에서도 아니며 막대한 노력을 들여서도 아닌, 그저 조그만 방에서 요 위에 다리를 꼬고 앉아 성서를 펼쳐 들고 누군가에게 그것을 읽게 하고 기도하는 것이야말로 조선에서의 십자가의 길이다.

선교문서

선교 사업의 최초의 단계에서 때맞추어 해야 하는 것은 간행물이다. 극동에서 서양식 인쇄업을 경영하는 데서 오는 애로와 땀과 고통은 이루 형용할 수 없는 것이다. 인쇄물이 낙질·파손·분실되고 페이지가 엉망진창이 되기도 한다. 그러나 동양인들은 이렇게 말한다.

"신경 쓰지 말라, 책을 거꾸로 들고 보든가 다른 방법으로 읽어보라. 책 속에 담긴 뜻이야 변함없으니까"

백발이 마치 겨울날 눈 새처럼 돋아나서 감독자의 귀를 덮어도 그는 그의 서투른 직공들과 일치하는 마음을 유지해야 하고 그들을 사랑하고 같이 기도해야 한다. 이것이 가장 중요한 가르침이다.

올링거 목사[13]가 조선에 인쇄소를 설립한 날로부터 오늘날까지 여러 곳의 일본 및 조선 사람들의 인쇄소가 설립되었다. 바로 이 감리교회 감독이 은총의 역사를 이룩한 것이다. 그의 작업이 선교에 기여한 공로를 누구도 예측하거나 계산할 수 없을 것이다. 신약성서와 같은 복음서가 몇 천 부씩 쏟아져 나왔을 뿐만 아니라 『두 친구』, 『새벽』, 『천로역정』 그리고 그와 유사한 책자가 발간되었다. 선교 사업과 그 밖의 요란한 요구에 보조를 맞추어 책을 발간하려는 노력은 20여 년 동안 계속되었다.

현재(1908년)는 책을 만들던 사람들이 "우리는 책을 떠났다. 이제 무엇을 해야 하는가?"라고 말하고 있다. 어쨌든 변화가 일어나고 있다. 만약 "미국성서보급회"가 지금 책을 공급할 수 없다면 기독교인들은 각자가 스스로 책을 만들어야 할 것이다. 최근에 나는 "마르틴 루터의 생애"의 원고를 청탁받았다. "우리는 그것을 읽어야 한다."고 하면서 이 기독교 형제는 "미국성서보급회"는 그것을 출판할 능력이 없으며, 그 자신이 그것을 출간해 보고 싶다고 덧붙였다. 그리고 그곳으로 원고가 넘어갔다.

개척 교회의 선교사들은 성경의 번역에 심혈을 기울였다. 그 일에 착수하는 것이 얼마나 어려운 것인가를 실제로 해보지 않은 사람은 모른다. 뉴욕시의 생명보험 빌딩의 60층도 그만큼 방대한 것은 아니다. 이 작업을 하는 데에는 10년이 걸린다. 만약 우리가 그러한 작업의 기초를 위해 필요한 것들, 이를테면 절을 나누어 보고, 각 단어 뜻을 새겨 보고, 이렇게 옮겨 보고, 저렇게 다뤄 보고 평가하다 기록하다 보면, 그것은 학질과 권태로움만이 엄습하는 파나마운하의 굴착 사업을 연상시켜 준다. 파나마운하가 그랬던 것처럼 이 신약성서도 두 개의 대양을 연결시키고 있다. 즉, 하나님의 무한한 사랑의 대양과 인간의 측정 불가능한 욕망의 대양이 그것이다.

---

13) 올링거(Franklin Olinger : 1845~1919) : 미국 감리교회의 문서선교사.

성서번역

1900년의 중국의 의화단사건으로 고통을 겪고 있을 때 우리는 신약 성서의 번역을 막 끝냈으며 알렌 미국 공사가 번역자들에게 특별히 제본된 책을 증정했다. 그때까지 구약 성경은 번역 중에 있었으며 거의 1년 정도면 끝마칠 수 있으리라고 우리는 기대하고 있다. 이미 『창세기』, 『출애굽기』, 『사무엘서』, 『열왕기』, 『시편』, 『이사야서』는 서점에 나왔으며 조선 사람들은 요셉, 요나단, 엘리아 그리고 이스라엘의 폭군과 유다에 관해 읽고 있다.

찬송가

복음이 전파되는 곳에는 찬송가가 울려 퍼진다. 즐겁고 엄숙한 성가는 변덕쟁이와 방랑자들을 설복시킨다. 그중 조선에서 많이 부르는 것으로는 "예수 나를 사랑하네", "피 밖에 없네", "하나님 가까이", "예루살렘 나의 복된 집" 등이다. 이들은 당신이 고개를 숙이고 기어 들어가야 하는 오두막에서도, 고관대작의 집에서도 그리고 대궐에서도 불리고 있다. 어린이들도 신이 나서 부르고 있다.

성가가 복음 행진곡으로 불릴 큰 상설 장소를 언급해 둘 가치가 있다. 그리하여 외국인 선교사들은 조선의 성가를 작곡할 일이 산처럼 쌓여 있다. 그러나 언제인가 이 땅에도 왓스[14]나 웨슬레[15] 같은 위대한 신학자가 나타

14) 왓스(I. Watts : 1674~1748) : 영국의 신학자이며 찬송가 작곡가. 평생에 600곡의 찬송가를 작곡했으며 "예부터 도움되시고"(O God, Our Help in Ages Past), "십자가를 생각할 때"(When I Survey Wondrous) 등이 현존한다.

15) 웨슬레(John Wesley : 1703~1791) : 영국의 종교가. 옥스퍼드대학 졸업(1720~1727), 1739년부터 종교 집회를 시작했으며 당시 교회의 부패에 반대하여 엄격한 규율을 강조하면서 1740년에 감리교회를 설립했다.

나서 "만세 반석"만큼이나 오래 회자될 찬송가를 부르게 될 것이다.

성경 공부

우리가 이제까지 보아 온 것처럼 외국인 선교사는 선교 사업을 수행하는 사람이라기보다는 그 개척자이며 감독자이다. 그의 영향이 가장 크게 나타나는 곳은 성경을 공부하려는 계층들 속에 있다. 이들의 만남은 1년 동안의 남녀가 각기 적합한 때를 골라 여러 차례 이루어졌다. 2주일 동안 그들은 이 선택된 기독교인들과 같이 성경을 학습하고 그 학습을 거들었다. 그들은 성경과 복음과 사도들이 보낸 편지의 의미 그리고 성경을 일상 생활에 적용시키는 문제에 관해서 많은 질문을 던졌다. 이러한 학습에 참여하는 동안 그들은 함께 기도하고 마치 합자 회사에라도 들어간 것처럼 선교 사업에 몰두하고 있다.

의료 선교

이 선교 사업의 수치가 세계의 넓은 선교 지역에 알려질 때 많은 의사들이 월계관을 쓰기 위해 몰려올 것이다. 조선에서는 이것이 사실로 나타날 것이다. 선교사로 지원한 첫 번째 인물이 의사였고, 이 분야에 최초로 착수한 사람도 의사였으며, 첫 번째의 슬픈 희생자도 의사였다. 의료를 통한 선교 생활은 발진티푸스와 나병, 마마, 콜레라 그리고 인류를 괴롭히는 모든 운명과 싸움을 벌이는 부단한 전쟁이다. 모든 운명과 싸움을 벌이는 부단한 전쟁이다. 모든 인간에게 사랑으로 가득 찬 마음과 친절한 표정으로 가난과 범죄, 무지와 미신이 서로 뒤범벅된 곳인 고통의 동굴로 들어가는 것이 그의 소명이다.

그렇다면 선교 사업에서 의료 사업은 어떤 위치를 차지하고 있는가라는 질문을 자주 받게 되는데, 의료인은 먼저 사람을 모으는 데 도움 된다는 것이 통상적인 대답이다. 비록 세상 사람 누구나가 그들을 사랑하고, 이기심이 없는 사람들을 모을 수 있다는 것도 사실이지만, 위의 대답도 또한 사실이다. 그러나 이러한 일 이외에도 의사 선교사로서는 자신의 뚜렷한 영역이 있다.

의사는 비기독교 국가의 무지와 비합리성을 파괴하는 것을 돕는 사람이다. 그는 동양 사회가 이제까지의 모든 역사를 통해 겪어 보지 못했던 인과의 법칙을 전파하는 대사이다. 그는 위생학을 우선적으로 가르치며, 양복과 누더기의 차이점을 보여 준다. 그는 기독교 사상을 갖춘 진보된 세계를 대표하는 사람이며 그가 없이는 어떤 선교 사업을 펼칠 수 없다.

중국의 유명 인사인 장지하[16]조차도 몇 년 전에 그의 얼굴에 종양이 생긴 것은 그의 집 근처의 유서 깊은 언덕을 가로지른 도로 때문이라 생각하고 그것을 곧 파묻었다. 조선의 역사를 통해 볼 때 이런 저런 자연 현상은 조선 사람들의 삶에 많은 재앙을 가져다주었다.

『삼국사기』의 A. D. 80년 편에 보면 "음력 4월에 강풍이 성도의 동문을 무너뜨리자 8월에는 왕이 죽었다."고 기록되어 있다. "존 로빈슨 스미스가 급행열차에서 뛰어내리다가 목이 부러졌다."는 구절을 읽을 때와 마찬가지로 이곳 동방의 전근대적인 독자들은 "그렇지!" 라고 말한다.

의료 사업은 대포로 이 세계를 겨냥하여 요새 지역을 맹렬히 포격한다. 그러나 그는 동시에 참아야 한다. 왜냐하면 그가 제약 회사의 최신 약품으로 환자를 처방하는 반면 뒷집의 김 씨 할머니는 녹용과 인삼을 다리고 있기 때문이다. 그렇게 해서 환자가 회복되면 그들은 "녹용 덕분이야"라고 말한다.

---

16) 장지하(張之河 : 1837~1909) : 청말의 학자. 자는 향도, 호는 무경거사. 군기대신과 체인각대학사를 지냈으며, 중국의 학문을 체로 하고 서학을 용으로 할 것을 주장했다.

세브란스 병원 : 서울

인내심

의사는 오물과 불결함과 싸운다. 사방에서 불결함이 사라지고 새롭고도 깨끗한 질서가 찾아오고 있다. 의사의 도움 없이 콜레라와 같은 전염병의 퇴치를 기대할 수 없다. 또한 의사는 군인들처럼 심한 습격을 받고 쓰러질 수 있으며 우리는 그가 그렇게 함으로써 열어 놓은 길로 지나가게 될 것이다. 서구의 의술은 서울이나 국토의 네 끄트머리인 선천, 성진, 부산, 목포에까지도 도입되었다. 여덟 개의 병원과 그 이상의 진료소들이 설치되었다.

세브란스병원

지난 여름 처음으로 알렌과 헤론에 의해 설립된 재단인 세브란스병원에서는 그 후계자인 에비슨[17]과 허스트[18]에 의해 운영되어 온 이래 의학과 외과 부문에서 일곱 명의 학생을 배출시켰다. 이토 히로부미 공작이 졸업장을 수여하려고 직접 참석했고 정부에서는 그들에게 의사로서 개업할 수 있도록 면허증을 교부했다.

고약을 바르고 피부, 살, 근육을 통해 파고든 긴 바늘이 뼈와 맞닥뜨리고 환자들이 별을 보게 만들었으니 조선에서의 의학은 과연 얼마나 발전한 것일까? 목사가 병원에 가고 의사나 간호사 그리고 에드워드 왕[19]이나 태프트 대통령[20]의 시중을 드는 꽤 현명하고 착실한 보조자가 고통스러워하는 황인종을 돌보는 것은 즐거운 일이다. 치료된 언청이, 잘 굳은 관절, 없어진 종기, 제자리에 놓아진 뼈, 쫓아 버린 더러운 병들, 이 모든 것은 복음이 다가오고 있음을 말해 주고 있다.

여성 의료

모든 기독교인들의 가장 자비로운 활동 중의 하나는 여성들을 위한 의료사업이다. 이전에 여성들은 관습의 압박에 괴로움을 당했으며 안방에 그 생활 영역이 제한되어 그늘 병[21]을 갖게 했다. 복음 전도 사업과 함께 여성 의사의 출현은 그들에게 희망을 주었다.

---

17) 에비슨(Oliver R. Avison) : 캐나다 북장로교회 선교부 소속 의사. 토론토의과대학을 졸업하고 한국에 입국하여(1893) 광혜원 원장으로서 현대 의학의 보급에 힘썼으며, 세브란스의 기부를 받아 세브란스병원(1902)과 세브란스의학전문학교(1917)를 세우는 등 근대 의학에 크게 기여했다.

18) 허스트(Jesse W. Hirst) : 미국인 의사. 세브란스병원의 설립자인 세브란스의 주선으로 조선에 파견(1904)되어 주로 의사 양성을 위해 활약했다.

19) 에드워드 왕(King Edward : 1841~1910) : 영국의 국왕 에드워드 7세(1901~1910)를 의미함.

20) 태프트(W. H. Taft : 1857~1930) : 이 책을 지을 당시 미국의 대통령(재임 : 1909~1913).

21) (원저자 주) : 빛에 대비되는 그늘이란 한국인들에게 있어서 소극적인 것의 상징이 되고 있는데 천지, 남녀 등이 이러한 예에 속한다.

감리교의 여의사들과 간호원, 커틀러 박사[22]와 언스버거 박사,[23] 에드먼즈[24] 양과 모리슨 양이 노력한 결과 우리는 우리가 치료하고 가르친 환자들로부터 감사를 받게 되었고, 영사나 일본인 장교 그리고 군의들이 들어오기 전에 양성된 간호원도 능숙한 졸업생으로서의 의무를 다하고 있다. 얼마 전 서울의 동대문 근처에 세워진 큰 병원은 수천 명의 가난한 여성들을 치료할 것이다. 여성의 의료 사업은 복음 전파에 큰 몫을 하고 있다.

최근 평양에서는 장로교 신학교가 설립되었고 서울에는 감리교 신학교가 개설되었다. 이는 선교 사업의 또 다른 전개를 의미한다. 이들 학교에는 조선에서 선택된 사람들이 일정 기간 동안의 수업을 받기 위해 모여들었다. 그 과정은 연구 단계와 학생의 성취도, 그리고 시간의 필요성을 고려했다.

서울의 존스(G. H. Jones) 박사와 평양의 모페트[25] 박사의 지도하에 학생들은 한국인의 영혼 문제에 깊이 빠져들고 있으며 이 분야의 사업은 미래에 대한 큰 희망을 갖게 하고 있다. 이제 방금 출발한 우리의 신학교에 대해서 세상 사람들이 오랜 눈길을 보내지 않는다고 할지라도 앞으로 다가오는 교회사의 먼 수평선을 바라볼 때 그들은 아마도 한국사에서 가장 중요한 부

---

22) 커틀러(Mary M. Cutler : 1865~1948) : 미국 감리회 여선교사. 의사. 목사. 미시건대학교 의과대학을 졸업(1889)하고, 오하이오주 포머로이에서 의학박사 학위를 받음(1892). 한국의료선교사로 내한(1892). 보구여관에서 9개월간 진료 활동. 근무지를 평양으로 옮겨 광혜여자병원에서 활동(1912). 한국에서 최초로 여자로서 목사 안수를 받음(1931).

23) 언스버거(Emma F. Ernsburger : ?~1934) : 감리교 여선교사. 의학박사. 미국 신시내티에서 출생. 의학박사 학위를 취득한 후 선교사로 임명되어 내한(1899). 의료 선교사 스크랜튼(W. B. Scranton)이 1885년에 설립한 정동병원 및 1887년에 설립한 동대문 부인병원에서 시무했으며 이화학당 교의를 겸직하다가 1920년 은퇴.

24) 에드먼즈(Margaret J. Edmunds) : 미감리회 선교부 의료 선교사. 미국 신시내티에서 출생. 간호원 자격을 획득한 후 한국 선교사로 파송되어 내한(1902). 한국에서 최초로 조산원 및 간호원 후보자 2명을 양성(1903)하여 간호 사업의 초석이 됨.

25) 모페트(Samuel A. Moffett) : 미국인 선교사. 1890년에 내한. 서울(1890~1893)에서 선교를 하다가 평양으로 가서 평양장로교 신학교를 설립(1907)하여 교장(1907~1924)으로 활약했고 숭실학교를 창설(1907)하여 교장으로 있으면서(1918~ 1928), 105인 사건과 3·1운동 때에는 한국의 입장을 세계에 알렸다.

분을 차지하게 될 것이다.

신학교

선교 사업에서 위대하고 중요한 일익을 담당했던 다른 신학교들이 있다. 그들 중의 하나가 감옥이다. 불결함, 냉랭함 그리고 동양에 창궐하고 있는 병원균에 의한 감염은 범죄, 고문, 끔찍한 죽음과 연관되는 것이지만 그것은 축복 받은 집이다. 늙은 황제는 절대 권력을 가지고 이승만, 유성준,[26] 김인,[27] 이상재,[28] 이원긍, 김정식[29] 등을 거기에 수용시켰다.

황제는 이들이 서구적인 노선에 따라 이 나라를 개혁해야 한다고 생각하고 있다고 믿었으며 또 그들도 사실상 그렇게 했다. 판사나 배심원에 의한 재판도 거치지 않고 그들은 옥에 갇혔다. 그들 가운데 몇 몇은 목에 칼을 차거나 쇠사슬을 차고 일했다. 비록 그들은 자신의 기질에서 가계의 혈통을 자랑하고 마음속에서 복수하려는 강한 욕구를 가지고 있었다고 해도, 여기

---

26) 유성준(俞星濬 : 1860~1934) : 서울 출신으로 유길준의 동생임. 병인양요(1866)로 광주로 피신하여 유년기를 보냄. 1881년에 메이지대학 법학과에서 수학한 후 귀국(1899)하여 탁지부에 들어가 내각 법제국장을 지냄. 1901년에 일본 유학생 혈약서 사건으로 3년형을 받고 수형 중에 기독교인이 됨. 출옥 후에는 YMCA에서 활약함. 중앙학교 교장, 출판사 광문사 사장, 물산장려회 이사장, 충남 지사(1928), 강원 지사(1928), 중추원 참의를 지냄.

27) 김인(金麟) : 후기 개화파 인물로서 독립협회의 활동으로 한때 옥고를 치름. 황성기독교청녕회의 부흥과 회관 건립에 지대한 공로를 끼쳤으나 그후 변절하여 친일 행위를 했음.

28) 이상재(李商宰 : 1850~1927) : 충남 한산 출신. 1881년 박정양의 수행원으로 신사유람단이 되어 일본을 방문한 이후 개화파에 가담. 갑신정변의 실패 이후 낙향하였다가 1887년에 박정양을 따라 주미 공사관 1등 서기관으로 벼슬에 올라 의정부 총무국장(1895)에 올랐다. 독립협회와 기독교계의 자주 운동에 가담하여 황성기독교청년회 총무, 신간회 회장, 조신일보 사장을 지냄.

29) 김정식(金貞植 : 1862~1937) : 해주 출신. 독립협회 운동 당시 경무사로서 회원들을 보호했고, 이로 인해 2년간 수형하면서 기독교인이 됨. 연동교회에서 봉사. YMCA 초대 한국인 총무, 도쿄 YMCA 초대 총무. 105인 사건에 연루되어 옥고를 치르고 일본으로 건너가 우치무라 간조(内村鑑三)을 만나 무교회주의에 심취함.

신학교 학생

전문학교 학생

서 그들은 추위와 그리고 처형이라는 끊임없는 두려움으로부터 괴로움을 당했다.

신약성서와 번얀(J. Bunyan)의 『천로역정』 그리고 무디(D. L. Moody)의 팜플렛이 예기치도 않게 중국에서 그들 모임에 전달되자, 그들은 그곳에 탈출하여, 좋은 기회와 예리한 칼을 잡아 시간마다 배로 늘어나는 소득과 영생을 얻기를 원했다.

벙커[30] 목사의 부부가 규칙적으로 방문했던 그들의 감옥은 처음에는 안내소가 되었고 그 다음에는 교회로, 또 그 다음에는 기독 회관으로 되었으며, 이러한 과정 이 끝났을 때 하나님은 그들 모두를 감옥 밖으로 내보내어

30) 벙커(Dariziel A. Bunker : 1853~1932) : 미국의 선교사. 유니온신학대학을 졸업하고(1885), 내한하여(1883~1886) 육영공원의 영어 교사, 배재학당의 교사(1895)를 역임함.

임무를 주었다. 그들의 높은 사회적 지휘와 정치적 영향력과 유교식의 엄격한 훈련을 통해 이들은 서울의 첫 번째 기독교 지도자가 되었다. 1909년 미국에 발을 디딘 이승만은 하버드대학에서 대학원 과정을 이수했고, 유성준은 정부 관리로서, 기독교인이었으며 한때 워싱턴 공사관에서 서기관을 지낸 이상재는 서울에 있는 기독교청년회(YMCA)의 종교국장이고, 김인은 총무이며, 당시 가장 저명한 유교 가문의 출신이었던 이원경은 서울에 있는 장로교회의 장로가 되었다. 한때 서울의 경무국장을 지낸 김정식은 지금 도쿄에서 한국 학생들에게 선교 사업을 하고 있다. 감옥은 감리교와 장로교의 후원 하에 설립된 것이 아니면서도 우리에게 좋은 도움을 주었다. 그러한 기관이 신의 영광을 위해 쓰여질 때 그것은 사람들로 하여금 조심스럽고 신앙심 두텁게 귀의케 하고 신을 위해 그가 할 수 있는 것을 관망케 한다.

시련

이러한 사업의 모든 부분에 깊은 시련이 다가오고 있는데 이에 대해서는 언급해둘 가치가 있다. 그러한 열성적인 노력이 없이 기독교인이 된다는 것은 아무 소용이 없는 것이다. 이러한 현상은 외국으로 나가 기독교인이 되어 돌아왔으나 아무런 모범도 보이지 않는 사람들의 삶에서 찾아볼 수 있다. 그들은 도움을 주기보다는 방해가 되는 것이 상례이다. 왜 그럴까?

그것은 기독교적 경험으로는 감옥이 없었다는 사실로써 설명할 수 있다. 그것은 모두 쉽게 항해했다. 그들은 미국으로 떠나 기독교인을 만났고, 거기에서 그들의 도움을 받아 기독교인이 되어 좋은 기독교인이라는 말을 들으면서 기독교인들과 더불어 살았고 통나무가 뗏목이 되어 흘러가는 것과 같이 모두 동양으로 쉽게 출발했다. 그러나 시험의 날이 다가오고 그들의 집단에서 기독교인을 만나지 못했을 때 그들은 고국에 돌아와야 했다.

사회에서는 그들을 냉정하게 대했으며, 그들은 자신의 지위를 지탱하려고 다툴 필요도 없이 옛날의 방식대로 살아야 했고, 키플링[31]의 작품에 나오는 힌두교도처럼 이교로 개종했다. 조선의 기독교는 고통 없이 이루어지지 않았으며 용광로처럼 뜨거운 승리의 열기로 오랜 기간 동안의 정신적 고뇌를 겪고 이루어진 것이다. 감옥과 같은 장소는 미국이나 영국의 아늑한 가정집보다 신학교로서 더 좋다는 것이 입증되었다.

하나님께서는 동양인들을 위한 예배당을 이 작은 반도에 설립할 것을 명백히 의도하셨던 것이다. 이미 우리가 보아 온 것처럼 미미하지만 북쪽 국경 지방에서 위대한 중국을 오랜 아편 중독으로부터 깨워 하나님의 부르심을 보고 듣게 하려고 복음이 전달되고 있다. 중국이 잠에서 깨어날 때 그들은 세계를 얻게 될 것이다.

---

31) 키플링(Rudyard Kipling : 1865~1936) : 영국 작가로서 인도의 봄베이에서 출생. 노벨 문학상 수상(1907). 그의 대표적인 작품으로는 『정글북』(1894)이 있다.

참고문헌

1) **선교 방법에 관하여**

Gale, *The Vanguard*, passim.

Gifford, *Everyday Life in Korea*, Ch. 11.

Underwood, *Fifteen Years among the Top-knots*, pp, 130~132, 234~235.

Underwood, *The Call of Korea*, Ch. 6.

2) **의료 사업에 관하여**

Underwood, *Fifteel Years among the Top-knots*, pp, 133~145, 305~306.

Gifford, *Everyday Life in Korea*, pp, 142~144.

Gale, *Korean Sketches*, Ch. 5.

제 7 장 조선의 응답

이곳의 학습 지도자는 부유한 농부였는데, 그는 실제로 교회 일을 무보수로 봉사하려고 그의 농장 일을 조정했다. 그 결과 교인의 수가 50%나 늘어났다. 이곳에는 2개의 교회가 있는데, 교인들은 8개의 다른 마을에 산재되어 있었다. 교인의 수는 신학생을 포함하여 135명으로 기타 참석자 112명을 포함하여 총 247명이다.

또 다른 지역에도 우리는 3개의 예배실과 약 30개 마을의 교인들로 구성된 4개의 교회를 가지고 있다. 종교 박해로 말미암아 한 교회에서 2명의 집사가 돌팔매질을 당하는 사태가 일어났으나, 우리는 충성심을 통해 승리를 얻고 100%의 교인을 증가시켰다. 이곳에서 우리는 신학생을 포함하여 306명의 교인과 120명의 기타 참석자들을 포함하여 총 426명의 신도를 가지고 있었다.

과거 3,000년이나 낡은 악마의 집 지붕 위에 기와가 한 조각도 남지 않도록 조선의 일부 지역을 뒤흔들었던 신앙 부흥 운동 기간 동안에 선교사들이 한 일은 무엇보다도 조선 사람들이 서로를 위해 기도하고 기도를 통해 놀랄 만한 응답을 얻은 경이적인 사건이었다. 다른 어떤 나라도 조선처럼 그토록 많은 사람들이 물질적인 보상도 없이 손에 손잡고, 마음과 마음으로 복음 전도의 일을 수행하는 것을 보지 못할 것이라고 나는 감히 단언한다.

신앙 부흥 운동 기간에는 강한 사람이 극심한 절망 속에서 죄를 회개하고 번민으로 울부짖는데, 가장 아름다운 것은 그들이 투쟁에 이기고 형제들에게 나아가 그들에게 손을 내밀어 빛으로 인도하는 것이었다. 이러한 놀라움에 대해 조선 사람들은 개인적인 감정을 별로 표출시키지 않는다는 것을 감안할 때 이는 더욱 놀라운 것이다.

어느 이른 아침에 내가 진남포를 벗어나려고 할 때 마침 집으로 돌아오고 있는 한 사람을 만났다. 그는 1주일간 기도했으며, 빈손으로 돌아가지 않겠다는 선언과 더불어 저녁마다 교인을 만들려고 이웃 마을로 나갔다. 평양의 여성 교리반이 시작할 당시 여성들은 죄를 용서받은 경험과 평화의 충만함을 받아 새로 탄생한 기쁨으로 나에게 와 모두가 이 새로운 경험과 새 생명을 갖도록 나나 혹은 다른 선교사가 그들 교회에 와 주기를 눈물로 호소했다. 어떤 경우에는 여성들 자신이 지역 교회를 부흥케 하는 매개체였다.

—무어[1)]

"당신께서는 처음 어디에서 복음을 들었습니까? 교회인가요? 거리인가요? 기도회인가요? 아니면 성서를 통해서인가요?"

몇 년에 걸쳐 이러한 설문 조사를 했을 때 다음과 같은 특징의 답변을 들을 수 있었다.

"아니오. 저는 김 씨, 박 씨, 또는 최 씨에게서 복음을 들었습니다. 그가 저의 집에 와서 예배를 함께 보았습니다."

복음은 입과 입으로, 마음과 마음으로 통해 만주 경계의 머나먼 골짜기까

---

1) 무어(J. Z. Moore : 1874~1963) : 미국 감리회 선교사이며, 교육자. 오하이오에 있는 사이오대학을 거쳐 드류신학교를 졸업(1903)했다. 바로 그해 한국 선교사로 임명되어 내한했고, 그해 5월 3일 정동교회에서 무어(D. H. Moore) 감독에게 목사 인수를 받았으며, 평양에 부임하여 관서 지방의 교회와 교육 기관 설립과 운영에 헌신했다.

지, 두만강의 구부러진 길까지, 소용돌이치는 호수까지, 바위까지, 그리고 남해군도의 십자 물결까지, 동서로, 지구 모든 땅에 걸쳐서 전파되어 왔다. 조선은 기독교가 전파되고 있는 나라이기 때문에 하나님은 이 땅에 축복을 주실 것이다.

조선의 기독교도들은 끊임없이 활동한다. 그들은 소책자를 받고, 책을 구입하고, 집회에 참석하고, 감동을 받으며 보다 많이 알고자 한다. 그리고는 예배에 규칙적으로 참석하고, 신자가 되어 교회로 들어온다. 그러나 그들은 여기에서 멈추지 않는다. 친분 관계를 유지하고, 친구를 사귀고, 인척 관계를 지키며, 정의와 절제와 판단력을 기른다.

몇 몇 의 지도자들은 복음 전파에 고귀한 생명을 회생하기도 한다. 추운 겨울철이나 무더운 여름철에도 불구하고, 밀집된 도시나, 시골의 장터에서, 서당이나 변두리 여관에서, 농촌의 방이나 사랑방에서 여성들은 훼방 받지 않고 하나님의 전능한 힘을 즐겁게 받아들이고 있다. 그들은 좋은 소식을 들으려는 신념으로 박해를 견디고, 추방을 감수하며, 잔혹한 조종이나 심지어는 억압이나 구속을 감내한다.

선교 초창기부터 조선에서는 교인의 특권과 책임에 대해 아주 높은 인식을 가지고 있었다. 곧 조선의 교인들은 항상 단순한 교회의 회원 이상의 의미를 가지고 있다. 그들은 기꺼이 그의 이웃들에게 그리스도의 진리를 전하는 봉사자이다. 지방 교회의 목사는 그가 속해 있는 교인들 가운데 1/3 이상의 신자와 함께 일요일 오후에 길에서 신자를 인도하거나, 집집마다 방문하여 전도하거나, 비신자들과 함께 개인적인 일을 돌보아 준다.

토착 교인들

이러한 일들은 계속 반복된다. 조선의 기독교인들은 성스러운 말씀을 전하는 데 전문가임을 스스로 입증했다. 고대 스코틀랜드를 가로질러 전파된 것보다 더 빠르게 조선에서 복음이 전파되었다. 그들은 형제나 자매로부터 복음을 전해 받았고, 그들은 전해 받은 복음을 다시 전파했다.

우리가 선교의 현장에서 두려워하며 기도하는 것 가운데 하나로서는 예수를 잘못 믿은 신자가 다른 사람을 잘못 인도하여 그들도 또한 잘못 믿게 만든다고 하는 사실이다. 아직 조선 사람들의 신앙심이 부족하다 할지라도 그들은 단순하고, 순수하고, 진실하고, 충실한 신자들이다.

> 조선 사람들은 성서를 암기할 뿐만 아니라, 이를 실천에 옮긴다. 어느 날 북쪽으로부터 성실한 선교사 1명이 왔다. 서로 인사를 나눈 뒤 그는 방문 목적에 대해 질문을 받았다. 그는 다음과 같이 답변했다.
>
> "저는 성서를 몇 구절 기억하고 있는데, 이것을 당신들에게 이야기하고자 합니다."
>
> 그는 백 마일 떨어진 곳에 살고 있었는데, 나흘 밤을 여행하는 동안 목사들에게 몇 구절의 성경을 암송해 주면서 그 먼 거리를 걸었다. 특히 한 마디의 실수도 없이 산상수훈의 성경 구절을 한국말로 암송하자 모든 사람들이 그의 말에 귀를 기울였다. 그가 그것을 단지 암기하기만 했다면 그것은 암기 이외에 아무것도 아니다. 그는 자신의 가르침을 실천해야만 한다. 그는 얼굴에 미소를 띠고 다음과 같이 즉시 답변했다.
>
> "저는 이렇게 배웠습니다. 저는 성경 구절을 암기하려 했으나, 그것이 잘되지 않아 다음과 같은 계획을 세웠습니다. 저는 성경 구절을 외어서 저의 주변의 비신자들에게 이야기했지요. 그러나 이 방법이 어렵다는 것을 깨달았습니다."
>
> 한반도 중심부에 위치하고 있는 비신자들로 구성된 도시에서 이 초라한 조선의 교인들이 조화가 안 되는 도덕률과 계율을 받아들여 그의 주변 사람들과 자신의 생애에 그것을 실천하는 것을 상상해 보라. 조선의 교회가 성장해 가는 것이 놀랍지 않은가?

토착 교회는 모든 기독교 기관이 자발적으로 복음을 전파하고, 자체적으로 운영하며, 경비 또한 스스로 충당하는 것을 이상으로 하고 있다. 1906년에 선천의 샤록스[2] 박사가 쓴 보고서는 조선의 교회가 이러한 이상을 실현시킬 수 있었던 방법에 놀라운 증언을 들려주고 있다.

> 지난해 선천 교회에는 6,507명의 신자가 있었다. 금년에는 11,943명으로 증가했다. 1년 동안에 무려 5,436명의 신자가 증가했으니 매달 평균 453명의 입교한 셈이다. 우리 소규모 집단인 선교사들의 덕택에 이러한 결과가 나타났을까? 1년 동안에 지역 복음을 위한 선교 자금으로 고작 72달러를 쓴 결과일까?
>
> 조선에는 15명의 내국인 전도사들이 있었는데, 그들은 선교 사업에 자신의 모든 시간을 쓰며, 토착 교회로부터 지원을 받는다. 그들은 자원 선교와 특별한 복음주의적 헌신에 수많은 날들을 서약하는데 이 날짜 수가 총 8,000일을 넘는다. 1년 동안에 세례를 받은 사람은 1,164명으로, 월 평균으로 계산하면 100명 정도이며, 매 주일마다 평균 22명 정도가 세례를 받은 셈이다.
>
> 그뿐 아니라 이 1,164명의 교인들은 세례를 받기 전 1년 동안에 이미 믿음의 생활을 하고 있었다. 이들은 입교한 지 몇 달이 지나 교리 문답을 하고, 12개월 만에 다시 시험을 치른다. 만일 시험 성적이 좋고, 교인이 되고자 하는 믿음이 굳으면 그들은 그제야 세례를 받는다. 금년에는 5,436명의 신자가 시험을 치르고, 내년에 세례를 받을 예정이다. 이러한 사실로 미루어 보다 나는 조선의 교회가 부흥하고 있다고 생각한다.

---

2) 샤록스(Alfred M. Sharroks : 1809~1919) : 미국 북장로회 의료 선교사. 미국 미주리주 파크대학 졸업. 부인과 함께 내한(1899). 곧 세브란스의학전문학교 교수로 취임하여 의과대학 교과서 역술. 평양선교부로 전임(1900). 선천 지역 의료 선교사로 파견(1901). 강계로 전임(1904). 신성학교 교감으로 취임(1909). 105인 사건 음모 격려자로 연루되기도 함(1912).

우리 교구에는 이미 앞서 말한 것처럼 78개의 교회가 있고, 신자는 11,943명이나 된다. 이 교회들은 각 지역에 퍼져 있으며, 특별히 선발된 무보수의 남자들이 각 교회를 위해 봉사한다. 이들 교회 가운데 13개 교회는 단체를 이루어 순회 전도를 하고 있는데, 13명의 부목과 집사가 이 일을 맡고 있다. 이들 가운데 4명은 선교사이며, 2명은 금년에 휴가 중이며, 1명은 아직 언어를 익히고 있는 중이다. 오직 한 사람만으로 신자가 12,000명이나 되는 78개의 교회를 돌볼 수 있을까? 조선의 교회는 점차 독자적인 운영을 하여 간다.

조선이 지니고 있는 국가적인 특성 가운데 하나는 가난하다는 것이다. 조선 사람의 하루 일당은 보통 15~40센트 정도인데, 이 정도라면 그다지 나쁘지 않은 금액일 수도 있지만, 생계비에는 못 미치는 수치이다. 중류층의 사람들은 "저축"을 못하면서도 교회의 재정을 걱정한다. 우리 교구에는 56개의 매일 학교에서 1,192명의 학생들이 공부하고 있는데, 외국의 지원이라고는 1달러도 받지 않는다. 우리 도에는 70개의 교회 건물이 있는데, 그 가운데 오직 2개의 건물만이 외국으로부터 원조를 받아 건축되었다.

우리 도에는 아직까지 3명만이 외국의 원조로 봉급 가운데 일부를 충당받고 있으며 나머지 조선 사람 전도사나 봉사자 그리고 교회 학교의 교사들은 외국 자본에 의한 봉급을 받지 않는다. 조선 사람 교회의 헌금과 비교해 볼 때, 외국인 병원과 선교사를 위한 봉급 350달러를 제외한 전체의 경비는 1 : 10.62이다. 바꿔 말해서 미국인들이 1달러를 낼 때마다 우리의 조선 사람 신도들은 10달러 62센트를 헌금하고 있는 것이다. 우리는 우리의 교회가 자립으로 경영한다는 말을 들어도 좋다고 느낀다.

초창기부터 조선 사람들은 복음의 전파와 교회의 성장이 우리의 일이라기보다는 그들 자신의 일이라고 믿게 되어 있었다. 우리는 지금 그들로 하여금 앞으로 나가게 하고, 그들의 노력으로써 그렇게 되도록 안내하려 하지만, 일을 하는 사람들은 그들 자신이다. 어떤 사람이 믿음을 가졌느냐 갖지 않느냐 하는 문제는 그들 자신의 득실의 문제이지, 우리의 것은 아니다.

그가 교회에 가는 것이 선교사나 하늘 나라를 풍요롭게 하는 것이 아니라, 그 자신을 이롭게 하는 것이라는 점을 그들은 배웠다. 한 사람이 교인이 되었을 때, 우리는 우리를 위해 기뻐하는 것이 아니라 그를 위해 기뻐한다. 근로자를 고용하면서도 비신자가 신자보다 일을 더 잘 한다면, 우리는 신자를 고용하지 않고 비신자를 고용한다. 우리는 이런 문제에서 그토록 주의를 기울였기 때문에 어느 누구도 교회에 가는 것을 장삿속으로 생각하지는 않았다.

존스(George H. Jones) 박사의 또 다른 증언을 들어보기로 하자.

애당초 복음 전파가 시작될 때부터 조선 사람들은 최종적이고 완벽한 복음화가 그들 자신에게 달려 있으며, 외국 선교사의 목적은 복음 전파의 작업을 시작하여 이를 위해 한국 교인들과 협력하는 데 있는 것이라고 배웠다. 한국 교인들은 이러한 입장을 납득했으며, 그들 자신의 일을 위해 하나님께 그들의 소유물을 바치는 것이 그들의 신앙 양식이었다.

이러한 신앙 양식의 아름다운 사례가 북부 지방에서 발생했다. 노블[3] 박사는 북부 지방에 살고 있는 한 조선 사람을 착실한 기독교인으로 인도했다. 그는 그가 거주하는 마을에서 첫 번째로 교인이 되었으며 그의 집이 바로 첫 번째의 집회 장소가 되었다. 얼마 뒤에 그 마을의 교회는 번창했으며, 예배당도 건축되었다.

그러나 그들은 빚을 지고 말았다. 이 작은 마을의 교인들은 자신들이 가진 것이라고는 모두 사용했기 때문에 지불할 돈이 없었다. 그러나 이 교인

---

3) 노블(William A. Noble : 1866~1945) : 미국 감리교 선교사. 와이오밍 신학교와 드류신학교를 졸업하고 목사 안수를 받음(1892). 그 해 10월 한국에 선교사로 입국. 배재학당에서 3년 동안 교편을 잡은 뒤 평양에서 선교를 시작함(1894). 15년 동안 평양을 중심으로 활동하다가 1933년 은퇴하기까지 서울에서 활동. 그의 소설로는 『이화, 한국의 이야기』가 있다. 그는 한국전쟁 당시 미국 CIA의 책임자였던 노블(Harold Noble)의 아버지이다.

들의 지도자는 단 하나 팔 것이 있었다. 그것은 다름이 아니라 그들이 사용하고 있는 황소였다. 어느 날 그는 시장에 나가 소를 팔아 빚을 갚았다. 다음해 봄철에 선교사가 이 마을을 방문하여 그 지도자를 찾았을 때 그는 밭에 나가 농사 중이라는 이야기를 들었다.

그 선교사는 밭길을 따라 내려가면서 늙고 백발의 이 기독교 가장이 그의 형제들과 함께 소 대신에 쟁기를 끌고 농사짓는 것을 볼 수 있었다. 인간으로서는 하나님의 아들과 같은 형태의 모습으로 농사짓고 있는 이들을 알아볼 수 없었으나, 그들은 아무런 부담도 없이 홀가분한 마음으로 그 해의 농사를 지었다는 것은 의심할 나위가 없었다.

연못골교회

조선에 있는 선교사는 일종의 영적 본능에 따라 복음을 전파한다. 그는 오직 이 한 가지만 알고 또한 그것을 실천한다. 그는 본국으로부터 1센트의 도움도 받지 않고 교회 학교를 꾸려 나간다. 그는 지금 자신의 저서를 쓰고 출판한다. 그는 담배도 끊고, 복음의 전파에 필요한 경비를 저축하려고, 불필요한 비용을 쓰지 않는다.

그 선교사는 그의 생계비 가운데 십일조로 약속한 1/10 이상을 교회에 바친다. 가끔 그는 얼마 되지 않는 생계비조차 기부한다. 예를 들어 작년에 본국에서 흔히 볼 수 있는 평범한 도시 교회의 1/10 정도의 수입도 안 되는 서울 연못골교회의 교인 350명이 3,850달러를 헌금했는데, 이는 교인 1인당 10달러 이상을 헌금한 셈이 되었다.

그리고 조선 사람들은 자신들의 시간을 많이 할애하여 복음을 전파한다는 것을 전 세계 교회에 알게 해 주었다. 그들이 복음을 전파하는 노력은 조직적일 뿐 아니라 열성적이다. 그들은 교회의 보임에서 다음해에 주변에 있는 비신자에게 복음을 전파하는 일정한 날짜를 약속하게 된다. 이러한 선교 활동은 다른 교파에 대해서도 행해진다. 개별적으로 1년 가운데 몇 주간에 복음을 전파하겠다고 약속하는 경우도 있다.

그런 다음에 복음 전파 계획을 세우며, 어떤 때에는 전국에 걸쳐 체계적으로 복음을 전파하는 경우도 있다. 이러한 시간의 할당은 확실히 새로이 교회를 세울 때 훨씬 많다. 가정에 돈이 많지 않거나 성급한 방문객들은 그들의 노동력을 제공할 뿐 아니라, 양반으로서는 할 수 없는 톱질이나 삽질과 같은 육체노동도 훌륭하게 해낸다. 이런 점에서 볼 때 조선에서 성령이 부흥한다는 것은 놀라운 일이 아니다.

부활의 소망

1906년에 이르러서야 비로소 한국 교인들은, 목마른 땅에 영혼이 추구하고, 허기진 영혼이 필요로 하며, 진심으로 갈구하고 자비로 보살펴 주기를 진실하게 기도하는 외국 선교사들과 마음으로 협력하게 되었다. 그들은 그러한 불안 상태를 극복하려고 무엇을 원했는가? 그들은 건강과 평화, 그리고 안락한 가정을 가지고 있다. 그들은 친구들을 가지고 있으며, 축복 받은 증거를 가지고 있다.

거대한 교회의 집회가 이루어지고 있으니 그들의 마음속에 고뇌가 있을지라도 무엇을 걱정할 것인가? 원산의 하디[4] 박사가 평양에 가서 그 자신의 영혼이 갈구하는 하나님의 축복에 대해 설교한 것은 8월이었는데, 과거의 설교보다 훨씬 더 깊이 있고 간절했다. 이 씨는 이를 다음과 같이 기록했다.

---

4) 하디 (Robert A. Hardie : 1865~1949) : 남감리교 선교사, 의사. 토론토대학교 의과대학을 졸업(1890)하자 곧 캐나다 대학선교회의 선교사로 임명. 내한(1890) 즉시 게일과 함께 선교 활동 시작. 감리교 협성신학교 제2대 교장으로 취임(1909). 신학 전문지인 『신학세계』를 창간(1916).

"그가 와서 우리를 많이 도와주었다. …… 그리고 이 집회는 성령이 우리의 삶을 완전히 지배하고 하느님의 역사에 우리를 굳건히 사용한다는 것을 보여주었다."

5,000년 동안 동아시아의 절망을 목격했고, 모든 악마의 소리들을 들어온 그 낡은 전통의 벽은 이제 매일 끊임없이 기도하는 소리를 듣고 있다. 그것은 허공을 향해 기도하는 것과 같다. 왜냐하면 거기에는 경이적인 계시도 없을 뿐 아니라, 특별한 응답도 없기 때문이다. 그들의 상황은 예전이나 다름이 없었다. 태양이 빛나는 것과 같이 회색의 땅과 갈색의 언덕이 그들을 조롱하고, 새들도 그것을 무시했다.

그들은 왜 기도해야 했는가? 포기하라, 행복해질 것이다. 그의 재산과 축복을 주신 데 대해 하나님께 감사하라. 천국이 약속된 것에 대해 감사하라. 이성을 찾아라! 만약 우리가 조심하지 않으면 광신이 될 것이다. 그러나 당신은 대양의 물결이나 파도를 문제로 삼지 않아도 좋을 것이다. 어떤 보이지 않는 강력한 힘이 물의 무게를 쳐들 것이며, 연약한 말로써 그것을 지탱하려는 것은 기도하는 영혼의 이성처럼 지혜로울 것이다.

지난 1906년 말의 가을은 그럭저럭 지나갔다. 1907년에 접어들자 교인들이 매일매일 모여들었다. 북쪽 지방에서도 무려 700명이나 되는 교인이 성서를 공부하러 왔다. 그들은 무엇을 위해서 왔을까? 물론 성서를 공부하려고이다. 그들은 마태오와 요한, 그리고 성서에 나오는 그 밖의 사람들이 누구인가를 알고자 했으며, 사도 바울의 주요한 사상과 계시록을 파악코자 온 것이다. 그들은 계속 걸었다. 그들 가운데 일부는 집회에서 먹을 식량을 등에 지고 1백 마일을 걸었다.

이들은 마치 평양으로 유학을 떠나는 것과 같았다. 그들은 콧노래를 부르고 설교를 들으며 즐거워했고, 집에 가서는 가족들에게 그 동안에 있었던 일들에 대한 이야기하기를 좋아했다. 이제 사람들이 모이기 시작했고, 저녁 집회가 시작할 무렵이면 커다란 교회에 1,500명이나 참례한다. 이 나라의 백성들은 그들 앞에 무엇이 일어나고 있는지 상상조차 하지 못했다. 만약 그들이 모든 것을 보았다면 그들 가운데 상당수가 이제까지의 삶을 바꿈으로써 자신의 인생을 두려움 속에 떨며 보내게 되었을 것임에 틀림없다.

위기

며칠 동안에는 평범한 집회가 열리다가 드디어 일요일 저녁 집회에 참석하게 되면 모두가 큰 희망과 기대를 가지고 앞날의 삶을 모색했다. 배어드[5] 박사가 예배를 보았다. 그의 집전 아래 그들은 자신이 희망하는 것을 얻고자 했으나, 그 희망과는 달리 그것은 무미건조한 집회가 되었다. 모든 악마가 힘으로 그들에게 저항하고 있는 것처럼 보였다. 키일은 이렇게 말했다.

"죽음이라구요? 당신들은 죽음과 같은 것을 전혀 경험해 본 것이 없습니다. 이 모든 장소가 휑하니 사라져 아무 것도 없습니다. 어떤 사람들은 참회하려 했고, 어떤 사람들은 기도하려 했습니다. 그렇게 하지 않으려면 헤어져 집으로 돌아갑시다!"

정열적인 집회를 갈구하면서, 선교사와 조선 사람 지도자들이 진지하게 집회를 갖고자 다시 모였다. 그들에게는 몇 가지 필요한 것이 있었다. 어떤 것은 실현이 가능한 것이었고, 어떤 것은 무슨 댓가를 치르고 이룩해야 할 일들이었다. 지난 몇 개월 동안 그토록 갈망했던 것들을 채워 주기 위해 어떤 답변을 해야만 했다.

인생은 아무것도 아니며 또 다른 목적이 있을 수 없으며, 오직 하나가 있을 뿐이다. 그것은 하나님께서 주시는 것이며 이제 그럴 시기가 왔다. 그들은 하나님의 역사를 계속했으며, 이를 멈출 수가 없었다. 모든 것을 잊고 기

---

5) 베어드(Henry M. Baird : 1832~1906) : 미국 장로교 목사. 필라델피아에서 출생. 저서로 『위그노사』가 있다.

도만 하게 하소서! 하나님께서 진실한 영혼을 받아들이시고, 하나님보다 작은 것을 위해 도박하지 말게 하옵소서. 그러하면 우리가 처해 있는 상황은 영원하오리다.

그들은 1907년 1월 14일 저녁에 다시 모였다. 그것은 큰 집회였고 놀라운 상황이 벌어지는 것 같았다. "우리 모두는 무엇인가가 오는 것을 느꼈다."고 이 씨는 말했다. 전체가 기도하는 분위기 속에 집회는 감화를 받았다. 마치 성령이 내려오는 듯했다.

사람들이 일어나 자신의 죄를 고백하고 꿇어앉아서 흐느끼며 참회했다. 새벽 2시까지 사람들은 고백하고 참회하며 기도했다. 전체 주민뿐만 아니라 조선 사람과 외국인들도 놀라운 경험을 한 것이다. 정오부터 교인들은 새로운 희망을 가지고 모였으나, 그들은 엄습하는 커다란 신비에 어리둥절했다.

킬 목사

그 다음날 저녁 키일은 즉석 연설을 했다. 정익로[6] 장로가 나에게 이야기했다.

"시작 때부터 그것은 키일의 얼굴이 아니었다."

키일은 한때 완전히 눈이 먼 적이 있었으며, 아직도 그렇게 잘 보지 못하고 있었으나 그의 얼굴에는 위엄과 큰 힘이 담겨 있었다. 마치 불타고 있는 듯하면서 순수하고 성스러운 얼굴이었다. 그것은 예수의 모습이었지 키일이 아니었다. 그는 세례 요한이 어떻게 사람들에게 참회하고 고백토록 했는

6) 정익로(鄭益魯 : 1863~1928) : 장로교 장로로서 문서 전교에 활약함. 모펫(S. A. Moffett) 목사를 도와 성서 판매 책임을 맡았으며, 105인 사건에 연루되어 옥고를 치름. 말년에는 평양기독교청년회 부흥을 위해 노력함. 원서에는 그의 이름이 정인로로 오기되어 있음.

지에 관해 언급했다. 이 집회는 교회란 매력적인 즐거움이 있는 곳이 아니라, 마치 이상한 죽음과 두려움에 둘러싸여 있는 곳인 듯 느끼게 했다. 그들에게 시내산[7]의 경이로움은 끝났다.

"돌파구가 없어! 하나님이 부른다."

정 씨가 말했다. 과거에는 겪어 보지 못한 하나님의 놀라움과 두려움이 우리를 엄습했다. 이것을 해결하고 돌파구를 찾는 것이 문제였다. 몇 사람은 뛰어나갔으나, 영혼과 근심과 죽음에 대해 두려워하는 얼굴로 돌아왔다.

"하나님 저는 어떻게 해야 합니까? 제가 지옥에 있으면 당신께서도 거기에 계시겠지요? 저에게 날개가 있어 날아가면 당신께서도 날아오시겠지요?"

거기에 모여 있던 몇백 명의 사람들은 죄악 속에 두려워하고 있었다. 심판의 날이 오면 도망하려 해도 도망갈 길이 없으니 무엇을 해야 하나? 그런데 그들은 아직 고백할 수가 없었다. 과거의 비밀이 탄로되는 것은 수치스럽고 사회적으로나 물질적으로나 영적으로 멸망을 초래하는 것이다.

"저는 그것을 말할 수 없습니다. 저는 포기한 사람이니 그대로 두십시오."

몇 명은 고백을 했으나 이전보다 마음이 편하지 못했다. 영혼이 고립되어 고통을 받는 것보다 고백 그 자체가 오히려 두려웠던 것이다. 그들은 주님을 부르며 두려움을 없애야 했다. 사람들이 감화되는 순간 키일은 세례 요한과 같은 존재였다.

"당신들의 죄악을 고백하시오."

고백한다는 것은 강제로 말하도록 하는 것이며 강제로 행하도록 하는 것이었다. 이것은 삶과 죽음간의 투쟁이었고, 모든 사람들은 얍복 나루의 천사와 함께 있는 것 같았다.[8] 마음 안의 이성이 그들을 구속했다.

---

7) 시내(Sinai)산 : 야훼께서 모세를 통해 10계명과 그 밖의 율법들을 이스라엘 백성에게 전달해 준 곳으로 시나이반도에 위치하고 있다.

8) 『창세기』 32장 13~32절. 얍복(Jabbok)이란 "비운다"는 뜻이다.

"제가 고백하면 듣는 이가 괴롭습니다."
"그것은 저의 가족을 망신시킬 것입니다."
"그것은 사회적으로 저를 파멸케 할 것입니다."
"그것은 교회에 치명상을 줍니다."
"죽어도 저는 고백할 수 없습니다."

방기창 목사

방기창[9] 목사가 나타났고 2년 후에 그는 나에게 다음과 같이 말했다.

"그곳은 예수가 나타난 것처럼 커다란 위엄과 경이로움에 싸여 도망할 수 없었습니다. 나는 고백하려고 노력하는 몇 사람을 보았으나, 그들은 다시 번민에 빠지게 되었습니다. 몇 사람이 오랫동안 쌓인 죄악의 사함을 받고자 일어났습니다. 그러한 고백을 하는 것은 현명치 못한 일이었으나, 다른 방도가 없었습니다. 우리 선교사와 조선 사람들은 모두 신비스럽고, 두렵고, 무기력한 힘에 사로잡혀 있었습니다."

기도의 물결은 많은 사람을 모이게 했으며, 참석한 모두가 고통 속에서 번민하고 있었다. 한 사람이 고백을 마치면, 또 다른 사람이 일어나, 영혼을 속죄하고자 죄를 고백했다. 청일전쟁 때 한 여인이 자식을 등에 업고 피난가는 길에 아이가 너무 무거워서 도망갈 수가 없었다. 그래서 그는 나무에 자식을 매달아 죽이고 달아났다. 그는 회개하고 자기의 마음을 하나님께 아뢰었다. 그러나 이 끔찍한 행위는 그에게 갚음이 있었다. 그리고 그것은 밖으로 드러나지 않을 수 없었다.

---

9) 방기창(邦基昌 : 1851~1911) : 황해도 신천 출신. 당초 동학교도였으나 기독교로 개종하여 모펫(S. A. Moffett) 목사를 도와 서북 지방에서 문서 전교로 일생을 마침.

죄의 고백

또 어떤 사람은 600엔(300달러)이 들어 있는 일본 지갑을 주웠다. 그는 그 지갑이 누구의 것인지 알 수 없었으며, 주인도 나타나지 않았다. 그래서 그는 그 돈을 모두 써 버렸다. 그러나 그는 지금 사원의 나한과 같은 악령에 시달리고 있었다. 고백을 마치고 죄의 사함을 받자 거기에 모여 있던 사람들은 놀라운 눈길로 귀를 기울이고 있었다.

몇 년 전에는 바라바[10]와 같은 사람이 있었다. 그 당시에 그는 나쁜 행위를 했으나, 오늘 그는 그것을 뉘우치고 있다. 그는 즉시 경찰서에 자수하고 감금되었다. 나의 가장 친한 친구 가운데 장로교회 장로 한 명이 그곳에 와 있었다. 그는 이 집회가 표현하기 어려울 만큼 상당히 엄숙하고, 두려우며, 정의롭고, 진실하고, 성스럽다는 인상을 받는다고 말했다.

그의 말에 따르면 몇 년 전 그는 자신의 채무를 갚고 확실하게 영수증을 받았다고 한다. 그러나 그는 지불 과정에서 채권자의 요구를 모두 들어주지 않았다. 그러던 중에 채권자 가운데 하나가 죽게 되자 그는 자기에게 유리하도록 채무 관계를 처리하고 말았다. 그는 이렇게 말을 이었다.

"그것은 돌풍처럼 나를 엄습했고, 이토록 두려운 행위는 영혼을 잃어버리는 것 같았습니다. 나는 도피할 수도 없었고, 참회와 눈물로 이 사실을 고백하고, 회개하며 변상키로 결심했습니다. 그때 이전에는 전혀 느끼지 못한 짜릿하고 행복하고 말로는 표현할 수 없는 평화가 나를 사로잡았습니다."

나는 죄악에 빠져 있던 또 다른 친구를 오래전부터 알고 있었는데, 그는 교인이 되고서도 계속 자신의 죄를 숨겨 왔다. 그는 다시 죄를 저지르지 않

---

10) 바라바 : 예수를 심문할 때 로마 당국에 의해 투옥되었던 사람으로 민란과 살인 때문에 체포되었음. 그는 폭력으로 로마의 멍에를 벗어버리려고 했던 열심 당원으로서 예수 대신에 석방됨.

기로 결심했으나, 아무도 그 사실을 알지 못했다. 그는 그의 죄스러운 과거 때문에 자신을 몹시 혐오했고, 다른 사람에게는 자신이 불쌍한 죄인이라고 말했다. 그는 집회에 참석하여 앉아 있었으나, 그의 얼굴은 긴장감과 괴로움으로 꽉 차 있었고 그의 가슴은 전망대에 앉아 있는 것처럼 울렁거렸다. 마침내 그는 경이적인 노력으로 몇 백 명이 보고 있는 강대 위로 올라갔다. 그는 모두에게 이야기했다.

"저처럼 죄 많은 인간이 있을까요? 주여! 주여! 저의 영혼을 용서하고서!"

한참 동안 그는 죽은 듯 조용했다. 그리고 그는 손이 터져 피가 날 때까지 딱딱한 마룻바닥을 두드리며 비명 속에 용서를 빌었다. 이에 놀란 군중들이 말했다.

"무슨 죄를 지었기에 저럴까? 우리는 죄가 이렇게 두려운 것인지 아직까지 몰랐다. 우리가 생각하기에 죄란 사소하다고 생각했으나 여기서 신이 생각하는 죄란 어떤 것인지를 보고 있다."

이 친구도 불의 심판에서 벗어나 깨끗하고 순결해졌다. 이처럼 모든 교회는 어떤 사람들도 감히 말할 수 없는 그러한 말을 들으며, 제3의 천국을 갈망하고 있었다.

선교사들도 이러한 힘에 사로잡혀 있는 것 같았고, 하늘 밖에서는 볼 수 없는 그러한 거룩한 예배를 보았다. 하나님이 가장 놀라우신 역사는 죄의 사슬에 묶였다가 풀려난 키일의 모습에서 나타났다. 그는 죄악의 힘과 굴레가 얼마나 끈질긴 것인가를 보여주고 있었다. 그는 죄악을 없애려고 투쟁했으나 그 사슬을 끊어 버릴 수가 없었다. 마침내 그는 죄악에서 벗어나 자유롭게 될 수 있었다.

"할렐루야, 저는 자유로워졌습니다!"

자기의 죄를 속죄하고 고백했을 때 그는 이루 말할 수 없는 커다란 즐거움과 환희에 사로잡혀 이를 표현할 수가 없었다.

평양

평양은 조선에서 가장 희망이 없는 도시로 여겨 왔다. 평양은 언제나 죄악으로 둘러싸인 새장과 같았다. 신을 섬기는 데에서도 평양은 우상 숭배에 심취한 가장 나쁜 곳이었다. 그리고 지금까지 기도와 참회와 찬송의 소리를 들을 수 없었다. 이곳은 신부들도 들어보지 못한 어떤 종교에 미쳐 있는 세계였다. 이 도시의 높은 곳에 위치하고 있는 교회의 종에는 다음과 같은 글이 기록되어 있었다.

"예수가 올 때까지 계속 울려라."

이 글은 참회하고 하나님과 함께 올바르게 살고 회개하고 정의롭게 살도록 시간을 알리는 것과 같았다.

현재의 젊은 중학생들은 정치학을 포함하여 서양 학문을 여러 해 동안 배우면서 그들의 국가를 위해 무엇이든 희생할 각오가 되어 있는데 이들은 이러한 신비에 싸여 입을 다물고 있었다. 그들의 집회를 주도했던 김찬성 장로[11]는 나에게 이렇게 말했다.

"집회장은 아무도 없는 듯이 정적만 감돌았으며 예수의 이름이 언급될 적마다 그 전체의 분위기는 성령에 의해 전율을 느꼈습니다."

그것은 결코 말로써 표현할 수 없었다. 이것은 모든 계산이 끝나는 그 위대한 날에 다가올 민감한 등록기에 기록된 듯한 분위기에 싸여 있었다.

---

11) 김찬성(金燦星 : 1869~?) : 장로교 목사. 평남 출신. 한국 기독교 초기의 지도자이다. 1904년 장로로 장립되었고 평양장로회 신학교를 졸업(2회, 1909). 그해 9월에 목사 안수를 받음. 이어 안주군 읍내 교회에서 시무. 1909년 3 · 1운동 때에는 장남인 김화식과 함께 시위에 참여하여 옥고를 치름. 그 뒤 만주에서 항일독립군을 창설하여 독립 운동에 신명을 바침.

어린이 선교

어린이라고 예외는 아니었다. 하나님은 어린이라 할지라도 죄를 수중에 올려놓고 계산하신다는 것을 보여주었다. 그러나 대다수의 어린이들은 어른보다 맑은 시각을 가지고 하늘 나라의 진귀한 장면을 볼 수 있었다. 많은 어린이들은 비뚤어진 태도 때문에 울면서 부모에게 용서를 빌었다.

어떤 어린이는 집으로 돌아가 비신자인 부모에게 예수를 믿으라고 눈물을 흘리면서 간청했다. 평양에서 25마일 떨어져 있는 선천의 김익두[12]라는 조력자는 어떤 어린이들이 그들 부모에게 하나님께 신심을 바치기를 간청했다가 몹시 매를 맞은 이야기를 들려주었다. 성난 아버지는 아이들에게 이렇게 말했다.

"네가 무엇인데 감히 그런 허튼 수작을 우리에게 하느냐?"

그러나 부모들의 그러한 반발은 오히려 어린이들을 진지한 신자로 만들었다. 때리는 것도 그들의 기도를 멈추게 할 수는 없었다. 그들을 노려보는 동양의 사고 방식은 아무런 소용이 없었으며, 그들을 죽이겠다는 위협도 오히려 믿음만을 두텁게 해주었을 뿐이다. 어떤 부모들은 이렇게 말했다.

"좋다, 만약에 이러고서도 너희들을 말릴 수 없다면 내가 질 수밖에 없다."

그리고서는 손가락으로 귀를 막고 도망갔으며, 어떤 경우에는 이에 굴복하여 죄를 고백하고 믿음 속에 절을 했다.

학생들은 2주일 동안 학교 수업을 제쳐놓고 기도에만 열중했다. 살인에서부터 작은 원한 관계나 말다툼에 이르기까지 모든 죄를 고백하고 유혹을 물리쳤을 때, 상냥한 천사가 와서 소년들에게 평화의 옷을 입혀 주는 것 같

12) 김익두(金益斗 : 1874~1950). 장로교 목사. 부흥사. 평양장로회 신학교 졸업(3회 1910). 예수교장로회 제9회 총회에서 총회장에 피선(1920). 그의 부흥회를 통한 활동은 1920년대에 절정에 이름. 1950년, 후퇴하는 공산당에 의해 피살.

았다.

이토록 폭풍우처럼 일어나는 거룩한 순결 속에서 기도자들은 이웃을 위해 기도를 쏟아냈다. 하루 종일 기도해도 시간이 너무 짧았다. 지난날에는 단 한 시간의 기도회도 피곤하던 것이 하나님을 만나는 기쁨 속에서 지금은 식사도 잊어버렸다.

이러한 파급 효과의 범위는 기적과 같은 것이었다. 오랫동안 유교에 깊이 심취되어 있었고, 생각할 수 있는 모든 신을 경배했고, 자신들의 정신적 오만함 때문에 접근할 수조차 없었던 보수적인 조선 사람들이 슬픔과 회오 속에 잠겨 있다. 삶의 온갖 사악한 희생물로 되어 왔던 여성들은 하늘 나라의 순결함을 가지게 되었다.

어린이들은 밤새 기도했으며 "어린이들은 볼 수 있으리라"[13]던 요엘[14]의 말처럼 경이적인 신비를 볼 수 있었다. 다른 나라에서 훈련을 받았으며 다른 피부를 가지고 있는 서양 선교사들도 그들과 꼭 같이 천대를 받았다. 그들은 이에 관해 지금은 별로 이야기하지도 않고 더 이상 들먹이지도 않지만, 그들은 그것이 하나님의 위대한 경이 가운데 하나이며 천국의 문이 열려 하나님이 우리와 함께 할 때까지 그러한 경이로움을 다시는 볼 수 없을 것이라고 선언한다.

무라다 목사

일본인들도 또한 축복을 받았다. 무라다 씨는 감리교 목사로서 지난 러일 전쟁의 적대 행위를 목격한 뒤 위대한 역사를 위해 변신하여 이곳에 나타났다. 그는 서툰 영어로 이렇게 말했다.

---

13) 『요엘서』 2장 28절.
14) 요엘(Joel) : 예언자이며 브두엘의 아들. 성경의 『요엘서』를 저술함.

"감사합니다. 감사합니다. 감사합니다. 내가 여기 오지 않았더라면 나는 성령이 충만하다는 것이 무엇인지 몰랐을 것입니다."

그렇게 말하면서 그는 축복을 나누고 있다. 그 결과 5만 명이 살고 있는 도시는 하나님의 역사 속으로 들어갔고, 모든 사람들은 넘치도록 축복 받은 신실한 심령으로부터 복음을 들었다.

조선의 모든 지역에 복음이 전파되었으며 그와 유사한 현상이 나타났다. 고도인 서울로부터 키일을 초청하는 대표가 파견되었다. 그는 가야 했고, 그들에게 설교를 해야 했다. 위대한 맹인 키일이여! 그는 수도의 거리를 지나 집회를 지도하고 있다. 얼마나 굉장한 영향력이 수반되었는지, 그리고 또 얼마나 깊고 지속적인 결과가 뒤따랐는지, 심지어는 레이놀즈[15] 박사와 같은 보수적인 사람도 온 마음으로 그의 위대함을 시인했다.

15년 동안 성서번역가와 기독교 편집인으로 종사해 온 이창직[16] 씨는 이 집회에 상당한 관심을 가지고 참석했다. 그는 신경질이 없는 사람이다. 그는 평소에 이런 말을 했다.

"조선 사람들이 방종한 습관과 그들 자신들이 진실하다고 생각하는 경향이 있다.

그러나 이창직 씨는 단 한 번의 집회에 참석한 뒤 무릎을 꿇고 키일에게 가서 이렇게 말했다.

---

15) 레이놀즈(William D. Reynolds : 1867~1951) : 남장로교 한국 선교사. 버지니아주 햄펀시드니대학을 최우등으로 졸업(1887). 존스 홉킨스대학 의학부 라틴어 교수 역임. 유니온신학교 졸업. 한국 선교사를 위해 내한(1892). 호남 지방 선교에 치중. 남장로회 선교부 대표로 성서번역위원이 됨(1895). 평양장로회 신학교 어학 교수 및 『신학 지남』의 편집인을 역임함(1817).

16) 이창직(李昌稙 : 1886~1936) : 초기 기독교인. 성서번역가. 캐나다 선교사 게일을 만나 그의 어학 선생이 됨(1880). 『뎐로역졍』 번역 사업에 참여(1892). 성서번역위원이 되어 성서번역에 참여(1906). 그가 게일을 도와 번역한 도서로는 『유몽천자』와 『예수의 재림』 등이 있다.

초대교회의 모습

감리교회 : 원산

"저를 위해 기도해 주십시오."

뒷날 그는 이렇게 말했다.

"그와 함께 방에 있을 때 저는 키일만을 쳐다보았습니다. 그는 밤잠도 자지 않고 기도하는 것 같습니다. 그는 실제로 밤잠을 자지 않고 기도했으며 하루에도 서너 차례밖에 말하지 않았습니다. 다른 사람들에게 이끌어 여기저기 다니면서도 그는 전혀 피곤해 보이지 않았습니다. 그의 말은 죽음에서 다시 살아난 예언자와 같았으며 어떤 사람도 그의 말에 저항할 수 없었습니다."

중국 포교

서울에서도 많은 사람들이 참회하고 집회에 참석하여 오늘날까지 영원하고 지속적인 결과가 계속되고 있다. 이러한 영향은 조선을 넘어서 확산하여 갔다. 우리는 이렇게 말했다.

"거대한 힘이 중국을 들어 올릴 수는 없을까? 하나님이 중국으로 들어가 잠자고 있는 몇 백만 명의 마음의 벽을 영원히 허물 수는 없을까?"

살아 있지만 진정 살아 있지 않고, 인간이지만 인간이라 할 수 없고, 이상적인 것 같지만 자기 정신이 아닌 온갖 종류의 지옥과, 천국이라고는 찾아볼 수 없는, 그리고 양심과 영혼의 문제에서도 마치 철갑 옷을 입은 것과 같은 중국 대륙을 무엇으로 구원할 수 있을까? 몇 백만 명이 사는 중국을 구원하는 데 가난하고 순박한 조선이 일부를 책임질 수 있을까?

만주의 봉천에 있는 중국인들은 한국 땅의 위대한 신앙 부흥 운동에 관해 들었다. 두 명의 장로가 와서 보고자 했으나 그들은 너무 늦어 이미 그 집회는 끝난 뒤였다. 평양은 조용했으며 특별한 집회가 없이 다시 옛날의 세계로 돌아갔다. 왜 그들은 그렇게 늦게 왔는가? 그들은 한국어를 말할 수 없다는 사실이 그들 선교를 불가능하게 했고, 평양에서는 중국어를 말할 수 있는 사람이 없었다.

그러나 그들은 중국 사람답게 감각과 계절을 잊고 있었다. 그들은 처음에 기독교를 믿지 않는 어떤 중국 상인을 방문하여 평양에 예수교가 있는지를 물어 보았다고 한다. 그 상인이 대답했다.

"상당히 많이 잇습니다."

"그들은 훌륭한 사람들인가요?"

"훌륭한 사람들입니다."

"당신은 기독교인이 아니면서 어떻게 그것을 압니까??"

"내가 데리고 있는 상인 가운데 조선 사람이 있지요. 한국 사람은 돈을 제대로 갚을 줄을 모릅니다. 어떤 사람이 많은 물건을 사고 돈을 갚지 않았습니다. 그리고 갚을 능력도 없었습니다. 그러나 뒤에 그 사람이 다시 와서 모든 빚을 갚았습니다. 나는 무척 기뻐서 '당신은 왜 이제야 돈을 갚습니까? 전에는 왜 갚지 않았습니까?'라고 물어 보았더니 조선 사람이 말하기를 '나는 전에는 기독교인이 아니었으나, 지금은 기독교인입니다. 그래서 돈을 갚습니다.'라고 대답하더군요! 예수교는 매우 좋습니다."

브라운 보고서

그 결과에 대해서는 브라운[17] 교수가 요즘에 쓴 저서를 빌어 말하고자 한다. 브라운 교수는 빈틈없는 스코틀랜드 사람으로 옥스퍼드대학을 졸업하고 여러 해 동안 영문학을 가르쳐 온 비기독교인이다. 그는 이렇게 말하고 있다.

---

17) 브라운(John M. Brown : 1846~1935) : 스코틀랜드 출신의 교육자. 뉴질랜드대학 총장(1923). 『마오리족과 폴리네시아족』, 『태평양의 수수께끼』, 『태평양의 인종과 풍속』과 영문학 관계 저술을 남김.

만주의 신앙 부흥 운동은 조선에서 두 명의 장로가 복음을 가지고 돌아와 요녕에서부터 시작했다고 그는 말했다. 그들과 호남에서 활약하던 캐나다 선교사인 고포드 씨는 얼마 전 조선을 방문한 뒤 자양에 있는 교회에서 조선의 부흥 운동에 관해 설명했다. 그러자 이와 비슷한 현상이 즉시 일어났다. 그 사람들도 봉천으로 가서 같은 방식으로 영적 감화를 설명했다.

웹스터[18] 씨가 그러한 운동에 대해 개인적으로 관찰을 시작한 것도 바로 이곳이었다. 그는 뚜렷한 이유도 없이 교회를 휘감은 영적인 감화에 대해 이야기했다. 그는 복음 전도자들을 위해 조용히 그리고 흥분되지 않은 어조로 이야기했다. 하루에도 두 번씩 많은 사람들이 진흙탕 길을 걸어왔다. 봉천에서는 진흙과 바퀴 자국을 밟지 않고서는 아무도 움직일 수가 없다. 무섭게 싸늘한 겨울 바람도 그의 이야기와 호소에 귀를 기울이는 듯했다.

남자들과 여자들은 이전에는 대중 앞에서 해 본 적이 없는 열렬한 기도를 터뜨렸다. 힘센 남자들도 울음을 터뜨렸고, 얼굴을 감싼 채 울었다. 어떤 사람들은 그들의 지난날의 죄지은 생활에 대해 거침없이 고백했다. 모든 사람들은 서로 경쟁이라도 하듯이 복음의 명분을 위해 너그럽게 헌금하고 그들이 지금까지 잘못한 사람들에 대해 속죄하기 시작했다.

그들은 토지, 집, 십일조, 혹은 그들의 수입이나 봉급의 대다수를 기부했다. 어떤 사람은 기쁜 마음으로 헌금했다. 커다란 축복을 받았지만, 그의 감사하는 마음을 표현할 길이라고는 "줄무늬가 있는 검은 송아지밖에 없다."고 말하면서 그것을 바친 중국인이 있었는데, 조선 사람도 그와 같은 식이었다. 그런 뒤에는 지원자들이 앞으로 나와 그 지방의 온 마을을 돌아다니면서 이제까지 일어난 이상한 일들을 이야기함으로써 황홀감과 같은 것을 불러일으켰다.

---

18) 웹스터(James Webster) : 스코틀랜드 장로교 만주 선교사. 1882년 1월 31일 스코틀랜드 장로교 선교부 파송으로 만주 선교부에 부임하여 활동하다가 그해 6월 영국 에든버러 노회 자유교회에서 목사 안수를 받음. 1910년 5월부터는 연합자유교회 해외 선교부 간사로 봉직.

장로교회 : 평양

성서연구원 : 평양

선교사들의 편지 가운데 특히 한두 편은 말로써 전해들은 이야기보다 훨씬 더 이 사실을 잘 설명해 줄 것이다. '이방인들마저 고백과 기도의 폭풍우 속으로 이끌려 들어갔으며, 어떤 경우에는 이웃에게 커다란 공포를 안겨 주었다. 노상 강도 사건에 관련된 어떤 사람은 6개월간 고통을 감수하면서도 자백을 하지 않다가 이 집회에 나가서 자기 죄를 고백하고 오랫동안 교회 바닥에 엎드려 번민으로 몸부림쳤다.'

우장의 필립스[19] 박사는 그 자신이 '어떤 형태로든 종교적 흥분에 빠지는 것에 대해 강한 기질적 편견'을 가지고 있다고 기록하면서, 그러나 그는 이 집회가 경험 이상의 것이며, 단순한 종교적 흥분을 초월한 경지에 이르렀다고 말하고 있다. '분위기 그 자체가 충격적이었으며, 사람들은 긴장되고 숨 막히는 음조로 흐느끼며 고백하기 시작했다. 그들이 사소한 죄악마저도 이토록 고뇌하는 데 대해 나는 그들에 대한 공포와 전율 그리고 연민을 글로써 표현할 수가 없다. 그것은 고해자의 분노와 절규 그리고 흐느낌으로 떨리는 음성이었다. 사람들을 스스로 일어서게 하여 자기 속마음을 털어놓게 하는 광경은 우리에게 깊은 감동을 주었다.'

'봉천의 서북쪽 70마일에 위치하고 있는 법고에서도 기도, 고백 그리고 격정의 흐느낌과 끊임없는 자비로 이루어진 폭풍이 똑같이 몰아치고 있었다. 두 사람은 의화단사건이 발생한 해에 저지른 살인과 약탈을 서로 고백했다. 많은 사람들이 마루 위에 기절해 있었다. 교회의 안팎으로 몰려든 인파는 지난날의 법고에서는 생각조차 못할 일이었다. 최근에 식민지화된 흑룡강성에서도 복음에 대한 무관심의 기간이 지난 뒤 전체 청중들이 그들의 얼굴을 떨쿠고 큰 소리로 자비를 빌었다.'

---

19) 필립스(Charles L. Phillips) : 미국 북장로회 선교사. 내한(1910)하여 평양에 부임. 일제 말기 추방되기까지 평양에서만 활약. 평양 연화동 교회 초대 목사로 부임(1911). 한국전쟁 직전 선교사직을 사임하고 귀국.

브라운 교수는 이미 언급한 바 있는 그의 한 논문에서 계속하여, "이것은 세계적으로 특기할 만한 신앙 부흥 운동이며, 또한 중국에서도 전례 없이 두드러진 운동"이라고 말하고 있다. 이와 같이 하여 이 노국의 슬픔으로부터 많은 기독교도들의 도움을 통해 암흑의 중국에 계속적으로 불빛을 비추어 나갈 수 있었다.

성령이 아니고서는 누가 이러한 일을 뒷받침하겠는가? 하나님 이외에 누가 영혼의 신비를 벗길 수 있겠는가? 누가 이 미천하고 고민 많은 민족이 순수함과 아름다움을 감상할 수 있게 했는가? 어느 곳에도 이들을 비판적으로 보는 사람들은 없다. 왜 그것이 그렇고 그러한가? 왜 그러한 고백을 할까? 왜 보다 더 질서가 잡혀 있지 않을까? 감리교 교리와 장로교 교리는 어디에 있는가?

이러한 질문들은 모두 헛되고 소용없다. 전체적인 신앙 부흥 운동은 끊임없이 기도한 뒤에 생기며, 이 운동은 시간과 장소의 필요에 따르며, 그 자체가 하나님의 역사하심이며, 모든 땅을 침묵하게 만들었다. 이 신앙 부흥 운동이 발생했을 때 나는 멀리 미국에 있었다. 키일은 나에게 음력 1월 25일, 편지를 써 보냈는데, 이런저런 얘기를 하는 가운데 그는 다음과 같은 말을 했다.

> 하나님이 그의 성령을 증명하지 않았다면 조선의 교회는 그 겉모습만 커졌을 것이며, 사탄이 그곳을 지배했을 것이며, 구제된 사람도 없었을 것을 나는 두려워합니다. 어떠한 힘도 이 축복을 이야기할 수 없고, 나 역시 하나님이 이룩하신 모든 일을 쓸 수가 없습니다. 나는 이곳에서 증명된 것처럼 당신에게 성령이 충만하도록 하나님께 기도하겠습니다.

역사적으로는 당(唐) · 한(漢) · 명(明)의 장엄함이 깃들이어 있고, 지금은 오직 짙게 채색된 동양에서만 볼 수 있는 이 경이로움들, 그리고 고색창연한 평양성이 보여주고 있는 이 역사적인 경이로움 가운데에서도 가장 기이하고, 가장 불가해하며, 가장 두려운 것은 오랫동안 잊힌 이 민족들로 하여금 하나님께로 머리를 돌리도록 했다는 경이로움 바로 그것이다.

참고문헌

1) 조선의 반응에 관하여

Bishop, *Korea and Her Neighbors*, pp. 346~350.

Underwood, *Fifteen Years among the Top-knots*, pp. 185, 189, 193~196, 310~318.

Gifford, *Everyday Life in Korea*, pp. 160~162, 225~258.

2) 교회의 자조적 활동에 관하여

Gifford, *Everyday Life in Korea*, Ch. 16.

Underwood, *Fifteen Years among the Top-knots*, pp. 132~133, 145~146.

3) 그리스도를 받아들이는 데 있어서의 장애에 관하여

Gifford, *Everyday Life in Korea*, pp. 158~160, 163~169.

4) 부흥회에 관하여

Underwood, *Fifteen Years among the Top-knots*, Ch. 19.

제 8 장 조선의 미래

한국 사람들은 고도의 재능을 발휘할 수가 있는가? 이 질문은 러시아의 포함 망주르의 크라운 선장(Capt. Crown)이 1903년 4월에 나에게 한 물음이다. 나는 이렇게 대답했다.

"우리는 시도하고 있습니다만, 그러나 아직은 확신할 수는 없습니다."

크라운은 계속해서 말했다.

"나는 조선에 가본 적이 없습니다. 그러나 조선 사람에 대해서는 약간은 알고 있습니다. 이런 일이 있었습니다. 1870년에 나의 아버지는 동시베리아의 관리였는데, 블라디보스토크에서 니콜라이에브스키까지의 겨울 여행에서 우리는 국경을 넘어 북으로 온 많은 한국 사람들을 지나쳤습니다. 어느 날 저녁 도로변에서 우리는 무엇인가를 둘둘 말아 싼 몇 장의 담요를 모았습니다. 나의 어머니는 코자크 위병 한 명을 말에서 내리게 하며 그것이 무엇인지를 알아보게 했습니다. 그 담요는 거의 죽어 가는 어린 두 명의 조선 사람 소녀를 감싸고 있었습니다. 우리는 그들을 따뜻하게 감싸 작은 썰매에 실었습니다. 그들은 우리 가족의 일원이 되었습니다. 한 달 뒤에 우리는 성 페테르부르크 갔는데, 그들도 역시 함께 갔습니다. 그들은 둘 다 우수한 학생으로 성장했고, 그 가운데 한 명은 수학과 영어에서 나를 훨씬 능가할 정도로 뛰어났습니다. 졸업 뒤에 한 명은 자신의 민족을 위해 그리스 교회의 전도사로 블라디보스토크로 가서 그곳에서 일생을 마쳤습니다. 다른 한 명은 오늘날 콘스탄틴[1] 대공 집의 가정 교사가 되어 그의 어린 딸들을 돌보고 있습니다. 그 여인은 좋은 마차를 타고 다녔으며, 은쟁반 위에는 그 여인이 쓴 문학 작품이 있었습니다. 그 여인은 내가 알고 있는 가장 교양 있는 숙녀 가운데 한 사람이었습니다."

— 게일(James S. Gale)

예수에 대해 가르침을 원하는 사람들은 여러 방면에서 우리를 초청하고 있다. 우리는 우리가 받아들일 수 있는 것보다 백 배나 많은 초대를 받고 있다. 지난 가을, 몇 몇 한국 사람들이 나를 찾아와, 내가 그들의 마을로 곧 달려가 그들을 가르칠 수 있는지를 물었다. 내가 그들에게 갈 수 없다고 말했을 때 그들은 약간의 지폐를 꺼내면서 돈을 주면 갈 것인가를 물었다. 그들은 진지했다. 이런 일은 이 거대한 지역의 도처에서 일어났다. 나는 여섯 명의 선교사를 항상 바쁘게 했고, 더 많은 것을 위해 일했다.

조선은 이 세대에 그리스도를 위해 승리할 수 있을 것이다. 지금 우리가 요구하는 것과 10년 안에 우리의 선교 사업을 튼튼하게 강화할 수 있는 것을 교회가 줄 수 있다면 이 고대의 이교도 국가는 세계의 다른 기독교의 첫 열매를 거둘 수 있을 것이다. 이 작업은 빠르게 완성되어야 한다. 우리의 기회는 빠르게 사라져 가고 있다. 새로운 세력이 나타나 우리의 선교 사업을 어렵게 만들고 있다. 완성해야 할 것은 지금 완성해야 한다.

—케이블(E. M. Cable)[2]

---

1) 콘스탄틴(Nikolayevich Constantine : 1827~1892) : 러시아의 대공. 러시아의 황제인 알렉산더 2세의 형제. 러시아의 발탁함대 사령관(1854~55). 폴란드 총독(1862~63). 알렉산더 3세에 대한 음모 혐의를 받아 권력을 잃음(1865).

2) 케이블(Elmer M. Cable : 1874~1949) : 미국 감리회 선교사. 코넬 대학교 졸업(1899). 동교에서 명예 신학박사 학위 수여(1917). 한국 선교사로 내한(1899). 연희전문학교 교수.

연도 \ 교파	감리교회	미국 장로교회
1902	5,855	6,395
1905	7,796	9,756
1908	24,246	19,654

해마다 조선에서 들려오는 통계는 날이 갈수록 주목할 만하다. 첫 개신교 신자는 1886년 여름에 세례를 받았다. 모든 선교 단체와 관련 있는 개신교도의 수는 1890년 현재 100명이 약간 넘었다. 다른 많은 분야와 비교해 볼 때 이것은 빠른 성장이다. 비치[3] 박사가 쓴 『개신교 선교 지리 부도』는 1900년 말 현재 다음과 같은 통계를 제시해 주고 있다.

"부인을 포함한 모든 개신교 선교사는 141명이며, 예배당은 26개소, 예배 지소는 354개소, 신자 수는 8,288명이다. 최근의 믿을 만한 통계를 보면 선교사는 248명, 예배당은 37개소, 예배 지소는 1,149개소, 세례 교인은 50,089명, 예비 교인은 111,379 명이다. 두 교파의 수의 증가의 괄목할 만한 추세는 다음과 같다.

다음의 기사는 매우 특이하다.

"1년 안에 전보다 더 많은 새로운 교회와 더 많은 세례 교인이 생겼고, 더 많은 헌금이 들어왔다." "평양의 신자 수는 작년의 1,106명에 견주어 1908년에

협성신학교 교장, 배재학당 대학부 교수로 재직(1899~1901). 일제에 의한 한국의 국권 상실에 비분하여 조선 사람을 이해하고 동조하는 입장을 취했음.

3) 비치(Harlan P. Beach) : 회중교회 목사. 예일대학(1878, 학사)과 앤도버신학교(1883) 졸업. 목사 임명(1883), 중국에서 7년간 선교 활동. 스프링필드의 그리스도의 사역자 양성학교 교장 역임(1892~95). 예일대학 신학부의 선교 이론 및 실천 담당 교수(1906). 미국 해외선교사 협회의 협동위원회 위원(1906).

는 2,206명을 기록했다." "선천에서는 지난해 동안에 세례 지원자는 2,045명이 증가했고 1,388명이 세례를 받았다."

"이미 이 나라는 잠에서 깨어나고 있으며, 새로운 시대의 여명이 터 오고 있다. 가장 충만할 수 있는 종교적 자유를 누리며, 교회 앞에 열려 있는 기회는 놀랄 만하다. 국민 전체가 무리를 지어 교회로 발길을 돌리고 있다. 그들은 오직 교회만이 그들에게 구원을 주고, 정신적이며 윤리적인 힘을 통해 그들 앞에 펼쳐지는 새로운 기회를 감당할 수 있는 인격을 계발할 수 있으리라고 확신하고 있다.

다른 한편으로는 교회 자체도 지난날과 다르게 활발하며, 이 나라의 기독교 지도자들은 이 나라에 복음 전도를 계획하고 있다. 새로운 조선은 그리스도의 조선이 될 것이고, 그것은 비교적 단시일 내에 이루어질 것이다. 교회는 각 방면에서 증가하고 있다. 외국 선교사가 여러 곳에서 생겨난 수많은 집단과 개별적인 접촉을 갖는다는 것은 불가능하다.

오늘날 아시아 대륙에서 복음 전도의 기회는 조선에 그 기반을 두고 있다. 이러한 상황의 전망과 미래를 다른 분야와 비교할 수 없다. 조선 사람은 전략적으로 필요한 인물들이며, 지금이 바로 그러한 전략을 위한 시기이다. 1천만 명의 영혼이 기독교 교회가 베풀 수 있는 도움과 가르침을 기다리고 있다."

"조선에서의 교회의 성장은 이 민족에게 신속히 복음을 전파하리라는 밝은 전망을 보여준다. 감리교회의 첫 신자로는 1880년에 38명이 기록되어 있다. 1907년에 교회의 총 신도 수는 처음보다 1,000배나 증가한 39,613명이었다. 전도 단체의 통계는 실제적으로 처음부터 증가율이 지속되어 왔음을 보여줄 것이며, 여러 가지 통계로 미루어 볼 때 이러한 증가가 무한정 계속될 것이라는 점을 보여주고 있다. 어떠한 사업에서 그들의 놀라운 결과를 수치로써 산정하기란 쉬운 일이다.

그러나 사람들이 조선에서의 교회의 숫적 증가를 산정할 때 거기에서 나온 결과는 선교에 완전히 성공한 교회의 믿음을 전 세계인들의 마음속에 굳건히 심어 주는 것임에 틀림없다. 조선에서의 우리는 전국적으로 신속한 복음 전파를 약속해 주는 영역을 가지고 있으며, 바로 이러한 조건은 교회가 그리스도의 교리를 국민들에게 베푸는 거대한 작업을 준비하는 데 노력을 집중하도록 긴급히 요구했다. 아무리 유능한 선교사일지라도 기가 꺾일 수밖에 없을 만큼 인력과 자원이 부족한 조선에서 이와 같은 결과가 나타난 것이다."

"조선의 선교 단체는 14명의 선교사와 13명의 부인들, 그리고 13명의 해외여성선교회(Women's Foreign Society)의 회원 등 총 40명이다. 만약 서구의 교회가 지금 조선에서 활약하고 있는 선교사의 5배를 보내 주었더라면 신자들은 지금의 몇 배가되었을 것이라고 우리는 확신한다.

조선에는 교인 660명당 단지 1명의 본국인 교역자가 있으며 교도 1,630명당 오직 한 명의 선교사가 있을 뿐이다. 지난 3년을 돌이켜보면 조선에서의 평균 교도 증가율은 33%가 넘는다. 이 증가율이 10년 동안 계속된다면 조선에서의 우리 선교 단체의 보살핌을 받을 신자는 40만 명이 넘을 것이다."

"우리는 서울에서의 목사와 전도사의 모임에서 우리의 선교 사업이 얼마나 뻗어 나갈 것인가에 대해 질문을 받았다. 현재 등록된 45,000명에 오늘날 우리 교회의 입구에 서서 우리가 그들에게 단지 기회를 주기만 해도 믿음을 받아들일 수 있는 사람들이 10배로 증가되리라는 것이 그에 대한 대답이었다. 적어도 '지금으로서는' 인력과 금전이 문제이다. 현재와 같은 상황이 조선에서 영원히 지속하지는 않을 것이다.

오늘날 기독교는 조선 사람들의 국민적 열망이다. 확실히 50만의 영혼들은 우리를 위해 태어나 왕위에 오르시고 십자가에 못 박혀 돌아가신 그리스도의 종으로서, 우리의 역할에 최대의 노력을 기울일 가치가 있다. 이 모든 일들이 하나님이 예비하신 뜻과 관계가 있지 않을까? 이것은 하나님께서 지시하신 것이 아닐까?"

성경공부방

조선에서 전개되고 있는 선교 사업의 두드러진 특징은 성서교육반이 있다는 것이다. 한 선교 단체의 보고서에서 발췌한 다음의 기사는 오늘날 전개되고 있는 성서교육반의 성장에 대해 어느 정도의 이해를 줄 것이다.

> "남자들을 위한 연례적인 성서연구반을 운영한다는 것은 단지 1명의 시무 목사가 600명이 넘는 사람들을 지도해야 한다는 데에 커다란 문제점이 있었다. 그 결과 우리는 조선 사람의 협조자와 성서보급원들에게 보다 더 많이 의존해야 했다. 이 연구반에는 멀리서부터 500명이 넘는 사람들이 참석했다. 그들 가운데에는 우리가 선교할 수 없는 먼 지역에서 온 사람들이 높은 비율을 차지하고 있었다. 1백 마일 밖에서 참석한 사람도 있었다."
>
> "기독교인들이 그들의 본업을 제쳐 두고 성서를 위해 참가한다는 것은 끊임없는 경이로움과 즐거움이었다. 성서를 공부하는 사람들은 자신의 경비를 부담해야 했고, 도시에서 우리는 성서 공부를 위한 경비로서 적은 액수를 각 학생들이 지불하도록 했다."
>
> "도시에서의 겨울 성서 공부에는 모든 지방으로부터 약 900명이 참석했다. 지난날의 죄에 대한 엄중한 회개와 고해가 없는 동안은 주님을 위한 봉사에 깊이 정진하는 시간이었다. 그 뒤에 나타난 효과는 이 나라 교회에서 매우 뚜렷한 것이었다. 모두 151개의 성서연구반이 이 나라 사람들을 위해 열렸으며 6,575명이 그 곳에 참석했다. 3개 도시에서의 연구반에는 약 1,500명이 참가했다."
>
> "2월에 있었던 동계 남성 성서연구반에는 지난해보다 300명이 증가한 800명이 참가했다. 모든 교회에서 사람들이 찾아와 10일 동안 머물렀다. 이 영향으로 여러 곳에서 한국 사람들에 의한 일련의 작은 성서연구반이 열렸다. 이 한겨울 수업의 해마다의 성장과 학생들의 관심, 그리고 노트 필기의 힘든 노력을 통한 그들의 열의는 조선 사람들이 그들 스스로를 훈련시키는

성서연구 회원들(4명은 100마일을 걸어옴)

평양신학교 상급반

가치를 입증하는 것이다."

"조선에서 개최된 가장 큰 수업은 선천교회에서 2월에 개최한 것이었다. 그해 동안 남자들을 위한 5개의 성서연구반은 교회의 목사들에 의해 진행되었고, 등록한 사람은 2,500명이 넘었다. 여성들을 위한 수업은 특별히 잘 진행되었다. 선천에서 열린 두 번의 수업에는 660명이 등록했다. 사무엘스 양은 한 해 동안에 16번의 수업을 했는데 2,458명의 여성들이 등록했다."

토착 교인들

한국 사람들이 조직하여 모든 신도들을 위해 마을에서 개최된 성경연구반의 또 다른 형태에 관해 무어 목사(Rev. J. Z. Moore)는 다음과 같은 실례를 제시하고 있다.

"12월에 우리의 모임이 끝날 무렵 나는 지도자들을 한데 모아 1주일 동안의 성서 공부 계획을 만들어 내가 순회하는 지역의 각 교회에서 부흥 예배를 보려고 했다. 그러나 "온갖 지혜를 짜내어 만들어진 계획들"이 뜻하지 않게 팔이 부러지는 바람에 수포로 돌아가고 말았다. 모임의 마지막 날에 나는 부러진 팔의 고통을 느끼면서 성서연구회가 없이 우리가 어떻게 지낼 수 있으며, 그리고 왜 가장 중요한 이 기회에 봉사를 할 수 없었는지에 대해 한탄스럽게 생각했다.

내가 그러한 문제들을 생각하고 있을 때 한 한국인 목사가 한 장의 서류를 가지고 왔다. 내가 성서연구반을 이끌어 갈 수 없다는 것을 잘 알고 있는 그 한국인 목사와 교역자들은 함께 모임을 가진 다음 26개의 각 교회가 1주일간의 성서 공부를 실시하며, 믿을 만하고 진실한 두 사람의 지도 아래 부흥 예배를 진행할 계획을 세웠다. 그들은 어떤 교역자가 어디로 가고 누가 나의 부흥사를 따라가는지를 내가 알 수 있도록 계획안을 내게 보내 주었다.

나는 기대를 가지고 이 성서연구반의 결과를 기다렸다. 그들이 시골에서

감리교회 : 서울

즐거운 시간을 가졌다는 보고가 곧 들어오기 시작했다. 그러나 내가 정확한 보고를 받은 것은 이 한국인 목사들과 교역자들이 우리들의 신학 수업을 위해 1월에 모였을 때였다. 나는 곧 다과회를 마련하고 이번 수업의 보고를 듣기 위해 그들 모두와 함께 자리를 같이 했다.

한 수업만 제외하고는 모든 수업이 계획대로 진행되었고, 약속 장소가 변경된 두 곳을 제외하고는 모두가 약속된 장소에 갔다. 여기에서 특기할 사실은 각자가 자신의 임무를 수행하려고 자기가 맡고 있는 교회를 떠나 다른 교회로 옮겨갔으며, 지방의 교회는 연료비, 전기료 그리고 복음전도사의 식비를 부담했다는 점이다. 참가 인원을 보면 가장 작은 교회는 25명 정도였고, 큰 교회에서는 80명이 넘었다. 모두 1천명이 넘는 신도들이 참가했고 그중 1/3은 여자였다. 그들은 규칙적으로 낮 반의 성경 연구에 참석했다. 야간의 부흥 예배는 너무 많은 사람들이 몰려들었기 때문에 여러 장소에서 이루어졌다.

진정한 내면적 결과를 말할 수 없지만, 이번의 행사는 선교 사업의 모든

성서수련회 회원

것을 보여줄 수 있었다. 많은 교사들 모두가 성서 지식이 너무 부족했지만, 그러나 매번 수업에서 하나님은 성경 말씀으로 많은 새로운 빛을 쏟아져 나오게 했으며, 여러 곳에서 있었던 부흥 예배는 마치 지난해와 같이 죄의 짐을 진 괴로움과 회개와 용서에서 오는 즐거움을 보여주었다.

이 모임의 모든 지도자와 이전에는 어떤 종류의 모임도 결코 시도하지 않았던 모든 지도자들은 이런 일을 처음 겪음으로써 그들 자신의 종교적인 생활에서 은총을 받았고, 신앙 속에서 인격을 쌓았다. 어떤 사람은 우리의 모임에서 이렇게 말했다.

"받는 것보다 베푸는 것이 더 많은 은총을 받을 수 있다. 그리고 사람이 실제로 그리스도의 가르침을 받는 것은 그가 받은 것을 다른 사람에게 베풀 때 이루어진다."

하늘 나라를 직접적이고도 즉각적으로 확대함에 있어서 이 성서연구반과 부흥 예배가 보여준 가장 중요한 결과는 한국 사람들이 "날 연보"라고 부르는 데에서 찾아볼 수 있다. 집회의 마지막 날이면 사람들은 공공 사업을

감리교 집회 : 서울

여성 성서연구반

위해 약정서를 제출한다. 그리고 헌금을 내는 대신에 그들 각자의 마음에 따라 여러 날 동안 집집마다 마을마다 방문하며 전교한다.

작년에는 단지 몇 교회에서만 이런 일을 하더니 올해에는 모든 교회가 "날 연보"을 보고했다. 이 설교에는 보수가 없었으나, 어떤 설교자는 개인의 경비를 부담할 뿐만 아니라, 그들의 일로 인해 시간을 허비하기까지 했다. 그러나 한 교회에서는 도합 1,000일이 넘는 날품을 제공했으며, 진남포에 사는 한 여인은 6개월의 설교를 약속했다. 나는 이러한 사업의 전반적인 결과에 대해 아무것도 말할 수 없으나, 그 보고서에 기록된 몇 가지의 모습만 읽어보아도 이 독특한 방법의 봉사가 어떤 것인가에 대해 적어도 어렴풋이나마 이해할 수 있을 것이다."

길옆에 사는 한 남자는 지나가는 모든 사람들에게 설교를 했고, 그들 대부분이 즐겁게 설교를 들었다고 말했다. 또 어떤 사람은 3주 동안 집집마다 방문하며 200명 앞에서 명쾌한 설교를 함으로써 그 가운데 50명이 믿게 되었다. 한 교회에는 이 설교의 결과로 50명의 여자들이 모였다. 여자들도 남자와 마찬가지로 호별 방문을 하며 복음을 전파했다. 그들은 성경을 배우고 읽기를 바랐으나. 주간에는 공부할 시간이 없기 때문에 지금은 야간 학교에 다니기 시작했다. 이 설교의 결과로 말미암아 50여 개가 넘는 마을에서 새로운 하나님의 역사가 일어났다.

신앙공동체

외국에서 보여주고 있는 기독교 종파의 차이를 슬퍼하는 선교사들은 그들이 모국에 있을 때처럼 그러한 일이 심하지 않다는 생각 때문에 다소나마 스스로를 위로할 수 있다. 외국에서 다른 교파 선교사들의 관계는 미국에서 교파가 다른 목사들 사이보다 일반적으로 밀접한 우정이 이루어지고 있다.

조선에서는 다양한 선교 단체의 선교 활동 사이에 늘 존재해 온 따뜻한 우정이 특별한 호감을 받고 있다. 성경과 합동찬송가, 한국어와 영어로 된 선교 잡지, 그리고 주일 학교의 원조는 모드 초교파적인 후원을 받고 있다.

평양에 있는 대학생과 전문 학생들은 북감리교와 북장로교의 공동 통제를 받고 있다. 북장로교회, 남장로교회, 캐나다장로교회 신자 그리고 오스트레일리아 장로교회의 신자들은 하나의 장로교회에 합쳐져 있다. 해외복음선교회에 소속된 선교사를 제외한 모든 선교사들이 참가하는 회의체가 있다.

중복을 피하려고 피차의 동의에 따라 선교 활동 영역을 분할하고, 이미 선교사가 파송된 지역을 서로 교환하는 경우도 있다. 이러한 조정이 아직은 완전하지 못하지만 형제애의 정신 속에서 진행되고 있다. 이윽고 감리교회 선교사와 장로교 선교사가 활약하는 구역의 모든 신자들을 수용할 수 있는 단일 교회를 설립하자는 논의도 있었다.

YMCA

서울에 기독교청년회(YMCA)의 새 건물이 방금 완공되었다. 이 건물은 도시의 중심지이자 나라의 중앙에 서 있다. 이 건물은 명동성당과 신궁을 제외하고는 서울에서 가장 눈에 띄는 건물이다. 준공식에는 중국과 일본에서 온 대표자도 참석했고 마지막 날에는 이토 히로부미 공작도 참석하여 연설했다. 조선 사람 의장인 윤치호 공[4]은 폐회식에서 이 선교 활동을 도울

4) 윤치호(尹致昊 : 1865~1945) : 감리교인, 정치가, 교육자, 사회운동가. 남감리회 최초의(1887)교인. 신사유람단의 일원인 어윤중의 수행원(1881). 초대 주한 미국 특명전권 대사 후트의 통역관(1883). 독립협회에 가입(1897). 중추원 부의장에 취임했으며(1898) 겸하여 독립협회 부회장에 추대되었다가 다시 회장에 오름. 서재필이 강제 출국 당한 뒤 독립신문사 사장을 지냄. YMCA 이사(1905)와 부회장(1906) 및 총무(1916~20) 역임. 연희전문

기독교 청년회(YMCA)건물 : 서울

것을 국민들에게 호소했다. "나는 500엔(250불)을 기부함으로써 나의 호소를 뒷받침할 것이다."라고 윤치호는 말했다.

내각총리대신 이완용도 참석하여 500엔을 내놓았다. "이것은 조선 사람을 위한 것이지 현재 거주하는 외국인을 위한 것은 아닙니다."라고 윤치호는 말했다. 인정 많은 기독교인 약사 이민상은 여기저기에 헌금을 내놓았는데 그는 "1천 엔이요"라고 소리치다가 주위 사람들로부터 제지를 당했다. 10분 동안에 6,700엔이나 되는 기부금을 거두자 이토 공작은 그들이 보여준 관심에 대해 기쁨을 표시했다. 기독교청년회관의 정문을 통해 인생의 행로에 도움을 갈망하는 수많은 젊은이들이 몰려 왔다.

학교 교장 역임(1940~42). 105인 사건 이후 친일적 경향으로 기울어짐.

“우리를 가르치옵시고, 말씀을 주옵시며, 인도해 주시옵고, 보여주시오며, 이끌어 주시옵소서.”

비숍의 기록

세계의 어느 전도 지역도 조선에서처럼 여행자에게 그토록 깊음 감명을 준 곳은 없다. 약 10년 전에 비숍5) 여사는 미국에 다음과 같은 편지를 썼다.

> “내가 작년 겨울에 평양에서 본 하나님의 역사가 아직도 같은 양상으로 진행되고 있다는 것은 내가 이제까지 본 세계의 어느 지역의 전도 활동보다도 인상적인 것이었다. 이것은 하나님의 성령이 아직도 지상에서 살아 있으며 인간의 선악은 앞으로도 다가올 것이며, 하나님의 심판과 사랑이 존재하며, 속죄가 있으며, 성령이 필요하다는 진리는 사도들의 시대와 마찬가지로 인간의 삶을 바꾸는 데 똑같은 능력을 가지고 있다는 사실을 보여주는 것이다. 내가 보고들은 것은 나의 신앙을 크게 강화시켜 주었다.
>
> 이제 조선에서 신앙의 문은 활짝 열렸다. 이 시대에 살고 있는 사람들만이 그 문이 얼마나 넓게 열려 있는지를 알 수 있을 것이다. 복음을 받고 들은 많은 사람들이 성스러운 생활의 규칙 속에서 교육을 받기를 진정으로 갈망하며 어떻게 해서라도 가르침을 받은 많은 사람들은 미신 숭배를 단념하고 진실한 하나님을 숭배할 준비를 한다. 성령을 체험한 많은 사람들이 서둘러 하나님의 문으로 들어가지 않는다면, 교회가 거절한 그 문은 다시 닫힐 것이라는 두려움을 나는 막연하게나마 느끼고 있다.”

---

5) 비숍(Isabella B. Bishop : 1831~1904) : 영국의 여류 여행가이자 작가. 지리협회 첫 여자 회원. 미국 · 캐나다 · 호주 · 동양 등을 여행하며 『미국의 영국 여인들』(1856), 『일본의 인적 드문 데』(1880) 등 많은 저서와 글들을 남김. 1895년 겨울과 1896년 11월 2차에 걸쳐 한국 방문. 한국 방문 때 평양의 기독교 선교 상황을 객관적인 입장에서 서술함으로써 후세에 한국 교회의 초기 역사 연구에 귀한 자료를 남김.

성령의 역사

어느 선교사는 다음과 같이 기록하고 있다.

"우리는 자신의 영생을 기대하고 외국에 온 것은 아니지만 이와 같은 일이 정확히 우리에게 일어났다. 이곳의 분위기는 마치 노드휠드[6]와 같다. 도처에서 사람들이 기도한다. 안식일이면 이곳 교회에서는 1,000명의 남자와 여자 그리고 어린이들이 모인다."

전도에 대한 개인적 태도에 비판을 가지고 있던 바사르[7]에 있는 학교의 최근 졸업생은 1907년도 저물어 가는 어느 날 평양에서 고향의 어머니에게 다음과 같은 편지를 썼다.

"많은 여행자들과 몇 몇 작가들이 조선 사람에 대해 보여주는 태도는 정말 터무니없는 것입니다. 조선 사람들은 어떤 점에서는 내가 본 가운데에는 가장 훌륭한 사람들입니다. 그들은 완전히 부패하고 강압적인 정부의 발아래에서 마치 무감각하게 잠들어 있는 것처럼 보일 뿐입니다. 기독교는 가장 필요한 시기에 들어왔고 그들이 가장 필요한 것을 충족시키고 있습니다.

어머니께서는 나의 태도가 얼마나 비판적인지도 아시며, 파죽지세의 선교 활동에 대해서 입장이 당당했던 것도 아니라는 것을 아십니다. 저의 태도가 아무리 불가지적일지라도 선교는 이 민족의 국가적인 삶을 구원하고 있고 기독교로 말미암아 그들에게 주어지는 생활은 그들이 다른 방법으로는 가질 수 없다는 말씀밖에는 드릴 수가 없습니다.

---

6) 노드휠드(Northfield) : 미국 버몬트주의 중부에 있는 도시.
7) 바사르(Vassar) : 미국 미시간주의 동북부에 있는 도시.

조선에서는 선교에 대한 반대 논쟁을 제기할 여지가 전혀 없습니다. 국민들의 생활은 절망에서 어떤 예외를 받아들이려는 생생한 정의감으로 명백히 변했습니다. 작고 어두운 토담집 안에서 끊임없는 말다툼과 싸움이 계속되던 것이 멈출 때마다 이웃 사람들은 이렇게 말할 것입니다.

'어쩌면 아무개는 예수쟁이임이 틀림없어. 그들은 아주 조용해졌거든.'

내가 보기에도 그 집은 훨씬 더 깨끗해졌고, 4일이 경과한 뒤에 나는 그 여자의 얼굴 표정에서 그가 기독교인이 되었음을 알게 되었습니다. 어머니께서는 저의 얘기에 놀라실 것입니다. 그러나 그것은 조선 사람의 입장을 편견 없이 보는 데에서 오는 필연적인 결과입니다.

조선 사람들은 타고난 기질과 사람의 넋을 죽이는 통치의 결과로 눈에 띄게 수동적이며 어린아이와 같이 순진한 사람들입니다. 그리고 그들은 번 돈을 양반에게 착취당하고 있기 때문에 야망도 없고 의욕도 없습니다. 양반들은 아직도 대단한 지적 능력을 가지고 있습니다. 조선 사람은 일본인보다 더 학자적이지만 활동적이지는 않습니다. 조선 사람은 일본인보다 더 차분하며 명예를 소중히 여기고 있습니다. 저에게 관련된 사실로서 말씀드릴 수 있는 것이 두 가지가 있습니다.

첫째로는 기독교청년회가 의로운 전진을 위한 가장 강력한 힘이며, 일본으로서도 진정한 발전의 힘이 되고 있다는 사실입니다. 나는 이러한 힘이 전 동양에서 전개되고 있다고 말할 수 있는 날이 오기를 기대합니다. 둘째로, 조선에서는 일본인들에 의한 정치적 · 교육적 · 사회적 개혁과 관련하여 말할 수 있는 것이 많이 있음에도 불구하고, 기독교야말로 조선에서 선함과 계몽을 위한 힘이 되고 있다는 사실입니다."

이 용의 언덕 아래 몇 세대 동안 묻혀 있으면서 그들을 억누르는 백만 파운드의 압력은 들어 올릴 수도 없고, 도움을 요청해도 대답하는 목소리가 없으며, 건널 수 없는 1만 마일의 바다와 육지에 의해 희망과 삶과 빛조차 분리되어 있는 이 젊은 남녀들도 살다가 죽어 사라지고, 무지와 미신에 의

조선의 기독교 지도자들 : 도쿄

해 고문을 당하고 있다.

언제 어디에서 어떻게 오리라고 그들에게 말해 줄 수는 없지만, 어느 날인가 부활의 날에 그들의 짐은 벗겨질 것이고, 모든 사람들은 자유로워질 것이다. 그때까지 그들은 운명과 도깨비와 오륜 · 삼강과 북두칠성과 그 밖의 모든 악신들의 제물로 살아갈 것이다. 일본이 지배하고 있는 동안 외관상으로 볼 때 그들은 종속의 지위로 떨어지고 있지만 내면적으로는 하나님으로부터 자유의 음성을 듣고 있다.

그러나 이렇게 하여 이룩된 모든 것들은 단지 이 국가의 지엽적인 문제일 뿐이다. 이제까지 하나님께서 베푸신 구원의 역사를 기록하려면 긴 지면이 필요할 것이다. 목마른 대지는 지도자를 기다리고 있으며, 젊은 남녀들은 지적 · 영적 길을 따라 형제들을 인도하고 행동함으로써 한민족의 영혼이 요구하는 바를 감당할 수 있는 장소에 이르게 될 것이다.

선교사와 한국인 집사들

이 나라는 지난날 거대한 감옥이었다. 그러나 지금은 몇 천 명의 학생이 있는 학교로 바뀌었다. 학생들은 그의 작은 공책과 연필을 가지고 왔고, 우박을 맞으면서도 모든 것을 배웠다. 그들은 선생님이 오시기를 기다리고 기다렸다. 선생님이 왔을 때 학생들은 떼 지어 모였다. 그러나 아직까지도 다수의 무리들에게는 선생님이 없다. 동양이 요구하는 것은 서양의 기술, 서양의 종교, 서양의 비밀이다. "당신이 그것을 베풀지 않는다면 우리에게 화가 미친다."는 말은 모든 시대를 울리는 영원한 메아리이다.

콜럼버스가 아무도 가보지 않은 대륙을 발견한 것은 이제 방금 발생하여 여러분의 손길로 들어가고 있는 아시아 대륙의 문화 개방만큼 중요하지 않다. 뉴잉글랜드와 버지니아를 지성과 영혼의 지역으로 만든 식민지 개척자들은 누구라고 말해야 하는가? 나의 독자인 당신은 할당된 짧은 시간 동안에 아시아 대륙에 대한 가장 좋은 인상을 남길 수 있을 것이다.

하나님은 당신이 아시아에서 성공하도록 허락하셨다. 이곳은 당신을 향해 열린 가장 위대한 분야이고, 조선은 그곳을 열 수 있는 열쇠 가운데 하나이다. 조선은 일본과 중국을 동시에 접촉하고 있다. 조선은 일본의 생활을 따르면서도 중국의 사고로 생각한다. 조선은 두 나라에서 모두 알려져 있는 언어를 읽고 쓴다.

하느님의 섭리

조선을 선교의 넓은 길로 끌어올린 또 다른 이유로는 오랫동안 편협하게 존재했던 그들의 작은 공간이 깨졌다는 사실을 지적할 수 있다. 가정은 어느 곳에나 있으며 수평선처럼 넓다. 그러나 정치적 상황이 조선으로 하여금 단지 일본과 중국 이외의 나라에는 갈 수 없게 만들었다.

다른 문은 닫혀 있어 자유로운 출입이 허락되지 않는다. 이것도 또한 하나님께서 예정하신 거대한 계획의 한 부분으로서 우리가 기도하고 있는 목적에 공헌했다. 나는 2주 전에 교회 경력 20년 만에 처음으로 중국인 목사의 설교를 들은 적이 있다. 상해에 살고 있는 그 조 씨(S. K. Tsao)는 1천 명이 넘는 신도에게 다음과 같이 설교했다.

> "내가 이 땅에서 하나님의 역사하심을 보노라면 나의 마음은 기쁨을 느낍니다. 이 거대한 일이 당신의 나라뿐만 아니라 중국에 있는 우리 모두의 앞에 펼쳐져 있습니다. 나는 당신이 나의 고국에 선교사를 보내어 복음을 전할 때가 있기를 기대하고 있습니다."

이것은 오늘날의 마케도니아식 부름이다. 모든 동방인이 부르고 있다. 만약 이곳의 기도에 당신의 마음이 열리고, 하나님의 생각과 예정하신 바를 위해 하나님의 말씀에 진실로 귀를 기울인다면 당신은 모스 부호로 표현하여 "COME; HELP US" 보다 더 끈질기게 대기를 통해 울려오는 진동을 느낄 수 있을 것이다.

동양의 미래

독자들은 나를 따라 오시라. 그러면 나는 그대들에게 복음에 굶주리며 가르칠 사람도 없는 대륙을 보여줄 것이다. 그런 것들을 보여주는 동안 그대들은 극동의 참 모습을 볼 수 있을 것이다. 극동의 모습은 당신이 헤아릴 수 있는 범위를 훨씬 넘어서 넓게 펼쳐 나갈 것이다. 거기에는 몇 백만의 사람들이 살게 될 것이다. 그것을 숫자로 헤아릴 수는 없다. 왜냐하면 그곳에 그토록 많은 사람들이 살고 있으리라는 것을 그대들은 미처 생각할 수도 없기 때문이다.

그들은 이 땅에서 무엇을 하고 있는가? 여러 세대에 걸쳐 지옥의 수레바퀴 자국을 터벅터벅 밟으며, 바위와 부서진 화강암 위로 끊어진 발자국을 거닐면서, 알아들을 수도 없는 기도를 중얼거리며 헛된 맹세 속에 눈물과 통곡과 고통 속에 옛날부터 내려온 공포의 길을 따라 죽고 묻히기까지 그들은 아무런 의식도 없이 여기저기를 더듬거리고 있다. 이러한 일은 몇 백만 명에게 끝없이 이어지고 있다.

교회도 없고, 병원도 없고, 신문도 없고, 학교도 없고, 책도 없고, 사상의 자유도 없고, 삶을 설명할 수도 없고, 자신에게 부여된 본질적인 공포에 대한 해결책도 없고, 바로 길 건너 살고 있는 이웃 나라에 대한 신뢰도 없고, 반인반수나 악마가 가득 찬 땅 밑으로부터 들려오는 복음도 없고, 해와 달과 별의 운행에 대한 공포만이 있을 뿐이며, 용과 굶주린 짐승들이 가득한 바다에 놀라며, 육신을 떠난 영혼만이 가득한 언덕을 두려워하며 영혼과 정신과 육신에 대한 희망마저 끊어 버린 채 그들을 살아가고 있다.

그들에게 눈길을 돌려 깊이 생각해 보라. 만약 그대가 그곳에 태어났더라면 그대도 또한 초점을 잃은 눈과 잡초로 황폐해진 영혼과 움츠러들고 희망 없는 마음으로 살아갔을는지도 모른다. 육신은 먼지를 뒤집어쓴 채 더러워졌을 것이며, 너저분한 헛간 속에 살게 되었을 것이다.

그대는 또한 가난하고 어두운 이교도의 삶의 단계를 거쳤을는지도 모르며, 비웃음과 발길질과 주먹질을 당했는지도 모르며, 사물을 제대로 보고 있다고 생각하는 세계로부터 실랑이를 당했을는지도 모른다. 그리하여 끝내 그대의 육신은 땅에 묻히지도 않은 채 버려져 살아 있는 모든 것들에게 전율을 안겨 주었을 것이다.

영혼의 봉사

만약 그대가 두 개의 영혼을 가졌고, 그 가운데 한 영혼이 이토록 상실되었다면 그대의 두 영혼은 어떻게 이미 상실된 영혼을 구원하여 이 세상에서 가장 먼 하늘 나라로 갈 수 있겠는가! 그러나 세계의 모든 문이 열려 있는 이 두 영혼은 서로가 똑같이 당신의 반쪽 영혼에 분명한 의미를 가지고 있다.

강력한 힘을 가진 증기선이 대양과 파도를 헤치며 그대를 향해 나아가고 있으며, 길게 뻗은 철로를 따라 시야가 펼쳐지며, 무지한 사람의 성에 들어간 전신기가 이제 소리를 내고 있으며 이러한 것들은 하나님이 그대와 그대의 독자를 부르고 계심을 신호하고 있다.

그대의 또 다른 분신은 지금도 감옥에 갇혀 있다. 그대는 자신의 바람을 버리고 동방의 대지를 찾아가시라. 동방의 형제는 굶주리고 있으니 그를 양육하고, 그는 목말라 있으니 그에게 마실 것을 주시라. 만일 그대가 이 일을 잘 해낸다면, 고통의 시간과 고난과 그대를 위한 헌신과 희생의 시간이 있겠지만 그대는 그대가 전에는 결코 보지 못했던 가장 아름다운 도시를 가까이서 틀림없이 보게 될 것이다.

그대는 가장 아름다운 명예의 보호자에 의해 길을 안내 받게 될 것이며,

입구에서 그대는 그대가 일생 동안 듣기를 기다려 왔던 목소리를 듣게 될 것이며, 말로 표현할 수 없는 기쁨과 충만한 영광 가운데서 동양의 황야로부터 온 그대의 많은 경외하는 친구들을 보게 될 것이다.

극동은 이제 세계사의 길목에 들어서려 하고 있다. 그때가 왔다. 극동은 수많은 인류를 위해 세계를 주도하고, 전 세계를 대표하는 대통령이 인민투표에 의해 뽑아질 때면 황색 인종이 당선될 것이다. 극동은 무엇이나 다 할 수 있다. 일단 동양인에게 무엇이나 가르쳐 주기만 하면 그들은 우리보다 값싸고 보다 쉽게 해낼 수 있다. 동양은 오늘날 모든 사상의 세계에서 가장 중요한 문제를 안고 있는 곳이다.

동양에 대한 두려움이 일고 있으며, 무언중에 그들에게 희망이 쏠려 있다. 동양은 낙인찍힌 악마처럼 증오할 수도 있고 어린아이처럼 사살할 수도 있다. 그대 동방이여, 진실로 여러분 가운데 역사에 이름을 길이 남길 인물이 나올 것이다. 여러분이 세계에서 벌어지고 있는 문제의 해결책과 종말을 쥐고 있는 것이다.

가장 위대한 사람

나는 언제인가 "당신이 이제까지 만남 사람 가운데 가장 위대한 사람은 누구인가?"라는 질문을 받은 적이 있다. 나는 이 문제에 대해 오랫동안 생각했다. 왜냐하면 나는 왕, 왕자, 귀족, 서양인과 동양인, 위대한 통치자, 작가, 정치가, 발명가, 전도사, 선교사, 교사들을 만났기 때문이다. 이렇게 말하면 나는 각계각층의 모든 사람을 만난 듯한 느낌을 준다.

그렇다면 이 모든 사람들 가운데 누가 제일 위대한가? 여러분은 누구를 지구상에서 가장 위대한 인간으로 지목하여 노벨상을 줄 것인가? 그것은 백만장자나 발명가나 혹은 전도사에게 돌아가지 않고 사회적으로, 지적으로, 도덕적으로, 물리적으로 거리에 버림받은 사람과 남의 죄를 대속한 이야기에 속하는 사람에게로 돌아갈 것이다.

그 소리가 어떻게 하여 영혼을 불러 일깨울지는 나도 모른다. 그는 과연 그러한 일을 해낼 수 있을까? 그는 모든 돈을 잃어버린 노름꾼이며, 지적 수준은 평균치에도 이르지 못하는 사람이며, 온갖 죄악의 표지로 낙인찍힌 인물이며, 외과 의사 앞에 앉은 문둥이와 같은 인물이다.

그가 아직은 벗겨지지 않은 자신의 이상에 대해 명상하고 기도하고 꿈꾸는 동안 그는 조금씩 바뀌어 갔으며, 옛날의 생활은 껍질을 벗었으며, 그의 얼굴은 놀라우리만큼 정중하고 자비롭고 화사하고 아름답게 되었으며, 옛날의 방식들은 떨어져 나가고, 이기적인 것을 대신하여 모두를 위한 모두가 존재함으로써 나 아닌 다른 사람들이 존재 · 생존 · 번영하게 된다.

살아가는 데 필요한 것 약간만을 남기고 모든 돈은 다른 사람을 위해 쓴다. 오랫동안 기도한 사람들은 그들의 봉사가 확실히 성공할 수 있도록 하려고 약간의 돈도 기증했다. 이렇게 버림받은 사람들의 숯덩이는 더 반짝이는 다이아몬드로 변하여 모든 방면에서 빛을 발휘했다. 그 빛은 가난한 사람들에게 비치었다.

조용한 목소리와 사랑하는 마음은 전직 대관들까지도 하나씩 하나씩 정복했다. 그를 만날 때면 오만한 사람은 머리를 숙였고 불쌍한 사람들은 기를 펴며 기쁨에 젖었다. 고 씨의 마음은 점점 더 확대하여 세계와 세계에 대한 지식, 그리고 과학에 대한 모든 것을 알고자 했다. 그는 덧셈, 뺄셈, 곱셈을 잘 응용해 나갔다. 나눗셈은 그에게 깊은 생각을 요구했으나 그는 끝내 그 의미를 파악했다. 분수는 그의 추리의 한계를 넘는 것이었다. 그는 이렇게 말했다.

> 3/5×7/8, 이것은 참으로 나를 괴롭혔다. 나는 좀 더 머리가 깨일 때까지 이 분수를 푸는 일을 포기하지 않을 수 없다.

고찬익[8]

그의 시야가 넓어지고 다른 민족들이 그의 영역 안으로 들어오게 되자 그는 그 외국인들을 탐구했고, 그들의 이름을 자신의 기도 속에 담아 보았다. 시간이 흐를수록 점차로 그의 가슴이 열리면서 많은 동료들이 그의 주변에 모이게 되었다. 그가 기독교 사업에서 주목할 만한 인물이 되어 자기의 지위에 알맞은 치장을 한 후, 그는 먹고살기가 어려우면서도 자존심 때문에 막노동을 하지 않는 한 젊은이의 집을 방문했다. 그리고 고 씨는 이렇게 말했다.

"등에 지게라도 지세요. 그러면 겨울 김장값이라도 곧 벌 수 있을 거예요."

그러자 그들이 이렇게 대답했다.

"그러나 부끄러워서요. 등에 지게를 지고서는 세상을 쳐다볼 수가 없어요."

그 말을 들은 고 씨는 이렇게 말했다.

"지게를 질 수 없다구요? 그렇다면 나도 지게를 지고 당신들과 함께 나가겠어요."

고 씨는 모자를 벗어버리고 얼굴에는 웃음을 띠면서 노동을 두려워하는 이 젊은이들을 돕고자 지게를 등에 지고 서울의 종로 거리로 나갔다. 그는 은화 1달러를 벌어 김 씨 형제에게 김장을 담그라고 주었다. 그는 종종 이렇게 말했다.

---

8) 고찬익(高燦益 : 1861～1908) : 평안남도 안주 출생. 가죽신을 만들어 파는 갖바치로 기독교를 믿기 전에는 원산을 중심으로 방랑생활을 하였다. 1892년 7월 원산에서 선교사 게일의 전도를 받아 기독교를 믿게 되었다. 1899년에 게일을 따라 서울에 올라와 1900년 게일이 연동교회를 담임하자 그 교회 조사로 활동하다가 초대 장로로 장립되었고, 1903년에 창립된 황성기독교청년회(YMCA)에도 참여하여 1908년 전덕기 · 김규식 등과 함께 한국인민으로 구성된 의사부의 위원으로 활동하였다. 1904년 8월 게일의 집에서 창립된 국민교육회의 회원이었다. 게일이 지은 소설 『선구자』에 나오는 고 씨는 고찬익을 모델로 한 것이다.

"나는 왜 사람들이 나에게 그렇게 친절한지 모르겠다. 그들은 그렇게 지체가 높고, 나는 버림받은 사람인데 …… 눈물이 나올 지경이다."

소설 『선구자』[9]의 주인공으로서 전세계의 순례자들과 노동하며, 함께 슬퍼하며, 함께 즐거워하며, 함께 기도하는 이 고 씨는 아직도 동대문 밖에서 잠을 자고 있다. 이 사람이야말로 노벨상을 받아도 좋을 사람이다. 그는 아무런 욕심도 없이 인내하면서 한꺼번에 가장 많은 사람들을 사랑했기에 그리고 그는 그의 가슴속에 더 많은 인간미를 가질 수 있을 뿐만 아니라, 내가 이제까지 만난 어느 누구보다도 형제를 생각하며, 형제에게 용기를 불어넣어 주며, 형제에게 기쁨을 주며, 형제를 찾아다니기에 그는 노벨상을 탈 수 있는 인물이다. 내가 일찍이 알았던 이 위대한 사랑의 인물—그의 이름은 고찬익이다. 독자들이여, 그대도 그와 같이 될지어다.

---

9) 『선구자』(*The Vanguard* : New York : Fleming H. Revell Co., 1904) : 필자 게일이 고찬익을 주인공으로 하여 쓴 실명 소설.

참고문헌

1) 조선의 미래에 관하여

Underwood, *The Call of Korea*, pp. 136~150.

Hulbert, *The Passing of Korea*, Ch.15.

기타 각 교파의 선교지와 근착 잡지 참조.

부 록

조선의 개신교 통계

선교회의 명칭	통계 연도	입국 연도	해외 선교사(의사 포함)					거주지	
			성직자	비성직자	선교사 부인	기타 여성 선교사	조선인 집사	선교사 주거지	출장소 또는 지소
미국 선교회									
(1) 미국 성서공회	1907	1882	1	–	–	–	16	–	–
(2) 감리교 해외 선교국	1908	1885	21	2	18	21	282	7	19
(3) 미장로교 해외 선교국	1908	1884	30	1	37	10	37	8	809
(4) 남감리교 선교국	1907~08	1895	11	5	12	–	72	4	–
(5) 미장로교 해외 선교 집행위원회	1906~07	1896	9	4	9	4	75	4	140
(6) 북미 기독교 청년외 해외부	1909	1901	3	–	–	–	–	–	–
(7) 캐나다 해외선교위원회	1907	1898	6	–	4	4	42	4	56
(8) 남감리교 여성 해외 선교국	1908~09	1897	–	–	–	11	10	3	–
합계 8			81	12	80	50	1,334	30	1,024
영국 선교회									
(1) 영국 및 해외 성서교회	1908	1885	2	–	2	–	85	–	–
(2) 호주 장로교 해외 선교위원회	1908	1889	3	–	3	5	30	2	–
(3) 해외지부 복음전도회	1907	1896	4	3	–	3	–	5	125
합계 3			9	3	5	8	115	7	125
총계 11개 선교회	–	–	90	15	85	58	1,449	37	1,149

조선 8도의 인구 및 선교사의 분포

도	인구	선교사	각자의 책임 담당자수
전라북도	597,393	20	30,000
전라남도	850,635	12	70,000
충청북도	491,717	7	70,000
충청남도	649,756	8	81,000
함경북도	390,055	3	133,000
함경남도	582,463	23	25,000
강원도	627,832	2	313,000
경기도	869,020	82	10,000
경상북도	1,062,991	13	82,000
경상남도	1,270,214	16	79,000
평안북도	600,119	16	37,000
평안남도	689,017	37	18,600
황해도	901,099	8	112,000

평신도		교육				의료		
세례 교인	비세례 교인	주일학교 (학생 수)	매일학교 (학생 수)	고등교육 기관 (학생 수)	실업학교 (학생 수)	외국인 의사 (남 · 녀)	병원 또는 진료소	환자 수
미국선교회								
(1) –	–	–	–	–	–	–	–	–
(2) 24,246	19,820	167 (14,41)	144 (4,407)	5(545)	–	(4 · 4)	4	17,007
(3) 19,654	73,844	798 (61,45)	457 (11,480)	9(763)	–	(8 · 4)	12	47,664
(4) 3,545	2,536	45 (3,049)	3(82)	1(225)	1	(5 · 0)	3	2,000
(5) 1.052	8,410	22 (1,390)	18(381)	(6)	–	(4 · 2)	–	–
(6) –	–	–	–	–	–	–	–	–
(7) 814	194	45 (3,034)	17(305)	–	–	(1 · 1)	1	300
(8) –	–	–	4(150)	–	1(20)	–	2	–
계 49,310	104,804	1,077 (83,44)	643 (16,805)	15 (1,539)	2(20)	(22 · 11)	22	66,971
(1) –	–	–	–	–	–	–	–	–
(2) 385	3,219	6 (500)	8(200)	–	–	(1 · 0)	1	–
(3) 394	3,356	–	3(31)	1(32)	–	–	–	–
계 779	6,575	6 (500)	11(231)	1(32)	–	–	–	–
50,089	111,379	1,083 (83,844)	654 (17,036)	16 (1,571)	2(20)	(23 · 11)	23	66,971

필자 참고문헌

아래 목록에 기재된 처음 7권의 책들은 본서를 발행한 회사(Jennings & Graham Co.)의 참고도서관에 소장되어 있다. 제8권에서 10권까지의 책들은 장 끝에 있는 참고란에 자유롭게 인용되어 있다. 마지막 11권 이하의 책들은 현재의 정치 상황에 관심을 가지고 있는 사람들을 위하여 수록되었다.

(1) Gale, *Korea Sketches*, New York : Fleming H. Revell Co., 1898.

조선에 관해 쓰인 가장 관심을 끄는 책들 중의 하나. 선교 사업에 흥미를 가지고 있지는 않지만, 훌륭한 저술을 음미하고자 하는 사람에게는 유용한 몇몇 특성의 묘사는 아주 예리하다. 사진 수록.

(2) Gale, *The Vanguard*, New York : Fleming H. Revell Co., 1904.

아마 이제까지 쓰인 선교 소설 중 가장 잘된 것으로 여겨짐. 선교 생활의 분위기와 상황이 가장 생생한 문체로 표현됨. 무관심한 사람에게도 흥미를 불러일으키는 훌륭한 책임. 사진 수록.

(3) Noble, *Ewa : A Tale of Korea*, New York : Eaton & Mains, 1906.

가장 감동적인 선교 이야기들 중의 하나. 장 등 인물과 사건들은 역사적인 사실이며, 국민들의 정신과 전통이 충실히 추적되어 있음. 사진 수록.

(4) Baird, *Daybreak in Korea*, New York : Fleming H. Revell Co. 1909.

이교도 사회와 특히 여성 생활을 변형시키는 데 복음의 힘이 어떠한가를 나타낸 이야기. 사진 수록

(5) Underwood, *Fifteen Years among the Top-knots*, Second Edition, New York : American Tract Society, 1908.

조선에서의 선교 활동 경험을 살려 흥미롭게 기술되었음. 제2판은 가장 최근

의 조선 선교 사업의 발전상을 망라하고 있는 3장을 추가로 포함하고 있음. 사진 수록.

(6) Hulbert, *The Passing of Korea*, New York : Doubleday, Page & Co., 1906.

조선을 철저히 알고 있는 사람에 의해 쓰인 참고 서적. 근세사에 관한 장들을 다양한 주제에 따라 일반적인 자료로 추적했음. 그 입장은 친한 · 반일적임. 사진 수록

(7) Underwood, *The Call of Korea*, New York : Fleming H. Revell Co., 1908.

하나의 교과서로 사용하려고 개척자적인 선교사들 중 한 사람에 의해 쓰인 조선을 위한 진지한 호소, 내용은 간략하나 많은 정보를 담고 있음. 부록에는 장에 따른 질문 사항과 그 이상의 연구를 위한 참고 서적들을 포함하고 있음. 사진 수록.

(8) Gifford, *Everyday Life in Korea*, New York : Fleming H. Revell Co., 1898.

1897년까지의 조선에서의 선교 생활과 활동을 담은 평범하고 흥미로운 이야기. 조선의 특성과 선교 방식의 원칙들에 대한 대부분의 진술들은 앞으로 오랫동안 소중한 것이 될 것임. 사진 수록.

(9) Bishop, *Korea and Her Neighbors*, New York : Fleming H. Revell Co., 1897.

유명한 여행가에 의한 일지. 이 책의 형식은 다소 산만하지만 비숍 여사의 문체는 활기 있으며, 그의 판단은 예리함. 사진 수록.

(10) Johns, *Korea : the Land, People and Customs*, Cincinnati : Jennings & Graham Co., 1907.

요약된 많은 정보와 감리교도의 초기 활동의 이야기를 담고 있는 소책자.

(11) Allen, *Things Korean*, New York : Fleming H. Revell Co., 1908.

알렌 박사는 조선에 거주한 최초의 개신교 선교사였으며, 오랫동안 그곳의 미국 목사였다. 그는 지난 25년 동안 관찰했던 다양한 일들을 산만한 문체

로 다루고 있다. 사진 수록.

(12) McKenzie, *The Unveiled East*, New York : E. P. Dutton & Co., 1907.

중국, 조선, 그리고 일본의 상황을 정치적 · 경제적인 관점에서 쓴 단편. 저자는 일본의 조선 지배를 비판하고 있다.

(13) McKenzie, *The Tragedy of Korea*, New York : E. P. Dutton & Co., 1908.

일본의 조선 통치 방식에 대한 신랄한 비난을 담고 있음.

(14) Millard, *The New Far East*, New York : Charles Scribner's Sons, 1906.

일본의 새로운 지위와 극동 문제에 대한 일본의 영향력을 미국의 이익과 중국 제국의 장래라는 문제와 특별히 관련시켜 고찰한 책.

(15) Millard, *America and the Far Eastern Question*, New York : Moffett Yard & Co., 1909.

조선에 대한 몇몇 장들을 현재의 정치적 · 경제적 상황의 한 요소로서 다루고 있음. 일본인에 대해 불리한 의견을 나타내고 있다.

(16) Ladd, *With Marquis Ito in Korea*, New York : Charles Scribner's sons, 1908.

일본인의 어조에 있어서의 변명적이고 독단적인 면과 조선에 대해서 거의 동정심을 갖고 있지 않음을 나타내고 있음. 래드 교수는 이 글을 쓰고 있던 동안 일본 정부에 고용되어 있었다. 사진 수록.

역주자 참고문헌

『구한말조약휘찬』(상 · 중 · 하)(서울 : 국회도서관 입법조사국, 1964-65)

『국어대사전: 세계인명편』(부록)(서울 : 광문사, 1976)

『기독교대백과사전』(서울 : 기독교문사, 1981-85)

김두종, 『한국의학사』(서울 : 탐구당, 1966)

金源模, 『근대 한미관계사: 한미전쟁론』(서울 : 철학과 현실사, 1992)

김원모, 「遣美 朝鮮報聘使 隨員 崔景錫.吳禮堂. 로우엘 研究」, 『東洋學』(27)(서울 : 단국대학교 동양연구소, 1997)

朴大憲, 『서양인이 본 조선』(서울 : 壺山房, 1996)

『성경』

『세계인명대사전』(서울 : 교육출판공사, 1981)

『세계인명대사전』(서울 : 문공사, 1973)

신복룡(역주), 『대한제국멸망사』(서울 : 집문당, 2019); (H. B. Hulbert, *The Passing of Korea*, London : William Heinemann Co, 1906)

신복룡(역주), 『조선견문기』(서울 : 집문당, 1998); (H. N. Allen, *Things Korean*, New York : Fleming H. Revel Co, 1908).

유홍렬, 『한국천주교회사』(서울 : 가톨릭출판사. 1962)

이광린, 『개화당연구』(서울 : 일조각, 1973)

이광린, 『한국 개화사 연구』(서울 : 일조각, 1970)

이선근, 『한국사: 최근세편. 현대편』(서울 : 을유문화사, 1961)

이홍직, 『국사대사전』(서울 : 지문각, 1965)

정기수(역), 『조선교회사서론』(서울 : 탐구당, 1966); (Charles Dallet, *Histoire de L'Eglise de Corée*, Victor Palme, Paris, 1874)

『한국가톨릭대사전』(서울 : 한국교회사연구소, 1985)
『한국인명대사전』(서울 : 신구문화사, 1967)
『한국학대백과사전』(서울 : 을유문화사, 1972)
『한글 성서와 겨레 문화』(서울 : 기독교문사, 1985)

『大人名辭典』(東京 : 平凡社, 1955)
日本外務省(編), 『日本外交史辭典』(東京 : 大藏省印刷局, 1979)

譚正璧, 『中國文化大辭典』(臺北 : 河洛圖書出版社, 1978.
李盛平, 『中國近現代人名辭典』(北京 : 新華書店, 1989)
臧勵龢, 『中國人名辭典』(臺北 : 商務印書局, 1985)

Barhart, Clarence L.(ed.), *The New Century Cyclopedia of Names*(New York : Appleton-Century-Crofts, Inc, 1954)
Critical Dictionary of English Literature and British and American Authors, Vol.1(Philadelphia and London : J. B. Lippincott Co., 1897)
Encyclopedia Britannica(Chicago : The University of Chicago, 1963)
McCune, Geroge M. and Harrison, John A.(ed), *Korean-American Relations*. Vol. I(Berkeley and Los Angeles : The University of California Press, 1951)
Merriam-Webster's Encyclopedia of Literature(Springfield : Merriam-Webster, Inc., Pub., 1995)
New Standard Dictionary of the English Language(New York : Funk and Wagnalls Co, 1914)
Palmer, Spencer J.(ed.), *Korean-American Relations*, Vol. 2(Berkeley and Los Angeles : The University of California Press, 1963)
The Encyclopedia of World Methodism(Nashville : The United Methodist

House 1974)

The Interpreter's Dictionary of the Bible(Nashville : Abingdon Press, 1982)

The New Century Cyclopedia of Names(New York : Appleton-Century-Crofts, Inc, 1954)

Webster's International Dictionary of the English Language(Springfield : G. and C Merriam Co., 1948)

Webster's Biographical Dictionary(Springfield, G. & C. Merriam Co., 1959)

Who Was Who: 1929-1940(London : Adam and Charles Black)

Who was Who among English and European Authors(1931-1949), Vol. 1(Detroit : Gale Research Co. Book Tower, 1978)

찾아보기

ㄱ

ㄴ

ㄷ

한국 독립운동의 진상

The Truth about Korea

C. W. 켄달 지음/신복룡 역주

집문당

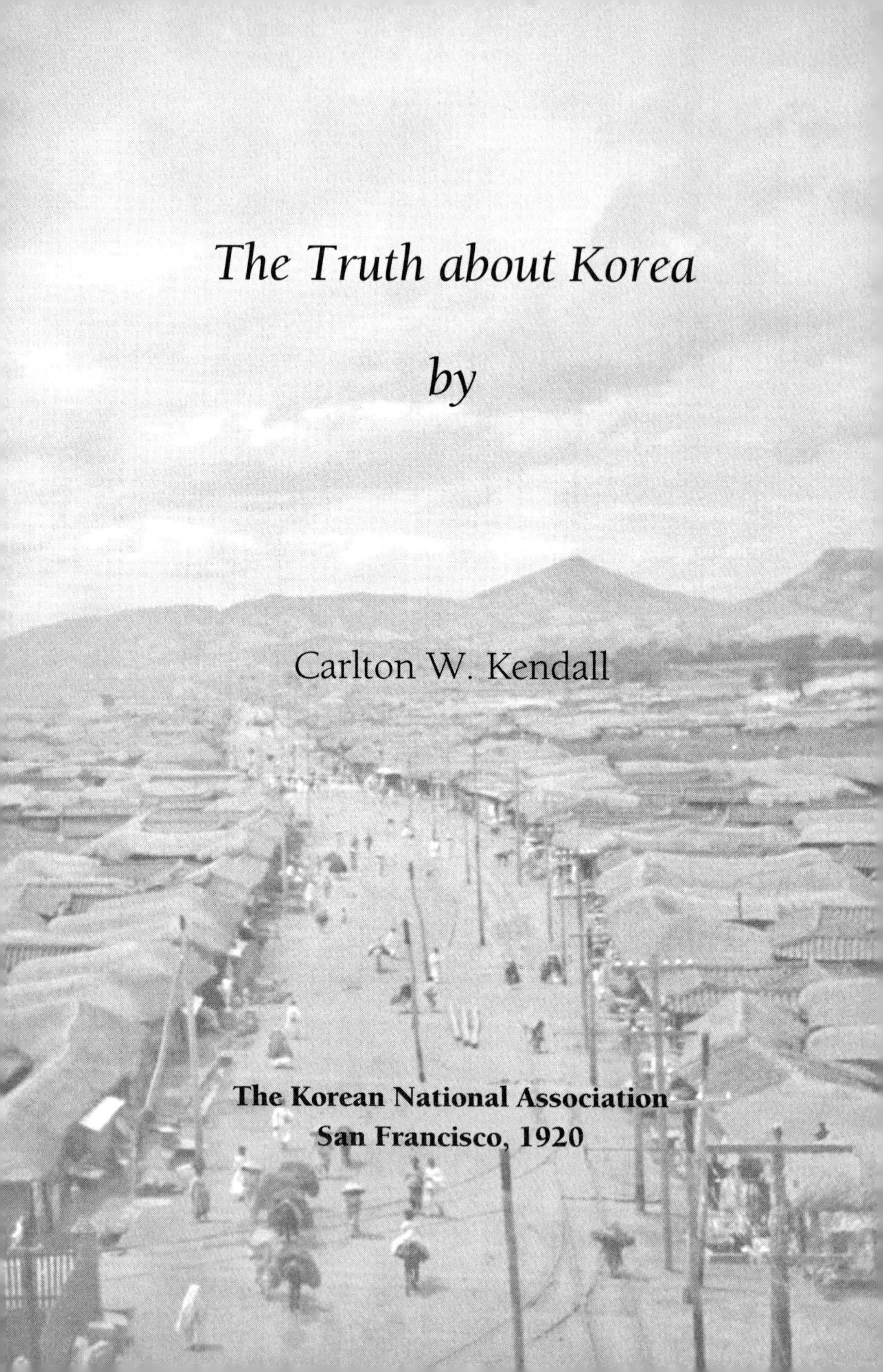

The Truth about Korea

by

Carlton W. Kendall

The Korean National Association
San Francisco, 1920

헌사

자신의 목숨을 그토록 영웅적으로 바침으로써,

자유와 해방이

자기 후손들의 천부의 권리가 될 수 있도록 한

한국의 남녀에게 이 책을 드립니다.

영혼의 평온함과 정의 · 자유 · 권리에 대한
의식이 없는 곳에서는
인간의 생명이 안전할 수가 없으며,
인간의 생명이 안전할 경우에만
오로지 세계는 평화로울 수 있다.

—W. 윌슨—

역주자 재판 서문

젊었을 적, 내 손으로 한말 선교사의 한국 관계 자료들을 주석하겠다고 다짐한 지 벌써 30년의 세월이 흘렀으니 세월의 무상함과 더불어 만감이 교차한다. 그 동안 활판에서 컴퓨터로 바뀌는 인쇄 혁명과 출판계의 불황 등으로 중도에서 포기했던 『한말 외국인 기록』을 이제 집문당 임경환(林京換) 사장님의 호의로 번역과 주석 작업을 재개하게 된 것이 한없이 기쁘고 감사하다.

전집 19권을 출판하겠다는 임경환 사장님의 제의를 들었을 때 기쁘기도 했지만 너무도 엄청난 일이라 엄두를 낼 수가 없었다. 그러던 차에 이러한 고충을 들은 1998학년도 건국대학교 정치외교학 과목의 나의 수강생들 300명이 한 장씩 컴퓨터에 입력해 주겠다고 나섰을 때 나는 한없이 고마왔고 크게 용기를 얻었다. 나는 그 300명의 이름을 여기에 일일이 적을 수 없는 것이 미안하고 유감스럽다. 모두가 고생했고 고맙지만, 특히 이형구(李衡求) 군과 김(金)한길 군이 많은 몫을 타이핑했으며, 변영욱(邊泳旭) 군은 교정 작업을 하느라고 많은 고생을 했다. 사내답지 않게 수줍음이 많은 조교 박성진(朴城進) 군은 마음이 넉넉지 못한 나의 방에서 마음 고생이 많았으리라고 생각되며, 주석을 찾기 위해 각국의 대사관과 문화원을 찾아다니면서 싫은 내색 한 번 하지 않았다. 건국대학교 대학원 박사 과정의 고경민(高敬旼) 군과 석사 과정의 형은숙(邢恩淑) 양은 컴퓨터 작업을 하느라고 많은 고생을 했다. 그들의 고생이 단순한 고생으로 그치지 않고 앞날의 그들의 학문 생활에 좋은 경험이 될 수 있다면 나로서는 미안함을 덜 수 있을 것이다.

영어로 쓰인 동양사를 번역하는 과정에서 가장 어려운 작업은 영문으로 표기된 인명이나 지명을 어떻게 한자로 복원하느냐의 문제이다. 특히 원칙이 없이 쓰이는 일본의 인명 표기는 참으로 어려웠다. 그런 중에도 일본의 데츠카야마 대학(帝塚山學院大學)의 가미가이토 겐이치(上垣外憲一) 교수가 많은 어려움을 풀어 주었고, 시도 때도 없는 부탁에 늘 마음써 준 오랜 친구 다키자와 마코도(瀧澤盛) 선생의 도움을 많이 받았으며, 고베대학(神戶大學)에서 박사 논문을 준비하는 장희순(張喜淳) 군도 고생을 많이 했다. 원판의 사진 복사를 허락해 준 한국연구원의 천부택(千富澤) 선생님께도 깊이 감사한다. 끝으로 편집 교정과 출판 과정에서 고생하신 집문당의 우진주(禹軫柱) 상무님과 편집부 직원 여러분, 그리고 신세진 모든 분들에게 깊이 감사한다.

1998년 9월 10일
역주자 신복룡 씀

역주자 초판 서문

오늘날의 민족주의의 문제는 그 양상이 너무나 다양하고 또 그 규모가 방대하기 때문에 어느 한 개인이 이 문제를 다루어 보고자 그에로의 접근을 시도할 경우, 그는 먼 훗날 언제인가 자기의 의도를 달성할는지는 모르지만 결국 그는 지치게 될 것이라고 헤이스(Carlton J. H. Hayes) 교수는 말한 적이 있다. 만약 그 연구의 대상이 다른 민족의 민족주의일 경우에는 더욱 그러할 것이다. 그러나 그 대상이 자기 민족일 경우에는 보람과 감격, 비분(悲憤)과 회한(悔恨), 그리고 증오와 연민(憐憫)이 뒤범벅이 되어 자신도 모르는 사이에 10년 정도의 세월은 살같이 지나간다. 나 자신도 그러한 부류 속의 한 허상(虛像)이 된 듯한 자괴(自愧)를 이 자리에서 또다시 느끼게 된다.

번역자의 생명은 엄정한 객관성에 입각해야 한다. 따라서 원저자의 의도에 훼손을 초래해서는 안 된다. 그러나 번역자는 번역기가 아니기 때문에 그 나름대로의 편견이 문장의 도처에 삼투되게 마련이다. 이 번역서도 결국 그와 같은 어리석음을 면하지 못하고 있다는 점에서 이 또한 종전의 그것과 다름없이 졸렬한 번역이 되었다는 개탄을 면하기가 어렵게 되어 있다.

역주자의 편견이 심하게 작용되었으리라고 확신하는 이유는, 이 책이 결국은 인간의 감정에 호소하는 비분의 역사서라는 점 때문이다. 나는 이 글을 번역하는 동안 자신이 원문에 젖어 들어가는 것을 느끼면서, 마취되어 가는 환자가 정신을 되찾기 위해 안간힘을 쓰는 것처럼 무척이나 냉정을 기하려고 했지만, 그것이 어느 정도로 가능했는지, 이미 고인이 된 필자밖에는 확언할 수가 없다.

한국의 역사, 특히 그중에서도 민족운동사는 감격적이라기보다는 페이도스(pathos)를 느끼게 하는 것은 역사적 사실 그 자체가 그런지 아니면 보는 눈이 그래서 그런지는 모르겠으나, 어쨌든 우리의 민족운동사를 읽노라면 사막의 침울한 애조를 느끼게 된다. 이 책도, 아니 이 번역도 결국 그와 같은 한계를 벗어나지 못하고 있다. 따라서 이 번역이 행여나 그러한 방향으로 독자의 심금을 울려 준다면 그럴수록 이 책의 가치는 감소된다는 아이러니를 피할 수는 없는 것이다.

그럼에도 불구하고 한국의 민족운동사에서 차지하고 있는 3·1 운동의 비중은 어느 모로나 폄하(貶下)될 수가 없다. 비유해서 말한다면, 한국 민족운동사에서의 3·1 운동의 의미는 서양철학사에서 계몽주의의 위치와 같은 것이라고 볼 수 있다. 그 만큼 3·1 운동은 한국인의 사상을 집대성하고 있다. 그러나 이와 같은 3·1 운동은 오늘날 우리에게 잘못 이해될 위험이 있다. 그것은 시대적으로 3·1 운동 자체가 우리에게 근거리에 있다고 하는 상황적 때문이기도 하지만 그보다 더 근본적인 이유는 역사를 보는 우리 민족의 감상주의에서 비롯된다.

3·1운동을 이해하면서 나타나고 있는 현대 사학의 치명적인 결함은 3·1운동을 영웅주의적 사관에 입각하여 기술하려고 하는 그릇됨에 있다. 우리는 지나칠 만큼 33인 또는 중앙에서 이 문제를 모의했던 50명 이내의 소수의 행적을 기술하는 데에 전 3·1운동사의 절반을 소모했던 과오를 저질렀다. 그런 식으로 이해한다면 3·1운동의 의미는 그 "영웅"들이 퇴색함과 함께 우리의 역사와 뇌리 속에서 사라질 것이다.

3·1운동은 모름지기 민중 운동의 측면에서 이해해야 한다. 용기 없었던, 그리고 다소는 과장된 33인의 기록보다는 민족과 국가를 위해서 피 흘리다 죽어 간 수많은 민중의 외침과 숨결, 그것이 곧 3·1운동의 눈동자이다. 그들은 독립선언문을 읽은 적도 없으며, 33인이 누구인지도 모르며, 윌슨(W. Wilson)의 14개 조항이 무엇인지는 더구나 모른다. 그들은 다만 민족의 자유와 독립만을 기억했고, 이 위대한 신앙 앞에 그들은 서슴지 않고 자기 몸을 불살랐던 것이다.

이 책은 3·1운동이 벌어진 4개월이 지난 1919년 7월 샌프란시스코에서 출판된 것으로서 세계의 여론, 특히 제1차 세계 대전의 마무리를 위해서 파리에서 벌어지고 있던 미증유의 평화 회의를 겨누고 쓴 것이다. 3·1운동의 전사(前史)와 3·1운동의 전개 과정은 그 사건 자체를 가장 근거리에서 바라본 객관적 기록이라는 점에서 특히 가치가 있으며, 신한청년회(新韓青年會) 대표 김규식(金奎植)의 명의로 파리평화회의에 제출된 청원서와 각서, 당시의 외신 보도, 그리고 임시 정부의 제반 문서들은 이 분야의 연구자에게 일시(一匙)의 보탬이 되리라고 믿는다.

이 책을 지은 켄달(Carlton Waldo Kendall)은 1895년 8월 17일에 캘리포니아주의 오클랜드(Oakland, Ca.)에서 아버지 노아(Noah Chandler Kendall)와 어머니 에나(Ena Frances Kendall) 사이에서 태어났다. 젊은 날에는 캘리포니아 대학을 졸업한 후 런던, 파리, 로마, 마드리드를 4년 동안 여행하며 세상의 견문을 넓혔으며 옥스퍼드대학, 켐브리지대학, 예일대학, 하버드대학, 콜롬비아대학, 존스 홉킨스대학 등 세계의 명문을 돌아다니며 수학(修學)했다. 1933년에는 메리(Mary Blackedge)와 결혼했다.

학업을 마친 켄달은 래드네크(Odlaw Ladnek)라는 필명으로 일생을 문필가로 살았다. 그는 특히 평론과 시에 관심이 많았고 언론계에서도 많은 활약을 했다. 그가 주로 기고한 잡지로는 『현대사』(*Current History*), 『북미 평론』(*North American Review*), 『세계 문제 분석』(*World Affairs Interpreter*), 『중국지』(*China Journal, Shanghai*), 『월간 육로』(*Overland Monthly*), 『여행』(*Travel*), 『샌프란시스코 크로니클』(*San Francisco Chronicle*), 그리고 『포틀랜드 오레고니안』(*Portland Oregonian*) 등이 있고 『세계시사지』(*World in Brief News Service,* N.Y.)와 『신비』(*The Occult Digest*)의 과학 편집인을 지내기도 했다.

언론인으로서의 켄달은 국제 문제에 관심을 가져 전쟁의 원인이 무엇인가를 규명해 보려고 했고, 천재의 본질을 연구한 바도 있다. 세계 제1차 대전 당시에는 공군으로 복무한 바 있고 그 후에는 제네바에서 국제연맹의 활동을 취재하는 특파원으로 활약했으며(1924), 1396년 캘리포니아의 요세미테(Yosemite, Ca.)에서 개최된 태평양 관계 회의(Pacific Relations Conference)를 취재했다. 그가 소속했던 단체로서는 미국저작권동맹(Author's League of America, New York)이 있다. 만년에는 그의 고향 오클랜드에 사무실을 두고 저술에 몰두하였는데, 그의 저작으로는 본서 이외에 『광인의 위협』(*Threat of Insanity*, 1929)과 『한약의 신비』(*Magic Herbs : The Story of Chinese Medicine*, 1932) 등이 있다. 그가 언제 세상을 떠났는지는 알려져 있지 않다.

이 책은 외국인에 의하여 쓰인 한말 기록들을 번역·출판하려고 오랜 동안 계획하여 온 역자의 꿈의 일부분이다. 그러나 이러한 노력은 나 자신을 "지치게" 만들었을 뿐만 아니라 많은 사람들에게 빚만 지게 되어 오히려 어줍지 않은 웃음으로 출판의 기쁨을 맛볼 수밖에 없게 되었다. 그러나 이 졸역을 기꺼이 받아 주신 평민사의 이갑섭(李甲燮) 사장님과 이 초라한 백면서생을 늘 웃음으로 맞아 주시는 한국연구원의 여러 선생님들에게 이것으로나마 감사를 드리지 않을 수가 없다. 뿐만 아니라 본 시리즈의 교정을 늘 맡아 준 신채호(申采鎬) 학제와 바쁜 유학 생활 중에도 색인(索引)의 수고로움을 맡아 준 아메리칸대학교의 고병헌(高炳憲) 군에게 깊이 감사한다. 다만 번역에 손을 댄 지 20년이 지난 지금, 그때나 이제나 별로 신통치 못한 글만 쓰고 있는 불민(不敏)에 대하여는 나의 사랑하는 제자들에게 미안함을 금할 길이 없다.

1986. 3. 15.
역주자 씀

원저자 서문

이 책을 내놓으면서 나는 일본인에게 대하여 적의(敵意)를 조장하고자 하는 의도는 없다. 일본의 선량한 남녀들이 오늘날 한국에서 일어나고 있는 명분 없는 흉행(兇行)에 찬성하고 있다고 믿을 수는 없기 때문이다. 한국의 정세와 관련하여 일본 또는 일본인이라는 어휘를 사용하면서 나는 저 꽃다운 왕국의 아내와 딸, 그리고 남편과 아들들을 지칭하는 것은 아니고, 인간으로서의 양심과 인도주의적 판단과 관용을 모르는 채 만족할 줄 모르고 미친 듯이 날뛰며 자기들에게 반대하는 모든 사람들을 강철 발굽 아래에 멸망시키는 군사 독재의 인물을 의미하는 것이다. 미국 군대의 병사로서 복무하는 동안 나는 그러한 인물을 분쇄할 것을 서약하였으며, 그와 같은 목적을 위하여 나는 나의 남은 목숨을 바치는 바이다.

이 책을 읽는 여러분들은 한국이나 동양인들이 미국이나 유럽의 국민들과 아무런 공통된 유대를 맺고 있지 않으며 따라서 우리로서는 저들의 일에 대하여 관여할 바가 없다는 느낌을 가질 수도 있다. 그들이 우리와는 다른 국민이며 다른 민족임에는 틀림이 없다. 그러나 오늘날에는 모든 국민과 모든 민족을 초월하는 공통된 유대가 있다. 그것은 다름 아닌 정의(正義)요, 인도주의(人道主義)이다. 2천만의 인구를 가진 한 민족으로 하여금 자신의 자유와 해방을 누릴 수 있도록 하기 위한 한 호소문으로 이 책을 여러분들에게 내놓는 것은 바로 그 정의와 인도주의라고 하는 명분 때문인 것이다.

1919년 6월 17일,
C. W. 켄달
오클랜드, 캘리포니아

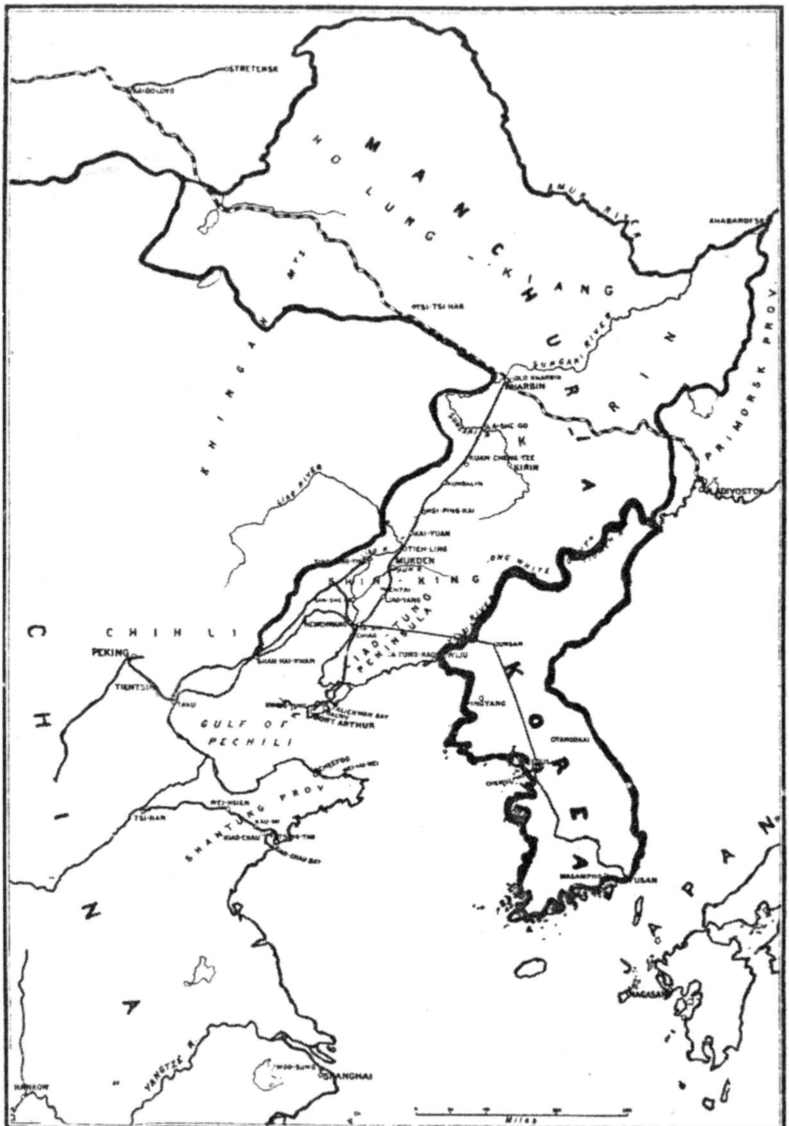

London, Isbister & Cº Lᵈ

한국 전도

대동강

미국인이 경영하는 광산

차 례

제 1 장 한국의 개관

한국은 하나의 "완충" 국가이다. 동양에서의 한국의 입장은 유럽에서의 벨기에의 그것과 비슷하다. 한국은 현존하는 국가 가운데 가장 역사가 오랜 국가이다. 한국이 한 국가로서 건국한 정확한 연대는 알려지지 않고 있지만 대략 기원전 2,000년경으로 추정되고 있다.

벨기에와 마찬가지로 한국도 독자적이고도 고유한 언어와 문자와 풍습을 가지고 있는 나라이다. 고대사를 살펴보면 한국은 중국의 문화를 대륙으로부터 일본으로 전파하면서 교량과 같은 역할을 했다. 한국의 문화 가운데 가장 주목할 만한 업적으로는 오랜 옛날에 이미 활자를 사용하였다는 점과 세계에서 최초로 철갑선을 발명하였다는 사실이다.

국토는 그 모양에서 이탈리아를 다소 닮았다. 아시아 대륙으로부터 뻗어 나와서 3면이 바다로 둘러싸여 있고 북쪽은 만주와 러시아의 연해주에 접경하고 있는 한반도는 기름진 나라이다. 1,700마일에 이르는 해안선은 주름을 잡은 듯하며 연안에는 산으로 된 많은 섬과 훌륭한 항구가 점을 찍어 놓은 듯하다. 이 나라에서 가장 큰 항구는 부산인데, 해로로는 일본의 나가사키로부터 63마일이 되며 인구가 10만이 넘는 번창한 상업 도시이다. 한국의 면적은 뉴욕주 2배가량이 된다.

기후와 인구 밀도로 보면 미국의 동부 지방과 매우 비슷하다. 주요한 산업은 광업, 농업 그리고 수산업이다. 대부분의 광산은 외국인들이 경영하고 있다. 옛날에는 미국인들에게 많은 이권이 허가되었지만 계약 기간이 만료됨에 따라 최근에는 그러한 이권들이 점차로 일본인에게 넘어가고 있다. 이 나라에는 개발되지 않은 천연 자원들이 풍부하다. 염수어가 풍부하며 넓고 기름진 하천 유역은 한국의 인구 2천만 명을 먹여 살리기에는 넉넉하리만큼 부유한 나라로 만들어 놓았다.

이 나라에 거주하는 외국인의 수는 날이 갈수록 증가하고 있다. 현재 이곳에는 35만 명 이상의 일본인이 살고 있으며, 1914년의 국세조사에 따르면 그밖에 국적을 가진 외국인으로서는 중국인이 16,882명, 미국인이 687명, 영국인이 230명, 프랑스인이 97명, 독일인이 53명, 그리고 러시아인이 14명 거주하고 있다. 실제로 이 나라에 거주하고 있는 미국인들은 모두가 선교사이거나 아니면 광산업에 종사하고 있는 사람들이다.

수도는 서울이며 인구는 30만 명에 이르고 있다. 여러 세기에 걸쳐 한국은 자유 국가로서 스스로를 통치하였다. 그러던 것이 최근 몇 십 년 동안에 동양이 잠든 혼수상태에서 깨어남에 따라서 이 작은 민족은 아시아의 패권을 다투는 투쟁에서 하나의 볼모가 되고 말았다. 벨기에와 마찬가지로 한국도 "동양의 마님"이 되고자 강대국으로의 야망을 품고 있는 세 열국의 틈바구니에 끼어 있다.

그리하여 최근 몇 년 동안에 한국은 오랫동안 계속되는 침략에 시달리고 있다. 중국과 러시아와 일본은 제각기 번갈아 가면서 이 나라에 대한 종주권을 주장하여 오고 있다. 그러나 동양에서 중국이나 러시아보다 더 강력한 힘을 가지고 있는 일본은 앞으로도 이곳의 세력 균형을 확실하게 해두고자 이 작고도 무기력한 한 민족을 자기 마음대로 집어삼키려는 유혹을 물리치지 못하고 있다.

제 2 장 한국의 병탄

러일전쟁이 개전될 무렵인 1904년 2월, 일본은 한국과 한일의정서를 맺고 소위 "은자의 왕국"[1]의 독립을 보장하겠노라고 엄숙하게 공언했다. 그 댓가로 한국은 일본에게 대러시아 군사 활동을 위한 기지로 자기 나라를 개방하는 동시에 원자재 문제에서 애로를 겪고 있는 일본을 물질적으로 도와주었다. 한국은 이와 같은 과정에서 만약 그들의 동맹국인 일본이 패전할 경우에는 국토가 황폐하게 되고 국권을 잃게 될는지도 모르는 모험을 감행하게 되었다.

그러나 일본군의 승전 소식이 들리자마자 일본은 먼저 교활하게 책동함으로써 조약에 명시된 의무를 고의적으로 파기했다. 그와 같은 일을 공공연히 자행한다는 것은 신흥 열강으로서의 일본의 도덕적 위신을 실추시킬는지도 모를 일이었다. 따라서 일본은 한국으로 하여금 자신의 독립을 포기하고 일본의 보호를 요구하도록 만들기로 결정했다.

그리하여 포츠머드에 강화조약을 체결하자마자 일본은 그와 같은 내용의

---

1) 일본 동경 제국대학의 교수였던 그리피스(William E. Griffis)의 명저인 『은자의 나라 한국』(*Corea : The Hermit Nation*, New York : Charles Scribner's Sons, 1907)에서 유래한 한국의 명칭임. 이 전집의 제4권 참조.

문안을 한국의 황제에게 제시했다. 그러나 그 문안을 응낙할 경우에 자신의 국가와 민족에게 어떠한 결과가 오리라는 것을 알고 있는 한국의 황제는 그와 같은 비극적 결말을 막으려고 온 힘을 기울이기로 결심했다.

1882년 한국과 미국은 한미수호통상조약을 체결하고 제3의 국가로부터 억압적인 대우를 받을 경우에는 서로 돕기로 상호 합의했다. 그리하여 한국의 황제는 그 조약에 따라 미국 대통령에게 도움을 청하는 사신을 발송했다.[2] 그러나 그 사신이 무사히 보내지는 도중에 그 우송선에 타고 있던 일본의 스파이가 그것을 발견하고 그것이 워싱턴에 도착하는 정확한 시간을 본국 정부에 알렸다.

그 즉시 일본 정부는 한국으로 하여금 일본의 보호 통치를 수락하도록 만들라는 훈령을 주어 이토 히로부미 후작을 서울에 파견했다. 그는 한국에 도착하여 여러 차례 회담을 가져 본 결과 한국은 자신의 독립을 일본이 보장하겠다는 1904년의 한일의정서를 굳게 고집하고 있다는 사실을 알게 되었다.

그러는 동안 한국 황제의 사신이 워싱턴에 도착하기로 된 시간이 임박하게 되었다. 일본은 한국을 병탄할 기회는 바로 지금 뿐이며, 이때가 지나면 기회는 결코 오지 않으리라는 것을 알게 되었다. 러일전쟁이 종식된 지 2개월 반이 갓 지난 1905년 11월 17일에 이토 후작은 황제알현실에서 한국의 내각을 소집했다. 이 각의가 열리기에 앞서 서울에 주둔하고 있던 일본군은 궁궐 주변에 모여서 자신의 군사력을 크게 과시하고 있었다.

일본군은 야포를 갖추고 있었으며 각 병사들도 완전 무장이 하고 있었다. 그들은 조선 사람들에게 일본의 군사적 용맹을 과시하려고 실질적인 폭력

2) 이때 파견된 사람은 미국의 선교사인 헐버트(H. B. Hulbert : 1863~1946)였다. 그는 1905년 10월 15일에 서울을 출발, 11월 17일 워싱턴에 도착하여 미국의 정부 요인들과 접촉하면서 한국에 대한 일본의 정책에 개입하여 줄 것을 요구했으나 이미 친일화한 미국 정부가 그의 말을 경청하지 않음으로써 이 일은 실패했다.

직전의 모든 행동을 하였다. 이와 같은 모든 과시는 각료와 황제에게 불길하고도 두렵게 느껴졌다. 왜냐하면 1895년에도 이와 매우 흡사한 상황에서 일본의 지배에 반대하던 민비가 무참하게 살해되었으며, 시체는 석유로 소각된 적이 있기 때문이다. 영국의 신문 기자로 그 당시 한국에 머무르고 있던 맥켄지는 당시의 사실을 다음과 같이 명료하게 기록하고 있다.[3)]

> 그날 저녁, 일본군들은 무기를 휴대하고 대궐 뜰로 들어가 대전 가까이에 둘러섰다. 그제야 이토 후작은 조선 주둔 일본군 사령관인 하세가와 요시미치 장군을 대동하고 이곳에 도착했다. 후작은 황제의 알현을 요구했다. 그러나 황제는 목감기가 악화되어 심히 불편하다는 이유로 이를 거절했다. 그러자 그는 황제의 처소로 들어가 개인의 자격으로 알현을 요구했다. 그러나 이번에도 황제는 이를 거절했다. 황제는 이렇게 말했다.
>
> "나가 주시오. 그리고 이 문제는 대신들과 상의하시오."
>
> 그러자 이토는 대신들이 있는 밖으로 나와서,
>
> "황제께서는 이번 문제를 나와 상의하여 결정지으라고 당신들에게 명령하였소."
>
> 라고 말했다. 참정대신 한규설은 자리를 박차고 일어나 황제를 뵙고 역신들이 한말을 아뢰고자 하였다. 그는 방을 나가는 것이 허락되었다. 그러나 밖으로 나오자 그는 일본 공사관의 한 서기관에게 잡혀 옆방으로 끌려들어가 죽인다는 협박을 받았다. 심지어는 이토까지 따라 나와 그를 설득했다. 그는 물었다.
>
> "황제께서 명령을 했는데도 당신은 불복할 참이오?"

---

3) 맥켄지(Frederick A. McKenzie : 1869~1931)는 영국 런던 『데일리 메일』의 극동 특파원으로서 1904년과 1906~07년의 2차에 걸쳐 한국을 방문하여 조선 사람의 대일 항쟁을 세계에 알린 사람이다. 이하의 기록은 그의 저술에서 직접 인용한 것이다. 이 전집의 제2권과 3권 참조.

> 한규설은 대답했다.
>
> "그렇소. 절대로 안합니다."
>
> 이것으로 대답은 충분했다. 후작은 즉시 황제에게로 돌아와 이렇게 말했다.
>
> "한규설은 역적입니다. 그는 폐하의 뜻을 거역했으며, 폐하의 명령에 따르지 않겠다고 선언했습니다."
>
> 그러는 동안 남아 있던 대신들은 한규설이 들어오기만을 기다리고 있었다. 죽음을 무릅쓰고 버티자던 그는 도대체 어디로 간 것일까? 초조한 몇 분이 지나도 그는 돌아오지 않았다. 그러자 일본인들이 그를 죽였다고 수군거리는 소리가 들렸다. 일본인들의 거친 목소리는 더욱 소란스럽게 들려 왔다. 이제 대신들로서의 체통에서 자제력 같은 것은 찾을 수 없었다.
>
> "우리에게 동조하면 부귀가 따를 것이요, 반대하면 멸망할 뿐이요."
>
> 그날 아침 일찍이 외부대신 공관으로부터 국새를 가져와 조약에 날인하라는 명령이 내려왔다. 그러나 여기에서 또 다른 난점이 일어났다. 곧 그 국새를 맡고 있는 승지는 설령 윗사람으로부터 명령을 받을지라도 그러한 목적을 위해서는 그것을 내어 주어서는 안 된다는 명령을 사전에 받았던 것이다. 그에게 전화로 명령을 했을 때 그가 국새의 반출을 거부하게 되자 특별히 사람을 보내어 그것을 강제로 빼앗아 오게 했다.

이와 같은 방법으로 일본은 한국과 한일협약(을사보호조약)을 협의했다. 한국 황제의 사신이 미국의 대통령에게 전달되기에 앞서 한국은 "자발적"으로 일본 정부의 보호국이 되었으며, 앞으로의 모든 외교 업무는 일본 공사관을 통해 수행되리라고 일본은 세계에 공표했다.

그로부터 5년이 지난 1910년에 일본은 태어날 때부터 정신적으로 저능인 것으로 알려진 새로운 황제[4]와 또 다른 한일합병조약을 체결하고 한국을 완전히 포기하는 데 날인하도록 그를 유혹했다. 그 뒤 한국은 일본 민족의 일부가 되었는데, 숫적으로 볼 때 일본 전 제국의 1/3가량이 되었다. 한 외롭고 나약한 개인이 한 국가와 2천만 민족의 생명과 장래를 포기하는 조약에 서명할 권한이 있는지 없는지의 문제는 독자들의 판단에 맡긴다. 어쨌거나 그 뒤로 오늘에 이르기까지 한국은 일본제국의 독재적인 통치 아래 들어갔다.

---

4) 조신왕소의 마지막 황제인 순종(1847~1926)을 의미함. 순종은 그의 황태자 시절인 1898년(광무 2년)에 김홍륙에 의한 독다(毒茶) 사건으로 정신 건강이 좋지 않았던 것으로 알려지고 있다.

제 3 장 일본의 독재적 지배

한국을 강점한 뒤의 9년은 일본제국 역사상 가장 수치스러운 장의 하나가 되고 있다. 일본의 군사 독재가 저지른 가증스러운 범죄 행위는 최근 몇 달 전까지만 해도 교묘하게 은닉되어 바깥 세계에서는 알 수가 없었다. 한국을 우연히 찾아오는 여행자들에게는 일본의 업적, 물질적 진보 그리고 서울에 세워진 훌륭한 정부 박물관 등 한국의 아름다운 측면만을 보여주었다. 일본인들이 저지르는 합법화된 강도 행위, 협박, 공창제의 도입, 감옥 안에서 벌어지는 고문, 명분 없는 탄압 그리고 불법 행위 등 이러한 비리는 눈에 띄지 않게 은폐되어 있다.

여행자들은 그에게 배부된 일본 철도 안내서나 여행용 팸플릿[1]을 통해 "동양의 위대한 마님"인 일본이 한국에게 형제애와 조력을 얼마나 훌륭하게 베풀었는가를 볼 수가 있으며, 무지하고 사람값도 못하는 조선 사람들을 가난과 범죄와 부도덕의 심연으로부터 어떻게 끌어내고 있는가를 볼 수 있으며, 일본의 영광스러운 문화 수준에까지 조선 사람의 생활을 향상시키기 위해 얼마나 노력하고 있는지를 보게 된다.

나로서는 입을 열기조차 부끄러운 일인데, 한국을 찾아오는 미국의 특파

---

1) 본서 부록 3. 원저자 참고 문헌 가운데 15번 참조.

원들은 극진한 대접을 받고 일본 총독에게 매수를 당하기 때문에 그들은 귀국하게 되면 한국에서의 일본의 개혁이 영광스러운 것이었다고 기사화하고 있다.

한국에 살고 있는 미국인과 유럽인들의 구독을 위해 총독은 『서울 프레스』[2]라고 하는 한 신문사를 보조하고 있다. 이 신문은 영문 일간지로서 이곳에서 발생하는 일에 관해 알고 싶어 하는 서구인들의 기호를 충족시켜 주고, 일본이 공표하고자 하는 뉴스들을 전하려고 발행되고 있다.

일본은 또 학자들을 위해서 여러 모로 훌륭하게 예증되고 있는 책자를 마련하여 미국과 영국에 있는 중요한 도서관과 저명 인사들에게 무료로 배부했다. 그 책의 이름은 『조선의 개혁과 진보에 관한 연례 보고서』이다. 이 책자에서 일본은 자신의 통치를 통해 조선 사람에게 베풀고 있는 "만족과 번영"을 생생히 표현하고 있다. 일본이 자신의 독재적 통치하에서 벌어지고 있는 현실에 관해 서구인들의 눈을 속이려 할 경우에는 독일인들이 아무리 머리를 쥐어 짜낸다고 할지라도 일본의 발뒤꿈치도 못 따라간다.

1. 행정과 "개혁"

일본은 한국을 다스리면서 공공건물을 짓고 농업 기술을 개선하고 통신 시설을 확충하는 등, 물질적인 면에서 이 나라의 발전을 위해 다소의 업적을 이룩했다. 그러나 벨기에에 대한 독일의 행정과 마찬가지로 일본은 이와

2) 『서울 프레스』는 배설(裵說, E. T. Bethell)의 *Korea Daily News*(『대한매일신보』의 영자 자매지)를 타도하려고 이토 히로부미가 설립한 어용 신문이었다. 편집인인 쓰모도 모토사나는 일본의 유능한 편집인이며, 야심 있는 외교관이며, 이토의 비서를 지낸 사람으로서 해박한 지식과 탁월한 수완을 가진 사람이었으나 그의 개인적인 매력만으로는 『서울 프레스』가 베델을 압도할 수가 없었다.

같은 업적의 이면에서 군국주의 온갖 죄악을 저질렀다. 한국을 정복한 즉시 일본은 이 나라를 일본화하기 시작했다. 일본은 통치권을 군사 관할 하에 두고 군인인 데라우치 마사다케를 총독으로 임명했는데, 그에게는 사실상 제정 러시아의 황제가 행사하는 모든 권한 이 부여되었다. 그런 다음 일본은 그 총독을 통해 소위 일련의 "개혁"을 충동질하기 시작했다.

이와 같은 개혁 가운데에서도 먼저 일본인들은 모든 공문서와 사설 도서관을 샅샅이 뒤져 체계적으로 수집한 한국의 문예 작품과 역사서를 불태웠다. 그런 다음 일본은 지방의 신문에서부터 학술 잡지에 이르기까지 한국의 모든 정기간행물을 완전히 없애는 법률[3]을 통과시켰다.

오늘날 한국에서 일본인이 아닌 사람들에 의해 발행되는 것으로는 지하에서 발행되어, 저 유명한 벨기에의 신문들처럼 비밀리에 배포되는 몇 가지의 신문들이 있을 뿐이다. 활자와 등사판을 이리 저리로 옮겨 다니면서 일을 하고 있으며, 편집자들의 목숨은 일본 경찰의 활동에 비례하여 아슬아슬하게 지탱되고 있다. 한국의 문예를 파괴하는 것에서 더 나아가 값으로 따질 수 없는 예술품과 역사적 유물들이 불필요한 야만적 행동으로 말미암아 각처로 산실되었다.

또 다른 "개혁"으로서는 공문뿐만 아니라 학교에서도 일본어를 공용어로 채택함으로써 한국어를 말살하려는 것이었다. 모든 교재는 일본 관리의 감

---

3) 출판법(1909년 2월 26일 제정)과 신문지법(1907년 7월 27일 제정)을 의미하는 것으로 보인다. 출판법에 따르면, 도서 발행자는 고본을 첨부하여 내부대신의 허가를 받아야 하며(제 2조), 이를 위반한 자는 3년 이하의 징역에 처하고(제11조), 안녕 질서를 문란케 하는 외국 도서(제12조)를 반포하거나 수입한 자는 6개월 이하의 징역에 처한다(제14조)로 되어 있다. 신문지법에 따르면 신문의 발행은 내부대신의 허가를 받아야 하며(제1조), 발행 직전에 관할 관청에 2부를 선납하며(제10조), 황실 모독, 국헌 문란, 국제 교의의 저해를 금하며(제11조), 이를 위반할 경우에는 3년 이하의 징역에 처하고 기기를 몰수한다.(제25조) 또한 치안을 방해하는 외국 도서의 기재를 금하며(제34조), 이를 위반할 경우에는 300만원 이하의 벌금에 처한다고 되어 있다.

시 하에 일본어로 인쇄되었다. 교사들은 일본인이거나 일본어를 말하는 조선 사람이었으며, 이러한 정책은 지금까지도 계속되고 있다. 일본인들은 조선 사람들이 한국어로 교육받는 것을 금지했다.

뿐만 아니라, 교육 제도를 일원화하고 교육 수준을 향상시킨다는 미명 아래 일본은 일련의 교육령을 제정토록 선동함으로써 조선 사람들이 받을 수 있는 교육의 기회를 제한했다. 종교적인 봉사와 지리에 관한 학습은 모든 학교에서 금지되고, 오직 일본 역사만을 가르쳐야 했다. 한국사와 서구의 역사도 모두 금지되었다.

한국의 학자들은 일본 이외의 외국 유학이 금지되어 있다. 정부의 감시를 받는 한국의 학생들은 도쿄제국대학에 유학하여 법학이나 역사학이나 경제학과 같은 과목을 전공할 수가 없다. 그들은 상업학교나 또는 무역 계통의 학교에 다니도록 강력한 권고를 받고 있으며, 상급학교에 진학하는 문제에서는 교활하게 차별 대우를 받고 있다.

"교육 개혁"이라는 미명 아래 한국의 학생들로 하여금 민주주의란 얼마나 유익한 것인가에 대하여는 무지하도록 만들고, 일본 군사 독재의 발굽 아래 그들이 정신적으로 저급한 인물이 되도록 만들기 위해 조직적인 계획이 실현되고 있는바, 그렇게 함으로써 다음 세대가 정당한 정치의 근본 원리에 무지하게 되고, 뒤를 이을 수 있는 유능한 지도자의 배출을 저지할 수 있기 때문이다.

2. 경제적 압박

한국에 대한 압박은 언어나 교육에만 국한된 것은 아니었다. 경제적인 압박이 시작됨으로써 이미 몇 천 명에 이르는 한국의 상인과 지주들이 도산했다. 일본에 의해 정복된 이후로 비록 한국의 전체적 재화는 통계적으로 볼 때 증가했다고는 하지만, 이와 같은 수치는 화폐의 구매 가치가 하락한 데에서 오는 것이다.

오늘날 한국의 경제 상태는 지난날의 왕정 치하에서보다 더 악화되어 있다. 나라를 빼앗긴 뒤로 150만 명의 조선 사람들이 중국이나 시베리아로 이주했는데 그 근본적인 이유는 정복자들이 그들에게 가하는 경제적인 억압을 감당할 수 없기 때문이다.

합병 이전의 왕정 치하에서는 토지가 다음과 같이 4등급으로 나뉘어 있었다.

(1) 일반 개인이 소유하는 사유 토지.

(2) 왕에게 귀속된 왕실 토지 : 이 토지는 개인에게 영구히 임대되며, 소유권이 변경되지는 않지만 다른 개인에게 매도할 수 있는 권리와 상속할 수 있는 특전이 있다.

(3) 지방 관청이 소유하는 토지 : 이 토지의 명목은 여러 지방 관청에 귀속되어 있지만 실질적 인 소유권은 개인에게 귀속되어 있다.

(4) 사전(寺田)

사유지의 소유자는 정부에 세금을 납부하며, 왕실 토지의 관리자는 왕실에 공물을 상납하며, 지방 관청 토지를 소유하고 있는 사람은 그 소유권을 쥐고 있는 각 해당 관청에 임대료를 지불하며, 사전은 면세를 받는다. 이 사전은 불교도들 사이에 공동체적인 계획에 따라 경작된다. 토지에 대해 일본인들이 취한 최초의 조처는 전국을 조사하여 왕실에 소속된 토지와 지방 관청에 소속된 토지, 그리고 사전을 몰수하는 것이었다.

이 토지들은 개인에게 소속된 것이 아니기 때문에 당연히 정부의 재산이 되어야 한다는 학술적인 근거에서 그들은 그와 같은 조처를 설명했다. 한국의 지주들은 소유권을 빼앗긴 채 아무런 보상도 받지 못하고 쫓겨났으며, 토지는 일본인 농부에게 임대되거나 매도되었다. 일본의 병탄에 항거했던 몇몇 조선 사람들은 거칠게 만들어진 나무 십자가에 매달린 채 총살당했다.

한국의 일본 식민화를 촉진시키고 이 나라를 더욱더 일본화하려고 일본 정부의 감독 하에 동양척식회사가 설립되었다.[4] 한반도에로의 일본 이민을 유인하려고 이 회사는 모든 일본인 이주자들에게 교통편을 무료로 제공하는 한편 그들에게 집과 토지를 마련해 주고는 3~4년에 걸쳐 갚도록 했다. 이론적으로 볼 때 이와 같은 계획은 폴란드를 프러시아화하려던 비스마르크(Otto von Bismarck : 1815~1898)의 이상과 일치하고 있다.

일본인들이 토지를 점탈하는 또 다른 방법으로서는 터무니도 없는 헐값으로 토지를 팔도록 조선 사람 지주들을 강압하는 것이었다. 한국에서 쌀은 주요한 농산물이기 때문에 논으로 들어가는 물길은 이 평야에서 저 평야로 줄줄이 이어지고 있다. 동양척식회사의 직원들은 자기들이 원하는 논으로 들어가는 봇도랑을 산다. 그런 다음 일본인 직원들이나 그 "소유자"들은 물길을 끊어 버린다.

그렇게 되면 조선 사람 지주들은 이에 항쟁하지만 도무지 부질없는 저항임을 알게 되고 드디어 이제 아무 쓸모도 없이 된 땅을 팔지 않을 수 없게 된다. 그러한 어려움 속에도 끝까지 버티는 사람들은 결국 굶어 죽게 된다. 한국의 옥토의 1/3은 이미 일본인의 수중에 들어갔다.

3. 종교 탄압

종교 문제에 관해 살펴보면, 애당초부터 이는 가장 중요한 부분을 이루고 있었다. 합병 2년 후인 1912년에 총독 데라우치는 한국 교회의 박해 사건[5]

4) 동양척식회사는 1908년에 설립되어 서울에 본점과 17개 지점을 두고 조선 사람의 토지 매수에 힘썼던 일본 식민지주의의 마수였다.

이라고 알려진 한 사건을 꾸몄다. 한국의 사상계와 교육계의 지도자인 저명한 목사들이 한 음모에 연루되어 투옥되었다. 미국인 선교사들이 재판에 회부되어 총독의 암살 음모에 연루되었다는 죄목으로 기소되었다.

이 사건은 전 세계적인 주목과 항의를 받았다. 일본인들은 미리 자백서를 마련해 두었다가 은밀한 고문을 거쳐 수감자들의 날인을 받았다. 그러나 해외 여론의 두둔을 받아 공개 재판정에 출두한 피검자들은 자신의 자백을 부인했으며, 조사해 본 결과 그들의 자백은 터무니없는 거짓임이 밝혀졌다.

이 사건은 저 유명한 "허위 음모 재판 사건"으로서 문명 세계가 일본의 검색과 선전의 표면을 꿰뚫어 볼 수 있는 최초의 기회가 되었으며, 이로부터 문명 세계는 두려운 눈으로 한국의 진상을 바라보기 시작했다. 조선 사람 기독교도들의 기소가 어느 경우에는 불합리하다는 것이 평양의 길 목사[6]의 경우에 잘 나타나고 있다. 그는 소년들의 끽연이 옳지 않다고 설교했다는 이유로 기소되었다. 기소의 내용을 보면 "제본즈의 논리"[7]를 위한 하나의 걸작이었다. 그 내용은 다음과 같다.

> 길 목사는 담배 피우는 것을 반대하는 설교를 했다.
>
> 담배 사업은 정부의 전매 산업이다.
>
> 담배를 태우는 것에 대해 반대하는 설교를 하는 것은 정부의 제도를 해롭게 하려는 것이다
>
> 정부에 해로운 일을 하는 것은 반역이다.
>
> 그러므로 길 목사는 반역죄를 지은 것이다.

---

5) 세칭 "105인 사건"을 의미한다. 본서 부록 2. 105인 사건 참조.

6) 3 · 1운동 33인 가운데 한 명인 길선주(吉善宙, 1869~1935) 목사를 의미한다. 그는 평남 태생으로 한의술을 공부하다가 목사가 된 뒤 독립 운동에 투신했으며, 육영 사업에도 힘써 숭실학교와 숭덕학교를 설립했다.

7) 제본즈(William S. Jevons : 1833~1882) : 영국의 경제학자이며 논리학자. 상품의 가치는 생산비에 의하기보다는 한계 효용에 의해 결정된다는 논리를 전개했다.

이 사건은 한국에서 일본의 법정이 조선 사람을 어떻게 재판했는가를 보여주는 한 예에 지나지 않는다. 5명 이상이 모이는 종교 집회는 정부의 허락을 받아야 하며, 기독교도들은 그들의 종교의식을 거행하려면 이를 허락하는 특별한 허가를 받지 않으면 안 된다. "주의 군대"[8]와 같은 찬송가는 조선 사람들 사이의 민족주의를 조장한다는 이유로 금지되었다. 보통 일요일의 예배 때에는 더 말할 나위도 없고, 대규모의 교회 집회에는 항상 스파이와 형사들이 참석하고 있다.

오늘날 한국에서 봉사하고 있는 외국인 선교사의 수는 300명에 이르고 있는데, 그 가운데 도 장로교, 감리교 그리고 가톨릭교가 특히 영향력을 미치고 있다. 신·구교를 가릴 것 없이 선교사들은 남녀 모두가 실제 생활에 뛰어들어 열심히 일하고 있으며 두 교파의 교의를 모두 포교하고 있다. 그들은 교회를 설립하고 선교 사업을 벌이는 것은 물론이고 병원을 개설하고 학교를 설립하고 있다.

4. 이중적 기준

한국의 사회적·지적·도덕적·경제적 생활은 두 계층으로 나뉘어 있는데 하나는 일본인을 위한 것이고 다른 하나는 조선 사람을 위한 것이다. 애당초부터, 국민 사이에는 정치적인 특혜와 차별 대우가 시작되었다. 사회적으로 조선 사람들은 일본인들의 모욕과 멸시의 대상이 되고 있으며 일본인들은 기회가 있을 때마다 조선 사람에게 상전 행세를 하고 있으며 모욕을 주고 있다. 조선 사람들은 자신이 동양 문명의 찌꺼기 조각과 같은 열등 종족에 지나지 않는 존재로 느끼도록 항상 강요를 받았다.

8) 개편 찬송 381장.

황실의 태자로부터 하천한 노동자에 이르기까지 모든 남녀노소들은 그들의 핏줄 속에 옛 한국의 자랑스러운 피가 흐르고 있으면서도 수모를 겪어야 했는데 이는 인간성에 대한 모독이다. 그들은 정부의 가벼운 법규들을 아무런 악의 없이 위반하도록 다른 사람의 조종을 받는다.

조선 사람들은 길을 가다가도 일본인들의 팔꿈치에 쥐어 박히고 얼굴에 침을 받으며 고리대금업을 하는 일본인 사기꾼들과 투기업자들의 합법적인 미끼로 취급되고 있다. 만약 조선 사람들이 자신의 재산을 저당 잡히거나 돈을 꿀 경우 일본인 투기업자들은 연리 70%의 높은 이자를 받고 있다.

어느 곳을 가든지 그와 같은 "이중적 기준"이 성행되고 있다. 조선 사람과 일본인은 같은 죄를 지을지라도 전혀 다른 두 가지의 법률에 의해 처벌되고 있다. 만약 일본인이 체포되어 경범으로 유죄 판결을 받으면 그는 벌금을 물고 방면되지만, 만약 조선 사람이 그와 꼭 같은 죄목으로 체포되면 그는 벌거벗은 몸에 20~30 도의 볼기를 맞아 인사불성이 되는 경우가 흔히 있다. 오늘날 일본의 감옥에는 구타와 매질과 같은 중세기적인 야만적 풍습이 아직도 자행되고 있다.

보고서에 따르면 조선 사람 죄수들을 다룰 경우에는 늙은이나 연약한 아녀자들에게까지도 이와 같은 형벌을 자행하고 있다고 한다. 자백을 얻으려고 매질이나 구타뿐만 아니라 고문과 학대도 자행되고 있다는 것이 때때로 증명되고 있다. 일본인들이 사용하는 고문 방법은 희생자를 가장 참혹하게 만들어 놓으면서도 몸에는 아무런 흔적도 보이지 않도록 하는 중세기의 고문대(rack)와 유사하다고 하는데, 이 방법에 따르면 신경과 근육을 잡아 늘여서 때로는 전신 또는 부분의 마비 현상이 일어난다.

일본이 한국을 병탄한 이후 범죄는 계속 증가했다. 1911년에는 7,342명의 조선 사람이 유죄 판결을 받았으며, 일본의 통계에 따르면 1915년에는 14,411명이 유죄 판결을 받았는데 이는 숫적으로 거의 2배에 가까운 것이다. 이와 같이 범죄자가 2배로 증가하게 된 이유 가운데 하나는 "이중적 기준"으로 운영되는 일본의 사법 제도에서 찾을 수가 있다.

조선 사람은 일본의 법정에서 재판을 받는데 이곳의 관리와 판사는 군사 독재의 앞잡이들이다. 그가 받는 재판은 피정복자에 대한 정복자의 재판인 것이다. 미국의 즉결 재판에 해당하는 약식 재판의 1915년도 기록에 따르면 총 59,483 명의 피고 가운데 단 7명만이 훈계 방면되었으며 단 40명만이 무죄 판결을 받았다. 이 약식 재판소에서는 경범과 행정 법규의 위반자들을 다루고 있다.

이와 같은 "이중적 기준"은 사법 제도에는 물론이고 행정부의 인사에까지도 확대되고 있다. 소위 조선 사람 시장들은 세계의 이목을 "속이려는" 일본 정책의 장식물에 지나지 않는다. 그들은 모두가 일본인 고문을 채용해야 하는데, 이 고문들은 시장에게 무엇을 해야 하며 어디에 서명할 것인가를 일러준다. 이 고문들이 실제로는 시장 역할을 하고 있으며 봉급도 평균 시장의 약 2배를 받고 있다. 예를 들면 월봉이 70원인 어느 조선 사람 시장의 고문은 그의 업무의 댓가로 한 달에 150원을 받고 있다.[9)]

이와 비슷한 방법으로 돈이 많은 조선 사람은 모두가 일본인 집사를 두어야 한다. 이 일본인 집사는 그 조선 사람의 수입과 지출에 대한 회계를 장악하고 있기 때문에 자본주는 그가 알지 못하는 사이에 그의 허락 없이는 일전 한 푼도 쓸 수가 없게 되었다. 이 집사는 정부 당국의 뒷받침을 받고 있다. 만약 돈 많은 조선 사람이 그의 일본인 집사의 허락도 없이 막대한 돈을 쓴다면 그는 반정부적인 일에 가담하고 있을는지도 모른다는 혐의로 그의 재산은 몰수당할 수도 있다.

이와 꼭 같은 이유로 조선 사람들은 은행으로부터 일시에 500달러 이상을 인출할 수가 없다. 이와 같은 조처는 모든 금전 거래에서 조선 사람 상인

9) (원저자 주) 1원은 70센트임.

한국인과 일본인의 임금 대비표

	일본인	한국인
석수	일당 1원 96전	일당 1원 2전
미장이	" 1원 54전	" 96전
목수	" 1원 44전	" 1원 2전
벽돌쌓는이	" 1원 40전	" 1원 2전
대장장이	" 1원 20전	" 60전
식자공	" 80전	" 45전
양조공(숙식 포함)	월 16원	월 7원

에게는 심각한 타격을 주는 반면에 일본인 경합자에게 결정적인 이점을 주고 있다.

"이중적 기준"의 또 다른 사례는 노동자와 숙련공의 임금의 폭에서도 나타나고 있다. 일본인의 보통 노동자들은 조선 사람 노동자들이 받는 임금보다 절반 이상을 더 받고 있다. 그 밖의 임금은 다음의 표와 같다.

이와 같은 이중적 기준이 적용되고 있는 전체적인 범위는 아마 결코 알려지지 않을 것이다. 왜냐하면 가능한 한 일본은 세계의 이목으로부터 그와 같은 사실을 숨기려고 노력해 왔기 때문이다. 독일이 벨기에에 대한 자신의 통치의 진상을 억누른 것과 마찬가지로 일본의 독재정치도 왜곡된 성명이나 발표하고 불리하면 부인하는 발언만을 되풀이했다.

말로서는 이루 표현할 수 없는 일들, 이를테면 기만과 교지, 비밀리에 자행되는 차별 대우, 조롱 그리고 이중적인 대우 등이 세계의 이목으로부터 가려진 채로 조심스럽게 자행되고 있으며, 특히 정의를 사랑하는 미국인과 유럽인들에게 보이지 않는 곳에서 자행되었다.

그 동안 9년에 걸친 통치와 탄압으로 야기된 이루 말할 수 없는 고통과 상처를 알 사람은 아마 아무도 없을 것이다. 한국에 대한 일본의 군사적 독재로 말미암아 일어난 비탄과 타락, 슬픔과 죽음은 너무도 끔찍스럽고 너무도 치욕적인 것이어서 말할 수조차 없다. 아르메니아,[10] 세르비아[11] 그리고 벨기에와 프랑스의 피정복지에서 일어나고 있는 전율할 사실들과 마찬가지로 한국에서 벌어진 끔찍스러운 진상들은 결코 알려지지 않을 것이다.

---

10) 국가적으로 표현할 경우에는 소비에트연방공화국 내의 아르메니아 공화국을 의미하지만 여기에서는 아르메니아 민족을 의미한다. 이 민족은 소아시아를 둘러싸고 있는 열강의 틈바구니에서 오랫동안 고초를 겪어 왔으며, 지금은 소련, 시리아, 이란, 터키 등에서 피압박 민족으로 전락되어 있다가 동구라파 붕괴 이후 자치를 얻었다.

11) 현재 유고슬라비아의 주축 민족임. 4~5세기경에 이주하여 14세기에는 터키 지배 아래에서 쇠퇴했고, 그 뒤 오스트리아령이 되었다가 다시 터키령이 되었다. 두 차례의 민족해방 전쟁을 거쳐 1882년에 독립 왕국을 세웠으나 제 1차 세계 대전의 발단인 사라예보 사건으로 많은 곤욕을 겪었고 지금까지도 인종 분쟁의 소용돌이가 되어 있다.

제 4 장 3 · 1 운동

한국에서의 독립 운동은 처음 있는 일이 아니다. 일본이 한국의 내각을 강압하여 종주권을 포기토록 하고 억지로 한민족의 통치를 시작한 직후인 14년 전부터 이미 독립 운동은 시작되었다. 일본의 굴레가 이미 자신의 목에 씌워짐으로써 그 당시로서는 일본의 강대한 군사적 독재로부터 자신의 동족을 해방시키고자 어떠한 행위도 부질없는 일임을 알게 된 많은 한국의 지도자들은 외국으로 망명했다.

최후의 절망적인 순간까지도 조국을 구하려고 노력하다가 실패한 다른 사람들도 중국과 미국등지에서 자신의 안전을 찾지 않을 수가 없었다. 이 망명객과 애국자들은 점차로 회동하여 단체를 조직했고, 이렇게 하여 구성된 단체의 구성원들은 일본의 마수로부터 조국에 남아 있는 동족들을 구출하려고 자신의 여생을 바쳤다.

대개의 경우 이 단체들은 한국의 학자들이나 또는 미국의 대학교와 대학 예과를 졸업한 사람들로써 구성되었다. 이들은 일본 정부가 비난하고 있는 것과 같이 과격한 급진주의자들이나 시무룩한 정치인들이나 또는 볼셰비키로 구성되어 있는 것은 아니다.

이와 때를 같이하여 한국 내에서도 일본의 집요한 스파이망에도 불구하고 저들과 유사한 목적을 갖는 단체들이 조직되었다. 이들 단체 가운데 그

3 · 1 운동 시위 군중

파고다 공원 앞의 일본 경찰

규모가 가장 큰 천도교는 그 자체가 일본 당국에 의해 조장되고 있었다. 천도교는 아마 기독교를 반대하여 창도된 듯한 종교 의식으로서, 그 교리는 불교와 도교와 조상 숭배 의식과 한국의 미신을 종합한 것이었다.

실제로 보면 천도교는 하나의 거대한 정치 집단으로서 신도는 300만이 넘는 애국적인 조선 사람으로 구성되어 있다. 조용히 그리고 주의 깊게 숙고하면서 천도교도들은 그들이 부딪칠 그 날을 위해 대비하고 있었다. 그러던 중에 유럽에서 제1차 세계 대전이 일어나고 미국 대통령 윌슨이 1917년 상원에서 행한 다음과 같은 위대한 연설과 더불어 그때가 온 것이었다.

> "…… 자기 자신에게 적대적인 교의와 목적에 몰두하고 있는 정부의 권력 아래에서 이제까지 살아온 모든 인민들은 이제부터 생명과 종교와 산업적 · 사회적 계발에 대해 침해당할 수 없는 안전을 보장받아야 한다."

드디어 공격할 때가 온 것이다. 민족자결주의와 더불어 파리에서 평화 회의가 개최되자 이제까지 억압 속에 살아온 조선 사람들에게는 자신의 문제를 전 세계에 제시할 수 있는 대망의 기회가 왔다. 그리하여 1919년의 막이 열리면서부터 해외에 망명하고 있던 한국의 애국자들은 은밀히 한국에 잠입하여 본국 내의 비밀 결사들과 접촉하면서 자신의 독립을 되찾으려는 운동을 시작하려고 단체들을 조직했다. 그들의 작업은 조용한 가운데 진행되었지만 효과적인 것이었다.

그들의 계획은 "비폭력 혁명"을 시작하려는 것이었다. 누구도, 심지어는 일본인까지도 해를 입히지 않도록 했다. 어떠한 재산도 파괴되거나 피해를 입지 않았다. 어떠한 급진주의나 세계산업노동조합주나 볼셰비즘은 용납되지도 않으며 어떠한 방법으로도 이들이 독립 운동과 결탁되지 않도록 되었다. 그러나 일본의 군사적 독재로부터 조국을 해방시키려는 자신의 목적을 달성하게 되는 날까지 굽히지 않는 비폭력 운동을 유지 · 계속하기로 했다.

1. 준비

1월 하순이 되어 한 사건이 일어남으로써 문제의 실마리를 풀어 주었다. 태황제인 고종이 서울에 있는 그의 대궐에서 승하한 것이다. 그의 죽음은 지극히 특이한 것이어서 그는 자신의 아들인 태자 이은 공과 일본의 왕녀 나시모토노미야와의 결혼이 이루어지는 것을 막으려고 자살했다는 소문이 국민들 사이에 나돌게 되었다.

이 혼례는 태황제가 승하한 1주일 후인 1월 29일에 식을 올리기로 되어 있었다. 태자 이은 공은 그 전에 이미 한국의 한 규수와 혼약이 되어 있었지만 몇 년 전 태자가 일본으로 끌려갔을 때 강제적으로 파혼되었다. 이 무렵 그 규수의 아버지가 파혼과 거의 때를 같이하여 태황제의 죽음의 경우와 너무도 꼭 같은 특이한 상황에서 죽었다(소위 졸도했다)고 하는데, 이때도 그의 죽음의 진정한 원인은 자살이었다는 소문이 나돌았다. 이러한 사정들은 전국을 통해 국민들에게 강력하게 파급됨으로써 태황제의 죽음은 큰 영광과 경배를 받았다.

그리하여, 다른 이유도 물론 있었지만, 그의 인산일인 3월 4일[1]에 시위를 벌이기로 작정되었다. 당시 일본 당국은 강력한 스파이망을 운용하고 있었다. 이와 같은 체제 아래에서 모든 조선 사람들은 형사범처럼 등록되어 각기 번호가 매겨져 있고 이 번호가 경찰에 보고되어 있었다.

조선 사람들이 자신의 거주지를 떠날 경우에는 당지 경찰서에 출두하여 자기의 여행 이유와 행선지를 알려야 한다. 외국공사관이 서울에 몰려 있고 독립 운동의 전체 목적이 대외적으로 독립을 인정받고 또 이를 대외적으로 공표하는 데 있었으므로 서울을 활동의 중심지로 하도록 일반적인 계획이

1) 인산일은 3월 4일이 아니고 3월 3일이다.

짜여졌다.

아무런 특별한 이유도 없이 국민들이 갑자기 서울로 몰려든다면 곧 일본 경찰로부터 의심을 받게 될지도 모를 일이다. 그러나 만약 지방의 국민들이 태황제의 인산에 참여하려고 서울로 올라온다면 의심이 생길 리가 없을 것이다. 다른 이유도 물론 있었지만, 이와 같은 이유에서 지도자들은 3월 4일을 시위 일자로 결정했다.

어찌된 셈인지 시위의 정보가 경찰 당국에 누설되었다. 그러나 일본의 경찰 당국과 스파이망은 대다수가 조선 사람으로 조직되어 있는데 일본인들은 이들 조선 사람 정보원들이 완전히 자기들의 앞잡이가 되었다고 생각하고 있었다. 실제로는 이 정보원들은 경찰, 밀고자, 그리고 헌병대에 서서히 잠입하여 자기의 동족들이 그토록 증오하는 일본인들에게 일격을 가할 수 있도록 준비하고 있었던 것이다.

일본 당국자들은 시위가 있으리라는 정보를 입수한 즉시 이 "위장된" 일본 형사들로 하여금 급히 사실을 알아보도록 명령했다. 이 충성스러운 조선 사람들은 즉시 그러나 거사의 단 며칠 전에 지도자들에게 이 사실을 알렸으며, 이에 따라 지도자들은, 인산의 예행 연습이 있기로 된 3월 1일, 토요일에 거사하기로 일정을 변경했다.

조선 사람들의 장례식 예행 연습은 인산 그 자체에 못지않게 성대한 것이다. 그렇기 때문에 예행 연습에 참석하려고 서울에는 하루에 5천 명씩 몰려들었는데 이는 조금도 이상할 것이 없었다. 그러는 동안에 종교와 종파의 모든 계급을 대표하는 저명 인사들은 독립선언문을 작성하고 이에 서명했다. 당일에 있을 행동 지침과 선언서의 등사물은 충성스러운 어린 여학생들의 도움을 받아 전국 각처에 배포되었다.

여학생들은 선언서를 그들의 넓은 소맷자락에 감추고 이 마을에서 저 마을로 터벅터벅 걸어 다니며 자유의 소식을 전달했다. 지도자들은 반도 전역의 모든 큰 도시와 마을에서 동시에 비폭력 시위를 벌이기 위해 용의주도하게 계획을 세웠을 뿐만 아니라, 도쿄, 상해에서, 그리고 일본, 중국, 만주, 러시아, 미국, 그리고 그 밖의 여러 나라의 각 도시에서도 마찬가지로 계획이 추진되었다.

서울의 시위대는 각 3천 명을 1대로 하여 각 대에 1명씩의 지도자를 배치하여 애국가를 부르고 만세를 부르며 각기 다른 영사관과 관공서로 행진하기로 했다. 그들은 일본 경찰에게 저항하지 않기로 했다. 그들은 설사 맞거나 투옥되거나 심지어 죽음을 당할지라도 아무런 불평 없이 형을 감수하고 한국의 이름과 독립운동의 명예를 더럽힐는지도 모르는 일체의 행위를 하지 않기로 했다.

2. 시위의 개시

시위가 있기 전날 밤 독립선언문의 서명자 33인 가운데 29인[2]이 서울에 모여들기 시작했다. 진행을 최종 점검하고 선언문을 최초로 낭독해 본 후[3]에 그들은 모두 어느 유명한 요릿집[4]으로 회장을 옮겨 최후의 만찬[5]을 함께 들었다. 이 만찬은 세계 어느 민족의 역사에서도 일찍이 볼 수 없었던 가장 특이한 것이었다.

자신들의 이름이 서명된 독립선언문이 일본 당국에 들어가는 즉시 자기

---

2) 이때 독립선언 장소에 참석하지 않은 사람은 길선주 · 유여대 · 김병조 · 정춘수 등 4명이다. 2월 28일에 이미 33인이 회집하였다는 필자의 기록은 잘못된 것이다. 그들이 모인 것은 3월 1일이었다.
3) 이때 29인은 독립선언문을 낭독하지는 않았다. 한용운의 연설과 만세 삼창만이 있었다.
4) 인사동에 있는 명월관의 지점인 태화관으로서, 이 건물은 아이러니컬하게도 매국노 이완용의 구저였다.
최인, "백서전", 『여암문집』(上)(서울 : 여암선생문집편찬위원회, 1971), p. 20 참조.
5) 만찬이 아니라 1시에 만났으니 오찬을 들었다.

들은 체포되어 처형되거나 아니면 투옥되리라는 것을 그들은 지금 잘 알고 있었다. 그들은 모두가 일본의 스파이망의 능력과 방법을 잘 알고 있었다. 그들은 탈출을 시도한다는 것이 부질없는 짓임을 알았다. 그리하여 연회를 마치고 마지막 축배의 말을 한 다음 그들은 전화로 일본 경찰을 불러서 자기들이 이제까지 한일과 또 자기들은 이미 투옥당할 준비가 되어 있음을 알리었다.

그런 다음 그들은 조국의 자유를 위한 제물로 자기의 목숨을 바치면서 조용히 정부 당국자가 도착하기를 기다렸다. 경찰이 도착했을 때 누구도 저항하지 않았다. 그들은 자동차에 실려 감옥으로 끌려갔다. 서명자 가운데 한 사람[6]은 너무 늦어서 회합과 만찬에 참석하지는 못했지만 즉시 감옥으로 가서 다른 사람들과 꼭 같이 대해 줄 것을 요청했다.

그 다음날인 3월 1일 오후 2시를 기해 전국의 대도시에서는 일제히 독립운동 시위가 전개되었다. 약속된 시간이 되자 시민들은 시위를 벌일 모임에 참가하려고 미리 예정된 장소에 집결했다. 이들 회합에서 어떠한 일이 있었는가에 대하여는 한국의 고도인 평양에서 사실을 목격한 미국인 선교사에 의해 가장 잘 표현되고 있다.

> 3월 1일, 조선 사람들 사이에는 여러 날 동안 참아 온 흥분이 감도는 것으로 생각되었으며 무슨 중대한 일이 일어나리라는 소문이 나돌았다. 모페트 박사,[7] 홀크로트 씨 그리고 나는 지방의 회합에 참가하여 무슨 일이 일어나는가를 직접 목격하기로 했다. 우리는 광장에 군중들이 가득한 광경을 보았

---

6) 길선주(吉善宙 : 1869~1935) 목사를 의미한다. 평양 장로교회 목사였던 그는 3월 1일 오전 6시 남대문역에 도착했다가 몇 시간 뒤 종로 경찰서에 자진 출두했다.

7) 모페트(S. A. Moffett : 1864~1939) : 한국명은 마포삼열 또는 마부열. 미국인 장로교 선교사로서 1890년에 입국하여 평양신학교를 설립, 교장이 되었고 "105인 사건" 당시에는 이를 세계에 알려 국제 여론을 일으켰다. 숭실전문학교 창립에 주동 역할을 하고 1918년에 교장으로 취임하여 육영사업에 종사하다가 1934년에 귀국했다.

다. 우리가 목회하는 교회 학교의 생도들이 거기에 있었으며 관립학교에서도 많은 학생들이 참가하고 있었다.

건물의 입구 앞쪽에는 연단이 설치되어 있었으며 이를 둘러싸고 이 도시의 조선 사람 목사 몇 사람과 장로교회의 집사들이 자리를 잡고 있었다. 내가 들어갔을 때에는 제5교회의 목사이며 총회의 주관자인 김선두[8] 목사가 연설하고 있었다. 제4교회의 강규찬[9] 목사는 승하한 황제의 약력에 관해 이미 연설한 뒤였다. 김선두 목사는 자기의 연설이 끝나자 또 다른 일이 남아 있으니 시민들은 각기 그대로 착석해 달라고 부탁했다.

축복의 기도가 있은 다음 김선두 목사는 실제로 한 국민의 독립선언문을 읽어 내려갔다. 선언문 낭독이 끝나자 다른 한 사람이 단상에 올라와서 어떠한 불법적 행위도 허락되지 않지만 모든 시민들은 주어진 지시에 따를 것이며 당국에 저항하거나 또는 일본인이나 관리들을 공격하지 말라고 말함으로써 앞으로의 군중들의 행동 방향을 설명했다.

그런 다음 강규찬 목사는 군중들이 독립 운동에 관해 관심을 가져 달라고 연설했다. 그의 연설이 끝났을 때 몇 몇 사람이 한 아름씩 작은 한국 국기를 들고 건물로부터 나오더니 이를 군중들에게 나눠주었다. 그러고 나서 하나의 커다란 한국의 국기가 연단의 뒷벽에 걸리고 군중들은 만세를 부르고 국기를 휘두르며 거칠어지기 시작했다. 그들은 모두가 대열을 짓고 국기를 흔들면서 만세를 부르는 이외는 아무 말도 하지 말고 행진하라고 설명했다.

---

8) 김선두(金善斗 : 1876~1949) : 평양 출생. 평양 신양리의 목사로서, 3 · 1운동 당시에는 경성 지방법원에서 1년 6개월의 징역을 받았다. 성진의 욱정교회 목사(1933)를 거쳐 만주 봉천 일대에서 선교와 신사 참배 거부 운동을 전개했다. 1946년에 월남하여 전교하다가 서울에서 별세함.

9) 강규찬(姜奎燦 : 1874~1945) : 평북 선천 출신. 선천 신성학교 한문 교사. "105인 사건"에 연루되어 1심에서 5년형을 받고 2심에서 무죄가 된 바 있으며, 출옥 뒤에 복직이 되지 않아 선천 북교회의 조사로 일하다가 목사의 안수를 받음(1918). 3 · 1운동 당시 평양 산정교회의 시위를 주도하고 다시 경성지방법원에서 1년형을 받음. 그 뒤 신사 참배 거부 운동에서 활약함.

이와 같이 일 단계의 집회가 끝나자 군중들은 지방 지도자들의 뒤를 따라 행렬을 만든 다음 국기를 흔들고 만세를 부르며 거리를 행진했다. 새로운 수도인 서울에서는 대학생, 고등학생 그리고 초등학교 학생들 몇 천 명이 점 하나 없는 흰옷을 모두 입고 파고다공원에 모였다. 집회를 마친 다음 군중들은 공원에서부터 중앙 거리를 통해 광장으로 행진했다가 그곳에서 미리 작정했던 대로 각기 3천 명씩 무리를 나누어 외국 영사관으로 갔다. 각국 영사들이 밖으로 나와 그들에게 인사를 보냈다.

시위는 처음에서부터 모두가 지도자의 지시를 엄격히 따랐다. 어느 모로 보나 시위는 "무저항적"인 것이었다. 군중은 무장하지 않았으며 행렬은 젊은이와 학생은 물론 노인과 부녀자들로 구성되어 있었다. 군중들은 "홀드 랭 사인"의 곡에 맞춘 한국의 국가를 부르고 국기를 흔들고 만세를 외치면서 거리를 꽉 메웠다.

시위를 목격한 외국인들의 말에 따르면, 이번의 시위는 그들이 이제까지 목격한 것 가운데 가장 특이한 것 가운데 하나였다고 한다. 새롭게 눈뜬 자유로 맥박이 고동치는 이 거대한 백의의 군중은, 그들에게 아무런 명분도 없이 고문과 약탈을 자행해 온 바로 그 일본인들로 사방이 포위되었다. 그러나 시위대는 일본인들의 과오에 대해 보복할 수 있는 기회가 드디어 이른 지금에 와서도 아무런 보복을 하지 않았다.

이는 그와 같은 행동을 하는 것은 자기 조국의 명예를 더럽히는 것이라고 생각했기 때문이었다. 그 당시 한국에 거주했던 일본인의 숫자는 조선 사람에 대비하여 17/1,000이었다는 점을 생각할 때 만약 한국의 시위대가 무저항적인 행동으로 나가지 않았더라면 어떠한 사태가 발생했을까 하는 점을 짐작할 수가 있다.

3. 일본 경찰

처음 시위가 벌어졌을 때 일본 경찰들은 시위대를 어떻게 조사해야 할는지를 몰랐다. 많은 조선 사람 경찰과 위장된 스파이들은 제복을 벗어 던지고 군중에 합세했다. 서울에서는 몇 백 명의 헌병들이 총칼로 무장하고 시위대를 좇아가 그들을 해산시키려고 노력했다. 그러나 일단 한 곳에서 해산한 군중들은 곧 더 많은 수효로 다른 곳에서 운집했다.

한 무리의 시위대는 일본인 거리로 행진해 갔다. 이곳에서 경찰들은 그들에게 총칼로써 공격했으며 6명의 여학생을 포함하여 15명의 학생들이 체포되었다. 피검자들은 아무런 저항도 하지 않으면서 감옥으로 들어갔다. 곧 감옥은 넘칠 듯이 시위대로 가득 찼다.

해질 무렵이 되자 군중들은 해산했지만 1시간이 지난 뒤 신성학원에서 몰려나온 200명의 학생들은 학교 앞에 모여 한국의 독립을 위한 만세를 삼창했다. 그런 다음 그들은 거리로 행진을 시작했으며 그들 가운데 몇 사람은 즉결 재판소와 형무소에서 독립선언문을 배포했다.

다른 학생들이 독립선언문을 배포하는 동안 몇 몇 사람은 군중을 향해 연설했다. 경찰은 즉시 군대의 출동을 요청했다. 총칼로 무장한 군대는 서슴지 않고 시위대를 돌격하여 끔찍하게도 많은 사람들을 해쳤는데 희생자 가운데에는 아녀자와 노인들과 헌병은 물론이고 일본 시민과 소방대원까지도 죄 없는 군중들을 때리고 걷어찼다.

외국인들이 없는 작은 도시에서는 사태가 더욱 악화되었다. 예를 들면 헌병들은 총알이 다 없어질 때까지 군중들에게 발포했다는 보도가 있다. 일본 정부는 곧 자기들에게 유리한 사항을 해외에 알리고 살육과 대량 학살에 관한 언질을 교묘히 회피함으로써 사실을 부인 · 은폐하기 시작했다. 공식 보도에 따르면 사태는 지방에서 일어난 사소한 난동으로 과소평가되었으며,

독립운동가들의 학살 장면

불온한 지도자들에 의해 교사된 것이라고 발표했다.

한국의 저명인사들은 파리 강화 회의에 보내는 한 성명서에 날인하도록 강요를 받았는데 이 성명서의 내용을 보면, 이번의 독립선언문과 독립 운동 시위는 일반적으로 하층 계급에 의해 꾸며진 것이므로 조선 사람의 전체 의사를 대변하는 것은 아니라는 것이었다. 미국에 있는 일본인 관리들은 시위대에 대한 흉행을 부인하는 성명서를 발표했다.

일본의 군사 독재로부터 호의적인 대접을 받아 친일화한 일부 외국인들은 독립 운동을 맹렬히 비난했다. 그러나 검속과 부인의 베일 속에서도 무저항적인 시위는 계속되었으며, 터키인들이 아르메니아에서 자행했던 바와 마찬가지로 일본 경찰과 헌병들은 인도주의 정신과 문명에 거역하는 행위를 자행했다.

4. 흉행과 학살

서울에서 45마일 떨어진 제암리에서는 일본군이 도착하여 모든 기독교 여신도들을 교회로 모이도록 명령했다. 그들이 교회 안에 모이자 일본군은 그들에게 능숙하게 기관총을 발사함으로써 35명을 학살했다. 이와 같은 사실은 영국과 미국의 영사관 직원의 조사에서 확인되었으며 총독 하세가와 요시미치를 비롯한 일본의 당국자들도 이를 시인하고 있다.

제암리 가까이에 있는 또 다른 마을인 "수청" 마을도 불탔는데, 이때 불길에 싸인 집에서 뛰어나오던 주민들은 일본군의 사격과 칼질로 쓰러졌다. 보도에 따르면 이렇게 불탄 마을이 아홉 군데이며, 그 밖에도 많은 교회가 파괴되었다고 한다. 평양에 거주하고 있던 미국인 목사 로버츠[10]의 말에 따르면, 정주에서는 100명이 넘는 조선 사람들이 총살되었거나 타살되었다고 한다. 반도 전역을 통해 이와 같은 흉행이 자행되고 있다.

10세 밖에 되지 않은 어린 소녀들과 아녀자들, 그리고 여학생들이 자기의 조국을 위해 정열을 발산하고 독립을 외쳤다는 단순한 죄목으로 치욕적인 대우를 받았고 체형을 받았으며 또 고문을 당했다. 어린 소녀들이 꼬꾸라지고 잔혹하게 얻어맞았다. 일곱 살 아래의 어린 소년들 300여 명이 이미 살해된 것으로 알려졌다.

국제개혁국 동양부장으로서 현재 매사추세츠주의 보스턴에 살고 있는 트윙(Edward W. Twing)[11] 목사의 증언에 따르면, 1살짜리 어린 아이가 등에 총을 맞고 죽었다고 한다. 그가 역시 목격한 바에 따르면, 20여 명의 여

10) 로버츠(Stacy L. Roberts) : 한국명은 나부열. 평안도 일대에서 활약한 미국인 선교사로서 105인사건의 배후 조종자로 지목되어 많은 고초를 겪었다.

11) 그의 영문 이름의 정확한 표기는 확인할 수 없다. 본서 외신 보도편(p. 41)에는 E. W. Thwing으로 표기되어 있다.

학생들이 조용히 거리를 걷고 있었는데 총을 맞지는 않았지만 갑자기 일본군이 덮치더니 그들의 총으로 야만스럽게 구타하여 고꾸라뜨리고는 모욕적으로 그들을 대했다고 한다.

일본군들은 노인들을 잡아다가 재미 삼아서 쥐어박고 걷어차고 걸을 수도 없을 때까지 구타했다. 죽어 가는 사람에게도 등에 총을 쏘아댔다. 도망치는 사람들은 쫓아가서 군도로 찔러 쓰러뜨렸다. 손이 모자라 군경을 대리하여 출동한 소방대원들이 긴 쇠갈고리를 휘두르며 소년 소녀들을 쫓아가서 잡으려는 모습도 보였다.

평양에 있는 미국 선교사의 보고에 따르면, 그들은 이 쇠갈고리에 찍혀 죽은 한 노인을 갈고리에 꿰어 의기양양하게 끌고 다닌 일도 있었다고 한다. 미국인들도 체포되어 투옥되었다. 오하이오주 맨스필드 출신의 미국인 장로교 선교사인 마우리 목사[12]는 5명의 조선 사람을 이틀간 숨겨 주었다는 죄목으로 6개월의 징역형을 받았다.

샌프란시스코의 이대위(David Lee)[13] 박사가 입수한 정보에 따르면, 기독교도들은 남녀를 가리지 않고 일본인 교회로 끌려가 옷이 찢기고 십자가에 묶여 나체로 29회나 맞았다고 한다. 기독교 교회는 섬멸되고 성경책은 찢어졌다.

어린 소녀들은 머리채를 휘어 잡혀 집에서 끌려나와 전신주에 묶인 채로

12) 마우리(Eli M. Mowry : 1880~1971) : 미국 북장로교회 선교사. 미국 오하이오 출신. 웨스턴신학교를 졸업하고(1909) 그해에 내한하여 평양 일대에서 활약함. 숭의여학교와 평양고등성경학교, 숭실학교에서 교편을 잡음. 3·1운동 당시 평양 시위 주모자들에게 장소를 제공한 혐의로 옥고를 치렀으며, 그 뒤 숭실학교 교장으로 재직하다가 1940년에 강제 추방되어 미국에서 여생을 마쳤다.

13) 이대위(李大偉 : 1878~1928) : 평안남도 강서 출신으로 숭실학교를 졸업한 뒤 1903년에 미국으로 건너가 안창호와 함께 대한인국민회의 조직에 참여함.(1909) 『신한민보』 주필(1913)과 대한인국민회 북미지방총회장을 거쳐 이승만과 함께 구미주차외교위원회의 설립에 참여하여 활동하다가 과로로 사망함.

대중이 보는 앞에서 매를 맞았다. 아낙네들은 폭행을 겪고 비인도적인 악형을 겪었다. 민족이 다르다는 점은 물론 종교가 다르다는 것이 동물적인 야수 행위의 구실이 된 점만 다를 뿐, 벨기에에 대한 독일의 야만 행위가 여기에서도 재현되고 있는 것이다.

시위가 시작된 뒤 3개월 동안에 3만 명이 넘는 조선 사람이 피살되거나 부상을 입었다. 그들이 자행한 몇몇 행위의 두려움과 잔혹성은 도저히 믿을 수가 없다. 독립 운동을 진압한다는 미명 아래 모든 문명국의 법을 파기함으로써 일본의 군사 독재는 문명인의 존경을 더 이상 받을 수 없다는 것을 의심할 나위도 없이 입증했다. 일본 민족이 자기의 국가에서도 그러한 오점을 찍지 않았다는 현실이 도무지 믿어지지 않는다.

제 5 장 신생 독립국

한국 본토에서 독립 운동이 일어나기에 앞서 일본 도쿄에 유학하던 약 8백 명의 한국 학생들은 일본 황제와 의회에 보내려고 조국의 자유와 독립을 요구하는 청원서를 작성했다. 그들이 청원서를 전달하려고 했을 때 그들은 일본 경찰과 충돌을 일으켜 공개적인 싸움이 일어났다. 60여 명의 학생들이 체포되고 몇몇 사람은 징역형을 받았다.

미국에서도 뉴욕, 시카고, 덴버, 디트로이트, 오하이오주의 애크론, 콜로라도주의 푸에블로, 워싱턴주의 야키마, 와이오밍주의 슈페리어, 그리고 캘리포니아주의 샌프란시스코, 새크라멘토, 스탁튼, 리버사이드 및 로스앤젤레스 등지에 살고 있는 조선 사람들이 시위를 벌였다.

미국의 자유의 요람지인 필라델피아에서는 조선 사람들의 회합과 이에 동조하는 미국인들의 모임이 있었다. 이 회의가 폐회하기에 바로 앞서 대표들은 독립기념관의 선언실로 자리를 옮겼다. 여기에서 그들은 한국의 독립선언문을 낭독한 다음 유서 깊고 금이 간 자유종이 있는 곳으로 갔다. 무거운 침묵이 흐르는 가운데 그들은 종 위에 손을 얹고 눈을 감은 채로 조국의 자유와 독립 운동의 성공을 기원했다.

이 광경을 목격한 사람들의 말에 따르면 그 모습은 필라델피아시가 이제까지 목격한 의식 가운데 가장 인상적인 것이었다고 한다. 그러는 동안에도 멕시코, 마닐라, 상해, 북경, 시베리아 그리고 만주 등지에서도 시위가 전개되었다. 이곳에서도 대체로 한국의 독립을 외치는 선언서가 발표되고 외국 사절단의 손에 전달되었다.

시베리아의 우수리 강변에 있는 니콜스코에서는 국민회의가 소집되고, 임시 정부가 조직되어 만주에 임시 수도를 두었다. 8명으로 구성된 내각이 조직되고 18명으로 구성된 한 위원회가 새로운 정부의 임무를 맡았다. 임시 대통령은 당분간 공석으로 두었으며 그 위원회가 행정 업무를 맡았다.

하버드대학을 졸업하고 윌슨(W. Wilson)이 총장으로 재직하고 있던 프린스턴대학에서 철학 박사의 학위를 받은 이승만이 국무총리에 취임했다. 군무총장에 임명된 이동휘 장군은 즉시 군대의 조직에 착수했다. 저명한 기독교 출신의 교육자이며 미주한인국민회의 조직자인 안창호는 내무총장으로 임명되었다. 그리고 윤현진이 재무총장에, 남형우가 법무총장에, 그리고 네브라스카대학 졸업생인 박용만만이 외무총장에 임명되었다.

국제연맹에 조선 사람의 청원서를 제출하려고 3명의 대표가 임명되었다. 그들 가운데 두 사람은 정한교(Henry Chung) 박사와 이승만 박사인데, 이들은 일본이 한국을 병탄하기 직전에 한국을 탈출한 사람들이었다. 그들은 구한국의 여권을 가지고 있었는데 미국 국무성으로서는 미국과 일본의 외교 관계를 긴장시키면서까지 이들의 여권을 유효한 것으로 인정할 수는 없었다. 일본 정부가 이들에게 새로운 여권을 발급하지 않는 것은 너무도 당연한 일이었다. 그리하여 나머지 한 사람인 김규식(John K. Kim)만이 파리에 도착할 수 있었다. 그는 파리 평화 회의에 조선 사람의 청원서를 제출했는데, 이는 지금 그 의회에서 심의 중이다.

처음 시위가 일어난 다음 일본의 국방성에서는 한국에 2개 사단의 병력을 추가 파견하여 새로이 확장된 군사적 · 외교적 전략을 위한 준비에 착수했다. 평화 회의에서 자신의 입장을 유리하게 이끌기 위해 일본은 한 성명을 발표하고, 독립 운동이 진압되는 즉시 한국의 행정을 전면적으로 개혁하겠다고 "약속"했다. 일본은 "동양에서의 몬로주의"를 포명(佈明)했으며, 한국에 대한 일본의 통치를 필리핀과 쿠바에 대한 미국의 통치에 비유했다.

실제로 두 경우는 같은 것이 아니다. 필리핀에서는 참정권이 부여되었으며, 인민에 의해 선출된 필리핀 상원과 하원은 총독의 거부권을 무효화시킬 수 있는 권한을 가지고 있었다. 한국에서는 민중들에게 참정권이 없다. 이들에게는 의회 대표도 없으며 오로지 총독만이 전 한국에 대한 최고 통치권을 가지며 육군과 해군의 사령관이기 때문에 실제로 본다면 그는 그의 통치 지역에서는 제정러시아의 황제나 다름이 없다.

신생 공화국이 수립되자 한국민은 스스로를 통치할 충분한 능력이 없으며 독립 운동은 러시아의 볼세비즘의 파급에 따라 표면화된 것이라는 비난이 나돌았다. 사실상 새로운 임시 정부는 매우 실무적인 목적에 근거하고 있었으며 가능한 한 대중의 교육에 적합한 미국의 정부를 본뜬 것이다. 어느 모로 보나 새 정부는 재화의 재분배나 산업의 국유화나 토지국유화나 공산주의 또는 그 밖의 이상주의적 · 무정부주의적 · 볼세비키적 꿈을 지향하고 있는 것은 절대로 아니다.

지도자들은 능력이 있고 보수적인 대학 출신이며, 한국 민중의 한계를 잘 알고 있다. 모든 시민들로 하여금 언론 · 종교의 자유, 신체적 자유를 향유할 수 있도록 하는 한 건전한 공화국을 수립하고 더 이상 아시아의 볼모 노릇을 하지 않는 조그마한 나라를 갖는 것이 그들의 목표이다. 그들이 바라는 것은 프러시아적 기만과 잔혹 그리고 일본의 제국주의적 · 독재적 군국주의의 압제로부터 영원히 벗어나고자 하는 것이다.

제 6 장 외신 보도

1. 한국에 있어서의 일본의 정책

J. W. 젱크스(Jeremiah W. Jenks : 철학 · 법학박사, 뉴욕대학 정치 · 행정학 연구 교수, 알렉산더 해밀턴 연구소 소장 겸 극동국 국장)

일본이 한국을 병탄한 이래, 어느 모로 보나 일본은 한국민을 계발하고 또 이들의 이익을 증진시키려는 것이 아니라, 이들을 예속 민족으로 만들고 또 가능하다면 조선 사람의 개성을 모조리 짓밟아 버리려는 것이 이토 히로부미가 죽은 뒤의 저들의 통치 정신이었다. 필리핀 군도나 이집트나 인도에서는 그토록 자주 일어나는 불만에도 불구하고 토착민들은 자기들이 국가의 통치에 대거 참여하고 있다는 사실을 아직도 시인하고 있다. 그러나 한국은 그렇지 않다. 오늘날 한국민들은 민족적 평등을 그토록 주장하고 있는 바로 그 민족에 의해 열등 인종으로 취급되고 있으며, 자신의 언어를 가르치는 것이 금지되어 있으며, 외국 유학이 금지되고 오로지 한국과 일본 국내에서만 교육을 받을 수 있을 뿐이다. 이제 피압박 민중의 봉기가 일어나자 독립운동자들은 그들의 무저항적인 태도에도 불구하고 너무도 가혹하고 너무도 어이없이 야만으로 취급받음으로써 선교사들은 물론 영국과 미국의 사업가들과 관리 등 재한 외국인들의 항의를 받고 있다는 믿을 만한 증거가 드러나고 있다.

2. 독일식 군사 제도의 도입

암스트롱(A. E. Armstrong : 캐나다 장로교 해외선교국 부국장)

3월 16일 서울에 있는 30명의 선교사들이 자리를 함께 했는데, 나는 거기에서 요즘의 사태에 관해 오고가는 이야기를 들을 수 있었다. 그들은 일본의 군대, 경찰 그리고 헌병 제도가 독일식 제도라고 규정하는 데 의견을 같이 하면서, 영사, 사업가, 선교사 등 외국인들은 1910년 이후 한국을 지배하고 있는 체제를 한결같이 비난했다. 이 제도는 독일에서 배워 온 것이었다. 그와 같은 제도는 벨기에와 그밖에 유럽 지역에서 소멸해 가고 있으나 아직도 한국과 아시아의 여러 지역에서 그대로 존재하고 있다.

조선 사람들이 경찰과 헌병에 의해 겪은 고문은 저 유명한 조작된 재판인 "105인사건"에서 사용되었던 것과 일치되는 것이다. 나는 지금 미국과 영국 정부에로 송부 중에 있는 재판 구신서를 읽은 적이 있는데, 투옥된 사람들로부터 자백을 받아 내려고 저들이 사용한 방법이 너무도 끔직하여 읽는 이의 피를 끓어오르게 한다. 그들 가운데 대부분은 시위에 참여하지도 않고 다만 구경만 하고 있던 사람들이다.

나는 3월 21일 도쿄에서 일본 기독교 청년회 총회장인 피셔(Galen M. Fisher)의 주선으로 몇 몇 일본인과 외국인을 만나 한국의 사태에 관해 논의한 바 있다. 4월이면 미국을 방문하게 될 한 일본인 국회의원이 내게 말한 바에 따르면, 한국에서의 일본의 실정을 세계가 알면 알수록 그것은 일본에 유리할 것이라고 한다. 왜냐하면 그렇게 되면 일본은 지금 제국 내에 풍미하고 있는 군국주의를 더 빨리 떨쳐 버릴 수가 있기 때문이라고 한다.

3. 조선 사람을 농노로 격하시키다

T. A. 크레인(T. A. Crane : 피츠버그 대학 교수)

한국에 이주한 일본인들에게는 정부의 행정직과 상권, 은행 업무 그리고 기타 이권이 많은 직책을 주면서도 조선 사람들에게는 농사일이나 공인(工人)의 일을 맡김으로써 모든 조선 사람을 사실상 농노로 만들려고 하는 것이 일본의 의도이다. 나는 한국에 있을 때도 그렇게 생각했지만 한국을 떠나온 지금에 와서도 이와 같은 나의 견해에는 변함이 없다. 바꾸어 말해서 조선 사람들에 대한 일본의 의무는 거의 고려하지도 않고 일본인의 이익을 위해서 모든 조선 사람들은 착취당하고 있다.

1912년의 음모 사건(105인사건)을 통해 미국인 선교사들의 신용을 실추시키려다 실패했고, 또 선교사 학교의 활동에 대한 계약에서 볼 수 있는 바와 같이 미국 선교사에 대한 일본 정부의 태도는, 한국의 완전한 일본화와 조선 사람을 농부나 공인의 상태에서 만족할 수 있도록 얽어두는 데에 방해가 되는 것은 모조리 근절시키려는 그들의 욕망에서 연유되고 있다.

4. 일본 입헌정우회의 성명서

1919년 5월 2일자 도쿄 발 AP통신

한국에서 벌어진 소요 사태를 조사하려고 야당인 입헌정우회에 의해 한국에 파견되었던 모리야 코노스케[1] 의원이 보고한 바에 따르면, 소요의 원인은 다음과 같다.

(1) 조선의 신민에 대한 부당한 대우인데, 그들은 공직 취임과 급료의 면에서 일본인과 동등한 대우를 받고 있지 못하다.

(2) 복잡하고 비현실적인 행정 조치로서, 특히 세금 징수에서의 엄혹한 조처는 한국의 옛 풍속과 생활 양식에 배치되고 있다.

(3) 대중적 언론에 대한 극단적인 억압으로서, 조선 사람들은 그들의 불평이 총독에게 도달할 수 있는 조직을 갖지 못하고 있다.

(4) 강압적인 동화 정책의 채택인데, 일본 민족과 꼭 같은 정신적 · 감정적 수련을 쌓은 바 있으며, 2천년의 긴 역사를 가지는 있는 조선 사람에게 그와 같은 강압적인 정책을 쓰고자 한다는 것은 식민지정책의 커다란 실책인 동시에 실패를 부르고 있다.

(5) 민족자결주의의 파급인데, 이는 세계 민족들의 발흥하는 신사조로서 조선 사람들의 가슴속에 깊은 영향을 주었다.

5. 일본 선전의 한 실례

워싱턴시에서 발표된 한 통신 보도의 독점 기사의 발췌문

(1919년 4월 17일)

이와 반대되는 풍문이 떠돌고 있는 것도 사실이지만, 오늘날 미국의 선교사들이 한국에서의 민족 봉기를 선동하고 일본 관변 측에서 사실을 왜곡하

---

1) 모리야 코노스케(守屋此助 : 1861~1931) : 변호사로서 국민당에 소속하여 중의원 의원(1894~1919)을 역임했으며, 정계에서 은퇴한 뒤로는 실업계에 투신하여 철도 · 제재업계에서 활약함.

려는 경향은 보이지 않는다. 그들 가운데 몇 사람이 조사받고 피검된 것이 불행한 일이지만 지나치게 가혹한 취급은 받지 않을 것이다. 기독교도로 자처하는 몇 불령 선인들이 그들의 잘못된 노력을 관철시키려고 아무런 범의가 없는 선생들의 성소를 악용하려고 했다는 사실은 깊이 생각하지 않아도 쉽게 알 수 있는 문제이다.

합리적인 사고 방식을 가진 모든 사람과 마찬가지로 한국에 오랫동안 살았을 뿐만 아니라 조선 사람들의 생활상을 잘 알고 또 일본 정부가 조선 사람에게 베풀고 있는 호의를 인식하고 있는 성직자들은 불필요한 유혈만 초래한 채 실패로 끝내고야 말 이번의 숙명적인 움직임에 남의 말을 잘못 듣고 자기 자신을 가담시켰으리라는 것은 더 이상 생각지 않아도 알 수 있다. 현재의 상황을 처리하면서 일본 당국이 취했다고 하는 잔학 행위에 관해 이 나라에서 떠돌고 있는 보도들은 전혀 사실 무근한 것이다.

6. 2주일 전에 발표된 위와 같은 일본 당국의 허위 선전에 대한 답변

E. W. 트윙(E. W. Thwing)

보스턴시 국제개혁국(International Reform Bureau) 동양부장

한국의 독립 운동은 놀라운 방법으로 그들의 능력과 용기와 조직을 세계에 포명함으로써 많은 사람을 놀라게 했다. 이 땅에서 자행되고 있는 일본의 군사적 독재가 과거 어느 때보다도 불합리하며, 불의하며, 잔혹하며, 야만적이라는 사실이 이번의 독립 운동에서 잘 표현되고 있다. 나는 이번 사실을 내 눈으로 직접 목격하지 않았더라면 이 사태를 믿을 수 없었을 것이다.

일본 경찰과 군인들은 늙은이와 어린아이들을 체포하고 그들을 무자비하

게 구타했다. 시위가 벌어지고 있는 3월에 이러한 광경은, 한두 사람이 아니라 몇 십 명의 선교사들과 여러 인사들이 한국의 도처에서 목격한 바이다. 만약 세계가 이와 같은 사실을 알기만 했더라도 그들은 피압박 민족의 이 비탄에 귀를 기울였을 것임에 틀림없다. 그러나 일본은 이와 같은 참상이 세계에 알려지지 않도록 하려고 온갖 수단을 다 부리고 있다.

지방의 어느 도시에서 방금 들어온 보고에 따르면 그 도시에서는 선교사에 대한 압력이 무척 심각한데, 심지어 선교사들에게 진상을 말하는 것을 중지하지 않는 한 추방시키겠다고 은근히 암시하고 있다고 한다. 다음의 사실들은 내가 직접 눈으로 목격한 것이다.

(1) 어린 남학생들이 일본군에게 맞고 고꾸라졌으며, 가혹하게 구타당했다. 이는 그들을 체포하는 문제와는 별개로서 아무리 해도 정당화될 수 없는 야만적인 잔혹 행위이다.

(2) 군대들이 와서 멈추더니 다만 아녀자들로 이루어진 군중에게 고의적으로 발포했다. 그들은 다만 만세를 불렀을 뿐이다.

(3) 한 살밖에 되지 않은 어느 어린 아기는 등에 총을 맞았다.

(4) 수명의 일본군들은 65세의 무저항적인 한 노인을 쥐어박고 걷어차고 구타하여 걸을 수도 없이 만들어 버렸다.

(5) 약 20명의 여학생들이 대열을 이루고 아무 소리도 외치지 않으며 조용히 거리를 행진하고 있었는데, 일본군이 쫓아와서 총으로 구타하고 거꾸러뜨리고 너무도 치욕적으로 대함으로써 보는 이로 하여금 피가 끓어오름을 금할 수가 없게 만들었다.

(6) 긴 쇠갈고리를 든 일본 소방대들이 소년 소녀들을 쫓아가서 갈고리로 잡으려 했다.

(7) 어느 조선 사람은 이 쇠갈고리로 머리를 맞아 혼수 상태가 된 채로 병원에 입원해 있었다.

(8) 어느 사람은 등에 총을 맞고 죽어 가고 있었다.

(9) 1백 명의 남자들이 찢어진 피투성이 옷을 입고 포승에 함께 묶여 감옥으로 끌려갔다.

(10) 어느 미국인 선교사는 아무 짓도 하지 않고 자기의 뜰에 서서 밖을 내다보다가 거칠게 체포되었다.

(11) 아낙네들이 총에 맞아 고꾸라지고 발길에 차여 하수구로 빠졌다.

이와 같은 사실과 그 밖에도 많은 사실들을 내 눈으로 직접 목격했다. 다른 외국인들도 이와 같은 광경과 이보다 더 끔찍한 광경들을 목격했다. 한국의 각처에서 자행되고 있는 공포 정치를 사람들은 다소는 상상할 수 있을 것이다. …… 경찰서와 감옥에서 벌어지고 있는 형벌과 고문에 관한 이야기는 이보다 더욱 끔찍스럽다. 나는 일본인들에 의해 나무 십자가에 매달린 채 구타당하는 남자를 본 적이 있다.

7. 제암리의 학살

1919년 4월 1일자 도쿄 발 AP 통신

서울 주재 미국 부영사인 커티스(Raymond S. Curtice)와 미국인 선교사인 언더우드[2]와 함께 현지를 방문했던 AP 통신 특파원을 통해 나는 제암리 학살 사건의 자세한 보도를 들을 수가 있었다. 그 뒤 그 특파원은 영국 영사인 로이즈(Mr. Royds)와 한국에서의 감리교 활동을 책임지고 있는 스미드

---

2) 언더우드(Horace H. Underwood : 1859~1916) : 미국인 선교사로서 뉴욕 대학 신학과를 졸업하고 1885년 4월 한국에 입국하여 전도 활동을 시작했다. 새문안교회를 창립, 한국어 문법책을 집필했으며, 성서번역위원장 · 대한기독교서회장을 역임하고, 연희전문학교를 창설했다.

(Heron Smith) 목사를 포함한 몇 명의 선교사와 함께 다시 그곳을 방문했다.

제암리 답사기를 쓴 그 서울 특파원의 기록에 따르면, 그들이 이웃 마을의 주민들에게 제암리가 불탄 이유가 무엇인가를 물었더니, 그 마을에는 교회가 있고 주민들 가운데에도 기독교 신자들이 많았기 때문이었다고 대답하더라는 것이었다. 그 특파원은 계속하여 다음과 같이 기록하고 있다.

> 40여 가구가 살고 있었던 그 마을에 우리가 들어갔을 때 우리는 아직도 네댓 채의 가옥이 연기를 내며 쓰러지고 있는 것을 보았다. 우리는 무섭게 타서 뒤틀린 한 시체가 교회 구내에 누워 있음을 보았으며 교회 울타리의 바로 밖에도 한 시체가 있었는데 젊은 남자인지 여자인지 알 수가 없었다. 언덕 위에는 자그마한 거적으로 덮인 시체 더미가 널려 있었고 주변에는 그의 가엾은 유족들이 몇 사람 둘러서 있었다. 그들은 대부분이 아낙네이거나 노인이었으며 어린 아이를 안은 젊은 엄마들도 있었다.
>
> 주민들은 모두가 그 엄청난 비통에 넋을 잃고 우두커니 서 있었다. 한국말로 그들과 얘기는 나누었던 언더우드 씨가 당시에 일어났던 일을 우리에게 들려주었다. 우리가 도착하기 전날 일본군이 그 마을로 도착하더니 모든 남자 기독교 신도들은 교회로 모이라고 명령했다. 약 30명이 교회로 들어갔을 때 군인들은 그들에게 소총 사격을 퍼부은 다음 교회로 들어가서 남은 목숨을 총칼로써 끝장냈다. 그리고서 그들은 교회와, 그대로 두어도 좋을 가옥에 불을 질렀다.

어느 한 남자는 기독교도가 아니어서 교회에 가지 않았기 때문에 살아남을 수 있었다고 특파원에게 말했다. 그 뒤 영국 영사인 로이즈와 몇 사람의 선교사를 포함한 7명의 일행이 그 특파원과 함께 두 번째로 그 마을을 방문했을 때 그는 다음과 같이 말했다.

우리는 아무런 방해도 받지 않고 사진을 찍을 수 있었으나 우리가 그곳 주민들과 말을 시작하려 하면 경찰들이 어슬렁거리며 다가왔으며 그럴 때마다 주민들은 "얼어붙었다." 만약 그들이 우리와 말하는 것을 일본 경찰에게 적발 당하면 그 뒤에 어떤 일이 일어날 것인가에 대해 두려워하고 있었다.

그러나 일행은 서로 헤어져 그 특파원이 처음 방문했을 때 했던 것과 마찬가지로 그 당시의 상황에 관한 많은 면담을 가질 수가 있었다. 교회 안과 그 근처에서 죽은 사람 가운데 두 여인은 그들의 남편에게 무슨 일이 일어나고 있는가를 알아보려고 교회 쪽으로 가다가 참변을 겪었다고 그들은 말했다.

8. 정주에서 일어난 사건

1919년 4월 4일자 도쿄 발 로이터 통신

한국에서 들어온 보고에 따르면, 3월 29일 정주에서 시위가 벌어지고 있는 동안에 몇 사람이 살해되고 2백여 명이 부상했다고 한다. 40명의 시위대가 일본 경찰과 소방대의 갈고리에 찍혀 질질 끌려가 역전에서 선 채로 하반신이 땅에 묻혔다. 죽은 사람과 부상당한 사람을 확인하려고 달려왔던 친척들마저도 심하게 구타당했기 때문에 어느 누구도 감히 시신을 거두어 가려고 하지 않았다. 이 지방의 의사인 신 씨는 자기를 찾아온 부상자를 치료해 주었다가 소총 개머리로 얻어맞고 끝내는 구속되었다. 오산학교는 파괴되었으며 천도교 교당도 일본인들에 의해 불탔다.

9. 미국인 선교사에 대한 일본인의 혹평

고마쓰 미도루[3]

『재팬 애드버타이저』

1919년 3월 9일자

저들(미국인 선교사를 의미함)은 한국에서 기독교를 전파하고 있지만 한국의 주권국인 일본의 이익에 대하여는 전혀 무심하다. 미국의 선교사들은 기독교 포교 사업에 종사하는 동안 학교에 간여하고 이 반문명화된 민족에게 외국의 정치사상을 유포하고 있다. 저들에게 자유의 원칙을 무분별하게 주장함으로써 그들의 미개한 정신에 나쁜 영향을 끼치고 있으며 결과적으로 조선 사람들은 지나치게 과격한 이념으로 더럽혀지고 있다.

미국의 선교사들은 건전한 판단력과 분별을 갖지 못한 몇 몇 사람을 그들의 회원 속에 포함시키고 있다. 그들은 조선 사람의 이념에 혼란을 불러일으키고 있기 때문에 오늘날 조선 사람들은 민주주의의 본질이 무엇인지도 모르면서 진정한 민주주의를 외치고 있는 일본 학생들과 꼭 같은 감정에 빠져 있다. 그 결과의 하나로 기독교를 믿는 몇 몇 조선 사람들은 급진적인 행동을 일삼을 만큼 분별없는 사람이 되고 말았다.

내가 생각하건대, 이들 조선 사람들은 그들의 불만과 슬픈 감정을 폭발시키려고 기독교라고 하는 가면을 쓰고 오늘날과 같은 소요를 야기한 것으로 보인다. 미국인 선교사들은 아직 문화 수준이 높지도 않은 조선 사람들에게

---

3) 고마쓰 미도루(小松綠 : 1862~1942) : 게이오의숙을 졸업하고 미국 공사관 서기관과 샴 대리 공사를 역임한 뒤 1906년 이토 히로부미와 함께 한국에 와서 총독부 외무부장, 중추원 서기관장을 역임하는 동안 조선 병탄에 중요한 일익을 담당했다.

서구의 진보적인 사상을 아무런 수정도 가하지 않은 채로 도입시킨 사실과, 이번의 소요에 참여했던 사람들 가운데에는 순진해야 할 여학생들이 많이 있다는 사실에 대해 책임을 져야 한다고 말해도 무방하리라고 믿는다.

제 7 장 정부 공문과 선언서

1. 독립선언서[1]

우리는 이에 우리 조선이 독립국임과 조선 사람이 자주민임을 선언하노라. 이로써 세계만방에 알려 인류 평등의 대의를 극명히 밝히며, 이로써 자손만대에 알려 민족 자존의 정의로운 권리를 영원히 갖게 하노라. 반만년 역사의 권위에 의지하여 이를 선언함이며, 2천만 성충을 합하여 이를 포명함이며, 민족의 항구여일한 자유 발전을 위해 이를 주장함이며, 인류의 양심에 기인한 세계 개조의 대기운에 순응·병진하려고 이를 제기함이니, 이는 하늘의 명명이며, 시대의 대세이며, 모든 인류의 공존 동생권의 정당한 발동이라. 천하의 누구든지 이를 저지 억제하지 못할지니라.

구시대의 유물인 침략주의와 강권주의에 희생을 겪어 유사 이래 몇 천 년에 처음으로 이민족 겸제의 아픔을 맛본 지 이제 10년이 지난지라. 우리 생존권의 박탈됨이 무릇 얼마이며, 심령상 발전의 장애됨이 무릇 얼마이며, 민족적 존영의 훼손됨이 무릇 얼마이며, 신예와 독창으로써 세계 문화의 대

1) 여기에 실린 독립선언서는 역주자가 현대문으로 풀어 쓴 것임.

조류에 기여·보비할 기연을 상실함이 무릇 얼마인가?

슬프다. 지난날의 억울함을 선양하려 하면, 지금의 고통을 깨뜨리려 하면, 장래의 위협을 삼제하려 하면, 민족적 양심의 국가적 염의의 압축·쇄잔을 홍분·신장하려 하면, 각개 인격의 정당한 발달을 이루려 하면, 가련한 자제에게 수치스러운 유산을 남겨 주지 않으려 하면, 자자손손의 영구하고도 완전한 경복을 이끌어내려 하면, 최대의 급무가 민족의 독립을 확실하게 함이니 2천만 각자가 사람마다 가슴에 칼을 품고, 인류 통성과 시대의 양심이 정의로운 군대와 인도적 창으로써 호위하는 오늘, 우리는 앞으로 나감에 누구를 꺾지 못하며 물러나 이룸에 어떤 뜻인들 펴지 못하랴!

병자수호조약을 체결한 이래 번번이 온갖 굳은 맹약을 저버렸다 하여 일본의 무신을 죄주려 하지 않노라. 학자는 강단에서, 정치가는 실제에서, 우리의 조종 세업을 식민지로 취급하고, 우리의 문화 민족을 야만처럼 취급하여 한갓 정복자의 기쁨을 탐낼 뿐이오, 우리의 구원한 사회 기초와 뛰어난 민족 심리를 무시한다 하여 일본의 소의를 책망하려 하지 아니 하노라.

자기를 책려하기에 급한 우리는 남을 원망하고 있을 만큼 한가하지 않으며, 현재를 추스르기에 급한 우리는 지난날을 꾸짖을 만큼 한가하지도 않다. 오늘 우리의 소임은 자기의 건설만이 있을 뿐이오, 결코 남을 파괴하는 데 있지 않노라. 엄숙한 양심의 명령으로써 자신의 새로운 운명을 개척함이오, 결코 지난날의 원한과 일시적 감정으로써 남을 미워하며 배척함이 아니로다.

낡은 사상과 낡은 세력에 얽매인 일본 위정자의 공명심의 희생물이 된 부자연스럽고도 불합리한 착오 상태를 개선·광정하여 자연스럽고도 합리적인 정경대원으로 귀환하게 함이로다. 당초에 민족적 요구로써 이루어지지 않은 양국 합병의 결과가 끝내 고식적 위압과 차별적 평등과 통계 숫자상의 허식 아래에서 이해 상반한 두 민족 사이의 영원히 화동할 수 없는 원한의 골을 갈수록 깊게 하는 오늘과 내일의 현실을 보라.

용맹·과감으로써 지난날의 잘못을 바로잡고 진정한 이해와 동정에 기초한 우호적 새 국면을 타개함이 서로의 화를 멀리 하고 복을 부르는 첩경임을 밝히 알 것이 아닌가? 또한 분하고 원통한 2천만 민족을 위력으로써 구속함은 다만 동양의 영원한 평화를 보장하는 소이가 아닐 뿐 아니라 이로 말미암아 동양 안위의 주축인 4억 중국인의 일본에 대한 위구와 시의를 갈수록 짙게 하여 그 결과로 동양 전국이 함께 쓰러져 망하는 운명을 초래할 것이 분명하다.

오늘 우리의 조선 독립은 조선 사람으로 하여금 정당한 생영을 누리게 하는 동시에 일본으로 하여금 삿된 길에서 벗어나 동양을 지탱하는 중책을 오로지 맡게 하는 것이며, 중국으로 하여금 꿈에도 잊지 못하는 불안과 공포로부터 벗어나게 하는 것이며, 동양 평화로 중요한 일부를 삼는 세계 평화와 인류 행복에 필요한 계단이 되게 하는 것이다. 이것이 어찌 구구한 감정상의 문제이리요?

아! 새로운 천지가 눈앞에 전개되도다. 위력의 시대가 가고 도의의 시대가 오도다. 과거 전 세기에 연마하고 기른 인도적 정신이 바야흐로 신문명의 서광을 인류의 역사에 투사하기 시작하도다. 신춘이 세계에 찾아오매 만물의 회소를 최촉하는도다. 동빙한설에 호흡을 멈춘 것이 그 한때의 대세라 하면 화풍난양에 기맥을 떨쳐 폄은 이 한때의 대세이니 천지의 복운을 만나 세계의 변조를 탄 우리는 아무 주저할 것도 없으며 아무 기탄할 것도 없도다. 우리의 고유한 자유권을 호전하여 생왕의 즐거움을 흡족히 누릴 것이며 우리의 자족한 독창력을 발휘하여 봄빛 가득한 세상에 민족적 정화를 서약할지로다.

우리는 이에 분연히 일어나도다. 양심이 우리와 함께 하며 진리가 우리와 함께 가는도다. 남녀노소 없이 음울한 옛 자리에서 활발히 일어나 만휘군상과 더불어 흔쾌한 부활을 이루게 되도다. 천백 대 조상의 영령이 우리를 도우며 전 세계 기운이 우리를 보호하나니 착수가 곧 성공이라, 다만 앞의 광명으로 나아갈 따름인저!

공약 3장

1. 오늘 우리의 이 거사는 정의 · 인도 · 생존 · 존영을 위하는 민족적 요구이니 오직 자유의 정신을 발휘할 것이오, 결코 배타적 감정으로 치닫지 말라.
2. 최후의 1인까지, 최후의 일각까지 민족의 정당한 의사를 쾌히 발표하라.
3. 일체의 행동은 가장 질서를 존중하여 우리의 주장과 태도로 하여금 어디까지든지 광명 정대하게 하라.

조선 건국 4252년 3월 1일

조선 민족 대표

손병희(孫秉熙) 길선주(吉善宙) 이필주(李弼柱) 백용성(白龍城) 김완규(金完圭) 김병조(金秉祚) 김창준(金昌俊) 권동진(權東鎭) 권병덕(權秉悳) 나용환(羅龍煥) 나인협(羅仁協) 양전백(梁甸伯) 양한묵(梁漢默) 유여대(劉如大) 이갑성(李甲成) 이명룡(李明龍) 이승훈(李昇薰) 이종훈(李鍾勳) 이종일(李鍾一) 임예환(林禮煥) 박준승(朴準承) 박희도(朴熙道) 박동완(朴東完) 신홍식(申洪植) 신석구(申錫九) 오세창(吳世昌) 오화영(吳華英) 정춘수(鄭春洙) 최성모(崔聖模) 최 린(崔麟) 한용운(韓龍雲) 홍병기(洪秉基) 홍기조(洪基兆)

2. 신생 공화국의 목적과 포부

(1) 정부는 피지배자로부터 나오는 정당한 권력에 그 근거를 두고 있음을 우리는 확신한다.

(2) 우리는 가능한 한 대중의 교육에 적합한 미국의 정치 형태를 갖고자 한다. 그 다음 단계로서 우리에게는 통치권이 좀 더 중앙집권화한 제도가 필요할지도 모른다. 그러나 국민의 교육 수준이 향상되고 자치의 기술에 대해 좀 더 경험을 쌓게 되면 그들은 정치 문제에 있어서 좀 더 보편적으로 참여하는 것이 허락될 것이다.

(3) 그러나 우리는 국민에게 군과 도의 지방 의회 의원을 선거할 보편적 참정권을 주고 지방 의원들이 전국 의회에 보내는 대표를 보내는 제도를 택하고자 한다. 전국 의회 의원은 정부의 행정부와 상호 조화된 권한을 갖는 동시에 국가의 법을 제정할 권리를 홀로 가지며 또 그들이 대표하는 국민에게 성스러운 책임을 진다.

(4) 행정부는 대통령, 부통령 그리고 각료로 구성되며 이들은 의회가 제정한 모든 법률을 수행한다. 대통령은 의회에서 선출된다. 대통령은 해외 사절을 포함한 각료, 지방 장관 그리고 기타 이에 준하는 중요한 행정 관리를 임명할 권한을 갖는다. 대통령은 의회 상원의 인준을 받아 외국과 조약을 체결할 권리를 갖는다. 대통령과 각료는 의회에 대해 책임을 진다.

(5) 우리는 종교의 자유를 믿는다. 종교와 교의는 국가의 법과 이익에 모순되지 않는 한 이 국가 안에서 자유롭게 전파할 수 있다.

(6) 모든 체약국의 신민과 한국 국민간의 상업과 산업을 증진시키기 위해 저들에게 이에 대한 동등한 기회와 보호를 제공함으로써 세계 모든 국가와 자유로이 상역할 수 있음을 우리는 믿는다.

(7) 우리는 국민의 교육이 어떠한 다른 통치 행위보다도 중요한 것임을 믿는다.

(8) 국민의 건강은 통치자가 배려해야 할 우선적인 문제이므로 우리는 과학적인 감독 하에 근대 위생을 향상시켜야 한다고 믿는다.

(8) 국민의 건강은 통치자가 배려해야 할 우선적인 문제이므로 우리는 과학적인 감독 하에 근대 위생을 향상시켜야 한다고 믿는다.

(9) 우리는 언론과 출판의 자유를 믿는다. 우리는 전 국민의 생활 조건을 개선하여 그들이 무한히 발전하기에 최적의 것이 되게 함으로써 민주주의의 원칙과 동등한 기회와 건전한 경제 정책과 세계 각국과의 자유로운 교류를 철저히 뒷받침한다.

(10) 우리는 국민의 행동이나 발언이 다른 사람의 권익을 손상하거나 국가의 법률과 이익에 모순되지 않는 한 모든 문제에 있어서 국민은 행동의 자유를 가지고 있음을 믿는다.

우리는 우리의 목숨이 남아 있는 한 우리의 능력을 최대한 발휘하여 이와 같은 기본적인 문제점을 수행할 것을 엄숙히 선서하자.

3. 대한민국 헌장[2)]

대한민국 임시 헌장 선포문

신인 일치로 중외 협응하여 한성에 기의한 지 삼십 유일에 평화적 독립을 삼백여 주에 광복하고 국민의 신임으로 완전히 다시 조직한 임시 정부는 항구 완전한 자주 독립의 복리로 우리 자손 여민에 세전키 위해 임시 의정원의 결의로 임시 헌장을 선포하노라.

대한민국 임시 헌장

제1조 대한민국은 민주공화제로 함.

---

2) 여기에 실린 것은 영문의 번역을 피하고 원전을 그대로 옮겨 쓴 것이다. 다만 영문에는 각료의 명단과 "선서문"이 수록되어 있지 않으나, 여기서는 원문대로 이들을 함께 수록한다. 국사편찬위원회, 『한국독립운동사 자료 II, 임시정부편(2)』(서울 : 탐구당, 1971), pp. 1~2.

제2조 대한민국은 임시정부가 임시 의정원의 결의에 의해 이를 통치함.
제3조 대한민국의 인민은 남녀 귀천 및 빈부의 계급이 없고 일절 평등임.
제4조 대한민국의 인민은 신교, 언론, 저작, 출판, 결사, 집회, 신서, 주소, 이전, 신체 및 소유의 자유를 향유함.
제5조 대한민국의 인민으로 공민 자격이 유한 자는 선거권 및 피선거권이 있음.
제6조 대한민국의 인민은 교육 · 납세 및 병역의 의무가 유함.
제7조 대한민국은 신의 의사에 의해 건국한 정신을 세계에 발휘하며 나아가 인류의 문화 및 평화에 공헌하려고 국제연맹에 가입함.
제8조 대한민국은 구황실을 우대함.
제9조 생명형, 신체형 및 공창제를 전폐함.
제10조 임시정부는 국토 회복 후 만 1개년 내에 국회를 소집함.

대한민국 원년 4월 일
임시 의정원장 이동녕(李東寧)
임시정부 국무총리 이승만(李承晚)
내무총장 안창호(安昌浩)
외무총장 김규식(金奎植)
법무총장 이시영(李始榮)
재무총장 최재형(崔在亨)
군무총장 이동휘(李東輝)
교통총장 문창범(文昌範)

선서문

존경하고 열애하는 우리 2천만 동포 국민이여!

민국 원년 3월 1일, 우리 대한민국이 독립 선언함으로부터 남과 여와 노와 소와 모든 계급과 모든 종파를 물론하고 일치코 단결하여 동양의 독일인 일본의 비인도적인 폭행 하에 매우 공명하게, 매우 인욕하게 우리 국민의 독립과 자유를 갈망하는 실사와 정의와 인도를 애호하는 국민성을 표현한 지라.

이제 세계의 동정이 흡연히 우리 국민에 집중했도다. 이때를 당하여 본 정부는 전국민의 위임을 받아 조직되었나니, 본 정부는 전국민으로 더불어 전심코 육력하여 임시 헌법과 국제 도덕의 명하는 바를 존경하여 국토 광복과 방기 확고의 대사명을 과하기로 이에 선서하노라.

동포 국민이여, 분기할지어다. 우리의 흘리는 한 방울의 피가 자손만대의 자유와 복락의 댓가요, 신의 나라의 건설의 귀한 기초이니라. 우리의 인도는 마침내 일본의 야만을 경화할지요, 우리의 정의는 마침내 일본의 폭력을 이길지니 동포여 일어나 최후의 일인까지 투쟁할지어다.

정강

(1) 인민 평등, 국가 평등 및 인류 평등의 대의를 선전함.

(2) 외국인의 생명 · 재산을 보호함.

(3) 일절 정치 범인을 특사함.

(4) 외국에 대한 권리 · 의무는 민국 정부와 체결하는 조약에 맡김.

(5) 절대 독립을 서도(誓圖)함.

(6) 임시정부의 법령을 어기는 자는 적으로 인정함.

대한민국 원년 4월 일

대한민국 임시정부

4. 임시정부 선언문

4천년의 역사를 가지고 있는 한국은 이제 세계의 발전 시대를 맞이하여 우리 민족의 독립과 자유를 요구하고 있음을 전 세계에 포명하는 바이다. 독일의 군대가 벨기에를 멸망시켰던 것과 똑같이 비록 일본의 군대가 우리의 국가를 쓰러뜨렸다고 할지라도 우리는 저들의 지배를 인정하지 않는다. 이와 같은 태도로써 한 국민으로서의 우리는 저들의 통치를 거부하기에 이 선언문을 포명하는 바이다.

자유를 사랑하는 우리 한국 국민은 독립을 선언하고 임시정부 대표를 뽑았는바, 이들을 통해 이 선언문을 작성했다. 우리는 이미 우리 나라와 조약 관계를 맺고 있는 우방 국가들과 인도주의 원칙과 정의에 입각하여 최근에 탄생한 신생 국가들에게 마음으로부터 우러나는 뜨거운 정을 보내는 바이다.

대한민국 임시정부

5. 파리 평화 회의에 보내는 청원서

평화 회의 귀중(표지)

일본이 대한제국을 병탄하려고 1910년 8월 22일 서울에서 체결한 한일합병조약을 본 평화 회의가 무효로 선언하거나 또는 폐기함으로써 한국이 일본으로부터 해방되고 한 독립된 국가로 재건될 수 있기를 바라는 한국과 한국민의 청원서를 이에 제정하는 바입니다.

1919년 4월 파리

파리에서 개최되는 평화 회의에 파견된 한국 대표는 한국이 일본으로부터 해방되어 한 독립된 국가로 재건되기를 바라는 한국과 한국민의 청원서를 이에 제정하오니 혜감하기를 바랍니다.

1) 한국민은 정착된 생활과 문화를 누리고, 아시아의 유서 깊은 국가들 중의 한 국가를 형성하여 4,200년 동안이나 한 민족으로 존립해 왔다. 이 42세기 동안을 줄곧 한국은 민족적 독립을 형유했다.

내외로 인정된 한국의 독립

2) 한국이 한 독립된 국가로서 주권을 형유해 왔다고 하는 사실은 일본·미국·영국 및 기타의 해외 열강과 한국 사이에 각기 체결된 수호통상조약에서 이미 인정된 바 있다. 1882년 5월 22일, 서울에서 체결된 한미수호통상조약 제1조에는 다음과 같은 사실이 명백히 합의되어 있다.

> 제1조 미합중국 대통령과 조선 국왕 및 양국 정부의 공민과 신민은 상호 영구한 평화와 우호가 있을 것을 기약하고, 만일 재3국이 체약국 중의 어느 정부에 대해 부당하고도 억압적인 행동을 할 경우 타 정부는 그 사건의 통지를 받는 즉시 이 사건의 원만한 타결이 이루어질 수 있도록 주선을 함으로써 그 우의를 표시해야 한다.

1895년 4월 17일에 체결된 시모노세키조약 제1조에서 일본은, "청국은 조선국의 완전무결한 자주·독립국임을 확인한다. 따라서 위 자주·독립에 손해가 될 청국에 대한 조선국의 공헌·전례 등은 장래 완전히 이를 폐지한다."는 사실을 청국이 명백히 인정해야 한다고 강요한 바 있다.

1902년 1월 30일에 체결된 제1차 영일동맹협약[3]에서도 일본과 영국은 한국의 독립을 확언했고 결과적으로 이를 보장한 바 있다. 마지막으로 1904년에 체결된 한일수호동맹조약[4]에서도 일본은 특히 한국의 독립과 영토 보전을 보장한 바가 있다.

국제적 교의로서의 한국의 독립

3) 이 조약들은 한 주권 국가로서의 한국의 독립된 지위를 확언했을 뿐만 아니라, 어느 단일 강대국도 자신의 행동을 다른 열강들에 의해 수정받지 않고서는 다른 나라를 범할 수 없다는 국제적 교의와 제재의 원칙에 입각하여 그들은 한국의 독립을 확립했다는 것이 입증되었다.

한국의 독립에 대한 일본의 침해 행위

4) 1910년 8월 22일, 일본 정부가 기만과 폭력의 방법으로써 합방 조약을 체결하고, 이 조약에 따라서 한국의 황제는 1,500만이 넘는 국민과 함께 "한국 정부에 관한 일에 일체의 통치권을 완전히 그리고 영구히 일본국 황제에게 양여했을 때" 이미 그와 같은 한국의 독립은 일본에 의해 침해되었다.

---

3) 제1차 영일동맹조약(영일협약) 전문에는 다음과 같이 규정되어 있다. "대영제국 정부와 일본 정부는 오로지 극동에 있어서의 현상 및 전국(全局)의 평화를 유지할 것을 희망하고 또한 청제국 및 한제국의 독립과 영토 보전을 유지할 것과 또는 해당 두 나라에서의 각국의 상공업으로 하여금 균등의 기회를 얻게 하는 일에 관해 특별히 이익 관계를 가짐으로써 이에 아래와 같이 약정한다."

4) 이 점에 대해서는 필자가 오해하고 있는 것으로 보인다. 한일공수동맹(한일양국맹약)을 체결한 것은 1894년 8월 26일인데, 여기에서 필자가 의도하는 것은 한일의정서(1904년 2월 23일)를 의미하는 것으로 보인다.

한국의 항변

5) 이와 같이 한국의 왕권을 말살하고 그들의 국가를 일본의 한 지방으로 편입시킨 데 대해 한국과 그 국민들은 꾸준히 항변한 바 있으며, 또 아직도 그와 같은 항변은 계속되고 있다.

6) 일본이 한국을 통치하는 동안에 채택된 방법의 악랄성 때문에 그와 같은 항변은 날이 갈수록 새로워지며 격렬해지고 있다. 잔혹성과 능률의 면에서 본다면 일본인들이 취한 방법은 프러시아가 그들의 동부 지방과 슐레스비히-홀스타인, 그리고 알사스-로렌을 통치할 때 취한 방법을 능가하고 있는 것이다.[5)]

명목상으로 뿐만 아니라 실제적인 면에서도 일본은 한국을 속방화하려고 작정하고 있다. 일본은 또한 향토애, 민족의 언어 그리고 민족사와 같은 애

---

5) (원저자 주) 한국에는 밀정 제도가 실시되고 있다. 모든 사람은 등록되어 번호를 받는데, 이것이 경찰서에 비치되어 있다. 한국인들은 그가 사는 마을이나 도시를 떠날 때면 번번이 경찰서에 출두하여 이를 등록하고 그가 하고자 하는 사업과 행선지를 소상하게 진술해야 한다. 경찰은 그의 행선지로 전화를 하여 그의 행동이 기록한 것과 다른 경우 그는 체포당하여 곤욕을 치르기 일쑤이다. 그 사람의 교육 정도, 사회적인 영향력 지위 등에 따라서 엄격하게 등급이 매겨진다. 그가 어떤 역량이나 지도자적 자질을 보이게 되면 "A"급으로 취급되어 그가 가는 곳마다 형사가 따른다. 이때부터 그는 주의 인물이 되며 어디를 가든 미행당한다. 심지어는 어린아이들까지도 감시당하고 정보를 얻기 위해 매수한다. 만약 그가 해외로 망명하면 그의 등록 번호를 따라서 그의 가족이나 친지를 체포하고 그의 행선지를 말할 때까지 고문을 당하는 경우도 있다. 그는 영영 사라질 수도 있으며, 그의 소식을 다시 듣지 못하게 될 수도 있다. 이와 같이하여 한 민족의 정신을 말살시키려는 매우 능률적인 프러시아주의가 바로 그들이 쓴 방법이다. 한국의 역사와 지리를 가르치지 못하게 하고, 유럽의 역사와 문학을 배척하고, 한국 학생들로 하여금 해외 유학을 금하고, 사실상 출국을 금하고, 한국인의 이념이나 열망을 가지거나 표시하지도 못하게 함으로써, 위와 같은 정책은 교육 제도에서 수행되고 있다. 한국의 애국가를 불렀던 어느 학생은 3개월 징역에 300달러의 벌금형을 받았다. J. E. Moore, *Korea's Appeal for Self-Determination*, Korea National Association, San Francisco, *mimeo* 참조.(필자는 미국 태생으로 본서는 최근에 발간되었음.)

국심을 뿌리째 뽑아 버리고, 한국인의 애국심을 분쇄하려는 이와 같은 조직된 기도를 무위하게 만들는지도 모르는 두 가지의 수단, 즉 교육과 민족 자본을 규제하려고 시도함으로써 위와 같은 목적을 수행하려고 노력하고 있다.

한국의 교육과 민족 자본에 대한 일본의 "감리"

7) 한국에서는 현대 교육의 어느 분야가, 아니 모든 분야가 어떤 제약된 한계를 넘어서 한국을 병탄한 일본인 총독 데라우치 마사다케가 이른바 소위 "위험한 사상"을 조장하는 것으로 추정될 경우, 식민지 지배 체제하에 있는 한국의 학교에서는 그와 같은 교육이 금지되거나 아니면 본질을 빼어 버린 채로 가르치고 있다. 또한 한국의 학생들은 비록 자비를 쓰는 경우라고 할지라도 현대 학문을 배우기 위해 유럽이나 미국으로 가는 것이 절대로 금지되었다.

8) 거의 모든 한국의 부호들은 자신의 재산과 회계를 규제하는 일본인 감독자를 자기 집에 채용하도록 되어 있다. 그리고 은행(한국에 있어서의 모든 은행은 일본인 기관이다)에 예금을 가진 한국인들은 돈이 사용되는 용도를 은행 측에 밝히지 않고서는 일시에 거액을 출금할 수도 없다.

일본과 기독교

9) 한반도 내의 일본의 막중한 이익에 상치되는 것으로 여겨지는 기독교 선교사의 활동을 좌절시키고 저지하려고 일본 당국은 특히 일본 경찰 요원들을 통해 온갖 노력을 기울이고 있다. 한국에 있는 기독교도들이 일본의 통치 체제의 성공을 저해하는 적대 세력으로 심각하게 간주되고 있다는 사실은 한반도에 있어서의 일본의 행동에 대한 준엄한 고발장이 될 수 있지

않을까?

일본인들을 위해 존재하는 한국인

10) 한국에는 지금 "개혁"이 이루어지고 있다고 일본 당국자들은 주장하고 있다. 그러나 이와 같은 개혁들은 "105인사건"의 경우에서 볼 수 있는 바와 같이 훌륭한 형제에서나 찾아볼 수 있으며, 또 이 개혁들은 일본인 이주자들의 이익과 복지를 위해 한국인 납세자들을 희생해서 효과를 발휘하고 있다는 사실을 잊어서는 안 된다. 일본 당국은 이 일본인 이주자들을 위해서 한국을 하나의 매력적인 식민지로 만들기 위해 심혈을 기울이고 있는 것이다.

11) 일본인들은 종주국적인, 아니 좀 더 정확하게 표현한다면, 모리적인 국가의 방법과 정신에 따라서 한국을 지배 · 통치하고 있다. 가축이나 노예는 그들의 주인에게 가치가 있을 경우에만 보호를 받아야 한다는 의미마저도 없다면 한국인의 복지는 일본 정부의 안중에도 없을 것이다.

세계에 대항하는 일본

12) 조선 사람의 운명과 직접적으로 관련되어 있는 이와 같은 이유에서 더 나아가 아시아에서의 프랑스의 이해 관계라든가, 아시아 · 태평양에서의 영국과 미국의 이해 관계 등 세계의 중요한 이해 관계의 면에서 보더라도 한국이 일본의 병탄을 벗어나서 해방될 필요가 있다.

13) 무역과 상업의 면에서 일본은 한국에 있는 서구의 무역업자와 상인들을 점차로 제거하고 있으며, 한국과 열강 사이에 체결된 일련의 수호통상조

약에 그 근원을 두고 있는 상업적 이익마저도 자국민에게 배타적으로 이양하고 있다. 이와 같이 서구의 경쟁을 제거하면서 일본은 배타근성을 고수하고 있다. 이러한 근성은 과거에는 그들의 완고한 자위적 고립에서 잘 나타나고 있으며, 오늘날에는 극동을 위해 이미 그 가치가 퇴색한 먼로주의를 적용함으로써 극동에서의 서구의 입김을 배격하겠다고 협박하는 태도에서 잘 나타나고 있다.

일본의 대륙 정책

14) 그러나 한국을 계속적으로 병탄해 옴으로써 결과적으로는 그 실현 가능성을 보인 일본의 정치적 목표는 영국과 미국은 물론 프랑스에게도 치명적인 이해 관계를 갖는 것이다. 일본의 "대륙 정책"이 아무런 속박을 받지 않고 수행될 때 특히 라틴 3개국[6]과 앵글로 색슨계 열강을 포함한 비일본 세계에 위험이 나타날 것이다.

이와 같은 대륙 정책의 제1의 목표는 우선 중국의 인력과 천연 자원을 지배 통제함으로써 아시아의 주도권을 장악하는 것인데, 이와 같은 시도는 대륙을 향한 작전 기지로 한국을 병탄함으로써 일단 가능하게 되었고, 둘째로는 오세아니아주와 미국에 무제한한 일본 이주민을 확보하는 단순한 방법으로써 태평양의 주도권을 장악하려는 것이다.

현재 진행 중인 정책

15) 일본의 대륙 정책은 이미 다음과 같은 사실에서 그 정체가 드러났다.

---

6) 이탈리아, 프랑스, 독일 3국을 의미하는 것으로 보임.

(1) 프러시아가 두 번의 전쟁을 통해 자신을 유럽의 최강 군사 대국으로 만든 것과 너무도 똑 같이, 두 번의 성공적인 전쟁[7]을 통해 아시아에서 가장 강한 군사력을 보유한 국가로 등장하게 되었다는 점.

(2) 한국을 병탄했다는 점.

(3) 남만주와 동부 내몽고에서 일본이 중국의 실권을 점차로 대행하고 있다는 점.

(4) 교주만을 포함하여 중국의 산동성에서 독일이 장악하고 있는 재산과 특권을 이어받으려고 평화 회의에서 지금 맹렬히 활동을 벌이고 있다는 점.[8]

(5) 한국의 병탄을 하나의 "정치적 필요"로 만들었던 때와 동일한 일련의 방법을 씀으로써 무수한 인력과 자원을 가지고 있는 중국을 점차로 복속시키고 있다는 점.

(6) 일본은 그간 "적도 이북의 남양군도"를 점령함으로써 오스트레일리아 2천 마일까지 접근할 수 있게 되었을 뿐만 아니라, 태평양 위의 모든 육지를 사실상 지배할 수 있는 기지를 일본 해군이 장악했다는 점이다.

조선의 혁명

16) 일본의 조선 병탄과 미카도의 요원에 의해 조선에 적용된 정치적 박멸 정책에 대한 조선 민족의 항의와 반대는 오늘날 조선의 혁명에서 잘 나타나고 있다. 1919년 3월 1일 오후 1시에 조선과 조선 민족은 그들의 독립

7) 청일전쟁(1894)과 러일전쟁(1904)을 의미함.

8) 영국과 2회(1902, 1905)에 걸쳐 공수동맹조약을 체결한 일본은 세계 제1차 대전이 발발하자 1914년 8월 23일에 참전을 결정했다. 종전과 함께 일본은 서방으로 남만주와 조선을 지배하고 있던 차에 이번 대전으로 다시 산동성의 독일 이권을 계승하여 북경을 제압하고 북으로는 북화태와 시베리아로 출병했으며 남으로는 마샬 · 캐롤라인 군도를 손에 넣어 미국 본토와 필리핀을 차단할 수 있는 유리한 지위를 차지하게 되었다. 이후 일본은 세계 열강으로의 위치를 더욱 굳게 했다.

을 선언했다. 조선 국내와 중국과 시베리아, 그리고 하와이와 미주에 살고 있는 1,870만 조선 사람의 소망과 의지를 대표하고 표현한 300만 명의 조선 사람으로 구성된 "민족독립연맹"에 의해 그와 같은 독립 운동은 공식적으로 수행되고 있다. 독립선언문에는 다음과 같이 기록되어 있다.

> 슬프다. 지난날의 억울을 선양하려 하면, 지금의 고통을 깨뜨리려 하면, 장래의 위협을 삼제하려 하면, 민족적 양심의 국가적 염의의 압축 · 쇄잔을 흥분 · 신장하려 하면, 각개 인격의 정당한 발달을 이루려 하면, 가련한 자제에게 수치스러운 유산을 남겨 주지 않으려 하면, 자자손손의 영구하고도 완전한 경복을 이끌어내려 하면, 최대의 급무가 민족의 독립을 확실하게 함이니…

혁명의 진행

17) 조선민족독립동맹과 기타 조선의 독립을 위해 조직된 단체들이 소속되어 있는 신한청년회에 의해 임명된 조선 대표단이 접수한 몇 몇 전문은 독립을 위한 혁명과 거국적 움직임을 보고하고 있다. 이 달 4월 7일 상해를 거쳐 파리에서 접수된 조선민족독립동맹이 보낸 전문의 일부를 소개하면 다음과 같다.

> 3월 26일, 우리는 서울에서 대규모의 시위를 벌였다. 우리의 국기는 여러 곳의 시내 언덕 위에서 휘날렸다. 일본인들은 시위에 참여한 2백 명의 조선인을 체포했다. 서울의 남부 지방인 3남에서는 매일 시위가 벌어지고 있다.

대한민국

18) 동 전문은 대한민국 임시정부가 대통령, 부통령, 외무총장, 내무총장, 재무총장, 법무총장 그리고 군무총장으로 구성되어 있음을 알려 주고 있다. 임시 정부에 소속된 사람들 중에는 박영효 공, 그리고 이승만, 안창호 및 이동휘 제씨가 있었다. 박영효 공은 1884년에 조선의 역사상 개화당이라고 알려지고 있는 혁신 운동(갑신정변)을 시작한 김옥균·박영효·홍영식·서재필·서광범 등 5명의 주동자 중의 한 사람이다. 그는 개화당원 중의 주동자로서 1884년에는 조선의 근대 개혁의 도입을 강행한 바가 있다. 그는 합병 전에는 한때 내부대신을 역임했다.[9)]

이승만은 하버드대학에서 석사 학위를 받고 프린스턴대학에서 철학 박사 학위를 받은 사람으로서 1894년[10)]에는 과거 독립협회의 지도자 중의 한 사람이었다. 그는 정치 활동을 하다가 투옥 당하고 고문을 당한 적이 있었다. 안창호는 신민회를 창단한 사람으로서 조선의 젊은 민족주의자들을 이끌고 있다. 그는 대한국민회의 총재이다. 이동휘는 구조선 군대의 소령 출신으로서 시베리아와 만주에서 활약하고 있는 조선인 민족주의자들의 지도자로 인정되고 있다. 그는 일본 당국에 의해 투옥되고 고문당한 바 있다.

일본의 압박

19) 이 달 4월 10일 조선 대표단이 접수한 또 다른 전문은 다음과 같이 보고하고 있다.

---

9) 박영효는 제1차 김홍집 내각과 박정양 내각에서 내부대신을 역임한 바 있다.
10) 독립협회가 결성된 것은 1896년이므로 1894년은 저자의 착오인 듯하다.

3월 1일부터 오늘에 이르기까지 독립 운동을 위한 적극적인 시위는 조선 전역을 통해 매우 훌륭히 수행되고 있다. 대표들은 강연을 하고 선언문을 배포하는 등 무저항적인 혁명을 택했다. 여학생들이 더 적극적이었다. 적[일본]의 공장과 상가 등지에서는 파업이 발생했으며, 조선인 교회, 학교, 그리고 상점은 모두 문을 닫았다. 3만 2천의 남녀가 투옥되었다. 노인과 여학생과 어린이를 포함하여 10만 명이 부상당했으며 내륙의 교통 통신은 두절되었다. 적[일본]은 몸서리치는 폭행을 저질렀으며, 선교사들은 이와 같은 사태의 진상을 세계에 알리고 있다.

이 달 4월 11일 조선 대표단에게 계속 접수된 전문은 일본의 흉행을 다음과 같이 보도하고 있다.

일본은 조선에서 대량 학살을 시작했다. 3월 28일에 서울에서 벌어진 3시간에 걸친 시위에서 1천 명 이상의 비무장 시민이 피살되었다. 총살하고 구타하고 갈고리질과 같은 만행이 조선 전역에서 무자비하게 자행되고 있다. 교회와 학교, 그리고 주모자의 가옥은 파괴되었다. 여자들은 군중들 앞에서 나체로 매를 맞고 구타당했으며 주모자들의 여자 가족들은 특히 더 심했다. 피검자들은 고문을 당하고 있다. 의사들은 부상자들을 돌보아 주는 것이 금지되어 있다. 우리는 해외 적십자사의 도움을 간절히 바라고 있다. 우리는 최후의 1인이 쓰러질 때까지 자유를 위해 투쟁하기로 결심했다. 우리는 하나님의 이름으로 여러분의 도움을 간청하는 바이다.

조선의 사태에 관해 미국과 영국 신문에 발표된 많은 새로운 전문 중에서 런던의 『타임즈』지의 도쿄 특파원이 최근 발송한 보도를 여기에 인용하는 것으로 만족할 수밖에 없다. 이 기사는 "조선의 권리들"이라는 제목으로 4월 17일에 런던에서 발행된 것이다.

조선에서 벌어지고 있는 소요의 결과가 어떻게 되리라는 것은 뻔히 알려진 사실이지만, 한반도 내에서 군사 체제를 더욱 강화시키려는 정부의 결정은 전면적인 비평을 불러일으키고 있다. 정부의 이와 같은 조처는 기회가 오면 군인 총독을 민간 총독으로 교체하는 것이 불가피하리라는 사실을 시인하는 것이 된다.

일본의 『니치니치신문』은 이번의 소요가 주로 민족자결주의를 오해하고 선교사들의 유독한 영향을 받은 탓이라고 풀이하고 있다. 조선에서 대규모의 개혁이 필요하게 되었음이 명백하다고 『지지신분』은 보도하고 있다. 그 밖의 신문들은 조선 사람이 결코 열등 민족이 아니라는 사실을 소상히 다루고 있다.

합병 조약의 파기

20) 1910년 8월 22일에 체결된 한일합병조약은, 이 청원서와 여기에 부속된 각서에서 지적된 이유와 그리고 특히 다음에 제시된 이유로 인해 이 평화 회담에서 무효로 선언되거나 또는 파기되어야 한다.

(1) 4,200년의 역사를 통해 독립된 주권 국가로 존속해 온 1,500만의 조선 사람과 조선을 "일본국 황제 폐하"에게 넘겨 줄 수 있는 권리가 조선의 황제에게 부여되어 있다고 가정할지라도, 본 조약은 사기와 강박에 의해 체결된 것이므로, 적법한 국제 문서로서의 타당성을 상실하고 있다.

(2) 조선과 조선 사람들은 그 당시 조선의 "꼭두각시" 황제가 그 합병 조약에 명시된 내용을 다룰 권리를 가지고 있다는 사실을 한결같이 부인하고 있다. 그들은 짐승이 아니고 사람이므로 그들의 동의는 그 조약을 유효하게 만들기 위한 하나의 필수적인 요건이라고 그들은 주장했다. 이와 같은 동의는 결코 표시된 바가 없다.

(3) 그 조약은 조선의 독립과 영토 보전을 위해 일본과 조선 및 세계 열강 사이에 이루어진 국제적 보장을 직접적으로 위반한 것이었으며, 또 지금도 위반하고 있는 것이다.[11)]

(4) 조선이 일본 및 기타 열강과 체결한 조약, 그리고 일본이 중국 · 러시아 및 영국과 더불어 조선에 관해 체결한 조약에는 한 독립된 주권국가로서의 조선의 존재가 명백히 인정되어 있으며 조선의 정치적 독립과 영토 보전이 또한 명백히 보장되어 있는데 이와 같은 사실은 본 회담과 같은 국제회의에 소집된 열강들에 의해 최종적으로 수정되지 않고서는 어떠한 단일 열강도 특히 일본도 다른 나라의 권익을 침해할 수 없다는 국제 공법의 원칙에 그 기초를 두고 있는 것이다.

(5) 본 평화 회담은 윌슨 대통령의 "14개조"[12)]에 표현된 원칙에 입각하여 회원국 간의 문제를 해결하려고 소집된 것이다. 1918년 1월 8일, 윌슨 대통령이 의회에 보내는 교서에서 "세계 각국, 각 민족은 그들이 강대국이든 약소국이든 간에, 자유와 안전이 동일한 조건 위에서 살 수 있는 정의와 권리의 원칙"이라고 말한 데서 이 성명의 밑바닥에 깔린 원칙의 의미는 잘 표현되어 있다. 제1차 세계 대전 당시 동맹 · 협조국의 일원으로서의 일본은 동 14개

---

11) (원저자 주) 1876년 2월 26~27일에 체결된 한일수호조약 제1조에는 다음과 같이 규정되어 있다. "조선국은 자주국이며 일본국과 평등한 권리를 보유한다. 금후 양국이 화친의 성의를 표하고자 할진대 모름지기 서로 동등한 예의로써 상대할지며 추호도 침월 · 시혐함이 있어서 안 될 것이다." 1898년 4월 25일에 체결된 한국 문제에 관한 러일의정서(서덕-Rosen 의정서)제1조에는 다음과 같이 규정되어 있다. "일 · 러 양국 정부는 한국의 주권과 완전한 독립을 확인하는 동시에 그 내정에 직접 간섭하지 않기로 약정한다." 1904년 2월 23일에 체결된 한일의정서 제3조에는 다음과 같이 규정되어 있다. "대일본제국 정부는 대한제국의 독립과 영토 보전을 확실히 확증할 것."

12) 윌슨 대통령의 14개 조항이라 함은 (1) 비밀 외교의 폐지와 공개 외교의 수립 (2) 해양의 자유 (3) 경제 장벽의 철폐 (4) 군비 축소 (5) 피식민지 요구의 공평한 조정 (6) 러시아의 부흥에 대한 원조 (7) 벨기에의 회복 (8) 프랑스의 알사스-로렌의 회복 (9) 이탈리아 경계선의 개정 (10) 오스트리아 · 헝가리 내의 소수 민족의 자치 (11) 발칸 여러 나라의 부흥 (12) 터키 내 소수 민족의 자치와 다다넬스 해협의 국제화 (13) 폴란드의 독립 (14) 국제연맹의 창설 등인데 특히 5항은 소수 민족의 자결권 요구에 영향을 미친 바가 있다.

조를 그 자신의 정의의 원칙으로 받아들이겠노라고 분명히 말한 바가 있다.

조선과 조선 민족의 동의도 없이, 그리고 그들의 소망과는 어긋나게도, 일본의 미카도는 "전 조선을 통해 계속적으로 주권"을 사함으로써 위에서 지적한 정의의 원칙이 분명하게 깨어진 지금에 와서 본 평화 회담은 동 합병 조약의 무효를 선언하거나 아니면 이를 파기하는 명령을 내리는 것이 본 회담의 권리인 동시에 의무이다.

(6) 국제법에 기초를 둔 제반 권리와 국가의 과오는 광정되어야 한다는 "새로운 정의"에 입각하여 조선 민족은 "한 독립 국가로서의 조선의 재건"을 바야흐로 주장하고 있다. 폴란드가 거의 1세기 반에 걸친 분할과 병탄을 거친 다음 재건되고, 알사스-로렌이 거의 반세기에 걸친 프러시아의 지배를 벗어나는 과정에서 이미 표현된 제반 원칙으로부터 조선도 배제될 수는 없는 것이다.

일본이 조선을 병탄한 지 어언 10년이 지났다. 제1차 세계 대전을 통해 일본이 그 동맹국[13](독일에서 훈련을 받은 미카도의 고문들은 이 정치적 집결체를 항상 선망해 왔다)의 일원이 아니라는 사실이 입증되었다고 해서 조선 민족이 군사 정부 체제 아래에서 계속 고통을 받도록 본 평화 회담이 이를 묵과해서는 안 된다. 왜냐하면 그와 같은 태도는 많은 사람들이 프랑스 영토에서 죽어 가면서까지 지키려고 했던 모든 원칙을 부인하는 것이 되기 때문이다.

본 청원서는 조선과 조선 민족을 형성·구축하는 총체로서의 대한민국 임시정부와 브레스트-리토브스크조약[14]이 체결되기에 앞서 동부 전선에서 연합국을 위하여 투쟁한 5천 명 이상의 조선 사람은 물론 조선 본토와 중

---

13) 독일 터키 불가리아 오스트리아의 동맹국을 의미한다.

14) 브레스트-리토브스크 조약(The Treaty of Brest-Litovsk) : 제1차 세계 대전 말기인 1918년 소련과 동맹국 사이에 체결된 단독 강화조약으로서 러시아혁명 직후의 소련의 취약성으로 말미암아 그 내용은 소련 측에게 굴욕적인 것이다.

국 · 시베리아 · 하와이 · 미국 그리고 그 밖의 나라에서 살고 있는 1,870만의 이름을 대신하여, 신한청년회에 의해 정당하게 임명된 조선 대표인 김규식의 서명으로 제출하는 바이다.

김 규 식(J. Kiusik S. Kim)
신한청년회 대표, 대한국민회 대표
대한민국 임시정부 대표, 기타 3개 단체 대표

6. 파리 평화 회의에 보내는 각서

평화 회의 귀중(표지)

한국 대표단은 조국이 일본으로부터 해방되고 한 독립된 국가로 재건될 수 있기를 바라는 한국과 한국민의 주장에 관해 아래와 같이 각서를 제정하는 바입니다.

1919년 4월 파리

평화 회의 귀중(표지)

조선 대표단은 조국이 일본으로부터 해방되고 한 독립된 국가로 재건될 수 있기를 바라는 조선과 조선 민족의 주장에 관해 아래와 같이 각서를 제정하는 바입니다.

1919년 4월 파리

1) 조선의 주장

한 조선 사람인 조선의 황제가 "전 조선의 모든 주권과 거기에 살고 있는 1,500만 조선 사람의 모든 권리를 일본 황제 폐하에게 완전하고도 영구적으로 이양하도록 하려고" 일본인의 강요 하에 체결된 1910년 8월 22일의 한일합방조약이 무효라고 본 평화 회의가 선언해 줄 것을 조선과 조선 민족은 이에 청원하는 바이다. 본 평화 회의는 조선의 문제에 대해 어떠한 행동을 취할 권리와 권능을 가졌다는 전제하에 이 청원은 문제를 다루고 있음을 또한 언급하고자 한다.

평화회의는 윌슨 대통령의 "14개조"에 나타난 제반 원칙에 입각하여 회원국 간의 문제를 해결하려고서 소집된 것이다. "전체적인 평화 방안"을 관통하고 있는 그 "명백한 원칙"은 1918년 1월 8일에 윌슨이 의회에 보낸 교서 가운데에서 "강대국이든 약소국이든, 모든 인민과 민족에게 적용되는 정의의 원칙이며, 자유와 안전의 동등한 조건 위에서 생존할 권리"라고 그 개념이 풀이되고 있다.

연합국과 제휴한 한 국가로의 일본은 정의의 원칙과 더불어 이 "14개조"가 평화 회의에 의해 수립된 "국제 정의의 구조적 기초"가 된다는 사실을 분명히 동의한 바 있다. 조선과 조선 민족의 동의나 소망이 없이 "조선 전역에 걸친 모든 주권"을 계속적으로 행사하고 있는 미카도에 의해 이와 같은 정의의 원칙이 분명히 깨어진 지금, 위에서 말한 1910년 8월 22일의 조약을 무효로 선언하는 것은 본 평화 회의의 권리인 동시에 의무가 된다.

2) 4,200년의 국민 생활

일본이 전투 종족과 문맹인의 단계를 벗어나기에 앞서 이미 조선 민족은 그들 자신의 독자적인 언어와 문명을 가지고 있던 민족이었다. 일본 민족으로 하여금 마음을 살찌게 하고 현재와 같은 위대성을 갖게 만든 저들의 문명 계발과 사상과 이념은, 오늘날 일본의 무서운 범죄의 행위를 당하고 있는 중국에게 빚을 지고 있는 것에 못지않게 조선에게도 빚을 지고 있는 것이다.

1910년 8월 22일에 체결된 합방 조약에 의해 일본이 조선에서 그들의 과업을 완성했을 때까지 조선은 4,200년 이상 동안 독립된 지위를 계속 누리고 있었다. 조선의 자유가 침탈된 간섭 기간을 제외한다면 조선 사람들은 42세기 동안 한 독립된 국가로 살아옴으로써 그들의 국가는 아시아에서 독립된 국가 가운데 하나를 이루고 있었다.

3) 조선의 독립

한 독립된 국가로서의 조선의 존속은 1876년 1월 27일에 조선과 일본 사이에 체결된 한일수호통상조규에 의해 확인 · 인정되었다. "조선 왕국"으로서의 조선의 독립은 1882년 5월 22일 조선 정부와 더불어 체결한 한미수호통상조약에서 미국의 인정을 받은 바 있는데, 그 가운데 가장 중요한 대목은 다음과 같다.

> "제1조 : 미합중국 대통령과 조선 국왕 및 각기 정부의 공민과 신민 사이에 영구한 평화와 우호가 있을 것을 기약하고, 만일 제3국이 일방 정부에 대해 부당하거나 억압적으로 행동할 때에 다른 정부는 그 사건의 통지를 받는 대로 원만한 타결을 가져오도록 주선을 다함으로써 그 우의를 표해야 한다."

조선의 주권은 조선 정부와 체결된 수호통상조약에서 영국과 그 밖의 열강들에 의해 또한 인정되었다. 1895년 4월 17일에 체결된 시모노세키 조약 제1조에서 일본은, "청국은 조선국의 완전무결한 자주 독립국임을 확인한다. 위 자주 독립에 손해가 될 청국에 대한 조선국의 공헌 · 전례 등은 장래 완전히 이를 폐지한다."는 사실을 청국이 명백히 인정해야 한다고 강요한 바 있다.

1902년 1월 30일에 체결된 제1차 영일공수동맹에서도 일본과 영국은 조선의 독립을 또한 확인하고 결과적으로 이를 보장한 바 있다. 그리고 끝으로, 1904년에 체결된 한일공수동맹조약에서 일본은 조선의 독립을 보장했으며, 조선은 그 뒤 러일전쟁을 수행하는 과정에서 일본을 물질적으로 원조할 것을 약속했다.

4) "자유의 처리"

1894년부터 1895년까지 2년에 걸쳐 일본이 청국에 대해 최초로 대륙 전쟁을 감행하겠노라고 선전 포고한 것은 조선의 독립을 보호하고 영토 보전을 유지하기 위한 것이었다고 한다. 그리고 일본이 1904년부터 1905년까지의 2년 동안에 제정러시아에 도전하여 이를 패배시킨 것도 이와 유사한 목적을 갖는 것이라고 주장되었다. 일본이 이 전쟁을 통해 단순한 군사적 승리만으로써는 얻을 수 없는 국제적 위신을 획득하고 대국으로 등장했던 것은 주로 일본이 자유를 고매하게 처리한 것처럼 열강의 눈에 비친 기사도적인 제스처 때문이었다.

5) 프러시아와 일본

일본이 저지른 과오는 이제 예삿일이 되어 버렸다. 일본의 무신과 식언은 한 종족의 부도덕한 행위로 말미암아 이미 만신창이가 된 한 국가에 대해 세계의 관심을 불러일으킬 수밖에 없는데, 그 국가는 일본 지도자들의 "정신적 고향"이라는 점을 언급하지 않을 수가 없다.

오스트리아와 프랑스에 대한 두 번의 전쟁에서 프러시아가 보여준 바와 같이 일본은 중국과 러시아에 대한 두 번의 전쟁을 미리 "준비"해 두었었다. 프러시아가 유럽에서 주도적인 군사 대국이 되었던 것과 마찬가지로 일본도 그들의 대륙적 야심에 장애가 되는 두 국가에 대한 방어 전쟁의 결과로 아시아에서 주도적인 군사 대국이 되었다. 진정한 의미에서 볼 때 프러시아와 일본은 전쟁 사업을 통해 크게 이익을 얻은 근대적 2대 강국이 되었다고 말할 수가 있다.

이 두 약탈적 강국 사이에 차이가 있다면, 그것은 일본이 좀 더 부도덕했다는 사실이다. 프러시아는 유럽의 주도권을 잡으려는 한 수단으로서 제국

주의적 독일을 만들고자 숙고하고 준비하여 두 국가를 패배시켰다. 프러시아는 그 자신이 신성한 조약에 의해 보장한 국가의 독립과 영토 보전을 박멸함으로써 죄짓는 일을 하지는 않았다.

프러시아는 또한 자신의 약탈·팽창 정책을 피해 민족의 보호를 위해 취한 기사도적 행위라고 표현하고 세계를 기만함으로써 자기가 저지른 커다란 죄악을 비속하게 만들지도 않았다. 일본은 이와 같은 모든 죄악에서 한 발 더 앞서 있다.

6) 조선의 보호 통치

조선의 영원한 독립과 영토 보전을 일본이 보장한 여러 조약들이 무의미하게 되기 몇 달 앞서 포츠머드조약이 체결되고 러시아는 다음과 같이 일본의 입장을 인정하지 않을 수가 없었다.

> 제2조 러시아제국 정부는 일본국이 조선에서 정치상 · 군사상 · 경제상 우월한 이익을 갖는다는 것을 인정하고, 일본제국 정부가 조선에서 필요하다고 인정하는 지도 · 보호 및 감리의 조치를 취하면서 이를 간섭하거나 저애하지 않을 것을 약정한다. 조선에 있는 러시아국 신민은 다른 외국의 신민 또는 인민과 대등한 대우, 곧 최혜국의 신민 또는 인민과 동등한 지위를 누릴 것을 인지한다. 두 체약국은 오해의 원인을 피하려고 한 · 러 간의 국경에서 러시아국 또는 조선의 영토를 위협할지도 모르는 어떤 군사적 조치를 취하지 않을 것을 또한 약정한다.

3주가 지난 1905년 9월 27일[15] 일본과 영국 사이에는 제2차 공수동맹조약이 발표되었다. 제1차 영일공수동맹조약에서 분명히 인정된 바 있던 조

15) 이 조약이 체결된 것은 8월 12일이었다.

선의 독립은 이번 수정된 동맹조약에서는 삭제되었다. 이와 같은 불길한 삭제가 있은 지 20일이 지나서 조선을 일본의 보호통치국으로 만든다는 조약[16]이 체결되었다. 이와 같은 조치는 문명국의 역사와는 평행될 수 없는 것이라고 말해도 무방할 것이다.

그들의 죄악이 어떠했던가 하는 것은 맥켄지(F. A. McKenzie)의 『대한제국의 비극』(1908)[17]과 헐버트(H. B. Hulbert)의 『대한제국멸망사』(1906)[18]의 여러 곳에서 찾아 볼 수가 있다. 포츠머드조약이 체결되자마자 후작 이토 히로부미가 서울에 도착하여 즉시 조선을 "지도 · 보호 · 감리"하는 작업에 착수했다. 이 당시의 이야기는 유럽이 암흑에 빠져 있던 시대의 악마 얘기를 방불하게 한다.

"일본의 비스마르크(O. von Bismarck)"인 이토 히로부미는 서울 거리를 일본 군대로 메우고, 군대로 줄을 세워 대궐을 포위하고 마음이 산란해진 황제와 대신들에게 글자 그대로 총칼로 겨누고 저 악명 높은 을사조약에 서명토록 강요했다. 그러나 이와 같은 모든 강박에도 불구하고 이 조약은 황제의 참정대신 한규설이나 외부대신[19]에 의해 서명되지 않았다. 그리고 각의와 외부의 관인을 받지 못함으로써 그 가치를 잃었다.

강압을 받으면서도 옥새는 나오지 않았다. 체념이라도 한 듯이 대신들이 일본군들에 의해 각의실로 끌려 들어갈 때 외부의 관인은 연당 속으로 던져졌다. 보호 통치를 받은 5년 동안에 조선에서 일어난 역사는 중세기적 정신과 프러시아적 무자비와 능률의 방법을 갖춘 일본과 같은 강대국의 경우에

---

16) 1905년 11월 17일에 체결된 한일협상조약(을사보호조약)을 의미한다. 제2차 영일공수동맹조약이 체결(1905년 9월 27일)된 지 "20일 후"라는 것은 필자의 오해로 보인다.

17) 신복룡(역주), 『대한제국의 비극』(서울 집문당, 2019) 참조.

18) 신복룡(역주), 『대한제국멸망사』(서울 집문당, 2019) 참조.

19) 박제순(朴齊純)을 의미한 듯하나 박제순은 이 조약에 찬동하여 뒷날 을사오적의 하나로 지목된다.

서나 발생될 수 있는 기만과 공포의 기록이다. 그것은 한 민족을 찔러 죽이는 과업을 위해서 채택되어진 과학적 야만 행위의 기록이기도 한 것이다.

7) 조선의 병탄

그런 다음 조선은 곧 운명했다. 1,500만이 넘는 인구를 가진 한 유서 깊은 왕국을 마치 인간이 아닌 동물을 운송하는 것처럼 "일본제국 황제 폐하"에게 넘겨주기로 한 1910년 8월 22일의 조약에서 일본은, 어느 프랑스 작가의 말과 같이 "한국에서의 과업을 완수했다." 이와 같이 조선의 주권을 박멸하고 그들의 조국을 일본의 속방으로 만들어 버린 데에 대해 조선과 조선 민족은 분연히 항의했으며, 아직도 항의하고 있다.

8) 일본화와 프러시아화

일본은 조선의 자유를 폭력적으로 파괴했을 뿐만 아니라, 제정 러시아가 핀란드와 러시아령 폴란드에서 실행하고, 일본의 선생격인 독일인이 동부 지방[20]과 슐레스비히-홀스타인 및 알사스-로렌에서 실행한 것은 물론, 말할 수도 없이 잔혹한 터키인들이 아르메니아에서 실행한 방법과 원칙을 일본이 조선에서 가혹하게 적용했다는 점에 조선 사람들의 주장이 그 근거를 두고 있다.

조선의 일본화에 따른 정치적 흉행은 동부 프로방스에 사는 폴란드인이나, 슐레스비히에 사는 덴마크인이나, 알사스-로렌에 살고 있는 프랑스인들을 프러시아화하는 과정에서 보여준 정치적 잔혹성을 능가하고 있다. 비록 인간의 근본적인 본능과 지리적 장벽에서 일본의 활동을 저지했다고는 하지만 일본은 명목상으로 뿐만 아니라 실제적으로 조선을 일본의 속방화를

---

20) "동부 지방"(Eastern Provinces) : 동부 프로방스(Eastern Province : 프랑스의 동남부 지방)의 오기가 아닌가 여겨진다.

작정했다.

일본은 조선 사람이 가지는 애국심의 거대한 뿌리를 송두리째 뽑으려는 비인도적인 방법으로써 이와 같은 일을 수행하려고 노력하고 있다. 조선의 애국심은 향토애, 그리고 자기 민족의 언어와 역사에 대한 애정을 포함하고 있다. 조선에서 일어나고 있는 애국의 불길을 끄기 위한 이와 같은 조직적 시도를 무기력하게 만들는지도 모르는 두 가지의 수단, 곧 교육과 민족 자본의 형성을 일본은 소위 "감리"하고 있다.

9) 조선 사람 소유의 토지 몰수

조선 사람의 토지 소유권은 오래 전부터 물려받은 토지에 대한 조선 사람의 애착을 포함하고 있는 것이므로 조선 사람의 경우에 토지 소유권은 애국심의 강인한 "뿌리"를 이루고 있다. 조선의 옥토들은 당연히 조선 사람 농부의 손에 있기 때문에 조선의 농가와 소농들이 토지 소유권을 가지고 있다는 것은 또한 일본에 의한 조선의 식민지화를 가로막고 있다.

이와 같은 이중적 이유로 말미암아 조선 사람 지주의 토지를 몰수한다는 것은 조선에서의 일본의 정책의 본질적인 목표가 되고 있다. 이에 따라서 일본 정부의 지시에 의해 한 회사[21]가 설립되고 일본의 대장성으로부터 매년 25만 달러의 보조금을 받고 있다. 1919년 1월 29일자 『뉴욕 타임즈』는 다음과 같은 기사를 다루고 있다.

> "이 회사의 목적은 일본 본토에서 삶을 영위할 수 없는 일본인들로써 조선을 식민화하려는 것이다. 조선에로 이민하는 일본인에게는 무료로 교통편이 제공되며 살림 도구와 시설물들과 함께 집과 약간의 토지까지도 마련

---

21) 동양척식회사를 의미함. 이 회사는 1908년에 설립되어 서울에 본점과 17개 지점을 두고 조선 사람의 토지 매수에 힘썼던 일본 식민지주의의 마수였다.

해 준다. …… 그리하여 이 식민회사는 조선 사람 농부들이 소유하는 토지를 사고자 한다. 조선에는 대부분이 농부인 1,500만의 인구를 먹여 살리는 8만 평방 마일의 토지가 있는데 이 조선 사람들은 그들의 유산에 참여할 기회를 잃어 가고 있다."

이 기사는 다음과 같이 계속하고 있다.

"이와 같은 환경에 놓인 조선에서 일본인들은 본국 정부에 도움에 요청하여 이를 얻어냈으며, 그 과정에서 생기는 문제를 해결하는 방법은 그 묘미가 매우 동양적이다. 조선에서의 모든 금융 기관은 수도 서울에 있는 중앙 정부의 규제를 받는 조선은행에 집결되어 있다. 이 지점들을 통해 영국은행이나 미국 재무성이나 프랑스은행에 상응하는 강력한 기관들이 조선의 모든 정금을 모으고 있는 듯하다.

이렇게 함으로써 적어도 유통 수단이라는 면에서 본다면 토지는 실제로 무가치한 것이 되었다. 조선 사람들은 세금을 내고 생활에 필요한 물품들을 얻기 위해 현금을 가지고 있어야 하며, 현금을 얻기 위해서는 토지를 매각하지 않을 수가 없다. 지가는 급속도로 하락하고 있으며 어떤 경우에는 조선은행원들이 종전 싯가의 1/5로 토지를 구입한 적도 있다."

그 기사는 또 다음과 같이 덧붙이고 있다.

"조선의 옥토의 1/5 이상이 이와 같은 계획의 수행을 통해 보내진 일본 이주민들의 손에 들어가 있다."

10) 조선어와 역사의 금지

일본어로써 조선어를 대치하기 위한 체계적인 시도가 벌어지고 있다. 조선의 어린이들은 학교에서 일본어로 그들의 조선 사람 선생들에게 인사하도록 강요를 받고 있으며 법정에서도 판사는 일본인이고 모든 절차는 일본어로 진행된다. 그 결과 재판의 공식 통역도 또한 항상 불충분하여 조선의 소송 관계자들은 대체로 무엇이 어떻게 되어 가는지를 알지 못한다.

조선의 역사를 가르치는 일은 금지되어 있다. 그리고 조선 사람으로서 어린이들에게 그들의 선조들이 조국을 위해 싸우다가 죽어 간 내용을 담은 전설이나 동요나 민담을 들려주려 하다가는 투옥, 고문, 추방 또는 그보다 더 심한 어떤 곤욕을 치르게 될는지도 모른다.

11) 조선 교육의 "감리"

한반도에서 일본 정책의 "이기주의"를 가장 뚜렷하게 폭로하는 것은 다름이 아니라 조선 사람의 교육에 대한 일본의 "감리"이다. 조선은 학문을 숭상하는 나라로 알려져 왔다. 넓게 말해서 어떤 나라는 학술과 문화의 특수 영역에 특히 두드러졌다고 말할 수 있는 바와 마찬가지로 조선은 학문에서 지난날 특히 두드러졌다. 예컨대 조선의 지식인들이 학문을 사랑하는 것 이상으로 이탈리아인들은 음악과 노래를 사랑하지는 않는다. 조선 사람은 학문의 영역에 큰 재질이 있다.

그러나 학자가 되려는 사람은 교육을 받아야 한다. 하지만 교육, 특히 현대 교육은 한 국가가 다른 국가를 정치적으로 노예화할 수 있는 권리를 가지지 못한다는 사상과 이념을 낳고 있기 때문에 교육을 받은 조선 사람이라면 조선에서의 일본의 폭정에 항의하고 저항하는 집단을 이루고 있다. 그러므로 조선을 "병합"했던 전 총독 데라우치 마사다케가 이른바 "불온한 사상"을 조장하는 한도가 지나친 것이라고 판단되는 서구 학문은 어느 면이든 간에 금지되거나 본질이 제거된 채로 교수되고 있다.

조선의 학생은 예술 · 과학 · 법학 · 정치학 · 경제학 및 공학을 가르치는 상급 학교에 자유로이 진학하는 것이 금지되어 있으며, 심지어는 자비를 쓰는 경우라고 할지라도 서구 교육이나 현대 교육을 받기 위해 유럽이나 미국

〈표 1〉 조선 사람 학교의 통계

학교 종류	학교 수	생도 수
보통학교 · 소학교	441	81,845
고등보통학교	7	1,791
초등농업학교 · 상업학교 · 공업학교	74	2,029
법률학교	1	138
의학교	1	253
공업학교	1	282
농업학교	1	72
총계	526	86,410

〈표 2〉 일본인 학교의 통계

학교 종류	학교 수	학생 수
소학교	342	37,911
중학교	3	1,478
공립여자고등보통학교	10	1,648
상업전문학교	7	899
동척의 식민학교	1	18
사립 상업 · 기술학교	4	513
총계	367	42,467

으로 가는 것이 절대로 금지된 사실은 위와 같은 제한 교육의 정책에 의해 그 이유가 잘 설명되고 있다.

조선에 있는 360개의 기독교계 학교와 몇 백 개의 사립학교에 가해지는 강압도 이와 같은 정책의 차원에서 설명될 수가 있다. 이에 대한 더 자세한 설명은 1917년 말, 조선 총독의 보고서에 나타난 다음의 통계에서 잘 나타나고 있다.

16,648,129명의 조선 사람을 위해서 일본 당국은 단지 86,410명의 조선 사람만을 가르칠 수 있는 정도의 학교를 설립했는데 그 내용은 아래의 표와

같다. 그와는 달리 일본 당국은 320,938명의 일본이 이주자들을 위해 367개의 각급 특수 학교를 설립하고 42,467명의 학생을 수용하고 있는데, 그 내용은 다음과 같다.

앞에 든 통계는 학교에 있어서의 일본의 교육 정책에 관해 언급한 다음과 같은 미국의 보도를 정당화해 주는데 양자 간에는 아무런 모순이 나타나고 있지 않다.

> 일본 치하에서는 조선 내에서의 모든 민족적 소망이 거부되고 있으며, 애국심의 발전을 막기 위해 온갖 조치가 취해지고 있다. 이와 같은 정책은 여러 방면에서 체계적으로 수행되고 있다. 이와 같은 목적을 수행하려고 일본인들이 쓰는 가장 흔하고 효과적인 방도로서의 상급 학교의 진학을 막고 각급 학교에 제약을 가하는 것이다. 조선의 역사를 가르칠 수 없으며, 학생들은 이중되게 배운 다음에는 중도에서 학업을 중단할 수밖에 없다.

12) 조선의 재산의 "감리"

거의 모든 조선 사람들은 그의 집안에 일본인 감독을 두어 자신의 재산과 재정을 감리하도록 해야 한다. 모두가 일본인에 의해 경영되는 은행에 예금을 가지고 있는 조선 사람은 그 돈의 용도를 은행 측에 공개하지 않고서는 한꺼번에 많은 돈을 인출할 수가 없다.

13) 조선의 식칼

조선 사람들은 총기나 또는 이와 유사한 형태나 형식의 무기를 소유하는 것이 일반적으로 금지되어 있다. 그리고 일본 치하의 조선의 상황을 알아보려던 어느 미국의 탐사자가 한 지방에서 목격한 바에 따르면, 어떤 마을에서는 조선 사람들이 태곳적부터 사용해 온 식칼을 소유하는 것조차도 허락되지 않았다니 이야말로 적지 아니 흥미 있는 일이다.

그런 칼 한 자루를 가지고 대여섯 가구가 돌아가며 써야 하며, 그 칼을 사용하지 않았을 때에는 일본 헌병의 순찰 지역에서 똑똑히 보일 수 있는 곳에 걸어 두어야 한다. 이 미국인 탐사자의 보고서는 대외 공표가 부적당하다는 공식적인 견해로 말미암아 아직 발표되지 않았다.

14) 기독교에 대한 일본의 적의

기독교는 조선에서 일본의 정책에 필요한 복종의 상태와는 배치되는 자아 존중의 정신을 싹트게 한다고 확신하고 있는 미카도의 정부는 조선 안에 있는 기독교 선교사의 활동이 일본의 중요한 이해 관계와 상치된다고 생각하고 있다. 이와 같은 이유 때문에 일본 당국은 특히 그들의 경찰 요원을 통해 조선에서의 기독교 선교사의 활동을 방해하려고 온갖 노력을 기울이고 있다.

기독교에 대한 일본의 이와 같은 공식적인 적의가 어떻게 표현되고 있는가 하는 실례는 세칭 "105인사건"[22]에서 보여준 조선 사람 기독교도들이 일본의 통치 체제의 성공을 저해하는 적대 세력으로 심각하게 간주되고 있다는 사실은 한반도에서의 일본의 행동에 대한 준엄한 고발장이 될 수 있지 않을까?

15) "한 거대한 요새"로서의 조선

일본은 조선에서 업적을 이룩했다는 시늉으로 조선에서 자신이 이룩한 물질적 개선을 가리키고 있다. 일본은 국경을 넘어 남만주를 관통하는 철도를 부설했는데, 이는 이미 조선 철도 체제의 손안에 들어갔다. 일본은 대소 도로를 건설하고, 조선을 질타하는 일본군의 숙소를 위해 현대식 건물을 시

---

22) (원저자 주) 본서 부록 2. "105인 사건" 참조.

공했다.

일부 도시 중심지의 위생 시설이 개선되었다는 것도 의심할 여지가 없다. 조선이 물질 생활에서 이토록 "개선되고 진보된" 데에 관해 독자들은 조선 총독이 매년 발행하는 『연보』를 통해 훌륭하게 인쇄된 원색 화보를 감상할 수가 있다. 일본 당국은 이 연보를 준비 · 발행하는 데에만은 경비를 절약하지 않는 것처럼 보인다. 이 『연보』는 일본이 해외로 발송하는 최량의 홍보 무기인 것으로 간주되고 있다.

그러나 이 『연보』에 해마다 수록되는 "개혁"에도 불구하고 조선에서의 일본의 정책에 대한 다음과 같은 비난은 진실하고도 답변할 수 없는 것이 되고 말았다. 이 글은 "105인사건"과 관련해 일본 정부를 비판하는 데에 과감했던 일본 신문 『신일본』에 게재된 주요 논설에서 뽑은 것이다.

> 조선 사람들은 반도 안에서 자기 민족의 이익을 희생하면서까지 총독 정치에 항거하고 있는데, 데라우치 마사다케 백작은 이를 분쇄하려고 온갖 수단을 다 쓰고 있다. 그가 행하고 있는 신문 검열, 밀정 정책, 그리고 공장 입법 등은 모두가 조선 사람의 봉기에 대한 그의 두려움에서 비롯된 것이다. 한반도를 하나의 거대한 요새로 만들려는 것이 총독의 욕심이다. 그는 조선에서 공업 · 상업에 종사하는 이 모든 사람들을 병영의 담장 안에서 일하는 단순한 군종 사역병으로 간주하는 것처럼 보인다.

"이들 개혁의 대부분은 가치 있는 것이라고는 하지만, 형제가 고도로 발달된 식민지 지배에서나 찾아볼 수 있는 것이며"[23] 또 일본인 이주자들의 이익과 복지를 위해 조선의 납세자들을 희생하여 이와 같은 개혁들이 모두 효과적으로 도입되었다고 하는 사실을 잊어서는 안 된다. 일본 당국은 조선

23) (원저자 주) Arthur J. Brown, *The Korean Conspiracy Case*(New York, 1912) 참조.

을 가장 매혹적인 식민 지역으로 만들고자 원하고 있다.

16) 아시아에서의 앵글로색슨의 사업

위와 같은 사실들은 조선에서 일본이 저지르고 있는 무자비한 행위들의 몇 가지 사례에 지나지 않는다. 그 방법은 물론이고 목적과 정신에서 이러한 사업은 아시아에서의 앵글로색슨 사업가들의 활약과는 크게 다르다. 인도와 "과거의 인디안"에서 오늘날 영국인들은 조선 사람들의 이익을 위해 통치하고 있다. 영국은 과오를 저질렀으며, 아마 지금도 어리석은 실수를 저지르고 있는지도 모른다.

그러나 그들은 지배 국가의 신뢰와 정신을 토대로 하여 아시아의 광대한 지역을 다스리고 있다. 필리핀의 경우를 본다면, 한 지배 국가로서의 앵글로색슨의 활동은 소위 제국주의의 불투명한 의도에도 불구하고 그의 모습이 애매하게 보이지는 않고 있다.

이곳에서 미국인들은 무한정한 기간 동안에 지배자로 활약하는 것에 만족하고 있지는 않다. 그들은 필리핀 시림들을 돕기 위해서뿐만 아니라 결국에 가서는 그 국가에 통치권을 넘겨주기 위해서 필리핀인들을 교육하고 있다. 그리고 최근 미국 행정부가 시사한 바에 따르면 미국은 이미 민주주의를 위해 세계를 평화롭게 하는 국제적 분쟁 해결의 한 필요 조건으로 필리핀의 독립을 보고 있다.

17) 돼지를 살찌우는 정책

그러나 조선에서 일본인들은 종주국의, 좀 더 정확하게 표현한다면 모리배 국가의 정신과 방법에 의해 조선 사람들을 지배·통치하고 있다. 가축이나 노예가 그들의 주인에게 가치가 있을 경우에만 보호를 받아야 한다는 의미가 없다면 조선 사람의 복지는 일본이나 총독 정치의 목표가 되지 않는다. 조선 총독이 발간하는 연보에서 저토록 떠들어 대고 있는 "개선"은 조선에 온 일본인 이주자들의 사기를 높이려는 것이거나, 아니면 돼지의 주인이 시장에 내놓기 위해 돼지를 살찌우는 것과 꼭 같은 이유에서 나온 것으로 설명될 수가 있다.

18) 세계에 역행하는 일본

조선 민족의 운명과 밀접한 관계를 맺고 있다는 이유에서뿐만 아니라 여기에서 더 나아가서 특히 아시아 태평양 지역에서의 영국과 미국의 이해 관계는 물론 아시아에서의 프랑스의 이해 관계 등 세계 열강의 근본적인 이해관계에서 보더라도 일본으로부터 조선을 독립시키고 조선 민족을 해방시키는 것이 바람직하다.

일본이 조선에 있는 기독교도를 유해 집단으로 보고 있다는 데에 대하여는 이미 언급한 바가 있다. 그리고 일본 천황의 조언자들은 제정 로마 당시의 반기독교 정책을 곰곰이 생각하고 있다고 말할 수 있다. 그러나 로마의 황제들은 기독교를 하나의 종교로 반대한 것이지, 오늘날의 일본의 경우처럼 정치적 노예화의 방법으로써 착취하고, 전 민족을 복속시키는 데 항거하는 도덕적 · 지적 세력으로 보지는 않았다.

무역과 상업에서도 일본은 조선에서 활약하고 있는 서구 무역업자와 상인들을 제거하고 있으며, 조선과 열강 사이에 체결된 일련의 수호통상조약에 그 기초를 두고 있는 사업도 일본 민족에게 배타적으로 이양하고 있다. 이와 같이 그들은 서구의 경쟁을 제거하면서도 일본은 배타근성을 고수하고 있다. 이러한 근성은 과거에는 그들의 완고한 자위적 고립에서 잘 나타내고 있으며, 오늘날에는 극동을 위해 이미 그 가치가 퇴색한 먼로주의를 적용함으로써 극동에의 서구의 입김을 배격하겠다고 협박하는 그들의 태도에서 잘 나타나고 있다.

19) 일본의 대륙 정책

그러나 조선을 계속적으로 병합함으로써 결과적으로 그 실현 가능성을 보인 일본의 원대한 정치적 목표는 영국과 미국은 물론 프랑스도 치명적인 이해 관계를 갖는 것이다. 일본의 대륙 정책이 아무런 속박을 받지 않고 수행될 때, 특히 라틴 3국과 앵그로 · 색슨계의 열강을 포함한 비(非)일본 세계에 위험이 나타날 것이다.

이와 같은 대륙 정책의 제1의 목표는 우선 중국의 인력과 천연 자원을 지배 · 통제함으로써 아시아의 주도권을 장악하는 것인데, 이와 같은 시도는 대륙을 향한 작전 기지로 조선을 병합함으로써 일단 가능하게 되었고, 둘째로는 오세아니아주와 미국의 태평양 연안에 무제한한 일본의 이민을 확보하는 단순한 방법으로써 태평양의 주도권을 장악하려는 것이다.

20) 현재 진행 중인 정책

일본의 대륙 정책은 이미 1894~95년의 청일전쟁과 1904~05년의 러일전쟁의 승리, 그리고 1910년 8월 22일에 있었던 한일합병에서 부분적으로 나타난 바 있다. 일본은 조선을 병합함으로써 남만주와 동내몽고에서의 중국의 주권을 불가능하게 만들고 있다. 그리고 이들 전략 지역을 일본의 대륙 정책의 영토적 체제 내에 포함시킴에 따라 중국의 기름진 영토와 4억 중국인에 대한 군사적 · 평화적 정복이 불가피하게 되었다.

이와 같은 주장은 가설이나 예언을 위해 언어를 우롱하는 것은 아니다. 1915년 1월 18일에 일본 정부가 북경에 요구한 저 유명한 "21개 요구 조건"[24]과 전쟁을 개시하리라는 최후 통첩에 따라 중국 정부가 서명한 모종의

---

24) 제1차 세계 대전에 참여하여 극동으로부터 독립을 몰아내는 데에 성공한 일본은 주중대사 히오키 에키를 통해 원세개에게 다음과 같은 21개조를 요구했다. (1) 산동 문제에서 일본은 독일의 이권을 계승한다는 데에 관한 4개조. (2) 일본은 남만주와 동부 내몽고에서 우월한 지위를 갖는다는 데에 관한 7개. (3) 일본국 자본가와 중국의 한야평공사

조약과 각서에 나타나고 있는 일본 정부의 용의주도한 의도와 계획을 다만 설명하고자 할 따름이다.[25)]

21) 프랑스에 대한 위협

일본이 조선을 계속 지배할 경우, 결국에 이루어질 중국의 지배는 아시아에 기반을 두고 있는 한 열강으로서의 프랑스에게도 특별한 위협을 초래한다. 중국이 일본과 같은 전쟁 체제 국가의 군사적 의사에 예속되고 또 주석이 풍부하며 인도지나의 후방을 위압하고 있는 안남 지방을 일본이 필연적으로 침탈할 경우 이는 아시아에서의 프랑스의 우월권에 대해 정치적이고도 전략적인 위협을 분명히 초래할 것임이 틀림없다.

그리고 프랑스가 이 지역을 계속적으로 장악하는 것은 세계 열강으로서의 제3공화국의 위신과 명예를 위해 매우 중요한 요소가 되는 것이기 때문에 케 도르세[26)]는 일본이 중국의 인력과 자원을 규제 · 감독함으로써 아시아에서는 패권을 장악한다는 것이 얼마나 의미심장한 문제인가를 똑똑히 알아야 한다는 것은 더 말할 나위도 없는 일이다.

그러나 프랑스에 대한 위협은 단순히 "전략적인 손실"만을 의미하는 것은 아니다. 그것은 정치적인 문제와 직결되는 것이다. 참으로 이 문제는 일본이 겉으로 드러내지 않은 3대 목표 가운데 하나이다. 그리고 이는 복수전과 깊이 관련되어 있는 것이기 때문에 프랑스에 대한 일본의 위협은 제 3제국에 대한 실질적인 위협을 계속 초래할 것이다.

와 합작 사업에 관하 2개조. (4) 중국의 영토 보존에 관한 1개조. (5) 일본인 고문 초빙. 토지 소유. 철도 부설권. 포교 등에 관한 7개조.

25) (원저자 주) 파리평화회의에 파견된 중국 대표단은 여러 가지 요청 가운데에서도 특히 이 조약과 각서들이 중국의 일본에 예속화를 촉진한다고 하여 이들을 폐기할 것을 주장하고 있다고 보도되고 있다.

26) 케 도르세(Quai d'Orsay) : 프랑스의 외무성이 위치하고 있는 파리의 소재지명으로서. 여기서는 프랑스의 외무성 또는 프랑스의 외교 정책을 의미한다.

시모노세키조약

일본에 대한 프랑스의 전쟁 부채는 1895년에 체결된 시모노세키조약의 수정[27]에로까지 거슬러 올라가는 데 이 당시 일본 정부는 여순항의 대요새를 포함하여 요동반도를 중국에 되돌려 주는 데에는 동의하도록 강요당했다. 일본은 중국에 대한 승리의 결과로 이 지역을 "영원히" 일본에게 할여하도록 되어 있었다.[28] 러시아, 독일, 프랑스는 요동반도의 할양에 대해 공동간섭을 할 필요가 있다고 생각했다. 그리하여 그들은 시모노세키조약의 폐기와 일본이 아시아 본토로부터 철수해야 한다고 주장했다.

일본은 이에 승복했다. 그러나 일본은 산동반도를 점유하는 것이 그들의 대륙 정책을 성공적으로 수행하면서 필수적인 요인이었기 때문에 3국의 강요 사항을 수정하려는 작업을 곧 시작했다. 일본이 이 지역을 점유한다는 것은 극동의 문턱을 장악함으로써 만주와 조선에 직접 진입할 수 있음을 의미하는 것이었다. 고도의 정책적 "필요성"뿐만 아니라 복수심 때문에 일본은 막대한 전쟁 준비에 박차를 가하여 끝내는 1904~1905년의 러일전쟁에서 승리를 거두고 그토록 탐을 내던 중국의 영토를 되찾았다.[29]

1914년에 제1차 세계 대전이 폭발하게 되자 일본은 독일에게 복수의 칼날을 겨눔으로써 자신의 대륙 정책을 수행하기 위한 또 하나의 기회를 포착했다. 일본은 러시아를 패배시키고 남만주에서 러시아를 밀어내고 자신이 대신 들어섰던 것과 꼭 같이, 이번에는 교주에서 독일을 패배시키고 산동성에서 독일을 밀어내고 대신 들어섰다.

---

27) 일본이 청일전쟁을 이긴 뒤에 체결된 시모노세키조약(1885)에 의거하여 일본은 청국으로부터 요동반도 · 대만 · 팽호열도를 할양받았으나 러시아 · 프랑스 · 독일의 3국간섭으로 이를 포기하지 않을 수 없었던 사실을 의미한다.

28) 시모노세키조약 제2조.

29) 러일전쟁에서 승리한 일본은 포츠머드조약(1905)에 의거하여 청국 정부가 승낙한다는 것을 조건으로 요동반도의 조차권을 얻었다.

소위 "창피스러운 3국간섭"

일본은 러일전쟁 전에는 3국간섭을 "러시아 · 독일 · 프랑스"의 행위라고 설명하더니, 러일전쟁이 끝나고 독일이 교주에서 밀려나기 전까지는 "독일 · 프랑스 · 러시아"의 행동이라고 설명했다가, 요즈음에 와서 "프랑스 · 독일 · 러시아"의 행동이라고 설명하고 있다는 사실은 매우 의미심장하다.

예컨대 "일본의 진상"이라는 최근의 성명에서 마키노 노부아키[30] 남작은 이번의 요동반도의 반환이 "프랑스 · 독일 · 러시아의 불가항력적인 요구"때문이었다는 점을 강조할 필요가 있다고 생각했다. 그리고 파리 평화 회의에 파견된 일본의 또 다른 대표인 친다 스테미 자작[31]도 자기들 국민이 위에서 말한 간섭을 "창피스러운 3국간섭"[32]이라고 간주하고 있다는 사실을 설명하는 것이 적절하다고 생각했다.

이러한 설명은 프랑스인들에게 다소 소심하게 모일는지 모르지만 여러분들께서는 일본인들의 기이하고 묘한 행동 양식과 함께 그들의 마음을 알게 된다면 위에서 지적한 문제들은 의미심장한 위협이 되는 것을 알 것이다. 대프랑스전에서 일본이 이긴다는 것은 일본의 영토적 지배가 인도지나까지 팽창함을 의미한다.

이 사실은 위의 문제와 관련하여 결코 소홀히 생각할 수 없는 문제이다. 그렇게 될 경우 일본은 중부 아시아와 남양군도에서 더욱 민첩한 열강으로 등장하게 될 것이다. 일본의 책임 있는 언론인들은 이 지역을 강력하고 자

30) 마키노 노부아키(牧野伸顯 : 1861～1949) : 유신 원훈인 백작 오쿠보 도시미치의 차남으로서 이와쿠라 도모미와 함께 구미를 돌아보고 뒤에는 문부대신, 농상무대신, 외무대신을 역임했으며, 1919년에는 파리강화회의의 전권위원으로 활약했다. 그는 또한 요시다 시게루의 악부로서도 유명하다.

31) 친다 스테미(珍田舍己 : 1856～1926) : 백작, 미국 유학을 마친 뒤에 도오의숙에 있다가 외교계에 투신하여 샌프란시스코 · 인천 영사를 거쳐 독일특명 전권공사(1909), 파리강화회의 전권 위원(1919)을 역임했으며, 만년에는 시종장과 추밀원 고문관을 지냈다.

32) (원저자 주) 1919년 2월 20일자 『워싱턴 스타』.

족한 대일본을 위해 "필요한 열대 부속지"라고 표현한 바 있다.

22) 태평양의 지배권

만약 일본의 정책이 더 이상 팽창되지 못하도록 억제하지 않는 한 일본의 대륙 정책은 프랑스를 위협했던 것과 꼭 같이 앵그로·색슨계 민족들을 위협한다. 해마다 증가하는 일본의 인구는 그들의 대륙 정책에 포함된 영토 팽창의 요구를 합리화시킨다고 일본의 제국주의자들은 주장하고 있다. 그리고 해외 진출이 가능한 일본 인구의 "과잉 부분"은 조선, 남만주, 동내몽고 그리고 유서 깊은 중국의 여러 지방으로 보내져야 한다고 말하고 있다.

이와 같이 "해외 진출이 가능한 과잉 부분"의 이민이 50여 년 동안에 걸친 심각한 문제가 될 수 있음에 반해 만약 "밀림의 성(性)의 법칙"이 일본에도 적용된다면 이민에 관한 일본의 선전은 일본의 이민이 현시점에서 정치적·경제적 필연에 따른 것으로서 즉각적인 구호가 필요하다는 사실을 해외에 확신시키기 위해 사실을 고의적으로 과장하는 것밖에는 안 된다.

일본인들의 정치적 판단에 따르면, 이와 같이 "즉각적인 구호"는 조선과 중국에 대한 식민과, 가능하다면 오세아니아주와 미주에로의 이민을 통해 해결되어야 한다고 해석된다. 그러나 일본은 조선과 중국에서 새로운 터전을 찾기 위해 이 지역을 성공적으로 식민화하면서 그들의 체질적 결함이 이를 저해할 수밖에 없다는 사실로 말미암아 어려움을 겪고 있는데, 이러한 난관에 대하여는 일본인 자신이 누구보다도 잘 알고 있다.

일본의 도서적·지리문화적 환경으로 말미암아 일본인들은 육체적으로 아시아대륙에서 생존 경쟁을 계속할 수가 없게 되었다. 예컨대 그들은 바람이 몰아치는 만주와 동내몽고의 평원에서 냉엄한 삶을 견디기에는 부적합하다. 그리고 일본의 도서적 풍토로 말미암아 일본인들은 바다와 섬 위의 분화구가 일본 각지에서 이루고 있는 그림과 같이 아름다운 모습이 없는 대지 위에서 살아 나갈 수가 없다.

중국의 역사 깊은 지역 가운데에는 일본인들이 살 수 있는 곳도 있다는 점은 의심할 나위도 없다. 그러나 일본에 가르침을 베푼 러시아의 교사들이 말한 바와 같은 "태양의 따사로운 지방"은 이미 여러 세기 동안 중국인에 의해 과밀되어 있다. 그러므로 일본이 "해외 진출이 가능한 잉여 인구"를 보내야 할 곳은 아시아 대륙이 아닌 다른 어떤 곳이다. 그리고 책임 있는 일본의 언론인들도 오스트레일리아와 미국에 있는 약속 받은 땅으로 이민을 보내고자 하는 그들의 국가적 욕망을 서슴지 않고 나타낸다. 그러나 일본인들은 그곳으로 가지 않을 수도 있다. 그러나 여하튼 그들은 그리고 가도록 "결심하고 있다."

일본이 중국에 대해 전쟁을 준비하고, 제정 러시아에 대해 전쟁을 준비하고, 운명의 신이 독일을 자신의 세력 내로 밀어 넣었을 때에 준비했던 것과 똑같이, 그리고 오늘날에는 프랑스가 창피스러운 3국간섭에 참여했던 사실을 수정할 때를 기다리고 있는 것과 똑같이, 오늘날 일본은 자신의 대륙 정책이 완전히 이루어질 수 있도록 하기 위한 "준비 작업"에 여념이 없다. 이를 테면 일본은 태평양을 "동해" 내에 포함시키고, 오세아니아주와 미국에 일본인의 무제한한 이민을 보내려고 앵글로·색슨 제국과 거대한 투쟁을 벌이고 있다.

세계 정복의 정책

세계 정복의 정책이라는 말 자체가 이미 뱃심 좋고 대담한 어휘여서 아마도 앵글로·색슨 민족들은 이와 같은 개념이란 인간이 시도할 수 없는 망상이라고 생각할지도 모른다. 그러나 이와 비슷한 세계 정복의 체제가 역사상 없었던 것은 아니다.

독일 국민의 마음속에도 이와 비슷한 의도가 은폐되어 있었다는 사실이 이번의 세계 대전으로 폭로된 바 있다. 그리고 일본의 지배자들은 프러시아형을 따라 자신을 전쟁 국가로 조직했다. 이들의 대륙 정책, 바꾸어 말해서 일본의 "세계 정복의 정책"은 다음과 같은 사실에 이미 명백하게 노출되었다는 사실을 잊어서는 안 된다.

(1) 프러사이가 두 번의 전쟁을 통해 자신을 유럽의 최강 군사 대국으로 만든 것과 너무도 똑같은 두 번의 성공적인 전쟁[33]을 통해 아시아에서 가장 강한 군사력을 보유한 국가로 등장하게 되었다는 점.

(2) 조선을 병합했다는 점

(3) 남만주와 동부내몽고에서 중국의 실권을 점차로 일본이 대행하고 있다는 점.

(4) 교주만을 포함하여 중국의 산동성에서 독일이 장악하고 있는 재산과 특권을 이어받으려고 평화 회의에서 지금 맹렬히 활동을 벌이고 있다는 점.

(5) 조선의 병합을 하나의 "정치적 필요"로 만들었던 일련의 동일한 방법을 씀으로써 무수한 인력과 자원을 가지고 있는 중국을 점차로 복속시키고 있다는 점.

(6) 일본은 그간 "적도 이북의 남양군도"를 점령함으로써 오스트레일리아에 2천 마일까지 접근할 수 있게 되었을 뿐만 아니라. 태평양 위의 모든 육지를 사실상 지배할 수 있는 기지를 일본 해군이 장악했다는 점.

23) "구원한 여승"으로서의 일본인

이제 끝으로 조선과 조선 민족은 주장하건대, 조선에 일본 문화를 씌우고[34] 그들의 대륙 정책을 통해 이를 아시아 및 태평양 지역으로 파급시키는

---

33) 청일전쟁(1894)과 러일전쟁(1904)을 의미한다.

34) (원저자 주) "한일합병 직후 일본 정부는 일본인 요원들로 하여금 모르핀을 팔면서 지방을 여행하도록 함으로써 조선 사람들 사이에 모르핀 사용 습관을 기르도록 했다. 그런 다음에는 창녀들을 파견했다. 오늘날 조선에는 일본에서 건너온 창녀들이 몇 천 명이 있다. 이들은 조선 사회에 그 무서운 사회악을 퍼뜨림으로써 조선 사람들은 일본인이란 다 그런 족속인 것으로 알고 있다. 조선에는 일본인들이 세운 대중목욕탕이 있는데 일

것은 세계의 이익과 인류의 도덕적 발전에 배치되는 것이다. 일본인들의 생활은 성 관계에 대한 관념이 위험하리만큼 해이하기 때문에 그 품위를 잃고 있다. 편견이 없는 외국인 탐사자들의 보고서에 따르면, 서양에서는 창녀들이 도시에서 발호하고 있는 반면에 일본에서는 도시와 "시골"에서도 이와 같은 사회악이 성행하고 있다고 한다.

공무원이나 나리킨[35]뿐만 아니라 시골의 교장까지도 게이샤의 단골 손님 노릇을 하고 있다. 한때 일본은 석탄을 수출하는 것보다는 일본의 여인들을 해외에 진출케 하여 매춘 행위에 종사하도록 만드는 것이 더욱 유리한 것으로 추정되어 왔다. 일본인들이 자기의 딸을 그러한 사업을 위해서 팔아넘길 경우 그는 3년 동안 매년 250엔을 받는다는 사실에 위와 같은 추정은 그 근간을 두고 있다. 이 금액은 5천 엔에 대한 연 5%의 이자에 해당하는 것이다.

그리고 전전 시대에는 이르쿠츠크에 오명 쓴 110가구의 일본인들이 살고 있었고, "구원한 여승"으로 알려진 일본인들이 하바로브스크, 블라고베첸스크, 블라디보스토크 등 동부시베리아의 각 도시에서 수없이 발견되었다. 오늘날 만주에서 활동하는 일본인 매춘부들의 수는 줄잡아 1만 명은 확실하다. 이곳에 사는 여인들은 매달 영사관에 3달러(멕시코화)를 바쳐야 하는데 이들이 내는 돈만으로서도 이 지방의 일본인 행정 경비를 능히 충당할 수 있는 것으로 계산되고 있다.

일본인 창녀들은 중국의 여러 개항장과 사이공, 인도지나의 여러 곳, 방콕, 샴의 여기저기, 싱가포르(한 보고서에 따르면 여기에는 사창가가 있다

본인들은 여기에서 남녀가 함께 목욕을 하고 있다. 조선의 미풍양속에 대해 이와 같은 행동은 매우 심각한 위협이 되고 있으며 자라나는 세대에게 더욱 심각한 영향을 미칠 것이다. 창녀, 대중목욕탕, 도박 사이에서 조선의 오랜 이념 체계는 커다란 위협을 받고 있다." J. E. Moore, *Korea's Appeal for Self-Determination*(San Francisco : Korean National Association), *mimeo* 참조.(필자는 미국 태생으로서 본서는 최근에 발견되었음)

35) 나리킨(成り金) : 벼락부자.

고 한다), 페낭,[36] 그리고 인도에서도 또한 발견되고 있다. 여기에서는 한 영국인 관찰자의 글을 원문 그대로 인용해 보는 것이 좋을 것 같다.

> 봄베이와 카라치에는 일본인 사창가가 있다. 창녀업은 상당한 재미를 보고 있다. 그들은 메소포타미아 지방으로 진출하여 아르메니아인들과 그 경쟁을 벌여 보려고 기회가 오기만을 기다리고 있다.

일본인 창녀들은 보르네오, 마다가스카르, 잔지바르, 남아프리카 등지에서도 성행하고 있다. 한때 오스트레일리아의 연안 일대에서도 "공창의 독점권이 일본인에게로 넘어간 적이 있었다."

안남에서 우르가[37]까지

여기에서는 이제 맺는 말을 덧붙이지 않을 수가 없다. 다음의 글은 극동에서 영향력을 행사하고 있는 영국 신문인 『노드 차이나 데일리 뉴스』의 근착호에 실린 충격적인 논설을 그대로 옮긴 것이다. 이 글에서 폭로된 사실들은 일본 정부로 하여금 서울 주차 일본 대사관을 통하여 그 시정을 약속하지 않을 수 없도록 만들었다.

> 안남에서 우르가에 이르기까지 우리 아시아의 맹방들이 건재하고 있는 것을 고무하기라도 하려는 듯이, 체계적으로 퍼져 가고 있는 일본의 창녀는 마약(모르핀)까지 팔며 다닌다. 유럽에서는 거래가 금지되어 있는 모르핀이 오늘날 훌륭한 시설을 갖춘 일본과 대만의 실험실에서 제조되고 있다. 페르샤의 아편은 인도산 아편보다 함량이 높다.

---

36) 페낭(Penan) : 지금의 말레시아 연방공화국의 서북 해안에 있는 도시로서 화교들이 많이 살고 있다.

37) 우르가(Urga) : 현재 외몽고의 수도로서 이곳의 정치 · 문화의 중심지이다.

그렇기 때문에 최근 몇 년 동안 시장에 흘러 다니는 페르샤의 아편 덩이는 모르핀으로 바뀌기 위해 일본인의 손으로 넘어가고 있다. 중국 관헌들이 산동의 아편상을 폐쇄한 직후, 조선에서 재배된 아편이 모르핀의 무한한 공급원이 되고 있다. 조선의 아편 재배법은 매우 재미가 있으며 일본 관리들이 그 씨앗을 마련해 주고 있다. 그리고 대만에 있는 일본의 행정 당국은 아편을 요구하고 있다는 사실을 덧붙일 수가 있다.

부 록

1. 한일합병조약

조선의 황제 폐하 및 일본국 황제 폐하는 양국 간의 특별히 친밀한 관계를 위해 호상(互相) 행복을 추진하며 동양 평화를 영구히 확보하려고 이 목적을 달성(達成)코자 하면, 조선을 일본에 병합함만 같지 못할 것으로 확신하여 이에 양국 간에 병합 조약을 체결함으로 결정하니 이를 위해 조선 황제 폐하는 내각총리대신 이완용(李完用)을, 일본국 황제 폐하는 통감 자작 데라우치 마사다케(寺內正毅)를 각기 전권 위원에 임명함. 그에 따라 위 전권 위원은 회동 협의하여 아래의 조항을 협정함.

제1조 한국 황제 폐하는 한국 전부에 관한 일절 통치권을 완전하고도 영구히 일본국 황제 폐하에게 양여함.

제2조 일본국 황제 폐하는 전조에 게재한 양여를 수락하고 또 전연 한국을 일본 폐하에 병합함을 승낙함.

제3조 일본국 황제 폐하는 한국 황제 폐하, 황태자 전하와 함께 그 후비 및 후예로 하여금 각기 지위를 응하여 상당한 존칭·위엄과 명예를 향유케 하고 또 이를 보지함에 십분한 세비를 공급함을 약(約)함.

제4조 일본국 황제 폐하는 전조 이외의 한국 황족 및 그 후예에 대해 각 상당한 명예 및 대우를 향유케 하고 또 이를 유지하기에 필요한 자금을 공여함을 약함.

제5조 일본국 황제 폐하는 훈공이 있는 한인으로 특히 표창함을 적당한 줄로 인(認)할 자에 대해 영작(榮爵)을 수여하고 또 은급을 여(與)함.

제6조 일본국 정부는 전기 병합의 결과로 전연 한국의 시정을 담임하여, 해지(該地)에 시행할 법규를 준수하는 한인의 신체 및 재산에 대해 십분 보호를 여하고 또 그 복리의 증진을 도(圖)함.

제7조 일본 정부는 성의 충실히 신제도를 존중하는 한인으로 상당한 자격이 있

는 자를 사정이 허할 범위에서 한국 관리에 등용함.

제8조 본 조약은 한국 황제 및 일본국 황제 폐하의 재가를 거친 자니 공포일부터 이를 시행함.

위 증거로 삼아 양 전권 위원은 조약에 기명 조인함이라.

융희 4년 8월 22일
내각총리대신 이완용 ㉑
명치 43년 8월 22일
통감 자작 데라우치 마사다케(寺內正毅) ㉑

2. 105인사건

다음의 글은 1912년 11월 12일 뉴욕에서 발행된 "105인사건"[1)]이라고 하는 팸플릿에서 뽑은 것이다. [이 글은 한국에서 활약하고 있는 미국의 모든 선교 기구의 대표들과 이 기구와 관련을 맺고 있는 몇 몇 저명 인사들이 회합해서 만든 것이다. 이들은 국제적으로 명망이 있고 선교 사업에는 매우 초연할 수 있으므로 이 문제에 대해 냉정한 조언을 들려주기에 적합했기 때문에 그와 같은 자리가 마련되었던 것이다.]

이번 한국에서 일어난 사건은 조선 총독 데라우치 마사다케(寺內正毅) 백작을 암살하려고 음모했다는 죄목으로 많은 기독교인들이 체포되고 재판을 받고 유죄 판결을 받는 것으로 일단락되었다는 사실에서 문명 세계의 관심은 비등했다. 서구

1) 본문에는 "한국의 음모 사건"(Korean Conspiracy Case)라고 되어 있으나 여기에서는 그 내용을 참작하여 "105人사건"이라고 개작(改作)했다.

인들이 이번 사건에 깊이 관계되어 있다는 점에 대해서는 그 당시 상황으로 보아 커다란 의혹을 불러일으키고 있다.

국제법이나 외교 교섭의 관점에서 볼 때 이런 의혹들은 일본이 그들의 신민을 어떻게 다루고 있느냐 하는 문제와 일차적으로 직결되는 것이 사실이다. 그러나 국가도 개인과 마찬가지로 우리 가운데 누구도 혼자서 살 수 없다고 말할 수 있는 것 또한 사실이다. 어느 정부가 그의 신민에 대해 무슨 짓을 하든 그것은 우리와 아무 관련이 없다고 생각하던 시대는 이미 지났다.

최근 몇 년 동안의 여러 가지 상황을 살펴 볼 때, 오늘날 일본에서는 군부가 실권을 장악하고 있음을 알 수가 있다. 제복을 입은 헌병들이 한국에서, 특히 북부지방에서 벌떼처럼 우글거리고 있다.[2] 조선 사람의 모든 모임에는 스파이가 잠입해 있다. 독립 운동을 지도하고 있지 않나 하여 모든 조직은 의심을 받고 있다.

아시아의 모든 나라가 여러 가지 조합과 단체로 벌집처럼 되어 있지만 그들이 어느 정도까지 정치성을 띠고 있는지에 대해 우리는 아는 바가 없다. 만약에 인류가 시작된 이후로 모든 신민들이 해온 일, 곧 이방 정복자들의 굴레를 벗어버리려고 비밀리에 모임을 가져왔다는 사실에 대해 조선 사람들이 무심하게 생각한다면 그들은 인간 천성에 포함되어진 보편적인 요소들을 결여한 민족일지도 모른다.

그러나 선교사들과 한국의 지도적인 기독교인들은 모든 정치적 움직임으로부터 초연하려고 무던히 애를 써 왔다. 모든 성직자들은 [현존하는 권력에 대해] 복종하라고 설교했다. 교회는 정치와 관련을 맺지 말아야 한다는 말을 기독교인들은 늘 듣고 있다. 선교사와 한국 교회 지도자들의 이와 같은 견해는 너무나 강경하기 때문에 비기독교도들이 기독교를 가리켜 국적(國賊)에 동조했다고 조소하고, 만

---

2) 특히 북부지방(평안도 · 함경도)에 헌병이 많았던 이유는 여러 가지로 생각할 수 있으나, 이곳은 만주 일대의 무장 독립군의 진입로였다는 점, 중국 대륙에서 활약하는 독립 투사들의 통로였다는 점, 압록강 일대의 삼림 벌채와 이를 위해 가설된 전신 시설을 보호할 필요가 있었다는 점, 경의선의 철도 보호, 그리고 이곳에는 종교인(평안도에는 기독교, 함경도에는 천도교)이 많아 민족 의식이 강렬했다는 점, 이곳 주민들은 조선 사람들 가운데에서도 특히 그 성격이 과격했다는 점, 그리고 자원(광물과 콩 등의 곡물)이 풍부했다는 점을 지적할 수가 있다.

약 선교사들이 없었더라면 독립 운동은 훨씬 전에 일어났으리라고 말하는 데에 대하여는 조금도 이상할 것이 없다.

한국에 있는 선교사들은 위대한 사람들이다. 그들은 몇 십만에 이르는 조선 사람 기독교인들의 정치적인 활동을 통제하지는 못하면서도 조선 사람들로 하여금 일본의 지배하에 묵종하도록 설득하면서 커다란 영향을 미치고 있다. 만약에 기독교 선교사들만 없었더라면 한국이 병탄될 당시에 이미 독립 운동은 폭발했으리라는 말을 참으로 자주 듣는다. 일본인들도 이와 같은 사실을 충분히 알고 있다. 그러나 외국인들이 그들 신민 가운데에서 독립 운동을 일으키게 할 수도 있고 이를 막을 수도 있는 힘을 가지고 있다고 하는 명백한 사실에 대해 일본인들은 심사가 편하지 못했다.

외국인들은 그들의 민족적 자존심으로 말미암아 그들의 영토 내에서의 최고 권력을 바라고 있다. 외국인 선교사들에 의해 자신의 모습이 빛을 잃은 것을 본 일본의 관리들은 이러한 사실에 대해 다소 무의식적으로 질투를 느끼고 있으며, 그와 같은 선교사들의 탁월성이 일본의 국가적 이익에 불리를 초래하는 것이기 때문에 저들을 분쇄해야 한다고 느끼기 쉬운 것이다.

1911년 가을, 일본인들은 한국의 지도적인 기독교도들을 체포함으로써 교회에 대한 혐의를 더욱 노골적으로 표현했다. 많은 남자들과 소년들이 추운 날씨에 먹거나 입지도 못하고 자신의 죄명이 무엇인지도 모르고 변호사를 만나 볼 수 있는 권리조차 허락되지 않은 채 여러 달 동안을 감옥에서 지냈다. 다른 지방에서도 체포가 시작되어 상당한 기독교도들이 투옥되었다. 1912년 4월 17일자 『서울 프레스』(*Seoul Press*)에 따르면, 서울 주변의 지방 도시로부터 압송된 피검자의 수는 105인이었다.

…… 일본 당국은, 한 음모 사건을 적발했는데, 그들이 체포한 남자들과 젊은이들은 총독 데라우치의 암살 계획에 참여했다는 특별한 혐의를 받고 있는바, 피고들은 경찰에 예비 심문에서 그들의 유죄를 [자백했다]고 발표했다. 재판은 1912년 6월 2일부터 서울 지방법원에서 공개로 시작되었다. 이번의 재판은 일본인들의 통치 방법에 관해 무서운 공포를 조성하려고 이루어졌음이 증명된 것은 매우 가슴 아픈 일이 아닐 수 없었다.

소송 절차는 특히 서구인들에게 깊은 인상을 주었다. 공개 재판 며칠 전 까지도 피고의 변호사들은 그들의 의뢰인과 면담하는 것이 허락되지 않다가 기소된 지 여러 달이 지나서야 투옥자들에게 자유로이, 그러나 비밀리에 접촉이 허락됨으로써 재판 준비가 완료되었다. 변호사들에게 피고의 면담이 허락되었을 때 그들의 대화에는 얼굴을 찌푸린 경찰이 동석하고 있었기 때문에 몹시도 위축당해 있었다.

피고들은 만약 자기들이 옥리(獄吏)들의 비위를 상하게 하는 말을 할 경우에는 장차 어떤 일이 닥쳐오리라는 것을 능히 상상할 수가 있었다. 어마어마한 분량의 사건 기록은 피고의 변호사에게 배부되지 않다가 너무 뒤늦게 배부되어 변호사로서는 사건의 진상을 검토 · 확인할 수가 없었다. 법정에서는 담당 판사의 선호에 따라서 질문하고 증언이 채택되었다.

일본에서는 부심 제도가 아직 없었으므로 판사가 재판에 앞서 작정한 바에 따라서 배심원과 담당 검사를 겸해 가면서 영향력을 미치고 있다는 사실이 모든 재판 과정에서 나타났다. …… 재판이 진행됨에 따라 법정의 적대적인 태도와 공평무사하려는 상극적인 태도가 더욱더 분명하게 나타났다.

판사가 던지는 무수한 질문은 그들이 노리고 있는 피고들에 대한 함정을 씌우려는 의도에서 나오는 것임이 분명했다. 어느 한 목사가 잠깐 실수하여 대답이 약간 부정확하자 판사는 "거짓말하는 예수교 목사"라고 큰 소리를 지르고서 더 이상 이런저런 말도 없이 퇴장시켜 버렸다. 이런 일에 대해 전법정은 조소했다.

드디어 정의의 왜곡이 너무도 심하게 자행되자 7월 17일에 변호인단은 과감히 그들의 의사를 밝혔다.

"…… 일본제국 법정의 명예와, 피고를 충분히 변호하려는 견해에 따라서, 우리는 본 재판이 합법적인 절차와 형사소송법 제41조에 의거하여 진행되고 있지 않다는 우리의 견해를 개진하는 것이 적절하다고 생각한다. ……"

그리하여 변호인단은 재판장 쓰카하라 도모타로(塚原友太郎)와 그의 배석 판사에 대한 재판 기피와 함께 새로운 판사에 의해 새로운 재판을 진행해 줄 것을 신립(申立)했다. 법원은 이 의견을 받아들여 다른 판사들의 선임을 위해 상급 법원에 이를 신청하는 동안 재판을 휴정한다고 선언했다. 그러나 이의 신립은 기각되고 얼마 동안 시간이 지연되다가 8월 23일에 재판은 재개되었다. 그러나 4일간 공판이 진행되다가 의외로 단시간 만에 다시 휴정했다.

재판정은 9월 28일까지 판결을 유보하다가 그제야 105명의 피고들에게 형을 선고했는데, 그 내용을 보면, 10년 징역형이 6명, 7년 징역형이 18명, 6년 징역형이 39명, 5년 징역형이 42명으로 되어 있다. 10년 징역형을 받은 사람 가운데에는 의 남부감리교 신학교의 교장이며, 기독교청년회(YMCA) 부총재인 윤치호(尹致昊) 남작도 포함되어 있었다.[3)]

---

3) 이때 소위 105인 사건의 판결 내용은 다음과 같다.

징역 10년 : 윤치호(尹致昊 : 49 · 개성), 양기탁(梁起鐸 : 42 · 서울), 안태국(安泰國 : 32 · 평양), 이승훈(李昇薰 : 49 · 정주), 임치정(林蚩正 : 32 · 서울), 유동열(柳東說 : 34 · 서울)

징역 7년 : 옥관빈(玉觀彬 : 22 · 평양), 장응진(張膺震 : 32 · 평양), 차이석(車利錫 : 32 · 평양), 나일봉(羅一鳳 : 42 · 평양), 변인서(邊麟瑞 : 38 · 평양), 최예순(崔叡順 : 35 · 평양), 양준명(梁濬明 : 34 · 선천), 선우혁(鮮于爀 : 29 · 정주), 김일준(金一俊 : 29 · 선천), 곽태진(郭泰鎭 : 29 · 신천), 최덕윤(崔德潤 : 30 · 선천), 이용화(李溶華 : 41 · 정주), 임경엽(林冏燁 : 28 · 정주), 최성주(崔聖柱 : 35 · 정주), 홍성린(洪成麟 : 36 · 정주), 오희원(吳熙源 : 38 · 철산), 이기당(李基唐 : 37 · 용천), 송자현(宋子賢 : 33 · 용천).

징역 6년 : 이덕환(李德煥 : 36 · 평양), 이춘섭(李春燮 : 34 · 평양), 김동원(金東元 : 29 · 평양), 김두화(金斗和 : 29 · 평양), 윤성운(尹聖運 : 37 · 평양), 정익로(鄭益魯 : 50 · 평양), 신상호(申尙昊 : 38 · 평양), 신효범(申孝範 : 33 · 선천), 장시욱(張時郁 : 32 · 선천), 홍성익(洪聖益 : 31 · 선천), 차균설(車均卨 : 24 · 선천), 이용혁(李龍赫 : 26 · 선천), 강규찬(姜奎燦 : 29 · 선천), 양전백(梁甸伯 : 43 · 선천), 이봉조(李鳳朝 : 38 · 선천), 노효욱(魯孝郁 : 35 · 선천), 김창환(金昌煥 : 31 · 선천), 노정관(魯晶瓘 : 39 · 선천), 안준(安濬 : 46 · 선천), 주현칙(朱賢則 : 30 · 선천), 김익겸(金益謙 : 25 · 선천), 이창석(李昌錫 : 52 · 선천), 이태달(李泰達 : 28 · 정주), 최주익(崔柱杙 : 20 · 정주), 김찬오(金燦五 : 22 · 정주). 조덕찬(趙德燦 : 44 · 정주), 이명룡(李明龍 : 48 · 정주), 임도명(任道明 : 29 · 정주), 백몽규(白夢奎 : 31 · 정주), 이근택(李根宅 : 28 · 정주), 오학수(吳學洙 : 28 · 정주), 지상주(池尙周 : 39 · 정주), 김시점(金時漸 : 31 · 정주), 정원범(鄭元範 : 32 · 철산), 유학렴(劉學濂 : 28 · 철산), 장관선(張寬善 : 45 · 철산), 김창건(金昌鍵 : 41 · 의주), 백용석(白用錫 : 34 · 의주), 안경록(安慶錄 : 30 · 평양).

징역 5년 : 오대영(吳大泳 : 28 · 평양), 옥성빈(玉成彬 : 28 · 평양), 김응조(金應祚 : 56 · 평양), 윤원삼(尹愿三 : 26 · 평양), 서기풍(徐基豊 : 31 · 평양), 안세환(安世桓 : 35 · 평양), 정주현(鄭周鉉 : 21 · 평양), 양준희(梁濬熙 : 28 · 선천), 손연욱(孫延郁 :

25 · 정주), 정덕연(鄭德燕 : 24 · 철산), 이동화(李東華 : 22 · 정주), 이정순(李正舜 : 23 · 철산), 김현식(金賢軾 : 24 · 철산), 차희선(車熙善 : 23 · 선천), 이연순(李延淳 : 22 · 정주), 나봉규(羅鳳奎 : 28 · 신천), 백일진(白日鎭 : 29 · 의주), 홍규민(洪奎旻 : 25 · 평산), 차영준(車永俊 : 25 · 자성), 길진형(吉鎭亨 : 21 · 평양), 조영제(趙永濟 : 24 · 평양), 강봉익(姜鳳羽 : 23 · 함흥), 백남준(白南俊 : 21 · 운산), 오택의(吳宅儀 : 31 · 신천), 편강렬(片康烈 : 21 · 연안), 안성제(安聖濟 : 24 · 정주), 김선행(金善行 : 23 · 정주), 김용화(金溶華 : 20 · 정주), 최제규(崔濟奎 : 30 · 정주), 최성민(崔聖民 : 48 · 정주), 이재윤(李載允 : 21 · 정주), 이지원(李枝元 : 28 · 정주), 박상훈(朴尙薰 : 29 · 정주), 박병행(朴秉行 : 22 · 정주), 박찬형(朴贊亨 : 48 · 정주), 이병제(李秉濟 : 28 · 정주), 김봉수(金鳳洙 : 34 · 정주), 김용오(金龍五 : 49 · 정주), 나의섭(羅義涉 : 29 · 정주), 김응봉(金應鳳 : 25 · 정주), 안광호(安光浩 : 28 · 의주), 나승규(羅昇奎 : 21 · 정주).

무죄 : 이창식(李昌植 : 28 · 정주), 김용환(金龍煥 : 21 · 의주), 이규엽(李奎葉 : 19 · 선천), 이순구(李順九 : 19 · 정주), 김인도(金仁道 : 19 · 철산), 최서찬(崔瑞燦 : 19 · 용천), 김성봉(金成奉 : 21 · 철산), 김태헌(金泰軒 : 20 · 정주), 백몽양(白夢良 : 20 · 정주), 이재희(李在熙 : 19 · 정주), 김용선(金龍善 : 20 · 선천), 탁창호(卓昌浩 : 25 · 정주), 이준영(李俊英 : 50 · 정주), 김국현(金國鉉 : 22 · 정주), 선우훈(鮮于燻 : 21 · 정주), 김순도(金順道 : 20 · 선천), 이재윤(李在潤 : 19 · 선천).

이상과 같이 일심 언도를 받았으나 여론의 압력이 심하게 되자 대구복심법원에서 윤치호, 양기택, 안태국, 이승훈, 임치정, 옥빈관 등만이 4년 언도를 받고 나머지는 무죄 석방되었다. 이에 관한 자세한 기록은, 鮮于燻, 『민족의 수난』(서울 : 세광출판사, 1953) 참조.

참고문헌

원저자 참고 문헌[1]

1) Homer B. Hulbert, *The Passing of Korea*, William Heinemann Co., London, 1906[2] : 한국의 민족 · 생활상 · 문학 · 풍습 그리고 일본 치하에서의 억압상 등을 철저하게 알려 주는 탁월한 저서로서 사진이 수록되어 있음.

2) Archibald Little, *The Far East* : 한국과 그 민족에 관하여 매우 흥미 있는 사실들을 가르쳐 주는 책으로서 한국에 관한 기록이 일부 수록되어 있음.

3) Joseph Henry Longford, *The Story of Korea*, Unwin Co., London, 1911 : 한국인의 생활 · 풍습과 일본이 한반도에서 이룩한 업적을 소개한 것으로서 사진이 수록되어 있음.

4) Isabella Lucy Bishop, *Korea and Her Neighbours*, John Murray Co., London, 1905 : 19세기 후반기의 한국인의 생활과 풍습을 묘사한 작품.

5) *George Trumbull Ladd, *In Korea With Marquis Ito*, Charles Scribner's Sons, New York, 1908 : 이토 히로부미(伊藤博文) 후작(侯爵)의 통치 기간 동안의 한국에 관한 이야기로서 일본의 통치를 평가하고 있음.

6) *Augustus Hamilton, *Korea*, Charles Scribner's Sons, New York, 1904 : 일본 관리의 도움으로 쓰인 책으로서 한국의 역사 · 민족 · 상업을 폭넓게 다루고 있음.

7) "A Chronological Index of Historical Events" in Horace N Allen, Korea :

---

1) 원서에는 출판사와 출판 연도가 기록되어 있지 않으나 여기에서는 가급적 이를 확인하여 첨부하였다. (원저자 주) * 의 표시가 되어 있는 책은 일본 정부의 선전 책자이거나 아니면 친일적인 내용의 서적이다.

2) 이 책의 한국어 번역본은 다음과 같다. 신복룡(역주), 『대한제국멸망사』, 집문당, 서울, 1999.

Fact and Fancy, Methodist Publishing House, Seoul, 1904[3)] : 서력 기원(西曆紀元) 초부터 20세기에 이르기까지 한국의 중요한 대외관계사를 연대기 형식으로 기술한 것임.

8) William Elliot Griffis, *Corea, The Hermit Nation*, Charles Scribner's Sons, New York, 1907[4)] : 한국의 민족과 풍습을 다루고 있는 무게 있는 저술임.

9) *Joseph Dautremier, *The Japanese Empire* : 일본의 속방으로서의 한국에 관한 기록을 압축하여 여러 장으로 다루고 있음.

10) William Woodville Rockhill, *Treaties and Conventions* : 미국 정부의 호의로 출판된 책으로서 미국과 중국 · 한국 사이에 체결된 조약과 협정을 다루고 있음.

11) Henry Chung, *Korean Treaties* : 한국과 열강 사이에 교섭된 가장 중요한 문서를 수록하고 있음.

12) Arthur Judson Brown, *The Korean Conspiracy Case*, New York, 1912 : 저 유명한 1912년의 105인 사건에 관한 기록임.

13) Dept. of Commerce and Labor, *Korean Commerce, Washington*, D. C. : 미국 상무성이 발행한 미국 정부의 출간물임.

14) *1916년도 일본 연감(T*he Japanese Year Book for 1916*) : 한국에 관한 통계 자료를 다수 수록하고 있음.

15) *The Imperial Japanese Government Railways, *Official Guide to Eastern Asia*, Vol. 1 : 많은 일반 정보와 지도, 기타를 수록한 여행 안내서로서 일본 철도국이 만든 것임.

---

3) 이 책의 한국어 번역본은 다음과 같다. 김규병(역), 『한국 근대 외교사 연표』, 국립도서관 입법조사국, 서울, 1966(요약본); 김원모(역), 근대 한국 외교사 연표, 단국대학교출판부, 1984.

4) 이 책의 한국어 번역본은 다음과 같다. 신복룡(역주), 『은자의 나라 한국』, 집문당, 서울, 1999.

16) *Results of Three Years' Administration of Chosen* : 일본이 한국을 병탄 한 직후의 3년 동안에 이룩된 발전상을 보여주는 일본 정부의 홍보 책자임.
17) **Annual Reports and Reforms and Progress in Chosen* : 한국에 있어서의 일본의 업적을 열거한 책자로서 훌륭한 사진판이 수록되어 있음.
18) Arthur MacLennon, *Japanese Diplomacy and Force in Korea* : 팜플렛임.
19) J. E. Moore, *Korea's Appeal for Self-Determination*, Korean National Association, San Francisco : 팜플렛임.
20) Korean Information Bureau & The League of the Friends of Korea, *Independence For Korea*, Philadelphia : 팜플렛임.

2) 역주자 참고문헌

원저자 참고 문헌 중 (1), (4), (7), (8) 이외에 다음의 서적을 번역에 참고하였다.

『구한말조약휘찬』(상 · 중 · 하)(서울 : 국회도서관 입법조사국, 1964~65)
국사편찬위원회, 『한국독립운동사자료(2) : 임정(2)』(서울 : 탐구당, 1964~65)
『기독교대백과사전』(서울 : 기독교문사, 1983)
金源模, 『근대 한미관계사 : 한미전쟁론』(서울 : 철학과 현실사, 1992)
독립운동사편찬위원회, 『독립운동사자료집(5) : 3 · 1운동』(서울 : 고려도서, 1972)
민두기, 『일본의 역사』((서울 : 지식산업사, 1977)
박관숙, 『세계외교사』(서울 : 박영사, 1972)
朴大憲, 『서양인이 본 조선』(서울 : 壺山房, 1996)
鮮于燻, 『민족의 수난』(서울 : 세광출판사, 1953)
『성경』
『세계인명대사전』(서울 : 문공사, 1973)
손인수, 『한국근대교육사』(서울 : 연세대학교 출판부, 1971)
신기석, 『동양외교사』(서울 : 탐구당, 1973)
신복룡(역주), 『대한제국멸망사』(서울 : 집문당, 1998); (H. B. Hulbert, *The*

Passing of Korea, London : William Heinemann Co., 1906)
신복룡(역주), 『대한제국의 비극』(서울 지문당, 2019); (F. A. McKenzie, *The Tragedy of Korea*, New York : E. P. Dutton & Co., 1908)
신복룡(역주), 『조선견문기』(서울 : 집문당, 1998); (H. N. Allen, *Things Korean*, New York : Fleming H. Revel Co., 1908)
申福龍, 『한국정치사』(서울 : 박영사, 1991)
여암최린선생문집편찬위원회, 『如庵文集』(서울, 1971)
유홍렬, 『한국천주교회사』(서울 : 가톨릭출판사. 1962)
윤경우 · 신복룡(공역), 『민족자결주의』(서울 : 광명출판사, 1968)
윤병석, 『3 · 1운동 50년 : 3 · 1운동략사』, *mimeo.*
의암손병희선생기념사업회, 『의암손병희전기』(서울, 1967)
이광린, 『한국 개화사 연구』(서울 : 일조각, 1970)
이광수, 『도산 안창호』(서울 : 대성문화사, 1959)
이병헌, 『3 · 1운동비사』(서울 : 시사시보사, 1959)
이상백, 『한국사 : 근세 전기편』(서울 : 을유문화사, 1962)
이선근, 『한국사 : 최근세편, 현대편』(서울 : 을유문화사, 1961)
이홍직, 『국사대사전』(서울 : 지문각, 1970)
최준, 『한국신문사』(서울 : 일조각, 1970)
『한국인명대사전』, 신구문화사, 서울, 1967.
『한국학대백과사전』(서울 : 을유문화사, 1972)

『大人名辭典』, 平凡社, 東京, 1955.
日本外務省(編), 『日本外交史辭典』(東京 : 大藏省印刷局, 1979)

李盛平, 『中國近現代人名辭典』(北京 : 新華書店, 1989)
臧勵龢, 『中國人名辭典』(臺北 : 商務印書局, 1985)
Barhart, Clarence L. (ed.), *The New Century Cyclopedia of Names*(New

York : Appleton Century-Crofts, Inc., 1954)

Encyclopedia Britannica(Chicago : The University of Chicago, 1963)

Merriam-Webster's Encyclopedia of Literature(Springfield : Merriam-Webster, Inc., Pub., 1995)

Palmer, Spencer J.(ed.), *Korean-American Relations*, Vol. 2(Berkeley and Los Angeles : The University of California Press, 1963)

Webster's Biographical Dictionary(Springfield : G. and C. Merriam Co, 1951)

Who Was Who : 1929~1940(London, Adam and Charles Black),

Who was Who among English and European Authors(1931~1949), Vol. 1(Detroit : Gale Research Co. Book Tower, 1978)

Who's Who among North American Authors : 1921~1939, Vol. 2(Detroit : Gale Research Co. Book Tower, 1976)

찾아보기

ㄱ

ㅎ

역주자 **신복룡(申福龍)**

충북 괴산 출생/ 건국대학교 정치외교학과 · 동 대학원 수료(정치학박사)/ 고등고시위원 역임/ 건국대학교 정치외교학과 교수 역임/ 미국 Georgetown 대학교 객원 교수 역임/ 건국대학교 중앙도서관장 · 대학원장 역임/ 한국정치외교사학회 회장 역임/ 건국대학교 정치외교학과 석좌교수 역임

저서 및 역서

저서

『한말 개화사상연구』(평민사, 1987)/ 『전봉준평전』(지식산업사, 1996)/ 『한국분단사 연구 : 1943-1953』(한울, 2001, 한국정치학회 저술상 수상)/ 『한국사 새로보기』(풀빛, 2001)/ 『이방인이 본 조선 다시 읽기』(풀빛, 2002)/ 『한국정치사』(박영사, 2003)/ 『대동단실기』(선인, 2004)/ 『동학사상과 갑오농민혁명』(선인, 2006)/ 『서재 채워드릴까요?』(철학과 현실사, 2006)/ *The Politics of Separation of the Korean Peninsula 1943-1953*(Edison, NJ : Jimoondang International & Seoul : Jimoondang, 2008)/ 『한국정치사상사』(지식산업사, 2011, 한국정치학회 인재상(仁齋賞) 수상)/ 『해방정국의 풍경』(지식산업사, 2016) 외 다수

역서

『민족자결주의』(A. Cobban, *National Self-Determination*, 1968 : 共)/ 『외교론』(H. Nicolson, *Diplomacy*, 1979)/ 『군주론』(N. Machiavelli, *The Prince*, 1980)/ 『칼 마르크스』(I. Berlin, *Karl Marx*, 1982)/ 『공산주의 간부 제도 연구』(Cho Jaekwan, *A Comparative Analysis of the Communist Cadre System*, 1985)/ 『모택동자전』(E. Snow, *Red Star over China : Genesis of A Communist*, 1985)/ 『데니의 생애와 활동』(R. Swartout, *O. N. Denny and the International Rivalries in Korea*, 1988 : 共)/ 『묵시록의 4기사』(E. Penchef, *Four Horsemen : Pollution, Poverty, Famine, Violence*, 1988)/ 『한국분단보고서』(1992 : 共)/ 『현대정치사상』(L. P. Baradat, *Political Ideologies*, 1995 : 共)/ 『정치권력론』(C. E. Merriam, *Political Power*, 2006)/ 『入唐求法巡禮行記』(2007)/ 『林董秘密回顧錄』(2007 : 共)/ 『한말외국인기록』 전 23권 외 다수